EXPLORATION DU SAHARA

TOME PREMIER

PARIS. — IMPRIMERIE DE J. CLAYE,
RUE SAINT-BENOIT, 7.

HENRI DUVEYRIER,
NÉ A PARIS, LE 28 FÉVRIER 1840.

D'après une photographie de M. Bertall.

EXPLORATION DU SAHARA

LES TOUAREG
DU NORD

PAR

HENRI DUVEYRIER

CHEVALIER DE L'ORDRE IMPÉRIAL DE LA LÉGION D'HONNEUR
MEMBRE ÉTRANGER DE LA SOCIÉTÉ ROYALE
DE GÉOGRAPHIE DE BERLIN

PARIS
CHALLAMEL AINÉ, LIBRAIRE-ÉDITEUR
COMMISSIONNAIRE POUR L'ALGÉRIE ET L'ÉTRANGER
30, RUE DES BOULANGERS

1864
Tous droits réservés.

À LA MÉMOIRE

DE MA MÈRE,

MADAME C. DUVEYRIER, NÉE CLAIRE DENIE,

HOMMAGE DE PIÉTÉ FILIALE ET D'ÉTERNEL SOUVENIR
DES SOINS DONT TU AS ENTOURÉ MON ENFANCE.

À MON PÈRE,

CHARLES DUVEYRIER.

Que la publication des travaux de mon exploration soit la récompense de la sollicitude que tu as eue pour moi pendant toute sa durée, et des soucis qu'une séparation prématurée, un voyage lointain, les dangers d'une maladie mortelle, ont pu te causer.

À M. LE DOCTEUR

AUGUSTE WARNIER,

OFFICIER DE LA LÉGION D'HONNEUR, MÉDECIN MILITAIRE EN RETRAITE,
ANCIEN MEMBRE DE LA COMMISSION SCIENTIFIQUE DE L'ALGÉRIE,
ANCIEN DIRECTEUR DES AFFAIRES CIVILES DE LA PROVINCE D'ORAN,
ANCIEN MEMBRE DU CONSEIL DU GOUVERNEMENT DE L'ALGÉRIE.

Vous avez guidé et protégé, à distance, mon exploration du Sahara, pendant les vingt-neuf mois de sa durée ;

Vous avez eu pour moi les soins attentifs d'une mère dans la cruelle maladie qui m'a atteint au retour de mon voyage ;

Depuis, pendant que vous suiviez, comme médecin, les progrès de ma longue convalescence, vous avez consacré près de deux années au dépouillement de mes Notes et Journaux de voyage, ainsi qu'à la rédaction d'un premier volume : *Les Touareg du Nord*, et d'un second : *Le Commerce du Sahara et de l'Afrique centrale*.

Acceptez, avec ceux qui me sont le plus chers au monde, la dédicace de ces deux volumes.

Je ne puis les placer sous un patronage plus dévoué.

HENRI DUVEYRIER.

AVANT-PROPOS

Le voyage d'exploration que j'ai accompli entre El-Goléa à l'Ouest, Zouîla à l'Est, Biskra au Nord et Rhât au Sud, avait le triple but de recueillir sur le Sahara des données géographiques qui manquaient à nos connaissances ; d'ouvrir avec les peuplades de cette région intermédiaire des rapports indispensables avant de nouer des relations politiques et commerciales entre l'Algérie et l'Afrique centrale ; enfin, de me préparer moi-même, par une longue épreuve de la vie africaine, par l'étude des hommes, des mœurs et des dialectes, à un second voyage ayant pour objet plus spécial l'exploration des régions soudaniennes.

J'ai voulu avancer avec lenteur, afin d'opérer plus sûrement ; je n'ai pas craint de séjourner sur les points où je le jugeais nécessaire pour assurer le succès de mon entreprise, et je me suis toujours efforcé d'élargir ma zone d'action, en visitant les pays situés à l'Est et à l'Ouest de la ligne embrassée par mes études. Avant de pénétrer plus dans le Sud, j'ai donné à mes travaux une base large et solide, par une reconnaissance nouvelle du Sahara algérien, tunisien et tripolitain.

Commencée dans les limites modestes d'un voyage privé, avec des ressources dues à la libéralité de mon père, de M. Arlès-Dufour et de M. Isaac Pereire, mon exploration n'a pu prendre le caractère étendu qu'elle devait avoir, pour donner des résultats utiles, qu'à l'aide du bienveillant et généreux appui du gouvernement.

Sous le puissant patronage de Son Excellence M. le maréchal duc de Malakoff, si bien secondé, dans sa sollicitude, par M. le général sous-gouverneur de Martimprey, ma mission fut entourée d'une protection et d'encouragements qui ont rendu tout facile et qui me feraient craindre d'être resté au-dessous de la responsabilité que j'ai acceptée, si je n'avais l'avenir devant moi pour répondre aux espérances du gouvernement.

Sa Majesté l'Empereur Napoléon III, souverain éclairé et jaloux de l'extension de l'influence civilisatrice de la France, a voulu que les subsides accordés fussent à la hauteur des besoins.

Mes très-humbles et très-respectueux remerciements Lui sont tout d'abord acquis.

Je ne dois pas oublier, dans les témoignages de ma gratitude, Leurs Excellences M. le maréchal Vaillant, M. le maréchal comte Randon, M. Rouher, M. le comte de Chasseloup-Laubat, M. Thouvenel, ministres de Sa Majesté l'Empereur, qui, tous, dans la limite de leurs attributions, ont prêté à ma mission le concours le plus efficace.

M. le général Desvaux, commandant supérieur de la

province de Constantine, a droit aussi à toute ma reconnaissance, car c'est à lui que je dois le précieux appui du marabout Sîdi-Mohammed-el-'Aïd, chef de la confrérie religieuse des Tedjâdjna, qui compte tant d'affiliés dans le Sud.

Aux postes officiels dont ma mission relevait, j'ai eu le bonheur de rencontrer partout des homme de cœur :

A Tripoli de Barbarie. M. P. E. Botta, consul général de France, et ses collaborateurs, MM. Gauthier et Lequeux;

En Algérie, MM. les colonels Séroka, Lallemand, Wolf, Marguerite, le commandant de Forgemol, le lieutenant Auer, commandant la garnison de Tougourt, qui, tous, m'ont honoré de la même bienveillance affectueuse et ont aplani, autant qu'il dépendait d'eux, les difficultés de mon entreprise.

Des savants français et étrangers, les uns, dans la phase préparatoire de mon exploration, les autres dans la partie active, ont éclairé ma jeunesse des lumières de leur science : les docteurs H. Barth et A. Petermann; les professeurs Fleischer, A. Duméril et Cherbonneau; MM. Renou, Yvon-Villarceau, Malte-Brun et O. Mac-Carthy.

Je dois à M. le docteur Milon, l'un des chefs du service de santé de l'armée d'Afrique, un protectorat plus personnel.

Plusieurs chefs indigènes m'ont également secondé de tout leur pouvoir : Sîdi-Hamza, khalîfa du Sud de la province d'Oran; Sîdi-Mohammed-el-'Aïd, grand maître de la confrérie des Tedjâdjna; le marabout Si-'Othmân-ben-el-Hâdj-el-Bekri, chef de la tribu des Ifôghas; l'émîr El-Hâdj-Mohammed-Ikhenoûkhen, chef des Touâreg Azdjer; le marabout Sîdi-el-Bakkày, cousin du célèbre cheikh de Timbouktou; Si-Selimân-el-'Azzâbi, moûdîr de Faççâto, dans le Djebel-tripolitain.

Que tous reçoivent, ici, mes sincères remerciements.

Qu'il me soit aussi permis de donner un témoignage public de l'inaltérable dévouement d'Ahmed-ben-Zerma, du Soûf, homme droit, intelligent, énergique, qui fut mon compagnon pendant la partie la plus difficile de mon voyage.

Parti de la province de Constantine, en mai 1859, je me dirigeai d'abord sur le pays des Benî-Mezâb, dans l'espoir de trouver chez les Cha'anba des guides pour aller au Touât.

L'état politique du pays, la présence du chérif Mohammed-ben-'Abd-Allah à In-Sàlah ne me permirent pas de réaliser ce projet.

Après plusieurs mois consacrés à l'étude de l'intéressante contrée qu'habite la confédération Mezâbite, je risquai, muni d'une lettre de recommandation impérative du khalîfa Sidi-Hamza, une reconnaissance aventureuse sur El-Goléa', ville dans laquelle aucun autre Européen n'a encore pénétré.

J'y fus très-mal accueilli, mais probablement un voyageur qui s'y rendrait aujourd'hui serait mieux reçu. Désormais nous connaissons les deux routes qui y conduisent de Methlili.

Le reste de l'année 1859 fut consacré à des reconnaissances dans les différentes parties du Sahara dépendant des provinces d'Alger et de Constantine, de Laghouàt au Soûf, et de Biskra à Ouarglà.

La sécurité dont jouit le voyageur, même le voyageur privé, européen ou indigène, dans ces contrées gouvernées, à de grandes distances, par l'autorité française, est digne de remarque et fait un contraste frappant avec la situation qui a précédé leur soumission.

AVANT-PROPOS.

Les six premiers mois de l'année 1860 furent employés à explorer le Sahara tunisien : le Djérid, le Nefzâoua jusqu'à Gâbès sur la petite Syrte. Protégé par des *amer* du Bey Sidi-Sâdoq, obtenus par la bienveillante entremise de M. F. de Lesseps et de M. Léon Roches, consul général de France à Tunis, je fus toléré partout; mais je dois à la vérité de constater les préventions et la fierté blessante dont les sujets algériens sont victimes dans le Sud de la Tunisie.

En juin, j'étais de retour à Biskra. C'est là que je reçus des instructions et des subsides du gouvernement, ainsi que de nouveaux instruments, pour entreprendre l'exploration du pays des Touâreg. La saison des plus grandes chaleurs était arrivée; elle rendait pénible la traversée d'El-Ouâd à Ghadâmès, mais l'expérience du marabout targui Si-'Othmân et des guides Souâfa me fit surmonter cette difficulté, non sans fatigues, car j'étais à peine convalescent de fièvres contractées dans l'Ouâd-Righ.

A Ghadâmès, je reconnus bientôt la nécessité de m'appuyer sur l'autorité et le crédit dont jouit dans toute la Tripolitaine le consul général, M. P. E. Botta, et, après une courte station dans l'antique Cydamus, je me rendis sur le littoral, en prenant, à l'aller et au retour, des routes différentes, notamment celle, jusqu'alors inexplorée, qui longe le Djebel-Nefoûsa.

Sur la demande de M. Botta, Son Excellence Mahmoud Pacha, gouverneur de la Tripolitaine, voulut bien me délivrer un *bouyouroudi*, ou ordre général à tous les fonctionnaires relevant de son autorité de me protéger et de me donner l'hospitalité.

Cet appui inespéré me fut très-utile dans la suite de mon voyage.

Rentré à Ghadâmès, je dus bientôt partir pour Rhât, avec l'émir Ikhenoûkhen, qui regagnait sa tribu. Ayant rencontré les campements des Orâghen dans l'Ouâdi-Tikhâmmalt, au milieu de bons pâturages, nous y séjournâmes pour refaire les chameaux; aussi, les premiers jours de 1861 nous trouvèrent-ils à l'entrée du pays habité par les Touâreg. Après bien des retards, dus à différentes causes, mais très-précieux pour mes études, je pus atteindre Rhât, où je ne séjournai que quinze jours, *extra muros*.

A Rhât, je me trouvais au foyer des ardentes rivalités d'intérêt qui divisent les commerçants de ce grand marché et les Touâreg maîtres des routes qui y aboutissent; je crus prudent de ne pas m'immiscer à leurs querelles, et je m'empressai de continuer à explorer le Nord du pays des Azdjer.

Diverses raisons m'engagèrent à aller à Mourzouk, siége d'un kâïmakâmlik turc, d'où je pouvais me mettre plus facilement en relation avec le consulat général de France, à Tripoli; je déterminai Ikhenoûkhen à m'y accompagner. Ce n'était pas chose facile. Le chef targui n'avait pas mis les pieds dans cette ville depuis l'occupation du Fezzân par les Turcs.

Nous fîmes le voyage de Rhât à Mourzouk très-lentement, ce qui me permit d'aller visiter les lacs si curieux de Mandara, Gabra'oûn et autres.

Une réception très-honorable nous fut faite à Mourzouk par l'autorité politique de cette ville.

Je venais de passer plus de six mois sous la tente; je pris, dans la capitale du Fezzân, un repos devenu nécessaire;

malheureusement, je n'avais pas le choix d'un lieu plus salubre.

Pour m'accompagner, Ikhenoûkhen avait négligé ses intérêts; d'ailleurs, dans l'Ouest, Mohammed-ben-'Abd-Allah, aujourd'hui interné à Bône, préparait une nouvelle attaque contre le Sahara algérien; le chef targui sentait la nécessité de se rapprocher du centre des intrigues, pour préserver ses sujets de la contagion. Nous nous séparâmes.

Je crois que mon voyage à Mourzouk, en compagnie d'Ikhenoûkhen, servit notre influence et nos intérêts, plus que tout ce que j'avais pu faire jusque-là.

Bientôt, je fis une nouvelle excursion dans l'Est, vers Zoulla, petite ville de chorfa, marabouts très-fanatiques.

Enfin, je revins à Tripoli par la longue route de Sôkna.

Les difficultés qui se sont présentées à moi sont de deux ordres : les unes tiennent à la nature des lieux parcourus; les autres, au caractère particulier des hommes avec lesquels je me suis trouvé en contact.

Les premières, inhérentes au climat, au manque d'eau, à la stérilité du sol, aux fatigues et aux privations du voyage, sont de beaucoup les plus faciles à surmonter, avec de la prévoyance et une bonne santé.

Les secondes, de natures essentiellement variables, sont dues à des circonstances que le voyageur doit préalablement connaître et apprécier, pour ne pas les voir se transformer en insurmontables écueils. Ici, ce sont des zâouiya, communautés religieuses, les unes passives, les autres militantes. Là, principalement dans les centres commerciaux, on a à lutter contre des intérêts mal compris, placés entre les mains de gens méfiants et égoïstes, qui trouvent un point d'appui dans l'intolérance religieuse.

Tous ces obstacles, il faut l'espérer, disparaîtront graduellement avec l'élément indispensable du temps et la puissance de la vérité.

Dans cette dernière voie, je crois avoir avancé l'état des choses, en procédant à des levés topographiques qui permettent de donner plus d'exactitude au tracé des routes; en appuyant sur mes propres travaux de nombreux renseignements oraux, recueillis avec le soin le plus scrupuleux; en étudiant la nature des lieux, le caractère des hommes; en affermissant des relations déjà préparées ou en en créant de nouvelles; enfin, en faisant partout une étude spéciale du commerce et des moyens d'échange.

A mon retour à Alger, après un voyage qui avait duré près de trois ans, j'allais rentrer en France pour me mettre en mesure d'utiliser les bonnes dispositions de Sidi-Mohammed-el-Bakkày et aller avec lui à Tombouktou.

Mais le gouvernement de l'Algérie m'avait demandé auparavant de m'occuper, à Alger, de l'impression d'un rapport sommaire, avec une Carte à l'appui, sur les résultats de mon voyage.

Déjà la Carte était gravée et mon manuscrit en partie imprimé, lorsque tout à coup je tombai gravement malade, atteint d'une fièvre typhoïde compliquée d'accidents pernicieux.

Dans mon malheur, j'avais heureusement trouvé l'hospitalité chez un second père, M. Warnier, lequel, assisté du concours dévoué de MM. les docteurs Léonard et Dru et de

AVANT-PROPOS.

tous les membres de la bonne et excellente famille Bougenier, parvint à m'arracher à la mort.

Que tous, y compris les *Sœurs de l'Espérance*, qui veillèrent au chevet de mon lit, reçoivent ici le témoignage de ma plus affectueuse reconnaissance.

Après trois mois de maladie et de traitement j'étais sauvé, grâces à Dieu, mais je n'étais que convalescent et j'avais le plus grand besoin d'être en parfaite santé, car un Traité de Commerce allait être conclu avec les Touâreg, un appel était fait à toutes les Chambres de commerce de France, en vue de l'organisation de caravanes d'essai à expédier dans l'intérieur de l'Afrique, et la publication des études faites pendant mon exploration était considérée par le gouvernement comme urgente.

La Providence, qui m'avait fait arriver à Alger pour y trouver les soins que ma santé allait réclamer, permit qu'après ma guérison M. le docteur A. Warnier pût mettre à ma disposition, avec le temps nécessaire pour la rédaction de deux volumes, l'expérience spéciale qu'il avait acquise en Algérie par vingt-huit années de séjour et d'études.

Grâces à ce concours, je pus faire marcher de front la partie littéraire avec la partie graphique de mon œuvre.

Mais mon exploration embrassait une contrée presque inconnue, et toutes les collections que je rapportais ne pouvaient être classées avec précision et certitude que par les maîtres de la science; de même toutes mes observations, soit astronomiques, soit météorologiques, avaient besoin d'être comparées aux observations correspondantes faites dans d'autres contrées.

A l'honneur des savants de notre pays, je dois le déclarer hautement, tous ceux dont j'invoquai l'expérience répondirent avec une bienveillance extrême à mes demandes.

MM. Des Cloizeaux, de Verneuil, Deshayes, le docteur Marès, pour la géologie; Berthelot, pour la minéralogie; Renou, pour la météorologie; le docteur Cosson, Kralik, pour la botanique; A. Duméril, pour l'ichthyologie et l'erpétologie; Léon Rénier, pour l'archéologie; H. Zotenberg, pour la linguistique; Vivien de Saint-Martin, pour la géographie ancienne; Radau, pour les calculs de quelques positions astronomiques, furent assez bons pour m'éclairer ou me guider, chacun dans leur spécialité, et chaque fois que j'eus recours à l'autorité que leur donne leur haute position dans le monde savant.

Pour la réduction de mes itinéraires et le dressement de mes cartes, deux habiles dessinateurs, MM. E. Dubuisson et Picard, ont bien voulu me prêter leur concours, le premier pour la *Carte du pays des Touâreg* qui accompagne ce volume; le second pour la *Carte commerciale du Sahara et de l'Afrique centrale* destinée au volume relatif au commerce.

Enfin, aujourd'hui, je puis répondre à tant de sollicitude, en livrant au public le premier résultat de mes travaux.

Puisse-t-il l'accueillir avec indulgence et bienveillance, en raison des difficultés de l'entreprise!

Peut-être ai-je trop présumé de mes forces en abordant des questions dont la solution eût demandé plus d'expérience. Le désir d'être utile sera mon excuse.

Henri DUVEYRIER.

INTRODUCTION

L'étude complète de toute société humaine est inséparable de celle du milieu habité, car souvent les conditions de l'existence, la raison des mœurs, sont fatalement subordonnées à la loi des nécessités de la nature.

Quand le milieu est une contrée exceptionnelle, comme le plateau central du Sahara, inhospitalière, même pour la plupart des végétaux et des animaux, réputée avec raison inhabitable pour l'homme, il devient indispensable de faire préalablement connaissance intime avec elle, avant de parler des peuplades qui, après de nombreuses migrations, l'ont adoptée pour patrie et s'y trouvent tellement heureuses, dans une indépendance à l'abri de toute convoitise, que, pour rien au monde, elles n'échangeraient leur sort contre celui de tout autre peuple.

Ces quelques lignes suffisent à l'exposé des motifs de la division de cet ouvrage :

Un premier Livre fait connaître le milieu habité : terre et ciel, géographie physique, hydrographie, géologie, météorologie, positions astronomiques;

Un second donne l'inventaire de la production dans les trois règnes de la nature : minéral, végétal et animal ;

Un troisième Livre, intermédiaire entre les précédents et le suivant, consacré aux centres de rayonnement, autour desquels gravite toute société nomade, ajoute un complément à l'influence du milieu matériel, celui de deux attractions sociales : les centres commerciaux et les centres religieux ;

Enfin un quatrième et dernier Livre, exclusivement consacré aux Touâreg du Nord, traite en autant de Chapitres particuliers de leur origine, de leur division en tribus, de leur constitution sociale, de l'historique des tribus, de leurs caractères distinctifs, de leur vie intérieure et extérieure.

Un Appendice très-succinct, sous forme de *simples notes*, répond à un des vœux de l'Académie des inscriptions et belles-lettres : rapprocher et comparer les connaissances des anciens avec celles que les explorations modernes ajoutent aux notions, de plus en plus positives, sur la géographie du Nord de l'Afrique.

J'espère que cet ordre logique obtiendra l'approbation du lecteur, car il procède du connu à l'inconnu.

Contrairement à l'usage généralement adopté par les voyageurs, de publier d'abord les résultats de leurs explorations sous forme de *Journal de voyage*, j'ai préféré l'ordre méthodique des matières, pour ne pas compliquer un sujet, déjà abstrait par lui-même, de questions qui lui sont étrangères, bien qu'elles ajoutent souvent beaucoup d'intérêt au récit.

Si les circonstances le permettent, je publierai ultérieurement ce *Journal* ; mais, avant, j'ai à donner satisfaction aux besoins du gouvernement.

La question commerciale du Sahara et de l'Afrique cen-

INTRODUCTION.

trale n'est pas traitée dans cette première partie. Elle forme la matière d'un second volume, qui paraîtra prochainement.

La transcription, en caractères romains, des lettres ou des sons des langues sémitiques et africaines est un point qui embarrasse toujours les travailleurs consciencieux. Plusieurs systèmes ont été adoptés; je ne citerai que celui de la Commission scientifique de l'Algérie et ceux des diverses Sociétés asiatiques de l'Europe.

Malheureusement, tous ont le défaut de n'être pas applicables à l'usage général, à cause des caractères spéciaux, pointés ou accentués, que les imprimeries ne possèdent pas. D'un autre côté, les accents employés dans les transcriptions ont le défaut de dérouter le plus grand nombre des lecteurs, qui ne tiennent pas à une accentuation aussi scrupuleuse.

Voici à quoi je me suis borné :

Les voyelles longues ont été distinguées par un accent circonflexe;

Le ت arabe est rendu par *th* qui a le son de la même lettre en anglais;

Le ح et l'ه sont rendus par l'*h*;

Le خ par *kh*;

Le ط et le ت par *t*;

Le ظ, le ض et le ذ par *dh*;

Le ص presque toujours par *c*;

Le ع par '*a*, '*e*, '*i*, '*o*;

Le غ tantôt par *rh*, tantôt par *gh*, selon que la prononciation se rapproche plus de l'*r* ou du *g*, ce qui varie suivant les dialectes;

Le ق par *q*;

Le و par le *w* anglais, quand la prononciation oblige à lui garder sa valeur comme consonne;

Le ي tantôt par *y*, tantôt par *i*.

Provisoirement, j'ai transcrit les noms de la langue temâhaq comme s'ils étaient écrits en arabe.

Pour les noms de lieux, d'hommes et de choses, dont l'orthographe, en français, est consacrée par un long usage, j'ai respecté, dans le texte, le fait accompli, mais, dans l'*Erratum*, je restitue à chacun de ces noms sa véritable orthographe.

De même, pour les noms de la nomenclature géographique, soit arabes, soit berbères, je les ai écrits tels qu'ils sont en usage dans les contrées dont je parle. Ainsi, j'ai appelé, en arabe, les rivières tantôt *ouâd*, tantôt *ouâdi*, et, en berbère, les montagnes *adghagh* et *adrar*, suivant que les indigènes se servent eux-mêmes de ces différentes expressions.

Les gravures qui accompagnent cet ouvrage ont été dessinées par M. Bertall, soit d'après des photographies[1], soit d'après des croquis pris sur les lieux, souvent à la hâte et sans aucune prétention artistique. Dans la reproduction des types originaux par la gravure, j'ai tenu essentiellement à ce que l'art ne pût pas les modifier, quoique je reconnaisse mon infériorité comme dessinateur.

La Carte que je livre à la publicité comprend une partie positive et une partie hypothétique.

La partie positive est la réduction de mes itinéraires, avec tous les détails que la vue peut embrasser à droite et à gauche

---

[1]. Quelques-unes des photographies dont je me suis servi ont été prises dans le Sahara algérien par M. Puig, pharmacien militaire. Quelques autres ont été exécutées à Paris par divers artistes, quand les marabouts Touâreg y sont venus; enfin, d'autres ont été prises par moi, sur les lieux, malgré la difficulté de modifier l'instrument suivant l'intensité de la lumière. La plupart de mes épreuves sont brûlées, mais lisibles cependant.

des lignes parcourues. Ces lignes sont indiquées. Les routes des autres voyageurs ont été fidèlement tracées.

La partie hypothétique est basée sur de nombreux itinéraires recueillis à diverses sources. Pour me guider au milieu de renseignements qui ne concordaient pas toujours entre eux, j'ai été assez heureux pour obtenir du Cheikh-'Othmân qu'il me fît, sur le sable, le plan en relief des parties du territoire des Touâreg que je ne pouvais explorer, et quand j'étais bien d'accord avec mon informateur sur l'ensemble et les détails de sa composition, je la dessinais et j'en faisais ensuite la critique avec lui.

Cette manière de procéder m'a permis de contrôler d'une manière plus certaine les divergences de mes itinéraires par renseignements.

Pour la construction des routes que j'ai levées, chemin faisant, j'ai souvent vérifié les distances parcourues. J'y suis arrivé en mesurant la longueur moyenne du pas de chaque monture, et la moyenne du nombre de pas faits en une minute. Une réduction était faite ensuite pour les petits détours de la ligne droite et pour les facilités ou les difficultés de la marche, d'après la nature des terrains, dont il est impossible de tenir compte avec la boussole.

La moyenne des distances, entre une observation et une autre, est de 2,000 mètres; dans les terrains accidentés, elles ont été multipliées, quelquefois, de 200 en 200 mètres.

Pour les itinéraires par renseignements, les distances générales sont prises par journées de marche de caravane, estimées suivant la nature des lieux, entre 24 et 32 kilomètres et subdivisées, autant que je l'ai pu, en demies et en quarts de journée. Souvent, j'ai été assez heureux pour obtenir de mes informateurs des détails de 4 en 4 kilomètres.

Je ne publie pas ces itinéraires, mais la Carte en donne le tracé fidèle, avec les corrections qu'un contrôle sévère a dû faire subir à chacun d'eux.

Partout où j'ai pu appuyer mes renseignements sur des itinéraires relevés par mes devanciers, je l'ai fait, en donnant toujours religieusement la préférence à leurs indications, sur celles fournies par les renseignements des indigènes, si précis qu'ils aient été.

Ces itinéraires sont également indiqués sur la Carte avec les noms de leurs auteurs.

Tous les travaux graphiques préparatoires de la Carte sont mon œuvre, mais le dessin définitif a été confié à M. E. Dubuisson, dont la réputation, comme cartographe, est faite depuis longtemps. L'ouvrage tout entier a été rédigé sur cette base fondamentale.

La Carte a été gravée après l'impression du texte, afin qu'il y eût harmonie parfaite dans les deux ordres de travaux.

En résumé, en publiant les nombreux matériaux recueillis pendant la durée de mon exploration, j'ai compris que le sujet était neuf pour beaucoup de personnes, et, tout en restant dans les limites d'une exposition scientifique, j'ai fait mes efforts en vue d'être clair et intelligible pour le plus grand nombre.

Puissé-je avoir atteint le but proposé!

TOUAREG DU NORD

LIVRE PREMIER.

DIVISIONS NATURELLES ET POLITIQUES.
GÉOGRAPHIE PHYSIQUE. — SOL ET CLIMAT.

CHAPITRE PREMIER.

DIVISIONS ET LIMITES GÉNÉRALES DES CONFÉDÉRATIONS TOUÂREG.

Cette étude est restreinte aux Touâreg du Nord ; mais, pour la circonscrire dans les limites que je lui assigne, quelques lignes sur l'ensemble de la nationalité targuie [1], sur ses divisions territoriales et politiques, semblent un préliminaire indispensable.

Sous le nom général de Touâreg, nom d'origine arabe et adopté par les Européens, quoiqu'il soit repoussé par ceux auxquels il s'applique, on comprend quatre grandes divisions politiques correspondant à quatre grandes divisions territoriales, savoir :

La confédération des AZDJER ou Kêl-Azdjer [2], au *Nord-Est*, avec le plateau du *Tasîli du Nord* et dépendances, pour patrie ;

La confédération des AHAGGAR ou Kêl-Ahaggâr, au *Nord-Ouest*, dans le mont *Ahaggâr* ou *Hoggâr* des Arabes ;

La confédération d'AÏR ou Kêl-Aïr, plus généralement connue

---

[1]. *Touâreg*, au singulier *Targui*, au féminin *targuia*, en français *targuie*.
[2]. *Kêl* signifie *gens de ;* souvent, dans le discours, on dit Azdjer, Ahaggâr, Aïr, pour dire gens d'Azdjer, gens d'Ahaggâr, gens d'Aïr. Pour simplifier, j'imiterai l'exemple des indigènes.

sous le nom de KÉL-OUÏ, au *Sud-Est*, dans le massif d'*Aïr*, également appelé *Azben*;

La confédération des AOUÉLIMMIDEN, au *Sud-Ouest*, dont le territoire comprend une portion montagneuse, l'*Adghagh*[1], et une portion plane, l'*Ahâouagh*.

Les Azdjer et les Ahaggar constituent les Touâreg du Nord, comme les Aïr et Aouélimmiden ceux du Sud.

Ces derniers ayant été visités et étudiés avec beaucoup de soin par mon savant ami et protecteur, M. le Dr Barth[2], je n'ai pas à m'en occuper, estimant assez belle la part qui m'est dévolue, si je parviens à combler la lacune de l'exploration de mon illustre devancier.

Quoi qu'il en soit, je constate d'abord un caractère commun aux quatre confédérations des Touâreg; c'est que chacune d'elles a adopté comme centre de sa vie politique un système isolé de montagnes, refuge de son indépendance et foyer de ses libertés.

Deux de ces massifs isolés, ceux occupés par les Touâreg du Nord, embrassent les points culminants du plateau central du Sahara et les points de partage des eaux entre le bassin de la Méditerranée et le bassin de l'Océan Atlantique; les deux autres, à un gradin inférieur du plateau, appartiennent au bassin du Niger.

Entre les quatre massifs, s'étendent de vastes plaines, véritables déserts arides, tantôt sablonneuses, tantôt rocheuses, tantôt à sol crayeux, parfois affectant la formation alluvionnaire des bassins salins des *Sebkha*, le plus souvent se présentant sous la forme d'un sol caillouteux, très-dur, d'où le nom arabe de *Sahara* qui signifie *terre dure*.

S'il est permis d'assigner à chaque confédération, comme étant son patrimoine propre, le massif de montagnes qu'elle occupe, il devient impossible d'indiquer, dans les plaines, là où commence, là où finit le territoire de chacune d'elles et de préciser les limites qui les séparent de leurs voisins non Touâreg.

Le droit de premier occupant, le seul à invoquer dans ces immenses terres de parcours, n'a de valeur sérieuse que s'il est appuyé sur une force capable de le faire respecter. Néanmoins, sous la

---

1. Forme emphatique du mot *adrar*, montagne.
2. Voir le grand ouvrage de M. le docteur Barth, tomes I, IV et V des éditions anglaise et allemande.

réserve d'éventualités qui souvent substituent le fait brutal de l'invasion à la pratique pacifique d'usages consacrés par le temps, on peut assigner comme limites générales aux territoires occupés par les quatre confédérations Touâreg, savoir :

Au Nord, 1° une ligne droite partant d'El-Hesî dans le Hamâda-el-Homra de la Tripolitaine et allant à Ghadâmès; 2° une ligne, également droite, partant de Ghadâmès et aboutissant à la limite Nord de la confédération indépendante du Touât;

A l'Ouest, les rebords oriental et méridional du plateau de Tâdemâyt et la route des caravanes d'Aqabli à Timbouktou;

Au Sud, une ligne partant de Timbouktou et aboutissant à Oungoua-Tsammit, au Nord de Zinder;

A l'Est, d'abord une ligne parallèle à la route de Koûka à Mourzouk, mais d'un quart de degré à l'occident, puis la route directe de Mourzouk à Tripoli jusqu'à El-Hesî, où nous retrouvons le point de départ.

La limite septentrionale, sur laquelle je devrai revenir, sépare les Touâreg du Nord des tribus algériennes, les Souâfa, les Rouâgha et les Chaânba, avec lesquelles ils sont aujourd'hui en bonnes relations après de longues luttes que l'administration française a fait cesser.

La limite occidentale sépare d'abord les Ahaggàr des oasis du Touât ainsi que des tribus nomades qui en dépendent, entre autres les Oulâd-Bâ-Hammou; puis elle place d'immenses déserts entre les Ahaggàr, les Aouélimmiden et les tribus nomades, arabes et berbères des rives de l'Océan Atlantique. Malgré la barrière d'affreuses solitudes que la Providence a placées entre des ennemis irréconciliables, ils parviennent néanmoins à se rencontrer quelquefois les armes à la main.

La limite méridionale, telle que je l'ai indiquée, est celle qui séparait autrefois les Touâreg du Sud de l'ancien empire de Zonghay; mais, depuis quelques années, les Aouélimmiden ayant reconquis sur les Fellâta les deux rives du Niger, jadis occupées par les Zonghay, la limite doit être reportée plus au Sud.

La limite orientale sépare les Touâreg d'Aïr du peuple Teboû, et les Azdjer du Pachalik du Fezzân. En cette dernière partie, les Azdjer occupent des territoires appartenant à la Turquie, mais sans subir sa domination.

Dans ces limites, l'ensemble des territoires des quatre grandes divisions du peuple tàrgui forme, entre l'Afrique septentrionale et l'Afrique centrale, un immense quadrilatère que le tropique du Cancer partage en deux moitiés à peu près égales, et que les géographes connaissent sous le nom de plateau central du Sahara.

Les Touâreg donnent à leur pays le nom général d'*Adjema*, synonyme de Sahara.

D'après eux, les points de Timissao sur l'Ouâdi-Tarhit, d'Asiou et d'In-Guezzam sur l'Ouâdi-Tàfasàsset sépareraient les Touâreg du Nord de ceux du Sud et les deux grandes gouttières d'écoulement des eaux de leur pays, l'Ouâdi-Igharghar et l'Ouâdi-Tàfasàsset, l'une au Nord, l'autre au Sud, seraient généralement acceptées, mais non sans quelques exceptions particulières, comme lignes de démarcation entre les confédérations orientales et les confédérations occidentales.

Ces divisions générales posées, je rentre dans l'objet spécial de ce travail : *les Touâreg du Nord*.

CHAPITRE II.

GÉOGRAPHIE PHYSIQUE.

La géographie physique du grand plateau central du Sahara offre à l'observation deux phénomènes caractéristiques qui appellent au même degré l'attention du voyageur et l'obligent, à son insu, à rechercher la cause d'exceptions aussi considérables : d'un côté, d'immenses plateaux dénudés, où la roche, continuellement balayée par les vents, n'est recouverte de terre végétale que dans les parties abritées ; d'un autre côté, d'immenses bas-fonds, envahis par les sables, de manière à faire disparaître le sol primitif et dans lesquels s'amoncellent, en véritables montagnes, des dunes de 100 mètres et plus de hauteur.

Quoique les dunes occupent peu d'espace dans les territoires parcourus par les Touâreg du Nord, je ne crois pas pouvoir m'abstenir, avant de pénétrer dans les régions élevées du plateau central du Sahara, de chercher à donner une idée, aussi nette que possible, de la zone qu'elles forment entre la chaîne atlantique et les massifs de l'intérieur.

Ce chapitre comprendra donc deux paragraphes : l'un spécial à la zone des dunes, l'autre exclusivement consacré aux parties surélevées des plateaux, dont les détritus jouent un si grand rôle dans la géographie physique du Sahara.

§ Ier. — ZONE DES DUNES.

Les noms suivants ont été donnés aux diverses parties de cette zone par les populations qui la traversent :

'*Erg*, '*Arg*, '*Areg* (veines), par les Arabes [1] ;
Adehi, au plur. *Edeyen* (dunes), par les Touâreg ;

---

[1]. Caillé écrit *Helk*, mais, par la description de la contrée à laquelle il donne ce nom, il est facile de reconnaître qu'il a mal entendu le mot '*Erg*.

Iguídi, Igdia, El-Guédéa (dunes), par les Berbères marocains et sénégaliens.

Cette zone a été reconnue ou traversée, par des voyageurs européens, sur différents points de son immense étendue, savoir :

Au Sud de l'Ouâd-Noûn, entre le Sénégal et le Maroc, du 22° au 23° latitude N. par M. Panet, en 1850; par M. le capitaine Vincent, en 1860;

Au Sud du Maroc, par René Caillé, en 1828, du 22° au 28° latitude N.;

Au Sud de l'Algérie, entre les montagnes des Oulâd-Sidi-Cheïkh et le Touât, par MM. de Colomb, Colonieu et Marrès; entre El-Goléâ et le plateau de Tâdemâyt, par moi, en 1859; entre Ouarglà et la Zaouiya de Timâssanîn, par M. Ismayl-Boû-Derba, en 1858; entre El-Ouâd et Ouarglà, par moi, en 1860;

Au Sud de la Tunisie, entre El-Ouâd et Nafta, par moi, en 1860; entre El-Ouâd et Ghadâmès, par M. le capitaine de Bonnemain, en 1858; par moi, en 1860; par la mission placée sous la direction de M. le lieutenant-colonel Mircher, en 1862;

Dans la partie Sud de la Tripolitaine, entre El-Hesi et l'Ouâdi-el-Gharbi, par M. le docteur Barth, en 1850; entre le plateau de Tinghert et la vallée des Igharghâren, par moi, en 1860; entre l'Ouâdi-el-Gharbi et les lacs du Fezzân, par moi, en 1861.

De plus, j'ai recueilli, par renseignements, de nombreux itinéraires traversant l''Erg dans toutes les directions : trente-trois, pour la zone comprise entre Ouarglà, Gâbès, Ghadâmès et Timâssanîn; trois entre El-Goléâ et le Touât; quatre entre le Beni-Mezâb et le Maroc; trois entre Geryville et le Gourâra; enfin des détails très-circonstanciés sur la limite des dunes au Nord et à l'Ouest des montagnes des Touâreg.

Avec ces éléments, complétant ceux fournis par les autres voyageurs, on peut aujourd'hui estimer, au moins approximativement, l'étendue et la direction générales de la zone des dunes, entre la Méditerranée et l'Océan Atlantique.

Si je ne me trompe, cette zone s'étendrait, avec ou sans interruptions, du Nord-Est au Sud-Ouest, sur une longueur de 240 myriamètres environ, du golfe de Gâbès, dans la Méditerranée, au cap Barbas, sur l'Océan Atlantique, en suivant une direction qui semble commandée par la disposition réciproque de la chaîne atlantique et du massif des montagnes des Touàreg. La plus grande largeur de cette zone serait de 50 myriamètres; la plus petite, de 5.

Les causes constitutives d'un phénomène géologique aussi étendu seront étudiées ultérieurement; pour le moment je me borne à constater ce que j'ai vu et ce que j'ai appris.

Les indigènes distinguent quatre variétés de formes de dunes :

La *Gâra* (plur. *Goûr*), sorte de *témoin*, rocheux ou terreux, qui marque l'ancien niveau du sol primitif;

Le *Ghourd*, vraie montagne de sable qui atteint parfois les dimensions des montagnes ordinaires;

La *Zemla*, dune allongée, régulière, affectant la forme d'un dos d'âne, avec pente normale sur ses deux principales faces;

Le *Sif*, dune comparée à la lame d'un *sabre*, semblable à la précédente, mais en différant par la paroi verticale de l'une de ses faces.

La Gâra n'est pas une dune proprement dite, car sa base est la roche ou une terre compacte; le Ghourd, la Zemla, le Sif ne sont que des masses de sables.

Ces différentes formes de dunes sont séparées entre elles par des dépressions parmi lesquelles les indigènes distinguent aussi quatre variétés : le *Thenîya*, l'*Ouâd*, le *Haoudh*, le *Sahan*.

Le Thenîya est un col oblong, étroit, resserré entre deux dunes, servant généralement de passage aux caravanes, mais dont la traversée ne s'opère pas toujours sans difficulté, car, en raison de leur étroitesse, ces défilés sont souvent barrés par des amas de sable provenant d'éboulements ou accumulés par les vents. Alors on doit parfois s'ouvrir un sentier à lacets en pratiquant à la main un plan incliné qui permette aux chameaux de prendre pied.

L'Ouâd est une vallée, plus large que le Thenîya, toujours ouverte dans la direction des vents régnants et formée par eux. Son bas-fond sert de réservoir aux eaux pluviales, d'où lui a été donné le nom d'*Ouâd* (lit de rivière).

Le Thenîya et l'Ouâd prennent le nom de *Doûrîya* (tournant), quand une dune circulaire oblige la dépression à prendre la forme d'un labyrinthe.

Le Haoudh est un bassin d'une certaine étendue qui laisse quelquefois plusieurs kilomètres d'intervalle entre une dune et une autre;

Le Sahan est une dépression plate, dont le palier est généralement composé de sable en mélange avec du plâtre cristallisé.

C'est dans les bas-fonds des Theniya, des Ouâd, des Douriya, des Haoudh, des Sahan, comparés par les Arabes à un réseau de veines, ('Erg, 'Areg) que se trouvent les chemins et les puits sans lesquels les dunes seraient infranchissables.

On aura une idée approximative de l'aspect général des dunes en se figurant une mer en courroux qu'un miracle aurait instantanément solidifiée. Les Goûr seraient les pointes de rochers montrant leurs têtes au milieu des eaux; les Ghourd, les Zemla et les Sîf, les vagues que les vents auraient soulevées et dressées au-dessus du niveau général; les Theniya, les Ouâd, les Douriya, les Haoudh et les Sahan, les dépressions houleuses séparant les vagues.

Mais quelle que soit la puissance de l'imagination de l'homme, elle ne peut pas plus se figurer l'émouvant spectacle du chaos des dunes que celui des mers de glaces à leur dégel. Il faut avoir vu, et, quand on a vu, renoncer à reproduire ses impressions.

Plus de détails sont nécessaires sur les dunes, les chemins et les puits de l''Erg.

Si la pente de quelque Zemla est assez douce pour qu'un homme, s'aidant de ses mains et de ses pieds, puisse, à la rigueur, la gravir, on peut affirmer que, ni homme ni animal d'aucune espèce, n'a pu lutter contre les pentes de quelques Ghourd.

La hauteur des dunes, comme leurs formes, varie à l'infini, depuis celle d'un petit tertre de 1 à 3 mètres, jusqu'à celle du pic s'élevant à 150 et même 200 mètres.

Ici, la base d'une dune présentera un développement de 4 à 6 kilomètres; là, elle n'aura pas une centaine de mètres.

Dans les parties de l''Erg que j'ai parcourues, il n'y a pas une dune importante qui n'ait un nom propre que tous les bons guides connaissent.

Bien que les vents régnants déplacent continuellement les sables à la superficie des dunes et en modifient nécessairement la forme, les proportions, par rapport à la masse, dans lesquelles ont lieu ces changements sont tellement minimes et inappréciables à l'œil, qu'il faut la vie d'un homme pour constater quelque différence sensible. Cela se comprend : le vent opposé remet en place, le lendemain, le grain de sable déplacé la veille. Cependant, il est incontestable que les dunes marchent dans la direction des vents alizés, du N.-E. au S.-O.

Il est plus facile de constater le déplacement continuel des sables sur le terre-plein du sol. En marche, par exemple, lorsque le vent souffle, un voyageur ne peut suivre la trace des pas de son compagnon, si ce dernier le devance de quelques mètres seulement. Comme le navire à la mer qui ne laisse de trace de son sillage que par les résidus de l'office surnageant à la surface des eaux, de même la caravane ne marque souvent son passage sur les sables que par les crottins de ses chameaux.

L'absence de tracé de route, l'obligation de cheminer dans des dépressions sans horizons, le changement d'aspect des lieux, font que les voyages à travers l''Erg présentent toujours des difficultés sérieuses.

Avant d'entrer dans l''Erg, le Cheikh-'Othmân, chargé de me conduire chez les Touâreg, me fit quatre recommandations :

« M'armer de beaucoup de patience et de résignation;

« Ne pas intervenir dans les discussions des guides ou *khebîr*, relativement à la marche de la route;

« Faire provision de beaucoup d'eau;

« Être libéral envers les guides, envers mes serviteurs et mes compagnons de voyage. »

L'expérience avait dicté ces conseils à la sagesse du Cheikh-'Othmân.

Mes compagnons de voyage, connaissant les dangers de la traversée, recommandèrent leur âme à Dieu, au prophète, à tous les marabouts, en réclamant leur puissante intervention pour les faire sortir sains et saufs d'un pays qu'ils qualifiaient de *champ de la mort*.

Des guides sont indispensables pour voyager dans l''Erg; quand je quittai El-Ouâd, l'autorité locale exigea que j'en eusse deux, comme garantie de sécurité.

La profession de guide est héréditaire dans certaines familles et elle constitue chez elles une sorte de sacerdoce, car de l'expérience du guide dépend souvent le salut ou la perte d'une caravane. On juge de l'importance de cette profession par le respect dont tous les khebîr sont entourés et par les honneurs qui leur sont rendus au départ et à l'arrivée de chaque caravane.

La marche à travers les sables n'est pas sans difficultés pour les chameaux eux-mêmes, et, pour les surmonter, il faut qu'ils y soient habitués dès leur enfance, si la distance à parcourir est un peu considérable. L'habitude des sables donne aux pieds de l'animal une conformation appropriée aux besoins : élargissement de la surface plantaire, à la façon des palmipèdes, pour ne pas enfoncer; ongles aigus et longs, pour éviter les glissements aux montées et aux descentes.

Quoique les sables soient des éponges qui absorbent les eaux pluviales et les conservent à l'abri de l'action solaire, la question des puits a une importance réelle par la profondeur à atteindre pour trouver l'eau, par la nécessité de les coffrer dans la partie sablonneuse et mouvante des terrains traversés, par l'obligation d'entretenir ces coffrages et de couvrir les orifices, si l'on veut prévenir les éboulements et les ensablements, qui transforment les puits *vivants* en puits *morts*, pour me servir de l'expression caractéristique des indigènes.

Entre El-Ouâd et Ghadâmès, j'ai mesuré la profondeur des puits des stations de ma route; elle s'élève successivement de 8^{m}55 à 22^{m}30, dernière limite que les indigènes, avec les moyens dont ils disposent, puissent atteindre.

Le coffrage est fait au moyen de poutrelles de palmier et de fascines en branchages.

Généralement, on trouve l'eau dès que la pioche du puisatier a traversé la couche de sable qui recouvre le sol primitif, et généralement aussi elle est de bonne qualité. Cependant il y a quelques puits dont l'eau est saumâtre.

L'absence de seuil à l'orifice des puits, malgré le soin de les couvrir, fait que les vents y amoncellent des sables et des crottins de chameau qui les comblent ou altèrent la qualité de leurs eaux. Quelquefois l'abondance des matières étrangères est assez considérable pour qu'à l'arrivée des caravanes il faille les nettoyer avant d'avoir de l'eau potable; pour éviter ce travail très-fatigant et très-pénible, les khebîr ont toujours le soin d'ordonner de recouvrir les puits d'une couche de branchages; mais jamais ce travail n'est fait avec assez de soin pour empêcher les sables d'y pénétrer. Comment le pourrait-on, quand on ne peut éviter leur introduction dans les chronomètres les mieux fermés?

Le fascinage qui couvre l'ouverture des puits n'est réellement efficace que pour prévenir les chutes d'hommes ou d'animaux.

Pour abreuver les chameaux, on a des auges en terre argileuse pratiquées dans les déblais qui ont été tassés à cet effet au moment de l'ouverture des puits.

Dans toute la région de l'"Erg, le maximum de profondeur des puits paraît être de 22 à 25 mètres. Quand il y a lieu à creuser plus profondément, on s'abstient, sans doute à cause des difficultés de forage et de coffrage; aussi, dans les parties que j'ai parcourues, les puits sont limités à la zone la plus rapprochée des lignes de fond des oasis algériennes. Le reste est complètement dépourvu d'eau.

Sur la carte qui accompagne ce travail, je comprends la presque totalité de la partie orientale de l'"Erg dans les limites frontières de l'Algérie. Voici les raisons sur lesquelles s'appuie cette délimitation nouvelle :

Tous les puits de cette partie de l'"Erg ont été creusés et sont entretenus par les Souâfa, les Rouàgha et les Chaânba, tribus soumises au gouvernement de l'Algérie.

Ces tribus sont les seules dont les chameaux aient la pratique de l'"Erg; enfin, elles sont les seules chez lesquelles on trouve des khebîr pour guider les voyageurs.

Les puits de Berreçof, de Bîr-Ghardâya et de Bîr-Djedîd, ainsi que les territoires de parcours qui en dépendent, appartiennent incontestablement aux Souâfa, à l'exclusion de tous autres, car toujours les bergers et les chasseurs de cette tribu y ont leurs campements.

Ces faits, dont l'authenticité est irrécusable, portent dans l'Est la limite méridionale de l'Algérie, au delà du Sahara tunisien, jusqu'aux territoires de la Tripolitaine et des Touàreg.

Le nom d'un de ces puits rappelle celui d'un gouverneur de Constantine, Sâlah-Bey, dont le règne a laissé dans toute la province, par des institutions et des travaux remarquables, les traces évidentes d'un grand génie.

Au Sud de Methlîli, sur la ligne que j'ai reconnue en 1859, la limite est celle des terres de parcours de Chaânba d'El-Goléâ, limite qui, à peu de distance au Sud de cette ville, vient se confondre avec celle des terres de parcours des Touàreg et des Oulâd-Bâ-Hammou, arabes nomades de la confédération indépendante du Touàt.

Les chefs Touàreg, dont j'ai pris l'avis, assignent à leur territoire, comme limite Nord, les points suivants :

Tin-Yagguin, sur la route de Ghadâmès à In-Sàlah, par la voie d'El-Beyyodh ;

'Aïn-et-Taïba, sur la route d'Ouarglâ à Timâssanîn ;

Hamâd-el-'Atchân [1], sur l'Ouâd-Mîya, entre les Touâreg et les Chaânba d'El-Golêa'.

La localité de Tigmi, disent-ils, est aux Touâreg.

A moins d'admettre qu'entre ces points et ceux occupés par nos tribus, il y ait une zone n'appartenant à personne, la presque totalité de l''Erg au Sud et au Sud-Est de nos possessions fait partie de l'Algérie.

D'ailleurs, dès que les Touâreg veulent généraliser leurs déterminations, ils disent : « Les Dunes (El-'Erg) sont aux Souâfa et aux Chaânba, et les Plateaux au Sud (Hamâd) aux Touâreg. »

Ces derniers revendiquent, comme leur appartenant, le plateau de Tâdemâyt, quoique les arabes d'In-Sàlah et d'El-Golêa y mènent paître leurs troupeaux.

J'aurai, dans la suite de ce travail, l'occasion d'apporter un nouveau témoignage à l'appui de celui des Touâreg, en constatant que Ghadâmès faisait partie de la Numidie et que sa garnison lui était fournie par la IIIe Légion Auguste, dont le dépôt était à Lambèse.

A l'époque romaine, comme aujourd'hui, la propriété des puits entraînait celle de la contrée qu'ils pourvoyaient d'eau.

Je terminerai ce que j'ai à dire de la zone de l''Erg en signalant au Sud-Est d'Ouarglâ et à l'Ouest of Ghadâmès les ruines d'El-Menzeha et d'Es-Sohoûd, sur l'emplacement d'une ville fort ancienne, qui, d'après la tradition, aurait eu jadis une certaine importance, mais dont les chroniques arabes ne font aucune mention.

J'ignore en quoi consistent ces ruines, à quelle civilisation elles appartiennent ; je sais seulement qu'elles sont au milieu des dunes et que l'abandon de la ville est attribué à l'invasion des sables.

---

1. Hamâd-el-'Atchân est situé près de Tin-Fedjaouîn ; c'est un point très-facile à trouver, car on y signale des peupliers blancs (*safsaf*), arbres exceptionnels à cette latitude.

§ II. — MASSIF TOUÂREG.

Vu de haut et d'ensemble, le massif Touâreg offre une série de plateaux superposés, s'élevant graduellement, par étages, de hauteurs de 500 à 600 mètres au-dessus du niveau de la mer jusqu'à 2,000 mètres environ d'altitude.

Le Ahaggâr est le point culminant; viennent ensuite, en contrebas, le Tasîli[1] du Nord et la chaîne d'Anhef qui atteignent des altitudes de 1,500 à 1,800 mètres ; sur la circonférence de ces trois points surélevés on trouve, à un gradin inférieur, le plateau d'Eguéré, la chaîne de l'Akâkoûs, la chaîne de l'Amsâk, la Hamâda de Mourzouk, la Hamâda-el-Homra, la Hamâda de Tînghert, le plateau de Tâdemâyt, celui du Mouydîr, le Bâten Ahenet, le Tasîli du Sud et une Hamâda innomée, à l'Est du Tâfasâsset, séparative du pays des Touâreg du Nord de celui des Teboû.

Tout ce pâté constitue, sinon en totalité, du moins en partie, ce qu'on appelle, en géographie, le plateau central du Sahara.

Dans son ensemble, il présente trois versants qui forment trois grands bassins, vallées ou gouttières d'écoulement des eaux pluviales vers la mer : un versant méditerranéen qui embrasse toutes les têtes de l'Ouâdi-Igharghar ; un versant nigritien, à l'opposite du précédent, dont toutes les eaux se réunissent dans l'Ouâdi-Tâfasâsset, affluent du Niger ; enfin un versant occidental que j'appellerai atlantique, parce que, malgré l'obstacle des dunes d'Iguîdi, ses eaux doivent aboutir à l'Océan Atlantique par l'Ouâdi-Drâa.

Quelques lignes sur les principaux reliefs de ce pâté doivent compléter cette énumération.

Ahaggâr : Le Ahaggâr est le point le plus élevé du plateau central du Sahara, dont il forme la tête occidentale. D'après un plan en relief dressé dans le sable par le Cheikh-'Othmân lui-même, ce serait un immense plateau, de forme circulaire, se prolongeant vers le Nord, sous le nom de Tîfedest, en forme de promontoire, jusqu'au mont Oudân que les indigènes qualifient de *nez du Ahaggâr*. Ce

---

1. *Tasîli* signifie *plateau élevé et accidenté* ; *hamâda* désigne un *plateau large, plat et bas* ; *bâten* est une expression géographique propre au Sahara, qui correspond au mot *colline*.

massif s'élève par gradins superposés, couronnés eux-mêmes par un dernier plateau, l'Atakòr-n-Ahaggàr (*faîte du Ahaggâr*), au centre duquel se dressent deux pics jumeaux, Ouâtellen et Hikena, que je n'hésite pas à considérer ainsi que l'Oudân comme des puys volcaniques analogues à ceux de l'Auvergne. D'autres puys ou pics isolés, volcaniques ou non, existeraient aux étages inférieurs de la montagne, ceux d'Aheggar, d'Ilamàn, de Tahàt, sur le gradin intermédiaire ; ceux de Tasnao, de Téhé-n-Akeli, de Tâhela-Ohàt, de Serkout, sur le gradin inférieur.

Tasili du Nord : Ce tasili, généralement connu sous le nom de Tasili des Azdjer, pour le distinguer d'un autre tasili sis au Sud du Ahaggàr, est un grand plateau, ainsi que l'indique son nom, mais très-accidenté, car de nombreuses vallées, étroites et encaissées, le découpent en caps allongés, surtout sur son rebord Nord. Son rebord Sud, plus élevé que le précédent, est comme le Ahaggàr couronné d'un plateau supérieur, l'Adrar, dominé lui-même par le pic d'In-Esòkal, certainement un puy volcanique. Divers plateaux secondaires ou pitons isolés marquent le relief de ce massif. Je cite entre autres : Takaràhet, Asàdjen, Tàfelàmin, Atafeyfagh, Tinaorherh, Télout, Eseli, Aderedj, Mezzeriren, Tahònt-Terohet, Eguelé, Adjer. A l'aval de ces points culminants et dans les lignes de fond des ouàdi sont de nombreux lacs persistants dont l'existence, en pareil lieu, ne s'explique que par la transformation d'anciens cratères en réservoirs d'eau.

La forme du Tasili du Nord est celle d'un grand carré long, isolé, dont les murailles s'élèvent presque verticalement à pic au-dessus du milieu environnant.

Chaîne d'Anhef : Cette chaîne, entièrement isolée aussi, semble un coin jeté entre le Ahaggàr et le Tasili du Nord. M. le docteur Barth, qui a traversé son faîte entre les origines du Tàfasàsset, la représente couronnée de pics, comme le Tasili et le Ahaggàr. Sans doute, cette chaîne est aussi due à la même formation volcanique. Ce qu'on dit de la localité de Tâdent, campement renommé pour l'abondance de ses eaux et la richesse de sa végétation, l'assimile encore davantage au Tasili et au Ahaggàr.

Plateau d'Eguèrè : Plus encore que l'Anhef, le petit plateau d'Eguéré ressemble à un coin, interposé entre le Tasili, le Mouydîr et le Ahaggàr, comme pour les séparer. On le prendrait volontiers pour un fragment détaché de l'un de ces trois massifs, au moment de la dislocation, par l'action souterraine du feu, du grand plateau central du Sahara.

Chaîne de l'Akâkoûs : Presque parallèle au rebord oriental du Tasîli dont la gorge d'Ouarâret la sépare, la chaîne de l'Akàkoûs, peu large, mais étendue du Nord au Sud, est un massif de rochers infranchissable et peu connu, même des indigènes, car ils redoutent de s'y égarer. Ils citent cependant la localité de Tâderart comme ayant dû être un ancien centre d'habitation, car on y remarque des myrtes, nécessairement introduits par la culture, et des sculptures rupestres importantes, indices d'une civilisation disparue.

Chaîne de l'Amsâk : Je donne ce nom, en cela d'accord avec les indigènes, au rebord rocheux du grand plateau de Mourzouk, parce que sa traversée, dans certaines parties, offre les difficultés d'une véritable chaîne de montagnes. L'Amsâk nous est connue dans sa partie Ouest par le voyage de M. le docteur Barth et dans sa partie Nord par mes reconnaissances, entre le désert de Tâyta et l'Ouâdi-ech-Chergui. Ses prolongements au Sud et à l'Est sont encore inconnus.

Hamâda de Mourzouk : Quoique de nombreux voyageurs aient traversé ce plateau dans toutes les directions, ses limites orientales et méridionales sont vaguement indiquées, sans doute parce qu'il se continue sans ligne de démarcation tranchée jusqu'au Hâroûdj-el-Abiodh dans l'Est, et vers le Sud jusque dans une partie du Sahara encore inexplorée.

Le caractère de ce plateau est d'être uniformément plat, sauf quelques dépressions, bas-fonds d'anciens lacs desséchés, dans lesquelles sont les oasis de l'Ouâdi-'Otba, de la Hofra et de la Cherguîya.

On pourrait à la rigueur considérer cette hamâda comme une prolongation orientale du plateau du Tasîli des Azdjer.

Hamâda-el-Homra : Partie seulement de cette hamâda, nommée le *plateau rouge* à cause de sa couleur, appartient aux Touâreg, mais, géographiquement, elle ne saurait en être distraite, car elle sert d'assise inférieure aux massifs du Sud et les relie aux formations volcaniques du Hâroûdj-el-Asoued, de la Sôda, de la Syrte et du Djebel-Nefoûsa.

Rien ne donne l'idée du désert, dans sa monotone nudité, comme cette hamâda : ni une goutte d'eau, ni une plante, ni un insecte ne s'y rencontrent. La puce elle-même ne peut y vivre, et la limite Nord de ce plateau est la limite méridionale de ce parasite. A la place de tout ce qui réjouit la vue du voyageur en d'autres pays, on a là la roche nue, une chaleur réfractée accablante, des vents que rien ne brise, pas même d'horizon, tant la hamâda est grande, de sorte que l'uniformité de la désolation est absolue.

Hamâda de Tinghert : Tinghert signifie *pierre à chaux*. Cette hamâda, sur laquelle est assise la ville de Ghadâmès, n'est, en réalité, qu'une continuation à l'Ouest de la Hamâda-el-Homra, sous un nom différent, l'un arabe, l'autre berbère, à cause de la nature différente de la roche de sa base. Au Nord-Est, ce plateau commence au pied du Djebel-Nefoûsa, pour finir au Sud à la dépression d'Ohânet, tête des eaux de Timâssanîn. Dans l'Ouest comme dans l'Est ses limites sont indéterminables, car tout indique qu'il se continue sous les sables de l''Erg jusqu'aux plateaux de Tâdemâyt, des Cha'anba et des Beni-Mezâb, dans le Sahara algérien.

Plateau de Tâdemâyt : Ce bas plateau, compris entre l''Erg, le Touât et les étages supérieurs du massif des Touâreg, joue un certain rôle dans l'hydrographie de cette partie du Sahara. Par son rebord occidental, qui porte le nom de Bâten, et par sa tête (Râs Tâdemâyt), sise à l'angle Sud-Ouest du vaste quadrilatère qu'il forme, il donne au Touât les eaux qui alimentent ses trois cents villages et arrosent les forêts de palmiers qui les environnent; par l'éventail de son versant Nord-Est, il fournit à l'Ouâd-Mîya, *la rivière des cent sources*, les nombreuses origines qui lui ont valu ce nom.

Un rebord nettement accentué limite ce plateau sur ses quatre faces et protége la partie du Touât qu'il abrite contre l'invasion des sables de l''Erg.

Plateau du Mouydir : Ce plateau, qui semble former dans le Nord-Ouest le pendant de la chaîne d'Anhef dans le Sud-Ouest, est remarquable par sa forme oblongue, concave sur un de ses rebords, convexe sur l'autre, et surtout par le pic d'Ifettesen qui en occupe le centre, probablement un puy volcanique aussi [1], et d'où partent,

---

[1]. Je suis d'autant plus disposé à croire à la formation volcanique du pic d'Ifettesen, que dans la plaine d'Adjemôr, au pied du plateau, se trouve une source sulfureuse, Dhâyâ-el-Kâhela.

dans trois directions opposées, l'Ouâdi-Rharis, affluent de l'Igharghar, l'Ouâdi-Tirhehêrt et l'Ouâdi-Akâraba, qui vont se perdre dans les sables de l'Ouest.

Bâten Ahenet : Bâten est une expression technique de géographie saharienne, comme hamâda, tasîli, adrar ; elle indique un relief du sol, allongé et peu considérable. Celui d'Ahenet, orienté Sud-Est et Nord-Ouest, occupe le centre d'une hamâda entre le Ahaggâr, le Mouydîr, le Touât, les dunes d'Iguîdi, le Tânezroûft et le Tasîli du Sud.

Tasîli du Sud : Le Tasîli du Sud, qu'on désigne aussi sous le nom de Tasîli des Ahaggâr, pour le distinguer de celui des Azdjer, est un plateau rocheux, sans eau, sans végétation, presque inconnu des indigènes eux-mêmes, tant il est inhospitalier. Les chameaux qui s'y égarent, disent les Touâreg, ou périssent ou deviennent sauvages, car personne ne veut exposer sa vie pour aller les rechercher.

Ce tasîli sépare le Ahaggâr de l'Adghagh des Aouélimmiden.

De ces détails, je passe à l'examen de la cause qui a déterminé ces reliefs.

J'ai attribué à un soulèvement volcanique la formation isolée de chacun de ces plateaux ; mon opinion à cet égard est basée, pour les points les plus remarquables, sur des témoignages géologiques.

La présence certaine de roches pyrogènes [1] dans les massifs du Ahaggâr et du Tasîli, ainsi que dans les montagnes de la Sôda au Sud de Sôkna et du Hâroûdj à l'Est d'El-Fogha ; la situation de ces quatre massifs, sur une même ligne courbe, me portent à penser que le soulèvement de ces montagnes peut très-bien être dû au même effet volcanique, quoiqu'elles soient à de grandes distances les unes des autres. Cette appréciation, si elle était confirmée, s'accorderait parfaitement avec les nouvelles découvertes sur l'action circulaire des tremblements de terre.

La distribution géographique des roches volcaniques dans cette partie du continent africain nous montre l'action du feu souterrain commençant à la grande Syrte où l'on connaît des mines de soufre, se continuant à Ghariân où percent quelques roches de basaltes et se

---

1. Le massif d'Aïr aussi renferme des roches pyrogènes.

prolongeant jusqu'à la Sòda et au Hàroùdj, pour reparaître dans le Tasili et le Ahaggàr chez les Touâreg.

La zone de ces formations est d'autant plus large qu'elle s'avance plus vers le Sud-Ouest.

Telle est la charpente du pays des Touâreg du Nord, je devrais dire son squelette, car les plateaux et les montagnes sont presque toujours décharnés.

Entre ces montagnes et au pied de leurs versants, se trouvent des plaines et des vallées qui complètent l'ensemble du territoire.

Ces plaines sont : Amadghòr, Admar, Ouarâret, Tâyta, Ouàdi-Lajàl, Igharghâren et Adjemòr.

Plaine d'Amadghòr : Cette plaine, connue sous le nom de *Reg* (la plaine), est un long couloir entre le Ahaggàr, la chaîne d'Anhef et le Tasili du Nord; elle appelle l'attention à plus d'un titre.

Au centre est une sebkha ou lac salin desséché qui donne, en grande abondance, un sel excellent, jadis utilisé, mais dont l'exploitation est aujourd'hui abandonnée, par suite de l'insécurité qui règne dans la contrée.

Jadis aussi une foire annuelle, remplacée depuis par celle de Rhàt, se tenait sur les bords de la saline, et une grande voie de communication directe entre Ouraglà, Agadez et le Soudan, très-fréquentée par les caravanes, la traversait dans toute sa longueur.

Comme il n'y a, dans le Sahara occidental, que quatre salines pour alimenter de sel cinquante millions de nègres qui en ont le plus grand besoin, il y a lieu d'espérer la réouverture prochaine du marché d'Amadghòr, car, au dire des indigènes, le sel de cette contrée est aussi beau que celui de la sebkha d'Idjil, et supérieur à ceux de Taodenni et de Bilma. C'est au gouvernement de l'Algérie, qui a le plus grand intérêt à rétablir des relations directes avec le Soudan, à hâter le moment où la paix permettra de reprendre l'exploitation abandonnée. Les quatre confédérations des Touâreg le désirent vivement; déjà les Kél-Ouï de l'Aïr, dont les caravanes ont souvent été pillées à Bilma, sont entrés en pourparlers avec les Azdjer et les Ahaggàr à cet effet.

La plaine d'Amadghòr doit être très-élevée au-dessus du niveau de la mer, car elle est, avec le Ahaggàr et le Tasili des Azdjer, un des points de partage d'eau entre le bassin du Niger et celui de la Méditerranée. La ligne séparative des deux bassins est jalonnée par une série de petits monts isolés qui semblent relier le pic ahaggârien du Serkoût au mont tasilien d'Ounân et servir de trait d'union entre les volcans éteints du Ahaggàr, ceux du Tasili et même de l'Anhef.

La sebkha d'Amadghôr ne paraît plus communiquer aujourd'hui avec le lit de l'Igharghar, mais, si elle ne lui fournit plus d'eau, elle donne encore à tout le bassin les principes salins qui sont un des caractères communs des puits et des chott échelonnés sur tout le parcours de l'ouàdi.

Plaine d'Admar : Resserrée entre le Tasili et la chaîne d'Anhef, la plaine d'Admar aboutit, par son extrémité occidentale, à celle d'Amadghôr et, par son extrémité orientale, elle va se confondre avec un désert sans nom, une hamâda, qui sépare le pays des Touàreg de celui des Teboû.

Vallée d'Ouarâret : Une partie porte le nom d'Aghelad-wân-Azârif, *défilé de l'alun*, parce qu'on y trouve des affleurements de ce sel. Cette vallée n'est en réalité qu'une large gorge qui sépare le Tasili de l'Akâkoûs et par laquelle passe la route de Ghadâmès à Rhât. En raison de cette grande voie de communication, elle a une importance réelle dans la géographie physique du pays.

Plaine de Tàyta : Aride, sans aucune végétation, couverte de cailloux, elle est plutôt un désert séparatif, participant de la nature des hamâd, qu'une plaine proprement dite, car les indigènes ne réservent ce nom qu'aux parties abritées de leur territoire et dans lesquelles les alluvions des plateaux environnants permettent à la végétation de s'y développer. J'ai considéré ce désert comme une plaine parce qu'il est dominé par l'Akâkoûs et l'Amsàk entre lesquels il est situé.

Vallée de l'Ouâdi-Lajâl : Cette vallée, comprise entre l'Amsâk et les dunes d'Edeyen, est couverte d'oasis, de forêts de palmiers et de gommiers. Dans sa partie occidentale, par laquelle elle communique avec la plaine de Tàyta, elle prend le nom d'Ouâdi-el-Gharbi, et, dans sa partie orientale, celui d'Ouâdi-ech-Chergui. La nature de son sol rappelle celle des terres alluvionnaires de l'Ouâd-Righ, terres légères, un peu salines, parfaitement propres à la culture.

Au Nord et au Sud de cette vallée principale on trouve deux

petites vallées isolées, de même nature, l'Ouâdi-ech-Chiati et l'Ouâdi-'Otba.

La Hofra (dépression) de Mourzouk et les oasis de la Cherguiya rentrent aussi dans le même système de formation.

Plaine des Igharghâren : Igharghâren [1], *les rivières*, est le pluriel d'*Igharghar*, nom que porte la grande vallée d'écoulement des eaux de tout le versant méditerranéen du massif des Touâreg. On a appelé ainsi la vaste plaine qui longe le pied Nord du Tasîli, de Titerhsîn à Timâssanîn, parce qu'elle reçoit toutes les rivières qui descendent du plateau et forment la tête orientale de l'artère principale du pays.

Cette plaine basse, abritée des vents du Sud, riche en alluvions et en eaux à peu de profondeur, est le refuge des Touâreg Azdjer dans les années calamiteuses, c'est-à-dire dans les périodes de longues sécheresses.

Sa pente générale est du Sud-Est au Nord-Ouest, mais cette pente semble ne plus être continue aujourd'hui ; dans le haut, des amas d'alluvions, arrêtés à mi-chemin de leur course, ont transformé cette vallée en plusieurs bassins ; dans le bas, des dunes de sables la barrent et l'empêchent de communiquer à ciel ouvert avec le lit de l'Igharghar, mais la communication souterraine des eaux a toujours lieu comme dans les temps anciens.

La nature de son sol est une terre sablonneuse, micacée.

Plaine d'Adjemôr : La plaine d'Adjemôr, orientée Est et Ouest, avec pente à l'Ouest, est comprise entre les plateaux de Tâdemâyt au Nord et du Mouydîr au Sud. Par son extrémité occidentale, elle aboutit au Tidikelt, l'une des confédérations du Touât.

Cette plaine est, dans l'Ouest, pour les Ahaggàr ce que celle des Igharghâren, dans l'Est, est pour les Azdjer, c'est-à-dire un lieu de refuge dans les années de sécheresse, car l'Ouâdi-Akâraba, avec ses nombreux affluents du Sud et du Nord, est réputé pour l'abondance de ses eaux souterraines. On dirait que, dans le Sahara, la Providence ait voulu soustraire les eaux à l'action dévorante du

---

[1]. Le radical *ghar, ghor, ghir, gher*, signifie *eau qui ruisselle*. Dans le mot Igharghar on a répété deux fois le radical pour produire le son imitatif de l'eau quand elle coule avec rapidité.

soleil en remplaçant les rivières à ciel ouvert de nos climats par des rivières souterraines. Cette particularité, bien connue des indigènes, est appelée par eux *Bahar-taht-el-Ardh*, mer sous terre. Le géographe doit tenir compte de cette particularité dans la détermination des lits de ces rivières.

CHAPITRE III.

HYDROGRAPHIE.

Du Ahaggâr et du Tasîli descendent trois longues vallées : l'une au Nord, l'Ouâdi-Igharghar ; l'autre au Sud, l'Ouâdi-Tâfassâset ; la troisième à l'Ouest, l'Ouâdi-Tîrhehêrt. Elles méritent une attention particulière comme principales gouttières d'écoulement des eaux de cette partie du Sahara. Les lits de ces ouâdi, aujourd'hui à sec, ont dû être autrefois des rivières importantes.

Ouâdi-Igharghar : L'Ouâdi-Igharghar, sorti d'un des points culminants du Ahaggâr, reçoit une grande partie des eaux de ce massif et de celui du Tasîli du Nord ; à son issue des montagnes, il traverse, du Nord au Sud, l'extrémité occidentale du plateau de Tînghert, la région des dunes de l' 'Erg, passe un peu à l'Est d'Ouarglâ et vient se perdre à Goûg, village le plus méridional de l'Ouâd-Rîgh, après un cours de 1,000 kilomètres au moins.

A l'endroit où le lit de l'Igharghar se perd dans la dépression de l'Ouâd-Rîgh, qui, en somme, n'en est que la prolongation, il existait jadis un petit hameau, celui de Sîdi-Boû-Hânia, aujourd'hui ruiné, près duquel on trouve encore une Ghâba (forêt) de palmiers dans le bas-fond d'une sebkha et la Goubba où est enterré le marabout qui a donné son nom à la localité.

Sur tout le cours de cette longue vallée, les puits creusés dans son lit ne fournissent qu'une eau salée et amère comme celle de la sebkha de Sîdi-Boû-Hânia et d'une partie des puits artésiens de l'Ouâd-Rîgh, tandis que les puits creusés en dehors du lit, sur les berges de la vallée, en donnent de bonne qualité.

La direction générale du bassin de l'Igharghar, du Sud au Nord, la cessation de son lit à l'entrée de la dépression de l'Ouâd-Rîgh, la nature similaire des eaux des puits creusés dans son lit avec celles des eaux souterraines de Tougourt permettent de conclure que la

HYDROGRAPHIE.

nappe artésienne constatée dans la ligne de bas-fonds de l'Ouâd-Rîgh est alimentée par les eaux du Ahaggàr et du Tasîli.

Cette nappe artésienne, qu'on croyait, jusqu'à ce jour, limitée aux bassins des oasis de l'Ouâd-Rîgh et d'Ouarglà, paraît se prolonger plus au Sud au delà de la zone de l'"Erg; car, à Timâssanîn, à l'extrémité occidentale de la dépression d'El-Djoua, existe un puits artésien, aujourd'hui très-mal entretenu et à peu près comblé, mais dont M. Ismayl-Boû-Derba a constaté l'existence en se rendant à Rhât. C'est avec les eaux de ce puits que les serviteurs de la Zaouiya de Timâssanîn arrosent leurs cultures.

Ce fait, confirmatif d'ailleurs d'autres indications, me porte à croire que des forages artésiens pourraient être tentés, non sans chance de succès, au delà de l'"Erg, notamment dans la dépression d'El-Djoua, vers Ohânet, et sur toute la ligne de la grande vallée des Igharghâren, entre Timâssanîn et Rhât, au pied des versants du Tasîli.

Dans la vallée d'Ouarâret, à Ihanâren, et au delà de l'Akâkoûs, à Serdélès, à la tête même des eaux du bassin, des puits artésiens existent; on peut donc, sans trop de présomption, espérer le succès de semblables puits en contre-bas.

L'intérêt géographique qui s'attache au passage de l'Ouâdi-Igharghar à travers les dunes de l'"Erg m'a engagé à recueillir le plus de renseignements possibles sur le cours de cette rivière dans cette région. Voici ceux qui m'ont été fournis par le Ckeikh-'Othmàn, propriétaire et chef de la Zaouiya de Timâssanîn :

A une grande journée de marche de Timâssanîn, droit au Nord, un puits a été creusé sur la rive droite de l'Igharghar, par El-hâdj-el-Bekri, père du Cheikh-'Othmàn. Ce puits porte le nom de Tânezroûft, du nom de la localité.

A six journées au Nord de ce puits, dans le lit de la rivière, se trouve la source salée d'"Aïn-El-Mokhanza.

En aval, en un point où l'ouâdi prend le nom arabe d'Ouâdi-es-Sâoudy, est un second puits, celui de Meggarîn.

A six kilomètres en descendant le cours de l'ouâdi, est le puits d'El-Khadrâya.

A trois kilomètres, dans le thalweg même, se trouve la source d'El-Khadra; là encore, la rivière change de nom et devient l'Ouâd-Chegga.

A El-Metekki, à douze kilomètres d'"Aïn-El-Khadra, est un quatrième puits.

A égale distance, un cinquième se nomme Bey-Sâlah.

Entre ce point et Sîdi-Boû-Hânia, se trouve un dernier puits, celui de Matmata.

En allant d'El-Ouâd à Ouarglà, j'ai traversé le bas-Igharghar, au puits de Bey-Sâlah, et je lui ai trouvé un lit large et profond, sur la nature duquel il n'est pas permis de se tromper, car on y reconnaît facilement des alluvions provenant de contrées autres que celles de l'"Erg.

Un intérêt géographique, non moins grand, s'attache à la détermination précise des origines de cet immense bassin. Ma confiance dans les renseignements que m'ont fournis les Touâreg à ce sujet est égale à celle en mes observations personnelles, car tous les Sahariens sont d'excellents hydrographes.

Voici les déterminations que je considère comme exactes :

La source la plus méridionale de l'Igharghar, celle qui fournit des eaux à la ville d'Idèles, sort de l'Atakôr-n-Ahaggàr.

Du flanc Nord-Est de cette montagne naissent d'autres affluents qui, après avoir longé ou traversé la plaine d'Amadghòr [1], viennent se réunir au lit principal.

Le Mouydîr et le rebord occidental du Tasîli, entre lesquels l'Igharghar marche dans une vallée encaissée, y déversent les eaux de leurs nombreux ravins.

A la hauteur d'El-Bîr, au Sud-Ouest de Timàssanîn, on reconnaît l'amorce de la tête orientale, celle alimentée par les nombreux Igharghâren qui descendent des points les plus élevés du Tasîli et donnent leur nom à la plaine qu'ils traversent.

Cette tête se prolonge dans l'Est au delà du Tasîli, car la vallée d'Ouarâret, celle du Tànezzoûft, celle de l'Ouâdi-Serdélès et la partie occidentale du désert de Tàyta, appartiennent aussi au même bassin, bien que des barrages d'alluvions et de dunes en fassent autant de bassins secondaires fermés aujourd'hui.

Indépendamment de ces deux têtes principales, l'Igharghar reçoit : sur sa rive droite, à travers les sables, toutes les gouttières

---

1. *Ama*, en *temâhaq*, indique la possession. *Ghôr* est synonyme de *ghar*, *rivière*. Amadghòr ne serait-il pas un mot technique équivalent de *tête de la rivière* ?

du plateau de Tînghert et de l'immense bassin de l' 'Erg ; sur sa rive gauche, les eaux du Tâdemâyt par l'Ouâd-Miya, celles du plateau des Chaa'nba par de nombreux ravins, celles du plateau des Benî-Mezâb par l'Ouâd-Mezâb, celles de la chaîne atlantique même par l'Ouâd-Djedi. Il est vrai que tous ces ouâd, aujourd'hui envahis par des sables ou des alluvions, n'envoient plus leurs eaux au lit principal du bassin que par des filtrations souterraines qui ont transformé un grand fleuve en nappes artésiennes, alimentant ou des puits jaillissants ou des lacs vaseux successivement échelonnés jusqu'à la mer sur le parcours de l'ancien lit.

Nous verrons plus loin que cette situation ne date pas d'hier.

Ouâdi-Tâfasâsset : A quelques kilomètres au Sud des points où l'Igharghar prend ses nombreuses sources, on est à peu près certain de trouver autant d'origines du Tâfasâsset.

Ses affluents supérieurs partent, les uns du Ahaggàr, les autres du Tasîli, et voyagent isolément dans deux lits séparés jusqu'en un désert, au Sud-Ouest des puits d'Asiou, où ils se réunissent.

La branche orientale, après avoir reçu tous les ouâdi qui descendent du plateau de Tasîli et de la chaîne d'Anhef, en longeant le pied de cette chaîne, change de direction à partir du puits de Falezlez pour prendre celle du Sud ; à la hauteur des puits d'Asiou, elle se détourne vers le Sud-Ouest pour se joindre à la branche occidentale, l'Ouâdi-Tin-Tarâbin, dont la direction générale est Nord et Sud, et gagner l'Ahaouagh, au centre du pays des Aouélimmiden.

D'après le Cheikh-'Othmân, l'Ouâdi-Tâfasâsset, dans son cours inférieur, recevrait sur ses deux rives de nombreux affluents venant des montagnes de l'Adghagh dans l'Ouest et de celles d'Azben dans l'Est.

Je n'ai pu savoir de mes informateurs si cette rivière atteignait le Niger, dont le pays d'Ahaouagh est limitrophe. Cela est très-probable, même dans l'état actuel, quoique, faute d'un courant d'eau qui l'entretienne, le lit des rivières sahariennes ne soit pas toujours nettement marqué. M. le docteur Barth indique au Sud et à l'Est de Saï des ouâdi dont l'un pourrait bien être le confluent du Tâfasâsset dans le Niger. Une étude spéciale du pays des Touâreg du Sud pourra seule nous apprendre si la communication existe d'une manière continue.

Quoi qu'il en soit, un fait important est désormais acquis à la géographie physique du Sahara : c'est que les massifs du Ahaggàr et du Tasĭli ont formé jadis un partage d'eau entre la Méditerranée, par le golfe de Gabès, et l'Océan Atlantique, par le Niger et le golfe de Benin.

Ouâdi-Tĭrhehêrt : Selon toute probabilité, une troisième grande vallée formée à son origine des bassins de l'Ouâdi-Tĭrhehêrt et de l'Ouâdi-Akàraba, partirait du Mouydîr pour aller, dans l'Ouest, aboutir au lac Debaya et, de là, déverser les eaux du versant occidental du massif du Ahaggàr dans l'Océan Atlantique par le canal de l'Ouâd-Dráa.

Mais, pour arriver à l'Ouâd-Dráa, ces eaux auraient à traverser les dunes d'Iguĭdi, et le bassin même de la vallée disparaîtrait sous des masses de sables.

Dans cette hypothèse, les eaux qui descendent de l'Atlas marocain par les lits de l'Ouâd-Messaoura, de l'Ouâd-Guîr, de l'Ouâd-Tafilelt, et qui se perdent aujourd'hui dans les sables, se réuniraient souterrainement à celles de l'Akàraba et du Tĭrhehêrt pour aller alimenter le grand lac du Sahara marocain, comme celles de l'Igharghar, après de nombreuses disparitions et réapparitions, se retrouvent dans le Rĭgh, le Melghĭgh et les chott du Sud de la Tunisie.

Malheureusement, les déserts compris entre le pays des Touàreg et le grand lac de l'Ouâd-Dráa n'ont été explorés par aucun européen et sont même très-peu connus des indigènes, et à défaut d'indications plus précises, je ne dois pas aller au delà des informations des hommes qui connaissent le mieux la géographie de cette partie du Sahara.

D'après le Cheikh-'Othmàn, « l'Ouâdi-Tĭrhehêrt, que les Touàreg
« du Ahaggàr appellent Tĭrhejîrt et les Aouélimmiden nomment
« Teghâzert, prendrait sa source au point culminant du Mouydîr,
« dans la grande montagne d'Ifettesen qui donne aussi naissance
« à l'Ouâdi-Akàraba et à l'Ouâdi-Rharis; puis, dès sa sortie de la
« montagne, il se dirigerait droit à l'Ouest, pour aller passer entre
« In-Zîza et Ouâllen en coupant le Bâten Ahenet. Il entrerait dans
« le Tânezroûft en un endroit appelé Sedjendjànet et de là tourne-
« rait au Nord pour aller se perdre dans les dunes d'Iguĭdi en se
« dirigeant vers le bassin de l'Ouâd-Dráa où les sables l'empêchent
« d'arriver.

« Au delà de Sedjendjànet, le cours de cet ouâdi est peu connu,

« car il traverse alors des terrains inhabités et parcourus seulement
« par les voleurs de grands chemins. »

Ouâdi-Akâraba : Parallèle à l'Ouâdi-Tîrhehêrt, l'Ouâdi-Akâraba naît comme lui dans le Mouydîr et comme lui se perd dans les sables d'Iguîdi.

Le point du pic d'Ifettesen, où se trouve sa source, se nomme Immahegh.

D'après les indigènes, cet ouâdi apporte souterrainement aux oasis du Tidîkelt et d'Aqabli les eaux d'alimentation de leurs puits à galeries, comme l'Igharghar fournit à l'Ouâd-Rîgh celles de ses puits artésiens.

Ainsi, quoique le nom d'ouâdi, dans le Sahara, soit à peu près synonyme de *lit de rivière sans eau*, les lignes de bas-fonds qui les caractérisent n'en ont pas moins d'importance, car leurs eaux d'infiltration y alimentent, ou des puits ordinaires, ou des puits à galeries, ou des puits artésiens, quelquefois des lacs temporaires, Rhedîr ou Abankòr, même des lacs permanents, Adjelmâm, et enfin des sources assez communes dans les montagnes.

L'eau ne manque donc pas d'une manière absolue sur le plateau central du Sahara, ainsi qu'on le croit généralement; cependant elle y est rare, parce que les habitants de cette contrée, ou faute de temps ou faute de moyens industriels suffisants, n'exécutent pas les travaux qui la leur donneraient en plus grande abondance.

Quelques mots sur ces divers compléments de l'hydrographie saharienne.

Puits ordinaires : Permanents, on leur donne, suivant leur profondeur, les noms de *Mouï*, *'Ogla*, *Bir* ou *Hâsi*; temporaires, ils portent celui de *Themed*.

Rarement, les puits sahariens atteignent une grande profondeur, car on s'abstient d'en creuser là où le forage et le puisage de l'eau demanderaient trop de travail.

On s'abstient également d'en ouvrir partout où ils pourraient devenir des points de station et de refuge pour des maraudeurs. Souvent le besoin de sécurité pour les voyageurs ou pour les tribus les a fait combler sur des routes qui en étaient abondamment pourvues.

Sur tout le plateau central, les puits sont encore moins profonds que dans les plaines et dans les hamâd; ainsi dans le bas des vallées, ils n'ont guère plus de quatre à cinq mètres, et, dans les parties supérieures, on trouve l'eau presque à fleur de terre. L'eau de ces puits est généralement bonne.

Fogár ou *puits à galeries* : Près des centres d'habitation ou de culture, quand, à l'amont des terrains susceptibles d'être arrosés, on a reconnu, au moyen de puits verticaux, l'abondance d'une couche aquifère, on les réunit entre eux par des galeries horizontales, à pente réglée et inclinée vers le terrain à arroser, de manière à avoir un courant continu.

Ce procédé ingénieux pourrait recevoir plus d'une application utile en Algérie, et même dans certaines contrées de la France.

Ainsi sont arrosées la plupart des oasis du Touàt, et quelques-unes de celles du Fezzàn.

Puits artésiens : Des puits artésiens ont été creusés avec succès sur cinq points différents du versant méditerranéen du Sahara.

On en compte 335 dans l'Ouâd-Rîgh ; un grand nombre, dont le chiffre est inconnu, dans l'oasis d'Ouarglà ; un à Timàssanîn ; une dizaine à Ihanâren ; deux à Serdélès.

Les indigènes donnent le nom d'*Aïn* (fontaine) à ces eaux jaillissantes.

Avant l'occupation française, ces puits artésiens étaient creusés à main d'homme, comme les puits ordinaires, et, quelquefois, les puisatiers payaient de leur vie la richesse donnée à leur pays ; autrefois aussi des éboulements les comblaient et rendaient inutile un travail très-pénible ; aujourd'hui notre industrie a introduit dans le Sahara des appareils de forage et de coffrage qui simplifient beaucoup l'opération, et il ne paraît pas douteux (si les tremblements de terre ne viennent pas rompre les tuyaux en fonte dont nous nous servons) qu'avec le temps, le nombre des puits artésiens ne soit considérablement augmenté dans tout le Sahara.

Rhedîr ou *Abankôr* : On donne, dans le Sahara, le nom de rhedîr soit à des puits, à fleur de sol, creusés dans le lit d'un ouâdi et alimentés par des eaux d'infiltration, soit à des flaques d'eaux pluviales persistantes, ici dans les dépressions des plaines ou des plateaux, là dans les trous des lits desséchés des ouâdi.

En langue temâhaq, les rhedîr des Arabes se nomment abankôr.

Ils sont nombreux ; je me borne à signaler les importants :

Ceux de Tirhorwîn, de Toursél, sur les sommets du Tasîli ;

HYDROGRAPHIE.

Ceux de Sâghen, dans la plaine des Igharghâren;
Celui de l'Ouâdi-Ohânet, sur le plateau de Tinghert;
Celui de Meniyet, sur la tête de l'Ouâdi-Tirhejîrt.

Toujours un fond d'argile est nécessaire pour la conservation des eaux.

Lacs (*Adjelmâm* en langue temâhaq): De véritables lacs existent en assez grand nombre sur deux points différents de mon exploration : les uns sur le plateau du Tasîli des Azdjer, les autres dans les dunes d'Edeyen, au Nord du Fezzân.

D'après les Touâreg, il y aurait une quarantaine de lacs dans le Tasîli, sur le parcours de l'Ouâdi-Tikhâmmalt, mais il est probable que, dans ce nombre, ils doivent comprendre quelques rhedir. Les plus importants sont ceux de Mîherò, dont le principal porte le nom de Sebbarhbàrhet. Un autre lac, également considérable, se trouve sur le versant Sud du Tasîli, à la tête de l'Ouâdi-Tanârh, affluent du Tâfasâsset.

Ces lacs, très-profonds, sont probablement alimentés par des sources assez fortes, car ils ne dessèchent jamais, et des crocodiles y vivent, ce qui implique que le cube de la superficie aquifère est considérable.

Les débordements de l'Ouâdi-Tikhâmmalt, au moment de mon passage dans le Tasîli, m'ont empêché d'aller reconnaître ces lacs et de constater à quelles causes était due leur formation. Plus heureux, j'ai pu visiter un certain nombre de ceux du Fezzân et apprendre, *de visu*, ce que j'ai à en dire.

Ils sont au nombre de dix, savoir :

Le lac de Mandara,
— de Oumm-el-Mâ,
— de Tâzeroûfa,
— de Mâfou,
— de Bahar-ed-Doûd ou Gabra'oûn,
— de Bahar-et-Trounia,
— de Oumm-el-hasan,
— de Nechnoûcha,
— de Ferêdrha,
— de Tademka.

Le Bahar-et-Trounia ayant été visité par le docteur Vogel, qui avait dans son bagage une petite barque, je me suis abstenu de renouveler une exploration faite par un voyageur plus compétent; mais j'ai reconnu avec soin ceux dont je vais parler.

Le lac de Mandara peut avoir environ de deux à trois cents mètres de large; sa forme est circulaire; il est peu profond. A l'époque où je le visitai (28 mai 1861), il était presque entièrement desséché et les riverains étaient occupés à exploiter le sel qu'il produit. Toute sa circonférence est enveloppée par une ceinture de palmiers à l'ombre desquels on cultive un sorgho appelé *gueçob* et quelques légumes. En hiver, il y a dans le lac de Mandara des vers comestibles comme ceux que l'on pêche dans le Bahar-ed-Doûd.

Le lac d'Oumm-el-Mâ est intarissable et ses eaux sont vives, ainsi que l'indique son nom; il a la forme d'une nappe étroite, serpentant au fond d'une vallée ombragée par de très-grands palmiers.

Le lac de Tazeroûfa n'est guère qu'une grande mare qui se dessèche au commencement des chaleurs; il est entouré d'une double ceinture de palmiers et de tamarix ethel.

Le lac de Mâfou est également petit, mais il ne dessèche jamais et il est très-profond. Sa nappe d'eau bleue, qui miroite à travers le feuillage des palmiers, engage au repos sur ses rives. On pêche dans ce lac des vers de qualité inférieure et des fucus comestibles.

Le Bahar-ed-Doûd est circulaire; il a environ 300 mètres de largeur; le sondage en a été fait par le docteur Vogel. Son eau est très-amère et très-salée, tellement saturée de sel, qu'elle a presque l'aspect du sirop. Les fiévreux de tout le Fezzân viennent demander à sa vertu la guérison de leurs maladies. Voulant apprécier par moi-même l'efficacité de cette pratique, je me suis baigné dans le lac et je m'en suis bien trouvé. A deux ou trois mètres de son bord Sud, existent de petits puisards d'eau douce dans lesquels les baigneurs se plongent pour dissoudre la couche de sel qui recouvre leur peau.

Les étoffes de coton, trempées dans l'eau de ce lac, si on ne les a pas débarrassées des matières salines qu'elles contiennent, en les lavant dans l'eau douce avant de les laisser sécher, se brisent et se déchirent sous le moindre effort; elles ont la propriété de s'enflammer comme de l'amadou; aussi les emploie-t-on à cet usage.

De même que les lacs précédents, le Bahar-ed-Doûd est entouré de palmiers et de dunes de sables.

Pendant que je prenais un dessin de la vue du lac, j'entendis sous l'eau, et dans la direction de l'Est, une détonation semblable à un coup de tonnerre lointain. Un des indigènes présents ayant entendu comme moi ce bruit, s'emporta en injures contre le lac. Je lui demandai ce que c'était. Il me dit que ce phénomène se reproduisait souvent et que le bruit souterrain venait presque toujours du côté Est ou Sud-Est du lac, c'est-à-dire du côté où les hautes dunes s'élèvent à pic au-dessus des eaux. Je compris alors que le roulement entendu ne pouvait provenir que de l'éboulement des dunes de sables dans le fond du lac. Pendant les détonations, il ne paraît cependant aucun signe d'ébranlement extérieur, soit à la superficie des eaux, soit dans les dunes.

On donne à ce lac le nom de Bahar-ed-Doûd (la mer des vers), et aux riverains celui de Douwâda (hommes des vers), parce qu'on y fait une pêche de vers et de fucus comestibles dont j'aurai à m'occuper dans le chapitre III du Livre suivant.

Les lacs de Nechnoûcha et de Ferêdrha, le premier au Nord-Est, le second au Nord-Ouest du Bahar-et-Trounîa, contiennent du natron comme celui qui en porte le nom.

L'eau d'Oumm-el-Hasan est amère et ne nourrit pas de vers.

Le lac de Tademka, autrefois producteur de vers, n'en donne plus depuis quelque temps.

Tous ces lacs, situés au milieu d'un dédale de dunes de sables, sont alimentés d'eaux par elles.

M. Ismayl-Boû-Derba a constaté le même mode d'alimentation pour la mare d'"Aïn-et-Taïba, dans l'"Erg, à l'Ouest de l'Igharghar.

Sources : Les sources les plus considérables sont celles de Ghadâmès[1], de Rhât, de Ganderma, d'Idélès, de Djanet, de Temàssint,

---

1. M. Lefranc, pharmacien militaire, a analysé 1 kilogramme de l'eau de Ghadâmès rapporté par M. le capitaine de Bonnemain. Voici le résultat de son opération (année 1858, *Nouvelles Annales des Voyages*) :

	Gr.	milligr.
Chlorure de sodium.	»	800
Sulfate de soude.	»	250
— chaux.	»	750
Carbonate de chaux	»	200
— magnésie.	»	100
Chlorure de magnésium.	»	250
	2	350

de Tît-en-Afara, d'Aherêr, de Tânout, de Tidîdji, d'Aharhar, de Tàzeroûk, de Dhâyet-el-Kâhela, d'Ahêr, de Tadjenoût, etc.

Il est bien entendu que je néglige d'énumérer toutes celles qui n'ont pas une importance réelle.

Les abords de celles citées ci-dessus sont occupés ou par des villes, ou par des villages, ou par des campements permanents. Partout où les eaux sont abondantes, on les emploie à l'arrosage des plantations de palmiers.

Les eaux de la source de Ghadâmès sont thermales[1]; elles ont 29°6 dans le vaste bassin qui les reçoit (observation du 9 décembre 1860); celles de Sebbarhbârhet, à Mîherò, ont aussi une température élevée, du moins, l'eau sort en bouillonnant et en soulevant des sables. Cependant les Touàreg s'y baignent malgré sa chaleur.

La source de Dhâyet-el-Kâhela, au Nord de l'Ouâdi-Akâraba, est également thermale et probablement sulfureuse, ainsi que l'indique son nom. Les Ahaggàr, qui en font usage, ont reconnu son efficacité contre les fièvres intermittentes contractées au Touàt.

---

[1]. Une seconde analyse de l'eau de Ghadâmès, faite en 1863, au laboratoire des mines d'Alger (*Mission de Ghadâmès*, Alger, *1863*, p. 200), a donné par 1000 grammes les résultats suivants :

	Grammes.
Chlorure de sodium	0,6210
— potassium	0,0200
Sulfate de chaux	0,9000
— magnésie	0,3860
— soude	0,3424
Acide azotique	traces. »
Carbonate de chaux	0,1013
— magnésie	0,0975
Silice	0,0060
Oxyde de fer	0,0050
	2^{gr},4792

CHAPITRE IV.

GÉOLOGIE.

Ce chapitre comprendra cinq sections :

1° Ma route d'El-Ouâd à Ghadâmès, du Nord-Ouest au Sud-Est ;
2° Ma route de Ghadâmès à Rhât, du Nord au Sud ;
3° Ma route de Titerhsîn à Zouïla, de l'Ouest à l'Est ;
4° Ma route de Mourzouk à Bondjêm, du Sud au Nord ;
5° Divers renseignements sur le Tasîli et le Ahaggàr, de l'Est à l'Ouest.

PREMIÈRE SECTION.

D'EL-OUÂD À GHADÂMÈS.

Toute cette section, sur un parcours de trente-sept myriamètres, est un amas de dunes de sable, qui, à très-peu d'exceptions près, couvrent la surface du sol primitif et laissent peu de place à aucune observation géologique autre que celle de la formation des dunes elles-mêmes.

Le sable de ces dunes, fin, jaunâtre, varie dans ses caractères physiques, comme aussi probablement dans ses caractères chimiques, suivant les localités.

J'ai rapporté plusieurs échantillons de ces sables ; je regrette de n'avoir pu en faire l'analyse. Ils figureront dans ma collection géologique sous les numéros 1, 2, 3 et 4.

On s'est livré à beaucoup d'hypothèses pour expliquer l'accumulation d'une aussi grande masse de sables sur une aussi immense étendue ; je ne crois pas que, dans la limite des observations exactes, incontestables, faites dans les dunes sahariennes, il soit encore permis de déduire la loi générale d'un fait géologique aussi considérable.

M. le docteur Marès a vu dans l'Ouest, autour de la Dhàya-Hàbessa, des dunes qui contenaient des coquilles fossiles du terrain sur lequel elles reposaient, et, avec raison, il a conclu de son observation personnelle que ces dunes avaient été formées sur place.

M. F. Vatonne, ingénieur des mines, qui, comme moi, a traversé l'˙Erg entre El-Ouàd et Ghadâmès, mais à petites marches et de jour, et qui a pu étudier cette région avec plus de temps et de compétence, termine son excellent mémoire[1] en émettant l'opinion qu'il ne peut exister aucun doute sur la formation des dunes sur place, formation due à la destruction des éléments constitutifs de la roche primitive.

« Cette destruction, dit-il, est due à la dilatabilité des roches, à
« la présence du gypse, à l'action des agents atmosphériques, notam-
« ment de l'eau, qui a amené à l'état farineux, c'est-à-dire à un état
« de désagrégation complet, les roches de carbonate de chaux et de
« gypse; cette désagrégation de la roche amène un foisonnement,
« développe une pression intérieure sous laquelle les couches dures
« des plateaux sont complétement brisées, etc. »

M. Vatonne, convaincu que la formation des dunes est due à cette cause unique, conclut de leur fixité, de l'absence de sables dans certaines cuvettes, de l'inégalité même de la surface des sables, que l'action des vents n'a d'autre effet que de déterminer les formes de quelques dunes, et ne peut être invoquée comme cause générale de formation.

Comme M. Vatonne, et quoique voyageant dans les dunes, à grande vitesse, nuit et jour, j'ai constaté des goûr rocheuses à côté de ghourd exclusivement composés de sables; comme lui, j'ai aussi été frappé du grand nombre de roches à l'état de décomposition. Toutefois ce fait de désagrégation des roches n'est pas une exception limitée à la région de l'˙Erg, mais l'effet d'une loi générale, commune à toutes les parties du Sahara que j'ai visitées.

Dans l'ensemble de mes études, j'ai été beaucoup plus frappé de la dénudation complète des hamâd et des montagnes à l'amont des bassins des dunes.

1. *Mission de Ghadâmès*. Alger, 1863. — *Études sur les terrains et sur les eaux des pays traversés*, par M. F. Vatonne, ingénieur des mines.

Fig. 1. — GARA DE TISFIN.

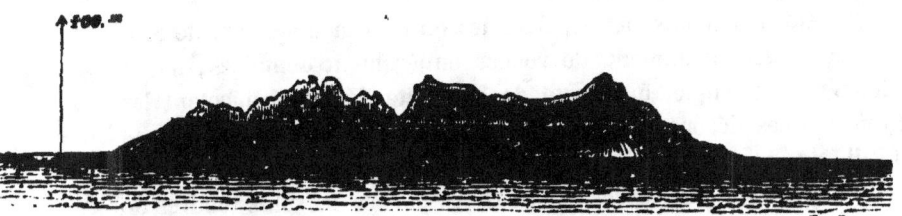

Fig. 2. — PROFIL DU MONT IDINEN.

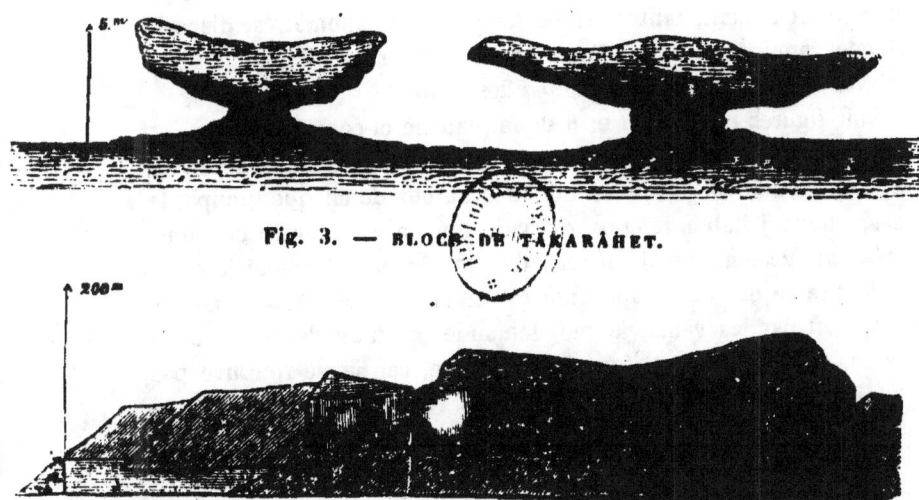

Fig. 3. — BLOCS DE TAKARAHET.

Fig. 4. — BERGES D'INGHER ET ASOUITAR.

Fig. 5. — RHEAD DE TANEZROUFT.

J'ai été beaucoup plus surpris de l'élévation de ces témoins géologiques de l'ancien niveau du sol, que les indigènes appellent *gâra* (pl. *goûr*) et qu'on trouve, de distance en distance, dans chaque hamàda.

(Voir figure n° 1 de la planche ci-contre.)

J'ai été non moins étonné, dans les massifs montagneux, de rencontrer, indépendamment de roches entièrement dénudées, ici, à Idinen, par exemple, une sorte de squelette décharné affectant les formes et les découpures les plus bizarres; là, à Takaràhet dans le Tasîli, des blocs titaniens, supportés sur une base étroite et représentant l'action érosive des eaux sur les parties les plus tendres de la roche; ailleurs, dans la presque totalité des ouâdi, des berges de soixante à cent mètres de hauteur, taillées à pic comme des murailles, tantôt assez étroites pour qu'un chameau avec sa charge y passe difficilement, tantôt larges de plusieurs kilomètres, disposition géographique que les Touâreg désignent sous le nom spécial d'*aghelâd*, correspondant au *khanga* des Arabes.

(Voir figures n°s 2, 3, 4 et 5 de la planche ci-contre.)

Quand, par la pensée ou la plume à la main, j'additionne une à une la superficie des espaces dénudés autour de chaque groupe de dunes, quand j'établis le cube du vide que laissent entre eux tous les témoins géologiques du niveau de l'ancien sol et quand je compare la masse des matériaux enlevés ici et apportés là, soit par les pluies, soit par les vents, je me demande ce qu'est devenu le cube du vide, si les dunes sont formées sur place, car je ne retrouve pas le total des déblais dans l'ensemble des remblais, si considérable qu'il soit.

La carte qui accompagne le deuxième volume de cette étude comprend la totalité des divers groupes de dunes du Sahara occidental, entre le golfe de Gâbès dans la Méditerranée et le Sénégal sur la côte de l'Océan Atlantique.

Ces groupes sont au nombre de sept :

Celui d'Edeyen, du 27° au 28° latitude N. et du 6° au 12° longitude E.;

Celui de l'Erg, du 29° au 34° latitude N. et du 7° longitude E. au 3° longitude O.;

Celui d'Iguidi, du 24° au 30° latitude N. et du 3° au 5° longitude O.;

Celui de Maghtîr, du 22° au 27° latitude N. et du 5° au 14° longitude O.;

Celui d'Adâfer, du 20° au 23° latitude N. et du 4° au 13° longitude O.;

Celui d'Akchar, du 19° au 23° latitude N. et du 16° au 18° longitude O.;

Celui d'Iguîdi des Trârza, du 16° au 18° latitude N. et du 17° au 19° longitude O.

La superficie des espaces que ces groupes de dunes couvrent (superficie très-approximative, bien entendu, hypothétique même dans beaucoup de cas), est de 45,000,000 d'hectares, savoir :

	Nomb. d'hect.
Édeyen	2,000,000
'Erg	12,000,000
Iguîdi	8,000,000
Maghtîr	12,000,000
Adâfer	10,000,000
Akchar	500,000
Iguîdi des Trârza	500,000
Ensemble	45,000,000

A chacun de ces groupes de dunes correspondent des plateaux alimentateurs dont la superficie est triple environ, savoir :

		Nomb. d'hect.
Pour Edeyen	Le Hâroûdj	3,000,000
	Le plateau de Mourzouk	6,000,000
	Le désert de Tâyta	2,000,000
	L'Akâkoûs	1,000,000
	Total	12,000,000
Pour l''Erg	Le plateau de la Syrte	6,000,000
	La Hamâda-el-Homra	8,000,000
	Le plateau de Tinghert	2,000,000
	Le Tasili du Nord	4,000,000
	Les versants N. et E. du Ahaggâr	4,000,000
	La chebka du Mezâb	2,000,000
	Le plateau des Cha'anba	3,000,000
	Le plateau des O.-S. Cheikh	2,000,000
	Le plateau de Tâdemâyt	2,000,000
	Total	33,000,000

GÉOLOGIE.

		Nomb. d'hect.
Pour Iguidi	Le plateau de Groûz	2,000,000
	La plaine d'Adjemôr	1,000,000
	Le plateau du Mouydir	1,000,000
	Le versant O. du Ahaggàr	8,000,000
	Le Bâten Ahenet	6,000,000
	Total	18,000,000
Pour Maghtir	Le versant S. du Ahaggàr	2,000,000
	Le Tasilí du Sud	4,000,000
	Le désert de Tànezroûft	4,000,000
	Le désert d'Ouaràn	4,000,000
	Le plateau des 'Arîb	2,000,000
	Le plateau de l'Ouâd-Drâa	4,000,000
	Total	20,000,000
Pour Adâfer	L'Adghagh de Kidal	8,000,000
	L'Azaouad	6,000,000
	Le désert d'Oualâta	6,000,000
	Total	20,000,000
Pour Akchar	Le plateau des O. Delim	6,000,000
	L'Adrar de Bafour	2,000,000
	Total	8,000,000
Pour Iguidi des Trârza	Le plateau de Tâgant	2,000,000
	Le désert d'Aftot	6,000,000
	Total	8,000,000

L'ensemble général de ces plateaux, dont la superficie a été plutôt diminuée qu'augmentée, donne un total de 119,000,000 d'hectares.

Bien entendu, ces chiffres ne représentent ni la superficie réelle des bassins des dunes ni celle des plateaux qui les alimentent, mais seulement les surfaces que je suppose couvertes de sable d'un côté et celles dénudées de l'autre.

L'observation de la totalité des dunes sahariennes nous les montre suivant une direction générale, du Nord-Est au Sud-Ouest: elle nous les montre sur une ligne plus étroite dans le vaste couloir entre le relief atlantique et le plateau central du Sahara, puis s'élargissant et s'étendant vers le Sud dès que les assises du Ahaggàr s'abaissent.

La disposition réciproque des montagnes du Nord et des montagnes du Sud ne permet pas d'assigner une autre direction générale aux vents, du moins à celle de leurs couches qui se rapproche le plus de terre.

De là, une première indication qui permet, sans trop sortir du domaine de l'observation scientifique, d'attribuer à l'action dominante des vents combinée avec l'action secondaire des eaux, la distribution générale des masses de sable telle que nous la constatons dans la partie occidentale du Sahara.

Examinons maintenant la question de production.

En tout pays, la source de production des sables la plus considérable, si ce n'est l'unique, est la désagrégation des roches.

Dès que cet itinéraire géologique atteindra les parties rocheuses de mon exploration, j'aurai soin de signaler les matériaux en décomposition spontanée, et on verra qu'ils sont relativement nombreux.

Toutefois, il est une cause générale et permanente de désagrégation de la partie superficielle des roches, qui me paraît avoir une grande part dans la production des sables; je veux parler de l'action atmosphérique.

En général, la surface rocheuse des hamâd, des tasîli, des adrar, en un mot de toutes les parties relevées du relief saharien, est à nu et n'est garantie contre les influences atmosphériques extérieures, ni par des terres, ni par des produits végétaux.

Par suite, la lumière, la chaleur, le froid, les pluies torrentielles, l'électricité agissent directement sur la surface extérieure des roches.

Il est difficile d'apprécier l'action de la lumière, mais la plaque photographique nous révèle que la lumière solaire modifie les points par elle atteints en raison de son intensité; or, dans le Sahara la lumière est intense, et nous avons la preuve de son action directe par la coloration bronzée, noirâtre, brûlée, de la superficie de la presque totalité des roches.

La lumière lunaire, dont l'influence sur la décomposition de certaines pierres est démontrée, agit dans le Sahara encore plus qu'ailleurs, car les nuits y sont d'une pureté admirable.

Les extrêmes de la température, atteignant souvent au soleil de 65 à 70 degrés dans le jour et descendant quelquefois à 5 degrés au-dessous de zéro pendant la nuit, amènent inévitablement à la superficie des roches des dilatations et des condensations dont l'effet immédiat est la désagrégation de la partie la plus friable de leurs éléments.

L'électricité, assez abondante souvent pour que le moindre frottement dégage des étincelles des vêtements, a bien aussi sa petite action perturbatrice, action inconnue, inappréciable, mais qu'on n'oserait nier.

Adviennent, pour compléter la série de ces agents de décomposition, l'action dissolvante et la force impétueuse des pluies torrentielles, et l'on comprendra que la production quotidienne des sables dans le Sahara a dû, avec le temps, donner des masses aussi considérables que celles des dunes, quel que soit le cube qu'elles représentent.

J'ai eu l'occasion, le 30 janvier 1861, étant à Oursel, au pied du Tasîli, d'observer le débordement d'un des nombreux torrents qui descendent de cette montagne. La rapidité du courant était d'un mètre à la seconde et les eaux charriaient des alluvions dans des proportions telles que je regrette de ne pas en avoir constaté la quantité. Toutefois, on en aura une idée par ce fait, qu'après leur dépôt les Touâreg ont pu ensemencer des céréales là où la veille il n'y avait pas de terre végétale.

Ajouterai-je que, dans les temps antérieurs à l'histoire, l'action volcanique attestée dans le Djebel-Nefoûsa, la Sôda, le Hâroûdj, le Tasîli et le Ahaggâr, a dû contribuer, dans des proportions considérables, à la dislocation des roches et à la désagrégation de leurs éléments constitutifs?

Le Sahara, en son entier, est donc un foyer de grande production de sables, et ces sables, s'ils ne restent pas sur place, doivent se retrouver ailleurs.

De la production des sables, je passe à leur circulation.

Les deux grands moteurs de la circulation des sables sont les courants atmosphériques et les torrents.

Pour les sables charriés par les courants atmosphériques, voici ce qui est démontré :

M. Ehrenberg a eu l'occasion d'analyser des sables et des terres de divers points du bassin du lac Tsâd qui lui avaient été envoyés par les docteurs Barth et Vogel, et dans ces sables et terres il a reconnu cent trente-trois formes d'animaux infusoires qu'il a déterminés.

Le savant professeur a fait aussi recueillir sur la côte occidentale d'Afrique, en pleine mer, à bord des navires, les matières charriées par les pluies de sable qui y sont communes, et, en analysant ces matières, il y a retrouvé les infusoires des sables du bassin du lac Tsâd.

Or, entre le lac Tsâd et la côte occidentale d'Afrique, il n'y a pas moins de 30 degrés de longitude.

M. Ehrenberg explique ces transports de sables à de si grandes distances par la grande raréfaction de l'air échauffé dans le Sahara.

Pendant mon voyage, j'ai pu constater, plusieurs fois, des faits de circulation de grandes masses de sables par des courants atmosphériques. Je cite, entre autres, les observations suivantes extraites de mon journal :

20 FÉVRIER 1861. — Campement de Titerhsîn. — *Observations de 9 heures 15 minutes du matin* : Bar. aner. 713-50. — Therm. fr. 25°8. — Ciel voilé. — Vent du Sud modéré.

Observation de 1 heure 30 du soir : A 1,500 mètres dans le N.-E. trombe de sable, haute de 50 mètres au moins, chassée par un vent du S.-E.

Observations de 3 heures du soir : Bar. aner. 704-10. — Therm. fr. 30°75. — Ciel nuageux. — Vent du Sud assez fort.

28 AVRIL 1861. — Même campement. — *Observations de 6 heures du matin* : Bar. aner. 704-65. — Therm. fr. 22°3. — Ciel couvert. — Vent E. faible.

Observation de 1 heure 30 du soir : Pluie par intervalle; un immense nuage de sable, rougeâtre, semblable à l'aspect d'un vaste incendie, passe à l'E., à fleur de terre, en s'élevant vers le ciel. Sa marche, du S.-O. au N.-E., est rapide comme celle d'un vent violent.

Observations de 3 heures du soir : Bar. aner. 699-50. — Therm. fr. 31°4. — Ciel couvert. — Vent du S.-O. fort. — Pluie froide.

30 AVRIL 1861. — En route d'Iferdjan à In-Lélen. — *Observations de 6 heures 30 du matin* : Bar. aner. 704-60. — Therm. fr. 21°8. — Ciel couvert. — Vent E. presque nul.

Observation de 3 heures du soir : Un coup de vent terrible du S. amène un nuage de sable, rouge, comme s'il était chargé de flammes. Il se rue sur notre caravane, accompagné de grosses gouttes qui ressemblent à de la neige fondue.

Observations de 7 heures du soir : Bar. aner. 697-10. — Therm. fr. 31°7. — Ciel couvert. — Vent du Sud modéré.

3 MAI 1861. — Campement de Serdélès. — *Observation de 2 heures du soir :* Coups de tonnerre prolongés, lointains, au S. magnétique.

Observations de 3 heures : Bar. aner. 694-40. — Therm. fr. 34°. — Ciel couvert. — Vent O. faible.

Observation de 3 heures 45 : Une trombe de sable importante, rouge comme les précédentes, passe au S.-E. Sa marche est vers l'E. Quelques gouttes de pluie.

Observations de 7 heures 30 : Bar. aner. 700-00. — Therm. fr. 27°5. — Ciel couvert. — Vent du S.-S.-O. modéré. — Quelques gouttes de pluie.

D'où provenaient les sables dont ces trombes étaient chargées? où sont-ils allés se fixer? Je l'ignore. En reproduisant ces observations, j'ai voulu constater leur fréquence et préciser les conditions dans lesquelles elles se produisent.

J'ai choisi à dessein la période de février à mai, parce qu'alors je me trouvais à la ligne de partage des bassins méditerranéen et océanien, et sous le vent des plateaux alimentateurs des dunes.

Si les vents soulèvent les sables sur les plateaux, les réunissent en trombes pour les transporter à de grandes distances, ce sont incontestablement les courants d'eau qui les fixent dans les bassins où nous les trouvons. Du moins, cela est exact pour le bassin de l'Erg que j'ai plus particulièrement observé et étudié. L'hydrographie de cette immense cuvette nous la représente, en effet, comme l'aboutissant des eaux de toutes les montagnes environnantes.

En est-il de même ailleurs? C'est probable, mais je ne puis l'affirmer.

On jugera de l'action des eaux par les faits suivants :

Au printemps de 1862, une pluie d'orage tombée sur le versant Ouest du Ahaggàr amena de telles quantités d'eau dans les vallées d'Idjeloùdjâl et de Tarhît qu'elles entraînèrent une partie de la montagne. L'action des eaux fut assez prompte pour qu'une nezla (tribu) entière, campée au débouché des deux vallées, pérît corps et biens. Trente-quatre personnes et un grand nombre de chameaux furent noyés. Une chamelle qui paissait tranquillement sur la portion de la montagne emportée par les eaux, fut retrouvée saine et sauve, trois jours après l'événement, à une très-grande distance, sur le terrain même où elle avait été surprise et qui, après une longue navigation, était venu échouer sur une des berges de l'ouâdi.

Avant 1856, sur la rive gauche de l'Ouâdi-Titerhsîn, existait une ligne de dunes, du nom d'Azekka-n-Bòdelkha, assez hautes pour que les chameaux ne pussent les franchir. Advint alors une crue accidentelle dans l'ouâdi, et elle eut la puissance de faire disparaître toute la masse de sable qui composait ces dunes.

La force motrice des eaux, dans le Sahara, n'est pas seulement démontrée par les déblais qu'elles produisent sur certains points; elle l'est aussi par les immenses barages que leurs alluvions créent sur d'autres et qui, de siècle en siècle, modifient les cours des ouâdi.

Le bassin de l'Igharghar offre de nombreux exemples de ces barrages. Jadis il communiquait avec la mer par le golfe de Gâbès et y portait les sables qu'il charriait. Aujourd'hui une barre de terre et de sable de dix-huit kilomètres sépare le Chott du Nefzaoua de la mer. C'est à peine si on reconnaît dans la ligne de bas-fonds de l'Ouâdi-Akarît l'amorce de l'ancienne communication.

Jadis, à l'époque de Ptolémée, le Chott-el-Kebîr du Nefzâoua, sous le nom de *lac Triton*, le Chott-el-Djerîd, sous celui de *Pallas*, le Chott-Melghîgh, sous celui de *Libye*, communiquaient entre eux, ou ne formaient, comme à l'époque d'Hérodote, qu'un seul lac, sous le nom de *Triton*; aujourd'hui ces anciens lacs, sans affluents, ne sont même plus des lacs, mais des bas-fonds de chott, submergés en hiver, desséchés en été. Toutefois, il ne serait pas prudent de s'aventurer à les parcourir sans guide, car sur certains points, notamment dans le Chott-Melghîgh, on disparaîtrait sans laisser trace de son passage.

Jadis, la tête orientale de l'Igharghar, formée de l'Ouâdi-Serdélès, de l'Ouâdi-Tânezzoûft, de l'Ouâdi-Ouarâret, de l'Ouâdi-Titerhsîn et de l'Ouâdi-Tikhàmmalt qui les réunissait tous, communiquait avec la tête occidentale venant du Ahaggâr; aujourd'hui, chaque affluent de la tête orientale forme un ouâdi distinct, aboutissant à des sables qui absorbent leurs eaux et les rendent souterrainement à l'ancien lit.

La fantaisie de l'Igharghar de couler, tantôt à ciel ouvert en rompant les barres qu'il s'était formées, tantôt souterrainement en se creusant un lit sous les sables, ne date ni d'aujourd'hui ni d'hier, car déjà, du temps du roi Juba, au commencement de notre ère, le grand fleuve saharien avait de pareils caprices, à ce qu'il paraît.

D'après les *Libyques* du roi Juba citées par Pline, le grand fleuve de la Libye, « indigné de couler à travers des sables et des lieux « immondes, se cache l'espace de quelques journées. Absorbé de nou- « veau par les sables, il se cache encore une fois dans un espace de « vingt journées de désert. »

Cette citation, que j'emprunte au grand ouvrage de M. Vivien de Saint-Martin, *le Nord de l'Afrique dans l'antiquité,* me permet de constater, tout d'abord, combien le savant géographe a été heureusement inspiré en assimilant le Niger de Juba et de Pline avec l'Igharghar[1] moderne des Touâreg, le Ouâdi-es-Sâoudy des Arabes.

Au fur et à mesure que cette étude se complétera, on retrouvera les poissons du Nil et les crocodiles dont l'existence faisait croire au roi Juba que le grand fleuve d'Égypte avait une de ses origines dans ses états.

Quoi qu'il en soit, par ce témoignage de Juba, confirmé par Pline et par d'autres encore, il devient évident que la partie du Sahara dont je m'occupe était déjà, il y a dix-huit cents ans, sinon sous le rapport de la quantité des eaux, du moins sous le rapport des sables et de leur circulation, telle qu'elle s'est présentée à mon observation.

Si, depuis cette époque, une partie du Sahara a pu être protégée contre les influences atmosphériques qui désagrégent les roches même les plus solides, c'est incontestablement celle qui est abritée contre le froid, la chaleur, la lumière, l'électricité, par une couche épaisse de sables.

Sans doute, dans l''Erg, avant l'invasion des sables, quelle que soit la date éloignée du commencement, les parties solides de cette contrée avaient, comme celles de l'universalité du plateau central du Sahara, subi les influences destructives de l'atmosphère, et tout indique qu'il y avait de nombreuses goûr en décomposition comme partout

---

1. Avant de posséder des notions certaines et complètes sur le désert de Libye, incomplétement connu des anciens, on ne pouvait que commettre des erreurs en cherchant à faire l'application de leurs récits. Et la plus grande erreur des géographes modernes était de leur attribuer une valeur scientifique réelle. Au contraire, en les réduisant au seul mérite qu'ils ont, celui de renseignements puisés à toutes les sources et non contrôlés, on arrive à de meilleurs résultats.

ailleurs. Ces goûr, plus ou moins nombreuses, sont restées en place, devenant le noyau de dunes, à côté de ghourd exclusivement composés de sable de la base au sommet. Mais ces noyaux solides de quelques dunes, constatés par M. Vatonne, n'infirment pas la loi générale de l'amoncellement des débris des roches des plateaux supérieurs dans les bassins qui leur servent de réceptacle. Partout, sur la surface du globe, les alluvions, qu'elles soient de sables ou de terres, qu'elles soient charriées par les vents ou par les eaux, obéissent aux lois de la pesanteur.

Si les alluvions sablonneuses des dunes n'ont pas obéi à la loi ordinaire des nivellements des autres alluvions, la cause très-complexe de ce phénomène n'est pas encore sur le point de recevoir sa solution, car ce n'est pas en Afrique seulement que la circulation et la fixation des sables déjouent la sagacité des plus habiles ingénieurs.

Quoi qu'il en soit, les excellentes et minutieuses observations de M. Vatonne conservent toute leur valeur et contribueront, avec celles qui pourront être faites ultérieurement, à la solution du problème.

Dans ma collection géologique sont indiqués comme étant de la provenance de l''Erg :

1° Un échantillon de sulfate de chaux très-pur [1] ;

2° Un échantillon de terre blanche, fine, calcaire, donnant une très-forte effervescence à l'acide chlorhydrique [2].

Cette terre, trouvée sous les sables à Ghourd-Maámmer, contient, en grande quantité, une espèce de coquille fossile nouvelle [3], que M. Deshayes a décrite et à laquelle il a bien voulu donner mon nom.

« M. Duveyrier, écrit M. Deshayes, mérite bien l'honneur d'être signalé à la reconnaissance des naturalistes, car pendant toute la durée d'un périlleux voyage dans une région de l'Afrique que personne n'avait visitée avant lui, il n'a cessé de recueillir des matériaux propres à enrichir les diverses branches de l'histoire naturelle. Il nous a donc paru équitable d'attacher le nom de l'intrépide et savant explorateur à une espèce de mollusque qui nous paraît entièrement nouvelle. »

1. Échantillon n° 5.
2.   —   n° 6.
3.   —   n° 7.

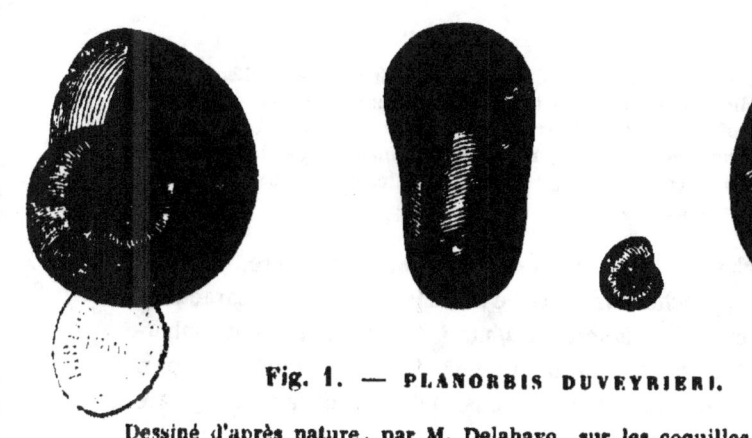

Fig. 1. — PLANORBIS DUVEYRIERI.

Dessiné d'après nature, par M. Delahaye, sur les coquilles rapportées par M. H. Duveyrier.

Fig. 2. — FORÊT DANS L'ERG.

D'après un croquis de M. H. Duveyrier.

Voici la description de cette coquille, telle que M. Deshayes a bien voulu la rédiger :

PLANORBIS DUVEYRIERI. (*Desh.*)

Pl. testa orbiculato-discoidea, crassiuscula, utroque latere inæqualiter umbilicata, supra profundiore; anfractibus quaternis, rapide crescentibus, convexis, involventibus, sutura profunda junctis, interne, ad peripheriam umbilici obtusissime angulatis, tenue et irregulariter striatis; ultimo anfractu majore, cylindraceo, crasso, ad aperturam dilatato; apertura magna, dilatata, lunari, paulo obliqua; marginibus tenuibus, acutis disjunctis.

« Le planorbe de Duveyrier est d'une taille médiocre, discoïde assez épais et rapproché par sa taille et l'ensemble de ses caractères d'une variété petite du *planorbis Dufourii* de Graels. Discoïde suborbiculaire assez épaisse, elle est ombiliquée de chaque côté, mais plus profondément en dessus qu'en dessous. Elle est formée de quatre tours de spire, dont les deux premiers sont fort étroits, les deux autres s'élargissent rapidement. Ils sont en partie enveloppés les uns par les autres, mais le dernier est très-grand, épais et s'accroît rapidement, il est même un peu dilaté vers l'ouverture. Les tours sont convexes de chaque côté et réunis par une suture simple et assez profonde; du côté inférieur, l'ombilic est circonscrit par un angle très-obtus. Toute la surface est chargée de fines stries irrégulières d'accroissement, et l'on remarque, de plus, à des distances inégales des temps d'arrêt dans l'accroissement qui ont produit des angles obtus. L'ouverture est assez grande, dilatée, peu oblique et suborbiculaire, modifiée par l'avant-dernier tour dont elle embrasse le diamètre.

« Le plus grand échantillon a 7 millimètres de diamètre et 3 d'épaisseur. » (Voir la planche ci-contre.)

IIe SECTION.

DE GHADÂMÈS À RHÂT [1].

Cette section comprendra :

A. — Le plateau de Tînghert, de Ghadâmès à Ohânet;

---

[1]. La route que j'ai suivie pour aller de Ghadâmès à Rhât, du moins jusqu'à Titerhsin, n'est pas celle que prennent les caravanes, beaucoup plus directe et sise

B. — La traversée des dunes d'Edeyen, entre Ohânet et la Hamâda d'Eguélé;

C. — La Hamâda d'Eguélé, des dunes d'Edeyen à la plaine des Igharghâren;

D. — La plaine des Igharghâren, de Sâghen à Tâdjenoùt;

E. — Le Tasîli des Azdjer, de Tâdjenoùt à Tîterhsîn;

F. — La vallée d'Ouarâret, de Tîterhsîn à Rhât.

A. — *Plateau de Tinghert.*

Le plateau de Tînghert commence vers le Nord-Est au Djebel-Nefoûsa; dans le Sud-Est il vient se confondre avec la grande Hamâda-el-Homra, dont il n'est séparé par aucun relief apparent; dans le Sud, sa limite est marquée par un rebord sous lequel sont les points d'El-Hesî, de Tambalout et d'Ohânet qui le séparent des dunes d'Edeyen; dans l'Ouest, un rebord, assez caractérisé en quelques endroits, le sépare de la région de l'Erg. La ville de Ghadâmès est bâtie sur ce rebord.

Ce plateau a 185 kilomètres du Nord au Sud; son étendue de l'Ouest à l'Est ne peut être précisée, car nul ne connaît le point de séparation entre la Hamâda de Tînghert et celle d'El-Homra. On sait seulement qu'entre l'Erg à l'Ouest et le Djebel-es-Sôda à l'Est, il y a 600 kilomètres sans eau et sans végétation; ce qui interdit à qui que ce soit d'aller faire la reconnaissance de cette immense solitude. Entre Ghadâmès et Ohânet, ce plateau s'appelle Hamâda de Tînghert; entre Ghariân et El-Hesî, il s'appelle Hamâda-el-Homra, noms différents, l'un berbère, l'autre arabe.

Les Sahariens appellent Hamâda tout plateau élevé, uni, pierreux, sans végétation, sans eau, quelle que soit sa formation géologique.

Du Djebel-Nefoûsa aux environs de Ghadâmès, le calcaire est de couleur grise; aux environs de Ghadâmès, la coloration, du moins à la surface du sol, devient plus uniformément sombre; au delà de Ghadâmès, les dolomies prennent les différentes couleurs des minéraux qui se trouvent dans le voisinage.

---

dans l'Est. J'eus l'heureuse chance de trouver la tribu de l'émir Ikhenoûkhen près de Ghadâmès, et je la suivis dans ses pérégrinations, ce qui m'a permis de beaucoup mieux connaître le pays.

GÉOLOGIE.

Les environs immédiats de Ghadâmès offrent à l'observation du géologue :

Le sol même de l'oasis, léger, sablonneux et calcaire, fécondé par les nombreux engrais de sa propre végétation ;

Les eaux de la source, dont j'ai fait connaître la température et l'analyse au chapitre précédent, et sur laquelle je reviendrai au paragraphe spécial à Ghadâmès, du Livre IIIe ;

Une carrière de plâtre exploitée près du cimetière du Dhàhara et qui fournit un sulfate de chaux cristallisé, blanc, presque pur, quoique mélangé à un peu de sable [1] ;

La roche du plateau qui entoure la ville ;

Enfin la gàra (témoin) de Tisfîn, à sept kilomètres E. de la ville.

La roche du plateau de Ghadâmès [2], est un calcaire crétacé, de formation marine, jaunâtre, avec grands fragments d'*inocerames* et quelques petites bivalves indéterminables, identiques comme aspect aux calcaires jaunâtres coquilliers de la Chebka du Mezâb. Ce calcaire donne une effervescence bien marquée à l'acide chlorhydrique, mais paraît contenir une quantité assez notable de magnésie, comme la plupart des roches du Mezâb.

La gàra de Tisfîn a 90 mètres de hauteur environ.

Elle repose sur une roche siliceuse, grisâtre, homogène, ne donnant aucune trace d'effervescence à l'acide [3].

Elle est couronnée, à son sommet, par une roche superficielle, calcaire, rougeâtre, composée de fragments très-brisés de coquilles, dans lesquelles on distingue quelques petites *limnées* et des traces nombreuses de *zoophytes*. Cette roche, très-compacte, rend un son semblable à celui de la poterie cuite [4].

Entre les deux, l'intérieur de la gàra est formé d'un calcaire tendre, jaune, blanc, marneux, d'une pâte très-homogène [5].

Ce dernier calcaire apparaît aussi dans les ravins des environs de la gàra.

La gàra de Tisfîn est entièrement isolée, mais à peu de distance

1. Échantillon n° 8.
2. — n° 9.
3. — n° 10.
4. — n° 11.
5. — n° 12.

on voit, dans différentes directions, des goûr d'une élévation beaucoup moindre et qui doivent appartenir à la même formation.

A 4 kilomètres au Sud de Ghadâmès, on entre dans la petite dépression de Kaboû, formée par un lit d'alluvions sablonneuses et terreuses, au milieu duquel on trouve des sables et du carbonate de chaux agrégés à la façon des grès de Fontainebleau. Ces agrégations sont évidemment une création des eaux.

Les bords de cette basse dépression sont d'un calcaire spathique, rougeâtre, très-compact [1], dans lequel on trouve accidentellement de la chaux cristallisée; dans le lit même sont des concrétions composées d'éléments calcaires en mélange avec le sable.

A 15 kilomètres de Kaboû, on traverse l'Ouâdi-Mâreksân dont la direction est Est-Ouest. Son lit est de sable, graveleux à la surface, caillouteux au fond. Sous le sable apparaissent des couches de sable marneux, contenant de petits fragments de plâtre [2]. Les berges latérales, qui ont 8 mètres de hauteur au-dessus de l'ouâdi, sont d'un calcaire semblable à la roche du plateau de Ghadâmès.

Entre l'Ouâdi-Mâreksân et la dépression d'El-Gafgâf (48 kilom.), le plateau se présente sous forme d'un chaos monotone de pierres calcaires anguleuses, tantôt amoncelées sur le roc calcaire, tantôt enchâssées dans des filons de terre sablonneuse.

De distance en distance, apparaissent dans l'Ouest, à 16 kilomètres environ, les rebords d'un gradin plus élevé sur lequel se dressent des goûrs calcaires indiquant l'ancien niveau du sol primitif; eu égard à leur distance, ces goûr doivent atteindre à une altitude assez grande.

Avant d'arriver à El-Gafgâf, pendant toute une journée de marche, le sol est couvert de petites pierres noires qui donnent au paysage une teinte funèbre.

Entre Mâreksân et El-Gafgâf on rencontre les lits des Ouâdi-Amâli et Imoûlay qui vont se perdre dans l'"Erg.

El-Gafgâf est une petite dépression circulaire, à fond alluvionnaire, d'un kilomètre environ. Du côté du Sud, ce bas-fond reçoit les petites ravines d'Imozzelaouen (c'est-à-dire, *petites ravines étroites*) qui traversent un sol calcaire à affleurements plus ou moins détériorés.

1. Échantillon n° 13.
2. — n° 14.

GÉOLOGIE.

Au delà de ces ravines, la surface du plateau se nivelle et présente une formation de graviers et de petites pierres.

Entre El-Gafgàf et Tifòchayen, la distance est de 34 kilomètres; peu avant ce dernier point, le plateau est couvert de pierres détachées.

Tifòchayen est une large vallée dont la direction générale est du Sud-Est au Nord-Ouest. Le sol de cette vallée est sablonneux; il provient des sables de l'"Erg que les vents y ont apportés.

Entre Tifòchayen et Timelloûlen (12 kilomètres), le plateau reprend son caractère précédent. La vallée de Timelloûlen consiste en un large ouàdi dont le sol, comme celui de Tifòchayen, est formé de sables de l'"Erg apportés par les vents. On y trouve l'eau à 1m50 de profondeur.

Le plateau reparaît sur une étendue de 12 kilomètres et se montre couvert d'affleurements de calcaire décomposé; après quoi on arrive à la dépression circulaire de Tahàla, qui a 5 kilomètres de diamètre et est bordée de hautes berges à pic très-déchirées.

Du bas de la dépression, sur une épaisseur de 1m50 à 2 mètres, la berge consiste en assises marneuses d'un blanc légèrement verdâtre[1], avec des veines et des noyaux de gypse blanc, pur, compact et excessivement fin[2]. Cette roche ne contient pas de fossiles.

Le sommet de la berge est un calcaire rougeâtre, identique à celui qui couronne la gàra de Tisfìn.

Au centre de la dépression est une gàra à formes bizarres.

De Tahàla à Ahêdjren (20 kilomètres), le sol est alternativement un fond de sable ou un fond de gravier solide, recouvert de petites pierres et d'affleurements calcaires mêlés à des marnes vertes décomposées.

Avant l'arrivée à Ahêdjren, le flanc des hauteurs qui bordent la route à l'Est est d'un calcaire blanc, exactement semblable à la craie de Meudon, solide par endroits, friable dans d'autres.

Dans la partie friable, je détache facilement cinq échantillons de coquilles moyennes[3] qui ont été reconnus être l'*ostrea columba* (Desh) et appartenir au terrain *cénomanien* de d'Orbigny

---

1. Échantillon n° 16.
2. — n° 17.
3. — n° 18.

et aux grès verts supérieurs ainsi qu'à la craie chloritée du terrain crétacé.

Dans la partie compacte de la base de la roche sont d'autres coquilles qui, à la vue, me paraissent de la même espèce que les précédentes, mais grandes comme le creux de la main. La dureté de la gangue ne me permet pas d'en prendre de spécimens.

Quoique le fond de cette roche soit blanc, elle est teinte de taches brunes ou roussâtres en plusieurs endroits.

Sur toute la route, j'ai commencé à trouver des débris informes d'ammonites au milieu des graviers.

Ahêdjren est un ouàdi à direction Sud-Est et Nord-Ouest et à lit sablonneux. Ici, comme dans les vallées précédentes, la présence du sable s'explique par le voisinage de l'"Erg.

De Ahêdjren à Ohânet, le plateau de Tinghert continue avec ses mêmes caractères généraux sur une étendue de 25 kilomètres. Là, il finit et contribue par son flanc méridional à former, avec le rebord septentrional des dunes d'Edeyen, la longue dépression d'Ohânet dont la direction générale est Est et Ouest.

Cette dépression d'Ohânet est appelée par les Arabes El-Djoua (le fourreau), parce qu'elle ressemble à un couloir par lequel les eaux, conservées comme dans un réservoir au milieu des dunes, s'écoulent dans un lit pour aller rejoindre l'Igharghar au Sud de Timàssanîn.

La largeur de la vallée est de 12 kilomètres; son fond est alluvionnaire : sables et graviers mêlés.

Au centre est un *abankôr* ou rhedîr, bassin argileux, qui, d'après les Touâreg, conserve quelquefois l'eau pendant 2 ou 3 ans après les pluies.

Entre Ahêdjren et Ohânet, sur tout le parcours du trajet, les ammonites continuent au milieu des pierres parsemées à la surface de ce désert. Elles sont nombreuses, brisées en fragments. C'est avec grande peine que je puis en trouver deux entières.

Les géologues à l'examen desquels ces ammonites ont été soumises, les ont trouvées trop frustes pour pouvoir être sûrement déterminées[1]. Ils les croiraient volontiers nouvelles, mais se rapprochant de l'*ammonites Mantellii* du terrain *cénomanien* de d'Orbigny ou des grès verts supérieurs, de la craie tuffeau ou de la craie chloritée.

---

1. Échantillon n° 19.

La pâte de ce fossile est un calcaire d'un blanc jaunâtre, compact, légèrement saccharoïde, parsemé de quelques mouchetures de manganèse.

B. — *Dunes d'Édeyen.*

Entre Ohânet et Abrîha, sur un parcours de 75 kilomètres, s'étend une région de sables, continuation occidentale des dunes d'Edeyen, groupe séparé de celui de l'"Erg par un prolongement du plateau de Tînghert.

A peu près à égale distance des points extrêmes de cette zone sablonneuse, on trouve dans l'Est la ligne des goûr noires d'Ayderdjân, au Nord de laquelle est un puits comblé, tandis qu'au Sud on trouve accidentellement des flaques d'eau dans une dépression peu profonde à fond d'argile.

Sur toute l'étendue de ces 75 kilomètres, les sables recouvrent le sol qui apparaît de temps en temps, soit sous forme d'un calcaire noirâtre ou violet, compact et solide, soit sous forme de graviers quartzeux arrondis; quelquefois ces graviers ont été cimentés avec le sable par les pluies au moyen d'une substance calcaire agréable, et alors ils forment un poudingue.

On rencontre aussi parfois dans ce parcours des places couvertes d'une argile violette solide et lisse, mais fendillée par l'action du soleil; ces couches d'argile représentent les lits de mares desséchées, et expliquent jusqu'à un certain point comment les graviers et le sable ont pu se souder ensemble de manière à former la roche dont je viens de parler.

C. — *Plateau d'Éguélé.*

Je donne le nom de plateau d'Eguélé à une région mouvementée, partie hamâda, partie dunes, qui sépare la région des dunes d'Edeyen de la vallée des Igharghâren. Ce plateau bas a 106 kilomètres du Nord au Sud dans la partie où je l'ai traversée. Sa longueur, de l'Est à l'Ouest, est encore inconnue.

Entre Abrîha, point où les sables cessent, et Tâdjentoûrt, est une hamâda plate, couverte de petites pierres.

Tâdjentoûrt, qu'il ne faut pas confondre avec l'ouâdi de ce nom situé plus au Sud, est une dépression circulaire comme on en remarque si souvent dans les régions sahariennes.

Au delà, sur une étendue de 9 kilomètres, ma route parcourt la continuation du plateau au milieu de pierres calcaires et d'affleurements de même nature. Çà et là apparaissent des sables mêlés à du gravier et formant un terrain solide.

Eguélé est une chaîne de hauteurs de pierres calcaires noires, d'où leur nom Eguélé (le coléoptère[1]), et dont la direction générale est du Nord-Est au Sud-Ouest. Cette chaîne coupe la route et marque le point culminant de cette section; c'est pourquoi, à défaut d'un nom indigène applicable à l'ensemble du plateau, je donne au tout le nom de sa partie la plus remarquable.

Au Sud du point où je traverse la chaîne d'Eguélé, on rencontre l'Ouâdi-Tâdjentoûrt, ravin sans eau qui a ses origines dans une ligne de hauteurs que la route suit sur une étendue de 35 kilomètres; ligne qu'on laisse dans l'Est, et qui est la prolongation Sud de la chaîne d'Eguélé.

Le trajet s'effectue au milieu des rochers, et on arrive à la dépression d'Aseqqîfâf, réceptacle des eaux pluviales de la chaîne, mais à sec, hors les temps de pluie.

Entre Aseqqîfâf et Isaouan (35 kilomètres) est le plateau calcaire de Timozzoudjên, recouvert dans sa partie Nord, sur un parcours de 12 kilomètres, de petites dunes de sables auxquelles on donne le nom d'Isoulan-n-Emôhagh et vis-à-vis desquelles on voit dans l'Ouest les sables de Tedjoûdjelt.

Ce plateau, dans son entier, est de même formation que celui de Tinghert; sa pente générale est légèrement inclinée vers le Sud.

Isaouan est le nom donné à la partie de la plaine des Igharghâren dans laquelle se trouvent les grands rhedîr de Sâghen, alimentés par l'Ouâdi Tikhâmmalt.

Le rebord méridional du plateau de Timozzoudjên termine la série des calcaires sur lesquels est assise la route de ce point à Ghadâmès.

D. — *Plaine des Igharghâren.*

La plaine des Igharghâren est une grande vallée de 320 kilo-

---

[1]. Presque tous les coléoptères du Sahara sont de couleur noire.

mètres de l'Est à l'Ouest, et d'une largeur moyenne de 35, formée au Nord par le rebord méridional du plateau de Timozzoudjên et au Sud par les versants septentrionaux des montagnes du Tasîli. Sa principale largeur est dans l'Est.

Cette grande vallée d'alluvions sablonneuses est découpée du Sud au Nord en forme de larges plates-bandes par les nombreux ouâdi du Tasîli, qui tous viennent se réunir au pied du plateau d'Eguélé en un lit unique prenant le nom de son principal affluent, l'Ouâdi-Tikhâmmalt, et qui, après avoir suivi une direction générale Sud et Nord, du sommet du Tasîli à Sàghen, tourne brusquement à l'Ouest pour aller se jeter dans l'Ouâdi-Igharghar à El-Bîr, au Sud-Ouest de Timâssanîn.

Cette grande vallée, couverte d'arbres dans toutes ses lignes de bas-fonds, fait un contraste très-remarquable entre l'aspect monotone des plateaux du Nord et de ceux du Sud.

Elle pourrait être facilement transformée en une série d'oasis, avec des eaux courantes, si les forages artésiens y réussissent, ainsi que tout l'indique. Dans tous les cas, avec des puits ordinaires, on y aurait l'eau à peu de profondeur, surtout dans les lits des principaux ouâdi.

Je reviens à mon itinéraire.

Les rhedîr de Sàghen ne sont ordinairement pleins qu'après les grandes pluies, mais à environ un mètre du sol on trouve toujours l'eau nécessaire à tous les besoins.

Au milieu des alluvions qui entourent les rhedîr, on remarque des laves[1] noires, poreuses et légères, charriées, du sommet de l'Adrar, point le plus élevé du Tasîli, par les eaux de débordement de l'Ouâdi-Tikhâmmalt.

Les Touâreg trempent quelquefois ces laves dans l'huile, qu'elles absorbent comme le ferait une éponge; après quoi ils y mettent le feu; l'huile brûle. Ce fait mal expliqué a fait croire à l'existence de la houille dans les montagnes des Touâreg. Lorsqu'on leur demandait : « Avez-vous dans votre pays des pierres noires qui brûlent? » ils répondaient : « Oui, nous en avons, » mais sans ajouter : « Nous les imprégnons d'huile pour qu'elles puissent brûler. »

---

[1] Échantillon n° 20, déterminé, ainsi que tous ceux ayant une origine pyrogénique, par M. Des Cloizeaux; conséquemment on ne peut craindre d'erreur.

Déjà M. Ismayl-Boû-Derba avait trouvé dans l'Ouàdi-Igharghar, mais provenant du Ahaggàr, des laves de même nature.

Ces deux constatations, confirmatives d'autres indications données par les Touàreg, ne laissent aucun doute sur la formation volcanique des points culminants du Ahaggàr et du Tasîli.

Plus loin, j'aurai l'occasion de constater la présence de pierres de même nature dans le Djebel-es-Sôda (la montagne noire) que j'ai pu étudier avec plus de soin, mon itinéraire traversant ce massif de montagnes.

Le fond du sol de Sàghen est un composé de sables et d'argile apportés par les eaux d'inondations; dans les sables, on trouve une grande quantité de mica. Les pierres roulées par les eaux sont des grès ou des détritus de roches plus grossières, formés de grains de quartz agglomérés.

De Sàghen à Tàdjenoût, la route suit la vallée de l'Ouàdi-Tikhâmmalt, tantôt sur une rive, tantôt sur une autre. En remontant le lit de cette rivière, on remarque sur le sol des affleurements d'un grès grisâtre, noirci à la surface.

A Tàdjenoût, pour la première fois depuis mon départ de Ghadàmès, je rencontre des sources d'eau vive et je dois faire observer que, des puits de Timelloûlen jusqu'à Tàdjenoût, sur un parcours de 310 kilomètres, l'eau ne se trouve qu'accidentellement dans les rhedîr; ce qui rend cette route difficile en dehors des années de grandes pluies.

La route orientale, celle des caravanes, est plus riche en eau, car en tout temps on est certain d'en trouver dans les puits sur six points différents.

De Ghadàmès à Tàdjenoût, mon itinéraire avait suivi une direction générale Nord et Sud. Tout à coup, il tourne à l'Est et longe le versant Nord du Tasîli jusqu'à l'Ouàdi-Izêkra.

Entre Tàdjenoût et l'Ouàdi-Izêkra, la distance est de 46 kilomètres. Au Nord de la route, le terrain conserve les caractères généraux de la plaine des Igharghâren; au Sud, apparaissent en affleurements les grès siliceux, fins, très-durs, gris jaunâtres du Tasîli [1].

Au point où l'Ouàdi-Izêkra sort du Tasîli pour déboucher dans la

---

[1]. Échantillon n° 21.

plaine, le sol est recouvert par une couche de sable, en mélange avec de la terre végétale.

Il n'y a d'eau dans cette rivière qu'après les grandes pluies. En temps ordinaire il faut aller s'abreuver au puits d'In-Hemoûl, à 4 kilomètres en aval dans le lit de l'ouâdi.

De l'Ouâdi-Izêkra à l'Ouâdi-Târat (30 kilomètres), la route continue, comme la précédente, à suivre le pied du Tasîli en conservant les mêmes caractères.

La vallée de Târat forme une large coupure dans la montagne; à l'Est et à l'Ouest, elle est bordée de pics de grès noir. La largeur de l'ouâdi est de 800 mètres environ; la hauteur des berges est de 90 à 100 mètres. Cette sorte de col porte le nom d'*Aghelâd* (passage).

Dans l'Est, sur la rive droite de l'ouâdi, apparaît le haut pic de Mârhet, qui domine le niveau moyen du plateau du Tasîli dans lequel on va entrer. Dans le bas de la vallée, est une ligne de hautes dunes de sables qui se prolongent dans l'Est jusqu'à Tânit-Mellet.

Sur la rive gauche de Târat, on trouve un énorme tamarix appelé Azel-en-Bangou.

Près de ce point, dans le fond de la vallée, je remarque des grès ferrugineux sensibles à l'aimant[1], pierres détachées provenant de la partie supérieure de l'ouâdi. Plusieurs de ces pierres me paraissent avoir été soumises à l'action du feu; j'en demande l'explication aux Touâreg qui me répondent avoir l'habitude de les faire rougir et de les jeter ensuite dans le lait afin d'en assurer la conservation.

Sans s'en douter, les Touâreg préparent ainsi un lait ferrugineux et devancent, sous ce rapport, les peuples civilisés qui, jusqu'à ce jour, se sont bornés à l'usage de l'eau ferrugineuse.

E. — *Tasîli des Azdjer.*

Le Tâsîli du Nord ou des Azdjer, dont il est ici question, est un immense gradin de 500 kilomètres de longueur et de 130 kilomètres de largeur moyenne, orienté du Sud-Est au Nord-Ouest, et dont le point le plus élevé porte le nom d'Adrar.

---

1. Échantillon n° 22.

Ce plateau, à l'exception des vallées, est complétement dénudé; on n'y trouve pas même d'herbe.

A partir de Tàrat, pendant l'ascension, ma boussole perd momentanément sa direction vers le Nord. Ne pouvant attribuer cet affolement aux grès ferrugineux d'Azel-en-Bangou, j'interroge les Touâreg sur l'importance et l'étendue des gisements de fer dans leurs montagnes, et j'apprends que je devais en trouver sur plusieurs points de mon itinéraire jusqu'à Rhàt.

Le ravin de l'Ouâdi-Alloûn me conduit sur les hauteurs du Tasîli.

Les berges de cet ouâdi constituent de chaque côté des murailles de grès, noircis à la surface, dont la hauteur augmente à mesure qu'on monte.

L'assise inférieure de ces murailles présente, au niveau du lit, un sable jaune grisâtre, légèrement concret[1], au milieu duquel je trouve des veines spathtiques[2] qui se prolongent en affleurements dans le lit. La masse, jusqu'au sommet de la berge, est un grès siliceux[3], compact, très dur, dont la couleur varie suivant les minéraux dont il est imprégné.

Sur la rive droite de l'Ouâdi-Alloûn, au fond d'un ravin affluent, jaillit la source de Ahèr, dans un bassin à fleur de sol, d'un mètre carré à peu près, mais dont le réservoir est couvert par un rocher sous lequel résonne l'écho quand on plonge les seaux dans la source.

Sa température est de 19° 8, celle de l'air étant de 26°.

Le sol, autour de la source, porte des traces de dépôts salins.

Les rochers des environs forment des blocs anguleux détachés, des grottes ou abris sous lesquels vivent des pigeons et autres oiseaux.

Dans une de ces grottes, et sur un des rochers voisins, je trouve douze inscriptions en langue temâhaq que je copie.

A la sortie du ravin par lequel la source d'Ahèr débouche dans le lit de l'Ouâdi-Alloûn, je rencontre, sur la route, des traces de constructions régulières dont je lève le plan et qui me paraissent appartenir à la civilisation berbère. Les Touâreg, que j'interroge sur l'origine de ces constructions, me disent que ce sont les tombeaux des gens

---

1. Échantillon n° 23.
2. — n° 24.
3. — n° 25.

d'autrefois qu'on appelait *Jabbáren* ou géants. Il existe dans le pays un certain nombre de ces tombeaux.

Après le ravin desséché de l'Ouâdi-Alloûn, le plateau est hérissé de rocs énormes, séparés les uns des autres par de grandes crevasses. Ces rocs ont souvent une forme curieuse qui rappelle les pierres levées des anciens Druides; mais, ici, l'origine de ces pierres étranges est toute géologique.

Ce sont d'immenses blocs aplatis[1] dans leur partie supérieure et tenus en équilibre sur une base étroite comme le pied d'une coupe, mais assez haute pour qu'un cheval et son cavalier puissent circuler sous le plateau supérieur. (Voir page 35.)

Ces formations bizarres sont dues à l'action des eaux diluviennes qui, en respectant la partie supérieure et la plus dure de la roche, ont rongé la partie la plus tendre du piédestal.

Le point du plateau qui supporte ces témoins géologiques, en nombre assez considérable, s'appelle Takarâhet. Plus loin, dans l'Est, le même plateau prend le nom significatif de Teroûrit (le dos), parce qu'il devient le point de partage des eaux qui se rendent du côté de l'Ouest dans le bassin de l'Igharghar, et dans l'Est, vers Titerhsîn, d'où elles vont se perdre dans le bassin des dunes d'Edeyen.

Entre Takarâhet et Teroûrit, la route traverse successivement trois basses dépressions : celle de l'Ouâdi-Tin-Array, de l'Ouâdi-Tin-Térdja, de Tin-Tâkelît, qui portent les eaux du plateau aux sables de Tânit-Mellet, d'où elles vont rejoindre l'Ouâdi-Târat.

Les rochers nus qui séparent ces trois dépressions sont tellement hérissés et distribués sans ordre, qu'un excellent guide est nécessaire pour ne pas perdre la route. Ces rochers sont toujours de grès siliceux, dur, compact, noir à la surface, gris cendré à l'intérieur[2].

Après de nombreux détours au milieu de ces rochers, le chemin atteint la tête de l'Ouâdi-In-Ezzân, affluent du bassin de Titerhsîn.

Le ravin assez large de cet ouâdi est bordé de chaque côté de hautes murailles formées de deux assises bien distinctes : la supérieure, composée d'un grès-quartzite[3], compact, blanchâtre à l'inté-

---

1. Voir la page 35.
2. Échantillon n° 26.
3. — n° 27.

rieur, avec coloration brune ferrugineuse à la surface ; l'inférieure, composée d'un grès grossier, siliceux, de couleur jaune sale [1].

Ce ravin conduit directement à Titerhsîn. Dans sa partie haute, il porte le nom d'In-Akhkh ; dans sa partie basse, celui de Timsennanîn.

Au confluent de l'Ouâdi-Tiferghasîn dans Timsennanîn, je trouve une pierre roulée [2], noire, à grain très-fin, lourde, qui, à l'examen, a été reconnue être du fer oligiste de la plus grande richesse.

Timsennanîn est séparé du bas de la vallée par une dépression du nom de Takhôba, au delà de laquelle on entre sur un terrain plus élevé, couvert de blocs de grès de formes accidentées ; après quoi on descend par une pente insensible dans le fond de la vallée.

Sur la rive gauche de l'ouâdi, à peu de distance de la route, est une petite ligne de sable, encore appelée Azekka-n-Bôdelkha, dernier vestige d'une chaîne de dunes dont j'ai déjà parlé (voir page 42) et qui tend à se reconstituer.

La vallée de Titerhsîn, à fond alluvionnaire, est à l'extrémité orientale du Tasîli ce que la vallée des Igharghâren est à son versant Nord, c'est-à-dire le réceptacle des eaux pluviales qui, avec celles venant de l'Ouest de la plaine de Tâyta, vont se perdre dans les dunes d'Edeyen. Avant l'obstacle apporté par les sables, toutes ces eaux se réunissaient à celles des Igharghâren pour aller grossir l'Igharghar. Elles doivent s'y rendre encore, mais souterrainement.

La vallée de Titerhsîn cesse d'avoir un bassin tracé à partir de sa sortie des montagnes ; de là jusqu'aux dunes, elle offre l'aspect d'une vaste plaine de sable.

Malgré le rôle hydraulique qu'elle joue, on n'y trouve de puits qu'à Tâdjenoût, au pied des dunes et à Tarz-Oûlli, dans la vallée. Ce dernier est comblé. Après les grandes pluies, il est vrai, il existe dans le lit de la rivière un endroit appelé Amezzien, où l'eau s'accumule et forme un rhedîr qui persiste pendant deux ans.

En tout temps, les sources de Tihôbar, dans l'Ouâdi-Taouezzak, affluent de Titerhsîn, suffisent aux besoins des voyageurs.

Près de ces sources sont des cultures de blé.

Sur les rives desséchées du redhîr d'Amezzien, je trouve des

---

1. Échantillon n° 28.
2. — n° 29.

coquilles d'eau stagnante, mortes depuis longtemps, et qui ont été reconnues par M. Deshayes pour être la *physa contorta* (Michaud) et la *bithinia dupotetiana* (Forbes).

F. — *Vallée d'Ouarâret.*

Cette vallée porte communément et indistinctement les deux noms d'Ouarâret et d'Aghelâd.

Ouarâret est le nom particulier du principal ouàdi de la vallée.

Aghelâd signifie *passage*. En effet, la vallée est un vaste couloir entre le Tasîli et l'Idinen, par lequel passe la grande route de Ghadàmès à Rhât.

A 7 kilomètres de Tarz-Oûlli, on remarque sur le rebord rocheux du Tasîli le mont Têlout, entièrement isolé aujourd'hui, mais dont la constitution est tout à fait semblable à celle du Tasîli dont il semble détaché.

A quelques kilomètres, à gauche, en entrant dans la vallée, au sortir de Titerhsin, on aperçoit un petit plateau allant de l'Ouest à l'Est, du nom de Tizoùl (même racine que *tazóli*, fer). La couleur de la roche me paraît, de loin, noirâtre avec des nuances jaunes. Je ne tarde pas à être fixé sur la nature de sa formation.

En effet, à 20 kilomètres de Tarz-Oûlli, je trouve les puits artésiens d'Ihanâren, nouvellement curés, et, autour de ces puits, provenant des déblais, des dépôts de sables ocreux, contenant des débris végétaux, mais surtout remarquables par la quantité de fer qu'ils renferment [1].

Ces puits, au nombre d'une dizaine environ, ont été creusés à la façon de ceux de l'Ouàd-Righ et, comme eux, donnent des eaux jaillissantes servant à l'irrigation des terres voisines, au moyen de canaux et de réservoirs en maçonnerie.

Le 12 mars 1861, jour où je rencontrai ces puits, la température des eaux était de 24° 4 au fond des bassins, celle de l'air extérieur étant de 8°. Je dois ajouter que les outres contenant nos provisions d'eau avaient gelé dans la nuit du 11 au 12 et dans les deux précédentes.

La profondeur moyenne des puits est de 1ᵐ 50 à 2 mètres envi-

---

[1]. Échantillon n° 30.

ron. Leurs orifices sont entourés de branchages pour éviter que les animaux y puissent tomber; c'est pourquoi, sans doute, les déblais provenant du curage contiennent des matières végétales.

La vallée qui conduit à Rhât a 44 kilomètres de longueur, sur une largeur moyenne de 7. Sa direction générale est Nord et Sud.

Dans la vallée est une source, celle de Tinoûhaouen, appartenant à une dame de Rhât et exploitée pour l'irrigation.

Cette source, connue des anciens Touâreg, avait depuis longtemps disparu sous des masses de sables; on l'avait déblayée en 1858.

Le sol de cette vallée, là où il n'est pas recouvert par des sables, est composé d'argiles roses, micacées, tantôt terreuses [1], tantôt schisteuses [2], qui se montrent sous forme de veines.

Les parties les plus basses de ces veines sont sillonnées d'affleurements d'alun qu'on exploite [3].

Sous les grès quartzites des berges de la vallée, sont des grès micacés [4], rougeâtres, très-fins et très-compacts, lamellés, se détachant en couches de 8 à 9 millimètres d'épaisseur.

Le mont Idînen, qui marque le côté oriental de la vallée d'Ouarâret, est réputé par les indigènes être le séjour mystérieux d'esprits surnaturels, *Idînen*, d'où lui est venu son nom.

La forme d'Idînen est celle d'un fer à cheval, du centre duquel part un ravin aboutissant au Tanezzoûft. M. le docteur Barth, qui a visité ce mont, s'exprime ainsi sur sa nature : « J'atteignis enfin la crête qui s'élève semblable à une muraille au sommet de la côte. Je constatai que ce massif se composait généralement de couches horizontales de marne reposant sur un lit de pierres calcaires ; sur le versant, je découvris un vaste chaos de blocs de rochers tombés du haut de la montagne. »

Rhât est adossée à une chaîne de collines peu importantes qui portent le nom de Koukkoûmen.

Autour de Rhât, on retrouve la terre végétale des oasis, légèrement sablonneuse et arrosée par de nombreuses sources qui sourdent de tous les points.

1. Échantillon n° 31.
2. — n° 32.
3. — n° 33.
4. — n° 34.

IIIᵉ SECTION.

DE TÎTERHSÎN A ZOUÎLA.

Cet itinéraire géologique comprendra les divisions suivantes :

A. — Passage de l'Akâkoûs, entre Tîterhsîn et Serdélès ;
B. — Désert de Tâyta, entre Serdélès et Oubâri ;
C. — Parcours de l'Ouâdi-Lajâl, entre Oubâri et le plateau de Mourzouk ;
D. — Dunes d'Edeyen ;
E. — Hamâda de Mourzouk ;
F. — Dépression d'El-Hofra ;
G. — Cherguîya ;
H. — Massif du Hâroûdj.

A. — *De Tîterhsîn à Serdélès.*

La distance entre ces deux points est de 80 kilomètres.

Jusqu'à l'Ouâdi-Tanezzoûft, qui vient de Rhât et dont la vallée sépare le plateau d'Idînen de la chaîne de l'Akâkoûs, la route ne traverse guère que des sables et quelques petits plateaux pierreux entre des dunes de sables.

A Amarhîdet, je retrouve les argiles schisteuses[1] de la vallée d'Ouarâret, avec des colorations qui varient du rouge lie de vin au blanc pur en passant par les nuances intermédiaires du violet, du rose et du jaune, suivant les diverses stratifications.

Au delà du Tanezzoûft est le passage de l'Akâkoûs, d'abord par un plateau inégal, ensuite par un dédale de collines, de pitons et de ravins successivement échelonnés dans le plus grand désordre.

Sur un parcours de 4 kilomètres, la roche est nue, sans végétation et composée d'un grès fin, micacé, de couleur rosée, stratifié, très-solide[2].

---

1. Échantillon n° 35.
2. — n° 36.

La chaîne de l'Akâkoûs est tellement abrupte, dressée en forme de muraille, que c'est à peine si, une fois en dix années, il se rencontre parmi les Touâreg un homme assez adroit pour pouvoir en opérer l'ascension, par un unique escalier très-étroit, Abarqa-wàn-dàrren (chemin des piétons), et qui va chaque jour en se dégradant. On cite dans le pays les rares individus qui ont gravi ce rempart de roches dénudées, dont les pointes, dressées vers le ciel, présentent l'aspect le plus bizarre.

Le versant méridional de la montagne conduit, par une pente insensible, à Serdélès.

Ce point, que les Arabes appellent aussi El-'Aouïnât, est certainement l'un des plus remarquables du Sahara.

Si l'artiste peut, dans un seul coup d'œil, embrasser trois des grandes horreurs de la nature : le squelette dénudé de la chaîne de l'Akâkoûs, le désert de Tàyta, les dunes d'Edeyen; si l'archéologue trouve dans les ruines du château d'Aghrem matière à exercer sa sagacité; si l'attention du botaniste est appelée par un arbre gigantesque, l'*acacia albida* de Delille, unique de son espèce dans tout le pays d'Azdjer, celle du géologue est bien plus surexcitée encore par la constatation d'une série de faits, tous nouveaux pour lui.

D'abord, il est au point de partage des eaux entre le bassin de la Méditerranée et celui de l'Océan; ensuite, au lieu d'une nature aride, sans eaux, comme celle des contrées environnantes, il trouve dans l'enceinte du château une source remarquable par son volume et, à côté, deux puits artésiens, alimentant de leur jet continu divers bassins aménagés pour l'irrigation des terres; enfin, il est là sur le terrain le plus ancien connu sur tout le continent africain, le terrain devonien, immédiatement inférieur aux dépôts houillers, et ce terrain apparaît dans des conditions qui ne laissent aucun doute sur son identification.

M. de Verneuil, celui de nos professeurs le plus versé dans l'étude des terrains anciens, a bien voulu déterminer la nature des échantillons de roches que j'ai rapportés de cette contrée. Voici textuellement les notes qu'il a bien voulu rédiger à ce sujet.

« Il y a dans les échantillons de grès argileux de Serdélès soumis à mon observation deux espèces de coquilles fossiles reconnaissables : un *spirifer* et le *chonotes crenulata*.

« La plus abondante des deux espèces est un *spirifer* strié, à sillon lisse, appartenant au groupe des *ostiolati* de de Buch. C'est peut-être même le *spirifer ostiolatus* (Schlotheim) qu'on réunit aujourd'hui généralement au *spirifer lœvicosta* (Valencienne).

« Il y en a deux variétés, l'une plus courte, l'autre plus transverse. Ces deux variétés s'observent dans le *spirifer lœvicosta* tel que l'a figuré M. Schur. (*Brachiopoden von der Eifel*, pl. 32 bis, fig. 3 a-h.)

« Un des échantillons de Serdélès représente un *area* assez élevé qui pourrait le rapprocher du *spirifer subcuspidatus* (Schnur) de l'*Eifel*.

« Enfin on peut aussi comparer cette espèce au *spirifer medialis* (Hall), qui est abondant dans le *Hamilton Group* ou terrain dévonien de l'État de New-York.

« Quelle que soit l'espèce à laquelle on rattache le *spirifer* de Serdélès, c'est toujours avec une espèce caractéristique du terrain dévonien qu'il sera identifié, et c'est là le point capital.

« L'autre brachiopode que je distingue dans les deux échantillons qui m'ont été soumis est le *chonotes crenulata* (Römer). C'est une coquille exclusivement dévonienne et caractéristique surtout de l'étage moyen ainsi que la précédente. Elle a beaucoup de ressemblance avec le *chonotes striatella* du système silurien, mais elle a l'*area* un peu moins développé et sa plus grande largeur est au milieu des deux valves, ce qui lui donne une forme légèrement arrondie.

« Le terrain dévonien est aujourd'hui connu dans le Nord de l'Afrique sur trois points :

« 1° Dans le Maroc, où il a été découvert et décrit par M. Coquand, professeur à Marseille (voir le *Bulletin de la Société géologique*, vol. IV, page 1204);

« 2° Dans le Fezzân, où le docteur Overweg l'a trouvé en traversant l'Amsâk à 80 kilomètres environ à l'Est de Serdélès (voir *Zeitschrift der deutschen geologischen Gesellschaft*, IV Band. — Berlin, 1852);

« 3° Enfin, à Serdélès, d'où proviennent les deux échantillons soumis à mon examen par M. Henry Duveyrier [1].

---

1. M. Vatonne, dans le Mémoire géologique dont j'ai déjà parlé, nous apprend que M. Ismayl-Boû-Derba a également trouvé le terrain dévonien, au pied du Tasili, non loin de Timâssanin, près de la source de Touakirin, et de nombreuses empreintes

« Dans le Sud de l'Afrique, ce même terrain dévonien se représente près du cap de Bonne-Espérance, dans la montagne de la Table.

« Le terrain silurien et le terrain carbonifère, le premier au-dessous, le second au-dessus du dévonien, n'ont pas encore été signalés en Afrique, que je sache au moins.

« Cependant, au Maroc, M. Coquand croit pouvoir rapporter au terrain silurien les calcaires à *bronteus* et à *orthoceras* qui sont au-dessous des grès dévoniens. (Voir le *Bulletin*, vol. IV. p. 1204.)

« Des grès argileux, assez semblables à ceux de Serdélès, se trouvent aussi à Almaden, en Espagne, dans le terrain dévonien. Ils abondent également en moules de *spirifer* dont quelques-uns sont voisins de l'espèce que nous venons de mentionner. »

Les échantillons soumis à l'examen de M. de Verneuil figurent dans ma collection sous les n°s 37 et 38. Ils proviennent d'une roche près du château.

La même localité me fournit encore un grès ferrugineux[1] présentant quelques traces de coquilles indéterminables paraissant se rapporter aux grès précédents.

Mais, chose curieuse, près de la source, je retrouve le calcaire crétacé[2], jaunâtre, avec *inocerames* et bivalves, du plateau sur lequel est bâti Ghadâmès.

La source du château sort d'un bassin de 3 à 4 mètres de long, sur 1 mètre 50 de large. De là, les eaux s'écoulent, par un canal profond creusé dans la butte sur laquelle est bâti le château, pour aller arroser des cultures de céréales dans les environs.

A Serdélès, pour atteindre la nappe d'eau jaillissante, il faut creuser à la profondeur de trois hauteurs d'homme; mais, disent les habitants, pour y arriver on a à percer une couche de roche très-dure, difficulté devant laquelle on recule pour augmenter le nombre des puits. D'ailleurs à quoi bon? La nature du sol environnant, imprégné d'alun et de sel, n'est pas favorable à la culture, et son infertilité ne sollicite pas à entreprendre des travaux pénibles pour le féconder.

L'eau de la source, comme celle des puits, est excellente. L'une

---

de *spirifer* dans les quartzites du ravin de l'Ouâdi-Ilèzi. Les échantillons de M. Boû-Derba ont été déterminés par M. le professeur Coquand.

1. Échantillon n° 39.
2. — n° 40.

et l'autre sont employées aux irrigations. Les puits son particulièrement affectés à l'arrosage des palmiers.

A 4 kilomètres au Nord-Ouest, avant d'arriver au château de Serdélès, on trouve la source de l'alun, *Tin-Azârif*, près de laquelle, en effet, de beaux affleurements d'alun blanc[1] me permettent d'en faire provision.

B. — *Désert de Tâyta.*

Dès la sortie du bassin de l'Ouâdi-Serdélès, on entre sur un terrain plus élevé, à gradins successifs, le tout de la plus grande aridité et recouvert de grès noirâtres. Bientôt on atteint une plaine unie, de gravier solide; c'est le commencement du désert de Tâyta qui présente une formation géologique nouvelle; ici, de grandes parties calcaires qui m'ont paru dolomitiques, sur et dans une pâte de grès avec laquelle elles forment corps; là, des pierres détachées, d'un calcaire gris compact à grain très-fin[2]; ailleurs, des rognons d'un conglomérat composé de grains quartzeux blancs réunis par une pâte rouge complètement siliceuse[3]; à droite, du gravier pur; à gauche, une terre rougeâtre tendre, avec ou sans gravier; enfin, une roche composée de divers éléments: dolomies, quartz, silex, agglomérés ou plutôt fondus les uns dans les autres.

Le désert de Tâyta occupe l'espace compris entre les chaînes de l'Akâkoûs et de l'Amsâk, les oasis de l'Ouâdi-Lajâl, les dunes d'Edeyen et la plaine des Igharghâren.

Sur toute son étendue la végétation est nulle.

Sa largeur, entre l'Akâkoûs et l'Amsâk, c'est-à-dire de l'Ouest à l'Est, est de 65 kilomètres, et sa longueur, du Nord au Sud, est de 160.

Ma route coupe ce désert dans sa plus grande largeur, en me rapprochant du coude de l'Amsâk et en m'éloignant des dunes d'Edeyen.

J'aperçois de loin, dans le Sud-Est, la coupure de l'Amsâk, que M. le docteur Barth a traversée pour passer de l'Ouâdi-Aberdjoûch

---

1. Echantillon n° 41.
2. — n° 42.
3. — n° 43.

dans le désert de Tâyta. Elle est appelée *Aghelâd* par les Arabes et *Alfao* par les Touâreg[1].

« Des deux côtés de l'étroit passage, dit le célèbre voyageur, s'élevaient à une hauteur de cent pieds, des murailles de rochers à pic, composées d'énormes couches de marne et de grès, qui se rapprochaient quelquefois au point de ne plus laisser entre elles qu'un espace de six pieds. »

A sa sortie du défilé, M. le docteur Barth a trouvé le sol du désert aride, couvert de grès et de pierres calcaires.

Sous le même méridien, à 33 kilomètres dans le Nord, le sol se présenta à moi sous forme d'une terre rougeâtre et tendre, mais toujours recouvert de graviers et de pierres.

Plus on se rapproche de l'Amsâk, plus le plateau, tout en conservant ses caractères généraux, est jonché de pierres détachées, de grès ordinaire.

Au pied d'un des nombreux caps de l'Amsâk, apparaît une profonde caverne, avec une ouverture assez large pour donner passage à un chameau; cette caverne est une ancienne carrière de pierres meulières, appelée *Ouideréren* (les meules).

Sur un autre point, nommé Tîn-Aboûnda, surgissent des affleurements de calcaire blanc détérioré.

Avant l'arrivée à Tîn-Aboûnda, le désert perd son aspect désolé : à un sol nu, aride, sans végétation, sans eau, succède une forêt de gommiers, celle dite d'Oubâri, qui sépare le désert de Tâyta des nombreuses oasis de l'Ouâdi-Lajâl.

Deux puits, celui d'Essâniet et d'In-Tafarat, peu éloignés l'un de l'autre, témoignent aussi que la nature du sol a changé.

Le puits d'In-Tafarat, d'une profondeur de 4^{m}50, est creusé dans une terre ocreuse.

La pente générale du désert de Tâyta est du Sud-Est au Nord-Ouest. Toutes les eaux des versants de l'Amsâk, après avoir traversé la plaine de Tâyta dans des dépressions à peine marquées, vont se perdre dans les dunes d'Edeyen.

Le plateau sur lequel s'élève la forêt de gommiers est le point de partage des eaux entre le bassin de Tâyta et celui de l'Ouâdi-Lajâl.

---

1. Mais ces deux noms sont de la langue temâhaq.

C. — *Ouâdi-Lajâl.*

On donne le nom commun d'Ouâdi-Lajâl à une vallée de 190 kilomètres de longueur dans sa partie habitée et cultivée, et d'une largeur moyenne de 8 kilomètres.

Cette longue vallée, dont la direction et la pente générale sont de l'Ouest à l'Est, est bornée au Nord par le bourrelet méridional des dunes d'Edeyen et au Sud par la prolongation de la chaîne de l'Amsàk.

Au Nord, les dunes forment une ligne à peu près droite, tandis qu'au Sud la chaîne de l'Amsàk offre de nombreux caps et de nombreux golfes, sortants et rentrants, qui découpent inégalement ce côté de l'ouâdi.

La partie Ouest de cette vallée porte le nom de Ouâdi-el-Gharbi (vallée de l'Ouest); la partie Est, celui de Ouâdi-ech-Chergui (vallée de l'Est); elles sont séparées l'une de l'autre par deux promontoires: l'un de dunes, du côté du Nord; l'autre de rochers, du côté du Sud. Mais géologiquement, ces deux vallées n'en font qu'une; car elles ont la même pente à l'Est, la même nature d'eau et de sol.

Le sol, à la superficie, est un terrain de *heycha*, c'est-à-dire une terre alluvionnaire, légère, saturée de sel et boursouflée par l'action combinée des eaux et de la chaleur.

Ce terrain de heycha, on le retrouvera, plus au Sud, dans l'Ouâdi-'Otba, dans la Hofra ou dépression de Mourzouk, et dans la Cherguîya, autour de Zouîla.

Cette nature de terrain est aussi celle des oasis septentrionales du Nefzâoua, d'El-Faïdh, de l'Ouâd-Rîgh, du bassin de Ouarglà et même du Touât.

Le sous-sol est un terrain d'alluvion jaunâtre, calcaire, mélangé de petits grains quartzeux très-roulés[1].

Dans cette grande vallée de l'Ouâdi-Lajâl, il n'y a pas de lit de rivière proprement dit; mais, sur toute l'étendue de la vallée, on trouve, à une profondeur moyenne de $3^m 60$, une couche aquifère dont l'eau est amenée à la surface du sol au moyen de puits et d'appareils en charpente qui ne sont pas sans quelque analogie avec

---

1. Échantillon n° 44.

ceux usités en Égypte pour l'arrosage des terres. J'en donne un dessin ci-contre.

Toute la vallée est couverte de villages et de forêts de palmiers, à l'ombre desquels on cultive des plantes maraîchères et des arbres à fruits de diverses espèces.

J'ai à signaler comme dérogeant à l'uniformité générale de la vallée les objets suivants :

1° Une carrière d'argile à poterie, encore exploitée aujourd'hui, au pied du Djebel-Tîndé, l'un des caps de l'Amsàk qui dominent Oubâri;

2° A Djerma, les grandes pierres de taille du monument romain, extraites des carrières de l'Amsàk, en grès rose, analogue à ceux des édifices de l'ancienne Égypte ;

3° Une mine de sel, de qualité inférieure à cause de son mélange avec une terre rousse, et située au milieu de l'Ouàdi-El-Gharbi, entre la chaîne de l'Amsàk et les dunes ;

4° Un système de puits à galeries, *fogârât,* creusé sur le flanc du versant Sud de l'Amsàk dans un golfe vis-à-vis l'ancienne Garama.

Me trouvant à Djerma, je ne pus m'empêcher de penser aux émeraudes garamantiques jadis si célèbres à Rome. Sur les lieux, on ne m'a donné que des renseignements négatifs; mais les Arabes nomades de l'Ouàdi-ech-Chiati, à 120 kilomètres au Nord de Djerma, m'assurèrent que l'on trouvait chez eux de ces émeraudes enchâssées dans des bagues provenant des fouilles des anciens tombeaux. D'autre part, on sait que des émeraudes ont été découvertes dans le Touàt, qui devait être compris dans le pays des Garamantes, dont la domination s'étendait dans l'Ouest jusqu'à l'oasis du Tafîlelt, l'ancienne Sedjelmâssa. il est donc possible que les émeraudes de l'antiquité aient été trouvées ailleurs qu'aux environs de Djerma.

Le nombre des villages de l'Ouàdi-El-Gharbi est de onze, savoir :

Oubâri, Ghoreyfa, Touech, Djerma, Teouîoua, Berêg, El-Fogàr, Tekertîba, El-Kharâig, Garàgara, El-Fejîj.

Je ne puis indiquer ceux de l'Ouàdi-Ech-Chergui, n'ayant pas visité cette partie de la vallée.

APPAREIL A ÉLEVER L'EAU DANS LES OASIS DU FEZZÂN.
D'après un dessin de M. H. Duveyrier.

D. — *Dunes d'Édeyen.*

Edeyen, en langue temâhaq, signifie *dunes*. Je donne ce nom à toute une région de sables, courant de l'Ouest à l'Est, que j'ai traversée entre les plateaux de Tinghert et d'Eguélé, puis longée dans la traversée du désert de Tàyta, et que je retrouve au Nord de l'Ouâdi-el-Gharbi en visitant les lacs de Gabráoûn et de Mandara. M. le docteur Barth l'a parcourue dans sa plus grande largeur entre l'Ouâdi-ech-Chiati et l'Ouâdi-el-Gharbi, en se rendant directement de Tripoli à Mourzouk.

La longueur de cette zone de sables, de l'Est à l'Ouest, est de 800 kilomètres environ.

Sa largeur moyenne est de 80.

Dans mon itinéraire géologique de Ghadàmès à Rhât, j'ai indiqué la nature de cette zone entre Ohânet et Abriha.

Un itinéraire de Ghadàmès à Rhât, recueilli par renseignements, me donne sa largeur entre Tàghma et Tidjedakkannin, avec un puits au milieu, celui d'El-Misla.

J'extrais de l'itinéraire du docteur Barth, entre l'Ouàdi-ech-Chiati et l'Ouâdi-el-Gharbi, les renseignements suivants :

« Notre route, extrêmement pénible, nous conduisit presque sans cesse entre de hautes et roides collines de sable. Il s'élevait encore dans certains endroits des groupes de palmiers. Le plus important est l'Ouàdi-ech-Chiouch, enseveli entre deux hautes dunes de sable blanc mouvant.

« Dans notre seconde journée de marche, les collines de sable étaient si escarpées qu'il nous fallait, de nos mains, en aplanir les côtés pour que nos chameaux pussent y avoir pied ; l'un de nos chameliers me dit que cette zone de sable s'étendait, du Sud-Ouest au Nord-Est, depuis Douessa jusqu'à Foukka. »

J'ignore quelle est la position de Douessa, mais je connais celle de Fogha, à l'Est de ma route de retour par Sôkna, et je crois devoir ne pas prolonger jusque-là la zone de ces dunes, bien qu'en effet les sables s'y montrent encore, mais non plus sous la forme de dunes compactes et pressées les unes sur les autres.

« Notre troisième journée de marche, ajoute M. le docteur Barth, continua à travers des collines de sable. Après avoir traversé l'Ouâdi-

Djemmal, nous arrivâmes à la pente la plus escarpée de ce désert de sable.

« Nous campâmes dans l'Ouâdi-Tiguidéfa, près de deux palmiers plantés l'un à côté de l'autre et d'une source abondamment pourvue de fort bonne eau.

« Après douze heures de marche dans les dunes de sable, nous arrivâmes, le quatrième jour, dans l'Ouâdi-el-Gharbi. »

En allant visiter les lacs de Mandara, de Gabràoûn, de Bahar-ed-Doûd et autres, situés dans ces dunes, au Nord de l'Ouâdi-el-Gharbi, j'eus l'occasion de les reconnaître de nouveau. Je les trouvai dépourvues de végétation, d'un accès difficile, tantôt formant des chaînes, tantôt s'élevant, à de grandes hauteurs, en pitons isolés taillés presque à pic.

Un des caractères distinctifs de cette région est d'être abondamment pourvue d'eau, car indépendamment des dix lacs salés ou d'eau douce dont il a été question au chapitre précédent, il en est encore d'autres que je n'ai pas cru utile d'aller visiter, parce qu'ils m'ont paru tous de même nature.

M. le docteur Barth constate aussi la présence de l'eau en plusieurs points.

On dirait donc que cette immense région de sable a pour mission de conserver les eaux des hauteurs qui les bordent.

F. — *Hamâda de Mourzouk.*

Entre l'Ouâdi-el-Gharbi et Mourzouk s'étend un plateau que les indigènes appellent hamâda, sans le différencier par un nom particulier des autres hamâd, mais auquel je donne le nom de la capitale du Fezzân, afin de le distinguer de ses homonymes.

En sortant de l'Ouâdi-el-Gharbi, on doit traverser la chaîne de l'Amsâk par un col étroit, difficile à gravir, à cause des pierres glissantes qui obstruent le passage; puis on entre dans la hamâda, dont le sol, dépourvu de végétation, est couvert d'un gravier mélangé de terre formant un tout solide. Cette contrée me rappelle, malgré moi, la hamâda entre Laghouat et le pays des Beni-Mezâb, avec cette différence que les pistachiers du Sahara algérien sont remplacés dans le Fezzân par des gommiers.

On me signale à peu de distance, dans l'Ouest de la route, un puits de 45 mètres de profondeur; plus loin, je trouve dans le lit de l'Ouâdi-er-Resiou un autre puits qui n'a plus que 18 mètres; il s'appelle Bîr-'Amrân. La hamâda conserve toujours l'aspect d'un désert sec et aride jusqu'à l'Ouâdi-'Otba.

L'Ouâdi-'Otba est une longue vallée qui prend son origine dans la chaîne de l'Amsâk et se prolonge dans l'Est jusqu'au delà de la route de Mourzouk à Sòkna. Il ne forme oasis que dans sa partie centrale, là où des alluvions sablonneuses permettent la culture des palmiers et des autres arbres.

On y compte cinq villages, savoir :

Tessâoua, Agâr, Tiggerourtîn, Marhaba, Doûjàl, tous rapprochés les uns des autres et réunis ensemble par des plantations de palmiers.

Grâce à l'altitude du plateau, on trouve dans cette oasis des végétaux des zones les plus différentes, entre autres l'olivier à côté du palmier, le pommier et le pêcher à côté du gommier et d'autres arbres de l'Afrique centrale.

L'Ouâdi-'Otba, comme l'Ouâdi-el-Gharbi, n'est alimenté d'eau que par des puits. La nature du sol est la même, mais moins saline.

Entre l'Ouâdi-'Otba et la dépression de Mourzouk, on traverse la suite de la hamâda, couverte de gravier en tout semblable à celui qu'on a rencontré dans la partie Nord; quelques petites dunes de sable viennent de temps en temps atténuer la monotonie du paysage.

La distance entre l'Ouâdi-el-Gharbi et l'Ouâdi-'Otba est de 55 kilomètres, celle de l'Ouâdi-'Otba à Mourzouk est de 45; ensemble 100 kilomètres.

Ce plateau, que j'ai traversé obliquement, est limité au Nord et dans l'Ouest par la chaîne de l'Amsâk; mais dans le Sud et dans l'Est, il se prolonge indéfiniment jusque dans le pays des Teboû; ce qui rend les routes méridionales de ce côté si pauvres en eau.

V. — *Dépression de la Hofra.*

La dépression dans laquelle se trouve Mourzouk, et que les indigènes appellent Hofra (bas-fond), est une surface unie de 110 kilomètres de long sur 15 de large environ, divisée en deux parties inégales, l'une de 30 kilomètres à l'Ouest, l'autre de 80 à l'Est de la capitale du Fezzân.

Son fond est par excellence une terre de heycha, c'est-à-dire un terrain alluvionnaire salin, à couches aquifères à peu de profondeur.

Les alluvions de la Hofra sont de sable mêlé d'argile, formant un tout assez solide, mais facile à travailler.

La terre est tellement saline que les briques, avec lesquelles la ville de Mourzouk est construite, se fondent à la pluie comme le sel lui-même.

La profondeur moyenne des puits est de quelques mètres; l'eau qu'ils fournissent est un peu saline comme le sol et d'une digestion difficile.

Aux environs de Tràghen, existe une source, celle de Ganderma, l'une des plus belles qu'on puisse trouver dans la région saharienne.

La fontaine est entourée d'une muraille d'enceinte assez vaste, mais très-mal conservée. Cette construction est défendue, sur toute sa circonférence, par un fossé qui porte le nom de *gandô*. Il servait autrefois de réservoir, d'où les eaux se rendaient par trois canaux aux plantations de palmiers jusqu'à Ghoddoua, à 2 kilomètres de la source. Ces canaux, dont on peut encore suivre le tracé, avaient de 0^{m}70 à 1 mètre de largeur; ce qui témoigne d'un débit considérable.

Au moment de la conquête arabe, la source fut, dit-on, bouchée avec des coins en pierre; seul moyen que trouvèrent les conquérants pour réduire à leur discrétion la ville païenne de Tràghen. Depuis cette époque, la plus grande partie des eaux se perd dans le sol.

Toute l'étendue de la dépression de la Hofra est couverte, de l'Ouest à l'Est, de villages, de plantations de palmiers et de cultures de toute nature.

Au Sud-Ouest de Tràghen, à 2 kilomètres environ, s'étend une sebkha autour de laquelle on rencontre des pierres bizarres appelées *merch* ou *fordogh*.

Ces pierres, de nature calcaire, ont subi une sorte de cristallisation, mais, au lieu de prendre des facettes régulières comme celles des cristaux, elles montrent les formes les plus étranges, cependant toujours terminées par des lignes courbes; ce sont probablement des concrétions accidentelles des particules calcaires dont les terrains voisins des sebkha sont comme imprégnés. Les produits naturels auxquels on peut le mieux les comparer sont les stalactites.

Toulla est dans l'Est le dernier village de la Hofra; il est bâti au pied d'un petit plateau pierreux qui forme la limite orientale du bassin. Sur l'un de ses versants, on a construit un puits à galerie ou fogâr, qui amène l'eau dans les réservoirs échelonnés servant à l'arrosage.

G. — La Chergulya.

La Chergulya est séparée de la Hofra par une petite hamâda, continuation probable de celle de Mourzouk et entrecoupée de dépressions alluvionnaires salines de même nature que la Hofra elle-même.

En quittant Toulla pour aller dans la Chergulya, on gravit immédiatement le petit plateau pierreux auquel cette ville est adossée.

Ce plateau est composé d'un grès[1] quartzeux, brun lie de vin, probablement chauffé par les anciens volcans, et d'un grès grossier, très-siliceux, blanchâtre[2] dans certaines parties, jaunâtre[3] dans d'autres.

A l'extrémité orientale de ce plateau, on trouve Maghoua, petit village bâti dans une dépression saline dont l'eau a un goût de sel très-prononcé.

En continuant la route dans l'Est, le sol est recouvert de buttes de terre couronnées de tamarix ethel qui portent à croire que ces arbres auraient protégé de leurs racines la partie d'un terrain autrefois plus élevé. Une inondation formidable et récente aura probablement ravagé celles de ces terres que les tamarix ne couvraient pas.

Dès qu'on quitte ce sol végétal, on rentre dans la hamâda avec son fond pierreux. Au milieu est bâti le petit et misérable village de Tha'aleb. Au delà, la hamâda recommence, d'abord avec un sol de sable et de gravier, puis avec un sol pierreux. Enfin elle

1. Échantillon n° 45.
2. — n° 46.
3. — n° 47.

finit, et on arrive à Oumm-el-Arâneb, village encore bâti sur le plateau.

Sur la droite de la route, on a laissé une dépression légère appelée El-Guerâra, et plus loin une haute gâra ou témoin isolé.

En quittant Oumm-el-Arâneb, une longue colline rocheuse, de 20 kilomètres environ, reste dans le Nord; le sol devient sablonneux sans être mouvant jusqu'au village d'El-Bedir; au delà on continue à voyager sur un fond de sable mélangé à de la chaux; après quoi on traverse un petit plateau pour descendre dans une dépression riche de végétation dont le village d'Oumm-es-Sougouin occupe le centre.

Après cette dépression, couverte de palmiers sur une étendue de plusieurs kilomètres, reparaît une hamâda sablonneuse plus élevée que l'oasis.

Je dois faire remarquer ici que, depuis l'entrée dans la hamâda séparative de la Hofra, des sables se montrent toujours dans le Sud, parallèlement à la route suivie. Au delà de la hamâda d'Oumm-es-Sougouin, les dunes se prolongent à 2 kilomètres de la route avec une bordure de palmiers, puis on monte un nouvel échelon de la hamâda redevenue pierreuse, et sur ce gradin, qui permet de dominer les dunes de droite, on aperçoit une longue ligne de hauteurs bleues à 14 kilomètres environ. Je suppose que c'est le rebord du plateau sur lequel on trouve Gatrôn et Wao.

Le village de Medjdoûl, qui fait partie de la Chergulya, est situé entre la ligne des sables et celle des hauteurs bleues.

Des points élevés de la hamâda d'où je plonge mes regards vers le Sud, on descend par une pente douce dans les terres de culture et les plantations de Zouila.

De Toulla à Zouila, la distance est de 70 kilomètres. Je n'ai pu ni entrer ni séjourner dans cette dernière ville, et j'ai dû la quitter quelques heures après avoir atteint ses jardins.

Tout ce que j'en sais, c'est que l'oasis de ce nom est considérable comme étendue et couvre le bas-fond d'une dépression entre une ligne de dunes de sables au Sud et une ligne de collines rocheuses au Nord. L'eau qui alimente la ville est fournie par des puits.

Ici se termine ma reconnaissance à l'Est des montagnes occupées par les Touàreg.

Je m'étais proposé, en m'avançant dans l'Est du Fezzân, d'aller jusqu'au massif du Hâroûdj, sur la route de l'Égypte, pour embrasser dans son ensemble le mouvement géologique auquel est due la formation des montagnes de cette partie du Sahara; mais, à la résistance que je rencontrai à Zouïla, malgré l'appui du gouvernement turc, je reconnus que je ne serais pas mieux accueilli chez les fanatiques des villes de Fogha et de Zella et chez les Arabes nomades de la montagne; je me bornai donc à recueillir des renseignements qui, complétés par ceux du voyageur Hornemann et de M. de Beurmann, ne laissent aucun doute ni sur la nature volcanique de ce massif, ni sur sa position.

H. — *Massif de Hâroûdj.*

Construit d'après mes renseignements combinés avec ceux du voyageur Hornemann, le massif volcanique du Hâroûdj constitue un grand système de montagnes entièrement isolé, de 224 kilomètres du Nord au Sud, sur une largeur moyenne de 170 de l'Ouest à l'Est, traversé obliquement par la route des caravanes du Fezzân en Égypte, entre Zouïla et Aoudjela, route que Hornemann a parcourue à grandes marches en 5 jours 1/4.

Sa principale altitude, de 800 mètres environ au-dessus du niveau de la mer, est indiquée à l'angle Nord-Est, à peu de distance de Zella; de ce point, la montagne s'incline graduellement vers le Sud-Ouest, de manière à venir se confondre avec les collines de la hamâda calcaire qui l'enveloppe, de Zella à Fogha, de Fogha à Temessa, de Temessa à Wao, ce qui a fait distinguer un Hâroûdj noir (*el-Asoued*) au Nord et un Hâroûdj blanc (*el-Abiod*) au Sud.

J'estime à 600 mètres l'altitude moyenne du plateau sur lequel se développe le Hâroûdj.

D'après Hornemann, la surface générale du pays présenterait des chaînes continues de collines courant dans diverses directions, de 8 à 12 pieds seulement au-dessus du niveau intermédiaire, et entre ces coteaux (sur une surface parfaitement unie) s'élèveraient des montagnes isolées à rampes extrêmement escarpées; l'une d'elles, le *Sires*, était fendue depuis le haut jusqu'au milieu; une autre, depuis le pied jusqu'au sommet, était couverte de pierres détachées de même nature que les collines.

Entre les collines basses et les pics surélevés, il y a de petites vallées couvertes de sables et de végétation, dont quelques-unes de 4 kilomètres de largeur. Au milieu de ces parties planes seraient épars des blocs de pierre, de même nature que celle des pics des montagnes.

La roche du Hâroûdj est moitié rouge, moitié noirâtre; la partie rouge, plus poreuse, plus spongieuse, plus légère, est moins dense que la noire. Dans ces scories, Hornemann n'a pu découvrir aucune matière ou substance étrangère.

La couche de terre servant d'assise à ces masses de verrues rocheuses lui a paru des cendres sorties d'un volcan.

La stratification des pierres est horizontale, mais souvent dérangée : une partie du premier lit s'enfonçant et se mêlant avec celles du second et celles du second avec celles du troisième.

Quelquefois, ajoute le voyageur, il ne paraît pas du tout de *strata* et une suite de collines basses est formée d'une masse solide de rochers, avec des crevasses dans la direction du Nord.

Hornemann rencontra une caverne de 9 pieds de profondeur et de 5 pieds de largeur; il éprouva, dit-il, des sensations telles que s'il avait vu l'entrée des enfers.

Son interprète, Freudenbourgh, en vit une autre dont les escaliers étaient noirs jusqu'à une profondeur considérable et dont le *stratum* était de pierre blanche.

Pour Hornemann, il n'y a pas de doute, la formation du Hâroûdj est due à un soulèvement volcanique.

Dans sa partie occidentale, à une journée de marche dans l'intérieur du massif, le cheikh de Fogha indique une source sulfureuse, nouveau témoignage de l'action volcanique.

A part cette source, impropre à l'alimentation, mes indicateurs ne me signalent aucune eau dans toute cette région.

Après les pluies, on en trouve dans des rhedîr; c'est là que s'abreuvent les bergers et les troupeaux des tribus nomades des Riah, des Oulâd-Khérís et de la Chergutya, qui, seuls, dans la saison des pâturages, fréquentent cette contrée désolée.

Ce que Hornemann appelle le Hâroûdj blanc n'est qu'une partie de la hamâda de la Chergutya soulevée, mais non atteinte par l'action du feu souterrain.

Dans les roches blanches et calcaires de cette contrée, dit-il, on trouve des squelettes entiers de gros animaux marins pétrifiés, des têtes de poissons qu'un homme pourrait à peine porter, des coquillages, des conques variées et en grand nombre.

Il est regrettable que le fanatisme des habitants de la ville de Zouïla ne permette pas à un géologue expérimenté d'aller explorer librement les deux Hâroûdj ; car on pourrait y faire une ample collection de grands fossiles. Le meilleur moyen de pénétrer avec sécurité dans cette contrée est de se placer sous la protection des Riah, Arabes nomades des environs de Sôkna, habitués aux relations avec les Européens et qui vont chaque année faire paître leurs troupeaux dans le Hâroûdj.

J'aurai l'occasion de signaler un gisement de grand fossile dans le Ahaggâr.

D'ailleurs, les fossiles ne paraissent pas rares dans certaines parties de l'Afrique centrale ; car un de mes informateurs qui a fait de fréquents voyages au Kânem m'indique de grands animaux fossiles dans les roches des ravins du Baḥar-el-Ghozâl.

IVᵉ SECTION.

DE MOURZOUK À LA MER PAR LE MASSIF VOLCANIQUE DE LA SÔDA.

Dans cet itinéraire géologique, accessoire à l'objet principal de ce travail, je me bornerai à décrire à grands traits ma route, en n'appelant l'attention que sur les points justificatifs de ma carte et sur ceux dans lesquels l'action du feu souterrain se révèle.

De Mourzouk à la Sôda, on ne quitte guère qu'accidentellement les terrains pierreux des hamâd, d'abord celle à laquelle j'ai donné le nom de Hamâda de Mourzouk, puis la grande Hamâda-el-Homra, comprise entre Ghâdamès et Sôkna de l'Ouest à l'Est, et entre El-Hesi et Gueria du Sud au Nord.

Je me limiterai donc aux constatations suivantes :

Traversée de la Hofra, au Nord de Mourzouk ;

Rencontre successive d'une petite sebkha, produisant un peu de sel, à la hauteur de Cheggoua ; d'un second bas-fond couvert de palmiers broussailles ; d'une dépression à sol de sebkha humide ; du lit de l'Ouâdi-'Otba qui se prolonge encore dans le Nord-Est ;

Entre ces bas-fonds, terrains couverts tantôt de pierres de grès-quartzite grossier [1], tantôt d'un simple gravier, alternant entre eux ;

Entre le puits de Néchoûà et le village de Delêm, un fragment roulé de lave [2] dont la couleur varie du vert au noir ;

De ces points à Ghoddoua, gravier solide, semé de pierres noirâtres ;

Au Nord de Ghoddoua, terrain sablonneux couvert de tamarix ethel et de palmiers broussailles qui indiquent la présence de l'eau à peu de profondeur ;

Dans l'Ouâdi-Néchoûà, Bir-el-Wouchka (puits entouré de palmiers broussailles) au fond d'une petite grotte creusée dans l'argile ;

Gravier solide, avec affleurement de pierres ;

Fin des collines rocheuses signalées au Nord de ma route de Mourzouk à la Chergulya ;

Dépression d'El-Mehyaf, à sol nu, à bords déchiquetés et hérissés de pitons ;

El-Bîbân (les portes), petit col entre le dernier contre-fort oriental de la chaîne de l'Amsak et les hauteurs rocheuses du Nord de la Chergulya qui n'en sont que la continuation atténuée ;

Terrain sablonneux, prolongement des dunes d'Edeyen, dans lequel des palmiers à haute tige et en broussailles se succèdent d'El-Gordha à la ville de Sebhâ ;

Au Nord de Sebhâ, continuation des sables avec palmiers ; hauteurs de 20 mètres composées de grès noir ; dépression pierreuse de Hadjâra (les pierres), avec palmiers ; plaine de Ouâsââ-Khanga (large défilé), à sol de gravier et de pierres et bordée à l'Est et à l'Ouest par des hauteurs qui se prolongent jusqu'à Hotîyet-el-Ghazi (la plaine des maraudeurs), où les sables reparaissent ;

A la sortie des sables, puits de Sâlah-ber-Rekheyyis, avec une eau puante impossible à boire ; sol de gravier avec sables, devenant argileux à l'approche des palmiers de Temenhent.

Les eaux de cette oasis sont douces ou salées, suivant les puits d'où on les tire.

En continuant la route au Nord de Temenhent : d'abord terre argileuse et palmiers avec dunes à 2 kilomètres au Nord ; ensuite sol

1. Échantillon n° 48.
2. — n° 49. Cet échantillon, déterminé par M. Des Cloizeaux, porte la mention suivante : *lave d'un volcan qui a fait irruption, mais qui peut être éteint aujourd'hui.*

couvert de pierres noires et d'affleurements de calcaire blanc; puis dépression riche en végétation et dans laquelle se trouve le puits de Gourméda.

Après Gourméda, sol pierreux, ligne de petites montagnes coupant la route. A l'Est apparaissent les plantations de Semnou et celles de l'oasis de Zighen.

A la sortie des palmiers de Zighen, le sol s'élève par gradins superposés; à 10 kilomètres au Nord, les sables réapparaissent, et plus loin, de leur milieu, se dressent des hauteurs noires ; entre les sables et le plateau est la source d''Aoulnet-Tittaouin. Toujours le voisinage des sables donne de l'eau. On en retrouve encore au puits d'Oumm-el-'Abîd et à un fogâr, ou puits à galerie horizontale situé sur la route, et creusé dans le rebord occidental d'une petite dépression, lequel rebord est composé d'argile feuilletée, recouverte de pierres de grès noir et gris.

Entre ces puits et la montagne volcanique de la Sôda, la route est tout entière dans une hamâda qui d'abord porte le nom de Serîr-ben-'Afîn, puis celui de Boû-Hogfa.

Serîr est synonyme de hamâda.

Mais cette hamâda n'est pas un plateau uni : d'abord elle est coupée par la ligne de collines de Mehyaf, de 10 mètres de hauteur environ, composée d'une roche blanche analogue au plâtre sablonneux; puis viennent deux petites lignes de sable et une dépression, El-Hofer; et enfin la ligne des collines blanches du Gâf que la route traverse entre deux mamelons symétriques.

A l'Ouest de Mehyaf se dresse la gâra ou témoin d''Ameyma qui en est détachée.

A l'Est de la route, mais entre El-Hofer et le Gâf, sont les hautes dunes de Remla-el-Kebîra.

Au delà du Gâf, on aperçoit les hauteurs de la Sôda, et le sol, composé d'un gravier rougeâtre, commence à être parsemé de pierres basaltiques que l'on trouvera en plus grandes quantités dans le ravin de Máitbât, au pied même de la Sôda.

Le Djebel-es-Sôda, ou montagne noire, est un massif volcanique comme le Hâroûdj, isolé comme lui, au milieu d'une hamâda de calcaire blanc.

Sa longueur est de 110 kilomètres environ de l'Est à l'Ouest, et de 55 environ du Sud au Nord. Une sorte de col formé par une série successive de ravins le traverse dans cette dernière direction, et le divise en deux sections, la Sôda-Gharbia et la Sôda-Chergulya. C'est dans ce col que passe la route.

L'altitude moyenne de la Sôda est de 736 mètres au dessus du niveau de la mer; les sommets les plus élevés sont le Dhâharet-es-Sôda dans l'Ouest, et la Gâret-Tefirmi dans l'Est.

A partir du ravin d'El-Máitbât, en continuant la route, on commence à gravir les pentes méridionales du massif, au milieu d'amas de grosses pierres basaltiques.

Dans l'Ouest, au loin, est une montagne importante, Gâra-el-Kohela (le témoin noir), isolée comme toutes les goûr, mais, par sa nature noire, appartenant au massif de la Sôda.

Les échantillons des roches que j'ai rapportés de cette contrée ont été déterminés par M. Des Cloizeaux, ainsi qu'il suit :

Échantillon n° 50. « Roche volcanique amygdaloïde basaltique, remarquablement lourde, contenant probablement du fer et du péridot. Cette roche indique presque certainement un épanchement volcanique sous-marin. »

Échantillon n° 51. « Amygdaloïde basaltique avec géodes remplies de calcaire et d'une substance brune paraissant analogue à l'hyalosidérite. Cette roche se retrouve dans les volcans éteints de l'Islande et de l'Auvergne. »

Les Arabes qui m'accompagnent, et qui sont des Riah de Sôkna, dont les troupeaux, après avoir consommé les pacages de la Sôda, vont dans le Hâroûdj, m'affirment que les pierres de ce dernier massif sont de même nature que celles de la Sôda.

Hornemann, qui traversa la Sôda après avoir reconnu le Hâroûdj, fit la même constatation.

Le point culminant de la route, celui qui forme le partage des eaux, est Dhâharet-Moûmen (*le dos de Moûmen*), plateau uni, très-vaste, couvert de grosses pierres.

Au centre de ce plateau est une légère dépression à sol de gravier; elle se nomme El-Mejnah.

De Dhâharet-Moûmen, la route continue par une succession de ravins et de vallées jusqu'à Sôkna, au pied du versant Nord de la montagne.

Dans cette seconde partie de la route, la nature des roches s'est modifiée: les pierres basaltiques n'occupent plus que le haut des berges; celles qu'on trouve dans le lit de l'ouâdi ont toutes été roulées; le fond des roches est un calcaire coquillier, de couleur rougeâtre, qui repose lui-même sur des argiles.

Les ravins successivement suivis ou traversés sont :

Au Sud de Dhâharet-Moûmen,

L'Ouâdi-Temechchin, très-étroit, qui se dirige vers l'Est :

L'Ouâdi-Fonguer ;

L'Ouâdi-Ouiddegânen (les lits de ces deux ouâdi se creusent de plus en plus et ont des berges très-marquées) ;

Megriz-es-Sâmeha ;

Megriz-el-Ghârega ;

L'Ouâdi-Tin-Guezzin, assez vaste et profond ;

L'Ouâdi-Boû-l'Hâchem ;

L'Ouâdi-Boû-l'Ferêa'a ;

Au Nord de Dhâharet-Moûmen :

L'Ouâdi-Tefirmi, profond ;

L'Ouâdi-Zeggâr, qui se dirige dans l'Est ;

L'Ouâdi-el-Wouchka ;

L'Ouâdi-Boû-Souwân ;

L'Ouâdi-el-Afenât.

Le nombre considérable d'ouâdi rencontrés ou traversés indique combien la Sôda est ravinée et accidentée, et, bien certainement, la route la parcourt dans sa partie la plus accessible.

Une argile verdâtre[1], imprégnée de sel marin, et parsemée de cristaux de gypse lamellaire, sert de base au calcaire de l'Ouâdi-el-Wouchka.

Ce calcaire, crétacé[2], gris, jaunâtre, saccharoïde, contient des moules de *cardium* et de *turritella* indéterminables.

L'Ouâdi-Tin-Guezzin a des puits-citernes (*themed*) dans le haut ; mais le seul puits réel de la route est celui de Gottefa, dans la vallée de Boû-Souwân.

Un pacha du Fezzân, Moukkeni, avait entrepris d'en faire creuser dans le ravin de l'Ouâdi-Temechchin ; il a dû abandonner cette entreprise ; depuis, les travaux ont été continués par un riche marchand de Sôkna, Makersou, mais sans plus de succès, malgré la grande profondeur du forage.

1. Échantillon n° 52.
2. — n° 53.

Sur la périphérie du massif, on me signale huit puits, savoir : Wenzeref, Oumm-es-Slâg, Meguettem, 'Açila, 'Aâûa, Zâkem, Ferdjân, Zemâmlya.

J'ignore quelle est la qualité des eaux de ces puits, mais celles de Sôkna se troublent beaucoup par l'addition du nitrate d'argent, qui ne s'y dissout pas complétement, ce que j'ai pu constater en cherchant à préparer un collyre. Celle de la petite ville de Hôn, à 12 kilomètres Est de Sôkna, est amère et encore plus désagréable au goût; enfin celle de Zemâmlya, que j'ai eu l'occasion de goûter, en allant de Sôkna à Bondjêm, est aussi amère et mauvaise, comme celles de toute cette région.

Je ne continuerai pas cet itinéraire dans les détails qu'il comporte jusqu'à la mer. Je me bornerai à dire qu'au Nord de Zemâmlya, les sables disparaissent, le sol devient calcaire, et toutes les montagnes sont de calcaire blanc compact. La seule exception à cette loi générale est à quatre journées de marche de Tripoli, dans les berges de l'Ouâdi-Nefid : on y retrouve la même structure géologique que sur le flanc Nord de la Sôda, notamment dans le Chaa'bt-es-Sôda, où des pierres basaltiques sont éparses sur une assez grande étendue de terrains calcaires [1].

Toutefois, je ne puis m'abstenir de parler de la grande Hamâda-el-Homra (la rouge), dont les quatre points cardinaux sont marqués par Ghadâmès à l'Ouest, Gueria-el-Gharblya au Nord, Sôkna à l'Est et El-Hesi au Sud.

M. le docteur Barth l'a parcourue du Nord au Sud sur une étendue de 215 kilomètres. De l'Est à l'Ouest, elle en a 690. Dans cette dernière direction, aucune route ne la traverse, parce qu'aucun animal ne peut supporter la faim et la soif assez longtemps pour entreprendre un pareil voyage.

D'après le savant voyageur, l'altitude moyenne du plateau est de 451 à 486 mètres. A son point le plus élevé, Redjem-el-Erha (*le tas de pierres meulières*), il atteint 511 mètres.

Le caractère général de cette hamâda est d'être totalement dépourvue d'eau et presque totalement de végétation et d'animaux. Les oiseaux eux-mêmes n'entreprennent pas sa traversée sans dan-

[1]. Échantillon n° 54.

ger ; aussi, comme en mer, leur présence signale-t-elle le voisinage d'une terre habitable.

Une tranchée, profondément creusée dans le roc, permit à MM. Barth et Overweg de constater la formation géologique de ce plateau.

« La masse générale des pierres de l'escarpement, dit le docteur Barth, se compose de grès que l'on prendrait, au premier abord, pour du basalte, à cause de la surface complétement noire qu'elles offrent, ainsi que des blocs détachés qui gisent à leur pied.

« Au dessus de cet immense lit de grès, recouvert à certains endroits d'une couche d'argile mêlée de gypse, reposait une autre couche de marne au-dessus de laquelle se trouvait une croûte supérieure de calcaire et de silice. »

Les renseignements particuliers qui m'ont été donnés par les indigènes me permettent d'ajouter que le niveau uniformément plat de la hamâda n'est interrompu que par quelques dunes, des goûr et de légères dépressions.

M. Francesco Busettil, officier de santé de la garnison de Mourzouk, qui a parcouru la hamâda, m'a remis plusieurs fossiles trouvés sur sa route, entre autres :

1° L'*ostrea larva*[1] (Lamk), de l'étage sénonien de d'Orbigny, de la craie blanche à silex, de la craie de Maëstricht ;

2° Une *ostrea*[2], du groupe de l'*ostrea frons*, du terrain crétacé sénonien, dont une identique a été trouvée par M. Hébert, à Aubeterre (Charente), mais qui n'est pas encore décrite ;

3° Des baguettes d'oursins[3] qui devaient être énormes ;

4° Plusieurs coquilles univalves[4] indéterminables ;

5° Enfin une concrétion curieuse[5] qui ressemble à l'agate.

Quand on constate l'état actuel de ce désert, nu, aride, sans eau, on se demande comment les armées romaines ont pu le traverser à une époque où le chameau n'était pas encore introduit dans le pays ; car l'assiette des ruines romaines sur cette route, à l'exclusion de

---

1. Échantillon n° 55.
2. — n° 56.
3. — n° 57.
4. — n° 58.
5. — n° 59.

celle par Sòkna, ne laisse aucun doute sur la voie suivie pour aller d'Œea (Tripoli) à Garama (Djerma). D'ailleurs le passage suivant de Pline ne laisse aucune incertitude sur la préférence donnée à la voie directe : « Jusqu'à ce jour, le tracé de la route des Garamantes fut inexplicable. Dans la dernière guerre que les Romains entreprirent avec le concours des Œensiens, sous les auspices de l'empereur Vespasien, le total de la route fut diminué de quatre jours. Ce chemin est appelé : *par la tête de la montagne,* PRÆTER CAPUT SAXI. » (Liv. V, 5.)

Aujourd'hui, avec le concours du chameau, les caravanes traversent péniblement la hamàda ; une armée, fût-elle exclusivement indigène, ne le pourrait pas.

V° SECTION.

DE RHÀT À IN-SÀLAM.

La présence de Mohammed-ben-'Abd-Allah au Touàt, avec des contingents qui devaient bientôt arborer l'étendard de la guerre sainte et envahir le Sahara algérien, m'a empêché d'aller de Rhât à In-Sâlah par les montagnes d'Azdjer et du Ahaggàr, et de prolonger dans l'Ouest, comme je l'ai fait dans l'Est, de Titerhsìn à la Chergulya, l'étude géologique du plateau central du Sahara, mais de nombreux renseignements me permettent de suppléer à l'exploration personnelle.

Cette section comprendra, de l'Est à l'Ouest :

A. — Le plateau du Tasìli des Azdjer;
B. — Le plateau d'Éguéré;
C. — Le plateau du Mouydìr;
D. — Le massif du Ahaggàr.

A. — *Plateau du Tasìli.*

Je résume succinctement les indications géologiques sur le Tasìli que me fournissent mes observations et mes itinéraires par renseignements.

La masse du plateau est de grès, noir à la surface, mais semblable aux échantillons de ma collection pris entre l'Ouàdi-Tàràt et l'Ouàdi-Titerhsìn. — Le nom d'Éguélé (le coléoptère), donné à un pic isolé du rebord Sud du Tasîli, indique que cette roche se retrouve dans le Sud-Ouest comme dans la partie Nord-Est du plateau que j'ai traversée.

Sur plusieurs points, des roches blanches, probablement des calcaires crayeux, sont signalées, notamment à Tâfelâmt-Tamellet et à Tiòkasîn. L'informateur qualifie ce dernier point de hamâda à sol blanc.

Après les grès, les roches de formation volcanique, semblables à celles que j'ai trouvées à Sàghen et dans la Sôda, les unes poreuses et légères, les autres compactes et pesantes, semblent être fréquentes, notamment dans l'Adrar, dont la longueur est de quatre jours de marche et la largeur de deux.

Le point culminant d'In-Esòkal est-il le seul volcan éteint d'où sont sorties toutes ces roches volcaniques? Je l'ignore, mais je suis tenté de lui assigner ce rôle en commun avec d'autres pics isolés qui me sont signalés sur toute l'étendue du plateau, car la dissémination des laves démontre que le feu souterrain a dû se faire jour en plus d'un endroit.

Un long ravin, tellement profond et encaissé que le soleil y pénètre à peine quelques heures par jour, coupe le Tasîli par son milieu, du Sud au Nord, du pic d'In-Esòkal à la vallée des Igharghâren. Ce ravin, qui porte le nom d'Ouâdi-Afara dans sa partie supérieure et d'Ouâdi-Sâmon dans sa partie inférieure, peut être considéré comme une fracture du plateau, contemporaine sans doute de l'action volcanique.

La force du feu épuisée pour soulever la portion orientale du Tasîli a laissé en contre-bas la portion occidentale; de là la brisure, de là le niveau différent des deux parties du plateau, l'une surélevée, l'autre plus basse et s'inclinant en pente douce vers le bassin de l'Igharghar.

Après ces indications générales, mes renseignements me donnent comme détails les faits géologiques suivants :

Carrière de serpentine dans le ravin de Tehòdayt-tân-Hebdjân, ainsi appelé parce qu'on en tire la pierre dont on fait les anneaux de bras que portent les Touâreg;

Débris d'un grand mammifère fossile[1] dans le ravin de Tehòdayt-tân-Tamzerdja;

---

1. D'après les Touâreg, une femme peut s'asseoir à l'aise dans la cavité de l'articulation coxo-fémorale de l'animal.

Sebkha ou saline à laquelle aboutit ce dernier ravin;

Mine de bon alun à Tifernîn sur la route d''Aïn-el-Hadjàdj à 'Aoulnet-Tîn-Abderkeli;

Fer oligiste semblable à l'échantillon n° 29, et grès ferrugineux sur plusieurs points du plateau;

Roches bouleversées en un grand nombre d'endroits.

D'après les remarques et les échantillons de M. Ismayl-Boû-Derba, les grès et la craie blanche du Tasîli reposeraient sur le terrain dévonien.

Indépendamment des lacs de Mîherò, assez riches en eaux pour nourrir des poissons, mes informateurs me signalent dans Amguid, sur le rebord occidental du Tasîli, une source du nom de Tîn-Selmakin, dont le bassin est assez grand pour que de gros poissons y vivent aussi.

B. — *Plateau d'Éguéré.*

Le petit plateau d'Éguéré semble être une seconde fracture du Tasîli, mais la fracture, au lieu de s'étendre sur toute sa largeur comme celle d'Afara, est restreinte à l'angle Sud-Ouest du plateau. La séparation, au lieu d'une ravine profonde et étroite, forme ici une plaine ou large vallée parcourue par l'Ouâdi-Tédjert, prolongement Nord de la plaine d'Amadghòr.

Je n'ai aucune indication sur la nature de la roche d'Éguéré, mais tout me porte à croire que la mâsse est de grès.

C. — *Plateau du Mouydîr.*

La forme particulière du Mouydîr, la situation du point dominant, l'Ifettesen, par rapport aux trois points culminants du Ahaggàr, le prolongement de ses assises caractérisé dans l'Est par des pitons isolés: Tisellélin, Afisfés, Sakkàya, le voisinage de la source sulfureuse de Dhàyet-el-Kàhela, tout semble indiquer que la formation de ce plateau est due à l'action volcanique. Cependant, je dois le dire, aucune indication précise de mon journal de voyage ne justifie cette opinion; j'ai négligé d'interroger les indigènes à ce sujet.

Mes notes se bornent à signaler la présence du fer à Tiwonkenîn, appelé par les Arabes Kheng-el-Hadîd.

L'abondance relative des eaux dans le Mouydîr est aussi un fait confirmé par tous les informateurs.

D. — *Massif du Ahaggâr.*

Le soulèvement du massif du Ahaggâr par l'action du feu souterrain n'est pas seulement attesté par la forme de son relief et par les témoignages nombreux des indigènes, il est encore affirmé par les laves roulées que M. Ismayl-Boû-Derba a trouvées dans le lit de l'Igharghar à son débouché des montagnes, dans un endroit où les sables ne sont pas venus cacher la nature des alluvions.

Voici ce que dit ce voyageur :

5 *Septembre.* « Vers les quatre heures du matin, nous gagnâmes
« l'Ouâdi-Igharghar. Une grande vallée unie venant du Sud-Ouest et
« se dirigeant vers le Nord-Est forme le lit de la rivière. De gros
« cailloux roulés, en pierre ponce, semblent indiquer l'origine de cet
« ouâdi.

« Les Touâreg, en me montrant cette pierre, me dirent qu'elle est
« tout à fait semblable à celle dont est formé le pâté de montagnes
« du Ahaggâr. Elle est très-légère, celluleuse, d'une couleur noirâtre,
« et affecte l'apparence d'une éponge. »

M. le docteur Marrès, qui a vu les échantillons de M. Ismayl-Boû-Derba, les a trouvés identiques à ceux que j'ai rapportés de Sâghen et que M. Des Cloizeaux a reconnus être de la lave de volcan éteint.

Ces laves ne peuvent provenir du même point, car les sables de la plaine des Igharghâren empêchent aujourd'hui et depuis longtemps la communication de l'Ouâdi-Tikhâmmaït avec l'Igharghar. Ainsi la certitude scientifique est absolue.

Voici maintenant les indications particulières que me donnent mes renseignements.

Tout l'Atakôr-en-Ahaggâr est en pierres noires. Du côté du Touât, elles s'étendent jusqu'à l'Ouâdi-Idjeloûdjâl. De ce point à Menîyet, la roche est blanche, mais elle redevient noire lorsque l'on monte le Mouydîr.

Le promontoire du Tîfedest est aussi noir : tout indique qu'il a dû être couvert par les laves du puy d'Oûdân, comme l'Atakôr par celles des puys de Ouâtellen et Hîkena.

Quoi qu'il en soit, si l'identification des trois monts ci-dessus nommés avec d'anciens volcans est permise, celle des cônes des gradins inférieurs, quoique possible, est moins probable.

Le Ahaggàr doit à son altitude et à sa constitution géologique une richesse de sources d'un débit assez abondant, car elles suffisent aux besoins de l'irrigation. On y cite des ruisseaux à eaux courantes, ceux d'Idélès, de Tàzeroùk et de Tazoûlt, très-grande rareté dans le Sahara. On parle même de la cascade d'un ouâdi du nom d'Adjellal, descendant du Tifedest; ce serait la seule peut-être entre la vallée du Nil et l'Océan Atlantique.

CONCLUSION GÉOLOGIQUE.

J'ai donné à ce chapitre un développement considérable, sans craindre même de suppléer à l'investigation personnelle par de nombreux renseignements glanés çà et là auprès des indigènes ou dans les travaux de mes devanciers, parce qu'il m'a semblé important de fixer d'une manière plus nette l'opinion sur la constitution géologique de la partie centrale du Sahara, la moins connue jusqu'à ce jour.

Désormais des faits importants me paraissent acquis à la science:

Jusqu'au versant Nord des montagnes des Touàreg, la nature du sol reste la même, sans changements appréciables, et nous présente toujours le terrain crétacé comme au Sud de l'Algérie, de la Tunisie et dans la Tripolitaine.

Dans la montagne apparaissent des terrains paléozoïques reconnus d'abord par le docteur Overweg sous le versant occidental du plateau de Mourzouk, puis par M. Ismayl-Boû-Derba dans le Tasili du Nord, et enfin par moi, au pied de l'Akâkoûs, en un point intermédiaire aux gisements précédents.

Désormais, la production, la circulation, l'amoncellement des sables sont circonscrits dans les limites que la nature leur a assignées, et la comparaison du Sahara à une peau de panthère, faite par Strabon, cesse d'être le dernier mot de nos connaissances sur des oasis disséminées dans un désert de sables.

Enfin nous savons que le soulèvement du Tasili et du Ahaggàr, et probablement des plateaux secondaires qui en dépendent, est dû à une action volcanique définie, comme le Djebel-Nefoûsa, la Sòda, le Hàroûdj et le massif d'Aïr.

Ces connaissances sommaires ont besoin d'être complétées, cela est certain; mais en attendant, nous avons la satisfaction d'être arrivé à un résultat qui nous permet de contrôler les récits fort obscurs des anciens sur une contrée qui a excité la curiosité du monde depuis l'antiquité.

CHAPITRE V.

MÉTÉOROLOGIE.

Hérodote nous fait connaître (livre IV, §§ 173, 184 et 185) ce qu'était, il y a deux mille trois cents ans, le climat du pays qu'embrasse mon exploration. Voici ce qu'il en dit :

Température : « Les Atarantes maudissent le soleil qui passe au-dessus de leur tête et lui adressent toutes sortes d'outrages, parce que sa chaleur consume les hommes et la contrée.

Vents : « Le souffle de *Notus* (S.-E.) dessécha tout ce qui contenait de l'eau. D'après les Libyens, les Psylles marchèrent en armes contre Notus. Or, quand ils arrivèrent au désert de sable, Notus souffla de plus belle et les ensevelit tous.

Eaux, pluies : « Le pays est désert, sans eau, sans bêtes fauves, sans pluies, sans arbres ; on n'y trouve nulle humidité. »

Les observations que j'ai faites pendant les trois cent dix jours consacrés à l'étude de la région qu'Hérodote appelle le désert de Libye permettront d'apprécier quelles modifications le temps a apportées au climat de ce pays.

Pour ne pas abuser de la patience du lecteur, je limite le tableau ci-après au pays des Touâreg et à une observation quotidienne ou locale (total : 330 observ.), me réservant de publier dans un recueil spécial l'ensemble de toutes celles faites pendant les vingt-neuf mois de mon voyage.

Quant aux diverses séries d'observations qui n'ont pu trouver place dans ce tableau, je les résume à la suite.

Observations météorologiques [1].

LOCALITÉS.	ALTITUDES	DATES. 1860	HEURES.	BAROMÈTRE réduit à 0° et corrigé.	THERMOMÈTRE centigr.	ÉTAT DU CIEL.	VENTS [2].
El-Ouâd (Soûf)	135m	Juillet. 26	7.45 s.	749.05	35,3	Couvert, légers cumulus	?
'Amich	193	27	5.30 m.	744.58	23,0	Pur	E. — 5.
Drâ-el-Khezla	100	28	4.55 m.	748.73	23,5	Voilé	O.-N.-O. — 3
Choûchet-el-Guedhâm	150	»	3.30 s.	749.77	42,0	Id	O.-N.-O. — 1.
Moul-er-Rebaâya	147	29	5.15 s.	750.34	24,6	Couvert	E. 1/4 N. — 1.
Mâleh-ben-'Aoûn	144	30	5. » m.	751.82	25,1	Nuageux	E. — 4.
Moul-Rebah	152	»	2.30 s.	750.78	39,7	Pommelé	E. — 3.
El-'Ogla	107	31	10.55 s.	754.57	25,0	Nuageux	E. 1/4 N. — 4.
El-'Ogla	»	Août. 1	5.10 m.	756.75	22,2	Pommelé	E. 1/4 N. — 3.
Er-Reguîât	181	»	2. » s.	748.10	34,5	Couvert	E. 1/4 N. — 4.
Berreçof	177	2	3.30 s.	740.20	36,0	Quelques nuages pommelés	E. — 4.
Id.	»	3	8.30 m.	752.50	30,7	Légèrement nuageux	N.-N.-O. — 3.
Id.	»	4	4. » s.	750.11	38,1	Presque serein, cumulus	E. — 2.
Id.	»	5	3.30 s.	756.30	36,3	Pur	
En route, Sieste	168	6	4.30 s.	745.96	38,3	Légèrement voilé	S.-S.-E. — 3 — sirocco.
Ouldiân-el-Halma	213	7	4.30 s.	746.55	30,0	Pur	S.-S.-E. — 3 — id.
Dhahar-el-'Erg	355	8	4.30 s.	735.85	41,6	Pur	S.-S.-E. — 3 — id.
Haoudh-el-hâdj-Sa'îd	365	9	4.30 s.	733.43	40,0	Pur	S.-E. — 3 — id.
En route, Sieste	393	10	4.30 s.	731.11	40,1	Pur	S.-E. — 3 — id.

1. Dans la suite de ce chapitre, je ferai connaître les instruments dont je me suis servi et les corrections qu'ils ont dû subir.
2. La force du vent est estimée sur une échelle de 0, calme parfait, à 10, ouragan.

LOCALITÉS.	ALTITUDE	DATES. 1860	HEURES.	BAROMÈTRE réduit à 0° et corrigé	THERMOMÈTRE Ponti.	ÉTAT DU CIEL.	VENTS.
		Août.					
Ghâba de Ghadâmès......	359	11	3.50 s.	733.99	40,2	Pur...............	S.-E. — 6 — sirocco.
Ghadâmès¹...............	351	12	8.30 m.	733.80	35,1	Pur...............	S.-E. — 4 — id.
Id.	»	13	8. » s.	731.58	34,0	Légèrement couvert......	Nul.
Id.	»	14	9.45 s.	730.21	32.8	Pur...............	Nul.
Id.	»	15	8. » m.	734.11	32,9	Pur...............	Insensible.
Id.	»	16	6. » m.	733.45	23,8	Pur...............	S.-S.-E. — insensible. — 1.
Id.	»	17	8. » s.	730.49	34,2	Presque pur, cumulus	Nul.
Id.	»	18	2. » s.	734.41	38,1	Pur...............	S.-S.-E. — 2.
Id.	»	19	2. » s.	741.30	36,6	Un peu voilé..........	S.-S.-E. — 6.
Id.	»	20	3. » s.	741.17	38,8	Pur...............	S.-S.-E. — 2.
Id.	»	21	6. » m.	732.58	24,3	Pur...............	Nul.
Id.	»	22	2.30 s.	734.86	38,3	Pur...............	S.-S.-O. — 2.
Id.	»	23	8.30 s.	734.96	31,0	Pur...............	S.-E. — 1 — par bouffées.
Id.	»	24	9. » s.	737.30	31,1	Pur...............	S.-S.-E.—1—sirocco par bouff.
Id.	»	25	2. » s.	743.22	38,8	Presque pur, petits cumulus ronds..	S. — 1.
Id.	»	26	8. » s.	733.57	31,2	Pur...............	S.-S.-E. — 2.
Id.	»	27	3. » s.	729.64	36,2	Pur...............	E. — 2.
Id.	»	28	2. » s.	736.45	34,7	Pur...............	S.-S.-O. — 3.
Id.	»	29	2. » s.	733.48	36,4	Pur...............	S. — 1.
Id.	»	30	6. » m.	734.18	21,0	Pur...............	Insensible.
Id.	»	31	2. » s.	736.96	38,1	Pur...............	S.-S.-O. — 1.

(1) Faute d'observations correspondantes au niveau de la mer, l'altitude de Ghadâmès n'a pu être calculée que sur une moyenne de cinq journées : celles des 12, 13, 14, 15 août et 10 décembre 1860.

LOCALITÉS.	ALTITUDE	DATES. 1860	HEURES.	BAROMÈTRE ramené à 0° et corrigé	THERMOMÈTRE Droubé	ÉTAT DU CIEL.	VENTS.
Ghadâmès	351	Septemb. 1	2. » s.	736.21	38,2	Pur	Nul.
Id.	»	2	6. » m.	736.03	23,1	Pur	Nul.
Id.	»	3	6. » m.	731.33	21,4	Pur	E. — 1.
Id.	»	4	3.30 s.	735.30	40,4	Quelques cumulus	E. — 2.
Id.	»	5	8.30 s.	732.62	32,2	Pur	Nul.
Id.	»	6	6. » m.	730.88	23,1	Pur	E. — 1.
Id.	»	7	6. » m.	737.28	20,8	Pur	E. — 2.
Id.	»	8	2.30 s.	737.48	37,7	Pur	Nul.
Id.	»	9	6. » m.	730.17	25,1	Pur	N.-E. — 3.
Id.	»	10	6. » m.	727.92	22,8	Cumulus irréguliers à l'O	E. — 2.
Id.	»	11	7. » s.	734.13	32,0	Pur	E. — 1.
Id.	»	12	2. » s.	731.59	36,2	Pur	E. — 3.
Id.	»	13	2.30 s.	737.90	37,1	Pur	N.-E. — 4.
Id.	»	14	2. » s.	738.96	38,1	Pur	E. — 3.
Id.	»	15	6. » m.	734.92	38,9	Pur	E. — 4.
Id.	»	Décemb. 10	10. 5 m.	735.77	17,7	Pur	S.-O. — 4 — sirocco.
Mâreksân	348	11	7.30 m.	735.04	9,7	Pur	S.-O. — 3.
Id.	»	12	8. » m.	727.94	10,4	Pur	S.-O. — 2.
Ouâdi-Timlsit	347	13	9. » m.	731.74	10,9	Pur	S.-S.-O. — 4.
Imozzelâouen	337	14	9.30 m.	727.79	12,1	Presque pur, stratus à l'horizon N	S.-S.-E. — 4.
Tifochayen	415	15	8.50 m.	719.95	13,9	Presque pur, légers nuages	S. — 3.
Timeiloûlen	421	16	7.15 m.	718.68	10,5	Pur	O. — 1.
Id.	»	17	7.15 s.	721.46	5,9	Nuages légers, plumeux	Nul.

LOCALITÉS.	ALTITUDES	DATES. 1860	HEURES.	BAROMÈTRE ramené à 0° et corrigé.	THERMOMÈTRE	ÉTAT DU CIEL.	VENTS.
		Décemb.					
Timelloûlen	421	18	8.30 m.	721.75	2,2	Nuages plumeux	Nul.
Id.	»	19	9.20 m.	727.93	10,5	Petits nuages	O.-S.-O. — 2.
Tahâla	416	20	8. » m.	729.66	9,1	Couvert	E. — 1.
Abédjren	505	21	8.30 m.	720.11	9,3	Couvert. — Petite pluie	Nul.
Adebi-n-Ouarân	456	22	8. » m.	715.94	4,9	Nuages à l'horizon	E.-S.-E. — 2.
Tidjedakannin	454	23	9.30 m.	717.68	6,9	Pur	Nul.
Id.	»	24	8.30 m.	721.30	6,6	Pur. — Rosée	Nul.
Id.	»	25	2. » s.	723.38	24,4	Légers nuages blancs à l'horizon	Nul.
Id.	»	26	7.45 m.	722.66	10,2	Légers nuages plumeux	E.-N.-E. — 1.
Id.	»	27	7.30 m.	722.53	7,1	Pur	N.-E. — 1.
Sâghen	534	28	6.45 m.	719.53	1,9	Pur	E.-N.-E. — 1.
Id.	»	29	8.30 m.	718.89	4,9	Pur	Nul.
Id.	»	30	8.30 m.	721.22	8,5	Pur	Insensible.
Id.	»	31	9.15 m.	719.68	10,8	Pur	E. — 1.
		1861 Janvier.					
Id.	»	1	8.30 m.	718.51	7,0	Pur	Nul.
Id.	»	2	9. » m.	719.05	9,5	Pur	Nul.
Id.	»	3	7.30 s.	715.73	16,8	Pur. — Lueur blanche à l'horizon O.	Nul.
Id.	»	4	8. » s.	716.88	16,4	Couvert partout	Nul.
Tihhammalt (1er camp)	»	5	10. » m.	716.96	18,7	Pur	S. — 1.
Afara-n-Wechcheran	543	6	11.30 m.	714.95	24,8	Pur	Nul.
Id.	»	7	1.30 s.	703.24	28,9	Presque serein, petits nuages rares	S.-E. — 3 — sirocco.
Id.	»	8	6.45 s.	710.00	14,0	Pur	N. — 3.

LOCALITÉS.	ALTITUDES.	DATES. 1861	HEURES.	BAROMÈTRE réduit à 0° et corrigé.	THERMOMÈTRE	ÉTAT DU CIEL.	VENTS.
		Janvier.					
Afara-n-Wechcheran	543	9	10.30 m.	710.80	12,2	Presque pur, quelques petits nuages.	Nul.
Id.	»	10	3. » s.	711.96	16,6	Pur	N. — 2.
Id.	»	11	3.20 s.	712.34	19,6	Pur	N.-N.-E. — 2-3.
Id.	»	12	3. » s.	709.01	22,9	Presque pur, petits nuages horiz. N.	N.-O. — 4.
Id.	»	13	9. » m.	712.04	13,1	Pur	S.-E. — 2-3.
Id.	»	14	10. » m.	715.78	14,7	Pur	S.-S.-E. — 1.
Id.	»	15	11. » m.	715.90	18,9	Pur	S.-S.-O. — 2.
Id.	»	16	9. » m.	715.21	10,0	Un cinquième nuages blancs	S.-E. — 1-2.
Id.	»	17	5.30 s.	711.79	18,9	Couvert horiz. N	O. — 6.
Id.	»	18	3. » s.	711.12	17,8	Légers nuages blancs transparents	N.-O. — 3.
Id.	»	19	10.30 m.	716.17	11,0	Nuages plumeux au N	E.-S.-E. — 3.
Id.	»	20	1.30 s.	715.32	17,2	Pur	N.-O. — 2-3.
Id.	»	21	11.30 m.	721.32	15,3	Pur	O.-N.-O. — 2-3.
Inghar et Asoultar	611	22	3. » s.	718.16	16,6	Nuages ronds blancs	N.-E. — 1.
Id.	»	23	3.30 s.	717.32	19,7	Nuages blancs S.-E	N.-E. — 3.
Id.	»	24	9. » m.	718.92	9,2	Cinq sixièmes couvert	E.-N.-E. — 5.
Id.	»	25	8. » s.	722.34	13,6	Pur	N.-E. — 3.
Id.	»	26	3. » s.	722.16	16,6	Pur	N.-E. — 5.
Id.	»	27	9. » m.	719.20	10,3	Petits nuages, horiz. S. voilé	E.-N.-E. — 4.
In-Tafersin	627	»	6.30 s.	716.50	14,1	Couvert, pluie moitié de la nuit	E. — 3.
Tâdjenoût	594	28	10.30 m.	717.09	15,5	Couvert	Nul.
Oursel	624	»	7. » s.	712.33	12,9	Pur	N.-N.-E. — 1.
Id.	»	30	7. » s.	716.91	12,0	Pur	N.-E. — 3.
Id.	»	31	3. » s.	718.49	15,8	Couvert	E. — 2.

LOCALITÉS.	ALTITUDES	DATES. 1861	HEURES.	BAROMÈTRE réduit à 0° et corrigé.	THERMOMÈTRE Centigr.	ÉTAT DU CIEL.	VENTS.
Oursel................	624	Février. 1	3. » s.	727.46	17,3	Presque tout couvert............	E. — 3.
Id. (autre camp)......	»	2	10. » m.	719.63	14,8	Pur..........................	S. — 2.
Id.	»	3	10. » m.	718.73	14,3	Presque pur, un petit nuage......	Nul.
Id.	»	4	8.30 m.	716.52	11,5	Pur..........................	E. — 1.
Près d'In-Hemoûl........	593	5	11.30 m.	714.56	20,5	Petits nuages dispersés..........	E.-S.-E. — 1.
Id.	»	6	9. » m.	715.96	16,7	Couvert.......................	Nul.
Tamioutin (Aghelâd)...	553	7	9. » m.	717.67	19,3	Voilé.........................	S.-E. — 1.
Tàrat (Aghelâd).......	549	»	8. » s.	714.61	21,3	Voilé.........................	E.-S.-E. — 1.
Tarrghagbit.............	542	8	9. » s.	711.21	21,3	Quelques nuages...............	Nul.
Id.	»	9	9. » m.	713.22	17,2	Pommelé au S.................	S.-S.-E — 1.
Près de Mârhet.........	478	10	9.20 s.	708.60	19,6	Pur..........................	Nul.
Azel-en-Bangou.......	655,5	11	8. » s.	705.85	22,2	Pas très-pur...................	S. — 1.
Id.	»	12	11. » m.	713.68	23,5	Légèrement voilé...............	E.-S.-E. — 1.
Id.	»	13	9. » m.	714.82	17,6	Couvert.......................	S.-E. — 0-1.
Id.	»	14	10. » s.	714.04	15,7	Pur..........................	Nul.
Id.	»	15	8. » m.	713.50	12,3	Légèrement voilé à l'horizon.....	Nul.
Id.	»	16	9. » m.	712.06	18,6	Petits nuages plumeux..........	N. — 1.
Id.	»	17	10. » m.	711.59	24,5	Quelques petits nuages plumeux..	S.-O. — 1.
Id.	»	18	3. » s.	705.57	20,0	Pur..........................	N. — 2.
Id.	»	19	8.45 s.	709.97	21,7	Voilé. Halo à 20° 1/2 du bord de la lune	S.-S.-O. — 1.
Id.	»	20	3. » s.	704.98	31,2	Un tiers nuageux...............	S. — 5.
Id.	»	21	2.30 s.	703.82	29,1	Couvert, voilé; nuages de poussière.	E. — 4.
In-Tâfarnout............	631	22	2.30 s.	708.25	24,7	Neuf dixièmes couvert...........	E. — 1.
Id.	»	23	3. » s.	707.89	26,5	Voilé.........................	O.-S.-O. — 0-1.

LOCALITÉS.	ALTITUDES	DATES. 1861	HEURES.	BAROMÈTRE réduit à 0° et corrigé	THERMOMÈTRE c. cent.	ÉTAT DU CIEL.	VENTS.
		Février.					
In-Taîtaraout	631	24	3. » s.	705.96	22,8	Voilé	N.-N.-O. — 4.
Id.	»	25	7.30 m.	710.83	16,3	Voilé	O. — 2.
Id.	»	26	8. » m.	711.41	9,6	Pur	S.-O. — 0-1.
Id.	»	27	9. » m.	711.56	15,3	Presque pur, nuages plumeux rares..	S.-O. — 2.
Ouâdi-Allouâ	»	»	6. » s.	702.13	24,2	Pur	E.-N.-E. — 2.
Ahêr (source)	745	28	11. » m.	704.80	23,9	Ciel demi-couvert, nuages alignés S.-N.	N.-N.-O. — 2.
Ouâdi-Takarâhet	820	»	6.15 s.	698.65	20,8	Couvert au N. à l'horizon	N. — 2.
		Mars.					
Id.	»	1	3. » s.	702.53	19,5	Petits nuages plumeux au S.	N.-N.-O. — 2.
Tin-Arrây	975	2	6. » s.	689.59	15,5	Pur	N.-E. — 2.
Tin-Tèrdja	10..2	3	3. » s.	688.17	18,2	Pur	N.-E. — 2.
Tin-Tâkelît	870	4	3.15 s.	695.82	19,2	Pur	E. — 3.
In-Ezzan	945	5	9. » m.	697.63	14,7	Pur	E. — 1.
In-Akhkh	805	6	6. » m.	695.41	10,0	Pur	S. — 2.
Tiferghasîn	864	»	9. » m.	697.91	16,6	Pur	S. — 1.
Titerhsîn	784	»	6.50 s.	703.90	19,0	Pur	N.-O. — 2.
Tarz-Oûlli	766	7	9. » m.	696.69	13,7	Pur	E. — 0-1.
Id.	»	8	9. » m.	707.71	12,6	Gris uniforme, air trouble	N.-N.-E. — 2.
Id.	»	10	9. » m.	709.37	11,2	Pur	N.-E. — 2.
Ouâdi-Tinselmadjin	667	11	midi.	710.82	19,4	Pur	N.-E. — 2.
Id.	»	12	7.30 m.	706.67	8,5	Pur	E. — 1.
Tinoûhaouen	772	13	9. » s.	699.31	14,7	Pur	O. — 0-1.
Toûnin (Rhât)	726	14	11.58 m.	702.23	20,3	Pur	S.-O. violent. — 6.
Id.	»	15	9.30 s.	706.67	14,9	Pur	N.-O. — 2.

LOCALITÉS.	ALTITUDES	DATES. 1861	HEURES.	BAROMÈTRE réduit à 0° et corrigé	THERMOMÈTRE Pouillet.	ÉTAT DU CIEL.	VENTS.
		Mars.					
Toûnin (Rhât)	726	16	3. » s.	700.93	23,2	Pur	N.-O. — 2.
Id.	»	17	9.30 s.	703.27	16,5	Pur	S.-E. — 1.
Id.	»	18	6. » m.	698.68	0,8	Pur	Nul.
Id.	»	19	3. » s.	700.47	23,6	Pur	N.-O. — 1.
Id.	»	20	9. » m.	701.42	18,3	Pur	N. — 1.
Id.	»	21	midi.	700.37	25,1	Pur	N.-E. — 1.
Id.	»	22	9. » s.	703.86	18,5	Presque tout couvert	Nul.
Id.	»	23	midi.	700.48	33,5	Cirrho-cumulus	S.-S.-E. — 2.
Id.	»	24	3. » s.	696.01	32,2	Cirrho-cumulus	S.-S.-E. — 2.
Id.	»	25	9. » m.	702.87	26,9	Cirrho-cumulus et cirrho-stratus çà et là	S. — 3.
Id.	»	26	3. » s.	692.05	34,5	Voilé	S.-E. et S.-S. E., tr.-violent dans la soirée et dans la nuit. — 7.
Id.	»	27	3. » s.	692.47	28,6	Légèrement voilé	E.-N.-E. — 2-3.
Id.	»	28	9. » m.	703.42	20,6	Pur	Nul.
Tinoûhaouen	772	29	3. » s.	693.35	31,5	Pur, horizon voilé	O. — 3.
Id.	»	30	7. » m.	699.13	14,2	Bleu, légèrement voilé	Nul.
Id.	»	31	3. » s.	697.71	26,6	Cirrho-cumulus	N.-O. — 2.
		Avril.					
Tars-Oûlli	766	1	8.30 s.	704.31	21,8	Nuageux à l'horizon E	E.-N.-E. — 3.
Id.	»	2	9. » s.	704.05	22,3	Un tiers couvert	E.-S.-E. — 2.
Id.	»	3	11. » s.	699.53	18,5	Pur	S. — 1.
Id.	»	4	9. » m.	701.36	27,5	Sept dixièmes couvert	S. — 3.
Id.	»	5	10.30 s.	701.30	22,3	Pur, horiz. S. voilé	N.-O. — 1.
Id.	»	6	3. » s.	695.30	37,9	Demi-cumulus	S. — 2.

LOCALITÉS.	ALTITUDES.	DATES. 1861	HEURES.	BAROMÈTRE réduit à 0° et corrigé.	THERMOMÈTRE Symb.	ÉTAT DU CIEL.	VENTS.
		Avril.					
Tarz-Oùili............	766	7	3. » s.	696.80	33,7	Pur...........................	N.-E. — 2.
Id.	»	8	6. » s.	693.84	30,0	Pur, horizon O. voilé.......	S.-E. — 2.
Id.	»	10	3. » s.	693.17	31,7	Voilé.........................	N.-O. — 4.
Id.	»	11	midi.	700.22	28,6	Pur...........................	S.-S.-E. — 2.
Id.	»	12	7.30 s.	699.17	24,6	Pur...........................	N. — 1.
Id.	»	13	6. » s.	693.77	28,6	Pur, horizon N. couvert......	N. — 2.
Id.	»	14	9. » m.	703.75	20,8	Pur...........................	N.-E. — 2.
Id.	»	15	8.15 s.	700.37	24,6	Pur...........................	E. — 2.
Id.	»	16	3. » s.	702.66	31,3	Pur...........................	N.-N.-O. — 2.
Id.	»	17	3.45 s.	697.22	34,5	Légèrement voilé à l'horizon, poussière et sables soulevés......	O. — 4.
Id.	»	18	9. » s.	702.21	22,8	Pur...........................	N.-E. — 4.
Id.	»	19	3. » s.	696.06	32,9	Légèrement mais entièrement couvert.	E. — 2.
Id.	»	20	8. » s.	702.23	30,3	Deux tiers couvert............	E. — 1.
Id.	»	21	7.30 s.	700.77	32,1	Presque pur...................	S. chaud. — 2.
Id.	»	22	9. » m.	702.88	37,3	Voilé.........................	S.-S.-O. — 7 — sirocco.
Id.	»	23	3. » s.	691.94	32,2	Un peu voilé à l'horizon......	N.-O. — 2.
Id.	»	24	3. » s.	693.06	37,8	Cirrho-cumulus................	S.-O. — 2.
Id.	»	25	3. » s.	692.49	38,3	Quelques petits cumulus.......	S.-S.-O. — 6 — sirocco.
Id.	»	26	3. » s.	693.87	31,3	Voilé.........................	E. — 5.
Id.	»	27	3. » s.	698.98	32,4	Cumulus aux deux tiers........	S.-E. — 1.
Id.	»	28	3. » s.	699.38	31,9	Couvert, pluie................	S.-O. — 5.
Id.	»	29	6. » m.	701.80	22,1	Presque entièrement couvert...	N. — 2.
Merdjàn............	709	30	6.30 m.	701.25	22,3	Couvert.......................	E. — 1

LOCALITÉS.	ALTITUDE	DATES. 1861 Mai.	HEURES.	BAROMÈTRE réduit à 0° et corrigé.	TEMPÉRATURE Réaum.	ÉTAT DU CIEL.	VENTS.
Serdélès............	709	2	9. » m.	708.16	29,5	Pur....................	N.-E. — 2.
Id.	»	3	6. » m.	702.66	19,5	Pur....................	S.-S.-E. — 3.
Id.	»	4	6. » m.	701.88	21,4	Demi-couvert de cumulus........	S.-E. — 4.
Id.	»	5	9. » m.	702.85	29,3	Un quart cumulus et cirrho-cumulus.	N.-O. — 2.
Id.	»	6	9. » m.	701.58	33,4	Presque tout couvert............	N. — 3.
Id.	»	7	9. » m.	701.73	25,0	Légers cumulus...............	E. — 3.
Id.	»	8	3. » s.	699.44	32,5	Cumulus..................	Insensible.
Id.	»	9	6. » m.	703.21	24,2	Couvert, gouttes de pluie........	Insensible.
Id.	»	10	6. » s.	702.37	30,2	Pur....................	N. — 2.
Id.	»	11	4.50 m.	703.89	14,2	Pur....................	E.-N.-E. — 1.
Eraouen............	594	13	5.45 s.	712.03	29,5	Pur....................	O. — 4.
Id.	»	14	4.30 m.	717.18	15,0	Cumulus à l'O.............	Nul.
Tin-Aboûnda........	559	15	4.50 m.	718 09	14,4	Pur....................	Insensible.
In-Tâfarat..........	572	»	12.30 s.	718.97	28,6	Légèrement voilé, pur au zénith...	N.-E. — 1.
Hotiya-Cheikh-el-Hoseyni.	552	»	7.45 s.	719.17	23,4	Pur....................	Nul.
Oubâri.............	515	16	2.30 s.	717.24	34,7	Couvert..................	N.-O. — 1.
Id.	»	17	6. » m.	718.66	25,5	Couvert..................	N. — 2.
Id.	»	18	7.20 m.	725.09	25,6	Pur....................	N. — 1.
Taguelelt..........	517	»	1.20 s.	720.21	34,4	Pur....................	Insensible.
Djerma............	485	19	8.45 m.	722.20	22,0	Pur....................	Insensible.
Brêg..............	551	20	4.35 s.	719.39	36,3	Cumulus..................	S.-E. — 2.
El-Fogâr...........	515	21	2.15 s.	719.22	30,0	Pur....................	S.-E. par bouffées. — 2.
Tekertiba..........	529	22	6.45 m.	719.31	31,9	Pur....................	S.-E. — 3.
Id.	»	23	6.50 m.	718.43	33,2	Pur....................	E.-S.-E. — 2.

LOCALITÉS.	ALTITUDE	DATES. 1861	HEURES.	BAROMÈTRES reduit à 0° et corrigé	THERMOMÈTRE Centrad.	ÉTAT DU CIEL.	VENTS.
		Mai.					
Tekertiba	529	24	4.30 m.	717.38	24,6	Pur	S.-E. — 1.
Id.	»	25	2. » s.	714.00	40,3	Moitié gros cumulus	O. — 1.
Id.	»	26	8.15 s.	718.92	27,5	Pur	N.-E. — 3.
Id.	»	27	4.20 m.	721.34	19,0	Pur	E. — 2.
Lac de Mandara	527	28	4.50 s.	721.14	29,5	Petits cirrho-cumulus	N.-N.-E. — 2.
Goïoûb-es-Soltân	474	29	2.20 s.	721.26	31,5	Moitié cumulus et cirrho-cumulus	N.-N.-E. — 1.
Gabráoûn	450	»	5.10 s.	721.74	29,0	Cirrho-cumulus	N. — 1.
Ouâdi-Gabráoûn	542	30	5.40 s.	716.76	29,7	Légers cumulus	N.-N.-E. — 2.
Tekertiba	529	31	1.30 s.	719.03	34,1	Pur	E. 1/8 S. — 5.
		Juin.					
El-Fejij	579	1	4. » s.	717.81	33,9	Pur	E. — 2.
Indjârren	623	2	1.30 s.	714.66	35,1	Pur, un peu voilé à l'horizon	E. — 3.
Bir-'Amrân	509	»	6.35 s.	717.50	27,5	Pur	Nul.
Tessâous	528	3	1.30 s.	720.40	36,7	Pur	Insensible.
Id.	»	4	7.15 s.	718.44	25,2	Pur	Nul.
Agâr	586	5	8.40 s.	717.88	23,7	Pur	Nul.
Oumm-el-Hamâm	543	6	1.50 s.	717.05	39,2	Pur	S. — 2.
Moursouk	559	7	2. » s.	719.26	38,5	Pur	E. — 3.
Id.	»	8	1.30 s.	720.15	39,1	Pur	N.-E. — 5.
Id.	»	9	4.15 m.	721.57	22,7	Pur	Nul.
Id.	»	10	1.30 s.	719.63	41,0	Légèrement voilé	S.-E. — 5.
Id.	»	11	7. » m.	719.48	32,7	Pur	S.-E. — 2.
Id.	»	12	1.30 s.	717.38	38,4	Voilé	O. — 2.
Id.	»	14	1.30 s.	720.31	35,9	Voilé	S. — 1.

LOCALITÉS.	ALTITUDES	DATES. 1861	HEURES.	BAROMÈTRE réduit à 0° et corrigé.	THERMOMÈTRE centig.	ÉTAT DU CIEL.	VENTS.
		Juin.					
Mourzouk	559	16	2.30 s.	719.16	36,5	Pur	E. — 1.
Id.	»	17	2.30 s.	718.61	37,8	Pur	Insensible.
Id.	»	18	5.10 m.	720.48	24,2	Pur	E. — 2.
Id.	»	19	1.30 s.	719.96	36,5	Pur	E. — 1.
Id.	»	20	2. » s.	720.78	36,5	Pur	E. — 3.
Id.	»	21	1.30 s.	720.29	34,5	Pur	E. — 3.
Id.	»	22	1.30 s.	719.04	33,1	Pur, légers nuages à 45°	E. — 3 par bouffées.
Id.	»	23	2.40 s.	718.06	34,3	Pur	E. — 1.
Id.	»	25	1.30 s.	720.39	35,6	Pur	E. — 2.
Id.	»	26	2. » s.	718.94	36,3	Pur	E. — 1.
Id.	»	27	4.45 s.	719.65	20,2	Pur	N.-O. — 1 faible.
Id.	»	29	1.30 s.	718.10	38,3	Pur	N. — 3.
Id.	»	30	1.30 s.	720.73	36,2	Pur	E. — 5.
		Juillet.					
Id.	»	1	3.30 s.	720.34	37,7	Pur	E. — 5.
Id.	»	2	1. » s.	720.36	39,9	Un quart cumulus à l'E.	E. — 1 faible.
Id.	»	3	1.30 s.	718.96	40,8	Cumulus à l'E. et au N.	S.-E. — 2.
Id.	»	4	2. » s.	717.20	40,6	Gros cumulus épars	N.-N.-E. — 1.
Id.	»	5	3. » s.	718.83	41,7	Petits cumulus blancs N. et E.	S.-S.-E. — 1.
Id.	»	6	1. » s.	718.78	41,5	Pur	Nul.
Id.	»	7	3. » m.	718.80	22,7	Pur	Nul.
Mokhâten	565	8	3.10 m.	720.37	21,9	Pur	Nul.
Trâghen	520	9	6. » m.	721.08	27,3	Pur	Nul.
Id.	»	11	3.45 m.	721.35	24,4	Pur	E. — 1 faible.

LOCALITÉS.	ALTITUDE	DATES. 1861	HEURES.	BAROMÈTRE réduit à 0° et corrigé	THERMOMÈTRE centig.	ÉTAT DU CIEL.	VENTS.
		Juillet.					
Trâghen............	520	12	1.30 s.	720.88	39,9	Pur................	E. ou N.-E. — 5.
Id.	»	14	2.30 s.	720.61	36,5	Pur................	E. — 5.
Id.	»	15	4. » m.	722.06	22,2	Pur................	Insensible.
Toulla	589	16	1.30 s.	719.70	40,5	Pur................	S.-O. — Insensible. 1.
Maghoua	577	17	1.30 s.	719 69	40,4	Pur................	N.-E. — 6.
Tha'aleb	595	18	1.45 s.	717.48	41,6	Pur................	N. — 2.
Oumm-el-Arâneb....	546	19	4. » s.	718.60	38,5	Pur................	N.-O. — 4.
El-Bedir	546	20	1.30 s.	719.58	40,0	Pur................	?
Oumm-es-Sougouin...	506	21	3. » m.	723.24	22,3	Pur................	E. — 2.
Zoulla	539	»	1. » s.	721.20	36,6	Pur................	N.-O. — 2.
Hammira............	446	22	1. » s.	723.70	37,5	Pur................	N.-E. — 4.
Trâghen............	520	23	4. » s.	720.17	36,5	Pur................	N.-E. — 2.
Mourzouk	559	27	9.40 m.	711.67	38,8	Pur................	?
Id.	»	29	3. » s.	701.21	38,5	Pur................	E. — 1.
		Août.					
Id.	»	5	6. » m.	719.16	23,1	Pur................	E.-N.-E. — 2.
Id.	»	6	4. » s.	722.10	33,5	Pur................	N. — 2.
Id.	»	7	2.30 s.	725.39	36,1	Quelques petits cumulus........	N. — 2.
Id.	»	8	3. » s.	726.13	37,4	Pur................	N.-E. — 2.
Id.	»	9	2. » s.	722.68	35,7	Pur................	N. — 2.
Id.	»	10	3.30 s.	719.32	35,9	Pur................	N.-E. — 2.
Id.	»	11	7. » s.	718.96	28,6	Pur................	Nul.
Menzelet-el-Guefel.....	545	12	2.30 s.	721.12	36,6	Pur................	E. — 6.
Néchoûa'............	608	13	3.45 s.	717.08	35,7	Pur................	E.-N.-E. — 2.

LOCALITÉS.	ALTITUDE	DATES. 1861	HEURES.	BAROMÈTRE réduit à 0° et corrigé.	THERMOMÈTRE Réaub.	ÉTAT DU CIEL.	VENTS.
Ghoddoua	574	Août. 14	2.45 s.	721.68	38,2	Petits cumulus isolés	Nul.
Bir-el-Moukkeni	569	15	4. 5 m.	719.10	23,8	Pur	N.-E. — 2.
Et-Tolh	502	»	2.20 s.	717.60	36,3	Pur	N.-N.-O. — 4 très-chaud.
Sebhâ	501	16	5.25 m.	721.63	22,8	Pur	E. — 2.
Temenhent	503	17	7.10 m.	727.68	29,4	Pur	S.-E. — 4.
Id.	»	18	1.45 s.	722.87	36,0	Pur	N. — 2.
Gourméda (puits)	482	19	4.10 m.	724.76	20,5	Pur	S. — 1.
Zighen	531	»	7.55 s.	720.08	26,9	Pur	S.-E. — 1.
Id.	»	20	4.30 m.	722.44	22,5	Pur	E. — 2.
Oumm-el-'Abid	473	»	3. » s.	724.13	37,3	Couvert de cumulus à moitié	N.-O. — 3 chaud.
Id.	»	21	2. » s.	728.44	36,5	Petits cumulus épars	N.-O. — 2.
Id.	»	22	5. » m.	730.70	24,8	Horizon O. couvert	E.-S.-E. puis S.-E. — 5.
El-Hafor-el-Homer	552	23	4. » m.	722.98	21,5	Horizon E. couvert	N.-E. — 1.
Ouâdi-Tin-Guezzin	690	25	3.30 m.	709.10	21,2	Deux tiers cumulus	Nul.
El-Mejnah	736	»	6.55 m.	705.18	23,6		?
Gottefa	573	»	3.40 s.	719.07	25,5	Couvert, pluie	S.-E. — 2.
Id.	»	26	6.30 m.	720.98	23,1	Pur	S. — 1 faible.
Bir-Ferdjàn	397	27	5. » m.	725.97	20,8	Pur, nuages au S.	N. — 1 faible.
Sokna	352	28	5. » m.	737.52	20,6	Pur	Nul.
Id.	»	30	5.45 m.	738.32	18,2	Pur	E. — 1 faible.
Id.	»	Septemb. 1	5.45 m.	738.02	20,6	Cumulus à l'E	E. — 1.
Id.	»	2	5.15 m.	737.46	19,8	Pur	Insensible.
O. Talha-bou-Tobol	322	3	7. » s.	740.49	28,0	Pur	N.-E. — 3.

LOCALITÉS.	ALTITUDE	DATES. 1861	HEURES.	BAROMÈTRE réduit à 0° et corrigé	Thermomètre centig.	ÉTAT DU CIEL.	VENTS.
		Septemb.					
O. Talha-boû-Tobol	322	4	4.30 m.	741.60	20,3	Pur	S.-O. — 2.
Ouâdi-Zeroam	309	5	4.30 m.	743.77	20,9	Pur	O. — 2.
Ouâdi-Nina	291	6	4.30 m.	743.11	18,3	Pur	Nul.
Bondjèm	138	7	2.30 s.	756.17	32,5	Pur	N.-E. — 3.
Id.	»	8	6.30 s.	755.50	27,7	Pur	N.-E. — 5.
Oumm-el-Ghorbal	113	10	4.20 m.	754.64	16,9	Pur	Insensible.
Ouâdi-Mbellem	90	11	4.30 m.	756.40	16,3	Pur	Nul.
Loummouileh	109	12	4.20 m.	753.83	18,5	Pur	Nul.
Ouâdi-Mimoûn	234	13	4. » m.	749.54	16,0	Quelques nimbus N.-O	Nul.
Plateau au Nord de Chaâbet-el-Halma	235	14	6.10 m.	740.13	22,8	Horizon N. nuageux	N.-E. — 2.
Melgha	372	15	6. » s.	733.49	24,4	Pur	E. — 1.
El-Menchiya (Tripoli), villa de M. Botta	31	19	1.45	766.39	26,4	Petits cirrhus	Insensible.
El-Menchiya (Tripoli), villa de M. Botta	»	20	1.10	764.63	26,9	Petits cirrho-cumulus à l'horizon	N. — 2.

NOTA. — Cette série de tableaux a été dressée principalement en vue de mettre sous les yeux du lecteur les éléments d'après lesquels les altitudes ont été déterminées.

M. O. Mac Carthy, dont la précision comme météorologue est justement appréciée, a bien voulu mettre à ma disposition ses observations correspondantes au niveau de la mer à Alger. On peut donc considérer l'ensemble des altitudes comme aussi exactes que possible, au moyen d'observations barométriques.

Quant aux détails qui vont suivre sur la température, l'hygrométrie, la pression atmosphérique, les vents, la lumière, l'électricité, ils ont été empruntés à l'ensemble de mes observations météorologiques.

En général, excepté dans les marches ou dans le cas de maladie, j'ai fait quatre observations, souvent cinq, par jour : une avant le lever du soleil, une après son coucher, et deux ou trois dans la journée.

J'ai toujours veillé au bon fonctionnement de mes instruments, et toutes les observations que je livre à la publicité sont ramenées à zéro et corrigées des erreurs des instruments.

Températures.

Instruments employés : Les divers thermomètres dont j'ai fait usage sont :

Des thermomètres Baudin : n° 204, n° 329, n° 660, n° 663; n° 665 pour les *minima,* et n° 662 pour les *maxima;*

Des thermomètres Salleron : n°ˢ 300 et 302;

Un thermomètre Fastré, qui m'a été envoyé par M. Mac Carthy avec la note *très-bon.*

En voyage, le 18 décembre 1860, à Timelloûlen, j'ai pu contrôler la marche de ces divers instruments au moyen de la glace fondante. De plus, j'ai comparé tous mes thermomètres avec l'étalon Baudin, une première fois à Tougourt, le 29 février 1860, et une seconde fois à Serdélès, le 2 mai 1861.

Température de l'air : L'ensemble de mes observations sur la température de l'air donne les constatations suivantes :

Marche diurne : Dans la journée, le plus grand abaissement de la température a lieu le matin avant le lever du soleil, et la plus grande élévation entre deux et trois heures de l'après-midi.

Un tableau, ci-après (voir le § *Pression atmosphérique,* page 121), indique la marche des différents thermomètres, de 15 en 15 minutes, entre le lever et le coucher du soleil. Il peut être considéré comme donnant approximativement la marche diurne moyenne.

Variations suivant les saisons : Quelles que soient la latitude et l'altitude, dans tout le Sahara, du moins sur le versant Nord du plateau central, les températures les plus basses sont obtenues de décembre à mars, et les plus hautes de juin à septembre. C'est ce que démontre le journal météorologique de mon voyage, complété par celui que tient M. J. Auer à Tougourt.

Influences : L'altitude et l'éloignement de la mer, bien plus que la latitude, exercent une influence sur le thermomètre.

MÉTÉOROLOGIE.

Si l'on compare la température du plateau du Tasili des Azdjer, d'un degré et quart au Nord du tropique du Cancer, avec celle de Tougourt, ville située à huit degrés plus au Nord, et sous l'influence probable de la Méditerranée, on trouve rarement chez les Azdjer les fortes chaleurs de l'Ouàd-Righ, mais, en revanche, on constate même dans les vallées abritées du Tasili des gelées inconnues ou exceptionnelles dans l'Ouàd-Righ.

Chez les Touàreg même, suivant l'altitude des lieux, il y a de grandes différences : entre la température du Ahaggàr, où les neiges persistent pendant trois mois de l'année, et celle du Tasili, où elles durent à peine quelques jours; entre les plateaux élevés, où l'on retrouve la végétation de la côte européenne de la Méditerranée, et les basses dépressions des plaines, en contre-bas des montagnes, où la végétation désertique s'allie à celle des tropiques.

Extrêmes de température : Ils sont fournis par les deux chiffres suivants :

Maximum + 44°,6, à Mourzouk, les 5 et 26 juillet 1861;
Minimum — 2°,1, à Timelloûlen, le 18 décembre 1860.

La plus grande amplitude des oscillations thermométriques constatée dans mon voyage chez les Touàreg a donc été de 46°,7.

Maxima (saison d'été) : Les observations comprises entre les dates du 7 juin au 7 juillet et du 27 juillet au 11 août 1861 ont été faites à Mourzouk, les autres en route sur divers points. (Voir, pour les stations correspondantes, le tableau général qui précède.)

1860.		1861.	
8 août	42°,2	24 mai	40°,5
9 »	40 ,6	25 »	40 ,3
10 »	40 ,7	10 juin	41 ,0
11 »	40 ,8	19 »	37 ,8
12 »	41 ,6	20 »	38 ,2
13 »	42 ,3	21 »	37 ,8
14 »	41 ,8	22 »	37 ,0
15 »	40 ,1	23 »	36 ,1
16 »	40 ,2	25 »	38 ,1
4 septembre	40 ,4	26 »	38 ,8

1861.

28 juin	42°,5	5 juillet	44°,6
29 »	39,4	16 »	40,6
30 »	39,0	17 »	40,5
1 juillet	40,0	18 »	41,7
2 »	41,3	26 »	44,6
3 »	42,4	27 »	42,6
4 »	44,3	28 »	42,6

Maxima (saison d'hiver) : Je regrette de ne pas avoir de série d'observations maxima pour la saison d'hiver. Il sera facile d'y suppléer approximativement par les indications du thermomètre fronde, dans les observations générales quotidiennes.

Minima (saison d'hiver) : Je n'ai que peu d'observations de minima de la température en hiver. Je donne ci-dessous le nombre des jours où j'ai observé la congélation de l'eau.

1860.

17 décembre	— 2°,0
18 »	— 2,1
28 »	+ 1,9

1861.

11 janvier	Eau gelée.	14 janvier	Eau gelée.
12 »	Id.	15 »	Id.
13 »	Id.	16 »	Id.
		20 »	Id.
		22 »	Id.
		10 mars	Id.
		11 »	Id.
		12 »	Id.

Minima (saison d'été) : Ces observations appartiennent toutes à l'année 1861, savoir :

20 juin	18°,6	4 juillet	23°,4
21 »	19,7	5 »	24,4
22 »	20,9	25 »	21,6
23 »	19,2	26 »	25,2
24 »	17,5	30 »	23,1
26 »	16,6	7 août	20,6
27 »	17,6	8 »	22,4
30 »	22,6	9 »	20,6
2 juillet	23,6	10 »	21,2
3 »	28,6		

MÉTÉOROLOGIE.

Si, pour la saison d'été, je compare le chiffre le plus bas de la température de l'air, 16°,6, obtenu le 26 juin à Mourzouk, avec le chiffre le plus élevé, 44°,6, constaté dans la même localité et dans la même année, les 5 et 26 juillet, je trouve une différence de 28° à quelques jours d'intervalle.

TEMPÉRATURE DU SOL : Les observations relatives à la température du sol ont été prises à l'ombre et au soleil, en hiver et en été.

Maxima à l'ombre : Pendant le jour, pas d'observations faute de temps, mes instants étant pris par d'autres études.

Minima à l'ombre : Toutes les observations qui suivent ont été faites, le thermomètre étant recouvert d'une légère couche de sable ou de terre.

Saison d'hiver.

1860.		1861.	
14 décembre	− 3°,0	16 janvier	− 2°,4
28 »	− 1,4	19 »	− 2,2
		22 »	− 4,7
1861.		25 »	− 3,2
10 janvier	− 1,4	26 »	− 3,2
12 »	− 0,4	27 »	+ 1,3
13 »	− 0,4	30 »	+ 1,1

Saison d'été. — 1861.

12 août	20°,8	30 août	19°,9
13 »	18,3	1 septembre	18,7
14 »	18,0	2 »	19,1
15 »	23,3	3 »	16,6
16 »	21,5	4 »	19,8
19 »	19,6	5 »	18,6
20 »	23,6	7 »	14,2
21 »	20,6	8 »	15,1
22 »	21,6	9 »	21,6
24 »	18,6	10 »	13,3
25 »	20,6	11 »	14,0
26 »	18,1	12 »	18,1
27 »	20,8	13 »	16,3
28 »	19,6	15 »	19,8

Maxima au soleil : L'ombre n'existant pas dans le Sahara, ni pour le sol ni pour les plantes qu'il nourrit, ni pour les hommes ni pour les animaux qui l'habitent, il était important de déterminer, dans les différentes saisons, la température du milieu au soleil.

C'est à ce besoin que correspondent les deux séries d'observations qui suivent :

Saison d'hiver. — 1861.

18 janvier.	29°,00	, la température de l'air à l'ombre étant	17°,8
19 »	26 ,05	» » »	17 ,35
22 »	30 ,15	» » »	16 ,6
31 »	19 ,8	» » »	14 ,0
14 février.	39 ,05	» » »	29 ,35

Saison d'été. — 1860 et 1861.

13 avril.	42°,55	, la température de l'air à l'ombre étant	31°,85
20 juin.	58 ,22	» » »	42 ,52
28 »	65 ,12	» » »	38 ,02
20 juillet.	65 ,12	» » »	37 ,50
» »	66 ,42	» » »	38 ,32

La moyenne de la différence des températures est de 9°,89 pour la saison d'hiver et de 23°,1 pour la saison d'été.

Si, à défaut d'observations quotidiennes de la température du sol au soleil, j'ajoute la moyenne différentielle de 23°,1 aux températures de l'air pendant les journées des 5 et 26 juillet 1861, soit 44°,6, = 67°,7 ; si j'augmente ce dernier chiffre de — 4°,7, minimum du sol le 22 janvier, j'obtiens un total de 72°,4 représentant l'écart annuel entre les extrêmes de la température du sol, et cet écart ne saurait être un maximum.

On s'étonne moins alors si la flore et la faune d'un pareil climat sont limitées à des espèces créées pour lui ; on comprend comment Hérodote a pu dire que la chaleur consume les hommes et *le fonds même de la contrée*. Il faut, en effet, des roches très-dures et très-compactes pour résister à des dilatations de — 5° à + 67°,7. Bien certainement, les extrêmes constatés dans une seule année ne représentent pas les extrêmes absolus d'une période centenaire. Probablement l'écart est souvent de 75° et peut-être de 80°.

TEMPÉRATURE DES PUITS ORDINAIRES : J'ai apporté le plus grand soin

MÉTÉOROLOGIE.

à la constatation de la température des puits et de leur profondeur, en vue d'aider à la détermination de la moyenne de la température annuelle de chaque contrée.

Voici, pour chaque région, les résultats constatés :

Dunes de l''Erg.

		Température.	Profondeur.
El-Ouâd (16 juin)	Bir-es-Soûk	23°,5	12ᵐ,5
	Bir-el-Djâma'	23 ,2	10 ,2
	Bir-Oulâd-Khalifa	23 ,5	12 ,1
	Bir-el-Azâzla	23 ,4	14 ,0
Gomâr (19 juin)	Bir-djâma'-el-Gharbi	21 ,9	7 ,3
	Bir-djâma'-el-Akhouân	21 ,7	6 ,2
	Bir-sidi-'Abd-er-Rahman	22 ,2	6 ,5
	Bir-tâbet-Cheria'u	21 ,6	6 ,6
Moui-el-Fordjân	Premier puits (14 juillet)	22 ,7	3 ,9
	Deuxième puits (id.)	22 ,6	3 ,4
	Premier puits (21 juin)	21 ,7	3 ,9
Moulet-el-Kâid (15 juillet)		22 ,3	6 ,5
Choûchet-el-Guedhâm (28 juillet)		23 ,1	13 ,7
Bir-ez-Zouâit (20 juillet)		23 ,5	14 ,8
Mâleh-ben-'Aoûn (30 juillet)		22 ,7	13 ,3
Moût-er-Rebah (31 juillet)		21 ,8	8 ,8
El-'Ogla (id.)		22 ,8	10 ,4
Ma'atig (1ᵉʳ août)		23 ,7	20 ,6
Berreçof (2 août)		23 ,2	23 ,0

Plateau de Tinghert.

Timelloûlen	Premier puits (16 décembre)	17 ,7	1 ,3
	Deuxième puits (2 décembre)	17 ,3	3 ,3

Vallée des Iyharghâren.

Asouitar (26 janvier)	11 ,4	4 ,0

Vallée de l'Ouâdi-el-Gharbi.

In-Tafarat (15 mai)	22 ,7	4 ,2
Oubâri (18 mai)	20 ,3	2 ,5
Brèg (20 mai)	24 ,2	1 ,2
Takertiba { 21 mai	23 ,4	
22 mai	25 ,7	10 ,0
27 mai	23 ,8	

Dunes d'Edeyen.	Température.	Profondeur.
Mandara (28 mai)	23°,5	?
Gabr'aoûn { 29 mai	22 ,4	4^m,0
{ 30 mai	22 ,5	1 ,8
Bir-en-Nechoûa'	22 ,4	2 ,4
Bir-el-Wouchka	23 ,7	2 ,5
Bir-Sâlah-ber-Rekheyyis (16 août)	25 ,5	2 ,9
Gourmêda (19 août)	22 ,0	2 ,8
Oumm-el-'Abid (21 août)	24 ,9	1 ,2
Gottefa (26 août)	24 ,7	3 ,7
'Aïn-el-Hamâm (2 septembre)	24 ,2	1 ,5

Température des sources : Je donne comparativement la température de l'air au moment de l'observation.

Ghadâmès (9 décembre).	30°,15	, la température de l'air étant. .	17°,7
Tâdjenoût (29 janvier)...	11 ,95	» » »	13 ,1
Ahêr (23 février)	20 ,35	» » »	26 ,6
Serdélès (4 mai)	25 ,55	» » »	21 ,4
Ganderma (11 juillet). . .	22 ,55	» » »	24 ,4
Ayâl-Slimân (id.)	25 ,05	» » »	24 ,4
Bel-Hasan (13 juillet) . . .	23 ,95	» » »	37 ,0

M. Ismayl-Boû-Derba avait antérieurement constaté les températures de trois autres sources, au pied N. du Tasili, que je n'ai pas visitées, savoir :

'Aïn-Tabelbâlet (10 septembre)	23°,0 , l'air étant	30°,0
'Aïn-el-Hadjâdj (12 id.)	24 ,0 »	35 ,0
Tihoûbar (24 id.)	26 ,0 »	35 ,0

La source de Ghadâmès est thermale; il y en a d'autres d'ailleurs dans le pays.

Température des puits artésiens : Dans le voisinage des dunes les puits artésiens sont très-nombreux, car dans le seul district de l'Ouâd-Righ, il y en a 325 qui arrosent 600,000 palmiers; dans l'oasis d'Ouarglâ, il y en a aussi en quantité. Pour le groupe de l'Ouâd-Righ, je me bornerai à donner la température de quelques puits seulement.

MÉTÉOROLOGIE.

			Température.	Profondeur.
Tougourt.......	'Aïn-Bâ-Mendîl...	Premier puits...	24°,71	57ᵐ,0
		Deuxième puits..	24 ,75	58 ,10
	'Aïn-el-Amîra.............		24 ,83	57 ,95
	'Aïn-Boû-'Alem...	Premier puits...	24 ,40	54 ,0
		Deuxième puits..	24 ,82	52 ,0
	'Aïn-Azaz.................		24 ,75	53 ,0
	'Aïn-el-Bîr...............		23 ,85	64 ,0
	'Aïn-es-Soûk..............		24 ,65	55 ,0
Merhayyer......	'Aïn-Mellâha.............		24 ,85	39 ,0
	'Aïn-Battâh...............		24 ,91	39 ,0

Ouarglâ (nombreux puits, pas d'observations).

Ihanâren (l'un des puits) .... 24 ,95   1 ,25

Serdélès......... } Un puits................. 26 ,42   5 ,50
                   Un autre puits............ 26 ,52   5 ,50

M. Ismayl-Boû-Derba a trouvé, le 25 septembre, une température de 26° pour le puits d'Ihanâren et le même chiffre pour le puits artésien de Timâssanîn (6 septembre) ; mais j'ignore s'il a tenu compte des corrections à faire à son thermomètre.

Température des eaux pluviales : Le 25 août 1861, à Gottefa, la pluie qui tombait me paraissant aussi chaude que celle des bains ordinaires, j'en déterminai la température, qui se trouva être à 29°,4, celle de l'air étant seulement de 25°,52.

Température des rhedîr ou flaques d'eau : Le 3 juin, la température de l'air étant 29°,95, le thermomètre plongé dans l'eau du Rhedîr de Setîl marqua 21°,8.

Température moyenne mensuelle de l'air a Tougourt. — M. le lieutenant J. Auer, commandant supérieur de la garnison indigène de Tougourt, fait des observations thermométriques depuis son installation dans la capitale de l'Ouâd-Rîgh. A mon arrivée dans le Sahara, j'ai calculé les moyennes de 42 mois de ses observations, et je crois utile de les publier pour permettre la comparaison entre un climat encore sous l'influence maritime de la Méditerranée et celui tout continental des hauts plateaux qu'habitent les Touâreg.

Le thermomètre à alcool de M. Auer était exposé au Nord, à l'ombre, dans un courant d'air. M. Renou, secrétaire de la Société météorologique, craint qu'un thermomètre à alcool, exposé dans une embrasure de fenêtre, ne donne des chiffres trop élevés de plusieurs degrés.

ANNÉES.	MOIS.	Le quart d'heure avant le lever du soleil.	2 heures 30 m. de l'après-midi.	COUCHER du soleil.	PRINCIPAUX PHÉNOMÈNES ATMOSPHÉRIQUES.
1855.	Septembre....	26,7	41,6	35,8	4 siroccos, 2 petites pluies.
	Octobre......	20,1	32,7	28,8	4 siroccos.
	Novembre.....	10,3	20,2	17,7	3 pluies.
	Décembre.....	7,8	15,6	12,5	5 pluies, 1 tonnerre.
1856.	Janvier......	9,3	18,8	15,9	1 pluie.
	Février......	10,1	19,4	16,5	3 pluies.
	Mars........	11,8	23,3	18,9	7 pluies, 1 orage, 1 sirocco.
	Avril........	16,3	29,6	25,4	1 petite pluie, 6 siroccos.
	Mai.........	21,7	36,7	31,9	2 orages, 1 pluie, 8 siroccos.
	Juin.........	25,8	39,3	33,7	1 petite pluie, 7 siroccos.
	Juillet.......	27,3	40,6	27,9	1 tempête avec pluie, 10 sir.
	Août........	23,3	41,3	35,5	1 tempête, 2 orages, 2 petites pluies, 7 siroccos.
	Septembre....	24,8	38,2	34,1	1 orage avec petite pluie, 7 sir.
	Octobre......	16,7	27,1	23,1	6 siroccos.
1857.	Janvier......	8,6	18,2	13,8	2 petites pluies, 1 avec orage.
	Février......	8,6	18,2	13,7	1 orage.
	Mars........	12,5	21,4	16,0	1 orage.
	Avril........	17,8	28,4	23,2	
	Mai.........	19,0	38,2	25,7	3 orages, 1 tempête, 1 sirocco.
	Juin.........	24,0	41,3	36,3	
	Juillet.......	27,8	45,2	39,2	2 pluies, 1 orage, 10 siroccos.
	Août........	28,8	45,9	40,6	18 siroccos.
	Septembre....	24,2	40,0	36,0	1 petite pluie, 3 siroccos.
	Octobre......	18,5	32,5	26,1	3 pluies.
	Novembre.....	13,3	24,9	21,4	4 pluies.
	Décembre.....	7,4	14,6	11,6	4 petites pluies.
1858.	Janvier......	4,3	12,3	9,2	9 pluies.
	Février......	8,7	19,6	14,7	4 pluies.
	Mars........	11,0	24,4	19,8	1 pluie, 1 orage.
	Avril........	17,7	32,1	23,7	3 pluies, 1 orage.
	Mai.........	22,4	29,8	27,7	1 sirocco.
	Juin.........	26,6	34,8	32,7	1 pluie avec tempête, 3 orages, 5 siroccos.
	Juillet.......	29,1	39,1	35,4	1 pluie, 2 orages, 4 siroccos.
	Août........	29,2	38,2	35,0	5 siroccos avec 4 orages.
	Septembre....	23,5	32,8	29,6	1 petite pluie.
	Octobre......	20,2	29,4	26,5	1 pluie.
	Novembre.....	14,1	21,9	18,7	2 pluies.
	Décembre.....	8,9	14,7	12,0	4 pluies.
1859.	Janvier......	5,0	12,2	8,8	6 pluies.
	Février......	8,0	14,5	14,6	9 pluies.
	Mars........	12,3	20,8	16,1	3 pluies.
	Avril........	18,3	28,3	23,7	3 pluies, 6 siroccos.

Les deux extrêmes constatés ont été : *minimum* + 2, *maximum* + 51 = 49, chiffre supérieur de 2°3 à celui que j'ai trouvé sur le plateau central du Sahara.

Les variations, suivant les saisons, diffèrent peu : les plus basses températures, sur le plateau central, ont lieu de décembre à mars; la même période, dans les bas fonds de l'Ouâd-Rîgh, est limitée à décembre, janvier et février. Les hautes températures, sur le plateau central, se répartissent sur quatre mois : juin, juillet, août et septembre; dans l'Ouâd-Rîgh, juin et juillet sont les deux mois les plus chauds.

Mais quelles différences dans les extrêmes : ici + 2°3, là — 2° pour *minimum*; ici 51°9, là 44°6 pour *maximum*.

Ajoutons l'influence d'une quantité de journées de pluies, dans toutes les saisons, sur un sol alluvionnaire empreigné de divers sels, pendant que la même période ne compte pas une seule pluie sur le plateau central, et on comprendra comment les hommes de race noire peuvent seuls supporter le climat de l'Ouâd-Rîgh, pendant que les blancs jouissent d'une santé florissante dans le Sud.

Hygrométrie.

Au moment de mon arrivée chez les Touâreg, il y avait neuf années qu'aucune pluie sérieuse n'était tombée sur leur territoire; mais à peine étais-je entré dans leur pays (décembre 1860), que les pluies commencèrent : conséquemment, la série de celles de mes observations destinées à faire apprécier la sécheresse ou l'humidité du climat peut être considérée comme représentant une période relativement humide.

Vapeur d'eau de l'atmosphère. — Les observations ont été faites au moyen de deux thermomètres stables : l'un mouillé, l'autre sec; elles embrassent deux périodes : l'une du 16 août au 15 septembre 1860, l'autre du 26 juin au 5 juillet 1861. A mon grand regret, j'ai dû négliger ce genre d'observation en route, faute de temps suffisant.

A défaut de tables de réduction s'appliquant au climat saharien, je ne puis calculer ni la force élastique de la vapeur d'eau ni l'humidité relative pour quelques-unes de mes observations : je me borne donc à livrer les expériences elles-mêmes, en indiquant les différences entre les deux thermomètres.

PREMIÈRE PÉRIODE (GHADÂMÈS).

DATES.	OBSERVATIONS DE 6 A 7 HEURES DU MATIN.			OBSERVATIONS DE 2 A 3 HEURES DU SOIR.		
	Thermom. sec.	Thermom. mouillé.	Différence.	Thermom. sec.	Thermom. mouillé.	Différence.
Août.						
16	23°77	16°64	7°13	40°57	24°64	15°93
17	27,47	19,94	7,43	»	»	»
18	24,47	18,84	5,63	39,77	29,14	10,63
19	23,67	19,04	4,63	37,97	24,54	13,43
20	24,07	19,14	4,93	39,37	26,34	13,03
21	24,07	19,34	4,73	39,47	27,14	12,33
22	22,67	16,94	4,73	38,97	25,54	13,43
23	23,27	16,94	6,33	38,07	25,14	12,93
24	23,67	18,24	5,43	40,47	26,34	14,13
25	22,87	17,04	5,83	37,37	26,04	11,33
26	»	»	»	39,07	28,54	10,53
27	22,47	18,64	3,83	36,87	28,14	8,73
28	»	»	»	35,77	23,84	11,93
29	20,17	15,34	4,73	36,77	25,74	11,03
30	20,17	15,24	4,93	37,87	23,24	14,63
31	22,07	15,44	6,63	38,37	22,94	15,43
Septembre.						
1	23,97	17,14	6,83	39,17	24,84	14,33
2	»	»	»	38,87	20,84	18,03
3	24,47	18,94	5,53	38,77	21,84	16,93
4	23,07	14,54	8,43	39,67	22,34	17,33
5	22,87	14,74	8,13	37,97	22,14	15,83
6	23,47	17,84	5,63	37,77	21,54	16,23
7	20,97	17,14	3,83	»	»	»
8	»	»	»	36,87	21,94	14,93
9	24,57	15,04	9,53	38,67	21,34	17,33
10	24,07	21,14	2,93	37,47	21,74	15,73
11	23,87	18,74	5,13	35,17	24,64	10,53
12	21,07	17,14	3,93	36,07	20,14	15,93
13	19,37	13,64	5,73	37,57	22,14	15,43
14	22,17	15,14	7,03	39,27	22,84	16,43
15	22,77	15,44	7,33	39,07	22,84	16,23

Je ne dois pas négliger de faire remarquer que l'oasis de Ghadâmès est une des plus riches en eaux de tout le Sahara, et qu'elles y circulent en ville et dans les jardins, la nuit et le jour, dans des conditions qui, sous une température élevée, permettent une grande évaporation.

DEUXIÈME PÉRIODE (MOURZOUK).

DATES.	OBSERVATIONS DE 6 HEURES DU MATIN.			OBSERVATIONS DE 2 A 3 HEURES DU SOIR.		
	Thermom. sec.	Thermom. mouillé.	Différence.	Thermom. sec.	Thermom. mouillé.	Différence.
Juin.						
26	36°32	16°02	20°30	»	»	»
27	37,32	17,22	20,10	20,22	9,22	11,00
29	38,32	17,52	20,80	»	»	»
30	36,22	17,22	19,00	»	»	»
Juillet.						
1	37,72	16,82	20,90	»	»	»
2	39,92	18,52	21,40	»	»	»
3	40,77	18,82	21,95	30,12	14,57	15,55
4	40,62	17,02	22,70	28,47	14,52	13,95
5	41,72	18,52	23,20	»	»	»

L'altitude et la latitude de Mourzouk expliquent seules la différence hygrométrique des observations de cette dernière station comparées à celles de Ghadâmès, car Mourzouk comme Ghadâmès est assise au milieu de plantations de palmiers arrosées deux fois par mois, au moins. Il est vrai que l'eau est moins abondante à Mourzouk.

Par comparaison, je donne les différences constatées sur d'autres points du Sahara, mais plus au Nord.

A Mouï-el-Ferdjân, près de l'Ouàd-Rîgh, par un violent vent du Sud, j'ai constaté, les 20 et 21 juin 1860, des différences de 19°4 et 21°5.

A Tougourt, dans l'Ouàd-Rîgh, du 22 juin au 1er juillet inclus, même année, j'ai constaté les différences suivantes : 6°7, 6°9, 7°5, 7°7, 10°8, 10°9, 12°5 et 13°15.

Antérieurement, en juillet et août 1859, j'avais obtenu sur le plateau des Beni-Mezâb des différences de 16°20, 16°99, 17°68, 18°28, 19°05, 19°56 et 19°71.

Malheureusement, mes observations n'embrassent que la saison d'été et ne comprennent pas les parties les plus arides du Sahara, celles où la sécheresse de l'atmosphère est la plus grande.

Rosée. — Dans la série de 310 jours d'observations applicables au pays des Touâreg, je n'ai constaté de rosée que les jours suivants : 22 et 23 décembre 1860, 23, 24, 26 août, et 1er, 3, 4, 7, 8, 9, 10, 11, 12 septembre 1861. En tout 14 rosées sur 310 jours. Les cinq premières suivaient des journées de pluie ; les autres coïncidaient avec un abaissement notable de la température du sol, sous l'influence des vents.

Gelée blanche. — Quoique la température de l'air ou du sol, du 14 décembre au 12 mars, soit descendue 26 fois au-dessous de zéro, je n'ai jamais constaté ni gelée blanche, ni rien qui pût y ressembler, et je m'autorise de cette observation négative pour conclure que l'air atmosphérique, sur les grands plateaux sahariens, ne contient pas plus d'humidité en hiver qu'en été.

Brouillard. — Deux fois seulement j'ai vu le brouillard se produire : d'abord le 30 août 1860, dans les jardins de Ghadâmès, mais limité aux jardins ; puis dans les sables d'Eguélé, après deux jours de pluie, le matin du 30 décembre de la même année. Cette fois le brouillard était épais et paraissait embrasser tout le pays. Une heure après le lever du soleil, il était dissipé.

Pluie. — Depuis longtemps, les pluies semblent être devenues plus rares dans la partie centrale du Sahara habitée par les Touâreg. La dernière période de sécheresse, qui a cessé vers le milieu de l'été 1860, avait duré neuf ans. Elle avait été précédée de plusieurs autres de dix à douze années. A In-Sàlah, au pied du Ahaggàr, on avait même, dit-on, traversé une série de vingt années sans qu'une seule pluie y eût été constatée.

Mon journal de voyage, d'El-Ouâd à Tripoli, signale comme journées dans lesquelles il est tombé plus ou moins de pluie celles des 31 juillet, 20 et 21 décembre 1860, 27 et 30 janvier, 28 et 29 avril, 6, 7, 9 et 25 mai, 21 et 25 août 1861.

Au dire des Touâreg, la quantité d'eau tombée dans les montagnes, en 1860 et 1861, avait été considérable et, depuis mon retour, j'ai appris que les pluies avaient continué jusqu'au printemps de 1862.

Je dois faire remarquer que l'ouverture de cette période de pluies a coïncidé avec une humidité excessive en France, et avec les crues extraordinaires du Nil en 1860 ; ce qui implique que le

Sahara central n'est pas complétement en dehors de l'action des grands mouvements atmosphériques qui ont lieu dans les autres contrées et particulièrement dans les régions tropicales.

La coïncidence des pluies sur le plateau central du Sahara avec les grands débordements du Nil d'Égypte a été constatée par d'autres et ne paraît pas dater de nos jours seulement, car Pline, qui vivait au commencement de l'ère chrétienne, en fait mention dans deux passages de son *Histoire naturelle*.

« La crue du Nigris (l'Igharghar moderne) se fait aux mêmes
« époques que celles du Nil : *iisdem temporibus augescit.* » (L. V, 8.)

« En outre, on a observé que la crue du Nil correspond à l'abon-
« dance des neiges et des pluies en Mauritanie. *Præterea observatum*
« *est, prout in Mauritania nives imbresve satiaverint, ita Nilum incres-*
« *cere.* » (L. V, 10.)

Probablement, nous ne tarderons pas à apprendre que les pluies tombées chez les Touâreg en 1860, en 1861, en 1862, se sont prolongées jusqu'en 1863 sous l'influence des pluies tropicales qui viennent de produire un nouveau grand débordement du Nil.

Les orages qui amènent les pluies, disent les indigènes, se produisent dans toutes les saisons et viennent indistinctement de tous les points de l'horizon; mais, d'après eux, ceux qui donnent de l'eau en plus grande abondance sont toujours le résultat du choc de nuages de l'Est contre d'autres venant de l'Ouest.

D'après mes observations personnelles, la pluie du 31 juillet a été amenée par le vent du N., celles des 21 et 22 décembre par le vent d'E.; celles des 27 et 30 janvier par le N.-E., celles des 28 et 29 avril, des 6, 7 et 9 mai, par une lutte entre les vents de l'E. et du N.-E. contre le S.-O., celle du 25 mai par le S.-E. et celle du 21 août par le N.-O.

Quand les pluies sont générales et abondantes, les rivières débordent, couvrant de leurs inondations les vallées dans lesquelles elles déposent leurs alluvions, seules terres de culture que les Touâreg connaissent.

Presque toutes les rivières des montagnes agissent à la façon des torrents, ravageant et dévastant tout sur leur passage. Malheur à ceux que ces avalanches liquides surprennent dans leur chute désordonnée!

Il ne m'a pas été permis d'apprécier les quantités variables d'eau que donne chaque pluie ; mais, d'après les indigènes, je dois croire que, dans certains cas, les pluies sahariennes sont de véritables déluges.

Neige. — Non-seulement il tombe de la neige chez les Touâreg, mais encore elle s'y conserve pendant trois mois de l'année, du mois de décembre au mois de mars. Les sommets du Ahaggàr, il est vrai, jouissent seuls de ce privilége. J'ignore si ce bienfait est annuel ou s'il est limité aux seules années de pluie.

J'ai estimé l'altitude de Ahaggàr à 2,000 mètres au-dessus du niveau de la mer, amené à cette détermination par la comparaison avec l'Adrar du Tasîli et avec l'Anhef qui ne conservent pas les neiges, bien qu'atteignant des hauteurs de 1,500 et 1,800 mètres.

Pression atmosphérique.

Observations barométriques. — Pendant les 29 mois de mon exploration dans le Sahara, j'ai fait chaque jour plusieurs observations barométriques, principalement en vue de déterminer les altitudes des points visités.

Les baromètres dont je me suis servi successivement et quelquefois concurremment, pendant toute la durée de mon voyage chez les Touâreg, sont l'anéroïde et un baromètre Fortin, qui m'a été envoyé en route par M. O. Mac Carthy.

Ces deux instruments ont été contrôlés, à mon retour à Alger, par M. O. Mac Carthy, et les observations que je publie sont corrigées de toutes les erreurs constatées.

Quoique des marches et des déplacements journaliers soient peu favorables pour tirer quelques conclusions sur les variations diurnes, mensuelles ou annuelles du baromètre dans le Sahara, je trouve cependant dans mon journal météorologique quelques détails utiles à publier.

Oscillations diurnes. — A Ghardàya, le 22 août 1859, à la suite d'un violent orage qui avait duré une partie de la nuit, j'ai consacré toute la journée, du lever au coucher du soleil, à constater les oscillations barométriques de 15 en 15 minutes.

Pour cette observation spéciale, je me suis servi du baromètre Fortin n° 892, construit par M. Tonnelot.

Les résultats de cette étude sont consignés dans le tableau qui suit.

MÉTÉOROLOGIE.

HEURES.	BAROMÈTRE FORTIN à zéro.	THERMOMÈT. sec.	THERMOMÈT. mouillé.	THERMOMÈT. froide.	ÉTAT DU CIEL ET VENTS.
h. m.					
6.40	719.38			26°,1	Cumulus pommelés au zénith N.-N.-E. et au N.-O. sur un quart du ciel.
7.30	719.43	29°,5	18°,9	28,5	Vent N. frais (force 1); cumulus pommelés au zénith; bande de cumulus au S.-S.-E.; cumulus en bande du N. (du N.-O. au S.-E.).
7.45	719.60				
8. »	719.62	30,2	18,8		
8.15	719.60				
8.30	719.65	31,0	18,2	31,8	
8.45	719.66				
9. »	719.70	31,0	18,1		
9.15	719.69				
9.30	719.68	32,7	18,4	32,8	
9.45	719.90				
10. »	719.77	33,1	18,4		
10.15	719.65				
10.45	719.46				
11. »	719.31	34,0	18,6	34,3	
11.15	719.40				
11.30	719.36	34,5	19,4		
11.45	719.13				
12. »	718.84	35,1	19,2	35,3	Vent N. faible; cumulus légers sur la moitié du ciel.
12.15	718.92				
12.30	718.93	35,9	19,8		
12.45	718.91				
1. s.	718.77	35,5	19,0	34,9	
1.15	718.71				
1.30	718.62				
1.45	718.52				
2. »	718.08				
2.30	717.73	35,3	18,9	34,9	Cumulus couvrant les 2/3 du ciel. Vent N. toujours très-faible.
2.45	717.72				
3. »	717.69	35,8	18,9	35,0	
3.15	717.50				
3.30	717.47	36,0	18,7		
3.45	717.31				
4. »	717.18	36,7	19,8	36,3	
4.15	716.92				
4.30	717.03	36,2	18,5		
4.45	716.89				
5. »	716.87	36,3	18,7	36,0	
5.15	716.50				
5.30	716.75	36,0	19,1		
5.45	716.46				
6. »	716.51	35,5	19,0	35,0	Vent très-faible, toujours N.; horizon S. nuageux; petits cumulus au N. et au N.-E.
6.15	716.60				

Dans cette journée, le baromètre atteint son maximum d'amplitude 719,90 à 9 heures 45 minutes du matin, et son minimum 716,46 à 5 heures 45 minutes du soir.

L'oscillation diurne du 22 août 1859 a donc été, à Ghardâya, de 3^{mm}44.

A Tougourt, une période de 21 jours d'observation, du 23 juin au 13 juillet 1860, donne pour maximum des oscillations diurnes 12^{mm}22, le 27 juin, et une moyenne de 2^{mm}78.

A Ghadâmès, une seconde période de 33 jours d'observation, du 12 août au 15 septembre 1861, donne un maximum de 20^{mm}41, le 3 septembre, et une moyenne de 5^{mm}84.

Une troisième période de 16 jours, à Afara-n-Wechcheran, du 6 au 21 janvier 1861, donne un maximum d'oscillation de 12^{mm}19 pour la journée du 9 janvier, et une moyenne de 5^{mm}26.

Une quatrième période de 15 jours, à Toùnin, faubourg de Rhât, du 14 au 28 mars, donne un maximum de 10^{mm}78, le 28 mars, et une moyenne de 7^{mm}04.

Une cinquième période de 31 jours, à Tarz-Oûlli, du 8 mars au 29 avril 1861, donne un maximum de 9^{mm}75, le 25 avril, et une moyenne de 4^{mm}87.

Enfin, une sixième période de 34 jours, à Mourzouk, du 7 juin au 11 juillet 1861, donne un maximum de 3^{mm}77 et une moyenne de 1^{mm}73.

La moyenne de ces six séries d'observations est de 4^{mm}59; mais, si on défalque de chaque série les chiffres accidentels et exceptionnels donnés par les *maxima*, on arrive à une moyenne d'oscillations diurnes qui se rapproche beaucoup de celle de la journée du 26 août 1859 à Ghardâya.

Extrêmes pour chaque période d'observation. — Je prends pour termes de comparaison les observations du matin, au lever du soleil; celles du milieu de la journée, à l'heure où le thermomètre est le plus haut; et celles du soir, au coucher du soleil.

Les plus grands abaissements de la colonne mercurielle sont indiqués, dans le tableau qui suit, pour chaque heure d'observation en regard des plus hautes élévations : la colonne de gauche représentant les *minima*, celle de droite les *maxima*.

STATIONS.	MATIN.		2 h. 1/2 SOIR.		SOIR.	
Période de Tougourt........	753,63	761,66	749,22	765,82	750,82	761,35
— de Ghadàmès........	730,08	737,92	731,20	748,55	728,14	738,85
— d'Afara.............	710,71	716,93	698,61	715,32	705,10	716,25
— de Toùnin.........	698,36	706,90	692,05	706,37	695,91	706,07
— de Tarz-Oùlli.......	696,69	709,37	691,72	707,11	693,77	707,68
— de Mourzouk........	711,67	721,97	701,21	725,39	718,06	720,19

Moyennes pour chaque période. — A défaut d'autres observations barométriques connues pour la région saharienne, j'ai pensé qu'il n'était peut-être pas sans intérêt d'établir la moyenne, à diverses altitudes, des 150 jours de stations que comprennent les six périodes. Voici ces moyennes :

STATIONS.	ALTITUDE.	MATIN.	2 h. 1/2 Soir.	SOIR.
Période de Tougourt........	89 [1]	757,15	756,06	755,49
— de Ghadàmès........	351	733,13	737,43	733,53
— d'Afara.............	543	715,04	710,34	711,36
— de Toùnin.........	726	702,55	697,70	702,22
— de Tarz-Oùlli.......	706	703,18	696,99	700,94
— de Mourzouk........	550	720,11	719,36	719,47

Instruments. — Quoique je me sois servi le plus souvent du baromètre anéroïde exclusivement, on peut cependant avoir confiance aux chiffres qu'il a fournis, parce que j'ai pu en faire usage concurremment avec trois baromètres Fortin, et pendant assez de temps, avant que ces derniers aient été brisés, pour bien étudier les dilatations de l'anéroïde et le corriger de ses erreurs.

A dater de Serdélès jusqu'à Tripoli, je me suis servi du baromètre Fortin que j'ai reçu en route.

La marche de cet instrument avait été contrôlée avant son expé-

1. Altitude donnée par M. P. Marès pour le premier étage de la Kasba.

dition par M. Mac Carthy, qui a eu la généreuse obligeance de me l'envoyer pour remplacer ceux que des accidents de voyage avaient mis hors de service.

Vents.

Le tableau suivant, résumé du tableau général placé en tête de ce chapitre, indique la direction principale des vents, suivant les saisons, et leur force moyenne. Quoique restreint aux observations qui ont servi à déterminer les altitudes, il n'en représente pas moins la moyenne de l'état de l'atmosphère.

DIRECTION MENSUELLE ET FORCE MOYENNE DES VENTS.

VENTS.	Janvier.	Février.	Mars.	Avril.	Mai.	Juin.	Juillet.	Août.	Septembre.	Octobre.	Novembre.	Décembre.	TOTAL par nature de vents.	FORCE MOYENNE.
Calme....	8	6	4	»	7	6	8	11	»	»	»	8	58	0,0
N........	2	4	»	3	5	1	1	5	1	»	»	»	22	1,8
N.-N.-E..	2	»	1	»	3	»	1	1	»	»	»	»	8	3,0
N.-E.....	5	»	5	3	3	1	4	4	7	»	»	1	33	2,7
E.-N.-E..	2	1	1	1	1	4	4	»	»	»	»	2	16	2,4
E........	2	4	4	4	3	13	9	8	7	»	»	2	56	2,3
E.-S.-E...	1	3	1	1	1	»	»	2	»	»	»	1	10	2,2
S.-E.....	3	2	2	2	5	2	1	8	»	»	»	»	25	2,7
S.-S.-E...	1	1	3	1	1	»	1	9	»	»	»	1	18	2,6
S........	1	3	3	4	»	2	»	4	»	»	»	1	18	1,7
S.-S.-O...	1	1	»	2	»	»	»	3	»	»	»	1	8	3,2
S.-O.....	»	3	1	2	»	»	1	»	1	»	»	3	11	2,5
O.-S.-O..	»	1	»	»	»	»	»	»	1	»	»	2	4	1,5
O........	1	1	2	3	1	1	»	»	»	»	»	»	9	2,4
O.-N.-O..	1	»	»	»	»	»	2	»	»	»	»	»	3	2,3
N.-O.....	3	»	5	3	2	1	2	2	»	»	»	»	18	2,2
N.-N.-O...	»	2	1	1	»	»	»	2	»	»	»	»	6	2,8
TOTAUX mensuels.	33	32	33	30	32	31	34	59	17	»	»	22	323	

La période de mes observations, modifiée par des pluies exceptionnelles, ne représente peut-être pas l'année moyenne, car, d'après les Touâreg, les vents de la partie E., en temps ordinaire, souffleraient, pendant la saison d'été, avec la constance de vents alisés.

Cependant, je remarque que les observations faites par M. Boû-Derba, du 1er août au 3 octobre 1858, c'est-à-dire au milieu de la dernière période de sécheresse, ne modifient pas sensiblement le résultat de mes observations personnelles, car sur 94 observations il constate :

Calme	N	NE	E	SE	S	O	NO
40 f.	8 f.	8 f.	12 f.	5 f.	13 f.	3 f.	4 f.

Il est vrai que ces observations s'appliquent à l'automne, et non à l'été.

Variations suivant les saisons. — D'après les indigènes, le vent d'E. serait le vent dominant de l'année. Pendant la saison des chaleurs, il inclinerait au S.; pendant la saison tempérée, au N. Les vents du N. et de l'O., ceux qui amènent le plus souvent la pluie, ne souffleraient guère, d'une manière un peu continue, que dans la saison froide.

Variations diurnes. — En général, dans tout le Sahara, le temps est calme le matin, dans la proportion de 12 à 15 jours sur 30, et dès que le soleil baisse, le soir, le vent mollit, s'il n'arrive au calme parfait.

Par exception, à Bondjêm, dans la Tripolitaine, une brise du N.-E., venant de la mer, s'élèverait tous les soirs. J'ai constaté cette brise à mon passage, les 7 et 8 septembre 1861, mais je n'oserais affirmer qu'elle est quotidienne, ainsi que le prétendent les indigènes.

Vitesse du vent. — L'échelle que j'ai adoptée pour mesurer la vitesse du vent est celle de 0 à 10, ce dernier chiffre correspondant aux vents qui renversent tout sur leur passage.

A défaut d'anémomètre, j'ai estimé toutes les vitesses au jugé.

Sur 310 jours, 8 fois seulement la force du vent a dépassé 5, que j'assimile à la brise fraîche des marins : 2 fois en août, 2 fois en janvier, 2 fois en mars, 2 fois en avril; 3 fois par le S.-E., 1 fois par le S.-S.-E., 1 fois par le S.-O., 2 fois par le S.-S.-O., 1 fois par le vent d'O.

Nos tentes ont toujours été renversées par les vents arrivant à la puissance de 7. C'est probablement parce que les Touàreg ont constaté la difficulté de lutter contre pareille force, qu'ils ont généralement renoncé à avoir des tentes en voyage, préférant coucher à la belle étoile, sous l'abri des ballots qui composent le chargement de leurs chameaux. D'ailleurs, dans le Sahara, on ne trouve pas toujours un sol favorable à la tenue des piquets de tente.

Quoi qu'il en soit, à part ces exceptions généralement dues au sirocco, le pays des Touàreg du Nord peut être réputé tempéré, sous le **rapport des vents**.

Pluies et trombes de sable. — Les trombes de sable constituent un des phénomènes caractéristiques de la climatologie saharienne.

Ces trombes sont produites par des vents venant de toutes les directions, mais principalement par le sirocco.

Le sirocco est un phénomène atmosphérique complexe, qui toujours a pour origine un vent de la partie Sud, une température élevée et un soulèvement souvent considérable des parties les plus ténues des masses de sable.

Les siroccos directs venant du Sud sont les plus fréquents, mais il y a aussi des siroccos en retour, repoussés par les vents du Nord, de l'Est et de l'Ouest, quand la force de ces derniers domine la puissance des vents du Sud.

Pendant la durée du sirocco, l'atmosphère est comme embrasée, rougeâtre, desséchante, obscurcie partiellement par les matières terreuses ou siliceuses qu'elle tient en suspension.

Sous son influence, la respiration de l'homme est haletante, la peau, les muqueuses de la bouche et du nez sont sèches et arides, et, pour peu que pareil état dure, le cerveau ne tarde pas à manifester des symptômes de prostration.

Les animaux, même les mieux acclimatés, souffrent comme les hommes : quelquefois les chevaux refusent de marcher et tournent le dos au vent.

Les plantes herbacées, au lendemain d'un sirocco, sont flétries comme le sont dans nos climats des herbes coupées depuis quarante-huit heures. Beaucoup de feuilles et de jeunes tiges sont, pour jamais, privées de vie. Quant aux plantes ligneuses persistantes, organisées pour vivre sous une température élevée, elles résistent même aux siroccos les plus violents.

Les trombes de sables m'ont toujours apparu sous forme de gros nuages de couleur rouge, embrasés, d'une épaisseur de 50 à 60 mètres, marchant à la vitesse des grands coups de vent, tantôt à fleur de terre, tantôt à une certaine hauteur du sol, s'abaissant ici, s'élevant là, mais s'avançant dans l'atmosphère à la façon d'un corps étranger, entièrement isolé.

Du mois de février au mois de mai 1861, j'ai observé, à peu de distance, quatre de ces trombes, et une cinquième a enveloppé de toutes parts notre caravane sans que nous ayons pu l'éviter.

La première, celle du 19 février, chassée par un vent de S.-O., a passé à 2 kilomètres N.-E. de notre campement. Elle n'a pas même eu d'action sur la température de notre milieu, car le thermomètre est resté à $29°95$, température ordinaire à pareille heure.

La seconde, du jour suivant, 20 février, et de la même localité, s'est présentée dans la même direction, mais à 1 kilomètre 1/2 seulement et poussée par un vent du S.-E. Comme celle de la veille, elle n'a exercé aucune influence sur mes instruments.

La troisième, du 28 avril, passa à notre E. comme un immense nuage rougeâtre et tellement semblable au foyer d'un vaste incendie, qu'on aurait pu s'y tromper, s'il ne s'était successivement élevé et abaissé au-dessus de l'horizon, en suivant une marche du S.-O. au N.-O., avec la rapidité d'un ouragan.

La quatrième, du 3 mai, annoncée par des coups de tonnerre lointains dans le S. et par une baisse du baromètre, de $15^{mm}20$ en 3 heures, passa à notre S.-E., embrassant comme la précédente un immense espace, rouge, enflammé comme elle, et se dirigeant vers l'E.

Le passage très-rapproché de cette masse de sables nous valut quelques gouttes de pluie et une élévation du thermomètre à $43°$.

Le 30 avril, en route, nous avions fait connaissance plus intime avec pareille avalanche de sables arrivant du S., toujours sous la forme d'un nuage rouge, et qui se rua sur nous comme un torrent dévastateur accompagné de grosses gouttes de pluie froide que je trouvai semblables à de la neige fondue.

Le désordre qui s'était mis dans notre caravane m'empêcha de constater l'effet de cette trombe sur mes instruments qui n'étaient pas sous ma main.

Voilà ce fameux *Notus* d'Hérodote contre lequel marchèrent les Psylles et qui les ensevelit tous.

Inutile de dire, je crois, que, pendant la durée des grands vents, du sirocco particulièrement, la marche est très-pénible, surtout dans la région des dunes. On a parlé de caravanes englouties corps et biens sous des avalanches de sables; je ne crois pas ce fait bien constaté. En traversant l'"Erg, dans la saison la plus chaude de l'année et pendant une période constante des vents du Sud, notre caravane, fatiguée par des tourbillons de sables qui obscurcissaient l'atmosphère et empêchaient les guides de diriger la marche, a dû s'arrêter plusieurs fois. Alors les hommes se couchaient pour dormir, tournant le dos au vent et offrant par conséquent un certain obstacle aux sables. Jamais aucun de nous, quoique enveloppé de toutes parts, n'a éprouvé, au réveil, aucune difficulté pour secouer son linceul.

Par les vents desséchants du Sud, les provisions d'eau diminuent rapidement, et quand elles sont épuisées sans pouvoir les renouveler, les caravanes périssent de soif. Les indigènes ont conservé le souvenir de pareilles catastrophes, même sur des parcours de peu d'étendue et loin des zones sablonneuses. A distance, on a imputé à l'ensevelissement des sables un sinistre qui ne devait être attribué qu'au manque d'eau.

Influence des vents sur le thermomètre et le baromètre.—Je n'ai jamais constaté, sous l'influence des vents du Sud, une élévation des thermomètres proportionnelle à l'action de la chaleur sur la peau; de même, par les vents du Nord, l'abaissement de la température est peu sensible, parce que ces vents ont le temps de s'échauffer avant d'arriver sur le plateau central du Sahara.

Le baromètre subit davantage l'action des vents; presque toujours il annonce l'approche du sirocco par une baisse remarquable.

Électricité.

Je n'étais muni d'aucun instrument pour mesurer l'électricité de l'atmosphère : conséquemment toutes mes observations reposent sur des faits appréciables à l'œil ou à l'oreille. Toutefois, je n'ai jamais négligé de consigner même les plus petits phénomènes que je pouvais attribuer au fluide électrique. Voici, à ce sujet, les notes que je trouve dans mon journal de voyage :

Étincelles électriques. — (13 janvier 1861: Vent violent du O.-S.-O. Température du sable — 1° le matin, celle de l'air = + 12°2 à 9 heures.) — Vers le milieu de la journée et dans la nuit, décharges d'étincelles électriques dans les vêtements de laine qu'on secoue.

(30 mars 1861. Vent nul. Température, 13°7 le matin.) — Le soir, ma jument fait jaillir des étincelles électriques de sa queue en fouettant les mouches.

(13 avril. Vent épouvantable de l'O. 1/8 S.) — Toute la journée et toute la nuit, ciel couvert, sables soulevés. Le soir, électricité dans les étoffes de soie et de coton.

Éclairs. — (31 juillet 1860. Températ. max. de la journée, 33°8.) — Dans la nuit des nuages apportés par un vent violent du Nord lancent des éclairs non interrompus.

(7 mai 1861. Vent fort de S.-O. Pluie d'averse, ciel couvert; température, 29°25.) — Au coucher du soleil, éclairs au S.-O. et à l'O.

(8 mai. Vent nul, ciel couvert.) — A 6 heures 10ᵐ du soir, éclairs à l'horizon S.-O., puis à l'E.

Tonnerre. — (25 avril 1861. Journée orageuse, vent fort du S.-S.-O.; températ., 37°8.) — Vers 7 heures du soir, un coup de tonnerre très-lointain.

(2 mai. Vent O., ciel couvert; températ., 34°.) — A 2 heures de l'après-midi, coups de tonnerre prolongés, mais lointains, au Sud magnétique.

(8 mai. Vent S.-O., orages la veille, petite pluie le soir.) — Tonnerre lointain avant le coucher du soleil.

Orages. — Si, par orage, on doit entendre un grand trouble atmosphérique, principalement dû à l'électricité et se manifestant par une grosse pluie, avec grand vent, éclairs, tonnerre, grêle, etc., je dois dire que je n'ai rien vu de semblable pendant les 230 jours consacrés à l'exploration des hauts plateaux habités par les Touàreg, et d'après mes conversations avec les indigènes, je dois croire que ces bouleversements de l'atmosphère, très-fréquents au delà du tropique, assez communs dans les parties septentrionales du Sahara encore soumises à l'action du climat de la Méditerranée, doivent être assez rares dans les parties élevées du Sahara central. Des orages secs, dus exclusivement à l'action des vents et sans le concours de l'électricité, me semblent plus caractéristiques du climat de ce pays.

Lumière.

Intensité, couleur, transparence. — La lumière, dans tout le Sahara, mais particulièrement dans les lieux élevés, est tellement intense, que son action, soit directe, soit réfléchie, ne peut être, ni pendant longtemps ni impunément, supportée par l'œil : aussi tous les habitants du plateau central, à peu près sans exception, sont obligés de porter le voile, s'ils veulent conserver la vue, et encore, malgré cette précaution, la plupart des hommes de 40 à 50 ans sont atteints d'opacité de la cornée transparente et d'une sorte de paralysie du cercle ciliaire ; beaucoup sont borgnes ou aveugles, et les vieillards atteignent difficilement le terme de leur existence sans que leur vue soit beaucoup affaiblie. Les appareils photographiques construits pour nos climats tempérés ne donnent que des épreuves brûlées.

La couleur bleue de l'air, mais d'un beau bleu indigo clair, est le fait qui frappe le plus l'Européen dans le Sahara. Cette splendide coloration s'alliant à une extrême transparence de l'atmosphère fait qu'on ne peut plus cesser de regretter le ciel du Sahara dès qu'on l'a connu.

On aura une idée de la transparence de l'air par le fait suivant : Le 28 décembre, sur le sommet du plateau de Timozzoudjên, j'ai pu distinguer nettement les découpures du Tasîli des Azdjer ; cependant le pied de ces montagnes est, en ligne droite, à 80 kilomètres de Timozzoudjên. Bien souvent, pour dresser la carte de mes itinéraires, j'ai déterminé, à la boussole et avec certitude, des points à des distances de 30 à 60 kilomètres.

Les indigènes, dont la vue a reçu l'éducation du milieu atmosphérique, distinguent les objets à de bien plus grandes distances encore, car souvent, à mon grand étonnement, ils m'ont annoncé la venue de voyageurs qu'ils avaient reconnus plusieurs heures avant leur arrivée.

Plus on s'élève dans les montagnes, plus le ciel devient bleu, plus l'atmosphère est transparente et l'air pur.

En parlant du Ahaggàr, point le plus élevé de leur pays, les Touâreg disent : « La quantité de nourriture nécessaire pour nourrir trois hommes dans la plaine suffit pour en rassasier cinq dans le Ahaggàr, tant l'air et l'eau y sont fortifiants. »

Mirage. — Le mirage est un phénomène si commun, sur les hamâd, dans les plaines et vallées, que nécessairement je ne l'ai pas mentionné dans mon journal de voyage. J'aurais dû écrire ce mot aussi souvent que le ciel était pur et la température un peu élevée. Comme tous les voyageurs en Orient, quoique prévenu, j'ai été victime de ses illusions. Comment ne pas l'être dans un pays où l'on désire toujours l'eau et où, chaque jour, une fée, fille de Tantale, vient mettre sous votre regard les lacs les plus merveilleux qu'on puisse imaginer? Souvent le mirage ne se borne pas à tromper, il fatigue beaucoup la vue et l'esprit par l'oscillation continuelle et le changement de forme des objets bizarres qu'il représente.

Dans le Sahara, comme ailleurs, le mirage cesse dès que le sol devient accidenté ou dès que le vent entraîne l'atmosphère dans un courant continu.

Aurore et crépuscule. — Plus on avance dans le Sud et moins est grand l'intervalle qui sépare la nuit du lever et du coucher du soleil. Sous ce rapport, le Sahara obéit à la loi générale, car l'aurore et le crépuscule y ont si peu de durée qu'on n'en tient pas compte. Lever du jour et lever du soleil sont à peu près synonymes.

Au crépuscule, l'horizon O. prend une teinte rose ou rougeâtre, que l'horizon général a presque toute la journée, à un degré moindre.

Lueur crépusculaire. — Au campement de Sâghen, le 3 janvier, à 7 h. 30 m. du soir, je remarquai à gauche de la voie lactée, dans l'Ouest, environ au point où le soleil s'était couché, une lueur blanche, partant de l'horizon, et se répandant comme une colonne de fumée.

A Tarz-Oûlli, le 8 mars, à 7 h. 21 m. du soir, j'ai encore observé dans l'Ouest la même colonne de lumière, mais, cette fois, elle était séparée de l'horizon par une bande obscure.

Serait-ce la lueur crépusculaire de Humboldt?

Arc-en-ciel. — Les arcs-en-ciel sont aussi rares que les pluies dans le Sahara; cependant, j'ai pu en observer deux : l'un le 8 mai 1861, consécutif à deux jours de pluie; l'autre le 20 août, précédant la pluie du lendemain. Le premier se montra vers 5 heures du soir; ses deux bases seules furent visibles. Le second parut à 4 h. 50 m. du soir.

Halo lunaire. — Le 19 août 1859, à Ghardâya, par un ciel couvert de stratus, la lune, au moment où elle approchait du méridien, était entourée d'un superbe halo.

Le 19 février 1861, à Azel-n-Bangou, à 8 h. 45 m. du soir, le ciel étant couvert de cirrho-stratus, je constatai un halo autour de la lune. Sa distance du bord de la lune, mesurée au sextant, s'est trouvée être de 20° 30′.

Lune rouge sang. — Le 21 août 1861, à Oumm-el-'Abîd, vers 8 h. 15 m. du soir, la lune, à son lever, se présenta avec une couleur rouge sang, tirant un peu sur le brun. Les indigènes prétendent que cet aspect de la lune présage le sirocco. En effet, le lendemain 22, le vent souffla d'abord E.-S.-E., puis S.-E.

Étoiles filantes. — On signale la nuit du 10 au 11 août comme l'une de celles dans lesquelles on observe le plus d'étoiles filantes, et parmi elles on a cru en reconnaître de périodiques.

Me trouvant le 10 août 1859 à Ghardâya, par une belle nuit, je la consacrai à observer ces météores ignés. Voici les résultats constatés dans mon journal :

Vers 8 h. 30 m., à une demi-minute d'intervalle, deux belles étoiles filantes tombent vers 10° du méridien, au-dessous de la lune, à une dizaine de degrés au-dessus de l'horizon.

A 10 h. 25 m., une grosse étoile rouge tombe de haut en bas, à l'Ouest, à peu d'élévation au-dessus de l'horizon;

A 12 h. 22 m., une belle étoile bleue se montre dans l'Est, allant du Sud au Nord.

Je dors de minuit 30 m. à 2 h. 30 m., après quoi, jusqu'au matin, je compte de nombreuses étoiles filantes, se dirigeant pour la plupart de haut en bas dans la direction de Methlili, c'est-à-dire au Sud.

Antérieurement, dans la nuit du 23 au 24 juillet, à Methlili, j'avais constaté de nombreuses étoiles filantes, entre autres une superbe.

Ces météores apparaissent en si grande quantité dans les belles nuits du Sahara, qu'un voyageur ne peut les noter toutes.

Globe lumineux. — Dans le grand nombre de mes observations nocturnes, je dois une mention spéciale à un globe enflammé observé le 21 juillet 1859, vers 9 heures du soir. Ce globe, dès qu'il m'apparut, s'éleva à quelques degrés au-dessus de l'horizon et retomba en augmentant d'éclat. Je ne puis mieux comparer ce phénomène qu'à une bombe d'artifice très-brillante et très-forte.

CONCLUSION.

Le climat du pays des Touàreg du Nord est essentiellement continental et parfaitement distinct de celui du bassin de la Méditerranée, ainsi que de celui du bassin du Niger. Au Nord comme au Sud, des pluies périodiques divisent l'année en deux saisons : l'une sèche, l'autre humide. Chez les Touàreg, il y a des périodes d'années, de 6 à 12, sans aucunes pluies, et des périodes d'années, de 1 à 3, dans lesquelles il pleut en toutes saisons : conséquemment, il n'y a chez les Touàreg que des saisons chaudes et des saisons froides.

Dans les unes, comme dans les autres, mêmes vents, même sécheresse de l'air, même électricité, mêmes effets de la lumière.

En somme, le climat du Sahara est très-exceptionnel sur la surface du globe, et c'est à ce climat que le Sahara doit d'être le Sahara.

CHAPITRE VI.

OBSERVATIONS ASTRONOMIQUES.

Le but de ce chapitre est de faire connaître les principaux éléments d'observations astronomiques d'après lesquels a été dressée la carte qui accompagne ce volume.

Je ne publie pas les observations elles-mêmes. Je me borne à les tenir à la disposition des personnes qui auraient besoin de les contrôler.

Le matériel de mon observatoire ambulant se composait de chronomètres, d'un sextant, d'une lunette astronomique, d'une boussole avec lunette, c'est-à-dire des instruments les plus simples et les plus facilement portatifs à dos de chameau.

Le plus grand nombre de mes observations a été calculé, par moi, pendant mon voyage et depuis mon retour; d'autres, les plus compliquées, l'ont été par MM. Yvon-Villarceau, Bruhns et Radau, qui ont bien voulu me prêter le concours de leur longue pratique.

Aucune de ces observations ne donne lieu à des remarques particulières qui méritent d'être consignées ici. Le seul côté par lequel le Sahara diffère des autres points du globe pour l'étude des phénomènes célestes, est que le ciel y est presque toujours pur, d'une transparence exceptionnelle, et qu'on y peut presque continuellement suivre la marche des astres dès que l'obscurité se fait : aussi est-il à regretter qu'aucun observatoire sédentaire ne soit pas établi dans cette région.

Voici, par ordre de dates, le relevé des observations faites pendant mon voyage qui ont servi à établir la latitude et la longitude des principaux points de la carte :

LOCALITÉS.	DATES.	LATITUDE.	LONGITUDE ORIENTALE.	OBSERVATIONS.
Ghardâya............	du 8 août au 7 octobre 1859.	32° 28' 36"	1° 33' 54"	Hauteurs du Soleil, de la Lune et de la Polaire au méridien. Hauteurs du Soleil et de la Lune, d'Arcturus, de Véga et d'α d'Ophiucus à l'Est ou à l'Ouest. Distances de la Lune au Soleil. Visées de boussole sur le Soleil et sur la Lune.
Methlili	du 28 août au 13 septembre.	32° 14' 30"	....	Hauteurs du Soleil, de la Lune et de la Polaire au méridien; d'Arcturus et de Véga à l'Est ou à l'Ouest. Distances d'Antarès à la Lune. Apozénithes lunaires. Visées de boussole sur le Soleil.
El-Goléa'..........	4 septembre.	30° 32' 12"	0° 47' 31"	Hauteur du Soleil au méridien, du Soleil à l'Ouest. Distances de la Lune au Soleil. Visées de boussole sur la Lune.
Tougourt [1]...........	29 novemb. 1859, 7 juin 1860.	33° 6' 35"	....	Hauteur du Soleil au méridien.
Ouarglâ...........	18 février.	31° 57' 20"	....	Hauteur du Soleil au méridien.
Nafta	9 mars.	33° 52' 21"	....	Hauteur du Soleil au méridien.
Tôzer	du 11 au 31 mars.	33° 54' 48"	....	Hauteurs du Soleil et de la Polaire au méridien; du Soleil, d'Arcturus et de Sirius à l'Est ou à l'Ouest. Distances de la Lune au Soleil et à Régulus. Visées de boussole.
El-Bordj (Nefzâoua).....	15 mars.	....	....	Hauteurs de Régulus et hauteurs circumméridiennes de Sirius.
Gâbès [2]	18 et 19 mars.	....	....	Hauteurs de Régulus et de Procyon à l'Est ou à l'Ouest; du Soleil au méridien.
El-Ouâd [3]...........	du 10 février au 24 juillet.	33° 21' 40"	4° 57' 20"	Hauteurs du Soleil et de la Polaire au méridien; du Soleil et de Véga à l'Est et à l'Ouest. Observation du dernier contact de l'éclipse du Soleil.

(1) Pour les longitudes de Tougourt et d'Ouarglâ, j'ai adopté celles du Dépôt de la Guerre établies d'après les observations de M. le capitaine Vuillemot.
(2) Position du capitaine Smith.
(3) Pour El-Ouâd, j'ai cru devoir donner la préférence à la longitude du capitaine Vuillemot. Malade au moment de mon observation, je n'ai pu s'y avoir une confiance absolue.

LOCALITÉS.	DATES.	LATITUDE.	LONGITUDE ORIENTALE.	OBSERVATIONS.
Berreçof............	du 3 au 5 août.	32° 31′ 51″	....	Hauteurs de la Polaire et de Mars au méridien; du Soleil et d'Arcturus à l'Est et à l'Ouest. Distances de Mars, du Soleil et d'Antarès à la Lune. Visées de boussole sur Mars.
Ghadâmès............	du 15 août au 8 décembre.	30° 7′ 48″	6° 43′ 15″	Hauteurs de Mars, de la Polaire et du Soleil au méridien. Hauteurs du Soleil, d'α de Persée et d'α du Cygne à l'Est et à l'Ouest. Occultations des étoiles 7202 (B. astr. Cat.) et 1165 (B. astr. Cat.). Visées de boussole sur la Polaire, Fomalhaut, Véga et Rigel.
Tagotta	18 septembre.	30° 12′ 11″	....	Hauteur de Mars au méridien.
Djâdo...............	du 24 octobre au 11 novembre.	31° 58′ 28″	....	Hauteurs du Soleil, de Mars et de la Polaire au méridien. Hauteurs du Soleil et de Véga à l'Est et à l'Ouest. Distances de la Lune au Soleil. Occultation de l'étoile ρ de la Vierge. Visées de boussole sur la Polaire, Mars, α de la Chèvre et Véga.
Nâloût	18 et 19 novembre.	31° 52′ 56″	8° 45′ 10″	Hauteurs du Soleil et de Mars au méridien; du Soleil, d'α de l'Aigle, d'α de Pégase et de la Lune à l'Est et à l'Ouest.
Sinâoun.............	22 novembre.	31° 1′ 40″	....	Hauteurs de Fomalhaut au méridien, de la Chèvre à l'Est. Visées de boussole sur la Polaire, Fomalhaut, Véga et la Chèvre.
Timellouâlen........	16 et 19 décembre.	....	....	Hauteurs de β de la Balance et du Soleil au méridien.
Sâghen	30 décembre.	26° 59′ 33″	....	Hauteur du Soleil au méridien.
Oursêl......:......	30 janvier 1861.	26° 25′ 25″	....	Hauteur du Soleil au méridien.
Azel-en-Bangou[1].....	14 février au 10 mars.	26° 11′ 2″	....	Hauteurs du Soleil, de Sirius et de la Polaire au méridien; du Soleil à l'Est et à l'Ouest. Éclipse du premier satellite de Jupiter.
Tinoûhaouen	14 et 28 mars.	24° 58′ 38″	7° 53′ 40″	Hauteurs du Soleil et de la Polaire au méridien. Hauteurs d'Arcturus et de γ Geminorum à l'Est et à l'Ouest. Éclipse du premier satellite de Jupiter. Visées avec la boussole sur Sirius.

(1) J'ai rejeté la longitude d'Azel-en-Bangou parce qu'elle ne concordait pas avec le relevé de ma route.

LOCALITÉS.	DATES.	LATITUDE.	LONGITUDE ORIENTALE.	OBSERVATIONS.
Toûnîn (Rhât)........	27 et 28 mars.	24° 57′ 14″	....	Hauteurs du Soleil au méridien, à l'Est et à l'Ouest.
Serdélès............	4 et 10 mai.	25° 40′ 20″	....	Hauteurs du Soleil à l'Est, d'ε de la grande Ourse au méridien.
Oubâri.............	17 mai.	....	....	Hauteurs du Soleil à l'Ouest, de β du Corbeau au méridien.
Djerma [1].........	18 et 19 mai.	26° 32′ 52″	....	Hauteurs de l'Épi de la Vierge au méridien; du Soleil à l'est et à l'Ouest.
El-Fogâr...........	20 et 21 mai.	....	....	Hauteurs de la Lune, d'ε et d'η de la grande Ourse au méridien; d'Arcturus, de Jupiter et du Soleil à l'Est et à l'Ouest. Distances de la Lune à Antarès et à Jupiter.
Tekertiba..........	du 22 au 27 mai.	....	....	Hauteurs d'ε et d'η de la grande Ourse, de δ du Corbeau, de ε de l'Hydre femelle au méridien. Hauteurs du Soleil et de la Lune à l'Est et à l'Ouest.
Lac Mandara.......	28 mai.	26° 40′ 57″	....	Hauteur d'ε de la grande Ourse au méridien.
Lac Gabr'aoûn.....	29 mai.	....	....	Hauteurs d'ε de la grande Ourse et de l'Épi de la Vierge au méridien.
El-Fejij...........	31 mai.	....	....	Hauteur d'ε de la grande Ourse au méridien.
Tessâoua...........	4 juin.	26° 5′ 50″	....	Hauteurs de ζ, de η de la grande Ourse et de β de la Balance au méridien.
Oumm-el-Arâneb....	19 juillet.	26° 8′ 4″	....	Hauteur du Soleil au méridien.
Delèm.............	12 août.	....	....	Hauteur de ε du Sagittaire au méridien.
Bîr-en-Nechoûa'...	13 août.	....	....	Hauteur de λ du Scorpion au méridien.
Gourmèda.........	18 août.	....	....	Hauteurs de la Polaire et de l'Épi de la Vierge.
Zighen............	19 août.	....	....	Hauteur de μ du Sagittaire au méridien.
O. Tin-Guezzin....	21 août.	....	....	Hauteurs d'Arcturus et de la Polaire.

(1) Pour les points relevés astronomiquement par Vogel, qui était astronome de profession et mieux outillé que moi, j'ai toujours donné la préférence aux résultats de ses observations de longitude.

Ne sont pas comprises dans ce tableau toutes les observations faites sur les points intermédiaires. Le détail en eût été trop long. Je me borne à indiquer les latitudes que j'ai calculées en voyage pour un certain nombre de ces points secondaires.

LOCALITÉS.	LATITUDES NORD.	LOCALITÉS.	LATITUDES NORD.
Hâssi-Djedîd	32° 12′ 8″	Moul-er-Roba'âya-el-Gueblâoui.	33° 0′ 2″
Hâssi-Dhomrân	31° 51′ 48″	Mâleh-ben-'Aoûn	32° 51′ 1″
Hâssi-Berghâoui	31° 32′ 47″	Mâtrès	30° 11′ 53″
Hâssi-Zirâra	31° 15′ 18″	Bir-'Allâg	31° 4′ 27″
El-Guerâra	32° 47′ 25″	Târediê	32° 8′ 27″
Chegga (puits artésien)	34° 9′ 39″	Kherbet-Dzîra	31° 59′ 0″
Gomâr	33° 29′ 20″	Kaçar-Yêfren	32° 3′ 43″
Hâssi-Sidi-el-Bâchir	32° 45′ 36″	Bir-Terrin	32° 39′ 32″
Hâssi-Oulâd-Miloûd	32° 29′ 56″	Zâouiya-el-Gharbîya (le Bordj).	32° 46′ 35″
Sedâda (Djérid tunisien)	34° 0′ 37″	Tinzeght	31° 54′ 2″
Gafça (id.)	31° 26′ 32″	Kâbâo	31° 51′ 38″
Nemlât (id.)	33° 58′ 33″	Ch'aouâ	30° 58′ 49″
Sidi-Râched (O. Righ)	33° 19′ 29″	Tarz-Oûlli	25° 32′ 53″

Les emprunts de positions astronomiques qui ont été faits, pour la construction de la carte, aux travaux des autres explorateurs, sont :

Le tracé de la côte, d'après le capitaine Smith, de la marine anglaise;

Les positions du docteur Vogel entre Tripoli et le Bornou;

Les latitudes de M. de Beurmann, d'après la carte de M. le docteur Petermann, entre Ben-Ghâzi et Zouîla;

Quelques points du Sahara algérien, antérieurement déterminés astronomiquement par M. le capitaine Vuillemot, et adoptés par le Dépôt de la Guerre;

Enfin la position d'In-Sâlah du major Laing.

Deux mots sur l'éclipse du 18 juillet 1860 et sur une comète du juillet 1861. Je copie mon journal :

J'étais au lit, atteint d'une violente fièvre contractée dans l'Ouâd-Righ, quand je sortis pour aller observer l'éclipse. J'avais calculé l'heure à laquelle elle devait se produire, comme si elle devait être totale à El-Ouâd ; elle ne le fut pas complétement ; aussi, quand j'arrivai à ma lunette, comptant sur dix minutes d'avance, je trouvai le disque solaire entamé. Je ne puis donc indiquer le moment exact du premier contact.

Le ciel était pur.

A l'observation, je vis la lune couvrir successivement le soleil, comme le ferait une tache ; à un moment je crus voir certaines montagnes faire éclipse totale, mais à peine mon œil avait-il quitté la lunette pour prendre l'heure, que l'éclipse commença à diminuer lentement.

Le dernier contact eut lieu à 4 h. 55 m. 18 s. de mon chronomètre, qui marquait encore le temps de Paris.

La lumière la plus faible a été celle qui, dans cette saison, succède au coucher du soleil.

Les Arabes me dirent avoir vu des étoiles.

Mieux portant, j'aurais pu apporter une plus grande attention aux détails de cette éclipse ; mais la maladie paralyse les forces de l'esprit comme celles du corps. Quand je fus me remettre au lit, la fièvre s'était aggravée et je fus pris de vomissements très-pénibles.

A 2 h. 30 m., le baromètre marquait 749,05, le thermomètre 45° 5 ; le vent soufflait du Sud.

A 5 heures, le baromètre était à 740,95 et le thermomètre à 41° 8, le vent restant le même.

Je me portais heureusement mieux quand, à Mourzouk, le 1er juillet, à 7 h. 15 m. du soir, on vint m'annoncer un phénomène astronomique qui remplissait de terreur toute la population.

C'était une comète ; on ne l'avait pas vue la veille, elle devait disparaître le surlendemain.

D'après les habitants, elle avait apparu, à leurs yeux, rouge et très-belle, un peu après le coucher du soleil, vers le méridien Nord.

Quand je l'observai à la lunette, elle était à 5 degrés environ au-dessus de l'horizon, en ligne à peu près droite sous α de la grande Ourse ; sa queue, de lumière blanchâtre, se prolongeait jusqu'à β et γ de la petite Ourse ; continuée en arc de cercle, elle eût coupé la voie lactée par son milieu. Le noyau, très-distinct à la lunette, apparaissait comme une étoile de 3e ou de 4e grandeur.

Le lendemain, à la même heure, ou un peu avant, la comète était plus haut dans le ciel, mais, probablement à cause des nuages qui le voilaient en cet endroit, elle paraissait sans queue et sous la forme de deux disques lumineux juxtaposés. Du moins, c'est l'effet qu'elle produisait à l'œil.

Depuis je n'ai plus entendu parler de cet objet d'effroi et je ne l'ai plus vu.

LIVRE II.

PRODUCTION.

Les productions minérales, végétales et animales d'un pays aussi peu favorisé sous le double rapport de la constitution du sol et du climat, ne peuvent être qu'en petit nombre; cependant elles ne sont pas complétement nulles, et je vais les passer successivement en revue.

CHAPITRE PREMIER.

MINÉRAUX.

Mon exploration n'a pas été assez complète, surtout dans la partie montagneuse du pays, pour que je puisse prétendre connaître toute sa richesse minérale; d'un autre côté, les Touâreg ne sont pas un peuple assez industriel pour que j'aie pu suppléer à l'insuffisance de mes recherches personnelles par une enquête sur les produits minéraux qu'ils exploitent. Les besoins des peuples nomades ne sont pas ceux des nations civilisées et sédentaires: aussi n'est-on pas autorisé à conclure de l'absence d'exploitations au manque de minéraux exploitables. Au contraire, en constatant que les Touâreg ont trouvé chez eux tout ce qui est nécessaire à leur existence, on peut croire qu'il y a beaucoup plus. Quoi qu'il en soit, je signalerai ce que j'ai vu et ce qui m'a été indiqué par les indigènes.

Métaux et pierres précieuses.

Fer. (Tazhôli). — J'ai constaté la présence du fer en plusieurs endroits : notamment à Azel-en-Bangou, dans les environs du mont Télout, sur le rebord Nord du Tasìli, dans le ravin d'In-Akhkh, autour des puits artésiens d'Ihanâren, dans la vallée d'Ouarâret. Les renseignements des indigènes signalent aussi ce minerai sur d'autres points du Tasìli et du Ahaggàr, en massifs plus ou moins considérables. Mais à quoi bon ? Le fer fût-il plus riche et plus abondant encore, comment l'exploiterait-on sans combustible ?

Tout le fer employé par les Touàreg leur est apporté par le commerce.

Cuivre. (Dàrogh). — Les Touàreg ne connaissent aucun minerai de cuivre dans leur pays. Tous les cuivres qu'ils emploient à l'ornementation de leurs armes viennent d'Europe ; jadis, quand Mourzouk entretenait encore des relations commerciales avec le Waday, ils pouvaient en recevoir de cette contrée.

Plomb. (Alloûn). — Le nom d'Ouàdi-Alloûn (rivière du plomb) donné à l'un des torrents qui descendent du versant Nord du Tasìli rappelle-t-il la découverte de minerai de plomb dans le lit de l'ouàdi ? Je l'ignore.

Les Touàreg ne faisant généralement pas usage des armes à feu, l'emploi du plomb est assez restreint chez eux pour qu'ils n'aient jamais songé à utiliser les galènes de leur pays, fussent-elles même riches.

Étain. (?) — Un gisement de ce minerai ou d'un métal analogue m'a été signalé dans l'Ouàdi-ech-Chiàti (Fezzân). Cette indication est-elle fondée ou non ? L'avenir l'apprendra.

Sulfure d'antimoine. (Tazòlt). — Le sulfure d'antimoine est récolté aux environs d'El-Barakat, près de Rhàt, mais dans la proportion des besoins locaux, limités à l'application du *kohel* sur les cils et les sourcils.

Kohel, en Arabe, signifie *tout ce qui noircit*. Donc, sous ce nom, on emploie indistinctement ou le sulfure de plomb, ou le sulfure d'antimoine, suivant la facilité de se les procurer.

L'emploi du kohel est des plus anciens chez les peuples orientaux. Jérémie dit, chap. IV, vers. 30 : « *Cum stibio pinxeris oculos tuos.* » Le prophète Mohammed, copiant Jérémie, répète : « Employez l'antimoine, il fortifie la vue et fait pousser les cils. »

Sur la foi de ces autorités, l'habitude du kohel est passée dans les mœurs, surtout dans le Sahara, où la réverbération du soleil affaiblit si promptement la vue et cause si souvent des ophthalmies.

Le docteur Bertherand, dans son ouvrage sur la *Médecine des indigènes de l'Algérie*, dit que l'emploi du kohel, dans toute espèce d'ophthalmies, lui a toujours rendu les plus grands services.

Pierres précieuses. — Les Touàreg modernes font usage d'une espèce de serpentine dont ils fabriquent leurs anneaux de bras. On trouve cette pierre dans le ravin de Tahôdayt-tân-Hebdjân (rebord méridional du Tasîli), sur la route directe de Rhât à In-Sàlah, non loin du ravin de Tadôhayt-tân-Tâmzerdja, où sont les restes fossiles d'un grand mammifère antédiluvien.

Mais il est hors de doute que les peuples anciens de cette contrée connaissaient et faisaient usage d'autres pierres précieuses, car on en trouve dans tous les tombeaux des *Jabbâren* (géants), nom que les Touàreg donnent à la génération qui les a précédés dans le pays. Ces pierres sont enchâssées dans les bagues ou dans les boucles d'oreilles.

J'ai déjà dit qu'on avait trouvé des émeraudes dans le Touât ; moi-même j'ai rapporté de mon excursion à El-Goléa' des cristaux qui y ressemblent. Il est probable qu'une exploration complète des montagnes des Touàreg et des bassins qui en dépendent ferait retrouver l'ancienne émeraude garamantique des musées.

Sels divers.

Sel commun. (Tîsemt.) — Une belle mine de sel, longtemps exploitée et abandonnée pour cause d'insécurité, existe dans la Sebkha d'Amadghôr, sur l'ancienne route des caravanes d'Ouarglà à Agadez, au pied d'un des contre-forts orientaux du Ahaggàr. D'après les indigènes, cette mine serait la plus belle connue dans tout le Sahara. Elle sera ultérieurement l'objet d'une attention toute spéciale.

Une mine de sel m'est aussi signalée dans la montagne au Sud de Tikhâmmalt.

Sur beaucoup d'autres points, on trouve du sel de qualité inférieure, mélangé de terre : aux environs de Rhât et à Tekertîba, ou provenant de l'évaporation des eaux salines de sebkha desséchées, notamment sur le cours inférieur de l'Igharghar, à Menkebet-Izîman et à Sîdi-Boû-Hânia.

Les puits salés, indiquant la nature saline des terres traversées par les eaux, sont communs. Je citerai entre autres celui de Tînessedj sur la route septentrionale de Tebalbâlet à In-Sàlah; celui de Harhé, dans une sebkha, sur la route de Tikhàmmalt à Oubâri.

Je citerai aussi, comme sources salines, celle de Tânout sur la précédente route, et d''Aïn-el-Mokhanza (la fontaine pourrie, puante), sur l'Igharghar, sans compter celles que j'ai signalées précédemment dans mes itinéraires géologiques.

Alun. (Azârîf.) — Après le sel, l'alun est la production minérale la plus commune du pays des Touâreg. On en trouve des dépôts, entre autres, dans la vallée d'Ouarâret, au Nord du Rhât; à Serdélès; à In-Hâs, dans la plaine d'Adjemôr; sur l'Ouâdi-Tetch-Oûlli, affluent de l'Ouâdi-Akâraba. Ces deux dernières mines sont situées au Nord de Mouydîr, et non loin d'In-Sàlah, marché sur lequel on vend leurs produits.

J'ai rapporté un échantillon des dépôts d'alun de la vallée de Serdelès. Il est pur et de bonne qualité.

Salpêtre. (Tîsemt-n-elbaroûd.) — Tout le salpêtre consommé par les Touâreg vient du Touàt, où cette matière paraît très-abondante. Il n'est pas douteux qu'on en trouve également et en quantité importante dans les contrées similaires du pays des Touâreg, car ces derniers m'en signalent un dépôt assez important dans la vallée de Tikhâmmalt et d'autres dans les ouâdis aux environs de Rhât. N'employant pour ainsi dire pas la poudre, ne sachant pas la préparer, ils négligent ce produit et n'y font aucune attention; mais, si le commerce français demandait du salpêtre au Touàt, les Touâreg ne tarderaient probablement pas à lui faire concurrence.

Natron. (Elatroûn et Oksem.) — Le natron est récolté en assez grande abondance dans le Bahar-et-Trounîa au Nord-Ouest de Mourzouk. Il est employé par les Touâreg en mélange avec la feuille du tabac, soit pour la prise, soit pour la chique; il est aussi d'un usage journalier comme mordant dans les préparations tinctoriales. Inutile d'ajouter qu'il entre dans la matière médicale des indigènes, car, à défaut de produits européens, ils utilisent tout ce qu'ils ont sous la main.

J'aurai l'occasion de faire connaître ultérieurement l'importance commerciale de ce sel.

Soufre (Tazzefrît et Aouodhîs). — Quoique le Ahaggâr, le Tasîli, le Hâroûdj et la Sòda, soient le produit de soulèvements volcaniques; quoique le soufre se montre, au Nord, en assez grande quantité dans la Syrte, il est à peu près certain qu'il n'existe pas dans le pays des Touâreg, car, s'ils y connaissaient des soufrières, elles seraient exploitées pour les besoins des chameaux, atteints fréquemment de la gale, que le soufre seul guérit d'une manière radicale. Je conclus donc de ce que le soufre n'est pas exploité par les Touâreg qu'il n'y en a pas chez eux.

MATÉRIAUX DE CONSTRUCTION.

Pierres et terres.

Bien que des nomades ne tirent aucun parti des matériaux de construction dont leur pays est doté, je ne crois pas devoir omettre cette partie importante de la richesse minérale du Sahara.

Pierre calcaire (Tahònt-n-Tîngher). — Tous les plateaux dits hamâd sont généralement recouverts d'une couche calcaire qui donne d'excellents moellons pour les constructions urbaines. Cette pierre domine dans celles de Ghadâmès.

Grès (Tîlellît, *la pierre noble*). — Le grès est la pierre la plus abondante, surtout dans le Tasîli du Nord. On trouve dans la chaîne de l'Amsàk le beau grès rose des ruines romaines de Djerma.

Gypse (Têhemaq). — Commun au Nord et autour de Ghadâmès, où on l'exploite pour les enduits de la ville, il est peut-être plus rare sur tous les autres points du pays, mais il est hors de doute qu'on n'a pas dû aller le chercher au loin pour les constructions des autres villes.

Chaux (Ezzebch). — La pierre propre à la chaux est commune partout; autour de Ghadâmès, on ramasse les calcaires du plateau de Tînghert et, de leur grillage, on obtient une chaux excellente.

Argile (Tabàriq et Telaq). — Tous les enfants des Touâreg ont des poupées et des bonshommes en argile; dans tous les ménages on trouve des vases en poterie qui doivent être fabriqués sur les lieux, ce qui prouve que la terre à poterie ne manque pas. Quant à l'argile propre à la préparation des tuiles et des briques, elle existe dans plusieurs ravins. J'ai déjà dit que les auges dans lesquelles on abreuvait les chameaux autour des puits étaient en argile provenant des déblais de ces puits.

Terre à ciment. — Les canaux d'irrigation de Ghadâmès sont cimentés et, d'après les renseignements qui m'ont été donnés, ce ciment était obtenu au moyen d'un mortier fait avec la chaux des ammonites et les argiles rouges ferrugineuses des goûr.

J'ai rapporté de Ghadâmès et de Djerma des ciments de l'époque garamantique; ils sont de la plus grande solidité.

Pierre meulière (Tasîrt et Tahònt-n-Ezhîd). — L'usage du moulin à bras, ustensile obligatoire pour chaque ménage, rend la pierre meulière de première nécessité chez tous les nomades. Heureusement, les carrières qui la fournissent ne sont pas rares. J'en ai déjà cité une, abandonnée, à l'entrée de l'Ouàdi-el-Gharbî; on en indique d'autres au Nord et au Sud du Tasîli.

Ocre (Tamàdjohît). — L'ocre est exploitée aux environs de Djânet pour les besoins de la teinturerie, mais surtout pour être employée avec l'indigo comme cosmétique tinctorial et hygiénique de la peau, en vue de la préserver, par l'interposition d'un corps étranger, des influences atmosphériques extérieures.

Combustibles minéraux.

Pendant longtemps, à Alger, on a cru à l'existence de la houille dans le Ahaggâr, par suite de réponses faites, de bonne foi, par des Touâreg venus en Algérie, qu'il y avait dans leur pays des pierres noires qui brûlaient.

J'ai déjà fait connaître comment les Touâreg, interrogés à ce sujet, avaient pu nous induire en erreur sans manquer à la vérité.

Toutefois, la découverte de terrains très-anciens dans la vallée de Rhât et du terrain dévonien, inférieur aux terrains houilliers, sur plusieurs points, permet d'espérer le succès de recherches de gisements de combustibles minéraux, dans le centre du Sahara, ou tout au moins dans les parties que mon exploration recommande à l'attention des ingénieurs.

Là se borne, à ma connaissance, la liste des produits minéraux utilisables dans le pays des Touâreg; mais il n'est pas douteux que des recherches plus complètes en augmenteraient le nombre.

CHAPITRE II.

VÉGÉTAUX.

Le règne végétal est un peu plus riche que le règne minéral, car, quoique les sommets des montagnes, leurs versants, ainsi qu'une partie des plateaux, soient dénudés et entièrement stériles, on trouve, dans les nombreuses vallées du pays, des points plus favorisés où la végétation saharienne s'allie avec quelques représentants de celle des tropiques et du bassin de la Méditerranée.

Les végétaux domestiques sont en très-petit nombre. Si je devais ne citer que ceux cultivés par les Touâreg eux-mêmes, la liste serait close quand j'aurais nommé le dattier, le figuier, le blé, l'orge, le sorgho, le millet: en tout six végétaux.

Mais, dans le territoire même des Touâreg, sont les oasis de Ghadâmès, de Rhât, de l'Ouâdi-Lajâl, de l'Ouâdi-'Otba, de Djânet, d'Idélès, habitées par des sédentaires dont les cultures sont un peu plus variées.

Voyageur et non botaniste, j'ai recueilli à peu près toutes les plantes que j'ai vues et tous les renseignements que pouvaient me donner les indigènes sur la végétation de leur pays; mais je n'ai pas la prétention d'avoir rapporté de mon voyage toute la richesse végétale des contrées traversées, comme eût pu le faire un explorateur exclusivement chargé d'étendre le domaine de nos connaissances en histoire naturelle au Sud de l'Algérie.

J'ai scrupuleusement recueilli les noms indigènes, en langue arabe et en langue temâhaq, parce que je crois la connaissance de cette double synonymie nécessaire aux personnes auxquelles l'avenir réserve de voyager avec les caravanes. Cette synonymie n'a pas les défauts de celle des noms vulgaires assignés aux plantes par nos paysans en Europe; chez les peuples pasteurs, chacun connaît exactement le nom, les stations et les propriétés de chaque plante, et les noms, quand les caractères distinctifs sont bien tranchés, ne varient pas d'une localité à une autre, mais se conservent tant que la même langue est parlée. Or, comme la langue arabe est connue dans tout le monde musulman, et la langue berbère, dont le temâhaq est un des dialectes, dans tout le Nord du continent africain, il y a presque certitude d'être compris des indigènes en leur nommant une plante dans l'une de ces deux langues.

Dans la classification des plantes, objet de cet examen, j'ai adopté l'ordre naturel des familles.

Je dois à l'extrême obligeance de M. le docteur Cosson, président de la Société botanique de France et chargé par le gouvernement de la publication de la *Flore de l'Algérie,* la détermination exacte de toutes les plantes de mon herbier et même de quelques-unes de celles dont je me suis borné à mentionner le nom dans mon journal de voyage, sachant par les comptes-rendus des explorations du savant botaniste qu'il les avait déjà déterminées.

Je mentionne cet utile concours, autant par reconnaissance que pour assurer à cette partie de mon travail le caractère sérieux que lui donne la collaboration de M. le docteur Cosson.

RENONCULACÉES.

Adonis microcarpa DC.?

Boû-garoûna (*arabe*).

Récolté le 13 mars 1860, dans les environs du Chott-Melghigh.

Sans emploi connu.

Ranunculus muricatus L.

Kosberbîr (*arabe*).

Récolté le 13 mars 1860, dans les environs du Chott-Melghigh.

Sans emploi connu. Croît dans les terrains humides.

Nigella sativa L.

Sahnoudj, Habbet-es-soûda (*arabe*).

Cultivé dans quelques jardins des oasis.

« Procurez-vous de la graine noire (mot à mot, *habbet-es-soûda*), a dit le prophète Mohammed : c'est un préservatif contre toutes les maladies. »

En exécution de cette prescription, les bons musulmans prennent volontiers, le matin, une pincée de graine de nigelle dans une cuillerée de miel, à l'effet de préparer les voies digestives et d'ouvrir l'appétit.

FUMARIACÉES.
FUMARIA CAPREOLATA L.

Guerîn-djedey, Sibân (*arabe*).

Récolté le 13 mars 1860, dans les environs du Chott-Melghigh.

Cette plante est employée par les indigènes en lotion contre les démangeaisons et en fumigations contre les douleurs.

CRUCIFÈRES.
MATTHIOLA LIVIDA DC.

Guelguelân (*arabe*) d'après M. le docteur Cosson ; **Tamadé** (*temâhaq*).

Récolté le 2 mars 1861, à Tin-Arrây.

Cette plante vient dans les sables.

MATTHIOLA OXYCERAS DC.

Hârra (*arabe*) ; **Tânekfâït** (*temâhaq*).

Récolté le 7 mars 1860, au S.-O. de Nafta, entre Guettâra-Ahmed-Ben-'Amâra et Gâret-Djâb-Allah.

Affectionne les terres de heycha.

ANASTATICA HIEROCHUNTICA L.

Akarba (*temâhaq*) ; **Kômecht-en-Nebî** (*arabe fezzanien*) ; **Kerchoud** (*au Bergou*).

Reconnu entre Ghadâmès et Rhât.

Cette plante est vulgairement connue sous le nom de *rose de Jéricho*.

MALCOLMIA ÆGYPTIACA Spreng.

El-Maroûdjé, El-Hamâ (*arabe*) ; **Almaroûdjet** (*temâhaq*).

Récolté le 2 janvier, les 8, 21 et 29 février 1861, sur l'Ouâdi-Alloûn et à Aghelâd. Reconnu en huit stations entre Ghadâmès et Rhât.

Cette plante donne un excellent fourrage que tous les animaux recherchent. Elle vient dans les sables.

SENEBIERA LEPIDIOIDES Coss. et DR. in *Bull. Soc. bot.*

Harharha (*arabe* et *temâhaq*).

> Récolté à Sâghen, le 1ᵉʳ janvier 1861.

Peu commun, comestible.

MORICANDIA SUFFRUTICOSA Coss. et DR. *Brassica suffruticosa* Desf.

Foûl-el-djemel, Foûl-el-ibel (*arabe*); Afarfar (*temâhaq*).

> Récolté aux environs de Ghadâmès et sur l'Ouâdi-Tinzeght, les 12 et 13 novembre 1860. Peu commun. Plus abondant dans les montagnes du Ahaggâr, entre Rhât et In-Sâlah.

Plante recherchée par les chameaux, ainsi que l'indique son nom indigène : *fève du chameau*.

HENOPHYTON DESERTI Coss. et DR. in *Bull. Soc. bot.*

Alga, Allegommo (*arabe*).

> Récolté dans les dunes de l"Erg, entre 'Erg Boû-Delil et Medhaheb-ech-Chergulya; sur la route de Merhayyer à Gomâr, le 5 février 1860, et entre El-Ouâd et Ouarglâ, sur l'Ouâdi-Cidah, le 16 février 1860.

Cette plante recherche les sables.

DIPLOTAXIS DUVEYRIERANA Coss. *sp. nova*.

Hârra (*arabe*); Tânekfâït (*temâhaq*).

> Récolté les 9 et 18 février 1861, sur l'Ouâdi-Alloûn et l'Ouâdi-Târât. Rencontré en onze stations entre Ghadâmès et Rhât.

Cette espèce nouvelle, désormais destinée à rappeler le souvenir de mon voyage, grâce à l'extrême bienveillance de M. le docteur Cosson, est une de ces nombreuses plantes de la famille des Crucifères dont les Touareg font usage pour leur alimentation. A défaut d'autres provisions, j'ai été souvent heureux de la mettre à contribution pour l'approvisionnement de ma table et de celle de mes serviteurs. Son usage délassait mon estomac fatigué des légumes secs, les seuls à la disposition des caravanes. Je ne me doutais pas alors que je mangeais un plante qui plus tard porterait mon nom.

Diplotaxis pendula DC.

Récolté le 12 mars 1860, dans les montagnes de Keriz.

Comestible comme la précédente.

Eruca sativa Lmk. E. stenocarpa Boiss. et Reut.

Hàrra (*arabe*); Tànekfàït (*temáhaq*).

Récolté à Sàghen et sur l'Ouâdi-Alloûn, les 1er janvier et 29 février 1861. Commun.

Cette plante est également comestible et mangée par les Touàreg.

La graine et le suc de cet *Eruca*, concurremment avec les mêmes parties des deux *Diplotaxis* ci-dessus, sont employés comme remède contre la gale des chameaux.

Schouwia arabica DC.

Alouàs (*temáhaq*).

Trouvé et récolté à Tikhàmmalt, le 27 janvier, et à Tin-Tèrdja, le 2 mars 1861.

Plante rare, spéciale aux déserts d'Arabie et non encore trouvée en Berbérie.

Zilla macroptera Coss. in *Bull. Soc. bot.*

Chobrom, dans l'Est; Chebreg, dans l'Ouest (*arabe*); Oftozzon (*temáhaq*).

Récolté à Aghelàd, le 8 février et sur l'Ouâdi-Alloûn, les 28 et 29 février 1861, entre Ghadàmès et Rhàt; signalé sur le plateau de Tàdemàyt, entre le Touàt et le pays des Beni-Mezàb.

Cette plante épineuse, qui croît en touffes larges, est avidement mangée par les chameaux.

Brassica napus L.?

Left (*arabe*); Afràn (*temáhaq*).

Le navet est cultivé dans les jardins de toutes les oasis, où il vient très-bien.

Sa racine, crue ou cuite, sert à l'alimentation.

Sa graine est employée comme médicament.

Brassica oleracea L.?

Kronb (*arabe*).

Le chou ne paraît pas très-bien réussir dans les oasis, à moins que la variété qui y est cultivée ne soit inférieure à celle de nos jardins d'Europe.

CAPPARIDÉES.

Cleome Arabica L.

Mekhînza, Oumm-el-djelâdjel (*arabe*) : le premier usité à Ghadâmès, le second au Fezzân ; Ahòyyarh, Wòyyarh (*temâhaq*).

Récolté le 26 août 1859, dans l'Ouâd-Mezâb; le 6 septembre 1860, aux environs de Ghadâmès; le 7 février 1861, à Aghelâd ; le 2 mars 1861, à Tin-Tèrdja.

Cette plante croît dans les sables et dans les pierres.

Mærua rigida R. Br.

Sarah (*arabe*) ; Adjàr (*temâhaq*).

Récolté le 1er avril 1861, à Ouarâret.

Cet arbre, assez rare, vit toujours isolé.

Son tronc a de 3 à 4 mètres de hauteur et de 0m 70 à 1m de circonférence en moyenne.

Ses branches, noueuses, peu nombreuses, ne retombent pas comme dans les autres arbres, mais se dressent verticalement vers le ciel. Elles partent de terre et donnent à l'arbre l'aspect d'une grande broussaille.

Ses feuilles sont petites.

Il était en fleur le 1er avril.

Par son port et sa taille cet arbre rappelle le *Balanites Ægyptiaca*, mais il n'a pas d'épines et ses feuilles sont différentes.

Capparis spinosa L. var. coriacea.

Kebbâr (*arabe*).

Récolté le 24 août 1859, dans une ravine aride montant au Qaçar-Sidi-Saád. Reconnu dans les vallées de l'Ouâd-Mezâb et entre Methlîli et El-Goléa', où il est commun.

Les belles fleurs roses de cet arbrisseau rampant et épineux distraient agréablement la vue de la monotonie des solitudes désertiques.

Les médecins arabes font un grand usage du bois de câprier dans les maladies chroniques et notamment dans la dyssenterie.

VÉGÉTAUX.

CISTINÉES.

Helianthemum sessiliflorum Pers.

Semhari, Reguig (*arabe*); Tahaouat, Tahesouet (*temâhaq*).

> Reconnu en cinq stations dans la région de l'Erg, entre El-Ouâd et Ghadâmès; commun aux environs de Ghadâmès, dans les plaines au pied du Ahaggàr et entre El-Golèa' et Methlili.
>
> Récolté dans la Hamàda de Tinghert, près de la Gâra de Tisfin, le 16 septembre 1860.

Plante de sables, mangée par les chameaux.

Helianthemum Cahiricum Delile.

Rega (*arabe*); Aheo (*temâhaq*).

> Récolté dans l'Ouâd-Mezàb. Commun dans les environs de Ghadâmès.

Plante sans importance.

Helianthemum Tunetanum Coss. et Kral. in *Bull. Soc. bot.*

> Récolté le 18 mars 1860, entre El-Hàmma et Gàbès, dans un pays aride et rocheux.

Cette plante est sans importance pour l'alimentation des animaux.

RÉSÉDACÉES.

Reseda stricta Pers.

> Récolté dans les montagnes de Keriz, le 12 mars 1860.

Plante sans importance.

FRANKÉNIACÉES.

Frankenia pulverulenta L.

Guenoùna, Melêfa (*arabe*).

> Récolté autour des mares des dattiers, dans les jardins de Ghardàya, en 1859, et dans ceux de Sidi-Khelil, le 5 juin 1860.

Cette plante aime l'ombre et les endroits humides. Sans importance.

Frankenia pallida Boiss. et Reut.

Melêfa (*arabe*).

> Récolté sous les dattiers de Sidi-Khelil, le 5 juin 1860.

Même observation que ci-dessus.

MALVACÉES.

Malva parviflora L.

Khoubbîz (*arabe*).

Récolté en 1859, dans les jardins de Ghardàya.

Plante émolliente, employée comme médicament par les indigènes.

Hibiscus esculentus L.

Meloûkhîa (*arabe*).

Le meloûkhîa (*gombo* des Européens) est le légume favori des Orientaux, aussi le cultive-t-on dans tous les jardins potagers des oasis. C'est un fruit très-mucilagineux, sain et d'une digestion facile.

On le mange en ragoût avec la viande.

On l'emploie également cru en salade.

Gossypium vitifolium Lmk.

Koton-bernâoui (*arabe*) ; Tâbdoûq (*temâhaq*).

Récolté le 24 juin 1861, à Mourzouk, où ce cotonnier est cultivé.

Ce cotonnier, cultivé dans tout le Fezzàn, a été importé du Bornou (Afrique centrale), ainsi que l'indique son nom arabe. Il est à courte soie. Dans les graines que j'en ai rapportées, M. Hardy, directeur du jardin d'acclimatation d'Alger, a reconnu deux variétés : l'une blanche et l'autre nankin.

Gossypium herbaceum L.

Koton-fezzâni (*arabe*) ; Tâbdoûq (*temâhaq*).

Récolté le 22 mai, à Tekertîba, oasis de l'Ouâdi-el-Gharbi, et à Mourzouk, le 24 juin 1861, où il est cultivé.

Le cotonnier du Sahara ne peut figurer ici que pour mémoire, en raison du peu d'importance de sa production. Cependant, il y est cultivé et à très-bas prix ; c'est là un point important, car le bas prix résulte de l'abondance de la main-d'œuvre et des conditions climatériques qui rendent cette culture certaine, sans exiger aucun travail sérieux autre que celui de la cueillette, conditions qui ne peuvent être modifiées.

Au Fezzàn, j'ai trouvé le cotonnier en fleur au mois de juin, c'est-à-

Fig. 1. — VUE DE LA ZÀOUIYA DU CHEIKH-EL-HOSEYNI, A OUBÂRI.

D'après un dessin de M. H. Duveyrier.

Fig. 2. — VUE DU VILLAGE DE TEKERTIBA.

D'après un dessin de M. H. Duveyrier.

dire à l'époque où il commence à sortir de terre sur le littoral algérien.

Il en est de même au Touât.

Dans ces deux archipels d'oasis, rien ne sollicite la production, limitée aux besoins des ménages; car on y reçoit de l'Europe et de l'Afrique centrale des étoffes qu'il est plus commode d'acheter. Mais, dans ces deux districts, il y a un excédant de population qui est forcé d'émigrer pour aller demander des moyens d'existence à d'autres contrées, et il préférerait trouver sur place l'emploi de ses bras. Il s'adonnerait donc volontiers à la culture du coton, si ce produit avait un débouché régulier et assuré.

L'espace non plus ne manque pas, car avec des puits on peut créer des oasis partout où la terre végétale recouvre la roche et les sables.

Si le Touât et le Fezzân paraissaient trop éloignés des ports de l'Algérie, ou si leur situation en dehors de notre colonie devait être un obstacle à des encouragements directs à une culture développée, il y a, dans le Sahara algérien même, la zone des puits artésiens, qui peut produire le coton courte soie dans des conditions climatériques et de main-d'œuvre analogues à celle du Fezzân et du Touât.

Là, le nègre est dans son climat de prédilection, et dès qu'il saura qu'un gouvernement capable de le faire respecter y creuse des puits pour cultiver le coton, il y viendra, et il suffira de lui donner de bonnes graines et de lui enseigner les meilleures méthodes de culture.

J'ai rapporté des graines du cotonnier fezzanien et du cotonnier soudanien, pour être ensemencées au jardin d'acclimatation d'Alger. On ne tardera pas à être fixé sur leur valeur comme semences à propager en Algérie.

AURANTIACÉES.

Citrus medica L.

Chedjret-el-Lim (*arabe*).

Un seul citronnier existe dans l'oasis de Ghadâmès. Je ne pense pas qu'il y en ait à Rhât. Au Fezzân, on en compte quelques-uns. Au Touât, ils doivent être rares aussi.

Si un arbre, dont le fruit est si précieux dans la saison des grandes chaleurs, n'est pas plus répandu dans les oasis, c'est que probablement il y résiste à l'acclimatation.

Citrus Aurantium L.

Chemmàm (*arabe*).

L'oranger réussit un peu mieux que le citronnier et il y est un peu plus commun, sans cesser d'être rare cependant.

Les oranges des oasis, même celles du Zibân, sont loin de valoir celles du littoral méditerranéen.

AMPÉLIDÉES.

Vitis vinifera L.

Dâlia (*arabe*).

La vigne est cultivée dans toutes les oasis. Le 12 juillet 1861, les raisins étaient mûrs à Trâghen, au moment de mon passage.

Le raisin frais, '*aneb*, qui en provient, de qualité inférieure, est mangé en fruit. Le raisin sec, *zebîb*, qui entre comme condiment dans le couscoussou, est tiré du Nord.

D'après les renseignements qui me sont fournis, il existerait dans les montagnes du Ahaggâr trois variétés de vignes sauvages auxquelles les Touâreg donnent les noms de *tezzebibt*, de *tâlekat* et *telôkat*.

Le raisin des vignes sauvages, toujours petit, est de qualité inférieure.

Le Touât paraît posséder quelques bonnes variétés de raisin.

Les musulmans ne font jamais de vin, mais ils conservent des raisins cuits et confits dans le sucre; ils donnent à cette préparation le nom de *robb-el-'aneb*.

GÉRANIACÉES.

Erodium glaucophyllum Ait.

Sa'adân (*arabe*).

> Récolté le 7 mars, entre Guettâra-Ahmed-ben-'Amâra et Nafta, et le 12 mars dans les montagnes de Keriz.

Cette petite plante affectionne les terres de heycha.

ZYGOPHYLLÉES.

Tribulus megistopterus Kral. in *Ann. sc. nat. var.* macrocarpus.

Bòriel (*temâhaq*).

VÉGÉTAUX.

>Trouvé et récolté dans une station unique, le 5 mars 1861, à Tiferghasin, entre Ghadâmès et Rhât.

Sans importance.

ZYGOPHYLLUM GESLINI Coss. in *Bull. Soc. bot.*

Bou-grîba, Agga (*arabe*).

>Récolté le 13 mars 1860 sur les bords de la Sebkha de Sedâda.

Affectionne les terres salines des sebkha.

FAGONIA SINAICA Boiss.

Choreïka (*arabe*).

>Récolté le 12 mars 1860, dans les montagnes de Keriz et près de la Gâra de Tisfin, aux environs de Ghadâmès. Abondant dans les dunes.

Malgré ses épines, les chameaux ne dédaignent pas cette plante.

FAGONIA FRUTICANS Coss. in *Bull. Soc. bot.*

Chega'a, Reguig (*arabe*).

>Récolté en septembre 1859, entre Hàssi-Dhomràn et Chaábet-Timedaqsin, sur la route de Methlili à El-Golèa', et sur la hamâda, près de la Gâra-Tifsin, aux environs de Ghadâmès, le 16 septembre 1860.

Assez commun, quoique rare dans le Sahara algérien.

BALANITES ÆGYPTIACA Delile.

Hadjilidj (*arabe local*), Heglig (*arabe d'Égypte*), Tebòraq (*temâhaq*), Tchaïchot (au *Touât*), Addaoua (au *Haoussa*).

>Trouvé, chargé de fleurs et de fruits, le 3 mars à In-Ezzân, et le 4 mai 1861 à Titerhsin.
>Sa limite Nord est au pied des montagnes du Tasili. On le trouve aussi dans le Ahaggàr et au Touât, mais à l'état isolé, sans être rare.

Son tronc, d'une circonférence de 1ᵐ à 1ᵐ 50 environ, s'élève à 5 mètres de hauteur sous branches. Dans les pays où cet arbre est le plus commun, son bois est employé à faire des planchettes, des colliers, ce qui indique qu'il est fin et très-dur. Chez les anciens Égyptiens, on en faisait des statues. On dit aussi qu'il sert à l'éclairage à la façon du bois résineux.

Ses feuilles, persistantes, sont petites et charnues; quand elles sont nouvelles, on les cueille pour en assaisonner les aliments, surtout dans les contrées où le sel manque. Elles sont aussi employées pour déterger les plaies de mauvaise nature.

Des épines formidables défendent les feuilles et les branches contre les attaques de la dent des animaux.

Son fruit, *iborâghen,* qui a la grosseur d'une forte jujube allongée, est enveloppé dans une écorce jaune, mince, qu'il faut enlever pour arriver au noyau.

Le noyau, de nature cornée, très-dense, jaunâtre, est recouvert d'une pulpe brune qui s'enlève facilement avec l'ongle et se délaye dans l'eau.

L'amande que contient le noyau, de la grosseur d'une arachide ordinaire, d'un jaune verdâtre, a un goût d'amertume légère.

Avec la pulpe, d'une amertume plus prononcée encore, on prépare une pâte à laquelle on attribue la propriété de guérir les maladies de la rate et de tuer le ver de Guinée (*vena medensis*).

Avec le fruit, débarrassé de son amertume par la macération, on prépare une pâte, sucrée avec du miel.

RUTACÉES.

RUTA BRACTEOSA DC.

Djell, Jell, Fîdjel (*arabe*) ; Issîn (*temâhaq*).

Récolté le 7 novembre 1860, sur l'Ouàdi-Tîji, près de Djâdo.

Dans les oasis, on attribue à l'odeur de cette plante la propriété d'éloigner les scorpions des habitations.

Ses feuilles et ses graines sont employées comme médicaments.

HAPLOPHYLLUM TUBERCULATUM Adr. de Juss.

Chedjret-er-rîh (*arabe*).

Récolté le 17 septembre 1860 sur l'Ouàdi-Aouàl, au Nord-Est de Ghadàmès.

Cette plante, ainsi que l'indique son nom arabe, l'*arbre au vent*, est employée contre les douleurs causées par les refroidissements.

PEGANUM HARMALA L.

Harmel (*arabe*); Bender-tifîn (*temâhaq*).

Très-commun dans l'Cuâd-Mezàb, où je l'ai récolté. Signalé en plusieurs stations, dans les montagnes, entre Rhât et In-Sàlah.

Cette plante, dont « chaque racine, chaque feuille, dit le Prophète, « est gardée par un ange, en attendant qu'un homme y vienne cher- « cher sa guérison, » est très-employée par les indigènes dans tout le Sahara.

Avec sa graine on fait une huile, *zit-el-harmel*, qui s'exporte au loin.

J'aurai l'occasion de revenir sur les propriétés de cette plante.

RHAMNÉES.

Zizyphus Spina-Christi Willd.

Zegzeg (*arabe*), même racine que *zizyphus*; Korna (*au Fezzân*); Abaka (*temâhaq*); Nabq (*en Égypte*); Sidr (*traducteurs et commentateurs du Coran*).

> Cet arbre est cultivé dans le Fezzân, et particulièrement dans l'Ouâdi-el-Gharbi, près de Djerma. C'est de Tekertiba, dans la même oasis, que provient l'échantillon de mon herbier. Je l'ai également récolté à Nafta, le 9 mars 1860.

Ainsi que l'indique son nom scientifique, cet arbre passe pour avoir fourni la couronne d'épines qui ensanglanta la tête de Jésus. Pour ce motif et malgré le triste souvenir qu'il rappelle, ce jujubier est l'objet d'un certain culte chez les chrétiens d'Orient.

Chez les musulmans, il est non moins vénéré, car, d'après le prophète Mohammed, le *sidr* est un arbre du paradis, et il y en a même un dont la tête est assez considérable pour qu'un cavalier, en un siècle, ne puisse traverser l'ombre qu'il projette.

Au chapitre 66, verset 17 du Coran, il est dit :

« Le sidr est un arbre sous lequel les élus du paradis feront leur « séjour. »

Ainsi, à des titres bien différents, cet arbre se recommande à la mémoire des hommes religieux de l'Orient et de l'Occident. Les pèlerins de Jérusalem en rapportent des branches pour orner leurs oratoires, les musulmans en récoltent les feuilles, dont ils font une décoction pour lotionner les morts, afin de donner à leurs dépouilles terrestres un avant-goût des jouissances du paradis.

Indépendamment du culte dont il est l'objet, ce jujubier forme un bel et grand arbre qui contribue à l'embellissement des oasis.

Son fruit est d'un goût assez savoureux quand il est frais. Il est recherché comme aliment.

Ses feuilles sont employées comme anthelminthiques.

Le jujubier couronne du Christ est aussi cultivé dans la Tunisie et même en Algérie, dans le Zibân. En cette dernière contrée, il atteint des proportions assez considérables pour être remarqué.

ZIZYPHUS LOTUS L.

Sedra (*arabe*); Tàbakat (*temâhaq*).

> Ce jujubier nain, si commun dans le Tell de l'Algérie et dont les épines sont si redoutables pour les vêtements, apparaît de temps à autre, jusqu'au pied des montagnes du Tasili. Près de Djerma, dans le Fezzân, j'en ai retrouvé un pied unique, vers la même latitude que sur la route de Ghadàmès à Rhât. Je l'avais également rencontré dans le Mezàb et entre Methlili et El-Golêa'.
>
> Mes itinéraires par renseignements le signalent sur le versant Nord du Ahaggàr, mais pas au delà.

Son fruit est comestible, il a un goût sucré légèrement acidule, agréable pendant la saison des chaleurs, mais pas assez pour faire perdre aux étrangers le souvenir de leur patrie, ainsi que le dit Homère.

Ce fruit est-il bien le même que celui qui a donné son nom aux Lotophages? Il est permis d'en douter, car la description de l'arbre et du fruit que nous donnent Polybe et Hérodote se rapporte peu à la baie que les Arabes appellent *nabqa* et les Touâreg *ibakâten*.

Mohammed (le prophète), qui devait se connaître en botanique désertique, autant que les savants qui ont assimilé le *nabqa* au *Lotus* des anciens, ne se trompe pas quand il qualifie le saveur du fruit du *sedra*.

Les habitants de Saba s'étant rendus coupables de pacte avec l'erreur, il les punit en convertissant leurs jardins, couverts de fruits délicieux, en d'autres jardins produisant des fruits amers, et au nombre de ces fruits figure celui du *sedra*.

TÉRÉBINTHACÉES.

RHUS DIOICA Willd.

Djedària, Djedâri (*arabe*); Dezougguert (*berbère-nefoûsien*); Tehônaq (*temâhaq*).

> Récolté le 18 novembre 1860, sur l'Ouàdi-Tirhit; le 3 mars 1861, à In-Ezzân, affluent du bassin de Titerhsin; trouvé en trois stations entre Ghadâmès et Rhàt; signalé dans les montagnes entre Rhàt et In-Sàlah, ainsi que sur le plateau de Tademàyt, entre In-Sàlah et Methlili.
>
> Antérieurement, j'avais constaté la présence de cet arbuste dans les vallées du Djebel tripolitain, dans le Sud de la Tunisie et même autour de quelques rhedir du Sahara algérien.

L'écorce des racines et de la tige de ce sumac est recherchée pour le tannage des peaux de moutons. On en fait un commerce assez important par Gâbès. Les Touâreg l'emploient aussi aux mêmes usages. Ils l'appellent *aoufar*.

LÉGUMINEUSES.

CROTULARIA SAHARÆ Coss. sp. nova.

> Observé en une station unique, sur la Hamâda de Tinghert, près Ghadâmès, et récolté le 13 septembre 1860.

Cette espèce nouvelle, dénommée par M. le docteur Cosson, n'a encore été ni décrite ni publiée.

RETAMA RÆTAM Webb in *Ann. sc. nat.*

Retem (*arabe*); Telit (*temâhaq*).

> Récolté dans le Sahara algérien; reconnu sur onze points de ma route, entre Ghadâmès et Rhât, où, avec le *Calligonum comosum*, il fournit le seul bois de chauffage à l'usage des caravanes; signalé comme étant commun dans les montagnes du Ahaggàr.

Cet arbrisseau atteint de 1 à 2 mètres de hauteur, rarement 3.

Les branches du retem, nous apprend M. le docteur Cosson, ont été utilisées à Géryville par le Génie militaire pour remplacer les lattes dans la construction des plafonds et des terrasses.

Ses feuilles recherchées par les chèvres et les chamelles communiquent à leur lait un goût d'amertume prononcé.

Ses racines sont employées en décoction comme vermifuges.

GENISTA SAHARÆ Coss. et DR. in *Bull. Soc. bot.*

Merkh (*arabe*).

> Récolté dans le Sahara algérien, le 20 février 1860.

Cet arbuste ne paraît pas s'étendre dans le Sud. Dans le Nord, il forme de gros buissons.

GENISTA?

Hana (*arabe*); Asabay (*temâhaq*).

> Sur ma route, de Ghadâmès à Rhât, de Rhât à Mourzouk, j'ai rencontré, en trois stations, notamment le 3 mars 1861, à In-Ezzân, un genêt très-connu des indigènes, sous ses noms arabe et temâhaq. Je ne l'ai pas récolté, parce qu'il n'avait ni fleurs ni fruits. On le signale comme étant plus commun dans les montagnes entre Rhât et In-Sâlah.

J'appelle l'attention des voyageurs sur cette espèce ligneuse, si, plus heureux que moi, ils peuvent la récolter dans des conditions qui permettent de la déterminer.

Par sa forme, cet arbuste rappelle celles du *Retama Rætam* et des *Ephedra*.

Le 3 mars, les gousses vides tenaient encore à la plante.

Ononis angustissima Lmk.

Récolté le 12 mars 1860, dans les montagnes de Keriz.

Plante sans importance.

Trigonella anguina Delile.

Nefel (*arabe*); Ahazès (*temáhaq*).

Trouvé en sept stations, entre Ghadâmès et Rhât; récolté le 9 février 1861, dans l'Ouâdi-Tàrat.

Bon fourrage. Quelquefois cette Légumineuse forme des prairies dans lesquelles les caravanes font des provisions de route.

Trigonella laciniata L. var.?

Handegoùg (*arabe*); Ahazès (*temáhaq*).

Récolté à Sàghen, en fleurs, mais sans fruits, le 3 janvier 1861; reconnu en dix stations, entre Ghadâmès et Rhât; signalé sur quelques points, entre Rhât et In-Sâlah.

Cette plante, qui croît volontiers dans les lits des ouâdi après les pluies, est très-recherchée par les animaux.

Lotus Creticus L.

Récolté les 17 et 21 mars 1860, aux environs de Gàbès.

Petite plante.

Lotus corniculatus L.

Nedjem (*arabe*).

Récolté dans la Ghàba de Sedâda, aux environs du Chott-el-Djérid, le 13 mars 1860.

Petite plante fourragère.

Indigofera argentea L.

Nîla (*arabe*); Bâbba (*temáhaq*).

Récolté le 4 juin 1861, dans les jardins de Tessàoua. Cultivé dans le Fezzân et au Touàt.

La culture de l'indigotier n'est pas très-développée dans les oasis, non qu'elle n'y réussisse, mais parce que les Oasiens, se procurant facilement l'indigo par les caravanes du Soudan, préfèrent réserver leurs terres pour des céréales.

On prépare l'indigo par la macération de la plante et par l'évaporation à l'air de sa partie aqueuse qui surnage au-dessus du résidu. On verra plus loin quel usage particulier en font les Touàreg.

Astragalus Gombo Coss. et DR. in *Bull. Soc. bot.*

Foggoûs-el-Hamîr (*arabe*).

Récolté dans l'Ouàd-Mezàb où il est assez commun.

Sans usage.

Astragalus prolixus Sieber.

Adreylal (*temâhaq*).

Récolté à Tin-Tèrdja, le 2 mars 1861, sur la route de Ghadâmès à Rhàt, reconnu aussi sur deux autres points.

Petite plante fourragère rampante.

Astragalus Hauarensis Boiss.

Tâmerazraz (*temâhaq*).

Récolté à Tin-Tèrdja, le 3 mars 1861. Station unique.

Hippocrepis elegantula Hochst. in *Schimp. Pl. Arab. exsicc.*

Têskart (*temâhaq*).

Récolté à Tin-Tèrdja, le 3 mars 1861. Station unique.

Alhagi Maurorum DC.

'Agoùl (*arabe*).

Reconnue en six stations, dans la Chergulya, entre Mourzouk et Zouila, où cette plante est assez abondante pour qu'elle couvre, sur plusieurs lieues d'étendue, tous les espaces que la culture ne lui dispute pas.

Elle ne figure pas dans mon herbier. J'ai cru inutile de recueillir une espèce dont les caractères sont tellement reconnaissables, qu'elle porte le même nom indigène dans toutes ses stations, de la Perse au Sénégal. Je ne crois pas, d'ailleurs, être le premier voyageur qui signale son existence dans l'Est du Fezzân, car l' 'agoùl y constitue un fait de peuplement si exceptionnel, qu'il a dû appeler l'attention de tous ceux de mes devanciers qui ont reconnu, exploré ou simplement traversé la Chergulya.

Les indigènes du Fezzân mangent les longues racines de cette plante. A cet effet, ils les font sécher; après quoi, ils les réduisent en farine par la mouture.

Tous les ruminants domestiques et même les sauvages, chameaux, chèvres, moutons, gazelles, mangent les sommités de l' 'agoùl malgré les épines qui les défendent. L'âne lui-même ne les dédaigne pas.

Il ne paraît pas que cette plante fournisse aux Fezzaniens la sécrétion qu'on a appelée dans l'Orient *la manne des pèlerins*; car cette production ne m'a pas été signalée au nombre des produits utiles de cet arbuste.

Il était en fleur en juillet.

LUPINUS VARIUS L.

Djezey-Fôk, regarde soleil (*temáhaq*).

> Récolté le 5 mars 1861 à Titerhsin. Reconnu seulement en deux stations entre Ghadâmès et Rhât.

ACACIA ALBIDA Delile?

Ahadès, Ahatès (*temáhaq*); Agawô (*en haoussa*).

> Récolté le 4 mai 1861 près des ruines du château de Serdélès, sur un arbre gigantesque, mais unique dans le pays des Touâreg Azdjer.
>
> Signalé comme étant plus commun, mais toujours à l'état isolé, dans les montagnes du Ahaggàr.

La cime de cet acacia atteint 15 mètres au moins de hauteur. Son tronc colossal, duquel s'élèvent cinq grands rejetons remarquables par leurs énormes dimensions, semble avoir été couché par les vents depuis fort longtemps. (Voir la planche ci-contre.)

D'après la tradition, il y a un trésor enfoui là où s'arrête l'ombre de l'arbre à l'*aser* (3 heures du soir); mais on ne l'a pas encore trouvé.

ACACIA ARABICA Willd.; Benth.

Talha (*arabe*); Absaq (*temáhaq*); Guerodh (*au Fezzân*).

> Récolté le 7 mars 1861 dans les jardins du Fezzân, mais il croît aussi spontanément en forêts, car j'ai constaté qu'il constitue seize massifs entre Ghadâmès et Rhât, et vingt-deux entre Rhât et Mourzouk, et j'ai déterminé sur mes cartes itinéraires l'étendue de chacun des trente-huit bois qu'il forme.
>
> J'ai acquis aussi la certitude que le talha existe en forêts dans le Tasîli des Azdjer, dans les montagnes du Ahaggàr, sur le plateau de Tâdemâyt et dans tout le Touât, ce qui est confirmé, pour cette dernière station, par M. le commandant Colonieu, qui l'a trouvé dans les oasis du Gouràra.
>
> Plus au Nord, M. Pélissier avait antérieurement constaté son existence au Boû-Heudma, dans le Sud de la régence de Tunis, où il constitue une forêt de plus de 30 kilomètres de longueur.

Ce n'est pas d'aujourd'hui que le *talha* est signalé dans les mêmes contrées. Voici ce qu'en disait Léon l'Africain il y a trois siècles :

« Et-talche est un grand arbre épineux, ayant les feuilles comme
« le genèvre, et jette une gomme semblable au mastic, lequel est
« pour les apothicaires africains sophistiqué avec cette gomme.

Fig. 1. — VUE DES RUINES DU CHÂTEAU D'AGHREM, A SERDÉLÈS
(PRISE DU CÔTÉ OUEST).

D'après un dessin de M. H. Duveyrier.

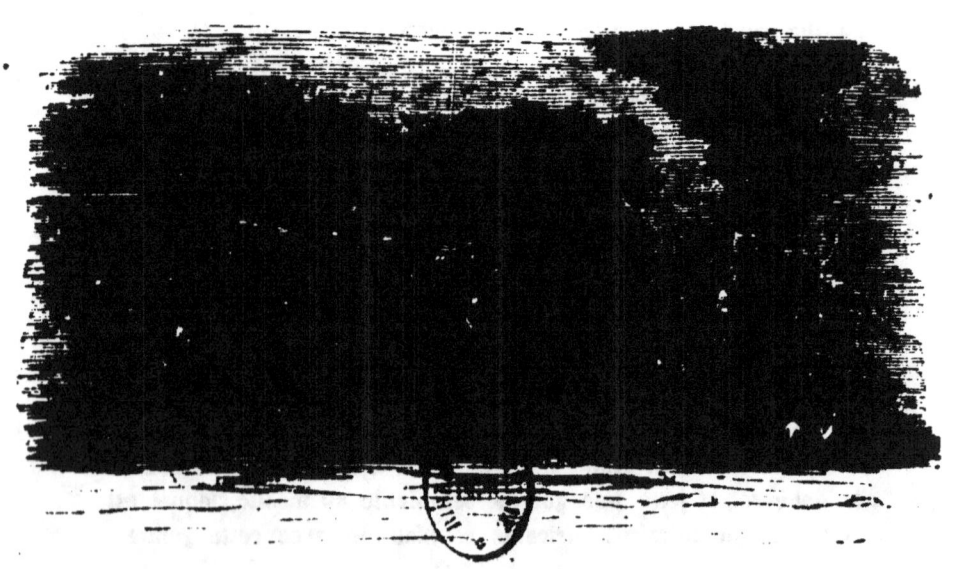

Fig. 2. — AMATÈS (ACACIA ALBIDA).
(ARBRE GIGANTESQUE PRÈS DU CHATEAU RUINÉ DE SERDÉLÈS.)

D'après un dessin de M. H. Duveyrier.

« pour ce qu'elle est de semblable couleur et odeur. *Il s'en trouve au
« désert de la Numidie, de la Libye*, et au pays des noirs : mais les
« arbres qui croissent en la Numidie estant ouverts apparaissent
« de telle blancheur au dedans que les autres arbres et ceux de Libye
« sont violets et très-noirs : mais ceux de la terre des noirs sont
« très-noirs, et du cœur d'iceus (que les Italiens appellent *sangu*)
« l'on fait de très-beaux et gentils instruments de musique. Le bois
« violet est aujourd'huy en usage entre les médecins pour guérir le
« mal de Naples, au moyen de quoy le bois prend son nom de
« l'effet : *bois guérissant de la vérole.* »

L'arbre de la Numidie et de la Libye auquel Jean Léon attribue
tant de propriétés est bien le talha rencontré par moi dans mon
voyage, mais il ne jouit plus de la même réputation qu'autrefois,
car on se borne à récolter sa gomme, sans exploiter son bois.

L'*Acacia Arabica* des forêts du pays des Touàreg atteint les proportions des plus grands amandiers dans le Nord de l'Afrique et en Provence : 3 mètres environ d'élévation sous branches et 1 mètre de circonférence. D'après M. Pélissier, ceux de Boû-Heudma seraient non moins remarquables par leur grosseur et leur grandeur.

La gomme que j'ai récoltée à Oubâri est aussi belle que celle de la côte de l'Océan. L'échantillon de la forêt du Boû-Heudma, que M. Pélissier avait envoyé à Marseille, y a été reconnu, par le commerce de cette ville, d'aussi bonne qualité que la gomme du Sénégal.

La gomme, on le sait, est une production maladive de l'arbre, provoquée par une haute température et sous l'influence souvent renouvelée des vents du Sud. Elle sort spontanément des gerçures que la chaleur détermine sur l'écorce de l'arbre; du moins c'est ce que j'ai constaté dans mon voyage.

On a écrit que la gomme était obtenue par incision; il est possible que, pour avoir une plus grande production de gomme, on se livre à cette opération, mais elle est inusitée dans les contrées que j'ai parcourues. D'ailleurs, chez les Touàreg, qui manquent souvent de vivres, la gomme est presque toujours mangée dès qu'elle est produite, et on ne la récolte, pour le commerce, que dans les oasis du Fezzân, où l'homme trouve facilement une nourriture plus substantielle.

J'ai cherché à préciser d'une manière certaine les stations de l'*Acacia Arabica* dans les parties les plus rapprochées du Sahara algérien, parce que cet arbre est un de ceux que nous avons le plus d'intérêt à y acclimater.

Avant moi, M. le docteur Cosson, juge beaucoup plus compétent, a déjà appelé l'attention du gouvernement sur le choix à faire de cette essence pour le reboisement des solitudes sahariennes.

D'après les points où sa présence a été constatée ou signalée, il semble que l'altitude et la qualité du sol lui sont à peu près indifférentes. La seule condition que réclame cet acacia pour prospérer et produire de la gomme est d'avoir beaucoup d'air et de lumière. Dans tous les bois que j'ai parcourus, les arbres sont très-espacés, ce qui avait déjà été remarqué au Sénégal et au Sud de Maroc.

L'*Acacia Arabica* ne croît pas toujours en arbre : sur la circonférence des forêts et à l'exposition Nord, il ne forme guère que des buissons.

Les Fezzaniens et les Touâreg considèrent l'acacia broussaille comme constituant une espèce différente de l'acacia arbre et lui donnent des noms différents : 'Ankîch (*arabe*), Tamât (*temâhaq*); mais après comparaison des échantillons de l''*ankich* récoltés à Ouarâret avec ceux du *guerodh* de provenance fezzanienne, les deux ont été reconnus appartenir à la même espèce.

Les gousses de l''ankîch, plus faciles à récolter, sont employées à la préparation des cuirs.

La broussaille, comme l'arbre, donne de la gomme.

Les fleurs de l'*Acacia Arabica* m'ont paru répandre un parfum suave qui aurait quelque succès, s'il pouvait être fixé.

Dans l'inventaire des arbres cultivés au Touât figure un acacia du nom d'*aggâra* dont les gousses sont aussi récoltées pour la tannerie.

Cet arbre croît spontanément dans le Ahaggâr où il est connu sous le nom de Tâdjdjart. Il m'est indiqué avec la note suivante : « Arbre épineux, à graines amères, dont les gousses sont employées comme tannin. Semblable au talha ou *Acacia Arabica*, mais distinct cependant. »

Est-ce, sous un nom différent, une variété de l'*Acacia Arabica*? Est-ce une autre espèce? Je l'ignore.

Je consigne ici ce détail pour mémoire et à titre de simple renseignement.

Cassia obovata Coll.

Senâ, Hachicha, Senâ-el-Mekki (*arabe*); Adjerdjer (*temâhaq*).

Récolté à Oubâri le 17 mai 1861 ; trouvé sur deux points de ma route entre Ghadâmès et Rhât, sur quatre points différents du Fezzân, sur un point entre Methlili et El-Goléâ ; signalé comme couvrant de grands espaces à Wahellidjen et à Arhafra dans les montagnes du Ahaggâr ; très-commun dans le pays d'Aïr.

Le séné pullule partout où les vents portent sa graine. Jadis on le récoltait en abondance pour le vendre sur les marchés de Tripoli, mais la concurrence a tellement fait baisser les prix qu'ils ne couvrent plus les frais de transport.

Les Touâreg distinguent deux variétés de séné : l'*adjerjer-afelâmi* ou séné des autruches, qui est le plus commun, et l'*adjerjer-ouân-Anhef*, que produisent les montagnes d'Anhef et qui est le séné noble des Arabes.

Celui du Ahaggâr, qui croît en montagne, est réputé plus actif que celui des autres contrées.

Les indigènes des pays de production, sur la foi de cette parole du Prophète : « Procurez-vous du séné ; vous y trouverez des re-« mèdes contre toutes les maladies, excepté la mort, » en font usage dès qu'ils éprouvent le moindre mal.

Pisum sativum L.?

Hammlz, Hommoz, Djeldjelân (*arabe*).

Cultivé dans les oasis. Près de la source de Tinoûhaouen, entre Rhât et le village de Fêouet, j'en ai trouvé un grand champ à maturité le 13 mars 1861. Le propriétaire consentit à m'en vendre. Ce pois me parut délicieux.

Les indigènes mangent toujours les pois secs et non verts. Les ménagères aiment à décorer les plats de couscoussou de guirlandes de pois.

Indépendamment du *Pisum sativum*, les Oasiens cultivent aussi, pour le même usage, le *Cicer arietinum* L., sous le nom de *djelbâna*.

Lathyrus Ochrus DC.

Garfâla (*arabe*).

Ce lathyrus est cultivé au Fezzân comme plante fourragère.

Faba vulgaris Mœnch.

Foûla (*arabe*).

La fève de marais est également cultivée dans les oasis. On la mange crue ou cuite. Au printemps, les citadins s'en nourrissent presque exclusivement.

Dolichos...?

Loùbia (*arabe*).

Le haricot dolichos est plus rare dans les oasis ; cependant il doit figurer au nombre des plantes potagères qui y sont cultivées.

Medicago?

Guedhob (*arabe* et *temáhaq*).

Sous ce nom, on cultive au Fezzân, comme plante fourragère, une luzerne qui croît spontanément dans le pays et que j'ai trouvée en six stations entre Oubâri et Zoulla.

Ne l'ayant rencontrée ni en fleurs, ni en fruits, elle ne figure pas dans mon herbier.

Cette plante serait-elle le *Medicago pentacycla* D C. que Prax a trouvée dans les cultures tunisiennes?

Trifolium?

Foçça (*arabe*).

Cultivé au Fezzân et au Touât comme plante fourragère, principalement pour l'usage des chevaux.

D'après M. le commandant Colonieu, au Touât, on faucherait cette Légumineuse tous les vingt jours pour en nourrir les moutons.

Au Fezzân, on vend également cette plante sur tous les marchés.

ROSACÉES.

Neurada procumbens L.

Saàdân, Kofeïza (*arabe*) syn. Coss.; Nefel, Anefel (ànefel) (*temáhaq*).

Récolté le 2 mars 1861 à Tin-Têrdja. Reconnu en huit stations de Ghadamés à Rhât. Indiqué comme étant commun dans les montagnes entre Rhât et In-Sàlah.

Bonne plante fourragère.

AMYGDALÉES.

Amygdalus communis L.

Chedjret-el-Loûz (*arabe*); Ibaobaoeu (*temáhaq*).

L'amandier, dans le Sahara, rencontre les conditions qui lui conviennent le mieux, bien qu'il n'existe pas dans les oasis du Nord; on le trouve à Ghadâmès, à Tessâoua et dans les jardins du Fezzân.

Son fruit frais, *frek*, est très-recherché.

Son fruit sec, *loûz*, est quelquefois employé en boisson émulsive. On en extrait une huile, *zit-el-loûz*, consacrée aux mêmes usages que chez nous.

L'arbre donne une gomme, *'alk-el-loûz*, qui est mangée.

AMYGDALUS PERSICA L.

Chedjret-el-Khoûkh (*arabe*).

Le pêcher réussit mal dans les oasis. Il est rare, ses fruits sont de qualité médiocre.

La station la plus méridionale de cet arbre est à Tessâoua.

PRUNUS ARMENIACA L.

Chedjret-el-Berkoûk (*arabe*).

L'abricotier atteint souvent dans les oasis, notamment à Ghadâmès, le développement des plus grands arbres, mais ses fruits perdent de leur qualité au fur et à mesure qu'on avance dans le Sud.

A Tunis et à Biskra, on prépare des abricots secs qui sont vendus dans le commerce sous le nom de *mechmâch*.

PRUNUS DOMESTICA L.

Chedjret-el-'Aïn (*arabe*).

Le prunier à fruits oblongs, cultivé dans les oasis du Nord, se retrouve encore dans les oasis du Sud, mais plus rarement.

POMACÉES.

MALUS COMMUNIS L.

Chedjret-et-Teffâh (*arabe*).

Le pommier, quoique rare, est aussi acclimaté dans les oasis, mais ses fruits sont sans goût et mauvais.

Les pommes étaient en pleine maturité à mon passage à Tessâoua, le 5 juin.

Tous ces arbres importés d'autres climats ne sont pas là dans leur élément. Sans l'ombre protectrice des dattiers, ils ne pourraient pas même vivre.

CYDONIA VULGARIS Pers.

Seferdjel (*arabe*).

Le coignassier est aussi un des arbres fruitiers cultivés dans les oasis où il acquiert un développement considérable.

LYTHRARIÉES.

LAWSONIA INERMIS L.

Henna (*arabe*); Anella (*temâhaq*).

Cultivé dans toutes les oasis, mais particulièrement au Touât, car on donne souvent au district qui la produit le nom de Touât-el-Henna.

Le henné affectionne les terres basses, chaudes, humides des lignes de fonds du Sahara, comme celles de Gâbès, du Nefzàoua, du Belâd-el-Djerid, de l'Ouâd-Rîgh, d'Ouarglà et du Touât, qui constituent une zone de même formation et de même climat, également riche en eau et en chaleur, conditions que réclame impérieusement la culture de cette plante tinctoriale pour atteindre les développements que désire l'industrie.

Si je suis bien renseigné, le henné peut être cultivé comme plante herbacée et annuelle, à la façon des plantes fourragères, semé comme elles, fauché comme elles, et séché comme elles.

S'il en était ainsi, le Sahara pourrait produire le henné en grande quantité et aux conditions de prix fixées par le commerce, qui sont en moyenne de 1 fr. par kilo.

Au Nord de la ligne des bas-fonds ci-dessus énumérés, le henné ne vient qu'exceptionnellement à maturité. Aussi, pour toutes les cultures du Tell algérien, il faut demander des graines au Sahara; dès lors c'est dans le Sahara et non le Tell que le commerce doit aller chercher le henné dont il a besoin.

Ce que j'aurai à dire du henné dans le deuxième volume de cet ouvrage, au chapitre consacré à la *matière commerciale saharienne*, me dispense d'entrer ici dans de plus grands détails sur les divers emplois de cette plante.

GRANATÉES.

PUNICA GRANATUM L.

Roummâna (*arabe*); Tarroummant (*temâhaq*).

Le grenadier est cultivé avec succès dans toutes les oasis.

Son fruit aigrelet convient particulièrement au climat : aussi est-il très-estimé.

Les écorces du tronc et de la racine sont employées comme vermifuges et les feuilles comme hémostatiques.

CUCURBITACÉES.

Cucumis Melo L.

Bettîkha (*arabe*).

De nombreuses variétés de melons sont cultivées par les Sahariens. Celles préférées sont les melons à chair aqueuse, particulièrement les melons verts d'Espagne.

Cucumis sativus L.

Foggoùs (*arabe*); Itekel (*temáhaq*).

Le concombre entre pour une part très-considérable dans l'alimentation des Oasiens. On le mange généralement avec des dattes, à l'imitation du Prophète, qui disait : « Le froid des concombres compense la chaleur des dattes, et la chaleur des dattes compense le froid des concombres. »

Cucumis Colocynthis L.

Handhal (*arabe*); Alkat (*temáhaq*); Tajellet (*mezabite*).

Récolté le 18 janvier 1859 dans l'Ouâd-Mezâb et le 24 août 1861 dans les montagnes de la Sôda.

Croît spontanément partout. Rencontré en cinq stations entre Ghadâmès et Rhât; en deux de Titerhsin à la Chergulya; indiqué dans les montagnes entre Rhât et In-Sâlah. Assez commun dans le pays des Teboù pour que la vente de ses graines, *aguellet*, soit l'objet d'un commerce.

Les auteurs grecs et romains ont signalé, comme une très-grande aberration du goût, l'usage que les Troglodites (Teboù modernes) faisaient de la graine de la coloquinte. Cet usage s'est perpétué jusqu'à nos jours. Les graines de coloquinte, débarrassées de leur principe amer par l'ébullition et torréfiées, sont encore vendues aujourd'hui sous le nom de *taberka* par les Teboù sur les marchés et recherchées comme aliment de luxe.

A l'imitation de mes compagnons de route, j'ai mangé des graines de coloquinte et je n'ai pas trouvé qu'elles fussent dignes de la réprobation des anciens. J'avoue cependant qu'il faut habiter le pays de la famine pour avoir l'idée de chercher un aliment dans la graine d'une pareille plante.

La graine de coloquinte, non débarrassée de son principe amer, est donnée comme boisson, en mélange avec de l'ail, contre les morsures de vipères.

CUCURBITA MAXIMA Duch.

Guera'a (*arabe*); Takasâïm (*temáhaq*).

Le potiron, qui atteint dans les oasis des proportions gigantesques, est un aliment très-prisé dans le Sahara, comme tous les fruits de la famille des Cucurbitacées.

CUCURBITA PEPO Seringe.

Kâboûïa (*arabe*); Kabĉoua (*temáhaq*).

La citrouille est cultivée concurremment avec le potiron et est recherchée comme lui..

CUCUMIS CITRULLUS Seringe.

Della'a (*arabe*); Tiledjest (*temáhaq*).

Dans les pays chauds, la pastèque est le sorbet le plus agréable qu'on puisse trouver. On en cultive, dans tout le Sahara, de nombreuses variétés à chair rouge, à chair blanche et à chair jaune. Toutes sont sucrées et très-rafraîchissantes.

LAGENARIA VULGARIS Seringe.

Guera'a (*arabe*).

Cette courge bouteille est principalement cultivée pour son écorce solide. On en fait des vases, mais surtout des instruments de musique à cordes, compagnons obligés de toutes les femmes et de tous les nègres qui se vengent de l'infériorité de leur position sociale, en chantant et en dansant, dès que leurs maîtres leur laissent un instant de liberté.

TAMARISCINÉES.

TAMARIX ARTICULATA Vahl.

Ethel (*arabe*); Tabarkat (*temáhaq*).

Échantillon récolté à El-Bedir le 20 juillet 1861.
La carte itinéraire de mon voyage indique 65 bois de tamarix, dont 58 entre Ghadâmès et Rhât et 7 entre Titerhsin et la Cherguiya.

Chez les Touàreg, le tamarix éthel est l'arbre le plus important par son nombre, par les proportions qu'il atteint et par les services qu'il rend.

Sur la ligne de Rhât à Ghadâmès, la limite Nord de cet arbre est à Tabâla par le 29° degré de latitude; à partir de ce point, on le trouve dans tous les bas-fonds des vallées, où il forme quelquefois, soit seul, soit mélangé à d'autres tamarix, d'importantes forêts qui rompent la monotonie saharienne.

Au Sud de l'Algérie, l'éthel se montre pour la première fois sur l'Ouàd-Nesà inférieur.

Cet arbre, à moins de mutilation dans son jeune âge, pousse en un tronc unique, qui s'élève à plusieurs mètres de hauteur et porte généralement de 1m 50 à 2m de circonférence.

A Azel-n-Bangou, un éthel, celui sous lequel le forgeron Bangou avait établi son atelier, d'où lui est venu ce nom, mesure à sa base 5m 40 de circonférence. C'est un véritable géant pour la région saharienne ; mais il n'est pas le seul, car j'en ai remarqué d'autres qui m'ont paru presque aussi gros.

Souvent cet arbre pousse en groupes de quatre à cinq pieds, mais toujours distincts les uns des autres.

Souvent aussi il se ramifie à partir de terre et projette des branches tortueuses dans toutes les directions.

Son feuillage, composé de fils articulés, retombe gracieusement comme des plumes. Il est d'un beau vert bleuâtre.

Le bois de l'éthel, de couleur jaune rosé, léger, tendre, cependant solide, fournit à l'industrie locale des planches, des poutres, mais surtout du bois de tour avec lequel on confectionne des plats, des vases et même des selles de dromadaire.

Son fruit, nommé par les Arabes *adabeh*, paraît jouir de propriétés astringentes et tannantes très-marquées, car on l'emploie concurremment avec la galle de cet arbre et celles des autres tamarix sahariens à la préparation des cuirs.

La galle des tamarix, nommée *takaout*, est un des meilleurs tannins connus. J'aurai l'occasion de revenir sur ce produit dans le deuxième volume de cet ouvrage.

L'éthel n'est pas partout apprécié comme il l'est dans le pays des Touàreg, car on lit dans le Coran, chapitre XXIV, verset 15 :

« Dieu, pour se venger des habitants de Saba, rompit les digues
« qui les préservaient de l'inondation, et leurs jardins furent envahis
« par l'éthel. »

Arbre de malédiction à Saba, l'éthel est souvent béni dans le Sahara pour l'ombre qu'il donne aux voyageurs après des marches pénibles.

Tamarix Gallica L.

Tarfa, Ethel (*arabe*); Tabarkat (*temáhaq*).

Échantillons rapportés de la Heycha de Chegga, le 25 novembre 1859; d'El-Faidh le 31 mai; de l'Ouâdi-'l-Ethel, le 17 octobre; de l'Ouâdi-Tirhît, le 18 novembre 1860; de Tekertiba, le 28 mai 1861.

Les indigènes confondent souvent cette espèce avec la précédente, parce qu'elles peuplent les mêmes forêts, donnent les mêmes produits et servent aux mêmes usages. J'ai pu constater cette confusion par le nom d'Ouâdi-'l-Ethel, qu'ils donnent à des vallées dont les lits sont couverts des deux espèces et quelquefois même du *T. Gallica* seul, à l'exclusion de l'*articulata*.

Le *Tamarix Gallica*, qui est l'espèce dominante dans le Tell, paraît s'étendre très-loin au Sud dans le Sahara.

Le bois de cet arbre, presque toujours atteint par la pourriture, dans le Nord, ce qui le rend impropre à tout usage, paraît conserver toutes les qualités d'un bois d'œuvre dans le Sud.

Tamarix pauciovulata J. Gay.

Tarfa, Ethel, Azaoua (*arabe*); Tàzaouat, Tabarkat (*temáhaq*).

Récolté le 11 décembre 1860, sur l'Ouâdi-Sodof, et le 1er janvier 1861, à Sàghen. Paraît commun dans les vallées du Ahaggàr.

Mélangé dans les vallées avec les précédents, il est souvent confondu avec eux.

Tamarix Africana Poir?

Tarfa (*arabe*).

Récolté à 'Aïn-ed-Dowîra le 4 février 1860.

Tamarix Africana var. laxiflora J. Gay.

Tarfa (*arabe*).

Récolté aux environs de Nafta le 8 mars 1860.

Ces deux dernières espèces, communes sur le littoral, semblent affectionner des stations septentrionales, car je ne les ai pas trouvées au delà de la zone de l' 'Erg.

PARONYCHIÉES.

Sclerocephalus Arabicus Boiss.

Tasakkaroût (*temáhay*).

Récolté à Tiferghasîn, entre Ghadâmès et Rhât, le 5 mars 1861.

Cette plante, ainsi que l'indiquent son nom botanique et la station dans laquelle elle a été trouvée, appartient aux régions chaudes du Sahara.

PORTULACÉES.

Portulaca oleracea L.

Ridjla (*arabe*); Benderâkech (*temâhaq*).

Le pourpier est une des cultures des oasis et une de celles qui réussissent le mieux.

Indépendamment du ridjla, on trouve encore deux autres variétés de pourpier : le *tafrita* et le *boguel*, ce dernier connu aussi sous le nom de *bortoulâkech*, probablement parce qu'il a été importé du Portugal.

FICOIDÉES.

Aizoon canariense L.

Taouit (*temâhaq*).

Trouvé et récolté dans une station unique, à Tin-Arrây, le 1er mars 1861.

Cette plante est mangée par les Touâreg, ce qui implique qu'elle est assez commune dans d'autres contrées de leur pays.

Nitraria tridentata Desf.

Ghardek (*arabe*); Atarzim (*temâhaq*).

Échantillon du Sahara algérien, récolté entre 'Oglat-Seuil et Merhayyer, le 3 juin 1860. Reconnu en six stations entre Titerhain et le Cherguiya, principalement entre Mourzouk et Zoulla, où il dispute le sol à l'*Alhagi Maurorum*.

« Le fruit de cet arbrisseau, *damouch*, est une baie rougeâtre, dit
« M. le consul Pélissier, d'un goût exquis, mélange de ceux de la
« fraise, de la framboise et de la groseille. L'effet de ce fruit sur
« l'organisme, ajoute-t-il, est une fraîcheur vivifiante, disposant l'es-
« prit à la gaieté et laissant dans la mémoire de l'estomac une forte
« appétence pour cet aliment suave et presque aérien. »

M. Pélissier, auquel j'emprunte cette appréciation, estime que c'est là le véritable *Lotus* des anciens, attendu qu'il croît en abondance dans l'île de Djerba, l'ancienne *Lotophagitis*.

Adhuc sub judice lis est.

OMBELLIFÈRES.

Apium graveolens L.

Keràfes (*arabe*).

Récolté sous les palmiers de Sidi-Kheïll.

Plante sans importance.

Deverra scoparia Coss. et DR. in *Bull. Soc. bot.*

Gouzzah (*arabe*).

Trouvé et récolté le 14 novembre 1860, dans l'Ouàdi-Tirhit, du plateau de Tinghert. Reconnu sur la Chebka des Beni-Mezàb. Signalé sur le plateau de Tàdemaÿt.

Petite plante, très-odorante, très-commune dans les stations qu'elle affectionne.

Scandix Pecten-Veneris L.

Sennàrt-el-Behàïm (*arabe*).

Récolté dans les environs du Chott-Melghigh.

Plante sans importance.

Daucus Carota L.

Zeroùdïa (*arabe*); Ezzeroùdlet (*temáhaq*).

La carotte est cultivée dans les oasis, mais en très-petite quantité.

Cuminum Cyminum L.

Keroùïa (*arabe*).

Cultivé dans les jardins des oasis comme épice. On mêle sa graine avec le sel et le poivre pour saupoudrer les aliments.

Dans les embarras gastriques, on en avale une pincée matin et soir.

Dans quelques villes du littoral méditerranéen, on distille la graine et on en obtient une liqueur, *mâ-kerouïa*, qui est considérée comme un spécifique des douleurs intestinales.

Coriandrum sativum L.

Gouzbïr (*arabe*).

Cette Ombellifère aromatique est cultivée dans les jardins pour sa graine connue sous le nom de *tabel*.

Le tabel est employé avec le sel et le poivre pour conserver les viandes sèches à l'usage des caravanes. On s'en sert aussi dans les ragoûts.

La médecine indigène préconise un sirop de graine de coriandre dans les affections chroniques de poitrine.

COMPOSÉES (CORYMBIFÈRES).

FRANCŒURIA CRISPA Cass.

Récolté le 20 septembre 1860 à la Guerâa de Ben-'Aggiou.

PULICARIA UNDULATA DC.

Ameo (*temáhaq*).

Trouvé et récolté en une station unique sur l'Ouâdi-Alloûn le 20 février 1861.

ASTERICUS GRAVEOLENS DC.

Nogued (*arabe*); Akatkat (*temáhaq*).

Récolté sur le sommet de la Gâra de Tisflu le 16 septembre 1860 et à Aghelâd le 8 février 1861.
Reconnu dans les environs de Ghadâmès, en sept stations entre Ghadâmès et Rhât. Signalé dans les montagnes entre Rhât et In-Sâlah, ainsi que sur le plateau de Tâdemâyt.

Plante sans importance, au point de vue de l'utilité.

ANVILLEA RADIATA Coss. et DR. in *Bull. Soc. bot.*

Chedjret-edh-dhobb, 'Arfej (*arabe*); Tchetit (*temáhaq*).

Reconnu dans l''Erg, à Titerhsin, et à Serdelès.
Récolté le 20 septembre entre Guerâa-ben-'Aggiou et l'Ouâdi-Gober-Sâlah.
Signalé comme étant commun entre Rhât et In-Sâlah.

Cette plante frutescente, qui croît en vastes touffes blanchâtres, couvertes de fleurs jaunes au printemps, embrasse souvent de grands espaces auxquels elle donne un aspect tout particulier.

CYRTOLEPIS ALEXANDRINA DC.

Récolté dans des lieux incultes à Gâbès, les 17 et 21 mars 1860.

Sans utilité.

ARTEMISIA HERBA-ALBA Asso.

Chîh (*arabe*); Azezzeré (*temáhaq*).

Reconnu de Methlili à El-Goléa.
Signalé commun entre Rhât et In-Sâlah.

Les sommités fleuries de cette plante sont récoltées, séchées, réduites en poudre et prises comme digestives.

Quand les Touâreg sont venus en France, ils avaient leur provision de cette poudre et en faisaient souvent usage.

Une décoction de feuilles et de fleurs est donnée aux enfants atteints de vers intestinaux.

Artemisia campestris L.

Chih (*arabe*); Tiheredjdjelé (*temâhaq*).

Commun dans le Ahaggâr.

Cette espèce, plus grande que la précédente, sert aux mêmes usages.

Tanacetum cinereum DC.

Robîta (*arabe*); Tàkkilt (*temâhaq*).

Récolté le 9 février 1861 sur l'Ouâdi-Tarât. Reconnu en six stations entre Ghadâmès et Rhât.

Chlamydophora pubescens Coss. et DR. *Cotula pubescens* Desf.

Gartoûfa (*arabe*), syn. Coss.

Récolté le 7 mars 1860 entre Guettâra-Ahmed-ben-'Amâra et Gâret-Djâb-Allah et le 8 février 1861 à Aghelâd.

Affectionne les terres alluvionnaires salines de heycha. Plante sans importance.

Senecio coronopifolius Desf.

Beddâna (*arabe*); Temasâsoui (*temâhaq*).

Récolté entre Guettâra-Ahmed-ben-'Amâra et Gâret-Djâb-Allah le 7 mars 1860 et à Sâghen le 1er janvier 1861.

Croît dans les terrains de heycha.

COMPOSÉES (chicoracées).

Spitzelia Saharæ Coss. et Kral.

Tasoûyé (*temâhaq*).

Récolté sur l'Ouâdi-Alloûn le 29 février 1861.

Lomatolepis glomerata Cass.

Harchâla (*arabe*), syn. Coss.; Rhardélé (*temâhaq*).

Récolté le 29 février 1861 sur l'Ouâdi-Alloûn.

Sonchus maritimus L.

Sif-el-Ghoràb (*arabe*).

Récolté aux environs de Nafta le 8 mars 1860.

Sans importance.

Tourneuxia variifolia Coss. in *Bull. Soc. bot.*

Récolté entre Hàssi-Dhonıràn et Cháabet-Timedaqsin le 9 septembre 1859.

Zollikoferia quercifolia Coss. et Krsl. *Sonchus quercifolius* Desf.

Récolté le 12 mars 1860 dans les montagnes de Keriz.

Petite plante sans importance.

Zollikoferia angustifolia Coss. et DR. *Sonchus angustifolius* Desf.

Récolté sur la Hamàda de Tinghert près de la Gàra de Tisfin (environs de Ghadàmès), le 16 septembre 1860.

Zollikoferia resedifolia Coss. *Sonchus chondrilloides* Desf.

'Adhidh (*arabe*).

Récolté sur l'Ouàd-Mezàb le 18 juillet 1859 et sur le rivage de la mer à Gàbès les 17 et 21 mars 1860. Commun dans la partie septentrionale du Sahara algérien et tunisien.

Recherché par les chameaux.

PRIMULACÉES.

Anagallis arvensis L.

Récolté, le 13 mars 1860, dans les terrains humides aux environs du Chott-Melghigh.

Aime les terrains humides.

Samolus Valerandi L.

Récolté à Tànout-Tirekin, près de Djàdo, le 7 novembre 1860.

OLÉACÉES.

Olea Europæa L.

Zitoùna (*arabe*); Tahatimt (*temâhaq*).

L'olivier croît spontanément dans toutes les parties de la péninsule atlantique réputées appartenir au Tell (*Tellus* des Romains), mais, dans le Sahara, il est toujours une conquête de la culture.

A Tessàoua, capitale de l'Ouàdi-'Otba, ancien centre de civilisation nègre et l'une des premières villes conquises par les Arabes, on en trouve d'énormes, à gros fruits, aussi remarquables par leur développement que les plus beaux sujets de la même espèce sur le littoral méditerranéen.

Tant à Tessàoua que dans le reste du Fezzàn, on en compte une vingtaine de pieds, tous cultivés pour olives de table. Que je sache, ces oliviers doivent être les plus méridionaux de ceux connus sur le continent africain.

On constate facilement, dans cette localité, qu'on est sur le terrain d'une zone de transition, car, à côté de cultures soudaniennes, coton et indigo, croissent l'olivier, le pêcher, le pommier et le citronnier, qui appartiennent aux zones plus tempérées du Nord.

ASCLÉPIADÉES.

Periploca angustifolia Labill.

Hallàb (*arabe*).

> Récolté dans les ouàdi de la Djefàra, près de Tripoli, les 18 octobre et 12 novembre 1860.
> En 1859, j'avais rencontré cette plante sur l'Ouàd-Màssek, entre Methlili et El-Goléa.

Cette broussaille est mangée par les chameaux.

Calotropis procera R. Br.

Korounka (*arabe*); Tòreha (*temáhaq*).

> Récolté à Methlili en juillet et août 1859. Déjà trouvé, en 1858, sur le même point, par M. le docteur Cosson. Reconnu en quatre stations entre Ghadàmès et Rhàt. Signalé au Touàt.

La limite Nord de cette plante tropicale est à Methlili, au Sud de l'Algérie, et dans la Djefàra, plaine au Sud de Tripoli.

La forme et la couleur de cet arbuste rappellent celles du chou domestique. Sa fleur est blanche à la base et violette au sommet. Sa tige atteint 2m de hauteur.

Les graines que j'avais envoyées, en 1859, au Jardin d'acclimatation d'Alger, n'ont pas levé, probablement parce qu'elles n'étaient pas en parfaite maturité. Depuis, je n'ai pas eu l'occasion de rencontrer cette espèce en graine.

Les Touàreg utilisent la tige de cette plante dans la confection des selles et des cages de voyage pour les femmes. Au Touàt, on l'emploie exclusivement, convertie en charbon, pour la préparation de la poudre.

Fig. 1. — VUE DE TESSÂOUA, PRISE DU CÔTÉ NORD.
D'après un dessin de M. H. Duveyrier.

Fig. 2. — INSCRIPTION COUFIQUE SUR UNE TOMBE DE L'ANCIEN CIMETIÈRE DE TESSÂOUA.
D'après un estampage de M. H. Duveyrier.

VÉGÉTAUX.   181

Les Arabes de la Tripolitaine, dit-on, s'en servent comme purgatif.

Dæmia cordata R. Br.

Oumm-el-leben (*arabe*); Tellàkh (*temâhaq*).

Récolté le 24 août 1861 sur l'Ouâdi-Tin-Guezzin dans la Sôda. Reconnu en deux points de ma route entre Ghadâmès et Rhât.

GENTIANÉES.

Erythræa pulchella Fries *var.?*

Tifechkan (*temâhaq*).

Récolté près de la source de Serdélès, le 3 mai 1861.

CONVOLVULACÉES.

Cressa Cretica L.

'Achbet-el-mâ (*arabe*).

Récolté sur l'Ouâdi-Aouâl le 17 septembre 1860.

BORRAGINÉES.

Heliotropium Europæum L.

Dhaharet-ech-chems (*arabe*).

Récolté dans l'Ouâd-Mezâb, pendant l'été 1859.

Echiochilon fruticosum Desf.

Ras-hamrâ (*arabe*).

Récolté le 7 mars 1860, entre El-Ouâd et Nafta.

Commun dans les terres de heycha.
Sans importance.

Lithospermum callosum Vahl.

Ralma (*arabe*).

Récolté dans la plaine d'El-Bâla entre Methlili et E'-Goléà le 8 septembre 1859.

Plante des sables, sans importance.

Trichodesma Africanum R. Br.

Tâlkaït (*temâhaq*).

Récolté le 1er mars 1861 à Tin-Arrày.

SOLANÉES.

PHYSALIS SOMNIFERA L.

Farhaorhao (*temáhaq*).

> Récolté le 17 mai et le 24 juin à Oubâri et à Mourzouk. Commun dans toutes les oasis du Fezzân.

Grande plante; narcotique comme les autres Solanées vireuses.

LYCIUM MEDITERRANEUM Dunal.

Aoused (*arabe*).

> Récolté dans les rochers de Djâdo, le 28 octobre 1860, et à Qaçar-el-Hâdj, le 18 octobre 1861.

Les Arabes font avec une décoction concentrée de *Lycium* et le blanc d'Espagne (*Biodh-el-Ouedj*) une pâte dont on couvre les yeux, dans la petite-vérole, pour éviter qu'ils soient atteints.

La même pâte est employée dans les ophtalmies graves.

HYOSCYAMUS FALEZLEZ Coss. sp. nova.

Goungot (*arabe tripolitain*); Falezlez (*arabe saharien*); Afahlehlé (*temáhaq*).

> Récolté sur l'Ouâdi-Aouâl, le 17 septembre, et sur la Guersa-ben-'Aggiou, le 20 septembre 1860; commun entre Ghadâmès et Rhât, dans tout le pays des Touâreg ainsi qu'au Fezzân.
>
> Plusieurs localités, sur le versant nigritien du plateau central du Sahara, portent le nom de cette plante, *Falezlez* ou *In-Afahlehlé*, notamment sur les routes de Rhât à Agadez et d'In-Sâlah à Timbouktou.
>
> Le désert de Tânezrouft en est aussi empoisonné, mais elle ne croît plus au Sud. Cette plante nouvelle paraît exclusivement saharienne.

Le falezlez est un poison très-actif pour tous les animaux autres que les ruminants. Il engraisse les chameaux, les chèvres et les moutons, et donne la mort, en quelques heures, à l'homme, au cheval, à l'âne et au chien.

J'ai apprécié les qualités vénéneuses de cette plante dans des circonstances qui doivent être relatées.

Un jour, mon cheval qui, pour la première fois dans le Sahara, rencontrait des feuilles vertes et tendres, se jeta avec avidité sur cet *Hyoscyamus*. Les Touâreg témoins de son inexpérience m'annoncèrent la mort très-prochaine de la pauvre bête.

Comme on exagérait toujours à mes yeux les dangers du voyage d'un chrétien dans le Sahara, je ne voulus pas m'en rapporter au pronostic de mes compagnons indigènes, et, malgré leurs prières de m'abstenir, je goûtai une feuille de cette maudite herbe et je reconnus bientôt que les Touâreg avaient raison.

Mon cheval mourut en peu de temps et je fus assez gravement indisposé.

Peu après l'expérience, je fus pris d'un engourdissement et d'un froid général, avec la vue voilée, tendance et disposition au sommeil. Je me remis d'abord en prenant quelques gouttes de rhum, mais, pendant plusieurs jours, je ressentis les effets de mon imprudence.

Mon cheval, qui avait été moins réservé que moi, commença à se coucher sur le flanc et à donner, de temps à autre, des ruades et des coups de tête convulsifs. L'œil devint terne tout de suite.

En vain je lui administrai de l'ammoniaque et de l'alcool étendu d'eau, puis, sur le conseil des Touâreg, une boisson faite avec du poivre rouge et des dattes : rien n'y fit. En quelques heures, l'animal était ballonné, il n'ouvrait plus les yeux et respirait difficilement. Dans la nuit il mourut gonflé comme une outre.

Qui le croirait? malgré les dangers de l'usage de cette plante, les indigènes l'emploient comme aliment et comme médicament! Ses feuilles récoltées sont transportées, vendues et recherchées sur le marché de Timbouktou.

Je ferai connaître le mode d'emploi du falezlez en passant en revue les pratiques médicales des Touâreg.

D'après les indigènes, les propriétés toxiques de cette Solanée, comme celles de beaucoup de plantes, seraient en raison directe de l'altitude des lieux où elle croît. Presque inoffensive aux environs de Tripoli, déjà dangereuse sur les plateaux du Fezzân, elle devient poison actif dans les montagnes des Touâreg. J'ignore si mes informateurs ne confondent pas des espèces voisines, mais jouissant de propriétés différentes.

Quoi qu'il en soit, dans les cas où cette plante vireuse agit avec le moins de gravité, elle détermine des accidents cérébraux qui sont qualifiés de folie par les gens du pays.

L'*Hyoscyamus Falezlez* s'élève à 1 mètre de hauteur et met deux années pour atteindre tout son développement. Il vit pendant 5 ou 6 ans, montrant ses grandes feuilles vertes au-dessus des herbes sèches de la végétation annuelle.

En attendant la description de cette plante par M. le docteur Cosson, voici comment elle est définie dans mon journal de voyage :

Racine simple, s'enfonçant verticalement à une certaine profondeur.

Feuilles larges, charnues, succulentes, d'un vert peu foncé, avec larges nervures presque blanches;

Calice grand, vert, charnu, à cinq sépales ou échancrures au sommet;

Fleur violette;

SOLANUM MELONGENA L.

Badindjâl (*arabe*).

L'aubergine est encore un des fruits cultivés et estimés dans les oasis.

LYCOPERSICUM ESCULENTUM Dunal.

Tomàtich (*arabe*).

La tomate, plus encore que l'aubergine, est commune dans les jardins des oasis.

CAPSICUM ANNUUM L.

Felfel-el-ahmar (*arabe*); Chitta (*temâhaq*).

Le piment est le condiment de la plupart des mets africains. On en cultive plusieurs variétés et en grande quantité, non-seulement pour l'approvisionnement des citadins, mais encore pour celui des nomades.

NICOTIANA RUSTICA L.

Doukhkhân (*arabe*); Tàba, Tàberha (*temâhaq*).

La seule variété cultivée dans les oasis est le tabac rustique, qui est très-fort et dont l'odeur est très-piquante.

C'est au Soûf et au Touât que les cultures sont les plus étendues.

L'usage du tabac est plus général parmi les indigènes du Sahara que dans le Tell, et on le prend sous toutes les formes, *per fas et nefas*.

Chez les Touâreg, hommes et femmes fument, et, quoique la fumée du tabac rustique soit très-âcre, hommes et femmes la rendent par le nez.

Le tabac en poudre est pilé très-fin et mêlé à un huitième de natron pour lui donner plus de montant. En cet état on le prend par le nez et par la bouche.

Les femmes arabes, mariées à onze ans, mères à douze, vieilles à vingt, employent le tabac comme aphrodisiaque en s'en saupoudrant certain organe.

Pour l'honneur de l'humanité, je m'empresse de dire que cet usage exceptionnel et impudique, inconnu des Touâreg, est circonscrit dans le Sud-Est du Sahara algérien, de Lahgouàt au Soûf, particulièrement chez les arabes Nemêmcha. Là, ce mode d'emploi semble si naturel que la femme n'attend pas, dit-on, d'être hors de la vue de l'homme pour utiliser la prise qui lui a été offerte.

En raison de ces nombreux usages, le tabac est l'objet d'un grand commerce dans le Sud.

SCROFULARINÉES.

Linaria fruticosa Desf.

Tâzeret (*temâhaq*).

Récolté le 1er mars 1861, à Tin-Arrây.

Plante presque ligneuse.

Linaria laxiflora Desf.

Récolté le 1er mars 1860 à Moul-el-Ferdjân, entre l'Ouâd-Righ et le Soûf.

Commun dans les terres de heycha.
Petite plante sans importance.

OROBANCHACÉES.

Phelipæa violacea Desf.

Dhânoûn (*arabe*); Ahêliwen, Timzhellitîn, Fetekchên (*temâhaq*).

Récolté sur le littoral de Gâbès, les 17 et 21 mars 1860. Signalé en plusieurs stations, dans les montagnes, entre Rhât et In-Sâlah.

Cette plante remarquable, à tige unique, sans branches ni feuilles, haute de 60 centimètres, n'apparaissant que dans les sables, est mangée dans les temps de disette. A cet effet, disent les indigènes, on la fait bouillir, puis sécher au soleil, afin de pouvoir la réduire en farine. La fécule ainsi obtenue est mélangée à d'autres substances alimentaires.

LABIÉES.

Lavandula multifida L.

Kanımoûn-el-djemel, Kerouïet-el-djemel (*arabe*); Djey (*temáhaq*).

Récolté sur l'Ouâdi-Arhlân, près de Djâdo, le 28 octobre 1860; dans le pays des Harâba, le 12 novembre 1860; à Tin-Arrây, le 1ᵉʳ mars 1861. Signalé comme étant commun dans les montagnes du Ahaggàr.

Cette plante est recherchée par les chameaux à raison de ses propriétés aromatiques.

Thymus hirtus Willd.

Za'ater (*arabe*).

Récolté entre Hâmma et Gâbès, le 18 mars 1860.

Tous les thyms auxquels les indigènes donnent le nom de *za'ater* sont récoltés et employés pour aromatiser les aliments. Les habitants des pays où ils croissent les échangent dans les oasis contre des dattes.

Dans la médecine arabe, les thyms sont employés comme stomachiques.

Thymus capitatus Link et Hoffm.

Za'ater (*arabe*).

Récolté sur l'Ouâdi-Tirhlt, le 18 novembre 1860.

En général, dans le Sahara, les thyms marquent les lignes des bas-fonds par lesquelles s'écoulent les eaux pluviales.

Salvia Ægyptiaca L.

Récolté sur les berges de l'Ouâd-Mezâb, le 18 juillet 1859.

Les feuilles et les sommités fleuries de toutes les sauges sont employées par les indigènes en infusion théiforme, comme excitant digestif.

Beaucoup d'entre eux mettent volontiers des feuilles de sauge dans leurs fosses nasales pour y maintenir la fraîcheur.

Rosmarinus officinalis L.

Kelil (*arabe*); Ouzbir (*berbère*).

Récolté dans le pays des Harâba, le 12, et sur l'Ouâdi-Tirhlt, le 18 novembre 1860.

Les feuilles de romarin, récoltées dans le Sahara, sont transportées par les caravanes dans l'Afrique centrale comme article d'échange. On s'en sert pour aromatiser les aliments.

La médecine arabe leur attribue des propriétés vulnéraires : aussi toutes les plaies récentes sont-elles couvertes de poudre de romarin.

GLOBULARIÉES.

GLOBULARIA ALYPUM L.

Tàselrha (*arabe* et *temâhaq*).

Reconnu entre Ghadâmès et Rhât.

Dans toutes les contrées où pousse cette plante, ses branches et ses feuilles sont employées en tisane concentrée, et avec succès, contre les fièvres intermittentes et les éruptions furonculeuses.

PLOMBAGINÉES.

STATICE BONDUELLII Lestib.

Châchîet-edh-dhobb (*arabe*).

Récolté sur l'Ouâd-Mezâb, dans l'été 1859.

STATICE GLOBULARIÆFOLIA Desf.

Messâs (*arabe*).

Récolté dans l'Ouâdi-Tagotta, le 18 novembre 1860.

STATICE PRUINOSA L.

Guedhâm-el-ghozâl (*arabe*).

Récolté dans la heycha de Chegga, le 25 novembre 1859.

En général, toutes les *Statice* sont recherchées par les animaux comme plantes salées.

LIMONIASTRUM GUYONIANUM DR.

Zeïta (*arabe*); Tafonfela (*temâhaq*).

Récolté dans la heycha de Chegga, le 25 novembre 1859; à El-Faïdh, le 31 mai 1860; signalé comme étant commun dans les oasis du Touât et dans les montagnes du Ahaggâr.

Cet arbuste atteint quelquefois les proportions d'un petit arbre et couvre d'assez grands espaces pour former des bosquets.

BUBANIA FEEI de Girard.

Melhafet-el-khâdem, Râs-el-khâdem (*arabe*).

Reconnu en 1859, entre Methlili et El-Goléâ.

L'herbier de cette course, ainsi que d'autres parties de mon bagage, a été confisqué par les habitants de la ville alors inhospitalière d'El-Goléa'.

PLANTAGINÉES.

PLANTAGO OVATA Forsk.

Halma (*arabe*).

> Reconnu en quatre stations de ma route, entre El-Ouâd et Ghadâmès, du 26 juillet au 12 août 1860.

PLANTAGO ALBICANS L.

Inem (*arabe*).

> Récolté le 7 mars 1860, aux environs de Nakhlet-el-Mengoûb.

Affectionne les terrains de heycha.

PLANTAGO PSYLLIUM L.

> Récolté le 13 mars 1860, aux environs du Chott-Melghigh.

La poudre de tous les plantains est employée comme astringent pour cicatriser les ulcères.

SALSOLACÉES.

BETA VULGARIS L. *var.* CICLA.

Selk (*arabe*).

Cultivé comme plante alimentaire dans les oasis.

ATRIPLEX MOLLIS Desf.

Jell, Djell (*arabe*).

> Récolté dans la heycha de Chegga, le 25 novembre 1859; reconnu en six stations, de Titerhsin à la Chergulya.

Les Arabes attribuent au suc de cette plante la propriété d'amener la stérilité : aussi les femmes trop fécondes en font-elles souvent usage.

ATRIPLEX HALIMUS L.

Guetof (*arabe*); Aramâs (*temâhaq*).

> Récolté en mai et en octobre 1860, à El-Faidh et à Djâdo. Reconnu en quatre stations, entre Ghadâmès et Rhât. Signalé dans les montagnes, entre Rhât et In-Sâlah, ainsi que sur le plateau de Tâdemâyt.

Cette plante est recherchée par tous les animaux à cause de la saveur saline de ses jeunes pousses. L'homme lui-même ne la dédaigne pas comme aliment. De plus, les Touàreg récoltent ses graines qu'ils mangent en bouillie.

Le bois de sa racine sert de brosse à dent; on lui atttribue des vertus antiscorbutiques.

On extrait de sa tige une soude que les indigènes appellent *melh-el-guetof*. Cette soude, quelquefois employée en médecine, sert principalement à la saponification de l'huile.

Cette plante frutescente, qui forme d'énormes buissons, déjà commune sur les côtes de Provence, s'étend sur le continent africain du littoral aux confins les plus reculés de mon exploration. Partout où le sol est un peu salin, on est à peu près certain de la retrouver.

CHENOPODIUM MURALE L.

Lessig (*arabe*); **Tibbi** (*mezabite*).

Récolté à Ghardâya, en 1859, sur la lisière des jardins et sur les murs d'enceinte.

CHENOPODINA VERA Moq.-Tand.?

Souïd (*arabe*); **Tirbâr** (*temâhaq*).

Récolté sur l'Ouâdi-Tagotta, le 18 septembre 1860.

SUÆDA VERMICULATA Forsk.

Souïd (*arabe*); **Tirbâr** (*temâhaq*).

Récolté dans les dunes d'El-'Arefdji, près de Negoûsa, le 20 février 1860. Reconnu aux environs de Ghadâmès.

TRAGANUM NUDATUM Delile.

Dhomrân, Souïd-Ahmar (*arabe*); **Tirehît** (*temâhaq*); **Tàsra** (*mezabite*).

Échantillons de l'Ouâdi-Saâdâna (19 août 1859), entre Methlili et El-Goléa; reconnu depuis en deux stations, autour de Ghadâmès; en cinq, entre Ghadâmès et Rhât; en trois, entre Titerhsin et la Chergulya. Signalé dans le Ahaggâr, plaine et montagne, ainsi qu'au Touât.

Cette plante frutescente est recherchée avec avidité par les chameaux.

CAROXYLON ARTICULATUM Moq.-Tand.

Remeth (*arabe*); **Ouân-îhedân** (*temâhaq*).

Récolté, en 1859 et 1860, dans le Sahara algérien et tripolitain, où il est très-commun. Reconnu en six stations, plus au Sud, entre Ghadâmès et Rhât.

SALSOLA VERMICULATA L. Var. **MICROPHYLLA**. *S. brevifolia* Desf.

Guedhâm (*arabe*); Adjerwâhi (*temâhaq*).

Récolté dans les sables de Moul-er-Robââya, le 29 juillet 1860. Signalé comme étant commun dans les montagnes des Touâreg et dans l'oasis du Touât.

SALSOLA LONGIFOLIA Forsk.

Semommed (*arabe*).

Récolté, le 12 novembre 1860, sur l'Ouâdi-Tinzeght.

Par l'incinération, cette plante, comme la précédente, donne une soude employée dans la fabrication du savon.

ANABASIS ARTICULATA Moq.-Tand. var. **GRACILIS**.

Bâguel, Belbâl, Belbâla (*arabe*); Abelbâl, Tâza (*temâhaq*).

Récolté, le 20 novembre 1860, à Dhâhar-el-Djebel, et le 23 novembre 1859, à El-Mogherreb, au N.-O. d'El-'Allya. Reconnu en cinq stations, dans la région de l"Erg, entre El-Ouâd et Ghadâmès. Commun aux environs de Ghadâmès.

Cette plante ligneuse, quoique peu riche en matière alimentaire, est mangée par les chameaux.

Les Sahariens prétendent qu'on peut creuser des puits avec sécurité partout où croît le *belbâl*, parce qu'on est certain de trouver l'eau à peu de profondeur.

Ainsi, entre El-Ouâd et Ghadâmès, au milieu des dunes de l"Erg, mes guides et le Cheikh-'Othmân ont été unanimes à me signaler Haoudh-el-Belbâlât comme un point d'élection pour doter cette route de l'eau qui lui manque.

La disposition de la localité m'a paru correspondre aux indications des khebîr.

CORNULACA MONACANTHA Delile.

El-Hâdh (*arabe*); Tâhara (*temâhaq*).

Récolté à Chaâbet-Lekkâz, le 21 novembre 1859. Reconnu en cinq stations, entre El-Ouâd et Ghadâmès; en trois stations, de Ghadâmès à Rhât; en deux, de Titerhsîn à la Chergulya. Indiqué comme étant commun dans les plaines au pied du Ahaggâr.

Cette plante sous-frutescente couvre de très-grands espaces sur les versants Sud des montagnes des Touâreg. Elle constitue un des fourrages recherchés des chameaux, malgré ses épines.

AMARANTACÉES.

Ærva javanica L.

Tamakerkaït, Timekerkest (*temáhaq*).

> Récolté à Aghelâd, le 8 février 1861. Signalé dans les montagnes entre Rhàt et In-Sâlah.

SALVADORACÉES.

Salvadora persica L.

Siouâk (*arabe vulgaire*); Irâk (*arabe littéral*); Téhaq (*temáhaq du Nord*); Abesgui (*dialecte d'Aïr*); Tegul, Tijat (*dialecte de Timbouktou*).

> Récolté en fleurs et en fruits à Afara-n-Wechcherân, le 1er janvier 1861. Commun partout au delà de la région de l'Erg.

Cet arbre de la région tropicale, très-répandu dans le bassin du Niger, vient cependant en troisième ligne comme importance de la végétation ligneuse de la partie du territoire des Touâreg que j'ai visitée. Toutefois on ne l'y trouve que dans les vallées abritées et de préférence dans celles où les alluvions sablonneuses abondent.

C'est un bel arbre, de deuxième grandeur, dont le feuillage d'un beau vert tendre repose agréablement la vue fatiguée de la couleur sombre du pays.

Son fruit, d'un goût délectable, est employé comme aliment et comme médicament.

Ce fruit consiste en petites baies, semblables aux raisins de Corinthe, dit M. le docteur Barth, lesquels offrent un léger supplément au frugal menu du désert; frais, il a un goût de poivre assez prononcé.

Comme l'illustre voyageur, j'ai mangé ce fruit, et mes impressions sur son mérite sont les mêmes.

Son bois odorant et solide, susceptible de se diviser en fibres très-fines, fournit les cure-dents et les brosses à dents si recherchés par les musulmans pour l'entretien de leur bouche. On sait que pour tous les peuples d'Orient la question du cure-dents est une grave affaire pour laquelle il est fait d'importantes recommandations dans les ouvrages de religion et de jurisprudence.

L'écorce de l'arbre, légèrement épispastique, est appliquée par les indigènes sur les blessures d'animaux venimeux.

Les chameaux mangent volontiers les feuilles fraîches de cet arbre, mais mélangées avec celles d'autres plantes à cause de leur goût d'amertume prononcé.

Dans toute la région où croît ce *Salvadora*, ses feuilles sont employées comme antisiphylitiques. A cet effet, on les réduit en poudre avec les épices connues sous le nom de *râs-el-hânout* (tête de la boutique), et chaque matin on en prend une dose en breuvage.

CALLIGONUM COMOSUM L'Hérit.

Arta, Resoû, Ezâl (*arabe*); Aresoû, Isaredj (*temâhaq*).

Récolté dans l'Ouâdi-Saâdân, le 21 août 1859; sur l'Ouâdi-Izékra, le 5 février; à Tin-Térdja, le 2 mars; à Ouarâret, le 11 mars 1861. Reconnu en treize stations dans l'"Erg, entre El-Ouâd et Ghadâmès; en onze stations, de Ghadâmès à Rhât; en trois, de Titerhsin à la Chergulya; en plusieurs stations, de Methlili à El-Goléâ. Signalé dans les montagnes entre Rhât et In-Sâlah, ainsi que dans tout le Touât.

Le *Calligonum comosum* forme d'épais buissons auxquels les chameaux donnent toujours un coup de dent en passant. Le bois de cette broussaille est souvent la seule ressource des caravanes pour cuire les aliments. Dans l'"Erg, cet arbuste devient un véritable arbre.

POLYGONÉES.

POLYGONUM EQUISETIFORME Sibth. et Sm.

Récolté dans la Djefâra, 16 octobre 1860.

RUMEX VESICARIUS L.

El-Hommîz (*arabe*); Tânesmim (*temâhaq*).

Récolté au Rhedir de Sâghen, dans l'Ouâdi-Tikhâmmalt, le 3 janvier, et dans l'Ouâdi-Alloûn, le 19 février 1861.

Plante comestible dont le goût rappelle celui de l'oseille.

THYMÉLÉACÉES.

THYMELÆA HIRSUTA Endl. *Passerina hirsuta*. L.

Methenân (*arabe*).

Récolté dans l'Ouâd-Biskra, en janvier 1860.

Croît dans les sables. Commune sur le littoral de la Syrte.

EUPHORBIACÉES.

Euphorbia calyptrata Coss. et DR. in *Bull. Soc. bot.*

Oumm-el-leben (*arabe*); Tellâkh (*temâhaq*).

Récolté le 3 janvier 1861, à Sâghen.

Euphorbia Guyoniana Boiss. et Reut.

Lebbîn (*arabe*).

Récolté dans les sables du Soûf, entre El-Ouâd et Sahèn, le 5 mars 1860.

Euphorbia Paralias L.

Lebbîn, Lebeïna (*arabe*).

Récolté près de Gâbès, les 17 et 21 mars 1860.

Le suc de ces diverses Euphorbiacées est employé contre les morsures des vipères.

CANNABINÉES.

Cannabis sativa L.

Kerneb, Tekroûri, Hachîcha (*arabe*).

Cultivé dans quelques oasis, notamment dans le Fezzân, à Trâghen.

Les sommités fleuries de ce chanvre sont fumées dans des pipes ou mangées en confitures en vue de déterminer une sorte d'extase que les amateurs de hachîch (*hachchâchîn*) appellent *kif*.

L'hébétude résulte souvent de ces pratiques qui heureusement ne sortent guère du cercle des fainéants ou de ceux qui ont voyagé en Orient. Les Touâreg entre autres ne font jamais usage du hachîch.

MORÉES.

Ficus Carica L.

Kerma (*arabe*); Ahar, Tàhart (*temâhaq*).

Après le dattier, le figuier est l'arbre le plus cultivé chez les Touâreg. Non-seulement on en trouve quelques pieds dans chaque jardin des oasis, mais encore on compte çà et là, dans les montagnes, quelques vergers exclusivement peuplés de figuiers.

Les figues provenant de ces cultures sont généralement mangées fraîches. Les figues sèches sont principalement tirées du littoral: cependant, on m'en a donné provenant de Miherô.

SALICINÉES.

Populus alba L.

Safsaf (*arabe*).

<small>Signalé sur un point du plateau de Tàdemàyt, à Hamàd-el-'Atchàn, près de Tin-Fedjacuin.</small>

Le peuplier blanc, très-commun dans le Tell, est une exception unique à cette latitude.

CONIFÈRES.

Ephedra alata Denc.

'Alenda (*arabe*); Tîmatart (*temâhaq*).

<small>Reconnu en douze stations, entre El-Ouàd et Ghadàmès.</small>

Les chameaux mangent ses jeunes pousses, à défaut d'autre nourriture.

Ses tiges et ses sommités, douées de propriétés astringentes, sont employées dans la matière médicale indigène.

Ses fruits sont comestibles.

Les branches de cet arbuste atteignent quelquefois trois mètres de hauteur. Près d'El-Arba-Tahtanîya, M. le docteur Cosson en a découvert « un magnifique pied dont le tronc, jusqu'aux ramifications « principales, mesurait au-dessus du sol près d'un demi-mètre et « dont la circonférence, prise au niveau du sol, atteignait 48 centi- « mètres. »

Il y en a de plus grands encore sur l'Ouàd-el-'Alenda, dans le Soûf.

POTAMÉES.

Potamogeton pectinatus L.

<small>Récolté dans la source de Tagotta.</small>

Plante aquatique submergée.

PALMIERS.

Phœnix dactylifera L.

Nakhla (*arabe*); Tàzzeït (*temâhaq*).

Le palmier dattier est, sans contredit, le roi de la végétation saharienne, non-seulement par le nombre des *ghâbâ* qu'il constitue, mais encore par l'importance des services directs ou indirects qu'il rend à l'habitant de la région désertique.

On donne, dans tout le Sahara, le nom de *ghâbâ* ou forêt à toute plantation de dattiers, quel que soit le nombre des arbres.

Généralement, les plantations sont agglomérées, autour ou à peu de distance des habitations. Leur ensemble forme ce qu'on appelle une oasis.

Dans la partie du Sahara, objet de cette étude, quatre principaux groupes d'oasis appellent l'attention : celui de Ghadâmès, celui de Rhât, celui du Fezzân, celui du Touât.

A Ghadâmès, on compte, m'a-t-on dit, 63,000 palmiers; à Rhât, y compris les plantations des villages voisins, le nombre de ces arbres n'est pas moins considérable; quant à ceux innombrés et presque innombrables du Fezzân et du Touât, ils atteignent peut-être le chiffre de deux millions de pieds, car, dans ces contrées favorisées, les oasis se succèdent les unes aux autres sur d'immenses étendues : cent lieues du Nord au Sud pour le Touât, quarante lieues de l'Est à l'Ouest pour le Fezzân.

En dehors de ces massifs principaux, il y a encore une dizaine de petites oasis dans les montagnes des Touâreg : à Djânet, à Idelès, et autres points arrosés par des sources, mais elles ne peuvent pas être comparées aux premières, car toutes ces plantations ne donneraient peut-être pas un total de 6,000 palmiers.

Les produits directs du dattier sont les suivants :

La datte, *themer* des Arabes, *teïni* des Touâreg, aliment farineux et sucré, d'une conservation et d'un transport faciles, immense ressource pour des populations nomades et voyageuses;

La palme, *djerida* en arabe, *taratta* en temâhaq, comprenant le pétiole, *ahebêr*, et la feuille, *takóla* des Touâreg, employés, l'un sous forme de lattes, dans les constructions et les clayonnages, l'autre comme matière textile, à la fabrication de nattes, de paniers, de sacs, de cordes, en un mot, à la confection de ces mille petits riens connus sous le nom d'articles de sparterie exécutés ailleurs avec le palmier nain et le halfâ;

La bourre, *sa'af*, provenant des feuilles radicales ou du tronc, et avec laquelle on fait des tissus, des rembourrages de bâts, etc.;

Le noyau de la datte, *a'lef*, que l'on écrase et que l'on donne à manger aux animaux : chameaux, chèvres et moutons;

La sève, *lâgmi*, obtenue par incision et de laquelle on retire :

A l'état frais, le *lait* de palmier, boisson fade, quoique sucrée;

Fermentée, le *vin* de palmier, dont le goût rappelle celui d'une jeune bière;

Distillée, un *alcool* très-inférieur;

Les fleurs, *nouâr*, réputées aphrodisiaques;

L'involucre des fleurs, *kemmamin*, aussi employé en médecine;

Enfin, la tige du palmier, *khechba*, débitée comme le bois des autres arbres, et qu'à raison de ses services on a appelée *sapin du Sahara*. On l'emploie dans les constructions, dans les coffrages des puits, sous forme de planches, de poutres ou de madriers. Dans la région saharienne, le dattier est la seule essence qui donne des bois droits et de longueur.

En présence de tant de produits fournis par le dattier, on ne peut s'empêcher de reconnaître que, si la Providence a été avare envers les Sahariens, en limitant à un petit nombre les arbres utiles de leur pays, elle a tellement prodigué ses faveurs au dattier, qu'à lui seul il peut remplacer tous les autres arbres.

Mais le dattier n'est pas seulement utile par les produits directs dont il comble l'habitant des oasis, il l'est encore, au même degré, par les produits indirects qu'il permet d'obtenir à l'ombre de sa cime parasolaire qu'on peut comparer, contre la chaleur, à l'effet des serres contre le froid.

Les extrêmes se touchent en tout: dans nos climats tempérés, les plantes tropicales ne peuvent germer, croître, fructifier, qu'à l'aide d'une chaleur factice; dans le Sahara, les plantes des climats tempérés ne peuvent prospérer qu'à l'abri d'une chaleur excessive et d'une lumière intense; et cet abri, le dattier le donne en permettant à l'air de circuler, à la lumière et à la chaleur de pénétrer dans les proportions réclamées par la végétation sous-palméenne.

Que, dans les oasis, les palmiers soient décapités, le sol qu'ils couvrent de leur ombre rentre dans les conditions climatériques des terres voisines frappées de mort, de juin à septembre, par l'excès de la chaleur, comme ailleurs, de novembre à mars, par l'excès du froid.

Sous l'abri protecteur des palmiers, l'Oasien peut cultiver une cinquantaine de plantes alimentaires ou industrielles dont il serait complètement privé sans l'auxiliaire que la Providence a mis si libéralement à sa disposition: j'ai donc raison de dire que le dattier rend à l'habitant du Sahara autant de services par ses produits indirects que par ses produits directs, si nombreux qu'ils soient.

On ne sera donc pas étonné d'apprendre que le dattier, dans le Sahara, soit l'objet de soins qui ne sont donnés à aucun arbre, dans aucun autre pays du monde.

J'estime à l'égal des plus grandes conquêtes de l'homme sur la nature les travaux exécutés par les Sahariens pour assurer à cet arbre les conditions nécessaires à son existence.

Dans l'Ouâd-Rîgh et le bassin d'Ouarglâ, des puits artésiens creusés à bras d'homme jusqu'à la couche d'eau jaillissante; dans l'Ouâd-Mezâb, d'immenses barrages jetés en travers des torrents; dans le Fezzân et dans le Touât, des puits à galeries souterraines pour créer des rivières artificielles; dans le Soûf et dans les autres oasis de l''Erg, la lutte de tous les instants contre les envahissements des sables, constituent des efforts de géants que tout homme impartial compare, avec la différence des moyens, aux plus beaux résultats obtenus par la science et l'industrie dans nos États civilisés.

Le dattier, disent les Sahariens, doit, pour produire de bons fruits, avoir la tête dans le feu et les pieds dans l'eau.

Le soleil africain pourvoit suffisamment aux besoins de sa cime; l'homme doit procurer à ses racines l'eau qu'elles réclament. Ce n'est pas toujours facile, mais, partout où il y a des dattiers, on leur sert, d'une manière ou de l'autre, l'eau nécessaire.

Dans les oasis pourvues de puits artésiens, de puits à galeries, de fontaines aménagées, l'irrigation est facile et se pratique à eau courante; mais là où il n'y a que des puits ordinaires, l'eau doit être élevée par des machines ou à bras d'hommes, et l'arrosage, dans ce cas, impose des peines considérables.

Dans l'oasis du Soûf, où l'eau se trouve au-dessous du sol à des profondeurs variables de $0^m 85$ à $2^m 55$ et $4^m 10$, on plante le dattier de manière à ce que ses racines plongent dans l'eau. Là, du moins, le planteur est exonéré de l'obligation d'irriguer, mais cet avantage est chèrement acheté par la nécessité de lutter continuellement contre l'envahissement des sables et de féconder ces sables par de nombreux engrais.

La charge d'engrais de crottin de chameaux (150 kilos) coûte, dans le Soûf, 10 francs, et on n'hésite pas à donner, à un seul palmier, douze charges d'engrais, d'une valeur de 120 francs, ce qui, à raison d'une fumure tous les huit ou dix ans, porte à 12 et à 15 fr.

par an la dépense d'engrais de chaque palmier. Mais, il faut le dire, les dattes de cette oasis sont de qualité très-supérieure.

Généralement, dans tout le Sahara, on préfère les plantations par boutures à celles par noyaux, parce que la bouture produit le même fruit que le pied de l'arbre d'où elle a été extraite, tandis qu'avec le noyau on n'est jamais certain de la qualité du fruit.

Cependant, c'est par les semis de noyaux qu'on a obtenu les nombreuses variétés de dattes du Sahara. On n'en compte guère moins de quarante. Il est vrai de dire qu'elles ne sont pas toutes également bonnes.

Les boutures provenant d'arbres faibles et maladifs paraissent mieux reprendre ; on leur donne le nom de *arhedd*.

On a remarqué aussi que les boutures tirées de pays lointains acquièrent en voyage plus d'aptitude à la reprise. Il suffit, pour les conserver en bon état, de leur enlever leurs feuilles.

Certaines boutures sont obtenues du tronc mère avec des racines ; elles portent le nom de *zallouch*. On se borne à éviter de blesser les racines en les détachant du tronc. De même, pour les boutures sans racines, on a soin de faire des incisions nettes, sans mâchures ni déchirures.

On plante les boutures à l'automne, et, pour cette opération, on reconnaît plusieurs procédés.

Le plus sûr est celui appelé *mechtoûla* : il consiste à planter les boutures auprès d'un puits qui en permet l'arrosage. Au bout de six mois, elles ont pris racine et on les transporte dans des terrains défoncés, nommés *toloûa'*.

Au Soûf, on emploie un procédé appelé *hachchâna* : à cet effet, on met de suite en place les boutures dans les trous qui leur sont destinés et qu'on a préalablement creusés jusqu'à apparition de l'eau. La bouture est plantée de manière à ce qu'elle ait le pied dans l'humidité. Quand elle a réussi, au bout de six mois, elle a poussé trois petites branches, *djerîdât*, et, au bout de trois ans, l'arbre est assez développé pour qu'il puisse être fécondé. Alors on creuse la terre tout autour pour mettre du fumier de chèvre sous ses racines.

Au Soûf, on a aussi, pour rajeunir les vieux dattiers, un procédé qui n'est pas usité dans les autres oasis.

Quand un sujet, atteint de vieillesse, ne produit plus, on creuse le sol sous ses racines, on supporte le tronc pendant l'opération et,

VÉGÉTAUX.

sans le faire changer de place, on lui donne un nouveau lit de sable, de fumier et d'eau, qui ne tarde pas à lui faire recouvrer sa jeunesse. Les palmiers ainsi restaurés sont appelés *meseggueta*.

En toute plantation, on distingue les dattiers mâles, *dhokkâra*, des dattiers femelles, *nakhla*. Il suffit de quelques mâles pour féconder une plantation entière de femelles.

On distingue deux sortes de dattiers mâles : le *sersâr*, dont les spathes renferment une semence peu abondante, peu active et qui tombe dès qu'on la touche ; cette espèce ne féconde pas toujours et quelquefois même, après la fécondation, on ne récolte que des dattes avortées, *sîch*. L'autre espèce, appelée *khowwâr*, produit des spathes d'une farine abondante, tenace et conservant ses propriétés fécondantes pendant deux années. Cette variété est, de beaucoup, la préférée.

Inutile d'ajouter que les Oasiens aident à la fécondation de leurs dattiers par la caprification.

Dans le Fezzân, on trouve souvent des forêts de palmiers dattiers qui se sont créées spontanément de graines. Venus sans culture, ne recevant aucun soin de l'homme, au lieu de s'élever en un tronc élancé, comme le dattier cultivé, ils se développent en broussailles, à la façon des palmiers nains (*Chamærops humilis*) du Tell. On donne à ces palmiers le nom de *hachchâna*. Ils produisent des fruits maigres et peu savoureux qui sont cependant récoltés par les pauvres, quand la concurrence des gazelles laisse les régimes intacts.

Cucifera Thebaica Delile.

Doûm (*arabe*) ; Tàgaït (*temâhaq*).

Ce palmier, dont la véritable région est beaucoup plus au Sud, est représenté par quelques pieds dans une des oasis méridionales du Fezzân, celle de Tedjerri.

LILIACÉES.

Asphodelus tenuifolius Cav.

Tâzia (*arabe*) ; Iziàn (*temâhaq*).

Récolté, le 9 février 1860, dans la vallée de l'Ouâdi-Tàrât, seule station où je l'aie rencontré.

Allium Cepa L.

Boçla (*arabe*) ; Efeléli (*temâhaq*).

Cultivé dans les oasis.

L'oignon est non moins nécessaire dans la cuisine monotone des Sahariens que dans celle plus variée des Européens. Ici, il n'est qu'un auxiliaire dont on se passe facilement ; là, il est souvent l'unique élément de la digestion.

ALLIUM SATIVUM L.

Thoûm (*arabe*) ; Têskart (*temâhaq*).

Je n'ai pas pris le soin de constater si l'ail, vendu sur tous les marchés, était cultivé dans toutes les oasis ou provenait du Nord; cependant je crois, sans en être certain, qu'il est le produit des cultures locales. Pour l'oasis de Ghadâmès, je puis l'affirmer.

Toute la matière médicale, à l'usage du chameau, comme application interne, se résume dans l'unique emploi de l'ail.

MÉLANTHACÉES.

ERYTHROSTICTUS PUNCTATUS Schlecht.

Kaïkoût (*arabe*); Afahlehlé-n-ehedan (*temâhaq*).

> Récolté entre les dunes d'El-'Areïdji et Hassi-Ma'ammer, le 21 février, et dans la plaine d'Ihanâren, au pied des montagnes du Tasili, le 1ᵉʳ avril 1851.

L'oignon de cette plante répand une odeur aromatique agréable. Les ânes fuient cette odeur, d'où son nom, *poison des ânes*, en *temâhaq*.

La fécule de cet oignon est quelquefois introduite dans le pain ou dans le couscoussou pour l'aromatiser.

JONCÉES.

JUNCUS MARITIMUS Link.

Semâr (*arabe*); Taleggult (*temâhaq*).

> Récolté, le 18 septembre 1860, près la source de Tagotta, et le 8 mai 1861, près de la source de Serdélès.

Commun autour des sources, mais rare comme elles.

TYPHACÉES.

TYPHA...?

Berdi (*arabe*); Tahelé (*temâhaq*).

Reconnu en beaucoup de points, à peu près partout où il y a de l'eau permanente. Commun dans les montagnes, autour des lacs et des sources.

Les chaumières des serfs des Touâreg sont presque toutes couvertes avec la feuille de cette plante.

CYPÉRACÉES.

Cyperus conglomeratus Rottb.

Sa'ad, Se'ad (*arabe*).

Récolté, le 29 juillet 1860, dans les sables de l'Erg, autour du puits de Mâleh-ben-'Aoûn, entre El-Ouâd et Berreçof; reconnu sur d'autres points de ma route, entre El-Ouâd et Ghadâmès et autour de Ghadâmès.

Cyperus rotundus L.

Azejmîr (*mezabite*).

Récolté à Ghardâya, dans les mares d'irrigation des dattiers (août 1859).

Cyperus lævigatus L.

Récolté autour de la source de Tagotta, le 18 septembre 1860.

Cyperus lævigatus L. var. distachyus. *Cyperus junciformis* Cav.

Merga, *le plongeur* (*arabe*).

Récolté dans les sources de l'Ouâd-Nafta, le 8 mars 1861.

Scirpus Holoschœnus L.

Sommîd (*arabe*); Iregga, Ilegga (*temâhaq*).

Récolté près de la source d'Ahèr, le 28 février, et près de celle de Serdélès, le 3 mai 1861.

Scirpus maritimus L.

Leoulîoua (*arabe et temâhaq*).

Récolté, le 1ᵉʳ janvier 1861, autour du Rhedir de Sâghen. Reconnu en trois autres stations, entre Ghadâmès et Rhât.

GRAMINÉES.

Lygeum Spartum Lœfl.

Senrha, dans l'Ouest; Halfâ, dans l'Est (*arabe*).

Récolté dans le Djebel-Nefoûsa et entre Chefi et Djâdo, le 1ᵉʳ novembre 1860.

Au Sud de l'Algérie, le senrha croît dans les mêmes régions que le halfâ (*Stipa tenacissima*), et, à première vue, quand les deux plantes n'ont pas atteint tout leur développement, on peut les confondre; mais dès que l'épi se montre, les deux espèces apparaissent bien distinctes.

En Algérie, on préfère le halfâ au senrha pour les travaux de sparterie, parce que le chaume du premier est trois fois aussi long que celui du second. En Tunisie, le senrha est plus estimé, parce qu'on le croit plus solide.

Les chameliers, conducteurs des caravanes, qui font grand usage de cordes en sparterie pour l'arrimage de leurs chargements, ne règlent leur choix entre le halfâ et le senrha que par le prix de vente. La préférence est toujours acquise au meilleur marché.

PHALARIS MINOR Retz.

Seboûs (*arabe*); Tanâla (*temâhaq*).

Trouvé et récolté en une station unique à Sàghen.

PANICUM TURGIDUM Forsk.

Boû-rekoûba (*arabe*); Afezò (*temâhaq*).

Échantillons récoltés sur l'Ouâdi-Tin-Guezzin et à Ouarâret, le 1ᵉʳ avril 1851. Reconnu en huit stations, entre Ghadâmès et Rhât, et en six stations, entre Titerhsin et la Chergulya.

Plante commune dans tout le Sahara central, où elle concourt à la nourriture des chameaux. Ses graines sont récoltées par les Touâreg et mangées comme celle du drîn (*Arthratherum pungens*).

SETARIA VERTICILLATA P.B.

Oulâffa (*mezabite*).

Récolté dans les jardins de Ghardâya (août 1859), autour des mares formées par les canaux d'irrigation.

PENNISETUM DICHOTOMUM Delile.

Boû-roukeba (*arabe*); Tehaoua (*temâhaq*).

Récolté à Sàghen, le 2 janvier 1861. Reconnu entre El-Ouad et Ghadâmès, entre Ghadâmès et Rhât, entre Titerhsin et la Chergulya.

Plante fourragère, mais en général peu recherchée par les animaux.

IMPERATA CYLINDRICA P.B.

Dis (*arabe*); Bastò, Taïsest (*temâhaq*).

Récolté dans la plaine d'Thanâren, le 1ᵉʳ avril 1861. Reconnu en quatre stations, entre Ghadâmès et Rhât; en six stations, de Titerhsin à la

VÉGÉTAUX.

Chergulya. Signalé comme étant commun entre Rhât et In-Sâlah, dans la montagne et sur le plateau de Tâdemâyt.

Comme le dis du Tell (*Phragmites communis* Trin.), celui du Sahara croît en touffes épaisses et couvre souvent de grands espaces. Ses feuilles droites, vertes, servent également à la nourriture des troupeaux.

ANDROPOGON LANIGER Desf.

Lemmâd (*arabe*); Tiberrimt (*temâhaq*).

Récolté, le 24 août 1859, sur le plateau des Beni-Mezâb, et le 1er mars 1861, à Tin-Arrây.

Cette Graminée a une odeur aromatique prononcée.

PIPTATHERUM MILIACEUM Coss. *Agrostis miliacea* L.

Récolté le 27 octobre 1860 dans les rochers de Djâdo.

STIPA TENACISSIMA L.

Halfâ, en Algérie; Gueddîm, Bechna, en Tripolitaine (*arabe*).

Récolté entre Zintân et Riâyna, le 27 septembre 1860, et dans les montagnes de Guettâr, le 23 mars 1861.

La solidité des fibres de cette plante textile, avec laquelle on fait tous les travaux de sparterie dans le Sud de l'Algérie, a l'inconvénient, comme plante fourragère, de ne pas se prêter facilement à la digestion. Son usage, chez les animaux, amène des constipations qui réclament l'emploi d'eaux laxatives. Ces eaux se trouvent heureusement être assez communes dans les parties du Sahara algérien où croît le halfâ. Aussi, tous les quatre ou cinq jours, les bergers de chameaux et ceux de moutons conduisent-ils leur troupeaux à ces sources pour combattre les effets constipants du halfâ.

La limite méridionale de cette plante, qui couvre de si grands espaces dans la région des steppes, me paraît être : au Sud de l'Algérie, au point de partage des eaux du bassin de l'Ouâd-Djédi et de celui de l'Ouâd-Miya; au Sud de la Tunisie, la limite de l'Erg; au Sud de la Tripolitaine, un point mitoyen entre Chefî et Djâdo.

La connaissance de cette limite a son importance, car souvent les caravanes qui doivent la franchir sont forcées de changer de relais de chameaux. La loi de la circulation dans le Sahara, subordonnée à celle de la végétation, sera l'objet d'un examen particulier dans le deuxième volume de cette étude, spécialement consacré au commerce.

Aristida adscensionis L.

Neçi-oueddân (*arabe*); Arhemmoûd-ouân-ihedân (*temâhaq*).

<small>Récolté dans l'Ouâdi-Alloûn, le 29 février 1861. Reconnu entre El-Ouâd et Ghadâmès et entre Ghadâmès et Rhât.</small>

Arthratherum pungens P.B.

Drin, en Algérie, Sebot en Tripolitaine (*arabe*); Toûlloult (*temâhaq*).

<small>Récolté sur l'Ouâdi-Alloûn, le 29 février 1861. Reconnu dix-neuf fois entre El-Ouâd et Ghadâmès, quarante-trois fois entre Ghadâmès et Rhât, deux fois entre Titerhsin et la Chergulya, en de nombreuses stations entre Golêa' et Methlili. Signalé comme étant commun entre Rhât et In-Sàlah, ainsi qu'au Touât.</small>

C'est incontestablement la plante la plus répandue et celle qui couvre le plus d'espace dans la partie du Sahara au Nord des montagnes des Touàreg, car dès qu'il y a un peu de terre végétale sur le sol, on est assuré de la voir paraître.

C'est incontestablement aussi la Graminée qui rend le plus de services aux Sahariens, car, si son chaume nourrit les troupeaux, son grain est souvent le seul aliment de l'homme.

Le grain de l'*Arthratherum pungens* se nomme *loûl*. Chez les Touàreg, comme dans tout le reste du Sahara, on le récolte, et après l'avoir réduit en farine, on le mange, soit en bouillie, soit en galette. Je me suis trouvé moi-même, faute d'autres provisions, dans la nécessité d'en faire usage, et je reconnais volontiers, la faim aidant, que ce n'est pas un aliment à dédaigner.

Le loûl se vend comme les autres céréales, mais son prix est toujours inférieur. Dans le Sahara algérien, trois mesures de loûl sont échangées contre une mesure d'orge.

Quand on se préoccupera d'améliorer les voies de communication dans le Sahara, en y creusant des puits et en créant autour de ces puits des pacages pour les caravanes, on fera bien certainement des semis de loûl, car on ne peut trouver une plante qui convienne mieux au climat du Sahara que l'*Arthratherum pungens*.

Arthratherum plumosum Nees var. floccosum.

Neçi (*arabe*); Arhemmoûd (*temâhaq*).

<small>Récolté le 24 août 1861 sur l'Ouâdi-Tin-Guezzin, dans les montagnes de la Sôda. Reconnu en huit stations, entre Ghadâmès et Rhât, en deux entre Titerhsin et la Chergulya. Signalé en quelques stations, dans les montagnes, entre Rhât et In-Sàlah.</small>

Plante fourragère, basse, croissant en touffes, recherchée par les animaux.

ARTHRATHERUM OBTUSUM Nees.

Récolté, le 24 août 1859, sur le plateau des Beni-Mezâb.

ARTHRATHERUM BRACHYATHERUM Coss. et Balansa?

Seffâr (*arabe*); **Imateli** (*temâhaq*).

J'ai reconnu cette plante en cinq stations, dans les dunes de l'"Erg, entre El-Ouâd et Ghadâmès, mais je ne l'ai pas récoltée, de sorte que sa détermination exacte reste douteuse.

Cette Graminée est mangée par les animaux comme fourrage.

AGROSTIS VERTICILLATA Vill.

Récolté dans l'Ouâd-Mezâb (août 1859).

POLYPOGON MONSPELIENSIS Desf.

Seboûl-el-fàr, Dheïl-el-fàr (*arabe*), syn. Coss.; **Tamatasast** (*temâhaq*).

Récolté près de la source de Serdélès, le 4 mai 1861.

POLYPOGON MARITIMUS Willd.

Seboûl-el-fàr (*arabe*).

Récolté, le 5 juin 1860, sous les dattiers de Sidi-Khelil.

PHRAGMITES COMMUNIS Trin.

Gueçob (*arabe*).

Récolté à Hassi-'Arefdji, le 20 février 1861, et dans l'Ouâdi-Tagotta, le 18 septembre 1861.

CYNODON DACTYLON Rich.

En-nedjem (*arabe*); **Ajezmîr** (*mezabite*); **Aoukeraz** (*temâhaq*).

Récolté à Ghardâya, autour des dattiers et des petites mares formées par les canaux d'irrigation. Commun autour des sources, dans les montagnes des Touâreg.

Cette plante toujours verte, parce qu'elle choisit toujours des endroits humides, est d'une grande ressource pour les troupeaux, quand tout le reste de la végétation est desséché par le soleil.

Plus d'une fois, les troupeaux de l'Algérie, comme ceux du Sahara, lui ont dû leur salut dans les mauvaises années.

On en fait des tisanes diurétiques.

Danthonia Forskalii Trin.

Aharay (*temâhaq*).

Récolté à Titerhsin le 5 mars 1861.

Hordeum murinum L.

Zer'a-el-boû-'Aoud (*arabe*); Imendi-n-boû-'Aoud (*mezabite*).

Récolté dans l'Ouâd-Mezâb (août 1859).

Hordeum vulgare L.

Ch'aïr (*arabe*); Timzin (*temâhaq*).

Cultivé dans toutes les oasis, alternativement avec le blé, de manière à ne pas épuiser les terres.

Hordeum vulgare var.

Ch'aïr-hamra (*arabe*); Tarîda (*temâhaq*).

Spécialement cultivé au Fezzân.

On donne la préférence à l'orge noire parce qu'elle craint moins l'action du soleil.

Triticum durum Desf. ?

Guemh (*arabe*); Timzin (*temâhaq*).

Le blé est cultivé dans toutes les oasis, mais sa culture exige le concours des irrigations, ce qui en restreint nécessairement l'étendue.

La récolte se fait ordinairement au mois de mai.

En 1861, le cheikh du Ahaggâr, El-Hâdj-Ahmed, a fait entreprendre des cultures assez importantes à Tâzeroûk, au Sud-Est d'Idélès. Elles paraissent y avoir parfaitement réussi, puisque le cheikh, pour sa part de dîme, a reçu trente-deux charges de chameaux de grains.

Cet exemple a engagé le Cheikh-'Othmân à acheter à Alger un chargement de pioches, en vue de donner plus d'extension à la culture, car chez les Touâreg les céréales sont cultivées à la pioche.

A Rhât, où l'espace cultivable est grand, on compte quelques attelages de zébus pour les labours; mais les Touâreg n'ont aucune bête de travail qui puisse leur venir en aide, si ce n'est l'âne, qui est heureusement de première force. On rendrait un immense service à ces peuplades en introduisant parmi elles des charrues légères avec des colliers d'ânes, le tout confectionné de manière à ce que leurs ouvriers puissent en copier les modèles.

Penicillaria spicata Willd.

Bechna (*arabe*); Abôra (*temâhaq*).

Cultivé dans toutes les oasis, surtout par les nègres, qui affectionnent cette céréale.

Sorghum vulgare Pers. *Holcus sorghum* L.

Gafoûli (*arabe*); Gafoûli (*temâhaq*).

La graine de cette plante entre pour une part considérable dans l'alimentation de ceux des Sahariens assez éloignés pour ne pas recevoir le blé du Tell méditerranéen.

On la cultive dans les oasis, mais en quantité inférieure aux besoins. On tire généralement cette graine de l'Afrique centrale.

Les Touàreg distinguent trois variétés de sorgho : le *gafoûli*, l'*abóra*, le *tâbsout*.

Panicum miliaceum L.

Gueçob-el-abiodh, Gueçob-hamra (*arabe*); Enelî (*temâhaq*).

Le millet blanc et le millet noir sont également cultivés dans les oasis, mais la plus grande partie de celles de ces graines que consomme le Sahara vient du Soudan.

Dans les oasis, on sème le gueçob en août et on le récolte en octobre et novembre.

Lolium Italicum A. Br.?

Khortàn (*arabe*).

Pendant mon séjour à Rhât, ma jument a été nourrie avec le chaume vert d'une Graminée cultivée dans l'oasis et que j'assimile, à raison de l'identité du nom indigène, au *Lolium Italicum* récolté aussi dans le Soûf.

BALANOPHORÉES.

Cynomorium coccineum L.

Tertoùth (*arabe*); Aoukal (*temâhaq*).

Reconnu, mais non récolté, en trois stations, entre Ghadâmès et Rhât.

La fécule fournie par la racine de cette plante est souvent mêlée aux aliments pour en relever le goût.

Chez les Touàreg, quand le tertoùth se dessèche et devient noir, signe de maturité, on le réduit en farine et on en fait une galette au beurre. Ce mets est considéré comme un spécifique contre les engorgements de la rate.

FOUGÈRES.

Adiantum Capillus-Veneris L.

Rafraf (*arabe*).

> Récolté sur l'Ouâdi-Arhlân le 28 octobre 1860. Croît sur les racines des dattiers et sur les pierres qui bordent les rigoles des canaux d'irrigation.

Les médecins arabes emploient les feuilles de cette plante en fumigations.

CHARACÉES.

Chara gymnophylla A. Br.

> Récolté le 4 février à 'Aïn-ed-Dowwîra, et le 7 novembre 1860 à Tânout-Tirekîn.

Cette petite plante affectionne le voisinage des sources.

CHAMPIGNONS.

Cheiromyces leonis L.R. Tul. *Tuber niveum* Desf.

Terfâs (*arabe*); Tirfâsen (*temâhaq*).

> Commun après les pluies dans tous les terrains sablonneux du Sahara, surtout dans les environs de Ghadâmès.

Ben-'Abd-en-Noûri-el-Hamîri-et-Toûnsi, auteur d'un traité de géographie saharienne, prétend qu'autour de Ghadâmès les terfâs deviennent assez grosses pour que des gerboises et des lièvres puissent y aller faire leurs nids.

Pline indique comme originaire de la Cyrénaïque une truffe blanche, probablement le terfâs, d'un goût et d'un parfum exquis, qui était très-renommée dans l'antiquité sous le nom indigène de *misy*.

J'avoue n'avoir jamais trouvé dans le Sahara des terfâs ni aussi grosses que celles de Ben-'Abd-en-Noûri, ni aussi parfumées que celles de Pline. Celles que j'ai mangées avaient un goût intermédiaire entre la truffe et le champignon, goût agréable, sans doute, mais perdant beaucoup de sa valeur par le sable qui pénètre dans la chair du tubercule et qui craque désagréablement sous la dent.

Quoi qu'il en soit, des tribus entières font une grande consommation de ce champignon, dès qu'il devient abondant.

ALGUES.

Danga (*arabe fezzanien*).

Parmi les produits rencontrés dans mon voyage, je ne dois pas oublier une plante Cryptogame qui croît dans les lacs producteurs de vers comestibles du Fezzân et que les indigènes appellent danga.

On récolte ce fucus, soit seul, soit en mélange avec les vers. Quand ces derniers sont nombreux, le danga est rare, et *vice versâ*. Les riverains disent que les vers en font leur pâture. A l'époque de ma visite aux lacs, la plupart de ces insectes étant formés en chrysalides, le danga était plus abondant.

Le danga, pêché avec les vers, entre dans la conserve alimentaire préparée avec ces larves. Quand il est récolté seul, on en fait des petits pains qui, desséchés, ont la couleur brune de l'aloès, une cassure vitreuse, et sont employés comme condiment. (Voir page 244.)

PLANTES INDÉTERMINÉES.

Aucun échantillon des plantes suivantes n'a été rapporté : par conséquent, la détermination scientifique de ces espèces n'a pu être faite.

PLANTES DE HAMADA.

Goçeyba (*arabe*); Tikamayt (*temâhaq*).

Entre El-Ouâd et Ghadâmès ; indiquée aussi dans le Ahaggâr.

Cette plante fourragère est incontestablement une Graminée.

Beresmoun (*arabe*).

Entre Ghadâmès et Rhât.

Probablement un *Hypericum*. Beresmoun est, en effet, le nom que les indigènes du Tell donnent au *Millepertuis officinal*.

'Aggâya (*arabe*); Tabelkost (*temâhaq*).

Trouvé dans le Fezzân. Indiqué aussi dans le Ahaggâr et au Touât.

Techt-edh-dheba' (*arabe*).

L'échantillon de mon herbier, après trois années de voyage, est arrivé dans un état qui n'a pas permis de le déterminer. Heureusement, c'est le seul.

Khoridh (*arabe*).

Reconnu entre Ghadâmès et Rhât.

SEDNA (*arabe*).

Reconnu entre Ghadâmès et Rhât.

GUEÇOB (*arabe*); TISENDJELT (*temâhaq*).

Roseau à canne trouvé autour des sources.

Commun au Fezzân, au Soudan et dans les montagnes des Touâreg.

Probablement le *Phragmites communis* Trin. ou une espèce voisine.

GUEÇOB (*arabe*); ALEMÈS (*temâhaq*).

Trouvé comme le précédent autour des sources.

Plus grand et plus fort que le tisenguelt, probablement l'*Arundo donax*.

Ces deux roseaux me sont indiqués comme existant sur plusieurs points du territoire des Touâreg.

Comme dans le Tell, ils servent à dresser les murailles et les toitures des cabanes. Les serfs en font des manches de ligne; les nègres et les bergers, des chalumeaux.

La tabatière à priser des Touâreg consiste en un tube de ces roseaux, plus ou moins couvert de dessins ou d'inscriptions en langue temâhaq.

FERS (*arabe et temâhaq*).

Reconnu en plusieurs points de ma route.

Assimilé à une *Anabasis*.

Nota : Les neuf plantes indéterminées qui précèdent ont été reconnues par moi, et leurs stations sont indiquées dans mon journal de voyage; celles qui suivent me sont connues seulement par les renseignements des indigènes.

PLANTES DE MONTAGNES.

TAROÛT (*temâhaq*).

Thuya articulé? *Thuya articulata* Desf.?

Forêt sur le versant Sud du Tasili, entre Rhât et Djânet.
Échantillon de planche rapporté.

La forêt qui produit cette essence paraît considérable, car tous les bois employés dans les constructions de Rhât et de Djânet en proviennent.

VÉGÉTAUX.

Les dimensions des planches, la couleur, la finesse et la solidité du bois, rappellent celles du thuya.

Le nom de taroût, forme berbérisée du mot *'ar'ar*, employé dans le Tell pour désigner le *Thuya articulata*, m'engage à identifier, provisoirement, le taroût des Touâreg avec l'*'ar'ar* des Arabes.

Cet arbre fournit une résine, du nom de *tighanghert*, qui est employée pour rendre sonores les cordes des rebâza ou violons du pays.

On en extrait du goudron.

Ces deux faits viennent à l'appui de l'identification du taroût avec le *Thuya articulata*.

D'après les indigènes, quelques sujets atteignent 24 coudées de circonférence.

Cet arbre commence à se montrer à Tarharha, dans le haut de l'Ouâdi-Tarât, et à Eriey, dans le haut de l'Ouâdi de Rhât.

YABNOÛS (*temâhaq*).

Grand arbre, probablement l'*ébénier*, auquel on assigne comme station plusieurs points du mont Ahaggàr.

Jusqu'à ce jour, le bois d'ébène n'avait été fourni au commerce que par des plaqueminiers originaires de l'Inde et de l'Amérique du Sud. D'après M. le docteur Barth, l'ébénier aurait été rencontré par lui sur son parcours de Kanô à Timbouktou, dans le bassin du Niger, mais il n'indique pas le nom botanique de l'espèce.

Le Cheikh Mohammed-et-Toûnsi, dans son *Voyage au Darfour*, dit que les Fôriens reçoivent l'ébène du Dâr-Fertît.

« Ce qu'on appelle l'ébène, dit-il, est le bois d'un arbre de
« grandeur moyenne, dont l'écorce est d'un vert foncé. Lorsqu'on
« l'enlève, on met à découvert un bois noirâtre qui, par la dessicca-
« tion, acquiert une nuance plus franche et plus noire. La plus
« belle ébène, ajoute-t-il, est celle qu'on retire des racines. »

Mohammed-et-Toûnsi, si scrupuleux pour indiquer le nom indigène de toutes les plantes signalées par lui, ne donne pas celui de l'ébénier, ou plutôt le traducteur n'aura pas jugé nécessaire de mettre *yabnoûs* à côté du mot ébénier, ces deux noms étant les mêmes.

La synonymie du nom, la découverte de l'ébénier plus au Sud, la coloration en noir du bois, sa dureté et sa finesse, l'emploi qui en est fait, permettent de penser que le *yabnoûs* du mont Oudân (prolongement Nord du Ahaggàr) est l'ébénier.

Le bois de cet arbre est principalement employé pour faire des hampes de lance et des manches de poignards.

Le yabnoûs n'existerait pas seulement dans le Ahaggàr; on le trouverait encore sur le Tasîli, mais toujours isolé et jamais en massifs.

Aleo (*temâhaq*).

Grand arbre, dit-on, en tout semblable à l'olivier, à l'exception que son fruit n'est pas une olive. Il se montre par petits groupes dans quelques stations du Ahaggàr.

Je suis d'autant plus disposé à identifier l'aleo au *Phyllirœa* que, d'après le rapport de Valentin Ferdinand, le phyllirœa existerait dans une île au Sud de celle d'Arguin sur la côte de l'Océan.

Rien d'étonnant, d'ailleurs, de trouver cet arbre là où vivent le thuya et le laurier rose. L'altitude explique la présence de ces arbres dans ces stations méridionales.

Nerion oleander L.

Defla (*arabe*); **Elel** (*temâhaq*).

En quelques points, sur les rives des ouâdi.

Le delfa est trop facile à reconnaître pour que des Touâreg, ayant beaucoup voyagé, puissent se tromper en assimilant l'*elel* de leur pays au *Nerion* si caractéristique des berges des ouâdi du Tell.

El-iatim (*arabe*); Adjàr (*temâhaq*).

Grand arbre, sans épines, unisexuel, à fruits petits qui n'appellent pas l'attention. L'arbre mâle se dit *adjâr*; l'arbre femelle se dit *tâdjart*; ce dernier est toujours moins développé que le mâle.

Les Touâreg recommandent de ne pas le confondre avec l'*agâr* du Tasîli dont j'ai récolté un échantillon et qui a été reconnu être le *Mœrua rigida*.

Les deux noms s'écrivent d'ailleurs avec une orthographe différente.

Cet arbre est commun dans le Ahaggàr; il se montre quelquefois sur les points les plus élevés du Tasîli.

On l'exploite comme l'ébénier pour la monture des armes. Son bois est couleur marron, fin, léger et souple.

Isarhêr (temâhaq).

L'isarhêr, disent les Touâreg, appartient à la même famille que le tamât et le talha (*Acacia Arabica*), mais il ne peut pas être confondu avec cette espèce, parce que, vivant ensemble sur les flancs du Ahaggàr, leurs caractères distinctifs sont trop faciles à constater.

Les Arabes donnent à l'isarhêr le nom de *talha*.

Kinba (temâhaq).

D'après les Touâreg, le kinba est une variété d'acacia (*talha*) qui croît plutôt en gaulis qu'en arbre, très-commun dans le pays d'Aïr, mais qu'on trouve aussi dans le Tasîli et le Ahaggàr et dont les gaules sont employées, concurremment avec les branches du *Mœrua rigida*, à faire les hampes des javelots et des lances.

El-bergou (arabe); Ekaywod (temâhaq).

Roseau, le même que celui du Niger, produisant une sorte de miel. Il croît autour des sources et des mares.

Amateltel (temâhaq).

Plante grasse grimpante.

Kermàyet-edh-dhîb (arabe); Tàhert-n-abeggui (temâhaq).

Plante à fruits en forme de grappe de raisin.

Les Arabes de l'Algérie donnent le nom de kermàyet-edh-dhîb (petites figues de chakal) au *Solanum nigrum*.

Myrtus communis.

Rehân (arabe).

D'après les Touâreg, le myrte existe en assez grande quantité sur le plateau de Tàderart dans l'Akâkoûs.

Gaota (fezzanien).

A Trâghen, les indigènes cultivent sous le nom de gaota un fruit légumineux, de la grosseur d'une tomate. On le mange cru. J'en ai goûté. Il est sucré et légèrement amer. On le dit très-digestif.

Wortemès (temâhaq).

Broussaille, peu commune dans les montagnes des Touâreg, mais abondante au Touât où elle porte le nom de *chaliât*.

AHARADJ *(temâhaq)*.

Plante herbacée, grimpante, venant mêler ses feuilles jaunes à la verdure foncée des bois de tamarix, d'où lui est venu son nom arabe d'*es-soffâr-el-ahrech*, le *jaunissant les arbres verts*. Probablement une clématite.

ADAI *(temâhaq)*; EL-KHOZZ *(arabe)*.

Mousse aquatique.

TÂNEDFERT *(temâhaq)*; EL-'ATTÂSA *(arabe)*.

Commune. Pas de renseignements.

FARSIGA *(arabe et temâhaq)*.

Commune dans les montagnes du Ahaggâr et au Touât.

AKERFAL *(temâhaq)*; EL-IADHIDH *(arabe)*.

Quelques stations.

PLANTES DE PLAINES.

TASSAK *(temâhaq)*; ASKÂF *(arabe)*.

Commune. S'élève quelquefois dans la montagne.

AFESSÔR *(temâhaq)*; ET-TOLIHA *(arabe)*.

Commune.

TAMEDDOÛNET *(temâhaq)*; OUMM-ES-SIMA *(arabe)*.

Commune.

TAHENNA *(temâhaq)*; ET-TEHENNA *(arabe)*.

Herbe toujours verte. Commune.

AFARFAR *(temâhaq)*; EL-FOÛLA *(arabe)*.

Légumineuse.

RHASSÂL *(arabe)*.

Commune sur le plateau de Tâdemâyt.

CONCLUSION.

Je le répète, si, dans cet inventaire, figure le plus grand nombre des plantes qui composent la végétation persistante du pays, celle sur laquelle comptent ses habitants pour la nourriture de leurs troupeaux, il est hors de doute que la végétation annuelle, celle qui naît, vit et meurt dans une courte saison, n'y est représentée que pour une très-minime partie. Mon exploration directe ou indirecte ne comprend d'ailleurs que le versant méditerranéen des montagnes des Touâreg; quand on pourra explorer le versant nigritien de ces montagnes, quand surtout on pourra pénétrer dans le massif du Ahaggàr, plus élevé que le Tasîli, plus riche en eau, mieux boisé, il est probable que la flore du plateau central comprendra presque autant de plantes que celle du Sahara algérien aujourd'hui parfaitement connue par les voyages botaniques de M. le docteur Cosson et de ses collaborateurs.

Plus on avance dans l'étude de la région désertique, et plus le désert, tel que notre imagination l'avait créé, disparaît pour faire place à une région exceptionnelle, sans doute, mais plus aride par le fait de l'homme que par l'abandon du Créateur.

Tous les voyageurs chargés d'explorer le Sahara ont constaté que la morte-saison des végétaux correspondait aux mois des plus grandes chaleurs, et qu'après chaque pluie le sol se couvrait presque instantanément de plantes qu'on n'aurait pas soupçonnées s'y trouver en germe. Mon témoignage doit confirmer le leur. J'ai eu l'occasion de me trouver chez les Touâreg au moment où, après neuf années de sécheresse absolue, des pluies abondantes venaient d'arroser la terre, et j'ai vu se produire sous mes yeux le miracle de vastes espaces, nus la veille, transformés instantanément en pacages de la plus belle verdure. Sept jours suffisent pour que l'herbe nouvelle puisse nourrir les troupeaux. On donne à cette production spontanée le nom d'*acheb* ou celui de *rebîàa*, printemps.

Mon exploration confirme aussi une loi bien connue de la géographie botanique : celle qui subordonne les stations des plantes bien plus à l'altitude des lieux qu'à leur latitude. Ainsi, alors que dans les vallées au Nord du Tasîli je trouvais des représentants de la flore intertropicale, au sommet de la montagne, au Sud, les plantes des environs de Montpellier n'étaient pas rares.

Le lecteur comprendra pourquoi j'ai donné autant de développement à cette étude :

Le pays, objet de mon exploration, est réputé un désert sans végétation ; j'ai tenu à constater que la Providence avait, même pour les lieux les plus arides, des ressources spéciales.

Les botanistes qui avaient exploré le Sahara algérien avaient prévu, par la comparaison de leurs herbiers avec ceux du Sénégal, de la haute Égypte et de l'Arabie, qu'à partir de la zone reconnue par eux jusqu'à la limite des pluies tropicales, la végétation saharienne ne pouvait pas se modifier sensiblement ; j'avais à démontrer cette vérité.

Enfin la marche des caravanes est souvent subordonnée aux lois naturelles du développement des plantes qui alimentent les chameaux ; j'avais à mettre sous les yeux du lecteur les éléments d'appréciation des causes qui règlent les départs et obligent à avoir des relais d'animaux.

J'ose espérer que ces motifs feront excuser l'aridité d'une nomenclature très-étendue.

CHAPITRE III.

ANIMAUX.

La faune du pays des Touâreg est en rapport avec sa flore. En général, les animaux y sont relativement plus rares que dans les parties du Sahara rapprochées du littoral. Cette remarque s'applique aussi bien aux animaux domestiques qu'aux animaux sauvages.

§ Ier. — ANIMAUX DOMESTIQUES.

Les animaux domestiques que possèdent les Touâreg sont :

Le chameau,	*Amadjoûr* [1] ;
Le cheval,	*Aïs* ;
Le zébu,	*Esoû* ;
L'âne,	*Eyhad* ;
Le mouton,	*Akerêr* ;
La chèvre,	*Tirhsi*, plur. *Oûlli* ;
Le chien,	*Eydi*.

On trouve, dans les villes seulement :

Le chat,	*Akârouch* ;
Le pigeon,	*Tidebirt*, plur. *Idebîren* ;
Le coq,	*Ikahi* ; la poule, *Tikahit*.

Inutile de dire que le porc est exclu pour des motifs religieux.
Les Touâreg n'ont aucun oiseau domestique, par la raison qu'ils n'en mangent pas.

1. Nom général de l'espèce.

Chameau.

La vie des Touâreg, plus encore que celle des autres Sahariens, est intimement liée à celle du chameau; car ce noble animal est non-seulement sa monture de guerre, la locomotive de ses trains de caravane, l'*express* qui fait disparaître l'espace, ce grand ennemi de l'habitant du désert, mais encore il est le pourvoyeur de ses principaux besoins.

Son lait est presque l'unique aliment de la famille dans la saison des pâturages;

Sa viande est le *nec plus ultra* de l'hospitalité offerte à l'hôte de distinction;

Son cuir, l'un des meilleurs qui existe, donne le tissu de la tente, la matière première des selles, des bâts, des chaussures et de la plupart des ustensiles de ménage;

Son poil fournit la matière textile des cordes d'arrimage des convois;

Sa fiente, récoltée, sert, ici, d'engrais fécondant pour les palmiers; là, dans les grands espaces sans aucune végétation, de combustible avec lequel on fait cuire les aliments;

Enfin, sa trace, interrogée dans toutes les marches, fournit au voyageur des indications précieuses dont il est toujours tenu compte, soit qu'elle annonce le voisinage pacifique d'un troupeau au pacage, soit qu'elle signale le passage d'individus, isolés ou en caravanes, chargés ou non, amis ou ennemis; car la largeur du pied, la longueur des ongles, la nature des déjections, révèlent à l'homme expérimenté tout ce qu'il a besoin de savoir sur les dispositions de ceux qui suivent la même route ou la traversent.

La nécessité de pourvoir à la nourriture d'un animal si utile, on le comprendra sans peine, a obligé les Touâreg à adopter la vie nomade pour aller, suivant les saisons, suivant les pluies, chercher, ici l'eau, là les pacages que le chameau réclame.

On distingue le chameau de selle du chameau de bât, qui diffèrent l'un de l'autre comme le cheval de course du cheval de trait:

Le chameau de bât (*taouti*, plus communément *âmis*, fém. *tâlamt*, plur. *imenâs*, hongre, *indân*) constitue la base des troupeaux, l'élément des transports par caravanes;

ANIMAUX.

Le dromadaire de selle (*arhelâm*, fém. *tarhelâmt*, hongre *aredjdjân*) est un animal presque de luxe, que les riches seuls possèdent.

A son défaut, les pauvres montent souvent dans leurs courses des chameaux de bât dressés pour la marche accélérée auxquels on donne le nom spécial de *imenâs-wân-terîk*.

La chamelle laitière, *tasaghárt*, providence des ménages, et l'étalon, *amâli*, objet de soins particuliers, représentent encore des individualités distinctes, ainsi que le chameau ayant la moitié de la tête blanche et l'autre moitié noire, *azerghâf*, considéré avec raison comme appartenant à une race en dégénérescence.

Tandis que, pour les différents âges de l'homme, on ne connaît que l'enfance, la virilité, l'âge mur et la vieillesse, pour le chameau et la chamelle, il y a une série de périodes qui n'en finissent pas.

Voici, par sexes, cette nomenclature :

	Mâle.	Femelle.
A la naissance...	*Aoura*,	*Taouraït*.
Avant un an....	*Asâka*,	*Tesâkait*.
A un an.......	*Aledjód* (*áledjód*),	*Táledjot*.
A deux ans.....	*Aleggès* (*áleggès*),	*Táleggest*.
A trois ans.....	*Akkanafoûd*,	*Takkanafoûd*.
A quatre ans....	*Arhâir*,	*Tarhâirt*.
A cinq ans.....	*Egg-essîn*,	*Ouelt-essîn*.
A six ans......	*Egg-ekkóz*,	*Ouelt-ekkóz*.
A sept ans.....	*Ameçadis* (*ámeçadis*),	*Tâmeçadist*.
A huit ans.....	*Ouân-tahelât*,	*Tahelât*.

Ces distinctions ont leur importance pour la détermination des charges à mettre sur le dos des animaux. Des proverbes qui, dans le Sahara comme ailleurs, formulent les préceptes de l'expérience, règlent les questions de poids à porter suivant l'âge des animaux.

Mon intention n'est pas de faire ici une monographie du chameau, quoique l'importance du rôle de cet animal dans la vie saharienne exigerait quelques développements; je me bornerai à dire que le chameau des Touâreg, de selle ou de bât, comparé à celui du Nord, a généralement les formes délicates, le poil ras, la robe d'un ton clair, se rapprochant de la couleur des sables ou des plaines jaunâtres au milieu desquels il vit.

Sa sobriété aussi est plus grande, il endure mieux la faim et la soif; cependant sept journées sont la plus grande limite d'abstinence qu'il puisse supporter en été, lorsqu'il est en marche et chargé. En hiver, quand les herbes sont aqueuses, il peut rester au pâturage un et deux mois, même plus, sans avoir besoin d'être abreuvé.

Par les immenses quantités de chameaux que possèdent les tribus du Sahara algérien, on serait tenté de croire que ces animaux doivent être plus nombreux encore chez les Touâreg ; il n'en est pas ainsi. Le plus riche propriétaire de chameaux, dans tout le pays d'Azdjer, n'en a qu'une soixantaine environ. Il y a lieu d'ajouter que la sécheresse et le manque de pâturages, dans les neuf dernières années, y ont beaucoup diminué la richesse cameline.

Le chameau, chez les Touâreg, est abattu comme bête de boucherie, et sa viande, avec celle du mouton et de la chèvre, est à peu près la seule qu'ils mangent, soit fraîche, soit salée, soit séchée. J'ai dû m'en nourrir souvent dans mon voyage et je lui ai reconnu de bonnes qualités.

Quoique le lait des chamelles soit la principale nourriture des familles pendant la saison des pâturages, il est toujours rare dans les tribus, parce que les bonnes laitières, sans pacages suffisants, sont difficiles à trouver dans l'espèce cameline comme dans toutes les autres races d'animaux : aussi les Touâreg croyaient-ils me faire un grand cadeau en m'envoyant un litre de lait.

Cheval.

Le cheval est aujourd'hui très-rare chez les Touâreg, la période de sécheresse que le pays vient de traverser en ayant réduit beaucoup le nombre. Jadis quelques chefs avaient des juments poulinières et faisaient des élèves, maintenant ceux qui veulent avoir des chevaux les tirent du Touât où l'espèce chevaline paraît être belle.

En temâhaq, le cheval se dit *aïs*, la jument *tâbedjoût, tâbedjooût*, le poulain *ahoûdj*, la pouliche *tahôk*.

Quoique les chevaux soient rares dans le Sahara, et quoiqu'il soit très-difficile de les y nourrir et de les y abreuver, j'ai acquis, par expérience personnelle, la preuve qu'un voyageur, avec des provisions d'eau et d'orge suffisantes, n'est pas obligé d'adopter exclusivement la monture incommode du chameau, même dans les régions sablonneuses.

Si je dois en croire le marabout Sidi-el-Bakkây et le Cheikh-'Othmân, deux autorités indiscutables dans les questions sahariennes, les Arabes nomades des rives de l'Océan viennent avec des chevaux, jusque sur la route d'In-Sâlah à Timbouktou, pour y piller les caravanes. Des chameaux, chargés d'eau et de suif, accompagnent ces expéditions. On nourrit d'abord les chevaux avec le suif, et dès qu'un chameau est déchargé, on le tue, et sa viande est employée à nourrir hommes et chevaux. Ainsi approvisionnés, ces pillards peuvent attendre, pendant des mois entiers, dans les solitudes les plus arides.

Des expéditions de cavalerie ont été entreprises par les sultans de Mourzouk contre le Kânem, dans l'Afrique centrale, et elles ont surmonté les difficultés de la nourriture des chevaux.

Le cheval s'habitue très-bien à ne boire que tous les deux jours.

Zébu.

Le zébu ou bœuf à bosse, très-commun dans le Soudan, est représenté, chez les Touâreg, par quelques individus dont les habitants de Rhât font usage pour leurs labours.

On lui donne, dans le pays, le nom d'*esoû*, pl. *tisita*. La vache s'appelle *tésout*, le veau *tahârhôlt*, le veau qui tette *alôki*.

Cet animal doux, intelligent, sobre, facile à manier, sert maintenant comme bête de somme; autrefois on l'employait comme bête de trait.

Avant l'importation du chameau dans le Sahara, à une époque incertaine, mais qu'on peut fixer approximativement du IIIe au IVe siècle de notre ère, tous les transports entre le Nord et le centre de l'Afrique étaient faits par des zébus, non pas à dos, ainsi que cela se pratique aujourd'hui encore dans la zone des pluies tropicales et à l'exclusion du chameau, qui n'est même plus connu au delà du Niger, mais au moyen de chariots que les zébus traînaient.

Sur la route que suivaient les Garamantes, de Djerma au pays d'Aïr, route encore parfaitement tracée, comme sont les anciennes voies romaines, on trouve, à la station d'Anaï [1], de grandes sculptures sur le rocher, qui représentent très-distinctement des chariots avec roues, traînés par des bœufs à bosse.

---

1. Ne pas confondre cette localité avec celle du même nom, sur la route de Mourzouk à Koûka.

Je n'ai pas pu visiter cette contrée, mais d'après les renseignements qui m'ont été donnés, je ne puis douter de la signification de ces sculptures.

En traversant la vallée de Telizzarhên, sur la route directe de Mourzouk à Rhât, M. le docteur Barth a trouvé plusieurs sculptures analogues à celles d'Anaï, dans lesquelles le bœuf à bosse joue le principal rôle. Il est à remarquer qu'aucune des sculptures de l'époque garamantique trouvées jusqu'à ce jour ne rappelle le chameau, et que cet animal n'apparaît, à l'exclusion du bœuf, que dans les épigraphies grossières des Touâreg modernes.

L'emploi exclusif du bœuf pour les transports, dans les temps anciens, implique une richesse en eaux et en pâturages beaucoup plus grande que celle de l'époque actuelle. J'aurai l'occasion de faire remarquer, dans le cours de ce chapitre, qu'il a dû en être ainsi.

Ane.

En temâhaq, l'âne s'appelle *eyhad*, l'ânesse *téihêt*, l'ânon *amâïnou*.

Après le chameau, l'âne est l'animal domestique qui rend le plus de services aux Touâreg, surtout aux serfs, dont le plus grand nombre est réduit à cette unique bête de somme.

Les ânes du pays des Touâreg sont remarquables par leur taille élevée et leur sobriété, presque égale à celle du chameau. Ils ont le pelage gris cendré sur le dos, blanc sous le ventre, avec une croix très-marquée, d'un beau noir, sur les épaules.

L'âne existant encore à l'état sauvage, dans quelques contrées du pays, il en est beaucoup, parmi ceux domestiqués aujourd'hui, qui ont été arrachés à la liberté depuis peu de temps : aussi sont-ils généralement peu dociles et se ressentent-ils de l'état sauvage dans lequel ils ont vécu.

Mouton.

Les seuls troupeaux de bétail de rente, chez les Touâreg, se composent de chèvres et de moutons à poils comme ceux du Soudan.

Le mouton, en général, s'appelle *akerêr* en langue temâhaq. Les Touâreg distinguent le *mouton à laine* des Arabes du Nord du *mouton à poil* de leur pays, en donnant au premier le nom d'*akerêr-âjelbi* ou *ouán-tedoúft*, et au second celui de *akerér-Emmóhagh* ou mouton des Imôhagh.

Cette variété de la race ovine se distingue surtout de ses congénères par la hauteur de ses membres : c'est pourquoi les zoologistes lui ont donné le nom d'*Ovis longipes*, ou mouton à longues jambes.

A la taille il joint un développement considérable de toutes les parties de son corps.

La tête est allongée, le nez arqué, les oreilles pendantes, la queue longue et fine.

Sa toison, blanche et noire ou de couleur fauve, à poil long et rude, ne rappelle nullement celle des moutons à laine.

Le mâle seul a des cornes, et il en a souvent quatre.

La brebis se dit *táheli*, l'agneau *âbedjoúdj*, le petit qui vient de naître, *ákarouát*, le mouton bistourné, *adjoúr*.

Ce mouton supporte la marche du cheval, sans doute par suite de l'habitude qu'il a contractée de parcourir de grands espaces pour trouver sa nourriture.

Les Touâreg n'élèvent le mouton que pour sa viande et son cuir ; sous ce double rapport, l'animal ne laisse rien à désirer, car il donne autant de viande et un cuir aussi grand que deux moutons de l'Algérie. J'ai trouvé sa viande bonne : il est vrai que je n'ai pu la juger comparativement.

Chèvres.

Les Touâreg distinguent deux espèces de chèvres : celle à poils ras, *tírhsi*, pl. *oúlli*, et celle à longs poils, *tájelbît*. Ils nomment le bouc *ahôlagh*, le chevreau *aboúledj*, le petit *erheïd* ou *tirheïdet*, suivant son sexe.

Les troupeaux de chèvres sont beaucoup plus nombreux que ceux de moutons, parce que leur aptitude à aller dans tous les terrains et à vivre de broussailles leur permet de trouver plus facilement leur nourriture.

Les chèvres du pays des Touâreg n'ont rien qui les différencie sérieusement de celles de l'espèce commune du Nord de l'Afrique ; elles sont d'une grande ressource pour les serfs auxquels elles donnent viande, lait, poil et cuir, qu'ils utilisent.

Chiens.

Les Touâreg possèdent trois sortes de chiens : le lévrier, *óska*, le chien arabe, à long poil, *âbar-hoûh*, très-rare, et un bâtard de ces deux espèces, à poil ras, qui porte le nom commun de l'espèce, *eydi teydit,* suivant les sexes. Ce dernier, de beaucoup le plus nombreux, sert à la fois de chien de garde et de chien de chasse.

Quand j'aurai ajouté à cette liste le chat ordinaire, quelques poules et des pigeons, mais seulement dans les villes, j'aurai énuméré tous les animaux domestiques qui se trouvent dans le pays.

Sans aucun doute le nombre des espèces, et, dans chaque espèce, le nombre des individus, pourraient être plus considérables malgré l'aridité générale du sol; mais le servage est un obstacle presque insurmontable à l'accroissement des animaux domestiques. Le serf n'a aucun intérêt à accroître les troupeaux de son seigneur; car leur augmentation doublerait son travail de garde. Quant à ceux qui lui appartiennent en propre, il aurait un bénéfice réel à les multiplier, si le seigneur n'était là, prélevant une sorte de dîme et quelquefois plus que la dîme, puisqu'il peut prendre tout ce que possède et produit l'homme attaché à la glèbe.

§ II. — Animaux sauvages.

Si la nomenclature des animaux domestiques laisse à désirer, celle des bêtes fauves, quoique plus riche, dénonce également un pays pauvre.

Mammifères.

Parmi les mammifères on compte :

La chauve-souris, *watwat*, *thîr-el-lîl* (ar.);
La hyène, *irkeni*, *bétfen* (tem.), *dhebaâ* (ar.);
Un carnivore? *tahoûri* (tem.);
Le chacal, *âbaggui* (tem.), *dhîb* (ar.);
Le loup? *adjoûlé* (le mâle en temâhaq);
    Id.   *tarhsit* (la femelle), pl. *tirhés*;
Le fennec (Fennecus Brucei), *akhôr-hi*, *akôzhekkal*, *khônchekki*, *arhôleh* (tem.), *el-fenek* (ar.);

Le renard, *abârrân* (tem.), *thaáleb* (ar.);
Le guépard (Felis jubata) *amayâs* (tem.), *fehed* (ar.);
Le chat sauvage (Felis catus) *tárhda* (tem.);
    Id.   *bârheda* (tem.);
    Id.   *el-gatt* (tem.);
Le rat rayé (Mus barbarus) *akoúnder* (tem.), *djird* (ar.);
Le rat ordinaire, *akóteh* (tem.), *fâr* (ar.);
Le Ctenodactyle de Masson, *tilout* (tem.), *goundi* (ar.);
La gerboise, *idhaoui* (tem.), *djerbouá* (ar.);
Le lièvre isabelin, *timerouelt* (tem.), *arneb* (ar.);
L'onagre, *ahoúlil* (tem.);
Le hérisson, *tikanésit* (tem.), *ganfoûd* (ar.);
L'antilope addax, *amellâl* (m.), *tamellâlt* (fém. tem.), *el-meha* (ar.);
L'antilope mohor, *éner* (tem.), *el-mohor* (ar.);
L'Alcelaphe bubale (ant. orix) *tiderît* (tem.), *begueur-el-ouahch* (ar.);
Le mouflon à manchettes, *oûdad* (tem.), *laroui* (ar.);
La gazelle commune, *akankôd*, pl. *ihinkad* (tem.), *ghozâl* (ar.);
La gazelle des dunes, *tedemît* (tem.), *er-rîm* (ar.);
Un petit mammifère? *akaokao* (tem.);
Un rat des champs (au Fezzân), *koroumbâko*.

Le lion *âhar*; la panthère, *anâba*, *dâmesá*; le sanglier, *azhibara* (appelé *adaouiydaouay* dans l'Aïr et *aganguera* dans le Ahaggâr); l'éléphant, *élou*, le buffle, *tahâlmous*, ainsi que le rhinocéros et l'hippopotame, quoique connus des Touâreg du Nord, dans leurs voyages au Nord et au Sud, ne sont pas des animaux propres à leur pays, trop pauvre en eaux, en végétaux ou en gibier, pour qu'ils viennent s'y aventurer.

Quelquefois les Touâreg rapportent du Soudan, soit comme articles de commerce, soit comme objets de curiosité, des singes, *adâguel* (tem.), *guerd* (ar.), connus sous le nom de Guenon patas (*Cercopithecus ruber*); j'en ai acheté deux qui sont au *Muséum d'histoire naturelle* de Paris.

Oiseaux (*Iguedâd*).

Parmi les oiseaux figurent :

Un aigle noir et blanc, *ihadar* (tem.);
Un aigle à tête blanche, *azhizh* (tem.);

Le néophron, *tarhâldji* (tem.);
Le gypaète, *tamîdda* (tem.);
Le faucon, *imestarh* (tem.);
La chouette, *taouîk* (tem.);
Le hibou, *bôinhén* (tem.);
Le corbeau, *arhâlidj, arhâla* (tem.);
Le moineau des arbres, *çiden-n-izelán* (tem.);
Un motteux, *belrhô* (tem.), *boû-bechîr* (ar.);
Une bergeronnette, *meçîci* (ar.);
L'hirondelle, *amêstarh* (tem.), *khotteïſa* (ar.);
Le pigeon ramier, *tidebîrt* (tem.);
Le flamant, *adjâïs* (tem.);
Le Pteroclurus alchata, *erak* (tem.);
Le ganga, *tîkedouin* (tem.). *gatâ* (ar.);
La bécassine, *tenéq* (tem.);
Le canard sauvage, *tenéq-en-âman* (tem.);
La demoiselle de Numidie, *arhellendjoûm* (tem.);
L'autruche, *ânhil* (m.), *tânhilt* (fém.), plur. *tinhâl* (tem.).

Tels sont, sauf quelques omissions, les seuls oiseaux que nourrit et que peut nourrir le pays, oiseaux voraces pour la plupart, et qui trouveraient à vivre là où il n'y a rien.

Quant aux autres espèces, celles qui aiment l'ombrage, les fleurs, les eaux, le voisinage de l'homme, la vie et le mouvement, que feraient-elles au milieu d'une nature désolée, aride, où la mort règne sur d'immenses espaces?

Un des caractères du désert, celui qui surprend le plus les voyageurs européens, est l'absence d'oiseaux. On peut voyager une semaine, dans certaines contrées, sans en rencontrer un seul.

Souvent les caravanes rapportent aussi du Soudan des perroquets, *akoû* (tem.).

Reptiles.

La série des reptiles est plus complète, quoique la famille des chéloniens manque entièrement.

Parmi les sauriens, on compte:

Le crocodile, *arhôchchâf* (tem.);

Le gecko des murailles, *amazregga* (tem.);
Le gecko des sables, *timakouert* (tem.), *boû-kechâch* (ar.);
Un lézard vert et rouge, *ametarhtarh* (tem.);
Un lézard jaune, *timekelkelt* (tem.);
Le scinque, *tân-ahâlmouit* (tem.), *zelgâg* (ar.);
Le même (jeune), *imechellerh* (tem.);
Le fouette-queue (Uromastix), *aguezzarâm* (tem.), *dhobb* (ar.);
Le varanus, *arhâtâ* (tem.), *el-ourân* (ar.).

Les batraciens n'ont que deux représentants : la grenouille, *âdjeroû*, autour des sources et des lacs, et le crapaud des joncs, autour des oasis.

Les ophidiens venimeux sont très-connus, et même au delà du chiffre de leur nombre réel, car la nomenclature locale comprend deux espèces dont l'existence est au moins douteuse.

Voici cette nomenclature :

Vipère cornue, *tâchchelt* (tem.), *lefa'a* (ar.);
Vipère des jongleurs, *seffeltès* (tem.);
Vipère minute, *zorreïg* (ar.);
Serpent fabuleux, *âchchel* (tem.);
Autre serpent fabuleux, *tânerhouet* (tem.).

Les ophidiens non venimeux, probablement plus nombreux que les précédents, sont tous confondus sous deux noms communs : *âchchel* et *emedjel* (tem.).

Poissons.

Dans un pays où l'eau manque, les poissons doivent être rares; cependant on en distingue trois espèces :
Le Clarias lazera, *asoûlmeh* (tem.);
Une autre espèce, *isâttafen* (tem.);
    Id.   *imanân* (tem.).

Arachnides.

Deux familles de cette classe sont représentées dans le pays par les scorpions, *tâzherdâmt*, et les araignées, *sârâs*, dont l'une, très-grande, *tin-aghrân*, est réputée venimeuse par les indigènes.

Insectes.

L'entomologie intéresse assez peu les Touâreg pour qu'ils ne s'amusent pas à donner des noms particuliers aux myriades de petits êtres qui composent cette classe d'animaux ; ils se bornent à distinguer par des noms particuliers les grandes familles qui ont des caractères bien tranchés. Leur classification peut être résumée ainsi qu'il suit :

Coléoptères, *éguèlè* (gros), *téguéleyt* (petits) ;
Orthoptères (sauterelles), *táhouâlt* ;
Névroptères (libellules), *tátel-oûlarhet* (mot-à-mot, qui vole bien).
Hyménoptères (abeilles), *tihenkékert-en-toûraout* ;
    Id.   id.   *tihenkékert-en-tâment* ;
Hémyptères (punaises du chameau), *tachelloûft* ;
    Id. (id. sa larve), *adjôrmel* ;
    Id. (punaises des maisons), *bizbiz* ;
Lépidoptères (papillons), *ehellêloú* ;
Diptères (moustiques), *tadast* ;
    Id. (mouches du chameau), *aheb* ;
    Id. (mouches de l'homme), *ehi*, pl. *ehân* ;
    Id. (Arthemia Oudneii, larve), *ed-doúda*.

Myriapodes.

Cette classe très-nombreuse d'animaux inférieurs n'est représentée que par un seul type, la scolopendre, *téouânt* des Touâreg, *sott-el-kheïl* des Arabes.

Annélides.

Un seul genre de cette famille, les sangsues, *tâdelit*, appelle l'attention par les accidents qu'elle détermine sur les animaux qui vont boire avec avidité dans les eaux troubles.

Le ver de terre se dit *táoukki*.

Mollusques.

Toutes les coquilles sont confondues sous le nom général d'*issinentafoûk* (tem.).

Cependant les Touâreg donnent le nom d'*izhabi* à une volute venant de la côte de Guinée, et qui est employée comme pendant d'oreille; de *tâmguelloût* à la *Cyprea moneta*, qui sert de monnaie au Soudan; de *ifarghas* aux coquilles d'eau douce et particulièrement à celles du genre *Melania*.

Parmi les coquilles fluviales ou palustres que j'ai recueillies dans mon voyage se trouvent :

Une *Planorbis* nouvelle et la *Physa contorta* récoltées à Bîr-ez-Zouâït, région des dunes ;

La *Melania fasciolata*, commune dans les environs de Ghadâmès et de Titerhsîn ;

La *Melanopsis Dufouri* de l'Ouâd-Biskra ;

Une *Paludine* à déterminer, provenant d'Aïn-Temôguet (environs de Djâdo).

Parasites.

L'un est spécial au pays, le ver de Guinée, *arhân*; l'autre, le pou, *tillik*, commun à toute la partie de l'espèce humaine qui vit dans la malpropreté.

Les vers intestinaux, fréquents chez les enfants, se nomment *achchellen* (serpents).

Un parasite des végétaux, donnant un miel de qualité inférieure, porte le nom de *kharnît*.

ESPÈCES REMARQUABLES.

Cette nomenclature aride exige, comme complément, quelques lignes sur les espèces qui appellent l'attention.

Tahoûri.

Sous ce nom, les Touâreg connaissent un grand carnivore, de la taille de la hyène, commun dans toute l'Afrique centrale et qui porte les noms suivants dans les pays qu'il habite :

Au Haoussa, *Kora;*
A Timbouktou, *Kourou;*
Au Touât, *Gabou.*

D'après les Touâreg venus à Paris, il y aurait au Jardin des plantes un tahoûri originaire du Sénégal.

D'après M. le commandant Hanoteau, il en existerait dans le Ahaggàr deux variétés : l'une noire, l'autre blanche. Cette dernière serait très-craintive.

Loup. — Adjoûlé.

Je donne le nom de loup à une espèce très-féroce qui vit dans le haut du Tasîli et dans les montagnes du Ahaggàr. Je n'ai pas vu cet animal et je n'ose pas affirmer qu'il soit réellement un loup; cependant, par les renseignements qui m'ont été donnés, je ne puis que l'assimiler à cet animal.

« Il ressemble à un grand chien fauve, disent les Touâreg, et il « est le seul carnivore de notre pays qui attaque l'homme sans même « être provoqué à la défense. »

Les anciens auteurs avaient signalé la présence du loup dans le Nord de l'Afrique : il n'est donc pas étonnant qu'il s'y retrouve là où la présence de l'homme ne lui dispute pas le terrain.

Cette espèce semble d'ailleurs tendre à disparaître des montagnes des Touâreg, comme elle a disparu du Tell, car aujourd'hui, si l'on en croit les indigènes, elle serait déjà assez rare.

Guépard.

Le guépard est assez commun dans toute la région de l'Erg, au Sud de la Tunisie, de l'Algérie et du Maroc; il entre peu dans les montagnes des Touâreg.

Les Souâfa le chassent pour sa peau, plus petite, mais aussi belle que celle de la panthère.

Dans l'Asie méridionale, où cet animal existe, on le dresse pour la chasse : d'où lui est venu le nom vulgaire de *tigre-chasseur.* Dans les contrées de l'Afrique septentrionale, où on le rencontre, le guépard chasse pour son compte seulement.

Onagre.

L'onagre ou âne sauvage vit en troupeaux dans le Tasîli du Nord, dès la plus haute antiquité, car Pline le signale à peu près dans les mêmes lieux. C'est un bel animal, assez grand, très-rapide, mais d'une domestication difficile.

Les Touâreg ont renoncé à le poursuivre; ils lui tendent des piéges. Les jeunes seuls, susceptibles d'être dressés, sont conservés vivants. On tue les vieux pour avoir leur peau.

Antilope mohor.

Ce ruminant, si remarquable par ses cornes recourbées en avant, par la blancheur de son pelage, par la gracieuseté de sa démarche, vit en grand nombre dans la plaine d'Admar. On commence à le trouver dans les dunes de l'"Erg. Il est très-commun dans le pays d'Aïr. Les Touâreg le chassent pour sa viande et pour sa peau dont ils font leurs boucliers.

Le cuir de l'antilope mohor est épais et assez résistant pour parer utilement les coups de flèche, de sabre, de javelot et de lance. Il peut dévier la balle, l'amortir, mais non la repousser.

Antilope oryx.

La viande de cet animal, appelé *bœuf sauvage* par les indigènes, sert en grande partie à l'alimentation des Sahariens et des caravanes.

Les Cha'anba et les Souâfa lui font de grandes chasses dans l'"Erg et viennent vendre à Ghadâmès la chair salée et séchée qui en est le produit.

Pendant mon séjour dans cette ville, j'ai souvent fait usage de cette viande.

Akaokao.

Les Touâreg donnent ce nom à un petit mammifère noir, à peau excessivement dure, qu'on trouve dans les ouâdi de l'Akâkoûs et du Tasîli, et qui vit sur les arbres dont il mange les feuilles.

Cet animal est très-craintif et fuit dans les fentes des rochers dès qu'il entend venir quelqu'un.

Autruche.

L'autruche est rare dans le pays des Touâreg et on ne chasse même pas celles qui y sont, parce que les habitants de cette contrée, n'utilisant pas, comme les Arabes, sa graisse et sa chair, ne trouvent pas d'intérêt sérieux à la poursuivre. Quant aux plumes, déchirées par les rochers, elles n'ont aucune valeur.

Celles de la région sablonneuse de l''Erg sont, au contraire, très-renommées pour leur belle conservation. Les Souâfa obtiennent des dépouilles de ces oiseaux des prix plus élevés que de celles de toute autre provenance.

Le 7 mars 1861, au puits de Tarz-Oùlli, sur la route de Rhât, j'ai rencontré un marchand de Ghadâmès, El-Hâdj-Mohammed-ben-Deloû, qui suivait une caravane lui appartenant. Il était accompagné dans son voyage par une autruche femelle privée. On lui mettait des entraves comme aux chameaux qui vont au pacage. Ce fait ne parut pas extraordinaire à mes compagnons de route.

Gypaète.

Les Touâreg tirent cet oiseau, d'ailleurs commun, pour en avoir la graisse et la viande. L'une et l'autre sont préconisées contre les piqûres et les morsures d'animaux venimeux.

Crocodile.

Je signale la présence du crocodile dans les lacs de Mîherô, et aussi à la tête de l'Ouâdi-Tedjoûdjelt, en un endroit appelé Tadjeradjeré, sur le rebord Sud du Tasîli du Nord.

Les grandes inondations qui ont eu lieu à l'époque de mon passage à Tikhâmmalt m'ont empêché d'aller moi-même constater l'identité de cet animal amphibie avec ceux du Nil ou du Niger, mais les renseignements précis et certains qui m'ont été donnés par des personnes ayant vu le crocodile en Égypte et dans le Soudan, l'effroi qu'il inspire aux serfs riverains, la dîme qu'il prélève sur les troupeaux qui vont boire aux lacs, enfin les blessures dont quelques Touâreg portent la cicatrice, ne me laissent aucun doute à cet égard.

D'après les Touâreg, ce reptile reste caché dans des grottes sous-aquatiques pendant l'hiver et il vient à partir du printemps sur le rivage.

A la saison des amours, disent-ils, les femelles poussent des cris semblables à ceux des chameaux en rut.

Toutefois, l'existence d'un aussi grand animal dans de petits lacs de quelques hectares à peine et dans un pays où les pluies sont rares semble d'abord improbable. Cependant l'histoire et la constatation récente de l'existence du crocodile dans des régions similaires m'autorisent à maintenir ce saurien dans la nomenclature de la faune du pays des Touâreg du Nord.

Pline nous apprend que le fleuve Nigris (l'Igharghar moderne) était habité par des crocodiles; que l'éléphant se trouvait à l'état sauvage sur les bords du Guîr, rivière saharienne qui aboutit au Touât, et même dans les belles vallées de Ghariân, au pied des montagnes de la Tripolitaine, au Nord des lacs de Miherô.

Les historiens, d'accord avec les géographes et les naturalistes, nous enseignent en outre que les Carthaginois se servaient d'éléphants domestiques dans leurs guerres.

Pour que des éléphants aient pu vivre en liberté dans le Nord de l'Afrique, il a fallu que le pays fût alors plus boisé et mieux arrosé qu'aujourd'hui.

Là où il y a assez d'eau pour l'éléphant, il y en a assez pour le crocodile, car l'un et l'autre se rencontrent à peu près partout dans les mêmes localités.

On a été aussi surpris en apprenant, par les explorations de MM. V. Guérin et Roth, que le crocodile se trouvait encore en Palestine dans l'Ouâdi-Timsah, torrent analogue à ceux du Sahara. Désormais ce fait est accepté par la géographie zoologique.

D'ailleurs, l'existence du crocodile dans les lacs du Tasîli du Nord ne serait pas une exception dans la région saharienne, car, s'il faut en croire les Teboû, plusieurs lacs de leur pays, notamment celui de Domor, sur la frontière du Borgou, seraient aussi peuplés de crocodiles.

L'étonnement du lecteur sera moins grand, s'il se rappelle que les lacs à crocodiles de Mîherô sont une des têtes de l'Igharghar; que, dans les temps anciens, l'Igharghar était, d'après Hérodote, un grand fleuve « ποταμός μέγας, » qui, sous le nom de *Triton,* se jetait dans la mer après avoir traversé trois grands lacs.

Si le grand fleuve, dont le lit, à sec, n'a pas moins de 6 kilomètres de largeur au point où je l'ai traversé, roulait encore de grandes eaux, personne ne serait surpris que le crocodile fût un de ses hôtes; par la même raison, on doit accepter comme vraisemblable, l'eau à ciel ouvert ayant manqué dans la partie inférieure du fleuve, que les animaux auxquels il donnait la vie soient remontés jusqu'à ses sources.

Si le ποταμός μέγας d'Hérodote explique la présence des crocodiles dans les eaux des petits lacs de Mîherô, au besoin, ces crocodiles justifient l'identification de l'Igharghar moderne avec l'ancien fleuve Triton.

Avec le temps tout a changé : faute d'eau, le chameau a remplacé le zébu; faute d'eau, l'Igharghar est devenu un grand ouàdi au lieu d'être un grand fleuve, et de même qu'il y a encore quelques zébus dans l'oasis, riche en eau, de Rhât, de même il y a encore des crocodiles dans les lacs de Mîherô.

La zoologie, dans ces cas, vient confirmer les traditions de l'histoire.

Gecko des sables.

Les Touâreg et les Arabes sont unanimes pour proclamer le gecko venimeux. Dans le midi de la France aussi le gecko des murailles est réputé dangereux. Tout au plus peut-on admettre que les plaies contuses résultant de la morsure de ce lézard ne guérissent pas comme des plaies simples.

Ametarhtarh.

Ce lézard, que j'ai rapporté du pays des Touâreg dans de l'alcool, a été reconnu, au Muséum d'histoire naturelle, n'être autre que l'*Agama colonorum*.

Les Touâreg le disent venimeux et prétendent que son virus tue les chiens et rend les hommes malades.

Ce saurien, comme beaucoup d'autres Agames, inspire de l'effroi quand on le voit, pour sa défense, dresser sa tête et son cou armé de piquants, mais il n'est certainement pas venimeux.

Autres lézards.

Parmi les lézards dont mon exploration constate de nouveau l'existence dans le Sud de l'Algérie se trouvent :

L'Acanthodactylus Savignyi, } *timekelkelt* des Toûareg.
L'Acanthodactylus vulgaris,
L'Agama agilis.

Toutes ces déterminations, ainsi que celles des poissons, m'ont été données par M. le professeur Duméril.

Vipère cornue.

La vipère cornue ou *Cerastes Ægyptiaca* se trouve dans tout le Sahara : commune dans les bas-fonds et les vallées, rare dans les lieux élevés, recherchant les points où le sol est blanc, fuyant ceux où il est noir.

Plus encore que les autres vipères, ce reptile a besoin d'une grande chaleur pour être dangereux. En hiver, engourdi, il reste enfoui sous les sables; en été, il se tient volontiers dans son trou pendant tout le temps que le soleil n'échauffe pas la terre de ses rayons. D'ailleurs, craintif, il fuit avec la rapidité de l'éclair au moindre bruit, de sorte qu'une double surprise est nécessaire pour qu'un accident ait lieu.

Quoique plus rare chez les Toûareg que dans les autres parties du Sahara, cette vipère n'en est pas moins redoutée à cause de la gravité de sa morsure, et on prend des précautions pour s'en préserver.

Vipère des jongleurs.

La vipère des jongleurs, si remarquable par sa marche, la tête relevée et le cou étalé, en signe de menace, lorsqu'elle voit quelqu'un, est rare chez les Toûareg; on la trouve plus communément au pied du versant Sud de l'Aurès à El-Faïdh et à Chegga, points les plus chauds et les mieux abrités du Sahara algérien.

Les Arabes de ces deux contrées appellent le mâle *tha'abân* et la femelle *na'adja*, nom conforme à celui sous lequel cette vipère est connue en zoologie : *Naja haje*.

Ce serpent, m'a-t-on dit, atteint la grosseur de la cuisse de l'homme et une longueur de deux à quatre mètres. Il est noir, et, quand il devient vieux, il porterait sur le cou une touffe de poils !

Il est de remarque générale que l'effroi causé par la vue des reptiles leur fait attribuer des dimensions en longueur et en grosseur qu'ils n'ont pas : il y a donc lieu de se tenir en garde contre l'appréciation et les descriptions des gens d'El-Faïdh et de Chegga.

On sait que cette vipère est venimeuse, mais on ne se souvient pas que quelqu'un ait été atteint par son poison.

Zorreïg.

Le zorreïg est la vipère vulgairement connue en Algérie sous le nom de *Vipère minute*, par une fausse identification avec la vipère du cap de Bonne-Espérance, rapportée par Levaillant. Son nom scientifique est *Échis carinata* ou *Vipère des Pyramides* de Geoffroy.

On l'a trouvée aux environs d'Oran, mais elle est plus commune dans le Sud, sans y être très-fréquente. Elle n'existe pas chez les Touàreg.

Desfontaines, qui, le premier, a signalé l'existence du zorreïg dans le Sud de l'Algérie, mais sans l'assimiler à aucune vipère connue, n'ayant pu se la procurer, lui attribue, d'après les indigènes, la faculté de s'élancer comme une flèche contre l'animal ou l'homme qu'elle veut atteindre. Sans avoir cette faculté au degré que la peur a peut-être amplifiée, il est incontestable que le zorreïg se dresse et se lance contre son ennemi, mais toujours à très-faible distance.

L'identification de l'*Échis carinata* avec le zorreïg des indigènes n'est pas douteuse, car, à Biskra, M. le capitaine Pigalle en possède un exemplaire trouvé dans la contrée, et les Arabes ne lui donnent pas d'autre nom.

Psammophis punctatus.

Parmi les reptiles que j'ai rapportés du pays des Touâreg et qu'ils confondent avec d'autres sous le nom général d'*âchchel*, s'en trouve un petit que j'ai capturé sur un arbre et qui a été reconnu être le *Psammophis punctatus*.

En l'examinant, on lui a trouvé à la mâchoire supérieure des dents cannelées, à venin, et à la base des dents une glande produisant nécessairement une sécrétion sur les propriétés toxiques de laquelle la science n'est pas bien fixée.

Ce reptile est rangé dans la classe des *Opisthoglyphes*.

Cœlopeltis insignitus.

Je signale ici, pour mémoire seulement, une couleuvre trouvée dans le Sahara algérien, qui a été reconnue être le *Cœlopeltis insignitus*.

Serpents fabuleux.

Ils sont au nombre de deux.

Le plus petit, quoique ayant quatre fois la longueur de l'homme, porte une robe grise argentée avec des taches jaunes rougeâtres.

On l'appelle *âchchel*.

Cet animal sort peu l'hiver, il craint le froid.

Le plus grand s'appelle *tânerhouet*; il est rare.

Sa peau est tachetée, sa tête est couronnée de cornes, il crie comme un chevreau.

Quand ce serpent marche, il laisse sur le sol des traces profondes de son passage.

Voilà ce que disent les Touâreg.

Mais, leur demande-t-on s'ils ont vu ces serpents, de leurs yeux vu, tous reconnaissent qu'ils en ont seulement entendu parler.

Rien d'étonnant à ces créations imaginaires. Les ancêtres des Touâreg ont probablement, eux aussi, entendu parler de ce fameux serpent de Régulus qui anéantit une armée romaine près de Carthage.

Poissons.

J'ai déjà dit que les Touâreg avaient trois espèces de poissons dans leur pays : les *imanân* qui vivent dans quelques rivières, l'*asoûlmeh* et l'*isattâfen* qui se tiennent dans les lacs.

Pendant que je séjournais à Tikhâmmalt, les eaux de débordement venues du Tasîli, en traversant les lacs, emmenèrent dans la plaine quelques poissons. Le seul que je pus me procurer est le *Clarias lazera,* l'asoûlmeh des Touâreg, armé de longues barbes, comme ceux de la même espèce trouvés dans le Nil et dans le Niger[1]. (Voir la planche ci-contre.)

D'après les Touâreg, les isattâfen atteindraient la grosseur de la cuisse de l'homme et auraient une longueur de deux à trois coudées.

Les poissons des lacs de Mîhero donnent lieu à une pêche qui contribue à l'alimentation des serfs riverains. A cet effet, ils creusent sur les bords des lacs de petits canaux étroits, aboutissant à des réservoirs dans lesquels les poissons viennent pour y chercher une nourriture qu'ils ne trouvent pas dans les profondeurs des lacs.

---

1. Voici la description de ce poisson, d'après un extrait de l'*Histoire naturelle des Poissons*, par M. le baron Cuvier et M. A. Valenciennes, tome XV, page 372 :

Le *Harmouth lazera* (*Clarias lazera*, Nob.).

Nous trouvons une figure parfaitement reconnaissable de l'un d'eux dans les dessins faits dans la haute Égypte par M. Riffaud.

Les caractères tirés de la disposition des dents vomériennes sont très-sensibles. Le crâne est un peu plus large en avant, surtout parce que le grand sous-orbiculaire postérieur est plus large; il est un peu convexe transversalement, et sa pointe mitoyenne, due à la proéminence interpariétale, est un peu plus obtuse; ses barbillons beaucoup plus longs. Le maxillaire dépasse la pectorale, et atteindrait à la naissance de la dorsale; le nasal a moitié de sa longueur, le sous-mandibulaire externe en a les trois quarts, et touche le milieu de la pectorale; l'interne est de moitié plus court que l'externe. Une autre différence bien marquée, c'est que les dents vomériennes sont mousses, ou comme de petits pavés ronds, serrés, disposés sur un croissant plus large dans le milieu...

Le dessus de ce poisson paraît cendré, et le dessous blanchâtre. Les nageoires sont d'un cendré brun. Sur le dos sont de chaque côté des séries verticales de points blancs, au milieu de chacun desquels paraît un petit pore, elles ne dépassent pas la ligne latérale, et l'on en compte neuf ou dix depuis la nuque jusqu'au milieu de la longueur où elles s'effacent par degrés.

Le cabinet du roi en a un long de trois pieds.

Pl. VIII.   Page 238.   Fig. 16.

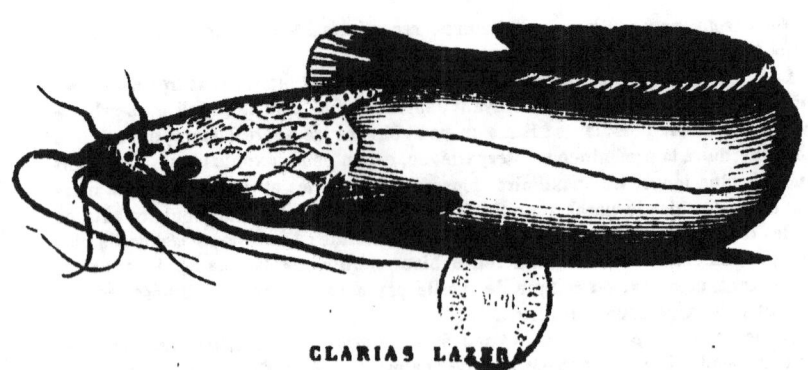

CLARIAS LAZERA

(POISSON DE L'OUADI-TIKHAMMALT).

Dessiné d'après nature, par M. Bocourt,
sur le sujet rapporté par M. H. Duveyrier et déposé au Muséum d'histoire naturelle de Paris.

ANIMAUX.

Quand ils y sont entrés, on referme les conduits et on les prend.

La présence des crocodiles dans ces lacs rend ce mode de pêche difficile et en interdit tout autre.

J'ai rapporté de mon voyage, mais non du pays des Touâreg, d'autres poissons qui ont été reconnus être :

L'un, trouvé dans les fossés de Tougourt, le *Glyphisodon Zillii*. Val. ;

Deux autres, fournis par les eaux artésiennes de l'Ouâd-Rîgh, le *Cyprinodon doliatus* et le *Cyprinodon cyanogaster*.

Enfin, un quatrième, un *Chromis*, encore indéterminé, commun dans les eaux du Belâd-el-Djérid, oasis de la Tunisie.

Scorpion.

Le scorpion est généralement plus commun que la vipère, mais, comme ce reptile, il préfère les bas-fonds chauds et humides aux terrains élevés, froids et secs.

On en distingue deux variétés : le noir et le jaune. On dit le venin du noir plus dangereux. C'est à vérifier.

Cette arachnide est relativement plus rare chez les Touâreg que dans les autres parties du Sahara, et sa piqûre y est moins dangereuse, car on dit qu'elle ne détermine pas des accidents graves. Dans les maisons des oasis, les piqûres sont plus féquentes, le scorpion trouvant un refuge dans les interstices des briques crues des murailles, et l'obscurité favorisant ses attaques. A El-Ouâd, j'ai été piqué ainsi, dans mon lit, en dormant ; heureusement, une légère cautérisation avec l'ammoniaque liquide a aussitôt neutralisé les effets du virus.

Araignée venimeuse.

Cette araignée du genre *Galeodes,* dont l'Algérie possède plusieurs espèces, paraît affecter les plateaux élevés, car, dans mon exploration du Sahara, je ne l'ai trouvée que chez les Beni-Mezâb et chez les Touâreg.

L'exemplaire de cette espèce que j'ai rapporté n'a pu être, faute de temps, déterminé par M. Lucas, professeur au Muséum d'histoire naturelle. (Voir *Mémoires de l'Académie des sciences* : Galeodes.)

Le venin de cette araignée ne produit jamais d'accidents sérieux.

Coléoptères.

D'autant moins nombreux et moins variés qu'on s'avance dans le Sahara, les coléoptères n'offrent guère à l'entomologiste que les genres suivants : cicindèles, graphiptères, carabes, scarites, buprestes, ateuchus, bouziers, blaps, pimelies.

A peu près tous les insectes du pays des Touâreg sont noirs.

Les sujets que j'ai rapportés de mon voyage sont :

Des *Cicindèles*, indéterminables par suite d'avaries ;
L'*Anthia venatrix* ;
L'*Anthia sexmaculata* ;
Le *Scarites heros* ;
La *Pimelia senegalensis* ;
Une *Adesmia*, voisine de la *montana* de Klug ;
Le *Trachiderma hispida* ;
Le *Scaurus carinatus* ;
Une *Akis* indéterminée ;
L'*Agryporus notodenta* ;
L'*Ateuchus sacer*.

Sauterelles.

Lors de mon séjour chez les Touâreg, il y avait plusieurs années que la sauterelle voyageuse n'avait paru : aussi n'en avaient-ils plus en provision. Je sais toutefois que l'apparition de ces orthoptères, calamité pour les habitants du Tell, est pour eux, comme pour tous les autres Sahariens, une bonne fortune, car elle leur assure des subsistances pour quelque temps.

On conserve les sauterelles, soit confites dans l'huile, soit desséchées ou réduites en poudre.

D'après la loi musulmane, ces animaux doivent être privés de la vie par un procédé quelconque, l'asphyxie ou l'ébullition, avant d'être conservés pour la nourriture de l'homme, car, si on les laissait mourir de leur belle mort, ils seraient réputés *djifa* et défendus ; mais il est douteux que cette prescription religieuse soit observée.

Depuis mon retour, on m'a fait part de la bonne nouvelle de l'arrivée de cette manne du désert.

ANIMAUX.

Il faut avoir vu des invasions de sauterelles pour se faire une idée de l'étendue qu'elles embrassent et des ravages qu'elles causent.

Quelquefois leurs essaims, aussi épais que des nuages, obscurcissent le soleil à plusieurs kilomètres à la ronde et font en volant un bruit sourd qui s'entend à de très-grandes distances.

Malheur aux contrées sur lesquelles ils s'abattent, car ils y détruisent toute la végétation et dévorent les champs les plus riches, comme si le feu y avait tout consumé!

Libellules.

Elles n'existent qu'autour des sources, les unes rares comme les autres. C'est à peine si j'en ai vu quelques-unes pendant toute la durée de mon voyage.

Abeilles.

L'apiculture est très-restreinte chez les Touâreg : l'état nomade des populations et la pauvreté de la flore la rendent difficile ; néanmoins, dans les établissements fixes, quelques ruches donnent, dit-on, d'excellent miel.

Des abeilles sauvages, plus communes que les abeilles domestiques, déposent leurs gâteaux dans les rochers, dans les trous des arbres. Quand on les découvre, on les récolte avec soin.

Il semblerait que cette abeille, domestique ou sauvage, a été importée chez les Touâreg, soit de Tunis, soit du Soudan, car ils assimilent l'espèce productive du véritable miel à celle de ces contrées, et ils l'appellent *tihenkékert-en-toûrâout* (mouche du miel), pour la distinguer d'une autre mouche indigène à laquelle ils donnent le nom de *tihenkékert-en-tâment* (mouche du *tâment*).

Les Touâreg appellent *tâment* des gouttes de miel ou de résine mielleuse qu'on trouve adhérente aux feuilles du tamarix éthel.

Cette liqueur, douce, sucrée, que j'ai souvent goûtée, et à laquelle j'ai trouvé beaucoup des qualités du miel, est-elle produite par l'arbre ou par une mouche mellifère? Je l'ignore.

Quoi qu'il en soit, jusqu'à ce que le doute ait disparu, je constate qu'il y a chez les Touâreg une mouche spéciale, abeille ou non, à laquelle ils donnent le nom de mouche d'un miel particulier, autre que celui de l'abeille ordinaire.

Un troisième miel, fourni par un insecte ou par une larve que les Touâreg appellent *kharnit*, est de qualité inférieure.

Dans la XXVIe surate du Coran, le Prophète s'exprime ainsi sur le miel :

Verset 70. « Ton Seigneur a fait cette révélation à l'abeille : Cher-
« che-toi des maisons dans les montagnes, dans les arbres, dans les
« constructions des hommes.

Verset 71. « Nourris-toi de tous les fruits et voltige dans les
« chemins frayés par ton Seigneur. De tes entrailles sort une liqueur
« de différentes espèces, et elle contient un remède pour les
« hommes. »

Commentant lui-même la parole de Dieu révélée par l'ange Gabriel, le Prophète ajoute dans ses *Hadîth* :

« Deux choses sont salutaires et nécessaires : le Coran et le
« miel. »

Et ailleurs, il complète sa pensée en disant : « Quiconque en
« mourant aura du miel dans le ventre ne verra pas le feu de
« l'enfer. »

Es-Sioûti, qui a recueilli en un livre toutes les pratiques médicales du Prophète, enseigne que le miel détruit la pituite, chasse la trop grande humidité du corps, déterge les ulcères de mauvaise nature et guérit les affections dépendantes de l'atrabile.

« Mêlez, dit-il, du sel avec du miel, frictionnez avec ce mélange
« la langue d'un enfant qui n'a pas encore parlé : non-seulement
« cette opération lui donne la parole, mais elle développe extraor-
« dinairement son organe vocal. » Avis aux chanteurs qui voudront faire usage de la recette ; je la leur livre telle qu'elle se trouve dans Es-Sioûti.

Recommandé par le Prophète, le miel est le remède par excellence de tous les musulmans ; il joue un rôle d'autant plus grand dans la vie des Touâreg que le sucre leur manque.

Les riches font usage du *toûrâout*, les moins riches du *tâment* et les pauvres du *kharnit*, mais cet usage est très-limité.

Lépidoptères.

Je n'ouvre ici un compte aux papillons du Sahara que pour constater leur rareté et leur infériorité sur tous les papillons connus.

A quoi bon des animaux si brillants et si délicats au milieu du désert et d'une nature désolée?

Mouches et moustiques.

Si les papillons n'embellissent pas le désert, par contre les mouches et les moustiques contribuent à y rendre l'existence de l'homme très-pénible, surtout dans les parties habitées.

Pendant le jour les mouches, pendant la nuit les moustiques : c'est à n'y pas tenir. Il faut cependant s'habituer à leurs persécutions.

Les moustiques au moins restent dans les oasis, dans les campements où il y a de l'eau; mais les mouches suivent les caravanes au milieu des déserts les plus arides.

Plus d'une fois, dans les villes, pour pouvoir écrire, je me suis vu dans la nécessité de faire la nuit autour de moi et d'allumer la bougie en plein jour.

Scolopendre.

Ce myriapode, généralement connu sous le nom vulgaire de *mille-pieds*, se trouve dans le Sahara, particulièrement dans les endroits pierreux.

Ses fourches caudines contiennent un venin subtil assez puissant pour renverser l'homme, comme pourrait le faire une forte décharge d'électricité; mais, ce premier effet passé, les traces du virus disparaissent promptement. Cependant il détermine parfois des vomissements et une sorte d'engourdissement général.

Vers comestibles.

Ces vers, que l'on pêche dans les lacs du Fezzàn, ne sont autres que les larves d'une diptère à laquelle on a donné le nom de *Arthemia Oudneii*, en souvenir de l'exploration qui coûta la vie au docteur Oudney.

Mouches et larves se trouvent par myriades : les premières sur les rives des lacs et sur les eaux assez denses pour les porter; les secondes dans les vases d'où elles sortent à des époques périodiques, correspondant, pour le printemps, à la maturité de l'orge, et pour l'automne, à la maturité des premières dattes ; époques auxquelles les lacs sont agités et bouleversés par les tempêtes équinoxiales.

On distingue deux sortes de vers : l'un, rouge-carmin, la *doûda* proprement dite, de qualité supérieure; l'autre, brun-jaunâtre, la *tâkeroûka,* de qualité inférieure.

Le corps de ces petits animaux a quelques millimètres de longueur à peine, de la tête à la queue, entre lesquelles est un petit canal intestinal tracé en noir. La tête supporte deux antennes terminées par des points noirs qui sont les yeux; la queue et les flancs sont armés de petites rames ou nageoires en éventail. Ces vers nagent indistinctement sur le ventre et sur le dos.

La pêche se fait au moyen d'un sac allongé, tenu ouvert par un cercle et supporté par un long manche.

Dans le sac de pêche se trouvent aussi, avec les vers, des fucus dont j'ai déjà parlé. (Voir page 209.) Vers et fucus sont laissés ensemble.

La pêche et la préparation des vers sont dévolues aux femmes.

Après chaque pêche, les vers sont pétris en pains et exposés au soleil pour être séchés, puis on les met dans des petites bourriches pour les conserver en silos.

Cette denrée alimentaire se vend dans tout le Fezzân; on la mange quelquefois seule, bouillie, mais le plus souvent en sauce, avec d'autres aliments. Le goût de ces vers rappelle celui de crevettes un peu faisandées ou mal préparées; nonobstant, les indigènes en font grand cas.

Les vers de première qualité ne se trouvent que dans le Bahar-ed-Doûd; ceux de seconde qualité sont pêchés dans le lac de Mâfou ; on en trouve aussi dans le premier lac. (Voir la planche ci-contre.)

Parasites de l'homme.

Le ver de Guinée est trop connu pour que je le décrive. Je constaterai seulement qu'il atteint presque tous les Touâreg qui vont au Soudan, et que cet animal, dont on se débarrasse difficilement, laisse après lui des traces de cicatrices considérables.

Fig. 1. — VUE DU BAHAR-ED-DOÚD.

D'après un dessin de M. H. Duveyrier.

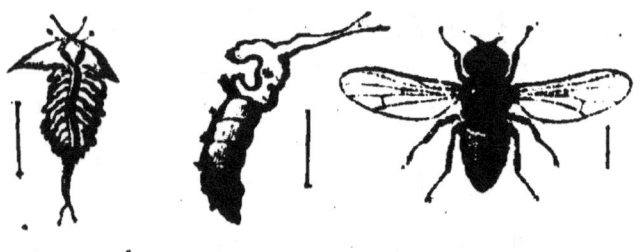

LARVE.   NYMPHE.   MOUCHE.

(La taille de l'insecte sous chaque forme est indiquée par un petit trait.)

Fig. 2. — ARTHEMIA OUDNEII.

Dessinée d'après nature, par M. Bocourt, sur les insectes rapportés par M. H. Duveyrier et déposés au Muséum d'histoire naturelle.

Les Européens qui iront dans l'Afrique centrale doivent s'attendre à subir, sous ce rapport, la loi commune.

Puce.

Je dois constater ici un fait important : la puce n'existe pas sur le plateau central du Sahara. Elle accompagne le voyageur jusqu'aux points où l'humidité de l'air lui permet de vivre, mais elle disparaît dès qu'on entre dans le pays sec.

NOTE.

Tous les échantillons de roches, de minéraux, de plantes, d'animaux, rapportés de mon voyage et classés dans l'ordre de cet ouvrage, vont être prochainement remis au *Muséum d'histoire naturelle* de Paris, où chaque personne intéressée à consulter ces collections pourra en prendre connaissance.

Mon registre d'observations météorologiques sera également remis au Bureau de la *Société météorologique* de France, qui, je l'espère, le publiera dans son *Bulletin*.

Quant à l'Atlas original de mes itinéraires, comprenant quatre-vingt feuilles, il sera déposé soit au *Dépôt des cartes de la Guerre*, soit à la *Bibliothèque de la Société de géographie* de Paris, dès que le dessin et la gravure des diverses cartes de mon exploration me permettront d'en disposer.

LIVRE III.

CENTRES DE RAYONNEMENT.

Dans tout le Sahara, l'existence matérielle et morale des nomades n'est assurée qu'au moyen d'annexes sédentaires, assises dans des lieux d'élection, au centre de leurs pérégrinations ou sur la périphérie de leurs terres de parcours.

Ces annexes, organes essentiels de la vie intérieure et des relations extérieures des tribus, appellent tout d'abord l'attention.

Parmi ces centres, les uns sont exclusivement commerciaux, les autres exclusivement religieux.

Les centres commerciaux sont des villes : Ghadâmès et Rhât, en territoire târgui; Mourzouk, Ouarglà et In-Sàlah, sur les frontières de leurs parcours, mais dans le rayon des relations journalières des Touâreg.

Les centres religieux, au nombre de quatre, sont ou des confréries organisées en vastes associations ou des familles princières de marabouts exerçant une sorte de pouvoir spirituel sur leurs clients.

Les confréries sont : celle des Tedjàdjna, dont le siége principal est à Temâssîn, dans l'Ouâd-Rîgh (Algérie), et celle des Senoûsi, dont la métropole est à Jerhâjîb, dans un désert situé entre la Tripolitaine et l'Égypte.

Les familles princières de marabouts sont les Bakkây, à Timbouktou, et les Oulâd-Sîdi-Cheikh, à El-Abiodh, dans le cercle de Géryville (Algérie).

Dans les confréries, les chefs sont des *cheikh*, vénérables, des *moqaddem*, gardiens; les disciples sont des *khouân*, frères.

Dans les familles de marabouts, l'autorité souveraine est exercée par l'aîné, *cheikh*, vénérable, mais avec le concours des autres membres de sa famille, marabouts comme lui; les clients sont des *khod-dâm*, serviteurs.

Ces quatre centres religieux embrassent dans leurs juridictions, à peu près sans exception, toutes les populations des villes et des campagnes du Sahara central.

Leur action s'exerce, dans chaque groupe, soit par des *zâouiya*, sanctuaires fixes, à la fois églises ou lieux de réunion et écoles ou académies d'enseignement, vers lesquelles convergent les disciples et les serviteurs, soit par des missionnaires ambulants qui vont, de tribu en tribu, pour diriger les consciences et rappeler aux nomades les liens qui les rattachent à leurs chefs spirituels.

Ce livre sera donc divisé en deux chapitres : les centres commerciaux et les centres religieux; et chaque chapitre subdivisé en autant de paragraphes qu'il y a de centres d'attraction.

CHAPITRE PREMIER.

CENTRES COMMERCIAUX.

Je range dans cette catégorie les points d'arrivée et de départ des grandes caravanes, des caravanes de long cours, à l'exclusion des points secondaires, dont les opérations peuvent être comparées à celles du cabotage, parce que, si les Touâreg ont des rapports journaliers avec les grands centres, ils n'en ont presque aucun avec les petits.

Je n'embrasse dans ce chapitre que l'étude des rapports sociaux des Touâreg avec ces centres, et non la question commerciale, réservée pour un second volume, dont la publication ne se fera pas attendre.

§ Ier. — GHADÂMÈS.

La ville de Ghadâmès, quoique située dans les terres de parcours des Touâreg Azdjer et quoique relevant socialement de cette peuplade indépendante, est aujourd'hui incorporée politiquement dans la Tripolitaine, conséquemment dans l'Empire Ottoman.

Les nécessités de son commerce l'ont obligée à subir la double loi du maître du port maritime avec lequel elle opère, et des maîtres de toutes les routes par lesquelles elle importe ou exporte ses marchandises.

Ghadâmès est une ville fort ancienne : la tradition et l'histoire l'affirment ; les ruines de différentes époques et de différentes civilisations trouvées dans son enceinte confirment, en les complétant, les renseignements que nous ont transmis à ce sujet les auteurs grecs et latins.

Le choix de l'emplacement de cette ville fut déterminé par la présence d'une source d'eau douce des plus abondantes presque à égale distance de quatre points que nous trouvons être des centres d'habitation fixe de l'homme, dès les premiers âges de l'histoire :

Djerma (*Garama*), dans le Sud-Est ;

Ouarglâ, dans l'Ouest-Nord-Ouest ;

Gâbès (*Tacape*) et Tripoli (*Oea*), dans le Nord, sur le littoral méditerranéen.

De plus, cette source placée entre deux barrières que les sables opposent à la circulation : les dunes de l'"Erg, dans l'Ouest, les dunes d'Édeyen dans le Sud-Est, était située sur la grande voie commerciale de la Méditerranée à la région mystérieuse de la Nigritie, voie dont la fréquentation était consacrée par le temps et sur laquelle circulaient des produits alors fort recherchés.

Il fallait tous ces avantages de position pour décider des hommes entreprenants à venir s'établir au milieu de la plus aride des solitudes, loin des points plus favorisés auxquels ils ont dû, doivent et devront toujours demander les denrées nécessaires à leur consommation.

D'après les habitants de Ghadâmès, l'origine de leur ville remonte au temps d'Abraham.

L'Égypte était en pleine prospérité à l'époque des patriarches bibliques et Ghadâmès a conservé jusqu'à nos jours un bas-relief que j'y ai découvert et qui ressemble trop aux productions si caractérisées des anciens Égyptiens pour qu'on puisse lui assigner une autre origine. On en jugera par la planche ci-contre. (Fig. n° 1.)

Ce fragment, ainsi que d'autres objets que l'on met à nu, de temps à autre, en creusant les fondations de nouvelles maisons, semble être la preuve qu'il florissait là, dès la plus haute antiquité, une civilisation sœur de celle des rives du Nil, quoique moins avancée et moins parfaite.

Pline nous apprend qu'au commencement de l'ère chrétienne et dans la contrée où se trouve aujourd'hui Ghadâmès vivaient des *Liby-Égyptiens*[1], c'est-à-dire des Libyens d'origine égyptienne.

Le témoignage de Pline, confirmé par le bas-relief libyco-égyptien

---

1. Dans l'intérieur de l'Afrique, dit Pline, du côté du Midi, au-dessus des Gétules, et après avoir traversé des déserts, on trouve d'abord des Liby-Égyptiens, puis les Leuc-Éthiopiens ; plus loin des nations éthiopiennes... Tous ces peuples sont bornés du côté de l'Orient par de vastes solitudes, jusqu'aux Garamantes, aux Augyles et aux Troglodytes.

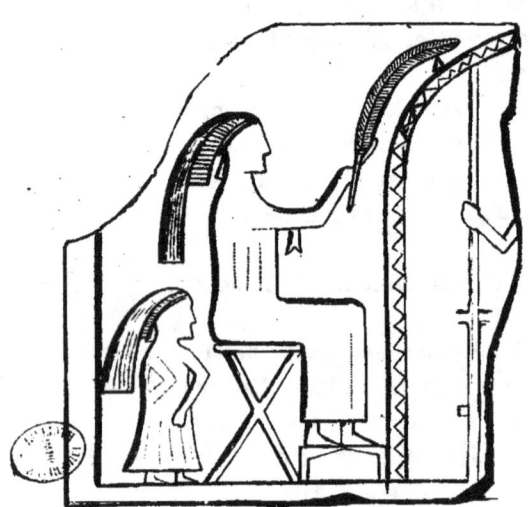

Fig. 1. — BAS-RELIEF LIBYCO-ÉGYPTIEN
(TROUVÉ AU BORDJ-TASKÔ, EN CREUSANT LES FONDATIONS D'UNE MAISON).

D'après un dessin de M. H. Duveyrier.

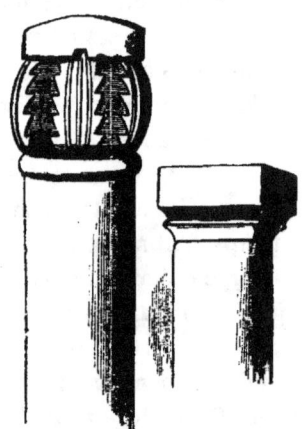

Fig. 2. — COLONNES ET CHAPITEAUX DE LA PLACE D'EL-'AOUÎNA, A GHADÂMÈS.

D'après un dessin de M. H. Duveyrier.

dont je reproduis le dessin exact, semble donner quelque valeur à la tradition locale : car, pour que des colons égyptiens soient devenus Libyens au commencement de notre ère, plusieurs générations avaient dû se succéder dans le pays.

Mais à Ghadâmès il n'y a pas que des ruines libyco-égyptiennes : à 250 mètres environ, au Sud-Ouest de l'oasis, sur le plateau d'El-Esnâmen (les idoles), on remarque des ruines *sui generis*, postérieures à l'époque égyptienne et antérieures à l'époque romaine et auxquelles je n'ai pu assigner de caractère, avant d'avoir visité en détail les ruines de l'ancienne capitale des Garamantes. Aujourd'hui le doute n'est plus permis pour moi : les débris auxquels les indigènes donnent le nom d'idoles, parce que leur construction est due à des peuples idolâtres, ces débris, dis-je, composés des mêmes matériaux, liés entre eux par un même ciment, appartiennent à l'époque garamantique, époque d'une civilisation indigène qui a laissé plus d'une trace dans le Sahara.

M. Vatonne, membre de la mission de Ghadâmès (1862), dans son remarquable Mémoire déjà cité, nous fait connaître un autre monument de la même origine.

« Une autre construction analogue, dit-il, est assez éloignée des
« six idoles; elle se trouve à un des angles du rempart de Ghadâmès,
« du côté Nord-Ouest. C'est une tour carrée, en matériaux du pays,
« grès, gypse et dolomie ; les pierres ont été choisies de forme plate ;
« on y a fait entrer quelques briques. L'une de ces pierres plates, en
« grès rouge, nous a été apportée par un indigène et donnée comme
« provenant de cette tour. Quelques caractères étaient tracés dessus ;
« *nous les reproduisons sans savoir quels ils sont ni l'intérêt qu'ils*
« *peuvent avoir*. A la partie inférieure, il y a une chambre dans
« laquelle on pénètre par une porte basse. Dans le fond, il y a une
« saillie de mur formant banquette sur laquelle on peut s'asseoir ou
« s'étendre ; au-dessus est un emplacement qui a dû être voûté.
« La voûte est aujourd'hui détruite ; il y a une ouverture ou sorte de
« fenêtre par laquelle nous avons pu pénétrer. La destination de
« cette tour, dont la construction doit remonter à une époque très-
« reculée, est complètement inconnue des indigènes. A côté de celle
« encore debout, il y a les ruines d'une autre petite tour dont les
« débris sont épars sur le sol. D'autres inscriptions ont-elles été trou-
« vées en ce point? Nous l'ignorons, mais il nous a été dit que le

« vice-consul anglais se rendait très-souvent à cette tour ; peut-être
« y a-t-il trouvé quelque chose de plus intéressant que la dalle qui
« nous a été donnée. »

Je cite ce passage du Mémoire de M. Vatonne parce que sa description me rappelle celle du Qeçir-el-Watwat ou *châtelet des chauves-souris* de Djerma-el-Kedima, et constate l'origine commune des deux monuments et de leurs similaires. (Voir la planche d'El-Esnâmen, ci-contre, et celle du Qeçir-el-Watwat, page 279.)

Quant à l'inscription trouvée dans la tour décrite par M. Vatonne, elle est bilingue : moitié en caractères grecs, moitié en caractères inconnus, peut-être ceux de la langue garamantique. Dans la partie grecque de l'inscription on lit distinctement les mots suivants :

$$\text{EAKAREΔI}$$
$$\text{ENZVAN}\overline{\nu}^{\times}\text{EV,}$$

soit *elkaredi enzulnuchen*, qui n'ont aucune signification en grec, mais qui peuvent être la transcription de mots étrangers en caractères grecs.

Ce petit détail offre beaucoup d'intérêt à l'archéologue, car il témoigne d'un certain contact, à Ghadâmès, entre la civilisation grecque et une civilisation indigène inconnue de nous. A quoi eût servi une inscription grecque dans une ville où nul Grec n'aurait pu la lire ?

Mais les Égyptiens, les Garamantes et les Grecs ne sont pas les seuls parmi les grands peuples de l'antiquité qui aient laissé à Ghadâmès des indices certains de leur passage.

Par Pline, nous savions qu'au nombre des lieux subjugués par les armes romaines, sous la conduite de Cornelius Balbus, figuraient les villes importantes de Cydamus et de Garama ; par un passage des *Fastes capitolins*, nous savions que cette expédition avait été entreprise en l'an de Rome DCCXXXIV (19 avant J.-C.), mais nous ignorions si la ville de Cydamus avait été occupée par les conquérants, si leur occupation avait été temporaire ou durable.

Une inscription romaine [1], enfouie jusqu'au moment de la découverte que j'en fis en 1860, à la porte des jardins, en venant de la Zâouiya de Sidi-Maâbed, et probablement placée à l'entrée du

---

[1]. Cette inscription a été envoyée à Tougourt, pour de là être expédiée au Muséum d'Alger, mais elle ne paraît pas être encore arrivée à destination.

Fig. 1. — VUE DE L'OASIS DE GHADAMÈS
(PRISE DU DHAHARA).

D'après un dessin de M. H. Duveyrier.

Fig. 2. — VUE DES RUINES DES ESNÂMEN, A GHADAMÈS.

D'après un dessin de M. H. Duveyrier.

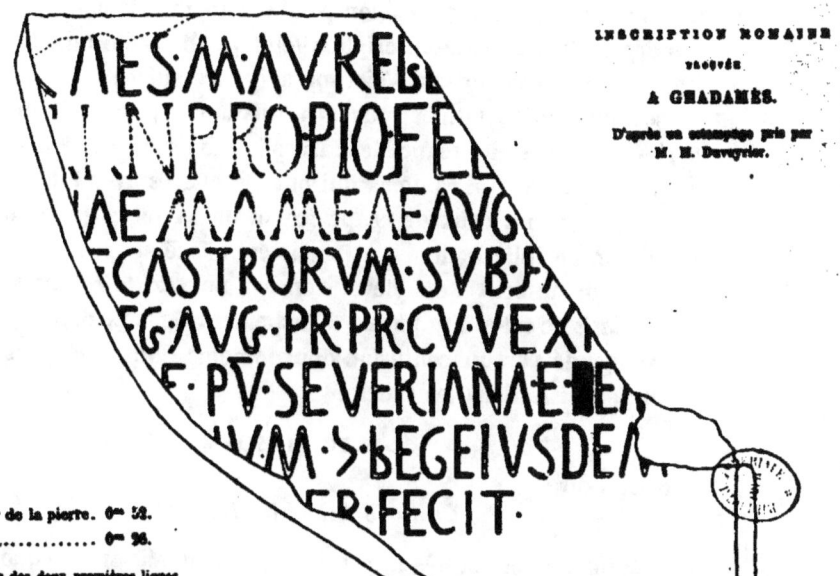

camp fortifié qui protégeait la ville, non-seulement assigne une longue durée à l'occupation de Cydame par les Romains, mais encore nous révèle des détails importants sur cette occupation.

Bien que cette inscription ait déjà été publiée dans l'*Annuaire de la Société archéologique de Constantine* (1860-1861), je la reproduis ici. (Voir sur la planche ci-contre.)

M. Léon Régnier, membre de l'Institut, auquel des connaissances spéciales assurent une incontestable autorité dans toutes les questions d'archéologie africaine, a bien voulu, sur ma demande, contrôler l'interprétation de cette inscription telle qu'elle a été faite à Constantine par M. Cherbonneau. Voici son avis à ce sujet :

« L'inscription latine trouvée à Ghadàmès par M. Henri Duvey« rier n'est pas du règne de Caracalla, mais de celui d'Alexandre « Sevère (221-235). Les noms qui ont été effacés avec intention dans « l'antiquité sont ceux de ce prince et de sa mère *Julia Mammæa*. « Le nom de Julia Domna n'a jamais été effacé sur les monuments.

« Le monument a été élevé, non par un *vexillaire*, mais par une « *vexillatio*, c'est-à-dire par un détachement de la Légion *III° Augusta* « commandé par un centurion dont le nom a disparu, mais dont le « titre subsiste dans les sigles :

.>.LEG.EIVSDEM

« c'est-à-dire :

Centurio Legionis ejusdem.

« Cette inscription est très-importante, parce qu'elle prouve que le terri« toire de la province de Numidie s'étendait alors jusqu'à Ghadàmès. »

D'après la nouvelle interprétation de M. Léon Régnier, l'occupation de Cydamus par les Romains aurait eu une durée minimum de 250 ans, et comme il n'est pas probable que le monument orné de cette inscription ait été élevé au moment de l'évacuation de la ville, on est autorisé à donner à l'occupation une limite beaucoup plus considérable.

La rectification de l'honorable membre de l'Institut, indépendamment du fait considérable qu'elle constate, — l'extension de la province de Numidie au delà de la zone des sables de l'Erg, — apporte une nouvelle preuve matérielle à l'appui de l'opinion unanime des indigènes, qui fait arriver la frontière actuelle de la province de Constantine jusqu'aux portes même de Ghadàmès.

De plus, elle fait pressentir que les Romains, pour leurs relations commerciales avec l'intérieur du continent, avaient considéré la voie indirecte par Cirta, Lambesse et Cydame, préférable à la voie directe par Sabrata ou Oea, car ce n'est pas sans motif sérieux que, maîtres de tout le littoral, ils ont rattaché l'administration de Cydame à celle de Lambesse et non à celle de toute autre métropole plus rapprochée soit de la Province d'Afrique, soit de la Tripolitaine. La question de production ne doit pas être étrangère à ce choix.

Enfin, la subalternisation de Cydame à Lambesse implique que les Romains avaient pu surmonter les difficultés de la communication, car un détachement de la IIIe Légion Auguste, dont le dépôt était en deçà de l'obstacle des sables et de la chaîne de l'Aurès, ne pouvait pas être isolé de son quartier-général, des magasins et du siège administratif de la Légion.

Mes études personnelles sur l'Erg, ainsi que celles plus complètes de la mission qui avait pour chef M. le lieutenant colonel Mircher, démontrent que, sur le parcours des différentes routes entre El-Ouad et Ghadâmès, on pourra, avec des moyens plus puissants que ceux dont disposent les indigènes, multiplier les puits autant qu'on voudra.

D'autres traces de l'occupation romaine se retrouvent encore à Ghadâmès : ainsi, sur la place d'El-'Aouîna, j'ai vu des débris de chapiteaux et de colonnes, témoignage d'un luxe d'une autre nature. (Voir page 250, figure 2 de la planche.)

Si je suis bien informé, la charpente de la principale mosquée de la ville est supportée par des colonnes romaines et les murs de l'édifice sont en matériaux de même origine. On comprendra que je me sois abstenu de chercher à constater ce fait.

Dans l'immense nécropole, dite le cimetière des Beni-Ouazît, on remarque des tombes de tous les âges, depuis l'époque païenne anté-islamique jusqu'à nos jours. Il est possible qu'on y retrouverait des inscriptions tumulaires romaines, si on pouvait fouiller les tombes les plus anciennes.

Ghadâmès est donc autorisée à revendiquer une origine antérieure à l'histoire, et tout porte à croire qu'elle n'a cessé d'être habitée depuis sa fondation.

Le général arabe 'Amrou-ben-el-'Aâçi, qui fit la conquête du Sud de la Tripolitaine sur les Romains [1], obligea, dit la tradition, les habi-

[1]. J'ai rapporté de mon voyage la copie d'un livre d'histoire sur ces contrées

tants de Ghadâmès à embrasser l'islamisme, et cette conversion forcée ne paraît pas s'être réalisée sans difficulté, car il y a encore aujourd'hui dans la ville une rue, celle d'El-Wahchi, appelée aussi la *rue du NON*, c'est-à-dire *de ceux qui refusèrent d'accepter tout d'abord la religion de Mohammed.*

Avant la conquête musulmane, quelle religion professaient les Ghadâmèsiens : païenne ou chrétienne? On n'a malheureusement aucun renseignement précis sur la population de Ghadâmès dans ces temps reculés.

Au moyen âge, les doctrines hérésiarques de la secte des Ouahabites, qui paraissent avoir été embrassées avec tant d'ardeur par les Berbères, firent à Ghadâmès de nombreux prosélytes, et, pour les docteurs musulmans des rites orthodoxes, les Ghadâmèsiens ne sont pas encore aujourd'hui purs de l'accusation d'hérésie.

Sidi-Mohammed-el-Bakkây, de Tombouktou, qui était à Ghadâmès, de passage, en même temps que moi, avait résumé ses impressions sur l'orthodoxie des modernes habitants de cette ville dans le quatrain suivant :

لا رَيت الى لصف من العباد

بى فلّة العروض غدامس

ولانى فالع منها زاد

يعودوا بى الدين خوامس

Traduction mot à mot :

« Je n'ai pas vu parmi les hommes qui surpassent, en manque d'hospitalité, « (ceux de) Ghadâmès : aussi je n'emporte de chez eux que la certitude qu'en fait « de religion ils sont schismatiques. »

Les Ghadâmèsiens font partie de la section des Berbères que les géographes arabes appellent *molâthemîn*, c'est-à-dire *les voilés*,

au moment de la conquête musulmane. Il a été écrit par Aboû l'Abbâs-ben-Sa'îd ech-Chemâkhi, et a pour titre *Kitâb fi Sahâib-el-Gholoûb*, ou *Livre sur les conquérants*. Je n'ai eu, jusqu'à présent, ni le temps ni la santé nécessaires pour le traduire, mais un jour viendra, je l'espère, où je pourrai extraire de cet ouvrage tout ce qu'il contient d'important.

parce que, comme les Touâreg, ils portent un voile sur la figure.

Mais, quoique voilés, quoique Berbères, ils ne sont pas Touâreg, car ils diffèrent d'eux par leur origine, par leur dialecte, par leurs vêtements, par leurs habitudes urbaines, enfin par leur aptitude spéciale à l'industrie et au grand commerce.

Quatre groupes distincts d'habitants constituent la population de Ghadâmès :

Les *Beni-Ouazit*, Berbères, se prétendant nobles et descendants des fondateurs de la ville ;

Les *Beni-Oulîd*, également Berbères, également nobles, également anciens habitants de la ville ;

Les *Oulâd-Bellil*, Arabes, nobles, originaires de Sinâoun, ville voisine ;

Les *'Atrîya*, mélange de nègres affranchis et des enfants de sang mêlé que les Ghadâmèsiens ont eus de leurs rapports avec des négresses.

Pendant longtemps, les Beni-Ouazit et les Beni-Oulîd ont été en guerre entre eux, et les quartiers qu'ils habitaient étaient isolés les uns des autres ; aujourd'hui, quoique en meilleur intelligence, ils évitent réciproquement de prendre demeure en dehors du quartier de leurs tribus.

Les Oulâd-Bellil n'ont qu'un rang secondaire dans une ville principalement berbère.

Les 'Atrîya, attachés en qualité de clients aux familles de leurs anciens maîtres, comme autrefois les affranchis chez les Romains, n'ont aucune influence, malgré leur grand nombre, car il leur est interdit, par les coutumes locales, de franchir l'échelon social qui les sépare de la classe noble.

Au Sud-Ouest de Ghadâmès est un plateau, celui de *Dhâhara*, où campent les Touâreg qui viennent en ville. Quelques-uns même y sont à résidence fixe. C'est une sorte de faubourg targui.

Bien que les Ghadâmèsiens parlent l'*arabe* avec les Arabes qui fréquentent leur ville, le *temâhaq* avec les Touâreg, le *haoussa* avec leurs esclaves, ils font usage entre eux d'un *dialecte berbère particulier* qui tient le milieu entre celui des Nefoûsa et celui des Touâreg. L'isolement absolu de leur ville explique la conservation d'un idiome propre.

Les femmes n'ayant aucune relation avec les étrangers, ne parlent que le dialecte ghadâmèsien.

Elles sont rigoureusement cloîtrées. Il ne leur est permis de sortir dans les rues que voilées et le soir seulement, pour aller chercher de l'eau à la fontaine, pendant que les hommes sont à la mosquée. Mais, pendant le jour, les terrasses des maisons leur sont exclusivement abandonnées, et comme ces toitures communiquent toutes ensemble, elles peuvent se visiter entre elles, aller faire leurs emplettes, sans affronter des regards indiscrets. Cependant presque toutes sont instruites dans leurs devoirs de religion, prient aux heures prescrites et vont même à la mosquée, qui reste ouverte pour elles seules après la prière du Maghreb.

Le voile des habitants de Ghadâmès est toujours blanc; presque tous leurs vêtements viennent du Soudan, et ils choisissent de préférence ceux d'une couleur claire.

Le costume des femmes consiste en une longue gandoûra, dalmatique orientale, qui couvre tout le corps, et leur coiffure en une sorte de diadème qui donne un air de grandeur à leur physionomie. Les femmes d'origine noble sont toujours voilées; les 'Atrîyât seules sortent au dehors le visage découvert.

Comme les nomades Touâreg, les Ghadâmèsiens sont souvent sur les routes pour leurs affaires : mais rencontre-t-on une ville, ces derniers saisissent, en vrais citadins, l'occasion qui leur est offerte d'aller chercher un abri sous un toit protecteur, tandis que les Touâreg semblent tenir à honneur de ne jamais accepter l'hospitalité dans l'enceinte d'une ville, dans l'intérieur d'une maison. On dirait qu'ils craignent de ne pas avoir assez d'air à respirer ou assez d'espace pour se mouvoir, s'ils interposent quelque obstacle entre eux et l'immensité du ciel et de la terre.

Le caractère des Ghadâmèsiens est grave et réservé; il se ressent de la position exceptionnelle de leur ville au milieu d'un désert improductif qui les oblige à ne voir de la vie que le côté sérieux, et à s'ingénier à remédier par le commerce et l'industrie à l'extrême pauvreté et à l'isolement du milieu qui les a vus naître.

Leur aptitude au grand commerce est surtout digne de remarque. Il n'est par rare de trouver à Ghadâmès des maisons ayant des succursales à Kanô, à Katsena dans le Soudan, à Timbouktou sur le

Niger, à Rhât et à In-Sâlah dans le centre du Sahara, à Tripoli et à Tunis sur le littoral de la Méditerranée.

En voyant, au milieu d'un désert, dans une ville sans gouvernement sérieux, sans autres lois que celles du Coran, sans garanties pour les personnes et pour les marchandises, sans routes autres que des sentiers dont la trace, comme celle du sillage du navire, se perd à l'instant du passage; en voyant, dans de semblables conditions, des maisons de commerce embrasser des marchés si nombreux et si différents, et à des distances aussi considérables, on se demande si le mirage saharien ne grossit pas un peu trop les objets et ne multiplie pas les relations. Cependant le doute ne peut être permis, car le contrôle le plus sévère démontre que le commerce du littoral méditerranéen avec l'Afrique centrale et les villes intermédiaires, sauf la portion dévolue au Maroc, est en presque totalité aux mains des Ghadâmèsiens ou de leurs correspondants.

La priorité et la fidélité des relations, le génie commercial, de grandes richesses acquises et multipliées par la plus sévère économie, une prudence consommée, des alliances solides avec les Touâreg, ne suffisent pas pour expliquer comment une bourgade, isolée de l'univers par la solitude des déserts, a pu perpétuer, à travers tant de siècles et au milieu de tant de révolutions, des entreprises aussi considérables; il a fallu encore que le besoin de rapports entre le Nord et le Sud fût une nécessité impérieuse, et que le commerce, objet de ces rapports, fût lucratif, respecté et non soumis aux avanies et aux risques de perte qui ont valu aux pirates du Sahara la réputation dont ils jouissent parmi nous.

Je n'anticiperai pas, pour démontrer qu'il en est ainsi, sur une matière qui ne peut être traitée incidemment; cependant je crois utile de prouver immédiatement, par des faits authentiques, que les bénéfices du commerce saharien sont énormes, et que les risques sont à peu près nuls, si le commerçant se soumet aux coutumes respectées du pays.

Peu de temps après mon arrivée à Ghadâmès, je reçus la visite d'un marchand qui, à Kanô, avait prêté à M. le docteur Barth, lors de son retour de Timbouktou, de l'argent au taux fabuleux de 100 pour % pour quatre mois. L'ayant dérisoirement complimenté sur sa libéralité, il me répondit : « Mais, je ne lui ai demandé que ce que m'eût rapporté, dans le même laps de temps, pareille somme employée en achat d'ivoire et sans courir l'ombre de chance de perte. »

Il est d'ailleurs accepté par tous les Sahariens, comme axiome proverbial, que, pour s'enrichir, il suffit de faire un voyage au Soudan.

Mais voici d'autres faits qui éclairent encore mieux la question :

M. le capitaine de Bonnemain, dans le compte rendu de son voyage à Ghadâmès en 1856, dit : « La plupart des caravanes qui « arrivent à Ghourd-Taferiest (environ moitié chemin entre El-Ouâd « et Ghadâmès) ont l'habitude d'y déposer, à ciel ouvert, une partie « des provisions qui doivent leur servir pour le retour; il n'y a pas « à craindre que d'autres voyageurs songent à s'en emparer.

« Au retour, ajoute M. de Bonnemain, la caravane reprit les vivres « qu'elle avait déposés à son passage. »

Sur la même ligne, mais par un chemin différent, en 1860, j'ai aussi trouvé des marchandises ainsi confiées à la garde de Dieu.

M. Ismayl-Boû-Derba, entre Ouarglâ et Rhât, a, comme M. de Bonnemain, déposé et retrouvé des provisions de retour à mi-chemin ; comme moi, il a remarqué en route des ballots abandonnés par d'autres caravanes.

Sur les routes de Mourzouk et de Rhât au Soudan, tous les voyageurs européens ont rencontré sur leur passage des charges de marchandises attendant le retour de leur propriétaire pour être rendues à destination.

Dans les caravanes, disent tous les indigènes, il n'y a pas de bêtes de somme de rechange. Quand un chameau vient à périr ou se trouve dans l'impossibilité de continuer à porter son fardeau, on laisse sa charge sur la route, avec la certitude de la retrouver intacte, attendît-on une année pour venir la chercher.

Je ne cite pas ces faits pour en tirer la conclusion que toutes les routes sahariennes offrent plus de sécurité que les routes européennes. Non. Il y a dans le Sahara des routes protégées par des populations auxquelles les caravanes paient un faible droit de passage pour prix de leurs services. Ces routes, généralement suivies par les caravanes, offrent les exemples de sécurité que je viens de rapporter. D'autres, celles qui traversent des territoires en proie à l'anarchie, ne sont plus dans les mêmes conditions; les caravanes fortes et armées, seules, peuvent les parcourir, comme les navires pourvus de moyens de défense peuvent, seuls, fréquenter certaines mers.

L'industrie, ai-je dit, est aussi un des éléments d'activité de Ghadàmès. En effet, on y trouve tous les corps de métiers qu'exige l'isolement de la ville : tailleurs, tisserands, cordonniers, tanneurs, forgerons, selliers, bijoutiers, menuisiers, maçons, et ces professions sont généralement exercées de père en fils dans la même famille. Déjà, au xie siècle, Ghadâmès était renommée pour le travail des cuirs[1] et elle a conservé cette réputation justement méritée, car nulle part, en Afrique, on ne fait d'aussi bonnes chaussures.

L'industrie agricole, quoique limitée à la culture des jardins compris dans le mur d'enceinte de l'oasis, occupe un certain nombre de bras, l'isolement de la ville obligeant ses habitants à y pratiquer la culture la plus intensive possible. Les engrais et les irrigations n'y sont pas négligés.

Les eaux d'irrigation sont fournies par des puits et par la source qui donne des eaux alimentaires à la population.

Le débit total de la source est divisé, sur une rotation de treize jours, en 925 *dermisa*, subdivisées elles-mêmes en 6,475 *qâdoûs*, qu'un fonctionnaire répartiteur distribue à tous les ayant droits d'après un règlement municipal religieusement observé.

Le qâdoûs étant la 500e partie du volume des eaux fourni par la source dans les 24 heures, correspond à une part journalière de $2^m 53^s$ du débit total, soit, en nombre rond, *trois minutes*.

La dermisa se composant de sept qâdoûs, représente $20^m 11^s$ du volume total fourni en treize jours, soit $20^m 11^s$ répartis sur $18,720^m$.

La dermisa arrose, en moyenne, une superficie indéterminée couverte de 64 dattiers[2], à l'ombre desquels sont cultivés d'autres arbres et toutes les plantes maraîchères que consomment les habitants de l'oasis.

Toutes les eaux d'irrigation appartiennent au gouvernement, qui en aliène la jouissance perpétuelle aux familles propriétaires des jardins. La dermisa est louée 80 riâl sebili par an, soit 55 fr. 20. L'en-

---

1. Voir : *Description de l'Afrique*, par un anonyme, texte arabe publié à Vienne, par M. A. de Kremer, 1854.
2. D'après les habitants, le nombre des palmiers de l'oasis s'élèverait à 63,000, mais j'ignore si cette estimation est le résultat d'un dénombrement régulier, ancien ou moderne.

semble des eaux rapporte donc à l'État environ 50,000 fr. par an[1].

L'usufruitier d'une dermlsa ainsi que ses héritiers en disposent comme s'ils en étaient propriétaires, sous la réserve qu'à l'extinction de la famille du tenancier le droit de libre disposition fait retour à l'État.

Cette sage mesure, conforme aux règles de l'islamisme sur l'appropriation des eaux, a pour but de prévenir l'accaparement d'un produit naturel indispensable à tous et inséparable de la terre qu'il doit féconder.

Les eaux de la source sont recueillies dans un vaste bassin, de construction ancienne, assez étendu et assez profond pour qu'on y puisse nager à l'aise; de ce bassin, elles sont réparties dans l'oasis par cinq canaux également de construction ancienne.

En langue temâhaq, cette source porte le nom d'*arhechchoûf*, mot dont la racine est la même que celle de *arhôchchâf*, crocodile; non que le crocodile y ait jamais existé, mais parce que le nom temâhaq du crocodile signifierait l'*animal des sources* ou *des eaux vives*.

L'étude des terrains environnants et des puits de l'oasis, ainsi que la température[2] élevée des eaux de la source, paraissent à M. Vatonne des indications suffisantes pour faire espérer qu'avec un sondage de 120 mètres on pourrait atteindre la nappe qui alimente la source actuelle et augmenter dans des proportions considérables le volume des eaux de Ghadâmès et des environs.

Je m'associe volontiers à ces espérances, non-seulement pour Ghadâmès, mais encore pour beaucoup d'autres points du Sahara.

Pour Ghadâmès en particulier, la question des relations commerciales avec l'Algérie serait bien simplifiée, si, à la limite de notre frontière, des forages artésiens permettaient d'y établir une colonie de Souâfa, succursale d'El-Ouâd, le plus avancé de nos marchés dans le Sud-Est.

Un entrepôt de marchandises françaises, installé dans cette colonie, offrirait au commerce de Ghadâmès beaucoup de produits qui lui manquent aujourd'hui, et entre autres ceux d'Alger et de l'industrie orientale des Maures d'Alger.

---

1. Ces chiffres sont ceux qui m'ont été donnés en 1860. Ceux fournis, en 1862, à M. le lieutenant-colonel Mircher, sont plus élevés.

2. Voir, pour la température et l'analyse des eaux de la source, liv. I, chap. III, pages 31 et 32.

En attendant que l'avenir réalise ou démente ces espérances, je reviens à l'état actuel du principal centre commercial de la Tripolitaine.

La physionomie de la ville de Ghadâmès répond très-bien au degré de développement industriel et commercial de ses habitants, à leur richesse, à leur intelligence et à leur moralité.

Les maisons vastes, bien aérées, blanchies à la chaux, sont souvent à plusieurs étages.

Les rues sont presque toutes couvertes, pour leur conserver le plus de fraîcheur possible.

Dans les rues principales, des boutiques de détail, boutiques à la façon de Berbèrie, bien entendu, consistant en un étal et un siége pour le débitant, pourvoyent aux besoins journaliers des citadins.

Un marché hebdomadaire, qui se tient tous les vendredis sur la place d'El-'Aoulna, supplée, par des apports étrangers, aux approvisionnements quotidiens des boutiquiers ordinaires. Là, comme sur la plupart des marchés de consommation de l'intérieur, les denrées sont vendues à l'encan. L'importance de ce marché varie suivant les saisons, les arrivées ou les départs des caravanes. Pendant mon séjour, on y vendait, par marché, environ 300 moutons destinés à la boucherie.

Des boucheries, des boulangeries et des biscuiteries, à l'usage de la population flottante, remplacent pour les étrangers les abatages et la fabrication de pain qui, pour les habitants sédentaires, s'effectuent dans l'intérieur de chaque famille.

Des fontaines, dans chaque quartier, donnent abondamment l'eau à tous.

Enfin, ce qui ne se voit dans aucune autre partie du Sahara, l'ensemble des plantations de palmiers est entouré d'un mur de défense, en ruines, il est vrai, sur plusieurs points, quoiqu'il porte des traces de différentes reconstructions. (Voir la planche ci-contre.)

Sans doute, Ghadâmès, ville souvent réédifiée, n'offre ni la régularité ni le confortable des cités européennes modernes; mais dans le jugement que je porte sur son assiette, je ne puis raisonnablement que la comparer aux autres centres sahariens, et je n'hésite pas à lui accorder un rang distingué entre toutes ses rivales.

Les principaux quartiers de la ville sont : In-Djoûra, Taskô, Tin-

Guezzîn, Taferfar, El-'Aoulna ou Beni-Mâzigh, Amaendj, Aydrâr, Djer-Essân et Oulâd-Bellîl.

7,000 habitants environ peuplent ces divers quartiers.

La population flottante varie avec les départs et les arrivées des caravanes.

Une seule grande porte donne accès dans la ville, ce qui rend la surveillance des entrées et des sorties plus facile.

A l'époque de mon séjour à Ghadâmès (1860), l'autorité politique et administrative des Turcs y était représentée par un moûdir, assisté d'un kaououâs.

La fonction de moûdir correspond à celle de kaïd des tribus algériennes.

La force publique mise à la disposition de cette autorité supérieure consistait en quelques Arabes du Djebel-Nefoûsa, quelquefois au nombre de quatre seulement, envoyés en corvée pour trois mois, par le kâïmakâm du Djebel, duquel Ghadâmès dépendait. Pour empêcher cette garnison temporaire de rentrer dans ses foyers avant l'expiration du délai fixé, le moûdir était obligé de prendre en gage ses fusils.

La mission de ce simulacre de gendarmerie, *sans armes*, était de garder la porte de la ville, de prêter main-forte au chef de la douane, pour l'acquittement des droits, et de servir de chaouch ou agents de police au moûdir.

A la fin de 1862, quand une mission française s'est rendue à Ghadâmès pour y conclure un traité de paix avec les Touâreg, cette ville ayant été, par un édit de la Porte Ottomane, placée sous le régime de la liberté commerciale, la garde protectrice de la douane avait été supprimée avec elle, et Ghadâmès offrait le spectacle, peut-être unique dans le monde, d'une ville relevant d'une autorité étrangère représentée par un seul agent, le moûdir.

Mais, depuis, cet âge d'heureuse quiétude a disparu. Le kaïd algérien, 'Aly-Bey, ayant franchi les dunes de l'Erg avec une troupe (*goûm*) de cavaliers Souâfa et Rouâgha, pour venir faire escorte aux missionnaires officiels à leur retour, la paisible population de Ghadâmès s'est crue menacée de conquête et a obligé le gouvernement de Tripoli à prendre des mesures pour la défendre au cas de nécessité.

Au moûdir a succédé un pacha; une garnison de Turcs (*redif*), envoyée d'Europe et renforcée de cavaliers du Sàhel (*bachi-bouzouk*), est venue occuper la place.

Désormais Ghadâmès est devenue le chef-lieu d'un kâïmakâmlik saharien relevant de Tripoli, et embrassant, dans sa circonscription, une partie du Fezzân.

Cette organisation, fondée sur la peur, n'est-elle que transitoire? Je l'ignore. Quoi qu'il en soit de craintes sans motifs [1], je ne puis que me réjouir de voir un nouvel élément d'ordre introduit dans le pays.

De 1850 à 1858, le gouvernement anglais a entretenu à Ghadâmès un vice-consul, probablement en vue de surveiller le commerce des nègres. Ce consulat est aujourd'hui supprimé, ainsi que celui de Mourzouk.

La création d'une agence consulaire de France, beaucoup plus nécessaire, est à l'état de projet depuis plusieurs années. Elle ne tardera pas, sans doute, à être installée, car les intérêts des Touàreg, devenus aujourd'hui nos alliés, ainsi que ceux de notre commerce, réclament cette institution.

La cité est administrée par un *cheikh*, avec le concours d'une assemblée libre des notables (*djema'a*), suivant les anciennes coutumes municipales des Berbères.

Ce fonctionnaire, nommé par l'autorité politique locale, est le véritable magistrat de la ville.

La justice est rendue, au nom du sultan de Constantinople, par un *kâdhi*, qui reçoit son investiture de l'autorité judiciaire de Tripoli.

Un *imâm* est le chef de la religion, en même temps que le suppléant du kâdhi.

L'instruction publique est représentée par un *mouderris* ou maître d'école.

En 1860, le moûdir seul recevait un traitement de l'État.

La garde n'était ni payée ni nourrie.

Le cheikh, le kâdhi et l'imâm n'avaient d'autres honoraires que ceux inhérents à leurs fonctions et payés directement par les administrés.

Le maître d'école et les amîn des corporations avaient, pour toute rétribution, la jouissance d'une portion d'eau.

---

1. Pendant quinze jours, les Turcs de Tripoli ont cru qu' 'Aly-Bey s'était emparé de Ghadâmès, et on affirmait que des Français déguisés, venus avec lui, construisaient un fort près du bassin de la source.

Dans ces conditions, le budget des dépenses s'élevait à 3,500 fr., chiffre du traitement du moûdir.

Le budget des recettes, non compris les produits de la douane et des locations d'eau, s'élevait à 2,500 mitkhal d'or, soit 30,937 fr. 50 c., au taux du change de l'époque.

Il paraît que, nonobstant la levée des droits de douane, l'impôt mobilier et immobilier a aussi subi une réduction, car, d'après M. le lieutenant-colonel Mircher, en 1862, il avait été fixé à 21,000 francs seulement.

L'érection du moûdirît en kâïmakâmlik, avec des charges inconnues jusque-là, aura probablement fait augmenter la part d'impôt de Ghadâmès, car les Turcs ont pour habitude de mettre au compte des populations les dépenses que leur protection occasionne.

Quel que soit l'avenir réservé au nouvel ordre de choses, la force de l'habitude, comme celle de la nécessité, maintiendra l'administration intérieure de la ville aux mains des notables commerçants du pays et le gouvernement des relations extérieures au pouvoir des chefs Touâreg, car, sans une alliance intime des maîtres des routes et des propriétaires des marchandises qui alimentent le commerce de la place, Ghadâmès, déjà en décadence depuis l'abolition de la traite, ne tarderait pas à devenir une ville morte, inhabitable même pour ses habitants, en raison du haut prix de toutes les denrées de consommation.

En vain le drapeau de la Porte Ottomane, dans les circonstances solennelles, est hissé à Ghadâmès, sur une maison à loyer qu'y occupe un gouverneur turc; en vain l'acquittement volontaire d'un faible impôt, tribut religieux autant que politique, semble sanctionner la reconnaissance d'une autorité étrangère : Ghadâmèsiens et Touâreg Azdjer, unis entre eux par les liens du sang et de l'intérêt, se considèrent réciproquement comme faisant partie de la même confédération. En frères associés à la même entreprise, les uns, maîtres de l'espace, forts, actifs, protégent sur les routes les convois de leurs clients; les autres, maîtres de la fortune et des relations qui permettent d'acheter des vivres et des vêtements au dehors, donnent libéralement à leurs protecteurs ce qui est nécessaire à leur existence.

La sollicitude et les égards des commerçants de Ghadâmès pour les Touâreg, grands et petits, révèlent combien est intime l'union des deux populations.

Que chaque maison de commerce pourvoie aux besoins de la famille de son protecteur particulier et prévienne même ses désirs: rien de plus naturel que la réciprocité des services rendus.

Mais là ne se bornent pas les bons offices des citadins envers les nomades.

Un chef târgui tombe-t-il dans la misère, la corporation des marchands l'invite à venir habiter la ville, l'entretient et le nourrit.

L'un des Touâreg, homme libre ou serf, vient-il en ville pour ses affaires, le repas de l'hospitalité lui est donné pendant toute la durée de son séjour.

Des mendiants se permettent-ils d'enfoncer les portes d'une maison qui ne s'ouvrent pas assez vite, on s'excuse de n'avoir pas deviné qu'ils étaient Touâreg.

Par extraordinaire, des Touâreg ont-ils quelques démêlés avec l'autorité turque, aussitôt les notables habitants interviennent pour éviter tout conflit en prenant à leur charge la responsabilité des fautes commises, et l'autorité s'associe à la prudence des habitants.

Ghadâmès, nominalement vassale de la Porte Ottomane, obligatoirement tributaire de Tripoli pour ses besoins commerciaux, est donc bien plus une ville neutre qu'une ville d'État, et si elle était mise en demeure d'arborer le drapeau d'une nationalité, tout l'obligerait à adopter celui des Touâreg.

De cette situation, je conclus que la convention commerciale signée à Ghadâmès le 26 novembre 1862, par les principaux chefs des Touâreg Azdjer et les délégués du gouvernement général de l'Algérie, engage aussi bien la corporation des commerçants de Ghadâmès que les Touâreg eux-mêmes, quoique la convention n'en fasse pas une mention spéciale, mais les deux parties contractantes l'ont explicitement compris ainsi.

§ II. — Rhât.

Rhât est une ville berbère, indépendante des Touâreg, quoiqu'elle soit assise au milieu de leurs campements et quoiqu'elle relève de leur protectorat.

Sa position, au débouché de la gorge d'Ouarâret et de la vallée du Tânezzoûft, sur la grande voie commerciale de Tripoli au Soudan, en un point riche en eaux de sources et en terres susceptibles de culture, semble l'avoir prédestinée au rôle qu'elle joue au milieu de populations nomades.

D'après la tradition locale, la fondation de Rhât daterait de quatre ou cinq siècles au plus, ce qui explique le silence des auteurs arabes du moyen âge à son sujet.

Mais la même tradition lui donne pour fondateurs une tribu berbère noble, les Ihâdjenen, avec le concours des Kêl-Rhâfsa, des Kêl-Tarât, des Têl-Telaq et des Ibakammazên, également Berbères, mais d'origine moins noble que les Ihâdjenen.

La coopération des Kêl-Rhâfsa à la restauration de la ville moderne permet de lui assigner une origine ancienne et de retrouver l'emplacement d'un des centres de population vaincus par les armées romaines dans l'expédition de la Phazanie.

En effet, Pline (*Hist. natur.*, Lib. V, c. 5) nous apprend, d'après les auteurs du temps, que parmi les peuples, les villes et les lieux dont la conquête a valu les honneurs du triomphe à Cornelius Balbus, figure le nom de Rapsa, qualifiée *oppidum*.

L'*oppidum* des Romains était une ville, avec enceinte fortifiée, dans une position stratégique.

Sans doute, cet *oppidum* commandait le Φάραγξ Γαραμαντική de Ptolémée, comme Rhât moderne commande l'*Aghelâd d'Ouarâret*.

Les noms ont changé, mais les hommes et les choses sont restés les mêmes. Les gens de l'antique Rapsa, les Kêl-Rhâfsa de l'époque moderne, trop faibles pour défendre par leurs seules forces une position qui peut à juste titre être considérée comme une des clefs du plateau central du Sahara, auront dû s'associer avec les seigneurs Ihâdjenen et leurs serviteurs, pour restaurer leur ville sous un nom dont l'étymologie nous échappe, Kêl-Rhât, *gens de Rhât*, mais qui doit être emprunté à des circonstances locales, car trois des portes de la ville, contre l'habitude, portent le nom commun de *Tamelrhât*, et une quatrième celui de *Tafelrhât*.

Une exploration spéciale permettrait peut-être de retrouver dans les constructions modernes de Rhât des traces de l'ancienne Rapsa; il est regrettable que la jalousie superstitieuse de ses habitants n'ait pas encore permis de rechercher si l'emplacement de l'*oppidum* des Romains était là, ou dans quelque autre ville du voisinage habitée jadis par les Kêl-Rhâfsa.

La petite confédération à laquelle la Rapsa des anciens dut sa résurrection porta d'abord le nom de Kªl-Rhât, qu'elle conserva jusqu'à ce jour, concurremment avec le nom arabe de Rhâtïa. Mais ce n'est pas le seul changement à noter dans l'histoire de cette petite agglomération.

Les Ihâdjenen, frères consanguins des Touâreg, liés d'une étroite amitié avec eux, ont longtemps conservé leur autonomie sous le protectorat dévoué de leurs puissants alliés. La bonne harmonie entre deux pouvoirs indépendants l'un de l'autre s'explique, d'un côté, par la répulsion instinctive des Touâreg pour l'habitation dans les villes, par le besoin qu'ils avaient d'un centre commun d'intérêts, et, de l'autre côté, par la nécessité qu'il y avait pour les Ihâdjenen d'être en relations amicales avec des peuplades les environnant de toutes parts et pouvant ouvrir ou fermer les routes aboutissant à leur ville.

Dès le début, la cité de Rhât s'est d'ailleurs signalée par une constitution administrative et gouvernementale fort simple, mais très-bien entendue :

Pour les affaires intérieures, une municipalité élective, issue de la tradition berbère, administrait sans contrôle ;

Pour les affaires extérieures, un cheikh héréditaire, sorte de sultan, comme ceux de Tougourt, d'Ouarglâ et d'Agadez, gouvernait, sous le titre d'*amghár*, et défendait l'indépendance des Ihâdjenen.

La tradition a conservé les noms de ces anciens sultans ; les voici dans l'ordre chronologique :

Khammadi,
Ahmâdou,
El-Hâdj-Mohammed-Settaqa,
El-Hâdj-Arhdâl,
Arhdâl,
El-Hâdj-Khatîta,
El-Hâdj-Bel-Qâsem, qui régnait au commencement de ce siècle,
Enfin, Mohammed-Ould-Arhdâl.

Mohammed-ould-Ardhâl devait clore la série des sultans d'origine Ihâdjenen pure, par application d'une loi locale sur les successions à laquelle les Ihâdjenen doivent la fondation d'une dynastie et Rhât le développement de sa prospérité, mais qui, par un retour des choses d'ici-bas, pourra bien faire perdre à cette ville son indépendance, si ce n'est sa fortune.

Dans le Sahara, les tribus d'origine berbère, suivant l'ordre de succession en usage, sont ou EBNA-SID (*fils de leur père*) ou BENI-OUM-MÏA (*fils de leur mère*).

Les Ihâdjenen étaient Beni-Oummïa et, à Rhât, comme chez les Touàreg, comme dans d'autres tribus berbères, la transmission du pouvoir n'a pas lieu, ni d'après la loi musulmane, ni d'après la coutume générale des autres peuples, en ligne directe, du père au fils, mais par voie indirecte, *du défunt au fils aîné de sa sœur aînée*.

Dans le Livre suivant, exclusivement consacré aux Touàreg, cette loi sera l'objet d'un examen tout particulier; toutefois, je dois dire, avant de passer outre, que, par ce mode de succession, les Berbères Beni-Oummïa croient mieux assurer la transmission du sang. En effet, la sœur, fille d'une mère consanguine, transmet certainement à son fils une parcelle du sang de son frère, quel que soit le père, tandis que l'épouse infidèle introduit un sang étranger dans la famille.

Comme complément de cette loi, les mariages avec des étrangers sont interdits, mais quand les familles s'éteignent, résultat presque inévitable des alliances trop rapprochées; quand les seuls survivants sont des femmes, il faut bien que ces femmes aillent chercher des époux en dehors de la famille.

C'est ce qui est advenu aux princes Ihâdjenen. La sœur de Mohammed-Ould-Arhdàl a du se marier avec un riche négociant du Touàt, et de ce mariage est né un fils, El-Hâdj-Ahmed-Ould-es-Saddiq, et à la mort du dernier amghâr, le fils du touàti s'est trouvé, par droit de naissance, cheikh héréditaire de Rhât.

Depuis longtemps, les descendants des fondateurs de Rhât étaient en minorité — tant il est vrai que des nomades se perpétuent difficilement dans l'enceinte d'une ville — et ils avaient été remplacés par une nouvelle génération d'enfants issus du mariage des Rhâtiennes avec les nombreux marchands de Ghadâmès, du Touàt, de Sòkna et de Djàlo, venus à Rhât pour profiter des avantages de son commerce.

Quand s'est produit le fait nouveau d'un fils de touàti arrivant au pouvoir, les nombreux étrangers, composant aujourd'hui la grande majorité de la population de la ville, ont trouvé tout naturel qu'un étranger comme eux fût le souverain du pays, et El-Hâdj-Ahmed fut accueilli avec faveur. Toutefois, il ne prit que le titre de cheikh et non celui d'amghâr.

Mais cette substitution d'un Arabe touàti à un Berbère ihâdjeni blessait l'amour-propre berbère des Touâreg, et, depuis lors, à de bons rapports entre les Rhâtiens et les Azdjer a succédé une rivalité dont les causes sont nombreuses.

L'avénement du fils d'un Arabe à l'autorité souveraine dans une ville berbère devait surtout blesser les chefs des Orâghen, véritables sultans du pays.

Il y a deux siècles environ, les Imanân, rois des Touâreg du Nord, avaient à peu près usurpé le pouvoir des amghâr Ihâdjenen dans la ville de Rhât et tenaient ses habitants sous le joug de leur oppression.

Une révolution, dont les détails seront racontés ci-après, mais faite par les Orâghen, détrôna les Imanân et permit à la ville de Rhât de recouvrer son ancienne indépendance sous la protection de ses libérateurs.

De plus, il y a cinquante ans environ, sous le règne de l'amghâr Bel-Qâsem, Rhât fut inopinément attaquée par une armée du sultan du Fezzân, qui, déjà alors, convoitait la domination ou la destruction de la rivale du commerce de Mourzouk.

Rhât, réduite aux seules forces de ses habitants, eût peut-être succombé, mais les chefs des Orâghen vinrent à son secours et, sous leur bannière, les Fezzaniens, battus par les Adzjer, laissèrent entre les mains de leurs vainqueurs 2,000 chevaux chargés de bagages, ce qui ne les engagea pas à renouveler leur audacieuse entreprise.

Après cette victoire, comme après celle qui avait mis en leurs mains le pouvoir des Imanân, les Orâghen auraient pu s'emparer de Rhât et y commander en souverains. Ils ne l'ont pas fait, par respect des droits héréditaires des Ihâdjenen.

Il ne pouvait donc pas leur convenir de voir les destinées d'une ville affranchie par eux, défendue par eux, et de la prospérité de laquelle dépend la leur, passer aux mains d'étrangers, fils d'Arabes, c'est-à-dire d'hommes auxquels les Berbères reprochent d'être toujours prêts à accepter toutes les dominations, pourvu qu'on leur donne un beau burnous d'investiture.

Rhât est loin d'avoir comme ville l'importance qu'elle a comme marché, car elle compte à peine 600 maisons et 4,000 habitants; mais elle s'agrandit tous les jours, par la création de villages voisins qui, par leur accroissement successif, pourront devenir de nouveaux quartiers de la ville primitive. L'un deux, Tâderâmt, est à 600 mètres

Fig. 1. — VUE DE RHAT.

D'après un dessin de M. H. Duveyrier.

Fig. 2. — VUE DU PIC DE TÉLOUT DANS LA VALLÉE DE TITERHSIN (VOIR PAGE 58).

D'après un dessin de M. H. Duveyrier.

du mur d'enceinte de Rhàt ; l'autre, Toùnìn, est à 800 mètres environ. Toùnìn, de fondation toute récente (douze ans), compte déjà 500 habitants : c'est là qu'est le château particulier d'El-Hàdj-Ahmed-Ould-es-Saddìq.

Rhàt, Tàderàmt, Toùnìn, marquent trois côtés d'un vaste espace sur lequel se tient le grand marché annuel, source de la fortune de cette contrée.

La ville a une forme circulaire. Au centre se trouve une petite place nommée *Eseli*, de laquelle rayonnent six rues qui divisent la cité en six massifs de maisons et vont aboutir à six portes ouvertes dans le mur irrégulier qui sert d'enceinte.

Trois des portes sont désignées sous le nom de Tàmelrhàt, qui est celui d'un quartier, une quatrième s'appelle Tafelrhàt, la cinquième est Bàb-Kelàla, la sixième est Bàb-el-Kheïr.

La construction dominante de la ville est le *Mesid* ou école ; l'unique mosquée a un minaret assez élevé.

Les maisons sont à deux étages comme celles de Ghadàmès, mais dans des dimensions moins vastes.

Vue du dehors, Rhàt semble et est en effet bâtie sur un petit mamelon qui domine le pays circonvoisin du Sud-Sud-Est au Nord-Nord-Ouest. Elle est elle-même dominée, à peu de distance du mur d'enceinte, par les derniers contreforts de Koukkoûmen, petite ligne de collines, entre le Tasìli et l'Akàkoùs, qui sépare la vallée d'Ouaràret de celle du Tànezzoùft. (Voir la planche ci-contre.)

L'eau abonde autour de Rhàt, et c'est à cette circonstance, comme à sa position au débouché d'un large col, que cette localité doit l'avantage d'avoir toujours été recherchée par des populations sédentaires.

Les plantations de dattiers forment au Sud des bois ou des groupes de jardins isolés, dont quelques-uns, ceux d'Iberkàn et de Temattìn, sont à 2 et 3 kilomètres.

Plus au Sud encore se trouve la petite ville targuie d'El-Barkat, qui a une existence indépendante.

La population de Rhàt est aujourd'hui un mélange de toutes les populations qui, depuis sa fondation, s'y sont donné rendez-vous dans un intérêt commercial : blancs, noirs, métis, hommes libres, esclaves, Arabes, Berbères, gens du Sud, gens du Nord, gens de l'Est, gens de l'Ouest.

Les femmes seules représentent la tribu primitive des Ihâdjenen, et comme le droit berbère leur réserve, même dans le mariage, l'administration de tout ce qu'elles possèdent, elles seules disposent, en qualité de propriétaires, des maisons, des sources, des jardins, en un mot, de toute la richesse foncière du pays. Ce fait a contribué à conserver à Rhât sa physionomie propre, ses mœurs, son idiome particulier.

Il en est résulté aussi, au profit des femmes, un développement d'intelligence et un esprit d'initiative qui étonnent au milieu d'une société musulmane.

Le costume des Rhâtiens est, en général, celui des Touâreg : voile, blouse, longs pantalons, vêtements de couleur provenant du Soudan.

La langue de Rhât, quoique parente de celle des Touâreg, constitue cependant un dialecte à part.

Comme chez les Touâreg, la femme est respectée.

Comme chez tous les Berbères, l'esprit municipal est développé au plus haut point.

Tout en conservant des traces aussi importantes de leur origine berbère, les Rhâtiens ont largement emprunté aux nègres leurs superstitions; ils croient aux sorciers, *amá-sahhár*, et leur attribuent le pouvoir de préserver des balles, du fer, des maladies, de la dent des bêtes fauves; mieux encore, de métamorphoser un homme en une bête quelconque.

Beaucoup de Rhâtiens, ennemis des chrétiens, ennemis surtout des Français, coupables d'avoir conquis une terre de l'Islâm, avaient crié, tempêté, juré, avant mon arrivée, que, si je foulais le sol de leur territoire, ils me feraient regretter mon imprudence.

Parmi eux, quelques-uns, les plus audacieux, voulurent voir de leurs yeux ce chrétien tant redouté, tant maudit.

Grand fut leur désappointement : le chrétien était un jeune homme, parlant une langue qui leur est familière, causant de tout, s'enquérant de tout, passant son temps à écrire, à dessiner, à observer les étoiles.

A leur rentrée en ville, ces visiteurs avaient de l'infidèle, cause de tant d'agitation, une opinion toute différente.

Il n'en fallut pas davantage pour me transformer en sorcier aux yeux des plus récalcitrants. N'avais-je pas, d'ailleurs, guidé par mes observations météorologiques, prédit des changements de temps?

Aussi El-Hâdj-el-Amîn, cheikh actuel de la ville, l'homme le plus opposé à ma venue à Rhât, prit-il toutes les précautions pour éviter mon regard : il craignait que je ne l'ensorcelasse.

Rhât a tenu à poser vis-à-vis de moi, chrétien, en ville musulmane, fanatique de sa religion. On serait dans une grande erreur, si l'on imputait cette attitude à une ferveur religieuse exceptionnelle. Il n'en est rien. La religion n'est qu'un masque, l'intérêt est le seul mobile de cette conduite.

Le Cheikh-el-Hâdj-el-Amîn, dévoré d'ambition, pétri d'intrigues, a forcé son frère aîné, El-Hâdj-Ahmed-Ould-es-Saddîq, le successeur du dernier amghâr, à lui abandonner la souveraineté de la ville. Cela ne lui suffit pas. Il voudrait qu'une investiture de la Porte Ottomane vînt ratifier, en sa personne, la substitution, sur le trône de Rhât, d'un Arabe à un Berbère, d'un touâti à un ihâdjeni, d'un frère cadet à un frère aîné encore vivant, et, dans ce but, depuis qu'il est au pouvoir, il travaille à amener les Turcs à Rhât, d'abord pour faire consacrer son usurpation, ensuite pour n'avoir plus à compter avec les Orâghen, ses voisins.

L'éventualité possible de l'occupation de Rhât par les Turcs est envisagée par les Touâreg comme un des plus grands malheurs qui puissent leur arriver : nobles et serfs y perdraient le plus net de leurs moyens d'existence, car le monopole du protectorat du marché de Rhât donne aux premiers une partie des revenus qui les font vivre, et aux seconds des transports pour leurs chameaux. Puis, il n'est pas de targui, petit ou grand, qui n'ait, en quelque sorte, le droit d'exiger, de temps à autre, des Rhâtiens, soit un déjeuner, soit un dîner, soit quelque bagatelle, et dans un pays où tout manque, c'est là une ressource *in extremis* qui n'est pas dédaignée.

Il est vrai que les rapports fraternels qui existaient autrefois entre les Ihâdjenen et les Touâreg ont cessé, et que les Rhâtiens ont souvent aujourd'hui de légitimes motifs de se plaindre des avanies et des exigences de leurs voisins, mais l'appel fait aux Turcs[1] par le cheikh actuel de la ville ne me paraît pas une solution heureuse, car leur arrivée à Rhât, fût-elle possible devant la résistance des Touâ-

---

1. Depuis la conclusion d'un traité de commerce entre la France et les chefs Touâreg, le cheikh de Rhât, appuyé par une partie des habitants de la ville, a renouvelé avec plus d'ardeur ses instances près des Turcs pour l'annexion de Rhât à la Tripolitaine.

reg, aurait pour résultat immédiat de ruiner le commerce local.

On comprend dès lors pourquoi les chefs des Touâreg, bénéficiaires de ce commerce, se sont montrés aussi favorables à une alliance française. Ils ont le sentiment instinctif que, de tous les gouvernements avec lesquels ils peuvent être en relations, celui de l'Algérie est le seul assez éclairé et assez puissant pour sauvegarder leurs intérêts menacés.

Ainsi, à Rhât, il y a deux partis en présence : celui des Turcs et celui des Français, représentant tous deux des intérêts rivaux : le parti français, composé de la grande majorité des Azdjer et de quelques marchands de la ville, est le plus puissant. Grâce à son appui, j'ai pu arriver sous les murs de Rhât [1], y séjourner quinze jours, lever une esquisse du plan extérieur de la ville et de ses environs, recueillir tous les renseignements dont j'avais besoin, faire toutes mes observations, malgré les imprécations du parti adverse.

Inutile de dire, je crois, que les gouvernements d'Alger et de Tripoli sont étrangers à la création de ces deux partis nés des circonstances et d'intérêts en conflit. J'en ai trouvé la preuve dans l'accueil qui m'a été fait à Mourzouk, ainsi qu'aux Touâreg qui m'accompagnaient, et dans une lettre que le pacha de Tripoli a écrite aux Rhâtiens pour les engager à m'accueillir convenablement.

Peut-être les deux gouvernements amis devront-ils intervenir de leur influence réciproque pour faire cesser pacifiquement les rivalités qui divisent les Rhâtiens et les Touâreg. La France, puissance chrétienne, aurait un beau rôle à jouer, en prenant l'initiative au Maroc, à Tunis, à Tripoli, à Timbouktou même, d'une sorte de médiation générale, à l'effet de résoudre toutes les difficultés qui tiennent en conflit toutes les peuplades du Sahara, les unes vis-à-vis des autres.

Le commerce en gros pour les riches, en détail pour les pauvres, est la principale source de richesse des Rhâtiens ; cependant l'industrie y a quelque importance, quoique limitée aux besoins de la localité. On y fait des pelleteries, des vases en bois, des montures ou des étuis pour armes : poignards, sabres, fusils, etc., etc.

[1]. Malgré mon grand désir d'entrer dans Rhât pour visiter la ville, j'ai dû m'abstenir par respect pour l'émir des Touâreg, Ikhenoûkhen, qui, pour rien au monde, n'aurait consenti à exposer son hôte aux avanies d'un fanatique. Campé avec lui sur le marché même de la ville, dont la police appartient aux Touâreg, je n'avais à redouter aucun danger.

Les principaux commerçants de Rhât sont : El-Hâdj-el-Amîn, cheikh de la ville, dont la richesse paraît considérable; El-Hâdj-Ahmed, frère aîné et prédécesseur du cheikh actuel, fondateur de Toûnîn, qui peut devenir une rivale de Rhât; un jeune marchand, originaire de Djerba, nommé Yoùnis, fort entreprenant.

El-Hâdj el-Amîn, protecteur avoué de la zâouiya de la confrérie d'Es-Senoûsi, contiguë à la ville, et foyer d'un fanatisme exalté, est le chef du parti hostile à l'extension de l'influence française.

El-Hâdj-Ahmed conserve une sage neutralité entre les partis.

Yoùnis, dévoué à notre cause, aurait déjà tenté d'ouvrir des relations entre Rhât et Alger, si le Cheikh-el-Hâdj-el-Amîn ne menaçait de l'expulser de la ville.

§ III. — Mourzouk.

Mourzouk est la capitale du Fezzân, groupe d'oasis au Sud de la Tripolitaine, érigé, depuis 1841, en kâïmakâmlik de l'Empire Ottoman.

Je n'aurais à m'occuper ni de Mourzouk, ni du Fezzân, si tout ne se liait dans la vie saharienne, si d'importantes fractions des Touâreg Azdjer, quoique indépendantes des Turcs, n'étaient comprises dans le kâïmakâmlik du Fezzân, notamment celles qui habitent l'Ouâdi-el-Gharbi et l'Ouâdi-'Otba, aux portes mêmes de Mourzouk; si je n'avais à appeler l'attention sur Djerma, la *Garama* des anciens, et sur une civilisation antérieure à la conquête romaine, dont le type se trouve à Djerma; si, enfin, je n'avais à constater, par l'exemple du Fezzân, que le Sahara n'est pas un pays à exploiter comme source de revenus gouvernementaux, mais à féconder par l'ordre, la paix et des institutions libérales.

Le Fezzân actuel comprend des oasis et des terres de parcours.

Dans les oasis, on distingue les groupes du Sud qui représentent l'ancienne *Phazania*, et un groupe au Nord, celui d'El-Jofra, qui a pour capitale Sôkna, sous la dépendance de laquelle se trouvent deux villes isolées : Fogha et Zella.

Le groupe des oasis du Sud a eu successivement pour capitale :

Djerma, sous les Garamantes;

Garama, sous les Romains;

Trâghen, sous la dynastie des Nesoûr;

Zouïla, sous les conquérants arabes;

Mourzouk, sous les dynasties des Oulâd-Mohammed et des Karamanli, sous 'Abd-el-Djelil et sous les Turcs.

Les Oasiens, tous sédentaires, habitent des villes et des villages au milieu de forêts de dattiers; ils appartiennent, en très-grande majorité, à un type nègre que j'appelle *sub-éthiopien*; quelques-uns sont Teboû, également nègres; d'autres sont Touâreg, blancs ou de sang mélangé.

Les terres de parcours sises entre les oasis sont occupées par trois grandes tribus arabes, savoir :

Les Hotmàn et les Megâr-ha, qui rayonnent autour de l'Ouâdi-ech-Chiâti, dans les dunes d'Edeyen, la Hamâda de Mourzouk et une partie de la Hamâda-el-Homrâ;

Les Rlah, qui campent alternativement dans la Hamâda-el-Homrâ et dans les massifs volcaniques de la Sôda et du Hâroûdj.

La capitale des Garamantes se retrouve, sous le nom de Djerma-el-Qedîma, au Sud de la Djerma moderne, dans une sorte de baie que forme la montagne de l'Amsâk. Le principal caractère de ces ruines nous est transmis par le *Qeçir-el-Watwat* ou *châtelet des chauves-souris*.

La capitale des Nesoûr est représentée par les ruines de l'*ancien château de Trâghen*, qui ont quelque rapport avec celles de Djerma-el-Qedîma.

De la Garama des Romains, il ne reste plus aujourd'hui qu'un monument carré, très-bien conservé, au milieu de pierres de taille, couvrant une superficie de 60 mètres environ, ainsi qu'un amas de pierres de taille très-étendu au Sud de la Djerma moderne. (Voir la planche ci-contre).

Zouïla, ville de Chorfâ, est le chef-lieu de la Chergulya.

Mourzouk, capitale actuelle, est le siége du kàïmakâmlik.

La tradition, d'accord d'ailleurs avec l'histoire, nous apprend ce qui suit :

Les plus anciens habitants des oasis étaient des Beràouna, nom sous lequel les Arabes confondent tous les nègres du Bornou, aussi bien que les Teboû.

La dynastie la plus ancienne qui ait gouverné les Beràouna est

MONUMENT ROMAIN DE L'ANCIENNE GARAMA.

D'après un dessin de M. H. Duveyrier.

celle des Nesoûr, originaire du Soudan. Elle régnait à Trâghen. On y voi encore les ruines du château des sultans et le tombeau de l'un d'eux, *Maï-'Ali* (le sultan 'Ali).

Les Nesoûr régnèrent longtemps, mais ils furent vaincus et détrônés par une tribu arabe, les Khormân, qui réduisirent les Fezzaniens à l'état d'esclaves et les accablèrent d'injustices.

Sous le gouvernement des Arabes Khormân, Zouîla était la capitale du Fezzân.

Pendant que le peuple opprimé souffrait, passa un chérîf du Maroc, allant au pèlerinage de la Mekke. On lui raconta tous les malheurs du pays et on le supplia de venir le délivrer. Ce chérîf, au retour de la ville sainte, obtint de son père l'autorisation de secourir les malheureux Fezzaniens, ce qu'il fit avec le concours d'hommes dévoués qui le suivirent.

Ce chérîf s'appelait Sîd-el-Monteser-ould-Mehammed.

Il ne tarda pas à vaincre les Khormân et à les expulser.

Par reconnaissance, les Fezzaniens élurent sultan leur libérateur. Ainsi fut fondée la dynastie des Oulàd-Mehammed.

Si l'on s'en rapporte aux souvenirs des indigènes, cette dynastie, qui régna 550 ans environ, fit le bonheur du pays et agrandit le Fezzân, peu à peu, par de sages conquêtes, jusqu'à Sòkna, vers le Nord.

Voici les noms de quelques-uns des successeurs de Sîd-el-Monteser :

   Sultan Djeheïm ;
   — Mehammed ;
   — Mehammed ;
   — Ahmed, qui régnait en 1747 ;
   — Mehammed ;
   — El-Monteser.

Le dernier de ces sultans fut tué aux environs de Trâghen, où l'on voit son tombeau, en 1811, par El-Moukkeni, l'un des lieutenants de Youçef-Pacha, le dernier souverain de la dynastie indépendante des Karamanli de Tripoli.

El-Moukkeni, devenu sultan du Fezzân, se rendit célèbre par les expéditions qu'il fit en Nigritie, et dans lesquelles il emmena, non-seulement beaucoup de chevaux, mais encore de petits canons. Dans ses courses, il s'avança jusqu'au centre du Borgou, du Bahar-el-Ghozàl et du Baguirmi. La capture des esclaves était le but principal de ses expéditions, qui ne furent pas toujours couronnées d'un succès incontesté.

En 1831, après vingt ans de règne des lieutenants des Karamanli, 'Abd-el-Djelîl, le célèbre chef de la tribu arabe des Oulâd-Slîmân, s'emparait du pouvoir qu'il conserva dix années, au milieu d'une lutte qui ensanglanta tout le Fezzân.

En 1841, la Tripolitaine ayant été érigée en province de l'Empire Ottoman, Bakir-Bey fut envoyé, avec une colonne, pour soumettre le Fezzân. Une rencontre eut lieu à El-Bagla, non loin de la mer. 'Abd-el-Djelîl battu trouva la mort en se défendant.

De 1811 à nos jours, il n'y a pas de doute sur l'exactitude des renseignements ci-dessus donnés.

Antérieurement à 1811, des documents conservés par les marabouts de Trâghen démontrent que la dynastie des Oulâd-Mehammed a occupé le trône du Fezzân pendant de longs siècles, mais la date de son avénement, en 1261, est peut-être contestable.

Quoi qu'il en soit, si la période postérieure à la conquête arabe peut être réputée appartenir à l'histoire positive, la période antérieure appartient à l'histoire hypothétique.

Cependant le champ de l'hypothèse est fort restreint, car l'histoire romaine confirmée par la triple découverte de la Djerma païenne, de la Garama romaine et de la Djerma actuelle, confirme ce fait, qu'avant l'ère chrétienne vivait au Fezzân un peuple du nom de Garamantes.

Mais de ce peuple nous ne connaissons que le nom et l'espace qu'il occupait, sans savoir à quelle race, blanche ou noire, il appartenait.

Cependant, si les anciens Garamantes étaient d'origine nigritienne, Beràouna ou Teboû, la tradition serait d'accord avec l'histoire, et les Beràouna du Fezzân seraient identifiés avec les Garamantes.

Si l'on tient compte du peu de distance entre Djerma et Trâghen (130 kilomètres); si l'on compare les ruines des deux villes capitales, les matériaux qui les composent, leurs formes, leur caractère; si on examine attentivement les tombeaux anciens des deux localités, surtout si on constate qu'à Trâghen, comme à Djerma, comme dans toutes les oasis du Fezzân, le sang noir domine, comme aussi plus au

Pl. XV. Page 279. Fig. 27, 28 et 29.

Fig. 1. — RUINES DU QEÇIR-EL-WATWAT.
D'après un dessin de M. H. Duveyrier.

Fig. 2. — TOMBES DE L'ANCIENNE NÉCROPOLE DE QEÇIRÂT-ER-ROÛM.
D'après un dessin de M. H. Duveyrier.

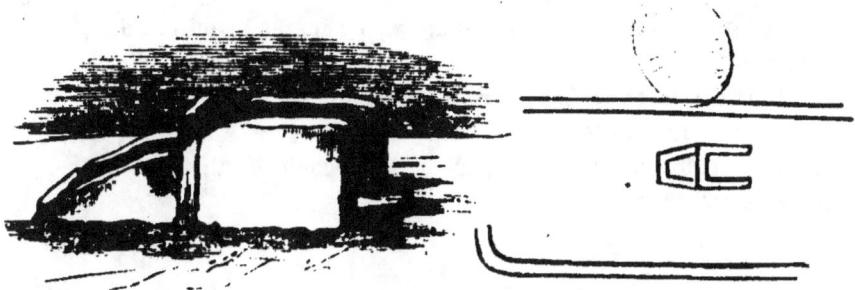

Fig. 3. — TOMBES DES JABBÂREN, DANS L'OUÂDI-ALLOÛN.
D'après un croquis de M. H. Duveyrier.

Nord, dans les villes habitées par la même race, le doute n'est plus permis, et l'on est porté à admettre que Garamantes, Beráouna et les sujets des sultans Nesoûr appartiennent à cette race noire qui existe encore aujourd'hui sur les lieux.

Dans le Fezzân méridional, d'ailleurs, on retrouve, à chaque pas, des noms de lieux appartenant à la langue du Bornou (le *kanóri*) : *Ngouroutou, Karakoura, Kerekerimi, Kangaroua*, tous noms de puits anciens de l'oasis de Trâghen.

Ainsi, il est désormais à peu près certain qu'à une époque très-ancienne a régné dans tout le Sahara une civilisation nègre très-avancée pour l'époque, et que cette civilisation a doté le pays de travaux hydrauliques remarquables, de constructions distinctes de toutes les autres, de tombeaux qui ont partout le même caractère, de sculptures sur les rochers qui rappellent les faits principaux de leur histoire.

A cette civilisation appartiennent :

1° Les forages des puits artésiens de l'Ouâd-Rîgh et d'Ouarglâ ;

2° L'aménagement des eaux de Ghadâmès et de Ganderma ;

3° Les puits à galeries, *fogârât*, communs au Fezzân et au Touât ;

4° Le châtelet des *chauves-souris* (Qeçîr-el-Watwat), de Djerma-el-Qedîma ;

5° Les ruines de Serdélès et de l'Ouâdi-Takarâhet ;

6° Les Esnâmen de Ghadâmès ;

7° Les chapiteaux de la place du marché de la même ville, s'ils ne sont pas d'origine romaine ;

8° La nécropole de Qeçîrât-er-Roûm à Djerma ;

9° La grande nécropole isolée, entre Garâgara et Kharâig, à l'Est de Djerma ;

10° Les anciennes tombes du cimetière de Ghadâmès ;

11° Celles des *Jabbáren*, que j'ai trouvées sur ma route, en allant à Rhât ;

12° Celles de Djelfa (Algérie) et d'El-Fogâr (Fezzân), qui ont des liens de parenté ;

13° Les sculptures de Bordj-Taskô à Ghadâmès ;

14° Les sculptures d'Anaï ;

15° Les sculptures trouvées par M. le docteur Barth dans la vallée de Telizzarhên ;

16° Les sculptures de Moghar et d'"Asla, dans le cercle de Géryville ;

Enfin, tant d'autres monuments d'origine incertaine, mais très-ancienne, qu'on retrouve dans le Sud de l'Algérie, de la Tunisie et de la Tripolitaine.

La description, la filiation de tous ces débris de la civilisation garamantique, ne peuvent trouver place ici, mais, pour qu'on en puisse saisir les caractères généraux, je reproduis les dessins de ceux de ces types qui m'ont paru les plus remarquables.

Mon but principal est de constater que des nègres, dont quelques-uns sont encore sur place, mais dont la masse a été refoulée, ont occupé le Sahara avant toute autre race, et qu'ils y ont atteint un degré de civilisation qui n'a jamais été dépassé depuis par leurs successeurs. La constatation de ce fait a une grande importance pour la colonisation ultérieure du Sahara, si la France croit devoir s'en occuper.

A Djerma, à Trâghen, dans toutes les parties du Fezzân où j'ai été admis à rendre visite aux *djema'a*, ou assemblées municipales de notables, je me suis informé si l'on possédait des archives relatives à l'histoire ancienne.

A Djerma, les vieillards disent que leurs chroniques ont été perdues, mais qu'elles assignaient aux Teboû la possession originaire de leur pays et même la fondation de leur ville ; leur langue primitive était le *tedâ*.

A Trâghen, de vieux titres conservés par la famille des Thâmer donnent le Bornou pour origine aux habitants de cette ville.

Interrogé sur le même sujet, Boû-Beker-Effendi, l'un des principaux officiers civils du gouvernement turc à Mourzouk, répond : « Du temps des Oulâd-Mehammed, tout était à la mode du pays des nègres. Le sultan avait une *ganga*, une garde-noire ; la langue était presque le *kanôri*, et tous les noms donnés aux lieux et aux choses étaient de cette langue : ainsi le boulevard commercial de la ville s'appelait le *dendal*, comme dans les villes de la Nigritie. »

Abba-Serki, le dernier descendant des Oulâd-Mehammed, ajoute à ces renseignements un témoignage très-remarquable : « Sous ses ancêtres, il était permis aux marchands de race blanche de rester à Mourzouk, pour leurs affaires, pendant les trois mois de l'hiver seulement. Dès que les chaleurs commençaient, le sultan faisait annoncer par un héraut que les blancs eussent à se retirer, sous peine d'amende et d'expulsion, parce que les blancs étaient toujours malades et communiquaient leurs maladies aux autres habitants. » Donc, l'expérience avait démontré qu'il fallait être noir pour supporter impunément l'insalubrité du climat pendant les grandes chaleurs.

Serait-ce cette insalubrité qui aurait conservé au pouvoir de la race primitive les contrées insalubres du Fezzân, du Nefzâoua, de l'Ouâd-Righ, d'Ouarglà et du Touât? Il est permis de le croire, car on remarque que les populations blanches intercalées entre ces contrées insalubres habitent toutes des territoires plus sains. Encore un fait d'observation pratique à noter pour la colonisation du Sahara.

Je résume le résultat de toutes ces informations : Les Fezzaniens sont unanimes à attribuer le premier peuplement de leurs oasis à des nègres païens, *djohâla*.

De ces préliminaires je passe à la ville de Mourzouk.

Elle fut fondée par les Oulâd-Mehammed, il y a environ cinq cents ans, vers 1310. Le chérîf, qui devint plus tard sultan, trouva là quelques *zerâïb* ou chaumières en palmes. Il en fit sa demeure, et, comme c'était un saint homme, il ouvrit une école, laquelle attira beaucoup de gens autour de lui.

Une des premières constructions fut celle de la Qaçba, dans la partie Ouest de la ville. Les Turcs l'ont restaurée, ainsi que le mur d'enceinte de la ville, qui a la forme d'un carré presque parfait, avec de petits bastions en saillie.

Les constructions particulières de Mourzouk ont un type uniforme : toutes sont en briques d'une terre crue, tellement riche en sel et tellement pauvre en argile, que les pluies, heureusement fort rares, les dégradent beaucoup. Les habitations ordinaires n'ont qu'un rez-de-chaussée; celles des riches marchands de Sôkna et d'Aoudjela ont un étage; ces dernières sont vastes et bien aménagées pour le climat et pour les besoins des habitants.

La ville est coupée en deux par une sorte de large boulevard, le *dendal*, garni de boutiques de chaque côté et aboutissant par ses deux extrémités aux deux portes principales : celle de l'Ouest, près de la Qaçba, celle de l'Est, entre un corps-de-garde et le poste de la douane.

Au *dendal* arrivent toutes les rues latérales, qui divisent la ville en quartiers.

Contrairement à ce qu'on observe dans les villes arabes et berbères, les rues sont larges, droites et découvertes, comme dans les villes nègres, ce qui n'est pas le plus agréable, car la chaleur y est accablante.

La ville est alimentée par des puits dont l'eau est lourde.

La salubrité locale laisse à désirer, surtout pour les individus originaires des climats tempérés. Jusqu'à ce jour, tous les gouverneurs, d'origine turque, envoyés au Fezzân, y sont morts, à l'exception de Mehemed-Bey, qui gouvernait le pays à mon arrivée et qui était tout nouvellement installé.

L'insalubrité doit être attribuée à ce que Mourzouk est bâtie dans le bas-fond d'une sebkha, saline desséchée.

La langue aujourd'hui parlée à Mourzouk et même dans la plus grande partie du Fezzân est l'arabe.

L'esprit religieux est celui des centres dans lesquels des fonctionnaires, une garnison et des commerçants étrangers dominent. Cependant il y a une mosquée à la Qaçba et une autre dans la ville.

Mourzouk est assez bien approvisonnée en viande, légumes, fruits, car les environs sont productifs.

Pendant longtemps, les gouverneurs turcs ont craint d'habiter la Qaçba, parce qu'elle avait la réputation d'être hantée par de mauvais esprits. Cependant le kâïmakâm militaire actuel, Moustafa-Agha, y est établi.

Autour de la citadelle sont des casernes et des magasins, récemment construits à l'européenne.

L'établissement militaire et administratif de Mourzouk comprend :

1° Une garnison de 250 hommes environ de troupes régulières (*redif*), presque tous indigènes du Fezzân ou nègres ;

2° Quatre pièces d'artillerie de campagne avec une vingtaine de chevaux pour les traîner ;

3° Des magasins réputés approvisionnés pour une année ;

4° Un hôpital dirigé par un médecin européen ;

5° Environ 50 cavaliers arabes irréguliers (*bachi-bouzouk*) que les tribus de la côte, Mesràta et Mesellàta, sont tenues de renouveler tous les ans. Les irréguliers sont commandés par un bâch-agha arabe.

Jusqu'au moment de mon arrivée à Mourzouk et depuis l'érection du Fezzân en kâïmakâmlik, le gouvernement avait été confié à deux chefs, indépendants l'un de l'autre, le kâïmakâm civil (bey ou pacha), le kâïmakâm militaire (agha ou bey), suivant le grade du titulaire. Le chef civil gouvernait et administrait toutes les populations du kâïmakâmlik, le chef militaire s'occupait exclusivement de la force publique. Mais, pendant que j'étais à Mourzouk, tous les pouvoirs ont été concentrés entre les mains du chef militaire, et le chef civil lui a été subalternisé. Ces deux fonctionnaires supérieurs nommés par le gouvernement de la Porte-Ottomane ne peuvent être changés que par un ordre de Constantinople. A part cela, ils sont les subordonnés du moûchîr, pacha de Tripoli.

Les autorités secondaires du pays sont :

Pour le civil: le *kâteb-el-mâl*, administrateur des finances ; le *bach-cheikh*, chef de la ville de Mourzouk ; les *kaïd* et *cheikh* des différentes oasis, qui demeurent au milieu de leurs administrés.

Pour le militaire : les officiers des redîf et des bachi-bouzouk, dont les titres varient suivant leurs grades.

De tous ces fonctionnaires, civils ou militaires, huit à peine sont d'origine turque.

Je serai sobre de remarques sur l'administration du Fezzân. En ce qui concerne les impôts et accessoires de l'impôt, je me bornerai à constater que le sultan 'Abd-el-Medjîd, avant sa mort, après avoir apprécié les raisons de la dépopulation du Fezzân et de l'anéantissement de son commerce, a cru devoir abolir les droits de douane et réduire l'impôt du quart, soit de 175,000 piastres.

Pendant longtemps, l'occupation du Fezzân a coûté des sommes importantes à l'Empire Ottoman ; on m'a assuré que les recettes couvrent aujourd'hui les dépenses.

Les personnes qui, par expérience, savent combien on s'était trompé, au début de la conquête de l'Algérie, en voulant estimer en bloc le chiffre de sa population indigène avant que des recensements réguliers et généraux eussent éclairé la question, comprendront pourquoi je m'abstiens de dire quel est, même approximativement, le chiffre de la population de Mourzouk et du Fezzân.

L'infortuné Vogel, qui séjourna à Mourzouk, du 5 août au 19 octobre 1853, donne à cette ville un chiffre de 2,800 habitants, et au Fezzân une population totale de 54,000 âmes. J'accepte ces chiffres sans les approuver, sans les infirmer, jusqu'à plus ample informé d'un recensement réel.

Ce que je sais, pour l'avoir vu et constaté, c'est que le Fezzân est en grande voie de décadence. Les travaux de culture sont délaissés, les villages tombent en ruines, la partie mâle adulte de la population émigre vers le Soudan ou vers le littoral, partout où elle espère trouver des conditions meilleures d'existence. Il y en a même en Algérie, entre autres à Guelma, où l'on paraît très-content d'eux, puisqu'on provoque de nouvelles immigrations. Les femmes seules restent, et il est facile de prévoir que, si cet état de choses continue, le Fezzân changera totalement d'aspect.

Dans un village où j'ai vu cent personnes au moins, il n'y avait qu'une dizaine d'hommes ; dans tout l'Ouâdi-el-Gharbî, vaste agglomération de villages et de forêts de dattiers, il n'y a que cent dix hommes adultes.

Cependant la fécondité du Fezzân est incontestable. J'y ai vu la moisson mûre et récoltée en mai, les cotons en fleur en juin; j'y ai mangé, à la même époque, presque tous les fruits de l'Europe méridionale. A côté de dattiers cultivés, d'autres poussent en broussailles, sans soins, et donnent encore des fruits ; l'olivier lui-même, cet arbre du littoral, s'y trouve. Dans toutes les oasis, à côté des légumes des climats tempérés, on voit les légumes et les céréales de l'Afrique centrale. Une population, sobre d'ailleurs, devrait être heureuse dans un tel pays.

Faut-il imputer à l'abolition du commerce des esclaves la ruine d'une contrée naguère si prospère? Sans doute, ce sacrifice fait aux grandes puissances de l'Europe occidentale y a une grande part, car il n'entrait pas moins de 2,500 à 3,000 esclaves par an à Mourzouk : mais est-ce là la seule et unique cause du mal? L'examen de la situation commerciale de Mourzouk dans le second volume de ce travail éclairera la question.

§ IV. — Ouarglâ.

Ouarglâ est bien certainement l'une des villes les plus anciennes du Sahara algérien, sans qu'il soit possible d'assigner à son origine une date certaine.

On n'y trouve aucune trace de l'occupation romaine, et il y a peu de chance pour qu'on en découvre, car cette occupation paraît s'être arrêtée beaucoup plus au Nord, aux versants méridionaux du Djebel-'Amoûr et de l'Aurâs.

Cependant cette ville semble avoir été connue d'Hérodote, car il décrit exactement son site (l. II, 32) comme point extrême de la reconnaissance des Nasamons au delà des sables de l'Erg.

Les Romains, qui tenaient à la vie autant que nous, ont évité avec le plus grand soin la ligne des bas-fonds insalubres du Touât, d'Ouarglà et de l'Ouâd-Righ.

Alors cette ligne, tout l'indique, était occupée par la race sub-éthiopienne, dont le type se retrouve sur les lieux et à laquelle on doit ce remarquable aménagement des eaux souterraines qui est un des caractères généraux de cette contrée.

Ultérieurement, environ vers le IXe siècle de notre ère, toute cette région fut envahie par la race berbère, et c'est de cette époque que date ou la restauration ou la prise de possession d'Ouarglà par les Beni-Ouarglà, de la grande famille des Zenâta.

Ebn-Khaldoûn nous apprend que les Beni-Ouarglà n'étaient primitivement qu'une faible peuplade qui, d'abord, habita plusieurs bourgades voisines les unes des autres et qu'ils réunirent pour former une ville considérable.

En 325 de l'hégire, les Beni-Ouarglà étaient assez forts, d'après le même historien, pour donner refuge au sectaire khâredjite, Abou-Yezid, dont le père visitait souvent le pays des noirs pour y faire le commerce.

Bientôt après, les Beni-Ouarglà fortifièrent leur ville, et quand l'émir Aboû-Zekeriya (de 1319 à 1346 de J.-C.) fut devenu souverain de l'Ifrikia, il fut si émerveillé de l'importance d'Ouarglà, que pour ajouter à sa splendeur il y fit bâtir une mosquée.

« De nos jours, dit Ebn-Khaldoûn, Ouarglà est la porte du désert
« par laquelle doivent passer les voyageurs qui veulent se rendre au
« Soudan. Son chef porte le titre de sultan. Il descend d'Abou-Tha-
« boul, de la famille des Beni-Ouagguin, personnage dont la posté-
« rité, en ligne directe, a toujours exercé la souveraineté. »

En 1353, Ebn-Khaldoûn vit à Biskra un ambassadeur du seigneur de Takedda, ville importante de l'Afrique centrale, avec laquelle Ouarglà faisait un grand commerce.

A l'époque de Jean Léon (XVIe siècle), il y avait à Ouarglà « des

« marchands étrangers, même de Tunis et de Constantine, qui fai-
« saient arriver en la cité la marchandise de Barbarie, laquelle ils
« troquaient avec le produit de la terre des noirs. »

Takedda ayant alors disparu comme place commerciale, Ouarglà commerçait avec Agadez.

Elle avait un roi avec 2,000 chevaux de garde et 150,000 ducats de revenu.

De l'époque de Jean Léon à nos jours, les documents historiques manquent sur Ouarglà. Pour suppléer à leur absence, on pouvait compter sur les chroniques de la ville, conservées précieusement par la municipalité, mais, quand j'ai visité Ouarglà en 1860, elles avaient été enlevées quelques années auparavant par Mohammed-ben-'Abd-Allah, alors que cette cité est tombée en son pouvoir.

Aujourd'hui on est réduit à consulter les souvenirs des vieillards pour combler cette lacune.

Voici ce que j'ai appris :

Ouarglà a toujours conservé, jusqu'en ces derniers temps, et ses sultans et sa municipalité. J'ai même pu connaître et interroger le fils du dernier sultan.

Depuis longtemps des rivalités de pouvoir entre les sultans et la djema'a avaient amené le désordre dans l'administration des intérêts publics.

A une époque que nul ne peut préciser et pour des causes multiples, mais toutes rapportées à la décadence du pouvoir local, le grand commerce avec l'Afrique centrale avait cessé ; la ville s'était dépeuplée ; les maisons, la Qaçba, le mur d'enceinte, étaient tombés en ruines ; les eaux n'avaient plus été aménagées, et l'insalubrité, avec la maladie, était venue substituer la désolation à une situation jadis prospère.

A Ghadâmès et à Rhât, j'ai pu compléter, par des renseignements plus précis, ce que la notoriété publique et la vue des lieux m'avaient appris à Ouarglà.

Entre Ouarglà et Agadez existe une grande voie dont les traces sont parfaitement conservées, et que de vieux Kêl-Ouï, Touâreg d'Aïr, se rappellent avoir parcourue.

Je donne le tracé de cette route sur mes cartes, et des détails complémentaires dans la partie commerciale de cette étude.

Les sultans d'Agadez, ceux des Touâreg du Nord et d'Ouarglà, souverains jadis puissants, assuraient la sécurité de cette route, et elle était le passage d'un très-grand commerce.

Agadez a commencé par tomber en décadence par des causes qui seront indiquées ailleurs.

Le commerce, dont cette ville était le point de départ au Sud, ne donnant plus de revenus aux sultans des Touâreg et d'Ouarglâ, ceux-ci n'en continuèrent pas moins à vivre dans le luxe aux dépens de leurs sujets qui, eux-mêmes, souffraient de la cessation du négoce. Les exactions amenèrent la révolte, et rois d'Agadez, rois des Touâreg, rois d'Ouarglâ, disparurent les uns après les autres, entraînant dans leur ruine commune un commerce dont ils étaient les créateurs, les soutiens et presque les maîtres.

Le principe d'autorité avait créé l'ordre et, à sa suite, de grandes relations commerciales : l'anarchie a amené le désordre et, à sa suite, la situation que nous constatons aujourd'hui :

Le commerce d'Agadez s'est réfugié à Katsena et à Kanô dans le Soudan ;

Celui d'Ouarglâ, qui s'opérait par la route directe de la Sebkha d'Amadghôr, s'est détourné sur Rhât, sur Ghadâmès et sur El-Ouâd ;

Le pouvoir du roi des Touâreg du Nord a été remplacé par celui du cheikh des Azdjer, en laissant la confédération du Ahaggâr dans l'anarchie ;

Dans cette révolution, Ouarglâ a sombré, corps et biens, ne laissant à El-Ouâd que quelques bribes de son grand commerce ;

Ghadâmès a tout absorbé, même le commerce qui s'opère par les routes aboutissant à In-Sâlah.

On se demande si, avec le rétablissement de l'ordre au Sud de nos possessions, Ouarglâ peut recouvrer son ancienne splendeur.

L'état présent de cette ville, hommes et choses, répondra à cette question.

Quatre groupes d'habitants composent la population d'Ouarglâ :

Les Beni-Ouagguin,

Les Beni-Brahîm,

Les Beni-Sisîn,

Des Beni-Mezâb qui, d'après un document que j'ai trouvé à Ghardâya, confirmé d'ailleurs par Ebn-Khaldoûn, sont probablement les contemporains des Benî-Ouarglà dans l'oasis à laquelle ces derniers ont imposé leur nom.

Les Benî-Mezâb confondus aujourd'hui avec les Benî-Sisîn habitent le même quartier.

En réalité, les quatre groupes d'habitants d'Ouarglà n'en font que trois, et, par suite de leurs prétentions réciproques, ils ne sont jamais d'accord; ce qui fait que, quoique constituant un chiffre total de 4 à 5,000 habitants, ils ont souvent succombé dans leurs luttes contre la petite ville voisine de Negoûsa (1,000 âmes environ) et contre les Arabes qui les enveloppent.

Les rivalités qui divisent les habitants d'Ouarglà sont déjà une première cause de faiblesse.

De plus, quoique les membres des quatre groupes berbères composant la population d'Ouarglà soient autorisés à revendiquer une origine blanche, tous, à peu près sans exception, appartiennent au type sub-éthiopien du Tafilelt, du Touât, de l'Ouàd-Rîgh, du Nefzàoua et du Fezzân. Par leurs traits, ils se rapprochent des Caucasiens; par la coloration de la peau, ce sont des noirs.

Les Ouargliens attribuent leur teint noir au mélange de leur sang avec celui des nombreuses esclaves que leurs ancêtres ont achetées aux caravanes du Soudan.

Il est possible aussi que les Berbères Benî-Ouarglà, très-peu nombreux à leur origine, ainsi que le constate Ebn-Khaldoûn, et rencontrant de grandes difficultés d'acclimatation dans le bas-fond de la cuvette de l'Ouâd-Mîya, aient cherché dans une fusion de leur sang avec celui des noirs de la race garamantique, qui s'étendaient jusque dans ces parages, l'unique chance qu'ils avaient de se reproduire dans une contrée où la race blanche ne peut vivre.

Une étude complète du Sahara nous montre toutes les régions basses des lits des anciennes sebkha habitées par des noirs et toutes les régions élevées et sèches environnant ces bas-fonds, peuplées de blancs. Il y a dans ce cantonnement général autre chose que le fait de l'importation d'esclaves noirs, car les tribus des hauts plateaux ont reçu autant d'esclaves que celles des bas-fonds. Je ne puis m'empêcher d'y voir l'application d'une des lois les plus simples de la nature. Le sang nègre a vaincu le sang blanc dans les lieux où le climat se rapproche de celui de la Nigritie; le sang blanc a dominé le sang nègre

TYPES FÉMININS DE LA RACE SUB-ÉTHIOPIENNE OU GARAMANTIQUE
(OUAD-RIGH).

D'après des photographies de M. H. Duveyrier
et de M. Puig.

partout où la race blanche a retrouvé les conditions du climat originel.

Les plantes ne se conduisent pas autrement. La plus vivace étouffe la plus faible.

L'impossibilité, pour les blancs, de vivre et de se reproduire à Ouarglâ, crée donc une seconde cause de faiblesse pour cette ville.

Enfin, tout est en ruine à Ouarglâ : habitations, habitants, moral même.

La Qaçba que j'ai visitée en détail et qui était une petite ville fortifiée au milieu de la grande est aujourd'hui inhabitable : à peine pourrait-on en dresser le plan.

Les maisons de la ville, quoique bien bâties, à plusieurs étages, avec des portes encadrées et décorées d'arabesques, sont mal entretenues ou en ruines. On voit cependant qu'elles ont été construites par des propriétaires riches, car elles offrent le luxe de passages voûtés qui donnent, pour l'été, d'agréables lieux de repos pendant la chaleur du jour.

Les mosquées sont à peine en meilleur état que la Qaçba et les maisons.

Le fossé, large de douze mètres environ, qui enveloppe extérieurement le mur d'enceinte de la ville et qui sert d'exutoire à toutes les immondices et à l'excédant des irrigations des jardins, est aujourd'hui un immense cloaque infect, sans issue, dont les émanations empoisonneraient l'air le plus pur.

Aussi, au printemps et à l'automne, la fièvre paludéenne atteint-elle tous les habitants.

Déjà bon nombre d'entre eux ont émigré à Tunis; ce qui reste ne sait que se plaindre et accuser.

Aujourd'hui, à Ouarglâ, il n'y a plus un riche négociant, mais des propriétaires mal aisés et des *khammâs*[1], qui vivent du cinquième des produits des jardins qu'ils cultivent.

On dit qu'il y vient encore quelques caravanes de Rhât, d'El-Goléa', d'In-Sâlah, mais, évidemment, ce ne peut être que pour

---

1. Le khammâs, c'est-à-dire *cultivateur au cinquième*, est un engagé à la disposition duquel les propriétaires mettent tout ce qui est nécessaire à la culture : sol, plantations, semences, eaux, instruments, et qui donne gratuitement sa main-d'œuvre, moyennant le cinquième de la récolte.

échanger des marchandises sans valeur contre des dattes, seule production sérieuse de l'oasis.

Aujourd'hui Ouarglà est une ville morte, et nul ne la ressuscitera, je le crains; cependant la belle ceinture de 60,000 palmiers qui l'environne, ses eaux artésiennes, sa situation à l'embranchement d'une route sur Timbouktou par In-Sâlah, et sur le Soudan par les mines de sel d'Amadghòr, les nombreux Cha'anba avec leurs chameaux qui peuplent sa banlieue, lui donnent une grande valeur comme station de caravanes, entre le plateau rocheux des Beni-Mezàb et la zone des dunes qui la séparent des montagnes des Touâreg.

Conservons à Ouarglà ce rôle dans l'avenir et cherchons au Nord un endroit plus salubre pour servir d'entrepôt à notre commerce. Methlîli, Ghardâya et Laghouàt ne laissent que l'embarras du choix.

Ouarglà a encore un autre rôle à jouer : c'est le point de nos possessions le plus rapproché des Touâreg du Nord, notamment des Ifòghas qui viennent quelquefois camper à très-peu de distance de cette ville. De bons rapports entre un centre soumis à notre domination et des peuplades indépendantes peuvent être un excellent trait d'union. Mais, pour cette mission spéciale, il faudrait que le chef d'Ouarglà fût en même temps le représentant des intérêts de la France près des Touàreg et non un personnage exclusivement préoccupé d'intérêts personnels ou locaux.

§ V. — In-Sàlah et le Touàt.

Cinq groupes d'oasis constituent l'archipel auquel on donne le nom collectif de Touàt, forme berbère du mot *Ouasis*.

Le Tidikelt est le plus méridional de ces groupes. In-Sàlah [1] en est le chef-lieu. En même temps, cette ville est le principal centre de commerce de la contrée, dans ses rapports avec l'Afrique centrale, l'Algérie, la Tunisie et la Tripolitaine.

In-Sàlah est, à vol d'oiseau, à peu près à une égale distance de Timbouktou, de Mogador, de Tanger, d'Alger et de Tripoli. Par sa position centrale, cette ville devait devenir et est devenue un centre

---

1. In-Sàlah doit être écrit en deux mots et non en un seul comme on le fait ordinairement. Ce nom est composé du pronom démonstratif temâhaq, *In*, celui de, et du nom propre arabe *Sâlah*, c'est-à-dire l'endroit, la ville de Sàlah.

TYPE MASCULIN DE LA RACE SUB-ÉTHIOPIENNE OU GARAMANTIQUE.

(OUAD-RIGH).

D'après une photographie de M. H. Duveyrier.

commercial important, l'une des clefs du commerce du Nord avec Timbouktou.

Le Touât est une confédération indépendante de trois cents à quatre cents petites villes ou villages, à quelques journées de marche au Sud de nos possessions, et qui embrasse, du Nord au Sud, une longueur de 300 kilomètres et, de l'Est à l'Ouest, une largeur de 160 kilomètres, entre les méridiens d'Alger et d'Oran, sur la route directe de l'Algérie au Niger moyen.

Par sa situation, cette confédération se trouve dans le rayon naturel d'attraction de notre colonie.

Elle est, en outre, dans notre dépendance immédiate pour ses besoins de première nécessité : la viande et le blé dont elle se nourrit, la laine dont elle fait une partie de ses vêtements. Ces denrées sont portées annuellement par nos tribus algériennes du Sahara occidental dans les divers oasis du Touât qui ne pourraient se les procurer ailleurs, car l'anarchie, qui est l'état normal du Maroc, ne leur permet pas de compter, pour leurs approvisionnements, sur la production, d'ailleurs très-restreinte, de cet Empire.

Le Touât reconnaît la souveraineté religieuse des *chorfa*, empereurs du Maroc, et, à ce titre, lui envoie des présents en argent, quelque chose comme le denier de saint Pierre de l'Europe catholique; mais là se bornent ses rapports avec les souverains de Fez. Au même titre, le Touât fait des dons aux marabouts de Timbouktou, les Bakkây, et les Touâtiens ont bien le soin de faire remarquer que ces témoignages de déférence religieuse ne s'adressent pas au pouvoir temporel, mais au pouvoir spirituel dont ces marabouts sont revêtus.

Jaloux de leur indépendance politique, même vis-à-vis des souverains musulmans, les Touâtiens le sont, à plus forte raison, vis-à-vis de la France, puissance chrétienne.

Instinctivement, appréciant mieux leur position que nous ne l'avons fait nous-mêmes, ils ont le pressentiment que tôt ou tard ils tomberont sous notre influence, si ce n'est sous notre domination.

L'occupation de Laghouât et de Géryville, l'extension donnée à nos possessions du Sénégal, ont répandu chez eux de grandes craintes : aussi, quand simultanément, en 1861, M. le commandant Colonieu et le khalifa Sidi-Hamza se sont avancés, le premier jusqu'à Timmimoun avec une caravane d'essai, le second jusqu'à El-Goléa', où il a des propriétés, a-t-on vu tous les Touâtiens trembler comme si leur indépendance politique avait été menacée et songer à fuir dans les montagnes des Touâreg Ahaggàr.

Alors, en quelques jours, le prix des chameaux s'est élevé de 200 à 500 francs.

Une ambassade a été envoyée à l'empereur du Maroc pour le prier d'intervenir, probablement par la voie officieuse de la diplomatie; des supplications ont été adressées au marabout de Timbouktou à l'effet de rendre favorable à la cause du Touât l'influence qu'il peut exercer à Londres et à Constantinople.

Avant d'implorer l'intervention de leurs chefs religieux, les Touâtiens s'étaient jetés dans les bras d'El-Hâdj-Ahmed, le moqaddem de la confrérie hostile des Senoûsi, et dans ceux de Mohammed-ben-'Abd-Allah, qu'on a vu, les armes à la main, nous disputer la domination du Sahara algérien.

Ainsi, pendant qu'on s'occupe peu du Touât en Algérie, on ne pense qu'à nous, on ne parle que de nous au Touât, et, je le répète, cette agitation est due à la conviction que cette contrée est naturellement destinée à subir la loi du maître d'Alger.

Convaincus de leur impuissance à nous résister, ces Oasiens ont adopté contre nous la politique de l'isolement et de l'abstention de tout rapport, dans l'espoir que l'ignorance de leur position favorisée les protégera mieux que la lumière.

Cependant tous les hommes intelligents comprennent le côté faible de cette tactique et le danger que court l'indépendance de leur confédération en accueillant les prédications des Senoûsi, en donnant asile à des Mohammed-ben-'Abd-Allah, en refusant toute relation de commerce avec nous.

Les principaux propriétaires, les riches commerçants, les capitalistes, en un mot, tous ceux qui ont voyagé, devinent qu'une puissance comme la France ne peut pas permettre au commerce de Timbouktou de longer toute la limite Sud de ses possessions, pour aller gagner le port de Tripoli, sans être tentée d'y prendre une part quelconque.

Il est vrai qu'à côté de ces hommes sensés il y a la classe turbulente et inquiète des *tolba* ou gens lettrés vivant aux dépens de la crédulité publique et exploitant l'ignorance des Sahariens. Cette classe a le sentiment instinctif que son règne cessera le jour où notre influence se fera sentir au Touât.

En attendant, elle va partout semant les plus grandes absurdités sur notre compte et recrutant des auxiliaires aux Senoûsi et aux agitateurs comme Mohammed-ben-'Abd-Allah.

Néanmoins, la lumière se fait, et, peu à peu, les préventions disparaîtront.

Au nombre de ces préventions, il en est une que le gouvernement doit dissiper : c'est qu'il n'a aucun intérêt à grever son budget des dépenses de l'occupation du Touât, si de bons rapports avec ses habitants permettent au commerce de l'Algérie, comme à celui de Malte et de Gibraltar, de prendre part aux échanges avec l'Afrique centrale, mais que, si les Touâtiens continuent à vouloir fermer aux marchandises françaises la route de l'Algérie à Timbouktou, au profit exclusif des marchandises anglaises, il se verra contraint ou de conquérir le Touât, ce qui n'est pas difficile, ou de rouvrir l'ancienne route rivale par Ouarglâ, El-Beyyodh, Aghelâchchem, Timîssao et Mabroûk, entreprise réalisable, qui enlèverait au Touât et à In-Sâlah tout le commerce qui les enrichit.

Malheureusement, la république touâtienne n'a, ni un pouvoir central pour la totalité de la confédération, ni un pouvoir local pour chaque groupe. Au contraire, chaque centre a son autorité distincte : ici, dans les villages berbères, la municipalité démocratique; là, dans les villages arabes, le pouvoir héréditaire de familles nobles ou religieuses; ailleurs, dans les villages où le sang noir domine, la municipalité aristocratique, et partout pour couronnement de l'édifice anarchique deux partis politiques : les *Sefiân* et les *Ihâmed*; deux partis religieux : les *Senoûsi* et les *Tedjâdjna*, qui achèvent de diviser les populations.

Sans cette division à l'infini du pouvoir et des partis, le Touât, placé comme il l'est sur une grande route commerciale, favorisé d'un territoire fertile et bien arrosé, serait un pays très-riche.

Comme ancre de salut apparaît dans le lointain l'intervention efficace du marabout Sîdi-Ahmed-el-Bakkây de Timbouktou, qui, sollicité par son intérêt personnel de propriétaire de plusieurs zâouiya au Touât et de maître du marché alimentateur de celui d'In-Sâlah, semble aujourd'hui disposé à entrer en rapports avec le gouvernement de l'Algérie.

Le désir du marabout de Timbouktou est le même que le nôtre : développer les relations commerciales de l'Afrique centrale avec l'Europe, sans que l'occcupation du Touàt par des chrétiens soit nécessaire.

L'intérêt des commerçants de l'Afrique centrale dans la question est encore plus grand que celui des Algériens, car, si l'Europe peut, à la rigueur, se passer des produits de la Nigritie, la Nigritie ne peut guère rester privée des produits de l'Europe.

Le gouvernement marocain pourrait aussi être sollicité, par l'intermédiaire de notre consul général de Tanger, à éclairer le Touàt sur ses véritables intérêts, et ce gouvernement peut le faire : car la route du Maroc à Timbouktou est indépendante de celle d'In-Sàlah, et il importe peu au souverain de Fez que les marchands du Touàt soient les intermédiaires du commerce d'Alger ou de celui de Tripoli.

Trois races distinctes peuplent le Touàt : les Noirs, les Berbères et les Arabes.

Les Noirs sont les plus nombreux et les plus anciens habitants du pays. Le Gouràra et l'Aougueroût paraissent ne pas en avoir d'autres.

Les auteurs grecs et latins indiquent le Tafilelt (la Sédjelmàssa du moyen âge) comme limite Ouest au territoire des Garamantes. Les Noirs du Touàt, d'après cette indication, auraient la même origine que leurs frères du Fezzàn. L'usage commun des puits à galerie (fogàrât des Garamantes) confirme cette assimilation.

Plus au Nord, à Moghâr et à 'Asla, les rochers portent des sculptures *sui generis* rappelant la civilisation garamantique.

On est donc autorisé à considérer les Noirs du type sub-éthiopien du Touàt comme ayant appartenu primitivement au groupe garamantique.

L'historien Ebn-Khaldoûn nous fait connaître quelles tribus berbères sont venues envahir le Touàt : les Beni-Yaleddès, fraction des Ouemmanou avec des Beni-Ourtatghir, des Beni-Mezâb, des Beni-Abd-el-Ouàd et des Beni-Merin.

On comptait à cette époque, au Touàt, deux cents bourgades, plus cent dans le Gouràra, ce qui correspond assez exactement au nombre actuel des Qeçoûr.

Tementit et Boûda étaient alors les centres commerciaux, points d'arrivée et de départ des caravanes de l'Afrique centrale.

Avant l'invasion de ces Berbères dans le Touàt, les Touàreg du

Ahaggàr auraient étendu leur domination sur les oasis méridionales de l'archipel, mais Ebn-Khaldoùn n'en fait pas mention.

Depuis, des tribus arabes nomades, dont quelques essaims se sont stabilisés en élevant de nouveaux villages, sont venues ajouter un nouvel élément de population, sinon de discorde, aux éléments berbères et noirs qui, jusque-là, semblent avoir vécu en assez bonne intelligence.

Cependant le *berbère* est resté la langue nationale du Gouràra, de l'Aougueroùt et du Tìmmi, quoique l'*arabe* soit devenu la langue écrite, commerciale et religieuse de tout le Touàt.

Si de l'origine des habitants je passe aux détails de leur assiette sur le territoire qu'ils occupent, je trouve chaque groupe d'oasis installé sur le versant Ouest, à pente douce, du plateau du Tàdemàyt, et tirant de ce plateau ses eaux d'alimentation et d'irrigation, au moyen de travaux hydrauliques particuliers, inconnus des Berbères et des Arabes, mais communs partout où j'ai constaté la préexistence du type sub-éthiopien. Ces travaux étaient nécessaires pour que le Touàt fût habitable, car il y pleut rarement, et souvent, à l'époque actuelle, on y traverse des périodes de vingt-cinq années sans pluies.

Quoique sur le versant d'un plateau, le territoire du Touàt peut être considéré comme se rapprochant beaucoup de la nature des bas-fonds de sebkha d'Ouarglà, de l'Ouàd-Rìgh, du Nefzàoua et du Fezzàn, occupés par leurs frères noirs de même race. On dirait que ces enfants de l'Afrique centrale ont partout recherché, dans le Nord du continent, les régions dont le climat ressemblait le plus à celui de leur patrie originelle. Il est vrai qu'ailleurs ils s'acclimatent et se reproduisent difficilement.

La population surabonde au Touàt, aussi a-t-elle dû recourir à l'émigration pour faire cesser le trop-plein. On rencontre des Touàtiens partout : à Timbouktou, à Agadez, à Rhât, à Ghadàmès, à Tripoli, à Tunis, à Tlemsen, dans toute la partie occidentale du Sahara algérien et dans les principales villes du Maroc. Dans les centres commerciaux, ils s'adonnent au commerce; dans les tribus, ils sont instituteurs. Comme les Benî-Mezàb et les Biskri, dès qu'ils ont gagné un petit pécule, ils rentrent dans leur patrie.

Bien que la fertilité du Touàt soit grande, sa production est inférieure à ses besoins : aussi est-il tributaire des provinces d'Alger et d'Oran, pour la partie de sa consommation qui ne consiste pas en dattes et en légumes frais.

Les vêtements, la plus grosse affaire après l'alimentation, sont par moitié en coton venant de Timbouktou ou du Soudan, par moitié en laine dont la matière première vient de l'Algérie.

Plusieurs villes de la confédération touâtienne ont une certaine importance commerciale, les unes comme centres d'un commerce local : Timmi, Timmimoun, Tabalkosa ; les autres comme centres d'échange entre les produits de l'Europe et ceux de l'Afrique centrale : In-Sàlah et Aqabli. Ces deux dernières villes doivent aux relations journalières qu'elles entretiennent avec les Touàreg d'avoir monopolisé en leurs mains un commerce qui exige de bons rapports avec les maîtres des routes. Jadis Aqabli avait la prédominance, aujourd'hui c'est In-Sàlah.

In-Sàlah est une des villes les moins anciennes du Touàt, car aucun document ne la mentionne avant le xve siècle, et ses habitants ne font remonter sa fondation qu'à deux cents ans. Néanmoins elle est aujourd'hui l'une des plus grandes, des plus peuplées et incontestablement la plus riche.

Il faut, toutefois, s'entendre sur ce qu'on est convenu d'appeler la ville d'In-Sàlah.

In-Sàlah est un nom collectif donné à quatre qeçoûr ou centres d'habitation qui se touchent et sont échelonnés à l'Orient l'un de l'autre.

Ces quatre qeçoûr sont :
Qaçar-el-'Arab ou Qaçar-el-Kebir ;
Qaçar-Bel-Qâsem ;
Qaçar-Oulàd-el-Hàdj ;
Qaçar-ed-Derhàmcha.

De ces quatre qeçoûr le plus important, celui auquel pourrait s'appliquer le titre de ville portant le nom d'In-Sàlah, est Qaçar-el-Kebir (le grand centre) ou Qaçar-el-'Arab (le centre des Arabes) : mais, je le répète, In-Sàlah n'est pas une ville dans le sens que nous attachons à ce mot : c'est une collection de quatre bourgades fortifiées, ayant chacune leur vie propre.

Autour de ce point central, capitale du Tidikelt, convergent d'autres qeçoûr : Ej-Jedîd, Ez-Zàouiya, Es-Souàhel, Melìàna, Hàss-el-

Hadjâr, Igueston, Qaçbet-Oulâd-Zommît, Fogâret-ez-Zouâ, Ez-Zâouiyet-Mouley-Heyba, Sillâfen, Fogâret-Oulâd-el-Hâdj-Badjoûda, Fogâret-Oulâd-el-Hâdj-'Ali, Fogâret-Oulâd-el-Hâdj-Mohammed, Sâhel, El-Barka. Ces quinze villages fortifiés peuvent être considérés comme formant une grande banlieue autour des quatres qeçoûr constituant In-Sâlah.

La portion la plus active de la population d'In-Sâlah est arabe; quelques étrangers, particulièrement les Ghadâmèsiens, y ont des établissements. Plusieurs des chefs Touâreg y tiennent en dépôt tout ce qu'ils possèdent: ainsi le Cheikh-'Othmân y a maison, magasins, jardins de dattiers. C'est là qu'il emmagasine tout ce qu'il a de précieux, et il se considère autant habitant d'In-Sâlah que de Timâssanîn.

En cela, In-Sâlah, quoique centre d'un grand commerce, conserve le rôle dévolu à tout qaçar, celui de servir de lieu de dépôt à la partie de la fortune des nomades qu'ils n'emportent pas avec eux dans leurs pérégrinations.

Une municipalité ou djema'a gouverne la ville.

Les familles les plus influentes sont les Oulâd-Badjoûda et les Oulâd-el-Mokhtâr.

Ce qui assure la prospérité d'In-Sâlah est la solidarité d'intérêts qui existe entre les commerçants de cette ville, d'un côté avec les chefs des Touâreg Ahaggâr, de l'autre, avec les marabouts de Timbouktou; solidarité que le courage de ses habitants, appuyé sur le concours de la tribu belliqueuse des Oulâd-Bâ-Hammou, a toujours su maintenir.

In-Sâlah est aux Touâreg Ahaggâr ce que Rhât et Ghadâmès sont aux Azdjer, c'est-à-dire un marché sur lequel ils peuvent, à peu près sans bourse délier, s'approvisionner de tout ce qui leur manque dans leurs montagnes.

Sans les coutumes, les présents, les victuailles que les gens d'In-Sâlah donnent aux Ahaggâr, ces derniers seraient souvent exposés à mourir de faim; sans la protection que les Ahaggâr donnent aux caravanes d'In-Sâlah sur les routes, le commerce qui fait la richesse de la ville ne serait pas possible.

La même solidarité existe entre les marabouts de Timbouktou et les commerçants d'In-Sâlah. Sur le Niger, les marabouts appuient de leur toute-puissance les commerçants du Touât, et les commerçants d'In-Sâlah font respecter et entretiennent au Touât les trois zâouiya des marabouts El-Bakkây.

Les gens d'In-Sâlah sont réputés excellents guerriers : montés sur des chevaux, armés de fusils et de pistolets, ils ont sur leurs ennemis l'avantage de ne pas fuir devant les armes à feu.

Les Oulâd-Bâ-Hammou, leurs parents et leurs alliés, sont aussi très-braves et très-redoutés.

Un mot sur cette tribu qui pèse d'un si grand poids dans les destinées d'In-Sâlah, car elle lui permet de faire respecter ses caravanes et même de réduire les exigences des Touâreg Ahaggâr à de légitimes proportions.

Les Oulâd-Bâ-Hammou sont d'origine arabe, ils parlent l'arabe et vivent de la vie des nomades ; mais, depuis longtemps, ils ont adopté toutes les coutumes des Touâreg.

Comme eux, ils portent des vêtements bleus en coton du Soudan, le voile, le poignard de bras et la lance.

Comme eux, ils ont des imrhâd (serfs), Arabes ou Touâreg, et les uns et les autres, propriétaires de chèvres et de chameaux, habitent avec les tribus imrhâd des Touâreg dans les montagnes du Ahaggâr et même de l'Adzjer les plus rapprochées du Touât.

Cette similitude de vie les a souvent fait appeler Touâreg blancs, *Touâreg-el-biodh*, parce qu'ils portent généralement le voile blanc.

D'ailleurs, les Touâreg, sans les considérer comme des frères, ne les tiennent pas pour étrangers, car ils regardent le territoire de leurs parcours comme faisant partie du domaine national de leurs confédérations.

A une époque, difficile à préciser, les Touâreg auraient abandonné aux Touâtiens et aux Oulâd-Bâ-Hammou le territoire qu'ils occupent aujourd'hui, mais sans renoncer aux droits que la conquête leur avait conférés.

Les Oulâd-Bâ-Hammou ont un village leur appartenant dans la banlieue d'In-Sâlah, celui d'Igueston, où ils tiennent leurs approvisionnements sous la garde de quelques-uns d'entre eux ; mais la tribu mène la vie nomade sur le grand plateau de Tâdemâyt, entre les dunes de l''Erg, les oasis de la confédération touâtienne et les montagnes des Ahaggâr.

Les Oulâd-Bâ-Hammou sont assez forts pour se faire respecter des Touâreg. En 1860, ils sont même venus faire un rhezî sur les Azdjer à Tikhâmmalt : mais généralement ils préfèrent vivre en bons rapports avec eux, parce qu'ils ont à défendre les caravanes d'In-Sâlah contre d'autres ennemis, notamment contre les Berâber, les Douï-Menîa' du Maroc et les Oulâd-Moûlât des rives de l'Océan.

Ainsi que je l'ai déjà dit, les Douï-Menîa' et les Oulâd-Moûlât viennent à cheval, de deux cents à trois cents lieues, enlever les chameaux des Touâtiens jusque dans les pâturages de leurs oasis.

Pour résister à des adversaires aussi audacieux, le commerce d'In-Sâlah avait besoin de trouver dans la tribu des Oulâd-Bâ-Hammou une force qui ne le laissât pas complètement à la discrétion des Touâreg Ahaggâr. Là est peut-être le secret de la puissance d'In-Sâlah et de sa supériorité sur Aqabli, Tementît et Boûda.

Un petit district du Tidîkelt, celui d'Ingher, est habité, partie par des Arabes, partie par des Touâreg.

Deux villages du district d'Aqabli : El-Mançoûr et Arrekâch, sont occupés par une tribu targuie, les Iouînhédjen, qui antérieurement habitait les environs d'El-Barkat, au Sud de Rhât, mais qui a été forcée d'émigrer par les anciens sultans des Touâreg. Les Arabes donnent le nom de *sattâf*[1] à ces Touâreg.

Ces deux groupes, devenus Touâtiens, servent de trait d'union entre les oasis et les Touâreg Ahaggâr et Adzjer.

---

1. Corruption du mot temâhaq *isattafenîn*, les noirs, c'est-à-dire ceux qui portent le voile noir. Les habitants du Tidîkelt ont ordinairement des voiles blancs.

CHAPITRE II.

CENTRES RELIGIEUX.

Je l'ai déjà dit, deux grandes confréries et deux grandes familles de marabouts tiennent sous leur dépendance religieuse la presque totalité des populations du Sahara.

L'une des confréries, celle des Tedjâdjna, la plus ancienne, constituée, il y a un siècle environ, en dehors de toute influence de l'antagonisme de la religion chrétienne et de la religion musulmane et basée sur les vraies lumières de l'Islâm, semble avoir été créée par son fondateur dans un but de rapprochement et de lien entre toutes les peuplades divisées du Sahara et de l'Afrique centrale.

L'autre, celle des Senoûsi, organisée depuis la conquête de l'Algérie, depuis que la question d'Orient est devenue l'objet permanent des préoccupations des puissances chrétiennes, s'est, au contraire, proposée pour but spécial de lutter contre l'influence toujours croissante de la politique européenne sur les États musulmans et de préserver les populations du Sahara et de l'Afrique centrale de tout rapport avec les Européens.

La première, par ses actes, par son exemple, prêche la tolérance; la seconde enseigne le fanatisme le plus exalté et, dans sa carrière active et militante, cherche à opposer une barrière matérielle à une fusion d'intérêts entre des peuples qui ne peuvent vivre séparés les uns des autres.

Les représentants de la première, pendant toute la durée de ma mission, ont été mes protecteurs dévoués; ceux de la seconde, inférieurs en nombre et en puissance, ont été partout mes adversaires les plus redoutables.

Je dois à la reconnaissance de signaler la conduite tolérante des Tedjâdjna, et à la vérité d'éclairer le gouvernement sur l'hostilité des

Senoûsi et sur les obstacles qu'ils peuvent opposer à l'extension de nos rapports avec le Sahara et l'Afrique centrale.

Les deux familles de marabouts que je considère comme des centres religieux sahariens doivent être aussi connues, car celle des Bakkây, toute-puissante à Timbouktou et chez les Touâreg Aouélimmiden, peut exercer une grande influence sur l'avenir de nos relations avec les populations du Niger, et celle d'Oulâd-Sîdi-Cheikh doit encore nous rendre d'importants services au Touât.

La face politique des deux congrégations étant la seule qui doive m'occuper, je m'abstiendrai d'aborder le côté religieux de ces deux institutions.

L'ordre méthodique de ce travail m'impose l'obligation de mettre d'abord en scène les Senoûsi, nos ennemis, avant de m'occuper de nos amis, les Tedjâdjna, les Bakkây et les Oulâd-Sîdi-Cheikh, afin de mieux démontrer que, si le fanatisme aveugle peut nous créer des embarras, la raison éclairée est assez puissante pour nous aider à les surmonter.

§ Ier. — Confrérie des Senoûsi.

Es-Senoûsi, originaire de Djâlo (Tripolitaine), disent les uns, de la tribu algérienne des Benî-Senoûs, au Sud-Ouest de Tlemcen, disent les autres, était un savant et pieux musulman qui a longtemps séjourné dans les villes saintes de la Mekke et de Médine et qui, dans l'Orient asiatique comme dans l'Orient africain, notamment en Égypte, a toujours recherché la société des champions les plus exaltés de l'islamisme, de ceux surtout dont l'orgueil était blessé de voir les gouvernements de Constantinople et du Caire adopter toutes nos coutumes, copier toutes nos institutions, subir notre influence.

En homme éclairé, il avait pu constater dans ses voyages, avec la décadence toujours progressive de la puissance politique de l'Islâm, des injustices nombreuses, des exactions fréquentes, plaie fort ancienne des gouvernements de l'Orient, et naturellement il avait attribué tous ces vices à l'abandon de la morale islamique et à l'invasion de l'esprit nouveau de progrès venu de l'Occident.

De là au projet de former un rempart derrière lequel pourrait se réfugier l'indépendance politique et religieuse des vrais musulmans il n'y avait qu'un pas. Ce pas, il le franchit en instituant la confrérie à laquelle il donna son nom.

La pensée fondamentale de cette association est donc une triple protestation : contre les concessions faites à la civilisation de l'Occident; contre les innovations, conséquences du progrès, introduites dans divers États de l'Orient par les derniers souverains; enfin, contre de nouvelles tentatives d'extension d'influence dans les pays encore préservés par la grâce divine.

Mais, dans l'état des rapports qui existent aujourd'hui entre tous les gouvernements, il était difficile de trouver, à l'abri de la surveillance des chancelleries, un point où un tel projet pût être mis en pratique.

Entre le Nil et l'Océan, entre l'Afrique septentrionale et l'Afrique centrale, s'étend un vaste désert où, jusqu'à ce jour, de rares voyageurs, à la discrétion des populations qui l'habitent, ont seuls pu pénétrer, où même plus d'un point reculé a été à l'abri de la souillure des pas de l'infidèle : c'est ce désert qu'Es-Senoûsi choisira pour champ d'application de ses projets; c'est ce désert sans eau, dévoré par un soleil ardent, qu'il opposera comme un cordon sanitaire à la contagion européenne.

Donc, pendant que d'autres fanatiques préparent les massacres de Djedda et de Damas, protestation directe, mais impuissante, Es-Senoûsi dresse le plan de la conquête du Sahara par une propagande active, y fonde des zâouiya successivement échelonnées de manière à ce que la dernière, la plus isolée, la plus éloignée, puisse encore servir de refuge, *in extremis,* aux derniers éléments d'une foi déjà atteinte par l'indifférence religieuse.

Le Djebel-el-Akhdar, situé à environ 20 kilomètres à l'Est de Ben-Ghâzi et se prolongeant jusqu'à Derna, habité d'ailleurs par des tribus arabes turbulentes qui causent souvent des difficultés au gouvernement de Tripoli, devient d'abord le berceau et le siége central de l'institution nouvelle.

Bientôt l'ordre d'Es-Senoûsi est accueilli avec faveur dans tout le Sahara, où il recrute de nombreux khouân. Une circonstance, née en Algérie de la lutte soutenue contre l'émîr 'Abd-el-Kâder, doit contribuer à lui donner une certaine importance.

Mohammed-ben-'Abd-Allah, aujourd'hui interné à Bône, avait été notre khalîfa dans la subdivision de Tlemsen. Compromis, destitué et exilé à la Mekke, il avait eu occasion de rencontrer Es-Senoûsi dans l'Orient; et comme les projets du novateur s'alliaient aux vues de haine et de vengeance de notre ancien serviteur, une sorte d'alliance s'établit entre eux.

Peu de temps après, Mohammed-ben-'Abd-Allah, qui avait emporté de l'Algérie une grande fortune (500,000 francs environ), était de retour à Ouarglâ et au Touât où il prenait le titre de *cherîf* et arborait un drapeau hostile dans le Sud de nos possessions.

Alors vivait au Tidîkelt, dans la plus profonde obscurité, un *tâleb* de troisième ordre sous le rapport de l'intelligence et de l'instruction, mais animé d'un fanatisme aveugle et d'une ambition sans bornes. Homme actif d'ailleurs, audacieux et entreprenant. Son nom est El-Hàdj-Ahmed-et-Touâti, plus connu aujourd'hui sous le surnom d'El-'Aâlem (le savant), qu'il s'est donné et que ses partisans illettrés lui conservent respectueusement.

Par Mohammed-ben-'Abd-Allah, ce *tâleb* est adressé à Es-Senoûsi et, sur sa recommandation, il est investi du titre de *moqaddem*, ou vicaire général de l'ordre pour la région à l'Ouest du Djebel-el-Akhdar, c'est-à-dire le Fezzân, le pays des Touàreg et le Touât.

A partir de ce moment, le cherîf Mohammed-ben-'Abd-Allah et le moqaddem El-Hàdj-Ahmed ne poursuivent qu'un même but. L'un recrute des khouân, l'autre les enrôle sous sa bannière pour la guerre sainte. On sait comment Mohammed-ben-'Abd-Allah paie de sa liberté ses tentatives contre notre domination.

Cependant la propagande mettait de grandes ressources à la disposition du chef de l'ordre, de nouvelles zâouiya s'élevaient à Sôkna, à Zouîla, à Mourzouk, à Ghadâmès et à Rhât.

Quand M. le capitaine de Bonnemain vint à Ghadâmès, il n'y avait qu'une zâouiya de marabouts, celle de Sîdi Ma'abed, fort ancienne, inoffensive, à laquelle le gouvernement turc a conservé son indépendance. Aujourd'hui, à côté, une nouvelle zâouiya, plus grande et plus belle, a surgi sous la baguette miraculeuse d'Es-Senoûsi.

Quand M. Ismayl-Boû-Derba visita Rhât, il n'y avait pas de zâouiya; aujourd'hui, à la sollicitation et avec l'appui du cheikh de la ville, El-Hàdj-el-Amîn, un autre fanatique, le moqaddem de l'ordre, en a construit une sous les murs de la ville. On y travaillait activement pendant mon séjour à Rhât (avril 1861).

Cependant Es-Senoûsi, sentant la mort venir et trouvant le Djebel-el-Akhdar encore trop rapproché des Turcs de Ben-Ghâzi et des consuls qui y résident, ordonna la création d'une nouvelle zâouiya à Jerhâjîb, dans un désert, un peu au Nord de la route de Sîoua à Aoudjela.

A Jerhâjîb, il n'y avait qu'un seul puits d'eau amère, dans une vallée, au milieu du vide; de nouveaux puits y ont été creusés, et la zâouiya s'est élevée comme par enchantement. Au printemps 1861, on y plantait des dattiers.

Aujourd'hui la zâouiya de Jerhâjîb est la métropolitaine de l'ordre.

En même temps on bâtissait une autre zâouiya, en plein désert, à Wao, ancienne plantation de palmiers, abandonnée sur la frontière du pays des Teboû, à 208 kilomètres au Sud-Est de Zouîla.

Ainsi, dans une période fort courte, moins de quinze années, voilà huit centres de fanatisme créés, organisés et pourvus de moyens d'existence par les tributs volontaires des khouân.

Mais, en 1859, l'homme qui avait conçu et improvisé de si grandes choses meurt; son fils lui succède comme chef de l'ordre : le remplacera-t-il comme continuateur de son œuvre?

A la mort d'un homme comme Es-Senoûsi, surtout quand cette mort arrive avant que l'institution dont il est le fondateur ait jeté de profondes racines, il est rare que la pensée mère du créateur soit adoptée sans modification par ses héritiers ou ses lieutenants. Au respect pour les lois du maître succède l'esprit d'innovation chez les uns, de relâchement chez les autres. Ce double effet me semble s'être produit.

Au rôle passif et purement défensif de l'institution; à la création de zâouiya, à la fois refuges et centres d'un enseignement réputé plus orthodoxe, les plus ardents ont tout d'abord cherché à substituer l'action offensive. El-Hâdj-Ahmed-et-Touâti, le moqaddem de l'Ouest, devait naturellement se trouver à leur tête.

En effet, dès que la mort du chef de l'ordre lui permet de prendre une plus grande initiative, on le voit aller de ville en ville, prêchant la guerre sainte, ordonnant à ses partisans d'acheter des armes et des munitions, poussant Mohammed-ben-'Abd-Allah à entrer en campagne, enfin, organisant ce mouvement qui a agité et troublé tout le Sahara algérien dans le cours de l'été 1861 et auquel la capture de Mohammed-ben-'Abd-Allah a mis fin.

Pendant ce temps, le jeune fils d'Es-Senoûsi semblait se borner à jouir, dans la zâouiya de Jerhâjîb, de l'héritage de fortune, d'honneurs et de respect que lui avait laissé son père : aussi voit-on les quatre premières années de son règne s'écouler sans que la création d'aucune nouvelle zâouiya soit entreprise.

Un fait plus significatif démontrerait que le chef actuel de l'ordre serait disposé à se contenter des résultats acquis. Si mes informations sont exactes, il aurait, en 1861, mandé près de lui le moqaddem de l'Ouest pour le rappeler aux principes expectants du fondateur.

Sur toute ma route, à Rhât, à Mourzouk, à Trâghen, à Zouîla, j'ai rencontré cet homme, suivant lentement mes pas, me créant des embarras partout où il le pouvait.

Il se rendait à Jerhâjîb, pour comparaître devant le grand maître, mais il cheminait comme un coupable qui n'est pas pressé d'arriver, prétextant de la nécessité de me surveiller, de faire obstacle à mes desseins, pour retarder le moment des explications. Peut-être attendait-il, avant de recevoir l'ordre de remettre l'épée dans le fourreau, que Mohammed-ben-'Abd-Allah eût jeté dans la balance le poids d'un fait accompli.

Une circonstance imprévue, la mort du sultan 'Abd-el-Medjîd, auquel les musulmans reprochent trop de condescendance pour les chrétiens, et son remplacement par le sultan 'Abd-el-'Azîz, paraissaient à El-Hâdj-Ahmed-et-Touâti un signe providentiel justificatif de ses menées et de l'initiative belliqueuse qu'il avait prise.

Dans tout le Nord de l'Afrique, l'avénement du nouveau sultan de Constantinople a été l'occasion d'une grande agitation.

Quoi qu'il en soit des dispositions respectives du chef de la confrérie et du moqaddem de l'Ouest, du désaccord qui a pu exister entre eux sur l'attitude expectante ou militante à prendre, il est certain que dans l'état actuel des choses les zâouiya de Sôkna, de Zouîla, de Rhât et de Ghadâmès, forment déjà les quatre points cardinaux d'un immense quadrilatère élevé pour la défense du fanatisme dans cette partie de l'Afrique.

Je n'ai pas à apprécier, au point de vue théologique musulman, l'orthodoxie des enseignements de cette confrérie; néanmoins je ne puis omettre de signaler la lutte qui s'est engagée à mon sujet, pendant mon séjour à Rhât, entre le moqaddem d'Es-Senoûsi et le marabout très-pieux, très-instruit, très-éclairé de Timbouktou, Sîdi-Mohammed-el-Bakkây. Le moqaddem, sur l'autorité d'un livre dont il m'a été impossible de connaître même le titre, enseignait qu'il était non-seulement permis, mais encore louable, de me voler et d'assassiner moi et mes serviteurs musulmans. A ces prédications fanatiques Sîd'-el-Bakkây opposait l'autorité des principaux docteurs de l'Islâm et la correspondance que son oncle, le grand marabout de Timbouktou, avait adressée au roi fanatique des Fellàta, qui voulait s'opposer au séjour de M. le docteur Barth dans son Empire. La copie de cette correspondance si remarquable, véritable manifeste de tolérance, a été laissée aux habitants de Rhât pour qu'ils puissent la méditer.

Grâce à l'appui moral de Sîdi-el-Bakkây et à l'autorité toute-puissante de l'émîr Ikhenoûkhen, j'ai pu braver, pendant quinze jours, sur le marché *extra muros* de Rhât, la colère des khouàn d'Es-Senoûsi, mais je n'ai pu pénétrer en ville, et ceux de mes serviteurs musulmans qui y sont allés pour faire des provisions de bouche y ont été maltraités.

L'opposition que M. Ismayl-Boû-Derba, quoique musulman, a rencontrée à Rhât, n'a eu d'autre cause que la résistance des sectateurs d'Es-Senoûsi.

Tout voyageur européen qui parcourra les mêmes contrées, surtout s'il est Français, doit s'attendre à rencontrer le même obstacle.

La conclusion de ce qui précède est qu'il est nécessaire de surveiller cette confrérie religieuse et de s'opposer à son développement partout où on le pourra.

§ II. — CONFRÉRIE DES TEDJÂDJNA.

Cette confrérie fut fondée, vers 1775, par Sîdi-Ahmed-et-Tidjâni, de la famille des marabouts d'Aïn-Mâdhi.

Par les exemples de vertu et de piété de son père, par les leçons de ses professeurs, par les connaissances acquises dans des voyages à Fez et à la Mekke, et de longs séjours auprès des savants les plus renommés de l'islamisme, Sîdi-Ahmed était l'homme de son époque et de son pays le mieux préparé à fonder une confrérie religieuse sur la double base du *triomphe du droit par le droit et de la tolérance dans la voie de Dieu*[1].

---

1. Mot à mot: *le droit suit le droit; tout ce qui vient de Dieu doit être respecté.* Telle est la formule de la profession de foi des Tedjâdjna.

La réputation de sainteté de Sîdi-Ahmed, le libéralisme de ses doctrines, attirèrent autour du marabout beaucoup de disciples, autour du fondateur d'une confrérie beaucoup d'adeptes. De son vivant, il ne recueillit que des témoignages éclatants d'un souverain respect, tant de la part des rois que de la part des peuples. Les cours de Fez, de Tunis, avaient prodigué toutes leurs faveurs à l'apôtre des nouvelles idées ; seule, l'oligarchie des janissaires d'Alger lui gardait ses rancunes. On comprend pourquoi : *le triomphe du droit par le droit* devait amener l'abolition de la piraterie à l'intérieur et à l'extérieur, seul mode de gouvernement que connaissaient les pachas d'Alger.

Aussi était-il réservé aux deux fils du fondateur de l'ordre d'assister à de grands événements.

Ces fils avaient tous deux le même nom : *Mohammed*. Pour les distinguer, on appela : l'aîné *Mohammed-el-Kebîr* (le grand), et le cadet *Mohammed-es-Seghîr* (le petit).

Mais à la mort de leur père, ces deux fils étant trop jeunes pour administrer les intérêts de la confrérie, Sîd-el-Hâdj-'Ali-ben-el-Hâdj-'Aïssa, marabout de Temâssin, fut, par testament, institué grand maître des khouân. Peut-être le fondateur de la confrérie naissante, prévoyant l'avenir et connaissant la jalousie des Turcs, espérait-il, en se donnant pour successeur un marabout qui ne fût pas en même temps héritier de son nom, détourner de la tête de ses fils les coups dont ils étaient menacés.

Mais *la voie de Dieu est impénétrable aux hommes*, et pendant que le marabout de Temâssin gouvernait la confrérie, Mohammed-el-Kebîr, le fils aîné, était appelé, en 1822, à défendre 'Aïn-Mâdhi contre les Turcs et périssait en 1827, dans la plaine d'Eghréis, sous Ma'askara, trahi par les Hâchem, en prenant lui-même l'offensive contre le pouvoir que nous devions détrôner trois ans plus tard.

Le sang versé alors séparait à jamais les Tedjâdjna de la cause des Turcs et de celle des Hâchem, tribu qui, en 1808, avait donné le jour à 'Abd-el-Kâder, également fils d'un chef de zâouiya.

Bientôt après la chute des Turcs, en 1832, les Hâchem avaient élu sultan l'un d'eux, 'Abd-el-Kâder, fils de Mahi-ed-Dîn, et le premier acte du nouvel *Emîr-el-Moûmenîn* avait été de proclamer la guerre sainte contre les Français nouvellement débarqués à Oran.

Si alors 'Abd-el-Kâder avait appelé le cadet des fils de Sîdi-Ahmed-et-Tidjâni à lui prêter son appui dans la lutte qu'il allait soutenir contre les chrétiens, peut-être eût-on vu Mohammed-es-Seghîr oublier la trahison des Hâchem et renouveler la tentative audacieuse de son frère, en venant, avec 'Abd-el-Kâder, mettre le siége devant Oran.

Alors du sang eût été mis entre nous et les Tedjâdjna, comme il y en avait entre eux et les Turcs.

Mais *dans la voie de Dieu tout est impénétrable*, répéterai-je avec l'auteur du *Kounnâch*, le guide des khouân Tedjâdjna. Non-seulement 'Abd-el-Kâder, le commandeur des croyants, ne réclame pas le concours de Mohammed-es-Seghîr contre les chrétiens, mais encore, en 1838, après avoir fait la paix avec eux, il va mettre le siége devant 'Aïn-Mâdhi, où il tient bloqué, pendant neuf mois, mais sans résultat, l'héritier d'un nom vénéré.

Dans cette lutte impie et que rien ne justifiait, 'Abd-el-Kâder compromet son titre de marabout, ses finances et tout le prestige de ses réguliers.

De plus, il met de nouveau du sang entre les Tedjâdjna et les Hâchem.

Pendant que ces faits s'accomplissent dans l'Ouest, El-Hâdj-'Ali, le marabout de Temâssîn, le chef de la confrérie, est attaqué dans l'Est par les frères d'une autre confrérie, les Mouley-Tayyeb, nos ennemis acharnés, sous la conduite de Ben-Djellâb, sultan de Tougourt, autre ennemi de notre drapeau.

Dans l'Est comme dans l'Ouest, les Tedjâdjna avaient donc été amenés à mettre du sang entre eux et tous nos adversaires, sans le moindre conflit avec nous. A notre insu, nous étions devenus amis les uns des autres, par l'audacieuse imprudence des mêmes ennemis que nous avions eus à combattre.

Ce qui précède explique la réponse du chef des Tedjâdjna, El-Hâdj-'Ali, aux gens du Zibân, de l'Ouàd-Rîgh et du Soûf, qui vinrent en 1844 lui signaler notre marche sur Biskra et lui demander quelle conduite il fallait tenir.

Voici cette très-remarquable réponse :

« C'est Dieu qui a donné aux Français l'Algérie et toutes les pro-
« vinces qui en dépendent; c'est Lui qui veut les y voir dominer.
« Restez donc en paix et ne faites pas parler la poudre contre eux.
« Dieu a changé ceux qui, jadis nos maîtres, n'avaient d'autre loi
« que l'oppression, d'autre règle que la violence, qui sans cesse

SIDI-MOHAMMED-EL-'AÏD,
GRAND-MAÎTRE DE LA CONFRÉRIE DES TEDJADJA.

D'après une photographie de M. Puig.

« faisaient le mal et portaient le trouble avec eux. Laissez donc
« faire aux Français ce qu'ils veulent, car ils paraissent avoir pris
« un chemin juste et sage, qui doit faire fructifier le bien de tous. »

M. le colonel de Neveu, auteur des *Khouân*, livre auquel j'emprunte cette réponse, en garantit l'exactitude.

Elle doit être authentique, en effet, car elle n'est que la paraphrase du mot de passe de la confrérie : *triomphe du droit par le droit, tolérance dans la voie de Dieu.*

Un an après cette réponse, qui nous livrait sans résistance tout le Sud de la province de Constantine, le marabout de Temâssîn mourait et la grande maîtrise de la confrérie passait aux mains du fils cadet du fondateur de l'ordre, Sîdi-Mohammed-es-Seghîr-ould-Sîdi-Admed-et-Tidjâni, l'adversaire d'Abd-el-Kâder.

Ce grand marabout, notre ami comme son prédécesseur, laissa prendre Laghouât, ville voisine d'Aïn-Mâdhi où il résidait, d'abord, en 1846, par M. le général Marey-Monge, puis en 1851 par M. le général Pélissier, sans sortir des limites assignées aux khouân de l'ordre par la réponse antérieure du marabout de Temâssîn.

A la mort de Mohammed-es-Seghîr, advenue peu de temps après la dernière prise de Laghouât, le gouvernement de la confrérie retourna aux mains du marabout de Temâssîn, Sîdi-Mohammed-el-'Aïd, fils d'El-Hâdj-'Ali, encore en possession aujourd'hui du titre d'*ouâli*.

C'est à lui que je fus recommandé par M. le général Desvaux, commandant supérieur de la province de Constantine ; c'est à l'aide de son concours que j'ai pu pénétrer, avec sécurité, chez les Touâreg, malgré l'opposition des khouân et du moqaddem des Senoûsi.

Sîdi-Mohammed-el-'Aïd, fidèle à la tradition de la confrérie, est un excellent homme, instruit, bienveillant, charitable et conséquemment très-vénéré. (Voir son portrait ci-contre.)

Pour mieux me protéger à distance, par un signe visible émanant de lui, il me conféra le titre de *frère* et me revêtit du chapelet de l'ordre.

Ainsi, quoique chrétien, quoique Français, titre aggravant pour tous ceux qui croient leur indépendance menacée, j'ai voyagé comme frère de l'ordre des Tedjâdjna, et j'ai été accueilli comme tel par tous les khouân.

Il est de croyance dans la confrérie que les prières de Sîd-el-Hadj-'Ali, père de Sîdi-Mohammed-el-'Aïd, ont fait tomber Alger au pouvoir des Français pour punir les Turcs, coupables d'avoir tué son fils.

La zâouiya de Temâssîn est probablement la plus importante de toute l'Algérie. En y entrant, on sent qu'on est là au siége d'une importante institution, d'un grand gouvernement : mosquée pour le culte ; nombreux logements pour les disciples et les serviteurs ; palais somptueux pour le maître, avec glaces de Venise et fauteuils dorés à l'européenne, le tout d'un luxe qu'on ne soupçonnerait pas dans une ville saharienne. (Voir la planche ci-contre.)

C'est qu'en effet cette zâouiya est un grand centre : protégée par les souverains de Fez, de Tunis, dans les meilleurs rapports avec l'autorité française, elle étend ses ramifications jusqu'à Timbouktou, jusqu'au Soudan, jusqu'en Égypte et à la Mekke. Des rois nègres, affiliés à la confrérie des Tedjâdjna, font une active propagande contre le paganisme dans l'Afrique centrale.

Une zâouiya secondaire de l'ordre, celle de Timâssanîn, dont le marabout Si-'Othmân est le moqaddem, assise entre les Touàreg Azdjer et les Touàreg Ahaggâr, exerce son influence conciliatrice sur ces deux peuplades.

Accompagné jusqu'à Ghadâmès par le moqaddem des Tedjâdjna, confié par lui à la vigilance d'Ikhenoûkhen, remis par ce dernier au gouverneur de Mourzouk, j'étais donc en mesure de faire face à la malveillance des Senoûsi.

La zâouiya de Timâssanîn a été fondée par El-Hâdj-el-Faqqi, ancêtre de Si-'Othmân, il y a environ 160 ans. Depuis sa fondation, la zâouiya n'a eu que trois moqaddem : El-Hâdj-el-Faqqi, El-Hâdj-el-Bekrî et Si-'Othmân. Il est vrai qu'El-Hâdj-el-Bekrî, mort en 1831, était âgé de 108 années lunaires.

Une autre zâouiya secondaire de la confrérie existe au Gourâra, dans le Touât. El-Hâdj-Mohammed-el-Fegulgui en est le moqaddem.

Il y a des khouân Tedjâdna dans toute l'Afrique centrale, au Bornou, à Timbouktou, dans le fond du Foûta ; mais là où l'ordre compte le plus de frères, c'est à El-Ouâd, à Temâssîn et à Chinguît dans l'Adrar, entre Timbouktou et l'Océan Atlantique.

§ III. — Zâouiya des Bakkây.

Avec les Senoûsi, avec les Tedjâdjna, une troisième grande influence, plus grande peut-être que celle de ses rivales, règne dans tout le Sahara et dans toutes les parties de l'Afrique centrale où le

Pl. XIX. Page 310 Fig. 33.

VUE DE JERASSIN.
D'après une photographie de M. Puig.

nom de Timbouktou est connu. Cette troisième autorité est celle des Bakkây.

D'après son arbre généalogique, cette famille descendrait de 'Oqba-ebn-Nâfa'-el-Fahri, le conquérant de l'Afrique occidentale, ce général arabe qui n'arrêta ses conquêtes que dans les flots de l'Océan Atlantique.

'Oqba, dans sa première incursion, s'était avancé jusqu'à Djaouân, au centre du pays des Teboû; dans la seconde, jusqu'au grand désert habité par les Lemtoûna, entre le Maroc et le Niger. Par la renommée que ses succès lui avaient acquise dans des contrées inabordées jusque-là, il avait préparé à ses héritiers le chemin de l'Afrique centrale.

L'arrivée des Bakkây à Timbouktou date de cette époque de prosélytisme religieux qui amena les Almoravides jusqu'au centre de la Nigritie, apostolat glorieux, qui fit de Timbouktou un foyer de lumières et de lettres, dont les ouvrages historiques du Cheikh-Ahmed-Bâba, le Timbouktien, analysés par M. le docteur Barth et M. le professeur Cherbonneau, nous ont dernièrement révélé l'existence.

Les Bakkây ont perpétué ce mouvement à travers les générations depuis le xiie siècle jusqu'à nos jours, bravant toutes les révolutions qui ont alternativement mis le pouvoir aux mains des Berbères, des Arabes ou des Nègres.

Aujourd'hui encore la zâouiya des Bakkây à Timbouktou reçoit de nombreux disciples, *telâmîd*, qui, du Maroc, du Touàt, du Sénégal et des divers États nègres, viennent y puiser tous les genres d'instruction de la civilisation musulmane : l'étude de l'arabe ancien et moderne, la grammaire, la rhétorique, la versification, l'histoire, la jurisprudence et surtout la théologie.

Souverains religieux, indépendants de l'empire des Fellâta et des autres États nègres qui les enveloppent, les Bakkây représentent encore aujourd'hui la plus grande puissance morale de tout le continent africain.

Alliés des souverains du Maroc, dont ils reconnaissent la suprématie religieuse et pour lesquels ils font la prière officielle; amis des rois de Sokkoto et du Bornou, ils n'ont d'autres adversaires que le chef de Hamd-Allâhi, capitale du nouvel Empire des Fellâta.

Mais, sans armée, sans autre appui que l'autorité qu'ils exercent comme marabouts sur les tribus arabes de l'Azaouad, sur les Tràrza[1], les Bràkna et autres Maures du Sénégal, ainsi que sur les Touàreg Aouélimmiden, sur les Ahaggàr, sur les Azdjer et le Touàt, ils tiennent tête aux Fellàta et les empêchent de soumettre toute l'Afrique centrale à leurs lois.

Les revenus de ces marabouts sont considérables : d'abord, ils possèdent de grands troupeaux de chameaux, de zébus, de moutons et des chevaux que gardent de nombreux esclaves et leurs serviteurs, les Machrhoûfa, l'une des tribus arabes de l'Azaouad ; ensuite, toutes les caravanes et toutes les populations de leur dépendance religieuse leur paient volontairement tribut.

Les Bakkây ont aussi des zâouiya importantes et de grandes propriétés au Touàt[2] ; ce qui fait qu'ils sont autant Touâtiens que Timbouktiens. Cette circonstance nous explique pourquoi ils tiennent à l'indépendance politique de cette confédération.

Les représentants de cette grande famille sont au nombre de huit.

Sîdi-Ahmed est leur chef.

Sîdi-Mohammed, son fils et successeur ; Sîdi-Mohammed, son neveu, celui que j'ai rencontré dans mon voyage, et Sîdi-Alaouété, sont, après le cheikh souverain, les personnages les plus influents.

Jusqu'à ce jour, ces marabouts ne nous sont connus que par leur tolérance envers les chrétiens.

Ils avaient bien accueilli le major Laing et ils n'ont pas encore voulu accorder le pardon aux Berâbich qui l'ont assassiné.

Grâce à eux, M. le docteur Barth a pu rester sept mois à Timbouktou, malgré l'opposition des chefs politiques du pays.

Sîdi-Mohammed, le neveu, a été pour moi plus qu'un protecteur, un véritable ami. Mon cheval étant mort, il m'a imposé, avec une extrême délicatesse, l'obligation d'accepter la jument qu'il montait ; service énorme, car, dans tout le pays d'Azdjer où je me trouvais, il était impossible de me procurer un nouveau cheval.

1. Les Tràrza, d'après Sîdi-Mohammed-el-Bakkây, enverraient annuellement à la zâouîya de sa famille, à Timbouktou, à titre d'impôt religieux, cent pièces d'indienne et neuf fusils.
Le roi Mohammed-el-Habib et autres chefs des Tràrza seraient des *telâmid* des Bakkây.

2. Les Bakkây prétendent être propriétaires d'Aqabli, de Zâouiyet-Kounta et de Djedîd, dans le Tidikelt.

Les Bakkây seraient entrés plus tôt en relations avec nous, s'ils ne s'étaient crus engagés par l'alliance que M. le docteur Barth a négociée avec eux au nom de l'Angleterre, et s'ils n'avaient supposé, à tort, la France, sinon en hostilité, du moins en continuelle rivalité avec le gouvernement de la Grande-Bretagne : mais la lettre de pressante recommandation que M. le docteur Barth m'avait donnée pour le Cheikh-Ahmed, et que je lui ai transmise par son neveu, a dû faire disparaître l'erreur, accréditée d'ailleurs dans tout le Sahara et dans toute l'Afrique centrale, que, pour conserver de bonnes relations avec les Anglais, il faut refuser tous rapports avec les Français.

La seule pierre d'achoppement entre les Bakkây et le gouvernement de l'Algérie est le Touât. Les fanatiques de cet archipel d'oasis nous représentent comme convoitant l'occupation de ce point, bien que notre conduite témoigne que nous ne voulons pas avancer notre ligne d'occupation au delà de Laghouât et de Géryville. Mais Timbouktou est loin de nous et la vérité y arrive difficilement, surtout par la bouche des indigènes. Pour mettre fin à l'incertitude, donnons aux Bakkây toute sécurité de ce côté, et immédiatement les résistances tomberont entre l'Algérie et Timbouktou, et Timbouktou et le Sénégal.

Sidi-Mohammed m'avait offert de me conduire près de son oncle, en me faisant traverser le Touât ; je n'ai pu accepter cette proposition parce qu'après un voyage de deux ans j'étais démuni de tout ce qu'il faut à un explorateur pour entreprendre utilement une semblable course, et parce que le marabout, retenu par des affaires de famille, n'était pas libre de reprendre tout de suite le chemin de son pays : mais, si le gouvernement daigne agréer la continuation de mes services, j'espère pouvoir mettre à profit les bonnes dispositions de Sidi-Mohammed pour moi.

§ IV. — Zâouiya des Oulâd-Sidi-Cheikh.

S'il faut en croire la tradition, la partie de l'Algérie sise sur la frontière du Maroc, et connue aujourd'hui sous le nom de Sahara des Oulâd-Sidi-Cheikh, était, il y a environ 500 ans, un véritable désert, théâtre des incursions des nomades du voisinage.

Un marabout, de la descendance du Prophète par les femmes, homme sage, instruit, tolérant, chassé de Tunis par des discordes de famille, choisit cette solitude pour y vivre en paix. Sa réputation de sainteté commença par attirer quelques serviteurs à la zâouiya qu'il avait fondée à El-Abiodh.

Ses enfants, héritiers de ses vertus, avaient déjà conquis une grande influence, lorsque la prise de possession d'Oran par les Espagnols, la destruction du pouvoir des Benî-Ziàn de Tlemsen par les Turcs, l'établissement à main armée d'une domination nouvelle, vinrent jeter la plus grande perturbation au milieu des tribus de la province de l'Ouest.

Alors la famille des marabouts d'El-Abiodh avait pour chef l'homme dont la réputation, surpassant celle de ses ancêtres, donne encore aujourd'hui du prestige à ses descendants. La commune renommée lui avait décerné le titre de Sîdi-Cheikh, *Monseigneur le vénérable.*

Tous les malheureux, victimes des discordes politiques qui agitaient alors le pays, vinrent chercher un refuge près de lui, et il fut charitable, consolateur pour tous. Sa zâouiya devint l'asile de la proscription.

La clientèle formée par l'émigration s'accrut encore de celle des gens généreux dont l'obole est toujours à la disposition des mains appelées à centraliser l'assistance dans les malheurs publics.

Les aumônes, d'abord temporaires, que des circonstances exceptionnelles rendaient nécessaires, devinrent, en se renouvelant, définitives, et aujourd'hui elles sont transformées en redevances religieuses, volontairement acquittées entre les mains des successeurs du marabout par les fils des contemporains de Sîdi-Cheikh.

M. le colonel de Colomb, ancien commandant supérieur du cercle de Géryville, n'estime pas à moins de 80,000 francs l'impôt annuel versé par les clients de Sîdi-Cheikh au moqaddem de sa zâouiya.

Quand un établissement religieux dispose, pendant des siècles, d'un pareil revenu ; quand, d'ailleurs, la famille qui dirige cet établissement possède de grandes richesses personnelles, ils peuvent produire beaucoup de bien; malheureusement, les Oulâd-Sîdi-Cheikh sont devenus depuis longtemps des administrateurs temporels, laissant à leurs esclaves affranchis les devoirs de la zâouiya, et l'institution religieuse est un peu en décadence.

Cependant Sîdi-Hamza, chef de cette famille, élevé, sous notre gouvernement, à la dignité de khalîfa du Sud de la province d'Oran, a contribué puissamment à la soumission des tribus de sa dépendance religieuse, embrassant tout le pays compris entre la frontière du Maroc à l'Ouest, Ouarglà et El-Golêa' au Sud-Est. Son fils, Sîdi-Boû-Beker, nous a rendu un plus grand service encore en capturant le perturbateur Mohammed-ben-'Abd-Allah, qui agita si profondément le Sahara, au nom de la confrérie des Senoûsi.

Quand, en 1859, au début de mon exploration, je partis pour El-Golêa' (la *Tâorcrt* des Berbères), le khalifa Sîdi-Hamza m'avait envoyé une lettre de recommandation pour la djema'a ou assemblée des notables de cette ville. El-Golêa', quoique appartenant aux Cha'anba, administrés de Sîdi-Hamza, élevait la prétention de ne pas dépendre de l'Algérie et de ne relever que de sa municipalité; l'hospitalité m'y fut refusée, avec accompagnement de beaucoup de menaces, qui auraient été suivies d'exécution, si je n'avais pris le parti prudent de la retraite. El-Golêa' a payé sa conduite de son indépendance, car Sîdi-Hamza a reçu l'ordre, en 1861, de prendre possession de cette ville au nom de la France, et aujourd'hui le gouverneur général de l'Algérie nomme directement les chefs de cette petite cité.

Parmi les clients des Oulâd-Sîdi-Cheikh, on compte, indépendamment de la plupart des tribus du cercle de Géryville et des Cha'anba d'Ouarglà, de Methlily et d'El-Golêa', les Oulâd-el-Mokhtâr, d'origine arabe, qui constituent la population active d'In-Sâlah. Quelques autres groupes arabes du Touàt relèvent aussi de l'autorité religieuse de la zâouiya d'El-Abiodh.

Ainsi, aux services que la famille de Sîdi-Hamza nous a déjà rendus elle peut encore joindre celui d'établir de bons rapports entre nous et le Touàt. Cette tâche lui est facile, car les Oulâd-Sîdi-Cheikh commandent toutes les routes par lesquelles le Touàt tire ses approvisionnements de l'Algérie.

En terminant ce paragraphe sur les centres religieux sahariens, je ne puis m'empêcher de constater que quatre marabouts m'ont prêté le plus grand appui dans mon voyage : Sîdi-Hamza, Sîdi Mohammed-el-'Aïd, le Cheikh-'Othmân et Sîdi-Mohammed-el-Bakkày. Il est vrai que ces marabouts sont des hommes éclairés, et non des ignorants obligés d'abriter la pauvreté de leur esprit et de leur cœur sous le manteau si facile à porter du fanatisme.

LIVRE IV.

TOUÂREG PROPREMENT DITS.

Sans aucun doute, plus d'un des nombreux détails qu'embrasse ce Livre peut s'appliquer à l'ensemble des quatre confédérations berbères connues sous le nom général de Touâreg, mais je tiens à avertir de nouveau le lecteur que mes observations et mes recherches ont été limitées aux Touâreg du Nord, Azdjer et Ahaggâr, et que si, accidentellement, je parle des Touâreg d'Aïr et des Aouélimmiden, je n'entends pas les comprendre dans cette étude.

CHAPITRE PREMIER.

ORIGINE DES TOUÂREG.

A quel peuple primitif, à quelle langue primordiale rattacher les Touâreg et le dialecte qu'ils parlent ? Comment établir leur filiation ?

L'opinion des Touâreg sur ces diverses questions a l'avantage d'être unanime.

« Nous sommes *Imôhagh*, disent les Azdjer ; *Imôcharh*, disent les Ahaggâr et les Aouélimmiden ; *Imâjirhen*, disent les Touâreg d'Aïr.

« La langue que nous parlons s'appelle *temâhaq* ou *temâcheq*, suivant les dialectes.

« Les Arabes ont donné à nos tribus le nom de *Touâreg* et à notre langue celui de *târguïa*, du participe arabe *târek*, au pluriel *touâreg*, qui signifie les *abandonnés* « de Dieu, » sous-entendu, parce que nous avons, pendant longtemps, refusé d'adopter la religion que les Arabes nous apportaient, et parce que, après l'avoir embrassée, nos pères ont souvent renié la foi nouvelle. Mais ce nom, qui rappelle une situation ancienne dont le souvenir est aujourd'hui injurieux pour nous, n'a jamais été celui de notre race.

« Les cinq mots, Imôhagh, Imôcharh, Imajirhen, temâhaq, temâcheq, qui sont les noms de notre race et de notre langue, dérivent de la même racine, le verbe *iôhagh*, qui signifie : il est *libre*, il est *franc*, il est *indépendant*, il *pille*. »

La signification historique de cette racine sera ultérieurement précisée.

Quant à la filiation des Touâreg du Nord, elle a été dressée, pour chaque tribu noble, par le Cheikh-Brahîm-Ould-Sîdi, réputé l'homme le plus instruit parmi les Touâreg, ses contemporains, dans une *Note* adressée à Sîdi-Mohammed-el-'Aîd, le grand maître de la confrérie des Tedjâdjna, note qui m'a été remise en original et qui est acceptée par les Touâreg comme étant l'expression de leurs communes opinions.

Voici l'analyse de cette pièce :

« Tu nous demandes des renseignements sur notre origine. Je réponds : Notre descendance la plus générale est celle des Édrisides de Fez ; quelques-uns viennent d'Ech-Chinguît, entre Timbouktou et l'Océan ; d'autres sont des gens de l'Adghagh, entre le Niger et nos montagnes.

« Nous descendons des Édrisides par un chérif qui fut tué par le roi Ourmîn, et ce chérif est à la fois l'ancêtre commun des chorfa d'Azdjer, des chorfa de Kerzâz[1] et des chorfa d'Ouazzân[2].

« Ainsi nos chorfa Ifôghas et Imanân sont de la même lignée que les plus grandes familles du Maghreb.

---

1. Les chorfa de Kerzâz existent encore à Tabalbâlet, entre le Touât et le Tafilelt. Ils y possèdent une zâouiya qui jouit de la plus grande réputation.

Ceux qui y entrent ignorants, malades, affamés, nus, attristés, en sortent instruits, guéris, rassasiés, habillés, consolés. Du moins, c'est ce qu'en disent les indigènes.

2. Les chorfa d'Ouazzân habitent une ville du Maroc, entre Fez et Tanger. Ils sont les chefs de la grande confrérie des Mouley-Tayyeb, et, à ce titre, ils consacrent l'investiture des empereurs du Maroc à chaque changement de règne.

« Si tu nous demandes de mieux caractériser les origines de chaque tribu et de distinguer les nobles des serfs, nous te dirons que notre ensemble est mélangé et entrelacé comme le tissu d'une tente dans lequel entre le poil du chameau avec la laine du mouton. Il faut être habile pour établir une distinction entre le poil et la laine. Cependant nous savons que chacune de nos nombreuses tribus est sortie d'un pays différent. »

Après ces considérations générales, le Cheikh-Brahîm-Ould-Sîdi passe en revue chaque tribu d'origine noble, en commençant par les Azdjer et en finissant par les Ahaggâr. Il continue en ces termes :

Origine des tribus du pays d'Azdjer.

Imanân : « Les Imanân ou *Es-Solatîn* (les sultans) sont de vrais chorfa, moitié Édrisiens de la famille régnante de Fez, moitié 'Alouyiens, descendant de Sîdna-'Aly, petit-fils du Prophète. »

Orâghen : « Ils sont fils de sultans par leurs pères, mais vilains par leurs mères, car elles ne sont pas toutes de noble origine. »

Imanghasâten : « Ils sont issus des Arabes de l'Est ('Arab-ech-Cherg). Ni leur roture, ni leur noblesse n'est bien démontrée. S'il y a parmi eux des fils de sultans, ils ne sont pas bien nombreux. »

Ifôghas : « Dans l'origine, les Ifôghas ne faisaient qu'une seule tribu avec les Iouadâlen, les Igaouaddâren, les Idaoura'a et les Ahel-es-Soûki et toutes ces fractions constituaient la population de la ville d'Es-Soûk. »

« Es-Soûk, ajoute un commentateur, était une ville très-grande et très-peuplée, située à moitié chemin entre In-Sâlah et Gôgo, sur la route qui relie ces deux points, à peu près à l'ancienne limite de la race blanche et de la race noire.

« Les Noirs ont bâti Es-Soûk ;

« Les Touâreg l'ont conquise, occupée, agrandie, embellie ;

« Elle a été détruite à trois reprises différentes :

« Une première fois par l'envie ;

« Une seconde fois par des plantes épineuses, tellement épaisses qu'on ne pouvait trouver une place pour prier Dieu (probablement l'hérésie);

« Une troisième fois par l'ennemi ;

« Enfin elle a été anéantie par les Noirs de l'armée du roi de Gôgo. »

L'auteur de la *Note*, n'osant pas avouer que les habitants d'Es-Soûk ont beaucoup mélangé leur sang avec celui des Noirs, raconte une longue histoire dans laquelle il met alternativement en scène quarante jeunes vierges blanches et quarante jeunes vierges noires données annuellement en tribut : les premières par les Touâreg d'Es-Soûk à un sultan infidèle, du nom de Djebbâr, probablement un Noir idolâtre; les secondes, par le roi de Gôgo, au sultan berbère d'Es-Soûk, suivant que le succès des armes donnait la victoire aux blancs ou aux noirs.

Cette histoire établit en même temps que la conquête de l'Adghagh, depuis des siècles définitivement consommée par les Touâreg Aouélimmiden, a été longtemps disputée par la race noire à la race blanche et n'a pas été réalisée sans de nombreuses alternatives de revers et de succès.

Toutefois, l'auteur de la *Note* fait remarquer que les familles des hommes religieux ont toujours été préservées, par la protection divine, de tout contact avec les païens, et que leur sang est resté pur de tout mélange.

Il ajoute « qu'à la dispersion des habitants d'Es-Soûk, les Iouadâlen et les Idaoura'a se sont réfugiés dans le pays d'Adrar[1]; les Igaouaddâren aux environs de Timbouktou où ils sont encore sous les ordres du Cheikh-Eg-el-Khenna; que les Ifôghas, parmi lesquels on compte les plus grands marabouts et les plus grands brigands, sont chez les Touâreg du Nord; enfin, qu'après les épreuves de l'ennemi, de la faim et de la soif, il est resté à Es-Soûk un seul homme, le savant Mohammed-ben-Eddâni, avec quarante femmes, lequel a reconstitué une tribu nouvelle des Ahel-es-Soûk, en donnant en mariage, avec quarante chamelles pour dot, les femmes survivantes à autant d'hommes de la tribu d'El-Abâker, de la descendance des Ansâr. »

Le commentateur et l'auteur de la *Note* prient le lecteur de ne pas confondre les Ahel-es-Soûk émigrés après la destruction de la ville avec ceux qui ont conservé le nom et la résidence des tribus primitives.

---

1. L'Adrar dont il est ici question est un groupe d'oasis plus rapprochées des rives de l'Océan Atlantique, dont Chinguit est la capitale.

D'après les habitants de Timbouktou, Es-Soûk serait l'ancienne Tademekka ou Takedda, avec laquelle Ouarglà entretenait jadis de grandes relations commerciales ; d'après le Cheikh-'Othmân, les ruines de cette ville seraient situées dans l'Est, mais il ignore où elles sont.

On trouve encore à Es-Soûk les traces du mur d'enceinte et un cimetière dont l'étendue est d'une demi-journée de marche selon les uns, d'une journée selon les autres. Là seraient enterrés des *sohâba*, ou compagnons du Prophète, envoyés pour convertir les nègres à l'islamisme.

Au centre de l'ancienne ville était un puits de bonne eau et très-abondant, puisqu'il suffisait à tous les besoins. On devait le déblayer en 1861.

Non loin de ces ruines, ou sur leur emplacement, s'élevait le petit qaçar de Gounhàn habité par la fraction des Aouélimmiden, qui a conservé le nom de Ahel-es-Soûk.

Brahîm-Ould-Sîdi continue :

Kèl-Izhabân : « Ils proviennent de la fraction des habitants d'Es-Soûk, qui, avant la dispersion, s'appelaient Ahel-es-Soûk. »

Imettrilâlen : « On ne sait pas bien d'où sort leur tribu. »

Ihadhanâren : Ici, c'est le commentateur qui parle : « Les Ihadhanâren-es-Soûda sortent d'Es-Soûk, et sont nobles; les Ihadhanâren proprement dits sont de basse extraction par leurs pères et par leurs mères. »

Ihéhaouen : « Il est écrit dans le *Livre* d'Es-Soûk que leurs mères furent achetées et que leurs pères sont El-Yezîd et 'Abd-er-Rahmân, meurtriers de Hasen-ben-'Ali-ben-Tâleb, arrière petit-fils du Prophète. Que Dieu leur fasse miséricorde! »

Le commentateur, pour l'honneur de sa race, ajoute que Yezîd et 'Abd-er-Rahmân, quoique devenus Touâreg Benî-Oummïa, sont Arabes, et que leurs descendants ont conservé l'usage de la langue arabe.

Ilemtîn : « Cette tribu est issue des Lemtoûna, à l'Ouest de Timbouktou. On ne voit pas bien s'ils sont nobles ou roturiers. »

Origine des Tribus du Ahaggâr.

« Les nobles du Ahaggâr sont généralement des Oulâd-Sîd-Ben-Sîd-Mâlek qui avaient pour ancêtre un chérîf du nom d'Aggàg, l'émîr, qui était un soûki. »

Taïtoq : « Partie de cette tribu est de la race des Imanân d'Azdjer, c'est-à-dire de la descendance des Édrisiens; partie est originaire des Ahel-Fadày, du pays d'Aïr, où la souche de leur tribu existe encore. » (Ce sont les Kêl-Fadày de M. le docteur Barth.)

« Mais tous sont d'origine noble; on le reconnaît à leur science et à leur manière de vivre.

« Cependant, parmi eux, à côté des *Ahel-Bît-el-Bîdh* (gens de maison blanche ou de sang blanc), il y a des *Ahel-Bît-es-Soûd* (gens de maison noire ou de sang noir). »

Kêl-Rhelâ : « Ce sont des Ebna-Sîd, c'est-à-dire des *fils de leurs pères*, qui tous avaient pour aïeul le sultan El-'Aloui.

« Parmi eux sont des fils de Hatîta;

« D'autres sont des fils d'El-Mahoûk, targui, ayant du sang de chorfa. »

Ikadèen : « Ils sont originaires d'Es-Soûk, mais de familles blanches. »

Irhechchoûmen : « Aussi originaires d'Es-Soûk.

« Une partie de la tribu descend des Édrisiens et une autre partie a pour pères des Ikadèen.

« Je ne sais si cette dernière partie est un essaim détaché de la tribu paternelle ou bien si elle est née de la prostitution de leurs mères. »

Tédjêhé-n-oû-Sidi : « Ceux qui restent des Oulâd-Aoused ont des pères sultans, et ils ne font qu'une même tribu avec les Imanân des Azdjer. Leur séparation n'indique qu'une bifurcation du même arbre. »

Tédjêhé-Mellen ou *Oulâd-Meça'oûd :* « Ce sont des nobles; huit d'entre eux, les Ouggoûg, ont trace du sang de chorfa. »

Le commentateur ajoute : « Ils sont très-forts et très-hauts de stature [1]. »

Autres tribus : « Elles sont originaires de Es-Soûk, mais de familles *Bît-es-Soûd*, c'est-à-dire mulâtres. »

Cette *Note*, que j'ai analysée, pour ne pas fatiguer le lecteur, avoue un grand mélange de sang, et assigne comme dernière station à la presque totalité des Azdjer et des Ahaggâr, avant leur fixation dans les montagnes dont ils ont pris le nom, une ligne circulaire de l'Ouest au

---

[1]. Les Chorfa du Tafilelt (Maroc) sont aussi remarquables par leur taille élevée.

Sud, jalonnée par les points de Fez, capitale du Maroc, de Chingult, ville de l'Adrar, et d'Es-Soùk, ville de l'Adghagh. Cette ligne est aussi celle assignée par tous les historiens du moyen âge au mouvement de migration des Berbères Lemtoûna et Sanhâdja, vers le pays des Noirs. Une expansion politique les avait portés du Nord au Sud, une réaction les refoula du Sud au Nord.

La prétention à une descendance édriside qui donnerait aux principales familles des Touâreg une origine arabe et leur conférerait le titre de chorfa est à peu près celle de toutes les grandes familles berbères, et elle serait presque justifiée par les nombreuses alliances matrimoniales que les souverains de Fez ont contractées avec les familles des chefs dont ils ne pouvaient obtenir la soumission par la force des armes.

Aujourd'hui encore, au Maroc, les unions de l'empereur avec les filles des chefs de Berbères indépendants du trône temporel sont érigées à l'état de système gouvernemental. Quand, dans une province rebelle, un Berbère peut faire échec au pouvoir du souverain nominal, on fait tomber sa résistance en offrant à l'une de ses filles une place au harem. Cet honneur est toujours accepté, parce qu'il confère le titre de chérif aux enfants qui naîtront de cette union, et la répudiation presque immédiate qui réintègre femme et enfant dans la famille maternelle, loin d'être considérée comme un affront, est acceptée comme un titre autorisant à faire souche.

Les deux derniers souverains du Maroc, Mouley-'Abd-er-Rahmân et Mouley-Slimân, pendant la durée de leurs longs règnes, ont autorisé, par ces sortes d'unions, plus de cinq cents familles berbères à revendiquer pour leurs héritiers la descendance édriside; et si leurs prédécesseurs, depuis le IXe siècle de notre ère, ont procédé de même à l'égard des grandes familles berbères du Maghreb, — ce que l'histoire semble démontrer, — il devient très-probable que les nobles Touâreg d'Azdjer et du Ahaggâr, soit par des alliances directes, soit par des alliances indirectes avec les chorfa de Kerzâz et d'Ouazzân, sont aussi autorisés à revendiquer la même descendance.

Quoi qu'il en soit, les Touâreg, malgré le mélange de leur sang avec celui des Édrisiens arabes, sont restés Berbères, et, comme fraction du peuple berbère, leur origine est loin d'être incertaine.

La tradition populaire, chez les Azdjer, ajoute à la *Note* de Brahîm-Ould-Sîdi quelques détails sur la formation de la confédération et sur le partage des terres entre les différentes tribus.

D'après cette tradition, les premiers Touâreg qui prirent possession du pays d'Azdjer furent les chorfa Imanân et Ifôghas; puis, successivement, d'autres tribus vinrent se ranger autour d'eux.

Un beau jour, le chef des Imanân invita à sa cour les femmes douairières des autres tribus, c'est-à-dire celles des dames nobles dont le ventre avait le privilége de donner naissance aux chefs, et, mu par un généreux sentiment de galanterie, il affecta à chacune d'elles un douaire foncier.

La dame douairière des Orâghen reçut en apanage la plaine des Igharghâren;

La dame douairière des Imanghasâten eut pour lot la vallée de Tikhâmmalt;

Chaque tribu fut dotée de la même manière.

Ce qui frappe dans cette tradition, comme dans toutes celles relatives aux origines des coutumes exceptionnelles des Touâreg, c'est le rôle principal qu'y joue la femme.

A Ghadâmès, cherchant la lumière sur cette question d'origine, je m'adressai au kâdhi, l'homme le plus instruit de la ville; il me répondit en ouvrant un livre qui fait autorité dans le Sahara.

Il a pour titre: *Roûdh-el-mo'attâr, fi akhbâr-el-aqtâr* (ou Le Jardin parfumé par les nouvelles des pays), et pour auteur: Ebn-'Abd-en-Nour-el-Hamîri, de Tunis.

Ce livre assigne pour origine aux Berbères musulmans voilés qui habitent l'espace compris entre Ghadâmès et Tademekka (espace de quarante jours de marche) les tribus de Lemtoûna, Massoûfa et autres.

Ebn-Khaldoûn est plus explicite encore.

Les Molâthemîn ou les *voilés*, **dit-il, qui habitent la région stérile au Midi du désert sablonneux, entre Barka, Ghadâmès, à l'Orient, et l'Océan Atlantique, à l'Occident, proviennent des tribus de Guedâla, de Lemtoûna, de Outzila, de** *Târga*, **de Zegâoua et de Lemta, tous descendants des Sanhâdja de seconde race.**

Ainsi les Târga ou Touâreg modernes sont Sanhâdja, c'est-à-dire de la race de ces Almoravides Lemtouniens qui, selon l'expression d'Ebn-Khaldoûn, « après avoir soumis le désert et forcé les nègres à devenir musulmans, fonda un Empire en Espagne et dans le Nord de l'Afrique, et, épuisée à force de dominer, consumée dans de lointaines expéditions et ruinée par le luxe, disparut exterminée par les Almohades, » sauf les fractions restées dans le désert et représentées aujourd'hui par les Touâreg, dans le Sahara central, par les Maures de la côte de l'Océan Atlantique, débris de ces Sanhâdja qui ont donné leur nom au Sénégal.

Ebn-Khaldoûn nous éclaire encore sur beaucoup d'autres points.

« Les Sanhâdja, d'après lui, forment la majeure partie de la population de l'Afrique occidentale, au point que bien des personnes les regardent comme formant le tiers de toute la race berbère.

« Primitivement ils occupaient la presque totalité du littoral méditerranéen.

« De temps immémorial, — bien des siècles avant l'islamisme, — les voilés parcouraient la région qui sépare le pays des Berbères de celui des Noirs, » c'est-à-dire le plateau central du Sahara, entre le bassin de la Méditerranée et celui du Niger.

« Ils ne cessèrent de se tenir dans ce pays et de le parcourir avec leurs troupeaux qu'après la conquête de l'Espagne par les Arabes, moment où ils abandonnèrent le magisme pour embrasser l'islamisme. » C'était dans le troisième siècle de l'hégire.

« D'abord les Sanhâdja se rangèrent parmi les clients de la famille d''Ali-ben-Abî-Tâleb, gendre de Mohammed, mais leur conversion fut suivie de retours fréquents au paganisme.

« Ce fut un missionnaire de Sédjelmâssa, envoyé par Aggâg, de la tribu de Lemta, » — probablement celui dont les nobles des Ahaggâr prétendent descendre, — « qui les ramena dans la bonne voie en leur enseignant la vraie religion.

« Au IVe siècle de l'hégire, un des plus illustres de leurs rois, Tinezwa, étendait sa domination sur une région longue de deux mois de marche et large d'autant. Vingt rois nègres reconnaissaient son autorité, mais, sous ses fils, l'unité de la nation sanhâdjienne se brisa, et chaque tribu, chaque fraction de tribu eut un roi. »

Dans le milieu du VIIIe siècle de l'hégire, à l'époque où Ebn-Khaldoûn écrivait son *Histoire des Berbères,* « les Sanhâdjiens porteurs du voile, soumis à l'autorité du roi des Noirs (Mâlek-es-Soûdân), lui payaient l'impôt et fournissaient des contingents à ses armées. »

Ce roi des Noirs doit être le sultan de Gôgo qui détruisit la ville d'Es-Soûk et détermina la migration d'une partie des habitants de cette ville dans le pays d'Azdjer et du Ahaggàr.

A cette époque, dit encore Ebn-Khaldoûn, « les Lemta se trouvaient en face des Arabes Riâh, au Sud de la province de Constantine, » tribu dont nous retrouvons aujourd'hui une grande fraction aux environs de Sôkna dans le Fezzân, « et les Tàrga se tenaient vis-à-vis des Soleïm, tribu arabe de l'Ifrikïa, c'est-à-dire de la Tunisie. »

Depuis cette époque, les Tàrga paraissent avoir absorbé les Lemta, ce qui explique comment la tribu des Ilemtîn, descendant des Lemta, occupe un rang secondaire dans la société targuie.

Par la *Note* moderne de Brahîm-Ould-Sîdi, nous connaissons approximativement l'origine de chaque fraction noble des Azdjer et des Ahaggàr.

Par le *Livre* de Ben-'Abd-en-Noûr-el-Hamîri, nous savons à quelles tribus d'origine berbère il faut rattacher les musulmans voilés au Sud de Ghadâmès.

Par l'*Histoire des Berbères* d'Ebn-Khaldoûn, nous savons que les Tàrga (Touâreg des Arabes modernes) sont d'origine sanhâdjienne; que, primitivement, les Sanhâdja étaient répandus sur le littoral méditerranéen, du désert de Barka au Maghreb-el-Aqsa; qu'avant l'époque islamique les fractions sanhâdjiennes, auxquelles appartenaient les Tàrga, habitaient le désert; qu'après y avoir fondé un grand royaume embrassant la partie centrale et occidentale du Sahara, ils se sont dispersés; enfin que, vers le VIIIe siècle de l'hégire, les Tàrga, chassés par un roi nègre, sont venus chercher un refuge au Sud de l'Algérie, de la Tunisie et de la Tripolitaine, c'est-à-dire dans le pays que les Touâreg occupent aujourd'hui.

Par les études récentes de M. le docteur Barth, par les renseignements recueillis en Algérie et au Sénégal, par mon exploration personnelle, il est démontré que les Tàrga, simple fraction d'une grande nation au VIIIe siècle de l'hégire (XIIIe de J.-C.), sont devenus aujourd'hui, par l'absorption des tribus consanguines des Sanhâdja, le peuple le plus considérable du Sahara central.

Cela étant, pouvons-nous rattacher les Touâreg modernes aux peuples autochthones de l'époque grecque et romaine?

Rien n'est plus facile.

Rappelons-nous d'abord que les hommes auxquels les Arabes ont donné le nom de Touâreg, les *délaissés*, les *abandonnés*, n'acceptent d'autres noms patronymiques que ceux d'Imôhagh, d'Imôcharh, d'Imâjirhen, et que leur langue s'appelle temâhaq et temâcheq ; ensuite interrogeons les auteurs, tant modernes qu'anciens, dont les écrits ont pour objet l'étude des peuples de l'Afrique septentrionale.

Les modernes nous apprennent que les Berbères du Maroc donnent à leur langue le nom de tamâzigh ou tamâzirht et à leur race celui d'Amâzigh (pl. Imâzighen), qui signifierait *libre*.

Les généalogistes du moyen âge, consultés par Ebn Khaldoûn, pour la rédaction de son *Histoire des Berbères*, assignent : les uns *Mâzigh*, fils de Canaan, fils de Cham ; les autres *Tâmzigh*, fille de Medjdel, ceux-ci pour mère, ceux-là pour père, sinon à la totalité, du moins à une grande partie des Berbères.

Du temps de Jean Léon, en 1556, le seul nom général donné par les Berbères à leur race et à leur langue était celui d'Amâzigh.

Or, Hérodote appelait Libye l'Afrique septentrionale et Libyens les peuples qui l'habitaient, mais il distinguait parmi eux les sédentaires des nomades, les agriculteurs des pasteurs. Deux noms indigènes correspondent à cette distinction : les *Mazyes* et les *Auses*.

Sous la plume des écrivains grecs et latins, le nom de Mazyes se transforme en celui de Maziques, qui est identique à ceux de Mâzigh, d'Amâzigh, d'Imôhagh, d'Imôcharh et d'Imâjirhen.

Un nom qui se transmet à travers tant de siècles, presque sans altération, est bien celui qu'un peuple a le droit de porter et de revendiquer.

Laissons donc de côté, comme nom de race, celui de Berbères, qui ne s'applique qu'à une fraction de cette race, les Berâber du Maroc ; laissons de côté, comme nom de peuple, celui de Touâreg, que repoussent ceux auxquels on le donne, et appelons du nom général d'Imâzighen ou d'Imôhagh toutes les peuplades de race berbère et du nom de temâhaq ou temâcheq la langue qu'elles parlent.

Conservons à toutes les peuplades de cette race et à leurs différents dialectes les noms particuliers sous lesquels ils sont connus, et alors nous pourrons comprendre les indigènes, et ils pourront nous comprendre.

Maintenant, si on me demande à quelle souche primitive je rattache les Imôhagh descendants des Imâzighen du moyen âge, des

Mâzigh des généalogistes et des Mazyes ou Maziques de l'antiquité, je dirai que désormais l'étude de la langue temâhaq, comparée aux autres langues africaines et asiatiques, peut seule jeter quelque lumière dans la question.

En vue de fournir mon faible contingent à ces recherches, j'ai recueilli, avec le soin le plus scrupuleux, toutes les inscriptions, tant anciennes que nouvelles, en caractères *tefinagh,* que j'ai trouvées sur les rochers, et j'ai réuni, en un vocabulaire, environ 1,500 mots de la langue temâhaq, surtout de ceux dont j'ai pu contrôler la véritable signification, et j'ose espérer que ce travail ne sera pas sans quelque utilité pour établir la filiation anté-historique des Touâreg modernes.

D'un autre côté, M. le docteur Barth, qui a longtemps vécu parmi les Touâreg du Sud, a recueilli un riche vocabulaire du dialecte *temâcheq,* dialecte aussi étudié par M. le chef de bataillon Hanoteau [1].

Avec ces éléments modernes, comparés avec les éléments anciens de l'inscription bilingue de Thugga, dont la partie gauche reproduit la presque totalité de l'alphabet *temâhaq* ou *temâcheq,* il est impossible qu'on n'arrive pas prochainement à rattacher les Imôhagh et leur langue à l'une des souches primitives de l'antiquité.

---

[1]. *Essai de grammaire de la langue temâchek',* par M. A. Hanoteau, chef de bataillon du génie. (Paris, Imprimerie impériale, 1860.)

M. Hanoteau écrit temâchek' par un *k* suivi d'un accent; j'ai préféré représenter la même lettre de l'écriture *tefinagh* par un *q*. Voilà la raison des différences de transcription, l'orthographe du mot restant la même.

CHAPITRE II.

DIVISIONS ET CONSTITUTION SOCIALE.

Les Touâreg du Nord se divisent en deux grandes sections : les Azdjer à l'Est, les Ahaggàr à l'Ouest.

Les Ahaggàr, je l'ai déjà dit, sont les Hoggàr des Arabes et des Européens.

Chacune des deux sections se subdivise en tribus.

Les unes sont nobles et prennent le titre de *ihaggâren*; les autres sont serves et placées dans la dépendance absolue des nobles; on les appelle *imrhâd*. Quelques-unes ne sont ni nobles ni serves, mais rayonnent dans le cercle d'action d'une tribu noble à laquelle elles payent impôt; d'autres, enfin, sont des tribus de marabouts remplissant le rôle de modérateurs, de conciliateurs et d'instructeurs, rôle important au milieu d'une société qui n'est soumise à aucune forme de gouvernement régulier, mais qui, grâce à une certaine force de cohésion, traverse la série des siècles, sans subir de modifications sérieuses, malgré ses nombreuses pérégrinations, ses guerres intestines et les luttes qu'elle a dû soutenir pour conserver son indépendance.

Dans la section des Azdjer, les tribus nobles sont :
Les Imanân,
Les Orâghen,
Les Imanghasâten,
Les Kêl-Izhabân,
Les Imettrilâlen,
Les Ihadhanâren.

Les tribus de marabouts sont :
Les Ifôghas,
Les Ihêhaouen.

Les tribus mixtes sont :
  Les Ilemtîn,
  Les Kêl-Tîn-Alkoum.

J'indiquerai les noms des tribus serves au chapitre suivant en faisant l'historique des tribus nobles auxquelles elles appartiennent.

Dans la section des Ahaggàr, il n'y a que des nobles et des serfs. On pourrait considérer comme tribus mixtes celles qui habitent les villages du Touât, mais elles ne sont plus considérées par les Touàreg comme faisant partie de leurs confédérations.

Primitivement, les Ahaggàr ne constituaient qu'une seule tribu, celle des Kêl-Ahamellen, divisée en un grand nombre de fractions : mais l'accroissement de la population, l'obligation de se disperser sur d'immenses espaces pour assurer la subsistance des troupeaux, probablement aussi la rivalité de familles à familles, ont amené les fractions de la tribu mère à se constituer en tribus indépendantes, et aujourd'hui, au lieu d'une seule tribu, on en compte quatorze, savoir :

  Les Tédjéhé-Mellen,
  Les Tédjéhé-n-où-Sîdi,
  Les Ennîtra,
  Les Tàïtoq,
  Les Tédjéhé-n-Eggali,
  Les Inembâ, { Kêl-Émoghrî, Kêl-Tahât,
  Les Kêl-Rhelâ,
  Les Irhechchoûmen,
  Les Tédjéhé-n-Esakkal,
  Les Kêl-Ahamellen,
  Les Ikadéen,
  Les Ibòguelàn,
  Les Ikerremõïn.

Comme pour les Azdjer, je ferai connaître, au chapitre suivant, les tribus serves de la dépendance de chaque tribu noble.

De la division des tribus je passe à quelques considérations générales sur chacun des organes constitutifs de cette société.

DIVISIONS ET CONSTITUTION SOCIALE.

Du Pouvoir souverain. — *Amanôkal et Amghâr.*

Il y a environ deux siècles, une famille, réunissant à la noblesse de race la noblesse religieuse des chorfa, celle des Imanân, dominait au dessus des Azdjer et des Ahaggâr, nobles, marabouts et serfs, et son chef, sous le titre d'*amanôkal*[1], nom berbère synonyme de *sultan*, représentait le roi d'une monarchie féodale.

Par suite d'une révolution, les Imanân, vaincus par leurs sujets, avec le concours d'un élément étranger, les Ioûrâghen, sont, depuis, réduits à l'état de simple tribu noble, et les deux groupes des Azdjer et des Ahaggâr, constitués en confédérations aristocratiques, reconnaissent l'autorité supérieure de cheikh héréditaires, sous le nom d'*amghâr*, synonyme de *cheikh*.

Malgré sa déchéance, l'héritier du titre d'amanôkal continue à le porter, et on le lui accorde par déférence pour sa qualité de chérif, mais ce titre est purement nominal. Aujourd'hui, les deux amghâr exercent dans chacune des deux confédérations les pouvoirs autrefois dévolus à l'unique souverain.

Ces pouvoirs, on le comprend, ne sont définis par aucune charte, et ils varient, dans les limites de la loi musulmane, suivant l'autorité ou le crédit personnel dont jouit l'*amghâr*.

Des Nobles.

Les nobles, *ihaggâren*, sont seuls en possession des droits politiques dans la confédération et seuls ils exercent le pouvoir dans la tribu.

Tous, dès qu'ils ont atteint leur grande majorité, sont appelés à faire partie des *mia'âd*, ou assemblées, dans lesquelles se discutent les intérêts communs.

Un seul, dans la tribu, par une sorte de droit d'aînesse spécial, gouverne et administre, avec ou sans le concours des autres membres de sa famille.

L'occupation ordinaire des nobles est de faire la police du territoire de la tribu, d'assurer la sécurité des routes, de protéger les caravanes de leurs clients, de veiller sur l'ennemi, de le combattre

---

1. Mot à mot : *ama* possesseur, *n* du, *akal* pays.

au besoin, et, au cas d'une guerre qui appelle tout le monde sous les armes, nobles et serfs, de prendre le commandement des serfs.

Tout travail manuel est considéré par les nobles comme indigne de leurs seigneuries; ils seraient même disposés, en leur qualité de gentilshommes, à n'apprendre ni à lire ni à écrire, si l'obligation de suppléer par la correspondance aux relations orales, que l'espace à parcourir rend souvent impossibles, n'imposait au plus grand nombre, nobles ou serfs, hommes ou femmes, la nécessité de la lecture et de l'écriture.

D'ailleurs, la vie des nobles est loin d'être inactive, car, pour remplir les devoirs qui leur incombent, ils sont toujours par voies et par chemins, par monts et par vaux. L'espace que chacun d'eux parcourt dans une année dépasse tout ce que l'imagination la plus féconde peut supposer. Chez les Touâreg, une femme franchit à mehari 100 kilomètres pour aller à une soirée, et un homme sera quelquefois dans la nécessité de voyager vingt jours pour aller à un marché. L'immensité du désert dévore la vie des nobles.

Des Marabouts.

Les marabouts, *inislimin*, sont des nobles qui ont abdiqué tout rôle politique dans la gestion des affaires des confédérations pour conquérir une plus grande autorité religieuse, autorité nécessaire dans une société où la justice n'est représentée par aucun pouvoir et où la loi de la force est souvent la seule invoquée, où enfin l'instruction publique, civile ou religieuse, serait délaissée sans leur puissante intervention.

Les marabouts, chez les Touâreg, sont donc à la fois ministres de la religion, ministres de la justice et ministres de l'instruction publique.

Prêtres, ils veillent au maintien de l'orthodoxie musulmane et prêchent la vertu et la morale par l'exemple de leur vie autant que par leurs paroles, car, chez les nomades, il n'y a ni mosquées ni lieux de réunion pour la prédication.

Juges, ils interviennent, comme amiables compositeurs, dans toutes les querelles d'individu à individu, de tribu à tribu, de confédération à confédération, de Touâreg à étrangers. Souvent ils sont assez heureux pour faire entendre le langage de la saine raison, mais ils n'ont d'autre pouvoir que celui d'hommes à l'estime desquels on tient généralement.

Professeurs, ils enseignent, suivant le degré de leur instruction, tout ce qu'ils savent eux-mêmes : la lecture, l'écriture, le Coran, aux enfants ; l'histoire, le droit, la théologie, l'astronomie, le calcul, à ceux qui se constituent leurs disciples, *telâmîd*, et, par ces disciples, marabouts comme eux de naissance, ils font pénétrer l'enseignement dans toutes les classes de la société.

A la différence des marabouts arabes, qui attendent leurs clients à domicile, les marabouts des Touâreg, pour peu qu'ils veuillent exercer de l'influence sur leurs contribules[1], sont obligés, comme des missionnaires, de se rendre partout où leur intervention est nécessaire. Un marabout, le Cheikh-'Othmân entre autres, est souvent forcé d'être, pendant des mois, des années entières, absent de sa zâouiya.

Ne l'a-t-on pas vu venir en France chercher à établir de bons rapports entre nous et les peuplades dont il est le chef religieux !

Dans une société comme celle des Touâreg, sans l'intervention des marabouts dans tous les actes de la vie privée et publique, le désordre et l'anarchie n'auraient plus de limites. Des hommes qui remplissent la mission si difficile de maintenir dans les bornes du devoir un élément aussi mobile et aussi passionné méritent, au plus haut degré, la considération de toutes les personnes de cœur de toutes les religions et de toutes les civilisations. Aussi le gouvernement français doit-il être félicité d'avoir accueilli le Cheikh-'Othmân et ses deux disciples, avec la distinction dont il les a entourés pendant leur voyage en France, et je ne doute pas que la bienveillance dont ces marabouts ont été l'objet ne produise les meilleurs effets chez les Touâreg.

Une leçon du Cheikh-'Othmân à ses disciples, à sa sortie des Tuileries, mérite d'être consignée ici :

« Chacune des religions révélées, leur dit-il, peut élever la pré-
« tention d'être la meilleure : ainsi, nous, musulmans, nous pouvons
« soutenir que le Coran est le complément de l'Évangile et de la
« Bible, mais nous ne pouvons contester que Dieu ait réservé pour
« les chrétiens toutes les qualités physiques et morales avec lesquelles
« on fait les grands peuples et les grands gouvernements. »

1. *Contribule*, de la même tribu. Ce mot a pour les tribus la même valeur que le mot *concitoyen* pour les habitants de la même ville.

Cette remarque, dans la bouche d'un marabout musulman, révèle une haute philosophie en même temps qu'une instruction solide : car les fanatiques n'admettent, pour les chrétiens, de supériorité que par l'intervention du diable, et seulement pour égarer les musulmans.

Des Tribus mixtes.

Je donne ce nom, à défaut d'autre, à des tribus qui ne sont ni nobles, ni serves, mais qui achètent cependant la liberté en payant un impôt aux nobles.

Cet impôt est celui de la *gharâma*, qui existait autrefois en Algérie sous la domination des Turcs.

Cette classe correspond à celle des *ra'aya* de l'Orient.

Des Serfs.

J'ai longtemps hésité à traduire le mot *amrhîd*, pl. *imrhâd*, par le mot français *serf*, par la raison que les Touâreg, à défaut d'un mot spécial, traduisent le mot temâhaq *amrhîd* par celui de *ra'aya* en arabe, lequel correspond au mot *sujet* de notre langue : mais l'hésitation a cessé à partir du moment où j'ai su que les tribus mixtes représentaient les vrais ra'aya et que la religion musulmane défendait aux marabouts d'avoir des imrhâd.

Le ra'aya des Arabes et des Turcs est *un sujet*, plus ou moins corvéable, plus ou moins contribuable, mais ce n'est qu'un ra'aya politique, tandis que l'amrhîd est un ra'aya social, c'est-à-dire un *serf* dans la pire acception du mot, serf duquel on peut exiger non-seulement des corvées et des contributions, mais encore l'abandon absolu de tout ce qu'il possède.

En droit, l'amrhîd plaidant devant un kâdhi contre son maître ne lui doit rien, parce que la loi musulmane, qui admet l'esclavage, repousse l'inféodation de l'homme à l'homme : mais, en fait, chez les Touâreg, l'amrhîd doit tout, parce que, dans ce pays, l'autorité du sabre remplace souvent celle de la loi.

Cependant, avec le droit de la force, comme avec tous les autres droits, il y a des accommodements.

Dans la pratique ordinaire, le droit du maître restant absolu sur les biens du serf, le maître aime que le serf soit riche en argent, en troupeaux, en esclaves, en mobilier, et il lui laisse toute liberté pour arriver à la fortune, parce qu'il sait devoir trouver là, en cas de besoin, des ressources qui ne lui seront pas refusées, mais dont il n'usera qu'avec discrétion pour ne pas décourager le serf, pour ne pas tuer la poule aux œufs d'or.

Le noble, je l'ai déjà dit, ne se livre à aucun travail manuel; sa grande occupation est d'assurer la sécurité des routes au profit du commerce.

A l'époque des récoltes, il se rapproche des oasis habitées par les commerçants dont il protége les intérêts; là, ses clients lui font une part sur les produits de leurs jardins, et il vit temporairement de cette dîme.

A l'époque où les caravanes marchent, il campe sur les routes et il se nourrit des *dhifa* que lui offrent les voyageurs.

Entre temps, il vient s'installer chez ses serfs, et ceux-ci l'alimentent.

Pour ces derniers, exclusivement occupés de pourvoir à leurs propres besoins, et d'ailleurs beaucoup plus nombreux que les nobles, la charge est lourde, sans doute, car le pays est pauvre, mais elle n'excède pas leurs forces.

Parfois, quand le noble a perdu ses chameaux, soit par excès de fatigue, soit par manque de nourriture, il se remontera chez ses serfs, et ces derniers trouveront cet impôt presque légitime : car, si les nobles usent des chameaux pour assurer la sécurité du pays, les serfs n'ont guère d'autre besogne sérieuse que d'en élever, et, pour cela, l'espace leur est abandonné en pacage, et ils savent toujours choisir, pour y conduire leurs troupeaux, les vallées les plus plantureuses.

Les redevances ordinaires des imrhâd envers leurs maîtres consistent à leur donner annuellement un chameau, une *botta* ou pot de beurre, à leur réserver le lait de dix brebis ou chèvres et à garder leurs troupeaux. De cette fonction spéciale leur est venu le surnom de *kél-oûlli*, gens de bétail.

Il faut bien que les nobles n'abusent pas trop de leurs serfs, car il en est quelque-uns plus riches que leurs maîtres. De ce nombre est un nommé El-Hâdj-Mohammed, de la tribu des Iworworen, serf de l'émir Ikhenoûkhen, dont la fortune est égale à celle de son maître, incontestablement le plus riche des Toûareg du Nord. Ce

Hâdj-Mohammed, qui doit sa position à son intelligence, est très-considéré, et il n'est pas rare de voir Ikhenoûkhen prendre ses conseils.

Le serf se transmet par héritage ou donation, mais ne se vend pas, condition qui le distingue de l'esclave.

Quelle est l'origine de l'asservissement des imrhâd?
Plusieurs réponses sont faites à cette question.

Chaque noble possède, suivant sa fortune, un nombre plus ou moins considérable d'esclaves noirs qui souvent, à la mort de leurs propriétaires, sont affranchis. C'est une œuvre pie chez les musulmans. Dans la société targuie, l'esclave affranchi ne peut trouver à louer ses bras pour vivre; fatalement il est amené à transformer son affranchissement en servage, car souvent son retour dans sa patrie est impossible. Ainsi se recrutent journellement les tribus d'imrhâd noirs désignés sous le nom d'*ikelân*.

Les imrhâd blancs sont de même origine que les autres Touâreg et proviennent de tribus congénères asservies par la force des armes, ou qui ont réclamé le protectorat des nobles.

Quelques-uns attribuent le servage à la position exceptionnelle de la femme chez les Touâreg. Les extrêmes se touchent, et souvent, comme dit le proverbe, le mieux est l'ennemi du bien.

Chez les Berbères sahariens, la femme dispose de la plus grande partie de la richesse. Or, il s'est trouvé, dans les temps anciens, dit la tradition, des femmes non mariées possédant de nombreux troupeaux, et qui, dans l'impossibilité de les défendre par elles-mêmes contre le vol et le pillage, ont réclamé le protectorat de familles princières et ont consenti à leur payer tribut. Plus tard, ces femmes se sont mariées et leurs enfants ont constitué le noyau des premières tribus serves.

Mais ce ne peut être qu'une des origines nombreuses du servage.

Dans l'*Histoire des Berbères* d'Ebn-Khaldoûn, l'exemple de l'asservissement des vaincus ou de leur réduction en servage est souvent mentionné. Si le servage ne s'est pas maintenu comme fait plus général dans l'Afrique septentrionale, c'est qu'il a été aboli, comme chez les marabouts Touâreg, au nom de la morale islamique.

Mais les Touâreg ne sont pas les seuls à avoir des serfs : les Oulâd-Bâ-Hammou, Arabes nomades du Touât, ont aussi des imrhâd, les uns Arabes, les autres Berbères. Il est vrai de dire que les Oulâd-Bâ-Hammou, comme les Touâreg, appartiennent à une confédération indépendante de tout gouvernement régulier.

Au Nord du Sénégal aussi, plusieurs tribus arabes ou berbères tiennent sous leur dépendance d'autres tribus dont l'état social me paraît correspondre à celui des imrhâd chez les Touâreg.

D'après les hommes les plus éclairés dont j'ai pris l'avis, le servage, pour quelques tribus imrhâd des Imanân, daterait du règne du dernier amanôkal, Gôma, qui tuait impitoyablement ceux qui résistaient à ses volontés, et qui, pour ses méfaits, fut tué lui-même par Biska, l'un des principaux chefs des Azdjer.

Déjà, à cette époque, la réduction des faibles en servage paraissait un fait tellement monstrueux, tellement contraire à la morale du Coran, qu'un homme de haute lignée n'a pas craint de se dévouer pour débarrasser son pays d'un tel monstre.

Quant aux autres imrhâd, leur asservissement est antérieur à la conversion des Touâreg à l'islamisme, ou doit dater de la dispersion des Kêl-es-Soûk par le roi de Gôgo.

On comprend qu'alors des familles faibles, étrangères au métier des armes, et voulant échapper à la mort ou à l'esclavage qui les attendait en tombant au pouvoir du roi noir et païen, aient acheté la protection des nobles en se constituant leurs serfs.

D'ailleurs, font remarquer les nobles, la plupart des imrhâd ont eu pour mères des esclaves noires; s'ils fussent restés dans la condition que leur créait le ventre de leurs mères, d'après la coutume targuie, ils auraient dû être esclaves. En devenant serfs, ils ont conquis la liberté personnelle et ont pu épouser des femmes blanches, ce qui est à la fois un grand avantage et un grand honneur pour eux.

L'enfant, chez les Touâreg, suit le sang de sa mère;
Le fils d'un père esclave ou serf et d'une femme noble est noble;
Le fils d'un père noble et d'une femme serve est serf;
Le fils d'un noble et d'une esclave est esclave.

« C'est le ventre qui teint l'enfant, » disent-ils dans leur langage primitif.

Et, ajoutent-ils, « l'amrhîd, quels que soient son intelligence, son instruction, son courage, sa force, sa richesse, ne peut s'affranchir du servage.

« Il ne peut ni se racheter, ni fuir, car son maître a sur lui un droit imprescriptible. »

Cependant, quand il y a mélange successif et prolongé de sang noble avec le sang serf dans la même famille, on admet que l'amrhîd puisse devenir un demi-noble. On en cite quelques rares exemples.

En général, les imrhâd sont aussi fiers d'être Touâreg que les nobles, et, pour défendre l'honneur de leur nom, ils font merveille quand ils sont appelés au combat, surtout quand ils se battent contre les Arabes, ces grands mangeurs, qu'ils accuseraient volontiers d'affamer la terre, tant ils envient même leurs plus modestes repas.

On a écrit que les imrhâd, par mesure de prudence, n'étaient pas armés, et que jamais ils n'étaient appelés à combattre, dans la crainte qu'ils n'apprissent à tourner leurs armes contre leurs maîtres.

C'est le contraire qui est presque la vérité, car tous les imrhâd ont le sabre, la lance, le poignard, le bouclier, et quelques-uns même des fusils achetés, quand les nobles n'ont que des fusils donnés.

Dans toutes les guerres, les imrhâd sont les premiers en avant, et ils se croiraient déshonorés si on ne les appelait à défendre la cause de leurs maîtres.

Souvent ils entreprennent des *rhezi* pour leur compte ou avec le concours des nobles, et, dans ces expéditions périlleuses, ils se montrent audacieux comme des hommes qui ont à racheter leur infériorité sociale par une supériorité dans la profession qui a ennobli leurs maîtres.

Quand des contestations s'élèvent entre des tribus imrhâd, elles les vident les armes à la main.

M. le commandant Hanoteau, dans son *Essai de grammaire temâchek'*, raconte longuement une querelle entre les Isaqqamâren et les Kêl-Ouhât, deux tribus serves du Ahaggàr.

La tradition n'a transmis la mémoire d'aucun fait ressemblant à une coalition des serfs contre leurs maîtres, quoiqu'il y ait parfois des actes de rébellion d'individus assistés des membres actifs de leurs familles. Mais le respect du maître est si grand que, par l'intervention des autres imrhâd, tout rentre bientôt dans l'ordre.

On cite le cas d'un amrhîd, maltraité par son maître, qui alla se plaindre à Tripoli. Il y a longtemps de cela. Le sultan de cette ville, croyant à une révolte des serfs qui lui permettrait d'avoir raison des nobles Touâreg, envoya contre eux une armée, laquelle arriva jusqu'à Djânet. On lui permit de mettre à mort le coupable, et l'armée rentra à Tripoli. Les descendants du noble et de l'amrhid, acteurs dans ce petit drame, existent encore aujourd'hui et vivent dans de bons rapports.

Des Esclaves.

Presque tous les Touâreg nobles et riches ont des esclaves nègres du Soudan amenés par les caravanes, et aujourd'hui vendus à vil prix dans le pays. Quelques serfs en possèdent aussi.

Les nègres servent de domestiques, gardent les troupeaux, font des convois; les négresses, quand elles sont des concubines, accompagnent leurs maîtres dans leurs longs voyages; autrement, elles remplissent le rôle de servantes dans les ménages et permettent aux dames de bonne famille de vaquer à leurs plaisirs avec une liberté que ne connaissent pas les femmes arabes.

L'esclavage, chez les Touâreg comme chez tous les peuples musulmans, est très-doux et n'a rien de commun avec le travail forcé des colonies. Dans la famille musulmane, l'esclave est traité par ses maîtres avec les plus grands égards, et il n'est pas rare de voir l'esclave se considérer comme un des enfants de la maison.

De la Femme.

S'il est un point par lequel la société targuie diffère de la société arabe, c'est par le contraste de la position élevée qu'y occupe la femme comparée à l'état d'infériorité de la femme arabe.

Chez les Touâreg, la femme est l'égale de l'homme, si même, par certains côtés, elle n'est dans une condition meilleure.

Jeune fille, elle reçoit de l'éducation.

Jeune femme, elle dispose de sa main, et l'autorité paternelle n'intervient que pour prévenir des mésalliances.

Dans la communauté conjugale, elle gère sa fortune personnelle sans être jamais forcée de contribuer aux dépenses du ménage, elle n'y consent pas : aussi arrive-t-il que, par le cumul des produits, la plus grande partie de la fortune est entre les mains des femmes.

A Rhât, la presque totalité de la propriété foncière leur appartient. Nous l'avons déjà vu.

Dans la famille, la femme s'occupe exclusivement des enfants, dirige leur éducation.

Les enfants sont bien plus à elle qu'à son mari puisque c'est son sang et non celui de l'époux qui leur confère le rang à prendre dans la société, dans la tribu, dans la famille.

En dehors de la famille, quand la femme s'est acquise, par la rectitude de son jugement, par l'influence qu'elle exerce sur l'opinion, une sorte de réputation, on l'admet volontiers, quoique exceptionnellement, à prendre part aux conseils de la tribu. Libre de ses actes, elle va où elle veut, sans avoir à rendre compte de sa conduite, pourvu que ses devoirs d'épouse et de mère de famille ne soient pas négligés.

Son autorité est telle que, bien que la loi musulmane permette la polygamie, elle a pu imposer à l'homme l'obligation de rester monogame, et cette obligation est respectée sans aucune exception.

Pour que la femme targuie ait pu se placer ainsi au-dessus de la loi, de la religion et des passions, il lui a fallu plus que la puissance attractive du sexe féminin sur le sexe masculin.

Cette puissance, quelle qu'elle soit, elle l'a exercée, et les résultats attestent son heureuse influence, car, dans le même milieu, quelle différence entre la famille arabe polygame et la famille targuie monogame!

Dans cette dernière, malgré de grands éléments de dissolution, la monogamie a retenu autour du foyer domestique de très-beaux restes de ces vertus qui ont fait jadis la gloire de la race berbère. Dans la famille arabe, au contraire, du moins dans certaines tribus du Sahara, malgré de meilleures conditions matérielles d'existence, la polygamie a fait descendre assez bas le niveau de la morale publique pour que le père, avant de marier sa fille, puisse exiger d'elle le remboursement, prélevé sur son corps, de ce qu'elle a coûté à sa famille, et pour que la fille, déshonorée selon nous, rachetée suivant les idées locales, soit d'autant plus recherchée en mariage, qu'elle aura eu plus de succès dans le commerce de ses attraits. La conséquence de ces prémices est que la femme arabe, tombée dans la décrépitude à l'âge où la femme monogame brille de tout son éclat, descend au rang des bêtes de somme pour servir son père, son mari, ses enfants, voire même la femme qui l'a remplacée dans les faveurs de l'époux et qui partagera bientôt avec elle le fardeau de la domesticité.

Que d'enseignements découlent de ces constatations !

Dans la société targuie, le rôle du marabout et celui de la femme semblent plutôt procéder de la civilisation chrétienne que des institutions musulmanes. Faut-il voir dans ces deux exceptions un reste d'une tradition ancienne? Rappelons-nous que les Touâreg portent ce nom pour avoir longtemps repoussé et renié l'islamisme. Parmi eux il y a eu lutte et lutte prolongée entre une foi antérieure et la religion nouvelle. Mais, quelles que soient les causes de la résistance des Touâreg à l'islamisme, il est hors de doute que leur société exceptionnelle, au milieu de tant d'éléments de destruction, s'est maintenue, telle que nous la retrouvons, par la femme et par le marabout.

La civilisation française, dont nous sommes fiers à si juste titre, n'est-elle pas aussi l'œuvre de la femme chrétienne et des évêques éclairés du moyen âge?

CHAPITRE III.

HISTORIQUE DES TRIBUS.

Le but de ce chapitre est de faire connaître l'importance relative de chaque tribu, ses chefs, sa force, ses ressources, ses principaux lieux de campement, en un mot, le rôle qu'elle joue dans chaque confédération.

On ne s'attend pas, sans doute, à ce que je donne ici la monographie des diverses tribus; pareille tâche ne pourrait être remplie, même par l'amghâr de chaque confédération, tant l'espace occupé par les Touâreg du Nord est considérable, tant il existe de divisions dans les différentes confédérations, tant le caractère particulier de chaque tribu diffère, tant il est difficile, enfin, de suivre, dans leurs pérégrinations, des tribus qui se mêlent à tout instant ou se dispersent de manière à ne jamais se rencontrer. Puis, chacun des groupes se divise en plusieurs partis, et les renseignements qu'on obtient de chaque parti rival sont souvent contradictoires. Démêler l'erreur de la vérité dépasse les forces d'un étranger auquel on ne confie pas tous les secrets de la vie intérieure des tribus.

Ainsi, quel chiffre donner à la population, quand jamais aucun recensement n'a été fait? Quelle richesse lui attribuer, quand aucun impôt n'est prélevé? Quel territoire assigner à chaque tribu, quand chaque saison, chaque querelle amène des déplacements; quand, surtout, après les pluies qui ont fécondé un territoire, toutes les tribus s'y rendent avec leur bétail, et se mélangent entre elles comme leurs troupeaux?

Sous la réserve de ces difficultés à surmonter, j'entre en matière, avec la conviction cependant d'apporter quelques lumières dans des questions jusque-là fort obscures.

§ Iᵉʳ. — Confédération des Azdjer.

Dans l'ordre hiérarchique des confédérations des Touâreg, celle des Azdjer me paraît occuper le premier rang, non par sa force numérique, car elle est une des plus faibles; non par sa richesse, car elle est une des plus pauvres, mais par le degré de civilisation qu'elle a atteint, par l'ordre qui y règne, par la réputation dont elle jouit au dehors, par l'influence légitime qu'elle exerce sur les autres confédérations, par la part qu'elle prend au commerce du Sahara avec l'Afrique centrale, enfin, par le caractère éclairé, conciliateur et ferme en même temps des hommes qui la dirigent.

C'est par le pays des Azdjer et avec le concours de leurs chefs que les Européens ont pu, jusqu'à ce jour, pénétrer dans l'Afrique centrale et l'explorer; c'est dans le pays des Azdjer que les routes commerciales sont les plus sûres et les plus suivies; c'est sous le protectorat des Azdjer que Ghadâmès, comme entrepôt, Rhât, comme marché, ont pu atteindre le degré de prospérité que leur envient les autres villes commerciales du Sahara; enfin, c'est par les Azdjer seuls que l'Europe, les États du Nord de l'Afrique, communiquent avec les autres Touâreg et une partie des peuplades nègres de l'Afrique centrale.

Cette puissance morale est le résultat, du moins dans ces deux derniers siècles, de la prépondérance politique des Orâghen dans la confédération, et aussi de l'influence religieuse des marabouts Ifôghas sur tout ce qui les environne. Le voisinage des populations sédentaires de Mourzouk, de Rhât, de Ghadâmès, de cette dernière ville, surtout, l'un des plus anciens foyers de civilisation dans le Sahara, a contribué puissamment à préparer la facilité des relations, qui est le caractère dominant des Azdjer.

Dans cette confédération, il y a lieu aussi à signaler une tendance à la stabilisation : ainsi les Touâreg Fezzaniens sont tous sédentaires, vivant de la vie des Oasiens, dans des villages entourés de forêts de dattiers; les habitants de Rhât sont d'anciens nomades, de même ceux d'El-Barkat et de Djânet, petites villes situées au Sud de Rhât; à Ghadâmès, les Touâreg ont, *extra muros*, un faubourg qui leur appartient. La seule zâouiya bâtie dans l'immensité des parcours des Touâreg, celle de Timâssanîn, est sur le territoire des Azdjer, et il ne faudrait pas faire beaucoup d'efforts pour décider le Cheikh-'Othmân à donner plus d'importance à ses constructions.

Parmi les nomades mêmes, on remarque que leurs tribus tendent à se renfermer dans des limites définies de territoire, ce qui n'a pas lieu, au même degré, dans les autres confédérations, car déjà les imrhâd des Azdjer semblent rechercher des résidences fixes qui leur permettent de donner plus de développement à la culture.

Le maintien de la paix, l'appui moral que le gouvernement de l'Algérie donne aux principaux chefs des Azdjer, l'introduction de quelques appareils de sondage artésien, contribueront puissamment à développer, dans les limites du possible, ces tendances à la stabilisation.

Tribu des Imanân.

Imanân signifie *sultans*. En effet, jadis la famille des Imanân tenait sous son autorité souveraine tous les Touâreg du Nord.

Rhât était le lieu ordinaire de la résidence du sultan, et la tribu des Imanghasâten formait la garde et la force armée de cette famille.

Il y a deux cents ans environ régnait l'amanôkal Gôma. Ses prédécesseurs avaient désolé le pays par des guerres intestines et ruiné le commerce de Rhât par des avanies faites aux caravanes qui fréquentaient son marché.

Gôma, plus injuste que ses devanciers, voulut, à leur imitation, anéantir ou réduire en servage ceux de ses sujets qui n'acceptaient pas son despotisme sans protestation.

De ce nombre, entre autres, était un petit essaim des Orâghen [1], venant du Niger et depuis peu arrivé dans le pays.

En leur qualité d'étrangers, ces Orâghen étaient principalement l'objet des persécutions de Gôma, mais ils étaient braves et pouvaient, au besoin, compter sur l'appui de leurs contribules, voisins de Timbouktou. Ils ne se laissèrent pas entamer.

Cependant la mesure de l'iniquité fut bientôt à son comble et la mort de Gôma résolue par ses malheureux sujets.

---

1. Le nom de la partie de cette tribu restée sur les rives du Niger est grammaticalement un peu différent : il s'écrit et se prononce *Ioûrâghen*.

Bìska, l'un des nobles des Azdjer outragés par le roi, le tua, aux applaudissements de ses victimes.

Sur ces entrefaites arriva un chef des loûràghen du Niger, du nom de Mohammed-eg-Tinekerbâs, homme de guerre, juste et estimé, qui venait à Rhât demander réparation de dommages causés à ses frères, devenus Azdjer, et à d'autres loûràghen du Sud, appelés sur le marché du Rhât pour affaires de commerce.

Dieu aidant, il acheva de renverser la dynastie des Imanân, fort compromise par l'assassinat de Gòma et généralement détestée de tous les Touâreg.

Cette révolution sera racontée, ci-après, dans ses détails légendaires.

De cette époque date la séparation des Ahaggâr et des Azdjer en deux confédérations indépendantes.

Cependant les Imanân continuèrent à donner à leur doyen d'âge le vain titre d'amanôkal.

Les successeurs de Gòma furent :
Mahâoua, réputé un géant [1],
Ouân-Alla,
Hamma,
Jebboûr,
Mohammed-eg-Jebboûr, l'amanôkal actuel.

Chez les Imanân, pour hériter du titre d'amanôkal, il faut être issu de père et de mère originaires de la tribu.

Les Imanân ont la prétention d'être chérifs : mais quelle est la famille africaine un peu puissante et un peu ancienne qui ne revendique pas l'honneur de descendre du Prophète ?

La *Note* de Brahim-Ould-Sidi sur l'origine des Touâreg, analysée au chapitre Ier de ce livre, leur accorde cette descendance; tous les Touâreg sont unanimes pour la leur reconnaître, et c'est à cette considération que les anciens sujets des Imanân leur portent encore quelque respect. Je ne leur contesterai donc pas le seul mérite qui leur reste.

---

1. A Ghadâmès, dans le quartier de Tin-Guezzin, un clou planté dans le mur indique à quelle hauteur arrivait la tête de Mahâoua quand il se tenait debout.

Aujourd'hui il n'y a plus que cinq hommes Imanân, mais beaucoup de femmes.

Ennemis naturels d'Ikhenoûkhen, coupable, à leurs yeux, d'avoir usurpé un pouvoir qu'ils ont laissé tomber de leurs mains impuissantes, les Imanân sont le centre de toutes les intrigues contre ce grand chef, et conséquemment contre l'influence française. Heureusement, ils ne jouissent pas de grand crédit dans le pays, quoiqu'ils aient encore conservé le tambour, *tobol*, symbole de leur ancienne royauté.

Rois fainéants, les cinq représentants de cette race déchue mènent la vie sédentaire des Arabes, comme s'ils n'étaient pas Touâreg, habitant tantôt à Rhât, où ils négocient avec El-Hâdj-el-Amîn la cession du pays aux Turcs, tantôt à Djânet, où ils se trouvent au milieu de leurs serfs.

Comme moyens d'existence, les Imanân ont les redevances de leurs serfs et les coutumes de leurs clients étrangers.

Leurs serfs sont :
  Les Ibattanâten,
  Les Ikourkoumen,
  Les Ikendemân,
  Les Kêl-el-Mîhân,
  Les Kêl-Ahérêr.

A l'exception des Kêl-Ahérêr qui habitent d'une manière fixe le village d'Ahérêr, à la tête de l'Ouâdi-Tikhâmmalt, les autres serfs des Imanân cultivent et parcourent, partie dans le Tasîli, chez les Azdjer, partie chez les Kêl-Ahamellen, dans le Mouydîr.

Leurs ikelân, serfs noirs, sont également répandus sur les territoires des deux grandes sections des Touâreg du Nord, mais surtout dans le Ahaggâr, témoignage de leur ancienne autorité sur les Ihaggâren aussi bien que sur les Azdjer.

Les Imanân ont encore en commun avec les Orâghen les tribus serves suivantes :
  Izedjazâten,
  Kêl-Djânet,
  Kêl-Farhi,
  Kêl-Tamelrhik,
  Kêl-Tazoûlt.

Djânet est un village important, au pied du versant Sud du Tasîli, sur l'Ouâdi-Titsîn, affluent du Tâfassâset, à 125 kilomètres Sud-Ouest de Rhât. Des sources y arrosent quelques cultures et des plantations de dattiers.

Farhi, Tamelrhik et Tazoûlt sont des points de résidences fixes d'imrhâd, où ils ont des *zerâïb* ou chaumières. Je ne connais pas la position exacte de ces campements.

En leur qualité de rois déchus, les Imanân n'ont pas le droit d'entraîner leurs serfs à la guerre, mais, si les nobles des autres tribus les appellent sous les armes, ces derniers doivent obéir, même malgré l'opposition de leurs maîtres.

La galanterie targuie a conservé aux femmes des Imanân le titre de *timanôkalîn*, femmes royales, à cause de leur beauté et de leur supériorité dans l'art musical. Souvent elles donnent des soirées où les hommes viennent de très-loin et parés comme des mâles d'autruche, *delim*. Dans ces soirées, les femmes chantent en s'accompagnant du tambour (*tobol*) et d'une sorte de violon (*rebâza*).

Le sang des Imanân, par leurs femmes, est très-répandu chez les Touâreg ; on les recherche volontiers en mariage, en raison du titre de chérif qu'elles confèrent à leurs enfants.

Tribu des Orâghen.

Elle s'appelait autrefois Ioûrâghen.

D'après la tradition, cette tribu est originaire des environs de Sôkna. Avant de se fixer là où nous la trouvons aujourd'hui, elle habita successivement le Fezzân, le pays de Rhât et l'Ahàouagh, territoire situé sur la rive gauche du Niger, à l'Est de Timbouktou.

A cette dernière station, la tribu se divisa : une fraction, celle dont il est ici question, revint aux environs de Rhât; l'autre, la plus nombreuse, resta dans l'Ahàouagh, où elle compte, dit-on, 1,200 combattants réputés pour leur valeur guerrière.

Autour de Rhât, les Orâghen eurent à conquérir l'autorité dont ils jouissent aujourd'hui.

Voici comment la légende raconte les hauts faits auxquels ils doivent la suprématie dans le pays :

« Il y a deux cents ans environ, vivait Mohammed-eg-Tinekerbâs, grand seigneur des Ioûrâghen.

« Son père était originaire de l'Ahâouagh et sa mère était née dans le pays des Azdjer.

« Eg-Tinekerbâs eut l'idée de venir visiter le pays maternel, et comme un noble Amôhagh ne voyage jamais seul, il emmena avec lui des compagnons.

« En passant à Djânet, petit village appartenant aux Imanân, Eg-Tinekerbâs y trouva une pauvre femme en pleurs, à laquelle les sultans venaient de prendre son maigre dîner, et, dans ses lamentations, elle invoquait le nom de Mohammed-eg-Tinekerbâs, comme étant le seul assez vaillant pour venger tous les affronts subis par les Azdjer.

« Étonné que son nom fût connu si loin de sa patrie, Eg-Tinekerbâs s'approcha de la femme, lui demanda la cause de son chagrin. Celle-ci lui raconta en détail tous les malheurs de ses frères maternels. Eg-Tinekerbâs la consola.

« Les plaintes de la bonne femme rappelèrent à la mémoire du voyageur quelques avanies dont les Ioûrâghen, ses contribules, avaient été l'objet de la part des Imanân, sur le marché de Rhât qu'ils fréquentaient, et des plaintes récentes adressées à la tribu métropole par une petite colonie d'Orâghen établie depuis peu chez les Azdjer.

« Tel était alors le despotisme des Imanân, qu'un nommé Biska venait de tuer le sultan Gôma, et cet événement n'était pas étranger aux motifs qui avaient déterminé Eg-Tinekerbâs à venir dans le pays de sa mère.

« En ce temps-là, Kòtika était le chef des Imanghasâten. Jeune, il avait joui d'une grande réputation de bravoure et était très-considéré. Alors il était vieux et aveugle.

« Pour lui permettre d'aller faire ses ablutions, une corde avait été tendue entre sa maison de Rhât et son jardin, voisin de la ville, où il y avait un puits appelé Tânout-Imanân.

« L'aveugle, guidé par la corde, se rendait à son jardin, lorsque les Ioûrâghen, qui de Rhât allaient au village de Féouet, le virent, et, sans autre motif que celui de chercher une querelle aux Imanghasâten, amis et complices des Imanân, le jetèrent dans le puits.

« Une chienne, qui était dans le jardin, se mit à aboyer. Un des Ioûrâghen la perça d'une lance, mais elle ne fut pas tuée sur le coup et se sauva dans Rhât, emportant, accrochée dans son ventre, l'arme qui l'avait blessée, pièce de conviction qui devait révéler aux Imanghasâten les noms des auteurs du crime commis.

« La ville fut bientôt en émoi, et chacun de dire : « *Youdjer adjen* « *Orâghen tenerhin en teydit* — ce sont les Orâghen armés qui ont tué « la chienne. » On ignorait encore la mort de Kôtika.

« Le lendemain, un homme très-redouté parmi les Imanghasâten, et qui se nommait Edôkân, sortit de la ville et trouva la trace des meurtriers de la chienne. Il la suivit jusqu'au village de Fêouet.

« Les Ioûrâghen, venus des environs de Timbouktou, faisaient route pour rentrer chez eux.

« Edôkân, qui avait reconnu les voyageurs, avertit ses frères les Imanghasâten et les Imanân, qui se mirent à leur poursuite.

« Une rencontre eut lieu. Eg-Tinekerbâs tua de sa main Edôkân, au pied de l'arbre, *azhel*, encore appelé aujourd'hui *Azhel-n-Edôkân*. C'est un *Acacia Arabica* situé près de Fêouet.

« La mort d'Edôkân jeta la terreur parmi les Imanghasâten ; ils prirent la fuite. Quant aux Imanân, ils furent battus à plate coutur»

La défaite des forces réunies des Imanân et des Imanghasâten par une poignée d'hommes est due à ce que les Ioûrâghen, comme tous les Touâreg du Sud, avaient quelques chevaux et des dromadaires de race supérieure à ceux de leurs ennemis.

Et puis, sans aucun doute aussi, les Orâghen d'Azdjer n'avaient pas ignoré la visite d'Eg-Tinekerbâs et ses projets de vengeance, et, en bons frères, ils étaient là, embusqués dans quelque petit ravin, pour lui prêter appui en cas de besoin.

La légende n'entre pas dans ces détails, mais ils sont faciles à deviner.

L'effroi causé dans le pays par une pareille victoire fut si grand que le vide ne tarda pas à se faire.

Les Imanân, parents et alliés des souverains d'Agadez, allèrent se placer sous leur protection.

Les Imanghasâten se réfugièrent chez les Arabes Megâr-ha, leurs cousins, dont j'ai déjà fait connaître la station autour de l'Ouâdi-ech-Chiati. (Voir page 276.)

Les Ihadhanâren se sauvèrent dans le pays d'Aïr, chez les Kêl-Fadây.

D'autres Touâreg se rendirent au Fezzân, où ils habitent encore aujourd'hui.

Les Kêl-Tin-Alkoum, dont le berceau est voisin d'El-Barkat, les y avaient précédés, fuyant les injustices des Imanân : aussi ont-ils été les premiers et sont restés les plus fidèles alliés des Orâghen.

Seuls, les habitants de Rhât, fixés au sol par le lien de la propriété et ennemis des Imanân, restèrent dans le pays; ils s'empressèrent de faire leur soumission à Eg-Tinekerbâs.

Ce chef, pour utiliser sa victoire et se mettre à l'abri des retours offensifs, fit venir près de lui les membres de sa famille restés sur le Niger, et quand son pouvoir fut bien assis, il autorisa les fugitifs à rentrer dans leurs anciens campements.

C'est ainsi que les Orâghen conquérirent le premier rang chez les Azdjer, en réduisant les Imanân au rôle de rois sans sujets, en subalternisant les Imanghasâten et en s'emparant des campements qui commandent les positions de Rhât et de Ghadâmès, les deux clefs de voûte de la contrée. Ils complètent aujourd'hui leur mission en cherchant de nouvelles destinées pour leur patrie adoptive.

Je l'ai déjà dit, il y a deux cents ans environ que cette révolution eut lieu.

La reconnaissance a conservé les noms des successeurs de Mohammed-eg-Tinekerbâs; ce sont :
Alghoûd,
Sid-el-Hâdj-Saddiq,
Ilbak,
Mohammed-eg-Amidi,
Integga,
Eg-es-Saghâda, père de la mère d'Ikhenoûkhen,
Akkeya,
Et-Tafris,
Mohammed-Châffao,
Mohammed-eg-Khatita, chef actuel des Orâghen.

A la mort de Châffao, il y a environ quarante ans, Ikhenoûkhen, fils de la sœur aînée de Châffao, devait, d'après la coutume des Touâreg, hériter du titre d'amghâr, mais il renonça à ce droit en faveur de son cousin, Mohammed-eg-Khatita, époux de sa sœur, ne voulant pas se soumettre à l'obligation de rester sédentaire comme il convient à un amghâr des Azdjer.

Eg-Khatîta est donc le chef couvert de l'investiture, mais El-Hâdj-Mohammed-Ikhenoûkhen a la puissance de fait, comme il l'avait par droit de naissance.

Ikhenoûkhen est fils d'"Osmân,

Petit-fils de Dembalou,

Arrière-petit-fils de Koûsa, qui quitta les rives du Niger avec Eg-Tinekerbâs pour conquérir le pays d'Azdjer.

Ikhenoûkhen a pour frères Edegoum et 'Omar-el-Hâdj; la seule de ses sœurs actuellement existante est Zahra, mariée à Mohammed-Eg-Khatîta.

Ses fils sont : Es-Senoûsi, 'Omar-el-Hâdj, Mohammed.

Il a pour filles : Fadhimâta, mariée à Sidi-Mohammed-El-Bakkây; Toûraout et Khadîdjet, encore demoiselles.

Le fils de sa sœur, héritier de sa puissance, en vertu du droit berbère local, est Ouitîti.

Les fils d'"Osmân ont été chantés par par un poëte indigène, et les vers consacrés à leur louange ont été cités à titre d'exemple par M. le commandant Hanoteau, dans sa *Grammaire temâchek'*. J'en extrais les passages suivants qui reproduisent fidèlement l'opinion des Orâghen et de leurs alliés sur Ikhenoûkhen et sa famille :

« Les fils d'"Osmân [1] sont des hommes forts et braves, qui ne se souillent pas du sang de leurs parents et ne mesurent pas le grain à leurs hôtes, à petite mesure ou par poignée.

« Si un homme vient les chercher, ils lui font tâter du combat.

« Leurs chamelles de race ne viennent ni d'Adher, ni d'Aïr, ni de chez les Arabes, *qui paient l'impôt!!!* et si l'une d'elles s'égare, ne croyez pas que ce soit pour s'enfuir et retourner dans son pays.

« Leurs chameaux de charge ont le pied aussi large qu'un tambour, et les fardeaux qu'ils portent sont comme des sommets de montagnes.

« Ils ont des juments, avec une belle crinière, dont les reins sont larges comme des dalles : nuit et jour elles sont sellées.

---

1. Les Touâreg prononcent souvent ce nom comme s'il était écrit *Rhosmân*, parce qu'ils n'ont pas dans leur langue les sons de l'*aïn* et du *tha* arabe.

« Dieu a réuni dans leurs méharis les qualités nécessaires pour la course et la marche du voyage.

« Ce n'est pas d'aujourd'hui que les fils d'"Osmàn brillent de cet éclat; tout l'Ahaggàr et l'Azdjer le savent. »

D'après ses contribules, Ikhenoûkhen est arrivé au degré de puissance qu'il a atteint parce qu'il est de tous les Touâreg celui qui manie le plus habilement le glaive et le bouclier. Ainsi doivent raisonner des hommes pour lesquels la force matérielle est tout. Quant à moi, qui, pendant près de sept mois, ai vécu avec Ikhenoûkhen, l'observant attentivement, je suis convaincu que les qualités de son cœur et de son esprit, la générosité et la droiture de son caractère, ont autant contribué à son élévation que son habileté à manier les armes. Ikhenoûkhen a aujourd'hui soixante-seize ans, mais il supporte encore les fatigues de la vie nomade comme le plus jeune de ses fils. Tout, dans ses allures, dans sa voix, dans sa manière de commander, révèle l'homme d'une civilisation encore barbare, mais, au milieu des défauts inhérents à sa race, on ne tarde pas à reconnaître en lui une grande solidité de principes, un dévouement sans bornes à ce qu'il croit son devoir, et un respect inaltérable pour la foi jurée.

Après l'émir Ikhenoûkhen et l'amghâr, Mohammed-eg-Khatita, les principaux chefs des Orâghen sont: Djebboûr, Kelâla et Elegoui, également Orâghen, mais d'une autre souche.

En effet, on distingue les Orâghen en *grands*, Oui-Idjdjeroûtenin, et en *petits*, Oui-Djezzoûlenin.

Les fils d'"Osmàn sont les grands; les autres chefs appartiennent à la fraction des petits.

Les tribus serves des Orâghen sont:
Les Idjerâdjriwen avec les Kêl-Tàndjet,
Les Kêl-Tòberen avec les Oui-Ihaggàrhenin,
Les Iworworen avec les Kêl-Abâda,
Les Ifilâlen,
Les Kêl-Intoûnên,
Les Kêl-Arâs,
Les Kêl-Aharhar,
Les Kêl-Errekhmet,
Les Kêl-Djahil,

Les Kêl-Fadhnoûn,
Les Kêl-Medak,
Les Imekkerasen,
Les Chêt-Ihemma,
Les Kêl-Kelouaz.

A cette liste il faut ajouter les tribus serves qui appartiennent en commun aux Imanàn et aux Orâghen, savoir :

Les Izedjazâten,
Les Kêl-Djànet,
Les Kêl-Farhi,
Les Kêl-Tamelrhik.
Les Kêl-Tazoûlt.

Les nobles Orâghen parcourent les vallées des Igharghâren, de Tikhâmmalt, le pays de Mîherô et les environs de Djànet.

Leurs serfs habitent le Taslli.

Parmi les chefs Orâghen, celui qui a le plus de serfs est Kelâla, quoiqu'il n'appartienne pas à la famille la plus puissante.

Ikhenoûkhen abandonne aux autres membres de sa famille les redevances des serfs, remplaçant, par le droit général qu'il s'est attribué sur les Azdjer et sur les voyageurs, le droit personnel que sa naissance lui donnait sur les serfs.

J'ai cherché, par tous les moyens possibles, à me rendre compte de la force et de la richesse des Touàreg, et je dois avouer n'être pas arrivé à un résultat très-satisfaisant.

Cependant je suis à peu près certain des chiffres suivants :

Ikhenoûkhen, avec tous les nobles de sa famille, les Oui-Idjdjeroûtenîn, et leurs serfs, peut avoir à sa disposition une force de 100 combattants à dromadaire.

Les chefs des Oui-Djezzoûlenîn, ayant ensemble une force à peu près égale, la tribu en son entier, et la plus puissante des Azdjer, aurait environ 200 guerriers.

Pour des Européens, 200 hommes armés sont un bien faible contingent. Pour le désert, c'est beaucoup, car il est peu de puits qui puissent abreuver rapidement 200 chameaux, et, entre une étape de puits et une autre, il y a quelquefois 200 et 300 kilomètres d'intervalle.

La force des Oràghen est donc en harmonie avec les difficultés militaires du pays.

Ikhenoûkhen est l'un des plus riches des Azdjer, si même il n'est le plus riche, et sa richesse consiste principalement en chameaux. Il en a une soixantaine environ, sans compter les chamelles.

Après Ikhenoûkhen, le plus puissant personnage est l'amghâr. Pendant que j'étais là, il eut une mission de pacification à aller remplir à une certaine distance. Eh bien! un étranger au pays dut lui prêter un chameau de selle, le seul que l'amghâr possédait devant être affecté à porter ses provisions.

Voilà un exemple de la force et de la richesse des Touâreg.

Ils sont tellement pauvres, les malheureux, que souvent, quand ils ont des courses à faire, ils doivent, pour avoir des montures, arracher avec la main les fœtus du ventre de leurs chamelles, mutilation qu'ils ne pratiqueraient pas, s'ils avaient des montures de rechange.

Et cependant, telle est la valeur des Touâreg, que deux grandes tribus tunisiennes du Nefzâoua : les Ghorîb et les Meràzîg, payent tribut, *la gharâma*, les premiers à Ikhenoûkhen, les seconds au Cheikh-'Othmân, pour n'avoir pas à redouter leurs attaques.

Tribu des Imanghasâten.

Les Touâreg tiennent pour un fait de notoriété publique que les Imanghasâten descendent des Arabes Megâr-ha, qui habitent aujourd'hui l'Ouâdi-ech-Chiati, dans le pachalik du Fezzân.

Brahîm-Ould-Sîdi, dans sa *Note* sur les origines, d'accord avec l'opinion générale, les dit issus des Arabes de l'Est.

Eux-mêmes avouent leurs liens de parenté avec ces Arabes et se réfugient sur leur territoire, comme on l'a vu, dans les mauvais jours.

Comment des Arabes ont-ils pu devenir Touâreg?

La réponse à cette question est bien simple. Les Imanghasâten constituaient le makhzen, ou force armée, des Imanân, et, pour ces fonctions, les anciens sultans ont préféré des étrangers, et les étrangers ont accepté cette position en raison des avantages attachés à la qualité de défenseurs du pouvoir.

Comme noblesse, comme puissance et comme importance numérique, les Imanghasâten contre-balancent la suprématie des Orâghen.

Eg-ech-Chîkh est leur chef. C'est un homme âgé, de haute stature et très-influent.

Dans toutes les affaires où l'esprit de parti est en jeu, les Imanghasâten sont de l'opinion des Imanân contre les Orâghen, mais à part les questions qui réveillent d'anciennes rivalités, leurs chefs se mettent facilement d'accord avec ceux des Orâghen.

L'un des chefs des Imanghasâten, du nom de Hatîta, aujourd'hui décédé, a accompagné le docteur Oudney et le capitaine Clapperton dans leur voyage de Mourzouk à Rhât, et de plus il a protégé la mission dont M. le docteur Barth faisait partie. Par ces précédents, les Imanghasâten se considèrent les alliés des Anglais, de même que les Orâghen et les Ifôghas, pour m'avoir protégé ainsi que M. Ismayl-Boû-Derba, sont désignés par tous comme les amis des Français[1]. Il est probable que, si la route de Rhât était ouverte au commerce européen, ces tribus prétendraient au droit respectif de prélever l'impôt de protection sur les voyageurs de ces deux nationalités. Cependant M. le docteur Barth constate, dans son grand ouvrage, que le chef de la mission anglaise, pour avoir pris au sérieux le titre d'amanôkal du doyen des Imanân et réclamé l'appui de son parti dont les Imanghasâten sont les principaux soutiens, n'a pas trouvé chez les Touàreg les facilités d'exploration qu'ils eussent eus, s'ils avaient demandé le protectorat des nobles Orâghen.

Les Imanghasâten se divisent en trois fractions :
Les Tédjéhé-n-Abbâr,
Les Inannakâten,
Les Tédjéhé-n-Bedden.

Leurs serfs sont :
Les Isesmodân,
Les Ikêlezhzhân,
Les Kêl-Touan.

De plus ils ont encore, comme les Imanân et les Orâghen, une partie des Kêl-Tamelrhik.

[1]. Le traité de Ghadâmès confère à la famille d'Ikhenoûkhen la protection des voyageurs français, à charge par eux d'acquitter des droits qui ne sont pas encore déterminés.

Les nobles habitent alternativement la vallée de Tikhâmmalt et le Fezzân.

Les serfs ont pour campement les vallées du Tasîli, dans le pays d'Azdjer, et l'Ouâdi-el-Gharbi dans le Fezzân.

Pendant mon séjour chez les Touâreg, quelques Imanghasâten avaient pris dans un rhezi vingt chameaux aux Oulâd-Bâ-Hammou d'In-Sâlah. Ces derniers vinrent les réclamer. Ikhenoûkhen, Sidi-Mohammed, l'amghâr, le marabout Si-'Othmân et Eg-ech-Chikh, chef des détenteurs des chameaux, intervinrent pour faire restituer cette prise, mais tous leurs efforts furent impuissants.

La résistance des capteurs était fondée sur ce que le propriétaire des chameaux volés avait autrefois tué l'oncle de l'un d'eux, et qu'à ce crime il avait ajouté l'immense injustice de payer ses coutumes, non à l'aîné des neveux, selon l'usage targui, mais à son frère cadet. Le détenteur des chameaux pardonnait bien l'assassinat de son oncle, crime un peu oublié, mais il ne voulait pas entendre raison sur la violation des règles relatives aux coutumes.

Ikhenoûkhen se fâcha, renonça à maintenir l'ordre et la paix dans le pays, et menaça d'abandonner les Azdjer à leur mauvais génie.

Le marabout Si-'Othmân jura que, si je n'étais pas là, et s'il n'avait pris l'engagement d'être à ma disposition, il serait déjà parti pour ne jamais revenir chez les Azdjer.

Eg-ech-Chikh était résolu à se séparer de pillards incorrigibles, et à les abandonner à la vengeance de leurs ennemis.

Tous les grands des Imanghasâten témoignèrent de leur désir de rendre les chameaux à tout prix.

Un *mia'âd* fut tenu. Nobles Orâghen et nobles Imanghasâten y assistèrent. Il dura toute la journée, sans solution.

Les Oulâd-Bâ-Hammou offrirent de racheter leurs chameaux à un prix double de leur valeur; leur proposition fut repoussée.

Ikhenoûkhen passa la nuit en conciliabule, parlant de manière à être entendu de tout le camp.

Au point du jour, furieux de voir son autorité méconnue, il sella son dromadaire et partit pour Rhât.

Effrayés du départ de leur émir, les Imanghasâten se décidèrent enfin à rendre aux Oulâd-Bâ-Hammou deux chameaux et un chamillon (*huichi*).

Ainsi se termina cette grande querelle, dont j'ai reproduit toutes les péripéties afin de permettre de mieux apprécier ce qu'est la vie au désert.

Tribu des Kêl-Izhabân.

Satellite des Orâghen, cette tribu n'a pas d'importance. Ses serfs sont les Ikelzen.

Nobles et serfs vivent sur les mêmes territoires que les Orâghen.

Tribu des Imettrilâlen.

Cette tribu est un composé de petits groupes, ayant pour ainsi dire renoncé à la vie politique des Touâreg et vivant entre Rhât et Mourzouk dans le Fezzân, à la manière des Fezzaniens, c'est-à-dire plus adonnés à l'agriculture et à l'horticulture qu'à l'art pastoral.

Quoique habitant un territoire nominalement rattaché au pachalik du Fezzân, les Imettrilâlen, comme les autres Touâreg de la même contrée, ne relèvent pas du gouvernement turc.

Dans des vues politiques que je n'ai pas à apprécier ici, les Turcs tolèrent cette situation pour n'avoir pas à lutter contre les Touâreg.

Tribu des Ihadhanâren.

Cette tribu est à la fois la plus turbulente et la plus nomade des Azdjer. Heureusement elle est peu forte, très-pauvre, mais son audace supplée au nombre de ses guerriers.

Tantôt les Ihadhanâren campent dans la plaine d'Admar sur le territoire des Azdjer; tantôt ils vivent avec les Kêl-Ahamellen, chez les Ahaggâr, suivant que leur conduite leur a valu l'amitié ou l'inimitié des uns ou des autres.

Dans toutes les guerres entre les Azdjer et les Ahaggâr, ils ont toujours trahi les premiers au profit des seconds.

En 1860, dix hommes de cette tribu sont allés dans l'Azaouad, près de Timbouktou, à 1,200 kilomètres de Djânet, d'où ils étaient partis, pour opérer une rhezi sur les serviteurs de la zâouiya des marabouts El-Bakkây. Leur entreprise réussit : trois cents chameaux, disent les victimes, deux cents, disent les capteurs, sont devenus leur proie.

C'est cet acte de piraterie qui avait amené le marabout Sidi-Mohammed-El-Bakkây chez les Azdjer pendant mon voyage.

D'abord il s'était rendu personnellement chez les Ihadhanâren, espérant que sa qualité de marabout et de bonnes paroles les engageraient à une restitution.

A l'acte coupable qu'ils avaient déjà commis les Ihadhanâren joignirent l'insulte en offrant au marabout, pour *dhifa*, la viande d'une de ses chamelles. Cette *dhifa*, ou repas de l'hospitalité, fut refusée, la viande d'un animal volé ne pouvant pas être *halâl*, c'est-à-dire permise, suivant la loi musulmane. Tout ce que put obtenir le marabout fut la restitution de sept chameaux.

Mécontent de l'insuccès de sa démarche pacifique, Sidi-Mohammed-el-Bakkây vint demander justice à l'amghâr des Azdjer.

Celui-ci, accompagné d'autres nobles, se rendit chez les Ihadhanâren, pour convoquer un *mia'âd* et obtenir une solution amiable à cette affaire. Les délégués furent aussi repoussés.

Un recours aux armes étant devenu nécessaire, Sidi-Mohammed, l'amghâr, envoya l'ordre à tous ses sujets, Ikhenoûkhen compris, de se rendre à Rhât, pour de là aller reprendre aux Ihadhanâren le butin capturé.

Mais, pendant que les Azdjer se préparaient à entrer en campagne, les Ihadhanâren se dispersaient dans le Sahara, emmenant avec eux tout leur butin.

Cette circonstance m'a permis de connaître exactement la force des Ihadhanâren, qui est de quarante hommes pouvant entrer en ligne de combat.

Sidi-Mohammed-el-Bakkây, quoique marabout, quoique appuyé par tous les chefs des Azdjer, dut, comme les Oulâd-Bâ-Hammou du Touât, renoncer à obtenir justice.

Les Ihadhanâren n'ont pas de serfs. Avant le rhezî dont il est ici question, ils n'avaient que très-peu de chameaux et peu ou pas de troupeaux de chèvres ou de moutons.

Nobles, sans serfs, sans coutumes, ne pouvant travailler pour vivre, leurs titres de noblesse le leur défendant, ils devaient naturellement demander au vol et au pillage les moyens d'existence qu'ils n'avaient pas autrement. En tout pays, la faim chasse le loup hors du bois. Puisse la richesse qu'ils viennent d'acquérir si illicitement les rendre meilleurs!

La tribu des Ihadhanâren comprend trois fractions :
Les Oui-Sattafenîn,
Les Oui-Temoûlat,
Les Dergou.

Quoique la qualification adjective de *Sattafenîn*, noirs, soit appliquée à l'une de ces fractions, tous les Ihadhanâren sont blancs. Cette épithète doit se rapporter à la couleur du voile qu'ils portent.

Tribu des Ifôghas.

Les Ifôghas comprennent trois fractions :
Les N-Ouqqirân,
Les N-Iguedhâdh,
Les N-et-Tobol.

Les deux premières sont des marabouts, de descendance de chorfa; la dernière se compose de gentilshommes, jadis au service des rois Imarân, près desquels ils remplissaient le rôle d'officiers du palais et de tambours, en battant la marche sur le passage de leurs maîtres : 'où leur est venu le surnom d'*Et-Tobol*, Ifôghas du tambour.

Les trois fractions sont originaires de la ville d'Es-Soûk, dernière station de la plupart des tribus Touâreg, avant leur installation dans les lieux qu'elles occupent aujourd'hui.

Les Touâreg contestent aux Ifôghas le titre de nobles ou Ihaggâren, tout en leur reconnaissant celui de marabouts. Cependant, quand un Fâghis (singulier d'Ifôghas) des fractions de N-Ouqqirân ou de N-Iguedhâdh se présentait devant les anciens sultans, ceux-ci se levaient et allaient eux-mêmes dresser le tapis et la natte sur lesquels le visiteur était invité à s'asseoir. Cet honneur exceptionnel n'était jamais rendu aux ihaggâren, quels que fussent leur rang et leur puissance. Le sultan restait assis à leur entrée et les laissait s'installer où ils voulaient.

Les N-Ouqqirân sont répandus :

Chez les Azdjer, dans le Tasili, à Mîherô et dans le Bas-Igharghar;

Chez les Ahaggâr, dans le Haut-Igharghar;

Au Touât, dans les oasis méridionales de cette confédération;

En Algérie même, dans la région des dunes, au Sud d'Ouarglâ et de l'Ouâd-Righ.

La zâouiya de Timâssanîn, établissement secondaire de la confrérie des Tedjâdjna, dont Si-'Othmân est le *moqaddem*, est le centre de réunion de toutes les familles de la fraction.

Rapprochés des Arabes Cha'anba, les N-Ouqqirân ont été souvent exposés à leurs coups, avant l'incorporation de ces tribus dans le cercle d'action de l'administration française et leur soumission à un régime gouvernemental.

Si-'Othmân raconte que sa zâouiya, malgré le caractère religieux qui la protége, a été pillée par les Cha'anba, en l'absence de ses défenseurs, et que sa mère, tombée au pouvoir des profanateurs d'un lieu sacré, a subi de leur part les plus mauvais traitements.

Les marabouts N-Ouqqirân, et particulièrement ceux qui habitent la zâouiya de Timâssanîn, ont donc beaucoup gagné à la soumission des Cha'anba à notre domination. Depuis cette époque, ils peuvent s'adonner plus librement au commerce.

La route si fréquentée de Ghadâmès à In-Sâlah est placée sous leur protectorat et leurs chefs y perçoivent les droits de protection en usage dans le pays.

Toutes les matières précieuses qui sont expédiées sur cette route, notamment l'or en poudre et en lingots, sont confiées exclusivement aux marabouts et aux chameliers de la zâouiya de Timâssanîn.

Chaque caravane allant d'In-Sâlah à Ghadâmès, à destination de l'Europe, compte, m'a-t-on dit, dans sa cargaison, deux, trois, quatre et même quelquefois cinq charges d'or.

La charge étant de 150 kilos, en supposant une moyenne de deux convois par an et de trois charges par convois, In-Sâlah opérerait annuellement, d'après le Cheikh-'Othmân, sur une moyenne de 900 à 1,000 kilogrammes d'or, qui, au cours actuel de Paris (août 1863), représentent une somme de 3,265,100 francs.

Si-'Othmân fait remarquer que les convois d'or entre In-Sâlah et Ghadâmès sont moins fréquents depuis que M. le gouverneur Faidherbe a donné aux routes du Sénégal une sécurité qu'elles n'avaient jamais connue jusque-là, et il craint que la concurrence de nos possessions sénégaliennes n'achève de priver les routes du Nord de ce riche produit.

Les marabouts N-Ouqqiràn vivent en grande partie, soit comme négociants, soit comme convoyeurs, du trafic des routes qui traversent leurs territoires.

C'est par eux que le gouvernement français a pu entrer en relations avec le reste des Touâreg; c'est encore par eux qu'il maintiendra de bons rapports, car ils se distinguent par leur loyauté, par leur tolérance et par l'exercice professionnel de la conciliation.

Les Ifòghas-n-Iguedhâdh sont ainsi appelés parce que, comme des oiseaux (*Iguedhâdh*), ils voyagent continuellement, ne se fixant nulle part. Dans leurs courses, ils s'étendent du Tasili du Nord au Soudan, campant tantôt au milieu des Touâreg Azdjer, tantôt au milieu des Touâreg d'Aïr, suivant que les pluies ont fait pousser l'herbe nécessaire à la nourriture de leurs troupeaux.

Marabouts ambulants, parcourant des parages tous situés au Sud des points occupés par leurs frères N-Ouqqiràn, les N-Iguedhâdh sont un trait d'union entre les Touâreg du Sud et ceux du Nord, comme les N-Ouqqiràn sont un lien entre les Azdjer et les Ahaggàr et entre ces deux confédérations et les Algériens.

Les N-Iguedhâdh, protégés contre les dangers de la piraterie par leur caractère religieux, autorisés à user des meilleurs pâturages pour leurs troupeaux, trouvent dans la production pastorale les ressources nécessaires à leur existence.

En pays targui, les amulettes sont très-recherchées, car tous en sont couverts, et ce sont les marabouts qui les rédigent. Ils ne les vendent pas, moyen d'en tirer un prix plus élevé, car chaque amulette augmente au moins d'une chèvre ou d'un mouton le troupeau de celui qui la délivre.

Les Ifòghas-n-et-Tobol, restés fidèles à leurs anciens maîtres, les Imanân, et à la tradition qui les a pourvus de tambours, continuent à constituer la cour et le corps de musique des sultans déchus. Ils vivent avec ces derniers entre Rhât et Djànet, partageant leurs revenus et aussi leur haine contre les Orâghen et leurs amis. Les revenus sont-ils insuffisants pour subvenir aux besoins de tous, l'exaction y supplée.

Le rôle des Ifòghas-n-et-Tobol se borne donc à faire du bruit.

Quant aux marabouts N-Iguedhâdh et N-Ouqqiràn, franchement dévoués aux Orâghen, ils suivent en toutes choses la bannière d'Ikhenoûkhen; mais il y a lieu d'ajouter que le chef des Azdjer croirait manquer à ses devoirs en ne prenant pas leurs conseils dans toutes les affaires de quelque importance. Ainsi, Ikhenoûkhen est notre ami parce que les Ifôghas lui ont conseillé de rechercher notre alliance.

Les Ifôghas constituent une tribu très-importante, non par leur valeur militaire, car les marabouts ne portent les armes que pour leur défense personnelle, mais par leur caractère religieux, qui les rend arbitres de toutes les contestations, par leur aptitude au commerce, par leur dispersion, qui les met en contact avec les différentes confédérations, sauf celle des Aouélimmiden des environs de Timbouktou, qui reconnaissent les Bakkày pour leurs marabouts.

Le chiffre de la population des trois fractions réunies est, assure-t-on, égal à celui des autres tribus d'Azdjer. Leur dispersion et leur qualité de marabouts font qu'on n'en tient pas compte dans l'évaluation des forces du pays; autrement, si tous les Ifôghas étaient réunis sous la main d'un chef militaire, ils pourraient, à eux seuls, constituer une confédération égale, en force et en nombre, à celles de leurs voisins de l'Est et de l'Ouest : car, quoique marabouts, quand la nécessité les oblige à armer en guerre, ils se battent bravement. Le Cheikh-'Othmân est même réputé pour sa valeur militaire à l'égal des premiers guerriers de sa nation.

Les Ifôghas n'ont pas de serfs, par la raison qu'ils sont marabouts et que la religion musulmane ne permet pas le servage; mais, comme tous les marabouts, ils ont des *serviteurs* attachés librement à leurs personnes et qui, de père en fils, tiennent à honneur d'être leurs *khoddâm*. Des esclaves nombreux, sous la direction de ces serviteurs, sont chargés des troupeaux et des travaux domestiques.

Les dames Ifôghas sont renommées pour leur savoir-vivre et leur habileté en toutes choses. Mieux que les femmes des autres clans targuis, elles savent jouer de la *rebáza*, sorte de violon avec lequel elles accompagnent leurs chants improvisés. Dans l'art musical, elles ne sont surpassées que par les princesses Imanân. Mieux que toutes leurs rivales, elles savent monter à mehari. Huchées dans leurs cages, elles soutiennent la course des plus intrépides cavaliers, — si on peut donner ce nom aux chevaucheurs de dromadaire : — aussi, pour conserver l'habitude de ce genre d'équitation, se réunissent-elles pour faire de petits voyages, allant où bon leur semble, sans être accompagnées d'aucun homme. La liberté dont elles jouissent est grande, et elles ne paraissent pas en abuser.

Si-'Othmàn est le chef des trois fractions des Ifôghas. Ce marabout est, avec l'émir Ikhenoùkhen, la plus grande figure des Touâreg du Nord.

Son père, El-Hâdj-el-Bekrî-ben-el-Hâdj-el-Faqqi a vécu cent huit années lunaires, entouré de la vénération publique. On lui doit la construction de plusieurs puits sur les principales routes du pays.

Yamina, frère d'El-Hâdj-el-Bekrî et oncle d''Othmàn, jouissait d'une réputation de sainteté dans tout le Sahara et du plus grand crédit, même chez les Cha'anba, ennemis nés des Touâreg. Par sa pieuse intervention bien des effusions de sang ont été prévenues.

Héritier de l'auréole de réputation de ses ancêtres, 'Othmàn, dès son enfance, s'est fait remarquer par sa perspicacité.

Jeune encore, à l'époque des grandes guerres du premier Empire français, il était à Ghadàmès au milieu d'une réunion d'hommes graves, lorsqu'on apporta la nouvelle d'une reprise d'hostilités entre les chrétiens.

« Tant mieux ! dit un vieux marchand, puissent-ils s'entre-tuer jusqu'au dernier !

« Tant pis ! dit l'imberbe 'Othmàn, au grand étonnement de tous, car, si les chrétiens se font la guerre, le commerce en souffrira. »

Le lendemain, une caravane, chargée de produits soudaniens, partait pour Tripoli et devait, en retour, prendre des marchandises d'Europe.

A Tripoli, la caravane ne trouva ni acheteur ni vendeur.

On se souvient encore à Ghadàmès de la prédiction du jeune 'Othmàn.

Pourquoi, à cet âge, un jeune targui se préoccupait-il, instinctivement, des affaires des chrétiens ? La suite de sa vie va nous révéler sa prédestination providentielle.

De 1826 à 1827, arrive à Ghadàmès un chrétien recommandé par le consul général d'Angleterre à Tripoli. C'est le major Alexandre Gordon Laing. Il veut se rendre à In-Sâlah et de là tenter d'arriver à Timbouktou.

Mais In-Sàlah est encore plus inabordable aux chrétiens que Timbouktou. Qui l'y conduira ?

'Othmân.

Seul entre tous ses coreligionnaires, il a assez de crédit pour faire accepter un chrétien dans une ville où nul autre n'a pu pénétrer depuis.

Pendant le voyage, 'Othmân apprend quelques mots d'anglais que sa mémoire avait fidèlement conservés jusqu'en 1862.

A son retour de Timbouktou, le major Laing est assassiné. L'Angleterre et sa famille ont intérêt à retrouver ceux de ses papiers qui n'ont pas été détruits.

Mais qui osera aller, sur la trace d'assassins, s'intéresser aux notes d'une infidèle victime du fanatisme musulman ?

Encore 'Othmân.

Par ses soins, le consul général d'Angleterre à Tripoli recevra religieusement tout ce que des recherches de plusieurs années peuvent reconquérir sur la cupidité de barbares.

Enfin, l'heure est venue où les Touàreg et les Français ont besoin de se connaître.

'Othmân fait d'abord trois voyages en Algérie et, entre chacun de ces trois voyages, il conduit des explorateurs français dans son pays; enfin, pour couronner ses efforts, tendant à des ouvertures de relations, il vient, en 1862, à Paris, ville où jamais un targui n'avait mis les pieds et à près de trois mille kilomètres de son pays.

Homme d'une haute intelligence et d'un grand sens pratique, 'Othmân a surtout remarqué en France ce qui contraste avec le désert : le nombre considérable des habitants, l'abondance des eaux, la richesse et la variété de la végétation, la rapidité et la sécurité des communications, enfin la généreuse hospitalité qu'il y a reçue.

Au milieu de toutes les merveilles qui ont captivé son attention, il a choisi, pour les reporter dans son pays, les choses les plus utiles : une collection de médicaments, un choix de livres arabes sur la religion, le droit, l'histoire et la littérature, un assortiment d'outils de professions les plus ordinaires et spécialement des instruments agricoles, des pelles et des pioches pour creuser des puits et des poulies pour en tirer l'eau.

Le Cheikh-'Othmân n'a pas d'enfants. Son ambition, avant de mourir, après avoir accompli le pèlerinage de la Mekke, est de consacrer sa fortune à poursuivre l'œuvre commencée par son père : doter les routes de son pays de puits utiles aux voyageurs.

En tout lieu, le Cheikh-'Othmân serait un homme remarquable par son instruction, par la douceur de ses mœurs, par sa bonté et sa franchise; mais quand on rencontre un tel ensemble de qualités chez un enfant du désert, on ne peut se défendre d'un certain étonnement.

J'aime le Cheikh-'Othmân, par reconnaissance des services qu'il m'a rendus pendant mon voyage, mais je l'aime surtout parce qu'il sait se faire aimer.

Son nom complet est : 'Othmân-ben-el-Hàdj-el-Bekrî-ben-el-Hàdj-el-Faqqi-ben-Mohammed-Boùya-ben-Si-Mohammed-ben-si-Ahmed-es-Soûki-ben-Mahmoûd.

Tribu des Ihêhaouen.

Les Ihêhaouen sont les marabouts des Touâreg Fezzaniens. Excellentes gens, hospitaliers, communicatifs, ils n'ont d'autres défauts que celui d'être un peu mendiants. En cela ils ressemblent à tous ceux de leur caste qui répudient le sacerdoce du marabout pour exploiter le titre qu'ils portent.

Les Ihêhaouen habitent entre Rhât et Mourzouk dans les oasis, notamment à El-Fogâr où je les ai rencontrés.

Par une particularité caractéristique de la position exceptionnelle de la femme chez les Touâreg, les marabouts Ihêhaouen d'El-Fogâr ont pour chef une *cheikha* qui a la réputation d'être fort belle. En son honneur, Ikhenoûkhen, mon compagnon de voyage, revêtit ses plus beaux habits, témoignage d'un très-grand respect.

Les Ihêhaouen sont peu nombreux, mais ils jouissent d'une certaine aisance.

Quoique marabouts, ils ont des serfs, les Isourekkien, qui, comme tous les autres Fezzaniens, se livrent à la petite culture dans les oasis.

Je dois dire que la tribu des Isourekkien n'est pas considérée par tous les Touâreg comme étant serve, mais comme une tribu de serviteurs (*khoddâm*), des marabouts Ihêhaoune.

Tribu des *Kêl-Tîn-Alkoum*.

Il y a deux siècles, avant la révolution qui enleva aux Imanân le pouvoir souverain, les Kêl-Tîn-Alkoum habitaient le qaçar Tîn-Alkem, dont on voit encore aujourd'hui les ruines au Sud d'El-Barkat, sur la route de Rhât à Djânet. Après de longues luttes contre des maîtres trop avides, ils prirent le parti d'émigrer au Fezzân où ils habitent des oasis dont ils sont propriétaires et qu'ils cultivent. Ces Touâreg sont donc sédentaires et cultivateurs quand les autres sont nomades et pasteurs.

Les Kêl-Tîn-Alkoum se distinguent encore des autres Azdjer en ce qu'ils ne sont ni nobles ni serfs, mais libres comme on l'est dans les tribus arabes ou dans l'intérieur des villes : cependant ils reconnaissent la souveraineté des nobles Orâghen, leur payent tribut, les traitent en sultans quand ils passent sur leur territoire.

Comme tous les Oasiens, les Kêl-Tîn-Alkoum sont aussi commerçants, entrepreneurs de transports, industriels même. Les plus pauvres vont vendre des légumes, des fruits, du beurre, de la viande, du bois à brûler, à Mourzouk et à Rhât. Les plus riches font pour leur compte le commerce avec le Soudan. D'autres louent leurs chameaux aux caravanes et les accompagnent. Les explorateurs anglais, qui ont voyagé dans l'intérieur, ou moins ceux qui ont choisi le Fezzân pour point de départ de leurs explorations, ont toujours pris des Tîn-Alkoum comme chameliers. D'autres se livrent au tannage des peaux et à la préparation des outres, industrie importante dans un pays où tout voyageur doit emporter avec lui sa provision d'eau.

Par suite de leurs rapports avec de nombreux étrangers, les Tîn-Alkoum sont devenus des hommes presque civilisés. Beaucoup d'entre eux savent lire et écrire ; tous parlent l'arabe en même temps que le temâhaq ; quelques-uns même comprennent le haoussa.

Leurs habitations, construites en branches de palmiers, ressemblent à nos chaumières ordinaires. Assez vastes pour loger une famille, avec tout son mobilier, elles abritent bien contre le froid, le chaud et même la pluie.

Pour arroser leurs cultures, généralement entourées de haies sèches en *djerîd* ou palmes, ils ont au-dessus des puits un appareil en charpente, dont la hauteur est égale à la profondeur des puits et qui supporte un système de cordages et de poulies, au moyen duquel, par un simple va-et-vient, l'eau est amenée à fleur de terre, d'où elle est conduite dans les cultures. (Voir la planche, page 68.)

Le travail a donné aux Kêl-Tîn-Alkoum une aisance relative; malheureusement, le pays qu'ils habitent, s'il est productif, n'est pas très-sain: aussi ont-ils toujours beaucoup de malades. Les ophthalmies régnent endémiquement chez eux; moi-même, j'en ai été atteint en traversant leur territoire.

La tribu des Kêl-Tîn-Alkoum est très-nombreuse; elle est généralement armée de fusils qui servent plus à la chasse qu'à la guerre.

Bien que Touâreg Azdjer, et sous la dépendance des Orâghen, les Kêl-Tîn-Alkoum, comme les autres Touâreg Fezzaniens, prennent une part très-minime à l'agitation des Touâreg nomades. Leurs intérêts et leur genre de vie sont trop distincts pour que l'assimilation soit complète entre eux.

Tribu des Ilemtîn.

Les Ilemtîn habitent la petite ville d'El-Barkat, à 10 kilomètres de Rhât, et le village de Féouet, dans la vallée d'Ouarâret.

Leur chef est El-Khabîd.

Ils ont pour serfs la tribu des Ifarqanen, qui réside hors la ville, dans des cases en palmes, au milieu des cultures.

Les Ilemtîn sont des citadins, cultivateurs, commerçants, conséquemment gens paisibles, qui n'auraient de commun avec les Touâreg nomades qu'une même origine, s'ils ne payaient tribut, la gharâma, aux chefs Orâghen.

Assise au milieu d'une belle oasis, El-Barkat est une jolie petite ville, de 200 maisons à plusieurs étages, entourée d'un mur d'enceinte et construite, comme toutes les villes de cette contrée, en briques d'argile cuites au soleil.

Les plantations de dattiers et les cultures de plantes alimentaires, aux produits desquels ils trouvent un débouché certain sur le marché de Rhât, à l'époque de la foire, constituent la principale richesse de la tribu des Ilemtîn et de leurs serfs, les Ifarqanen.

§ II. — Confédération des Ahaggàr.

Dans le classement des quatre confédérations des Touâreg, j'ai donné le premier rang aux Azdjer, mais je suis forcé d'assigner le dernier aux Ahaggàr.

Depuis la révolution, qui a réduit à néant le pouvoir des anciens rois Imanàn et permis aux deux groupes des Touâreg du Nord de se gouverner eux-mêmes, la plus grande anarchie règne chez les Ahaggàr.

A l'autorité de l'amghàr, souvent contestée, s'est substitué un gouvernement à quatorze têtes, représenté par les quatorze chefs des tribus nobles, qui, dans toutes les contestations, ont pour habitude de recourir à la force des armes.

La tribu des Kêl-Rhelà, la plus importante de la confédération, a le droit, comme celle des Oràghen chez les Azdjer, de conférer le titre d'amghàr à son chef héréditaire : mais autant vaut l'homme, autant vaut la chose.

Malheureusement, le chef actuel des Kêl-Rhelà, par droit de naissance, est Guemàma, le doyen des centenaires du Sahara, depuis longtemps aveugle et depuis longtemps dans l'impuissance de gouverner.

Cependant le besoin d'une autorité supérieure se faisait sentir, non-seulement chez les Ahaggàr, mais encore à In-Sàlah, à Timbouktou, pour la sécurité des routes, et dans les autres confédérations Touâreg, pour les rapports de bon voisinage.

Que faire? Ouvrir la succession de Guemàma, de son vivant, était contraire à la loi du pays. L'héritier d'aujourd'hui transmet le pouvoir dans une branche de la famille, tandis que l'héritier de demain pourra le transmettre dans une autre, le droit de succéder étant réservé au fils de la sœur. Quand l'oncle est vieux comme Guemàma, les neveux utérins doivent être bien près de la tombe.

Donner à Guemàma un successeur, par droit de naissance, la mort n'ayant pas saisi le vif, n'était pas une solution, car c'était allumer le feu de la guerre civile entre toutes les familles des Kêl-Rhelà et autres ayant épousé des sœurs, peut-être des nièces ou des petites-nièces de l'amghàr vivant.

On tourna cette difficulté en trouvant miraculeusement réunies sur la tête d'un homme trois conditions importantes :

Le titre de marabout, qui imposait le respect;

La qualité d'étranger, qui anéantissait toutes les rivalités locales;

La condition de fils d'une sœur de Guemâma.

Cet homme est le marabout El-Hâdj-Ahmed, frère du Cheikh-'Othmân, de la tribu des Ifôghas, de la confédération des Azdjer, mais appartenant aux Ahaggàr et aux Kêl-Rhelà par sa mère.

Ce choix, dicté par la sagesse, fut au moins une solution provisoire. Pour la faire accepter, le marabout Sîdi-el-Bakkây, de Timbouktou, dut envoyer un de ses frères sur les lieux : mais Dieu seul sait quelles prétentions rivales vont surgir à la mort de Guemâma.

En attendant, le nouvel amghâr, par l'intermédiaire de son frère Si-'Othmân, a donné aux Ahaggàr une sorte de sécurité du côté des Cha'anba, leurs plus redoutables ennemis.

De même, le voyage d"Othmân à Paris, les présents qu'il en a emportés pour El-Hâdj-Ahmed, contribueront à consolider son autorité, et peut-être à amener pacifiquement dans la confédération des Ahaggàr une révolution analogue à celle qui, chez les Azdjer, a transporté le pouvoir des anciens sultans aux mains des Orâghen. L'appui d'un gouvernement fort exerce un grand prestige sur des populations comme les Touàreg.

Par son esprit conciliateur, par l'autorité que lui donnent son âge et son titre de marabout, El-Hâdj-Ahmed, s'il n'est pas encore parvenu à rétablir la paix, l'ordre et l'harmonie entre toutes les tribus, a au moins conjuré la guerre civile et établi de meilleurs rapports entre les Ahaggàr et leurs voisins. Déjà même quelques heureux symptômes de progrès matériel, fruits de la sécurité pour les biens et les personnes, commencent à se manifester. Ainsi, le village d'Idélès, situé dans le Haut-Igharghar, et qui date d'une vingtaine d'années à peine, voit chaque jour augmenter ses constructions et tend à devenir une petite ville. Au Sud-Est de cet établissement se trouve un autre village, celui de Tàzeroûk, où il a été entrepris, en 1861, des cultures de céréales assez importantes pour donner, à la récolte, environ 350 charges de grains.

Les Touàreg Ahaggàr jouissent, généralement, de la réputation d'avoir un caractère indépendant, irascible et emporté, qui rend les relations très-difficiles avec eux, et ils avouent mériter cette réputation, même dans leurs rapports entre eux, et ils s'en vantent de manière à laisser croire qu'ils tiennent à honneur de se montrer intraitables en toutes choses.

Ce caractère indompté, qui fait des Ahaggàr des hommes redoutés dans le Sahara, est, en dehors de la situation anarchique du pays, le résultat de nombreuses causes matérielles, parmi lesquelles je signale en première ligne : l'habitation dans un pâté de montagnes déchirées, dénudées et d'une sauvagerie exceptionnelle, ou dans des déserts arides dont presque toutes les plantes sont épineuses; l'impossibilité de vivre des produits de leur sol, à moins d'avoir la sobriété du chameau; enfin l'abandon des routes commerciales qui longent ou traversent leur territoire et qui, jadis, suppléaient, par les bénéfices retirés du passage des caravanes, à l'improductivité de leurs montagnes ou de leurs déserts. En tout pays, le caractère et la nature de l'homme subissent l'influence du milieu qu'il habite. Les autres peuplades Touàreg, quoique de même race, ont un caractère plus souple et plus docile, parce que le pays habité par elles est moins sauvage et plus clément. Sans aucun doute, l'introduction possible de quelques cultures dans les vallées et le rétablissement des routes abandonnées, en améliorant l'existence matérielle des Ahaggàr, contribueront aussi à adoucir leurs mœurs.

Probablement ils valent mieux que leur réputation. Partout on m'a dit et répété qu'ils n'avaient jamais permis à un étranger, même musulman, de visiter leurs montagnes, parce qu'ils voulaient réserver pour eux seuls le secret du dédale de leurs repaires. Cependant tous mes rapports avec eux protestent contre cette assertion.

Ils m'ont donné, sans réserve, tous les itinéraires à l'aide desquels j'ai dressé la carte de leur pays.

Afinguenân, l'un de leurs chefs, que je rencontrai à Methlîli, en 1859, à l'époque de la plus grande puissance de notre ennemi Mohammed-ben-'Abd-Allah, accepta, si je voulais me confier à lui et payer, suivant la coutume, sa protection la somme de 1,000 francs, de me conduire au sein de leurs tribus et de me mettre en rapport avec tous les chefs.

Le Cheikh-'Othmân, auquel je demandai, en 1861, si, avec sa protection et celle de son frère El-Hâdj-Ahmed, je pourrais visiter le Ahaggàr avec la même sécurité que le pays des Azdjer, me répondit comme Afinguenân : « Tout Français qui voudra explorer le Ahaggàr sera bien accueilli, s'il se conforme aux usages. »

Donc, si je n'ai pas traversé ce pâté de montagnes, par la route de Rhât à In-Sâlah, comme j'en avais le désir, ce n'est pas que les Ahaggâr s'y soient opposés, mais parce que les gens sages qui avaient répondu de ma sécurité au gouvernement français, connaissant les intentions de Mohammed-ben-'Abd-Allah de tenter un coup de main contre nos établissements, ne voulurent pas m'exposer à être capturé par lui en arrivant à In-Sâlah, où cet agitateur avait établi son quartier général.

Les Ahaggâr ont aussi la réputation d'être batailleurs, querelleurs, par un amour particulier de la guerre, du sang et du carnage. Ils avaient une magnifique occasion de satisfaire cette passion en s'enrôlant sous le drapeau de Mohammed-ben-'Abd-Allah. Ils y ont été vivement sollicités et par les promesses de riches captures et par l'exemple des Touâreg à voiles blancs du Touât, mais pas un d'entre eux n'a succombé à la tentation. Le *veto* des marabouts Ifôghas a suffi pour maintenir leur neutralité.

Il est cependant vrai qu'ils ont à peu près pour ennemis tous leurs voisins : ainsi, ils ne peuvent se rencontrer, ni avec les Berâber du Sud du Maroc, ni avec les Berâbîch du Nord de Timbouktou, sans que du sang soit versé. Avec les Touâreg Aouélimmiden, les Kêl-Ouï et les Azdjer, il y a, en ce moment, trêve d'hostilités, parce que les intérêts de chacune des confédérations se meuvent dans des cercles distincts, mais il y a abstention presque complète de rapports et plutôt tendance à l'antipathie qu'à la réconciliation.

Par unique exception, les Ahaggâr sont les alliés des Touâtiens et les amis des commerçants d'In-Salâh, et cette exception donne la raison de leur attitude hostile vis-à-vis de leurs autres voisins. In-Sâlah a aujourd'hui le monopole du commerce de Timbouktou avec le Nord; ses caravanes ont besoin de la protection et du concours des Ahaggâr, et In-Sâlah, ainsi que les autres villes du Touât, les fait vivre par les coutumes qu'elle paye aux chefs et les transports qu'elle procure aux serfs.

Le commerce, en donnant d'une main, reprend de l'autre, car les Touâreg du Ahaggâr, en raison de leur isolement, sont forcés d'acheter au Touât, au poids de l'or, tout ce dont ils ont besoin, et d'y vendre, à vil prix, tout ce qu'ils produisent.

En dehors de l'influence de celui qui remplit leurs ventres, pour me servir d'une expression consacrée, les Ahaggâr en subissent peu d'autres, même quand elles se présentent au nom des principes de la religion. Le grand marabout de Timbouktou, El-Bakkây, qui a passé une partie de sa jeunesse dans leurs tribus, est bien un peu écouté quand il fait entendre de sages conseils; le chef de la confrérie des Tedjâdjna, qui compte beaucoup de khouân chez les Ahaggâr, jouit bien aussi d'un peu de crédit, mais il ne faut pas que la faim, cette mauvaise conseillère de tous les peuples, ferme les oreilles et empêche d'entendre le langage de la raison. Le Cheikh-'Othmân seul est apprécié des Ahaggâr, non parce qu'il est marabout, chef d'une tribu puissante et frère de leur amghâr, mais parce qu'il a contribué, par ses relations avec les Français, à rendre la sécurité à la route de Ghadâmès et à faire arriver à In-Sâlah plus de marchandises.

A donneur donnant. Les Ahaggâr ne connaissent pas d'autre politique, et c'est la seule à suivre avec eux.

A nombre égal, les Ahaggâr, habitués à une lutte constante, triomphent toujours de leurs ennemis, mais leurs forces collectives sont de beaucoup inférieures à celles de leurs voisins. En bloc, le chiffre de leur population est d'un tiers inférieur à celui des tribus des Azdjer; du moins, c'est l'opinion générale.

Mais, protégés par leurs montagnes, inaccessibles aux chameaux habitués à vivre dans les plaines, ils n'ont pas à redouter, dans une guerre offensive, l'enlèvement de leurs familles ou de leurs troupeaux. Dans la guerre offensive, au contraire, ils sont redoutables, parce que, sans inquiétude pour ceux des leurs qu'ils abandonnent, ils peuvent aller au loin porter la ruine et la désolation.

A part quelques jardins autour d'In-Sâlah, d'Idélès et de Tâzeroûk, quelques champs ensemencés exceptionnellement au débouché des vallées, après les inondations, les Ahaggâr ne cultivent pas.

Les seules industries qu'ils connaissent sont celles de la fabrication des armes et de la préparation des vêtements de peaux, le tout à leur usage.

Exclusivement pasteurs, ils pratiquent l'art pastoral dans les conditions les plus défavorables du monde : au sein de leurs montagnes abruptes, où il y a des eaux et de la sécurité, l'herbe manque; dans les plaines où les pâturages sont plus abondants, l'eau et la sécurité font souvent défaut.

Cette obligation de sortir des montagnes pour nourrir les troupeaux entraîne les Ahaggâr à errer dans les plaines et à changer de campements chaque fois que les eaux et les pâturages sont épuisés. La famille est obligée de suivre le bétail, d'abord parce que le bétail la nourrit de son lait, ensuite parce que des bras sont nécessaires pour abreuver les bêtes et repousser les attaques de l'ennemi.

Il résulte de l'état continuellement nomade dans lequel vivent quelques-unes des tribus de cette confédération qu'on ne peut leur assigner de territoires. Toutes ont, dans la montagne, des asiles pour le cas de nécessité, mais, dans les terres de parcours, elles vont là où une pluie accidentelle peut leur assurer de l'eau et de l'herbe pendant quelque temps.

Dans un pays où l'on a vu des périodes de douze ans sans pluies, les habitants sont quelquefois amenés à mettre fin à toutes leurs discordes et à se grouper, amis et ennemis, autour du seul point où les puits donnent encore un peu d'eau. Ainsi, pendant la période contemporaine, Azdjer et Ahaggâr ont dû abandonner complétement leur pays et venir partager, avec les Touâtiens, le peu d'eau qui restait dans les bas-fonds de leurs oasis, et si la sécheresse eût continué, les Touâreg eussent dû émigrer, soit vers le littoral méditerranéen, soit vers le bassin du Niger.

Dans le climat où nous vivons, nous ne saurions nous rendre compte de ce que peut être un pays, sous le tropique, après une sécheresse de douze ans. Faute d'eau, les plantes meurent ; faute de plantes, les animaux meurent, et l'homme, malgré son intelligence, a besoin d'être fabriqué avec du bronze pour résister aux causes qui détruisent tout autour de lui.

En de telles conditions on ne vit pas, on ne peut pas vivre, et, pour ne pas périr, il faut nécessairement, faute d'autre moyen d'existence, piller ceux que le ciel a plus favorisés.

Je ne me sens pas le courage de jeter la pierre à des gens qui, s'ils n'existaient pas, devraient être inventés : car, sans eux, les déserts qu'ils habitent et qui séparent la race blanche de la race noire seraient infranchissables.

Chez les Touâreg du Ahaggâr, il n'y a que des tribus nobles et des tribus serves. Quand les conditions de l'existence sont aussi difficiles, on est fatalement sollicité à asservir, si on n'est pas soi-même asservi. Inutile d'ajouter que les serfs sont beaucoup plus nombreux que les nobles. Si, chez les Azdjer, quatre serfs sont nécessaires pour nourrir un noble, il en faut au moins huit chez les Ahaggâr.

Pendant la durée de mon exploration, j'ai toujours espéré pouvoir visiter les Ahaggâr et prendre sur place les renseignements indispensables à l'établissement de l'historique de chacune de leurs tribus. On sait pourquoi j'ai dû m'abstenir : on ne sera donc pas étonné si je n'entre pas dans de plus grands détails sur chaque tribu, mais on peut considérer comme exact ce qui va suivre.

A l'origine, tous les Ahaggâr ne formaient qu'une seule tribu, celle des Kêl-Ahamellen, divisée en quatorze fractions, mais, par suite de l'impossibilité de vivre réunies, chacune des divisions a dû se séparer de la souche mère et se constituer à l'état de tribu indépendante, avec son autonomie spéciale. Les fractions qui avaient des imrhâd se sont réservé pour leurs besoins des territoires particuliers dans les parties protégées de la montagne; celles qui ne possédaient pas de serfs ont adopté la vie errante des nomades dans les déserts qui les séparent de leurs voisins.

De ces généralités je passe aux détails.

Tribu des Kêl-Ahamellen proprement dits.

Cette tribu, qui a d'abord embrassé quatorze fractions, en comprendrait encore trois aujourd'hui, d'après quelques Touâreg, savoir :

Les Tédjéhé-n-Esakkal,
Les Tédjéhé-n-Eggali,
Les Kêl-Ahamellen-wân-Taghert.

Selon cette version, la confédération des Ahaggâr ne comprendrait que douze divisions.

D'après d'autres Touâreg, les Essakal et les Eggali constitueraient des tribus ayant une vie propre, et les Kêl-Ahamellen-wân-Taghert seraient aujourd'hui les seuls représentant la tribu mère. J'adopte cette dernière version.

Cette tribu vit dans le Mouydîr, entre In-Sâlah et le Ahaggâr.

De tous les Touâreg de l'Ouest, elle est la plus rapprochée de l'Algérie et celle qui fréquente le plus souvent nos marchés.

Elle n'a pas de serfs.

Le voisinage d'In-Sâlah, la fertilité relative de son territoire, assez abondamment pourvu d'eau, permettent à cette tribu de vivre dans de meilleures conditions d'aisance que les autres.

On est généralement d'accord pour donner le titre d'hommes sages à tous ses membres, première preuve à l'appui de l'opinion que tous les Ahaggâr abandonneraient la carrière des aventures, si, comme les Kêl-Ahamellen, il pouvaient ajouter aux produits de leurs troupeaux quelques bénéfices réalisés par le commerce.

Tribu des Tédjéhé-Mellen.

Son chef est Mohammed-eg-Brahîm.

Cette tribu, faible par le petit nombre de ses nobles, a une importance réelle par les serfs dont elle dispose et par la position qu'elle occupe sur la frontière du territoire des Azdjer, dans la partie occidentale du plateau de Tasîli.

Les serfs des Tédjéhé-Mellen sont :
  Les Kêl-Ouhât (fraction des Isaqqamâren),
  Les Aït-Lôahen (une partie),
  Les Kêl-Taroûrit.

On accorde aux Tédjéhé-Mellen un esprit de conciliation utile aux bons rapports entre les deux branches de la grande famille des Touâreg du Nord.

Tribu des Kêl-Rhelâ.

La plus puissante de la confédération par le nombre de ses hommes nobles, de ses serfs et des tribus satellites qui gravitent autour d'elle, la tribu des Kêl-Rhelâ est aux Ahaggâr ce que celle des Orâghen est aux Azdjer. La position qu'elle occupe à la tête et au centre du plateau, citadelle de la confédération, lui assigne aussi le rang de tribu capitale. On sait déjà, par la *Note* de Brahîm-Ould-Sîdi, que l'aïeul des Kêl-Rhelâ est un sultan du nom d'El-'Alouï.

A tous ces titres, cette tribu donne à la confédération son amghâr ou chef des chefs.

J'ai dit que le centenaire Guemâma était en possession de cette dignité, par droit de naissance, mais que, par suite de nécessité majeure, on avait dû en conférer les fonctions à El-Hâdj-Ahmed, de la tribu des Ifôghas, et frère du Cheikh-'Othmân. Je ne reviendrai pas sur cette transaction.

Ahitârhen est le chef particulier de la tribu.

Les serfs des Kêl-Rhelâ sont :
   Les Imesselten (un tiers),
   Les Kêl-Rhâfsa (la moitié),
   Les Isaqqamâren (une partie),
   Les Kêl-Ingher,
   Les Kêl-Rhâris,
   Les Kêl-Tesôka,
   Les Kêl-Adenek,
   Les Kêl-Tîfedest,
   Les Kêl-Tàzhôlet,
   Les Kêl-Tahât,
   Les Isândaten,
   Les Martamaq,
   Les Dag-wàn-Taouàt.

J'ai à faire ici plus d'une remarque sur le rôle, l'importance et la position des tribus imrhâd de la dépendance des Kêl-Rhelâ.

In-Sâlah est le marché des Ahaggàr; les Kêl-Ingher habitent le petit village de ce nom dans le Tidîkelt et servent de point d'appui aux nobles quand ils se rendent au marché.

La route de Rhât à In-Sâlah est la principale artère qui traverse les montagnes; les Isaqqamâren dans le Tasîli et les Kêl-Rhâris dans le Mouydîr en commandent les principaux passages.

Sur cette route s'effectuent de nombreux transports; les Isaqqamâren, riches en chameaux, en ont le monopole.

La seule production de quelque valeur commerciale dans le Ahaggàr est celle du séné; les Kêl-Rhâfsa occupent les territoires de Wahellidjen et d'Arhafra qui le produisent.

Les nobles seigneurs peuvent redouter des surprises dans leur citadelle du Ahaggàr; quatre tribus serves, sédentaires, veilleront, sentinelles vigilantes, aux quatre points cardinaux de leur territoire :

les Kêl-Tahàt au Sud-Ouest, les Kêl-Tazhôlet au Sud-Est, les Kêl-Tîfedest et les Kêl-Adenek au Nord. Par ces deux dernières tribus, les Kêl-Rhelà commandent les deux routes d'Idélès à In-Sàlah, et d'Idélès à Ouarglà.

A ces signes, on reconnaît une tribu qui domine et qui veut conserver sa prépondérance.

M. le commandant Hanoteau, dans sa *Grammaire temâchek'*, donne quelques détails sur les Isaqqamâren ; je les consigne ici :

« Les Isaqqamâren comptent deux douârs de quarante tentes chacun. Ils ont beaucoup de chameaux.

« Leur territoire est compris entre Tiferkan du côté du Touât, Tin-Zaouàten du côté de Rhât et Tin-Gharest du côté du Ahaggàr. »

L'esclave duquel M. le commandant Hanoteau a obtenu ces renseignements se souvenait encore d'un chant sur les Isaqqamâren ; il le cite comme exemple de poésie temàchek'. Je le copie, car il reproduit l'opinion des Touàreg sur eux-mêmes :

« Les Isaqqamâren, dit-il, ne sont pas des hommes, car ils n'ont ni lances en fer, ni lances à hampe de bois, ni harnachements, ni selles, ni boucliers, rien, en un mot, de ce qui rend l'homme joyeux, pas même de chameaux gras et bien portants.

« Cependant ne portez pas sur eux un jugement trop absolu, car ils sont très-mélangés, et l'on trouve chez eux des gens de toute condition.

« Quelques-uns n'ont que leur bâton pour tout bien ; d'autres sont pauvres, mais à l'abri du besoin ; d'autres sont possédés du démon.

« Il y en a qui font le pèlerinage de la Mekke et le renouvellent ; il y en a qui savent lire le Coran et qui l'apprennent par cœur.

« Il y en a, enfin, qui ont aux pâturages des chamelles avec leurs petits et des lingots d'or bien enveloppés dans des chiffons.

« Quant aux armées, ils ne se joignent pas à elles : c'est pourquoi les pointes de leurs lances sont aussi aiguës et leurs boucliers si beaux. »

Nonobstant le dire du poëte, les Isaqqamâren passent pour des convoyeurs de caravanes très-braves, et même on les accuse d'aimer un peu trop les querelles.

Tribu des Irhechchoûmen.

Petite tribu, satellite des Kêl-Rhelâ, vivant comme ces derniers sur les plateaux les plus élevés du Ahaggâr.

Son chef est Ouân-Sella.

Tribu des Ibôguelân.

Le nom d'Ibôguelân est un objet d'effroi dans tout le Sahara, car cette tribu ne vit que du produit de ses courses.

Nomade, elle n'a pas de territoire, si ce n'est un centre de réunion entre le Tîfedest et les sommets du Ahaggâr, chez les Kêl-Rhelâ, leurs parents et alliés.

Assurée de sa retraite et certaine d'être protégée au besoin, en cas de revers, elle ne craint pas de s'aventurer au loin, et même d'aller en course jusque dans l'Azaouad, au Nord de Timbouktou.

Les autres indigènes, Arabes ou Touâreg, ne pouvant s'expliquer comment les Ibôguelân ne succombent pas au rude métier qu'ils font, prétendent très-sérieusement qu'ils sont fils d'un *djinn* ou génie et d'une fille d'Ève. Le généalogiste Brahîm-Ould-Sîdi s'abstient même de les mentionner.

Leur chef est Akourzelli.

Leurs serfs sont les Imesselîten (un tiers) et les Iberbêren.

Ce dernier nom, comme celui des Iworworen, tribu serve des Orâghen, rappelle celui de *Berbères* que nous donnons à toute la race.

Tribu des Tâïtoq.

Cette tribu, à peu près égale en forces à celle des Kêl-Rhelâ, leur sert de contre-poids, dans le Ahaggâr, comme les Imanghasâten contre-balancent la puissance des Orâghen chez les Azdjer.

Elle occupe le versant Ouest du massif du Ahaggâr, position qui la rapproche de la route d'In-Sâlah à Timbouktou.

Son chef est Si-Mohammed.

Leurs serfs sont :

Les Kêl-Ahenet, placés en sentinelle avancée entre la route de Timbouktou et la montagne ;

Les Kêl-Rhâïsa (par moitié avec les serfs des Kêl-Rhelà), dans la contrée productrice du séné;

Les Imesselîten (un tiers);

Les Ikelân, tirant leur origine de nègres affranchis;

Les Tédjéhé-n-Afîs.

Ces deux dernières tribus serves sont nomades et chargées de la garde des troupeaux.

Les principales familles des Tâïtoq passent pour avoir conservé des traces de leur noble origine et pour mener une existence moins matérielle que celle des autres tribus.

Tribu des Tédjéhé-n-Eggali.

Tribu nomade, satellite des Kêl-Ahamellen.

Pas de territoire propre, pas de serfs.

Son chef est El-Ouahâb.

Tribu des Ikadéen.

Autre satellite des Tâïtoq, habitant le versant occidental du Ahaggâr.

Cette tribu a pour serfs les Eharhân.

Son chef est Mohammed-Eg-Semâna, sorte de géant, redouté à cause de sa bravoure.

Tribu des Inembâ-Kêl-Tahât.

Le mont Tahât, que cette tribu habite, est un des points les plus élevés du Ahaggâr.

Ces montagnards ont peu d'importance; un tiers de la tribu serve des Imesselîten leur appartient.

Leur chef est Ourzig.

Tribu des Inembâ-Kêl-Émoghri.

Les vallées d'Ouàdinki et d'Emoghri, qui descendent du versant Nord-Est du Ahaggâr, pour aboutir à la Sebkha d'Amadghôr, sont les lieux de résidence de cette tribu, peu importante d'ailleurs.

Ses serfs sont :
- Les Aït-Loâhen (une partie),
- Les Ehen-n-Ehòlagh,
- Les Aït-Loâhen-kêl-Tazhôlet.

Son chef se nomme Où-Rhalla.

Tribu des Ikerremôin.

Petite tribu sans importance, n'ayant pas de serfs, vivant à Tazhoûlt.

Elle a pour chef El-Kounti-eg-Findeguema.

Tribu des Tédjéhé-n-où-Sîdi.

La tribu qui porte ce nom n'a aucun point de résidence fixe; elle erre dans le désert, sous la conduite de Mettoûk.

Tribu des Ennîtra.

Autre tribu nomade qui, de même que la précédente, parcourt l'immensité du Sahara.

Son chef, Eg-Antéouen, a la réputation d'être un brigand.

Tribu des Tédjéhé-n-Esakkal.

Encore une tribu, annexe des Kêl-Ahamellen, qui a pour chef Afinguenàn, et sur laquelle, comme pour les trois précédentes, il m'a été impossible d'avoir des renseignements.

On les connaît de nom ; on sait quels sont leurs chefs. Que peut-on savoir de plus de tribus n'ayant ni feu ni lieu, et dont toute l'existence se consume à suivre des troupeaux et à disputer des puits et des pâturages à leurs voisins?

Sans aucun doute, ces tribus trouvent beaucoup de charmes dans leur vie vagabonde, mais il faudrait se faire nomade comme elles pour pouvoir les apprécier.

CHAPITRE IV.

CARACTÈRES DISTINCTIFS DES TOUÂREG.

Le mouvement de migration des Touâreg, du Nord au Sud, s'est opéré avant les grandes conquêtes qui ont amené tant de peuples différents dans le Nord de l'Afrique.

Refoulant une race inférieure, beaucoup d'entre eux, les nobles surtout, paraissent avoir mis un point d'honneur à s'abstenir de toute union avec les vaincus.

Préservés, depuis leur implantation au centre du Sahara, de toute invasion : du côté du Nord, par la zone défensive des dunes de l'"Erg; du côté du Sud, par la barrière que leurs frères d'Aïr et les Aouélimmiden ont opposée à la réaction de la race noire contre la race blanche, les Touâreg du Nord semblent devoir, au plus haut degré, représenter le type primitif de la race berbère, si ce type peut être retrouvé en toute pureté.

Seuls, du haut de leurs montagnes, ils ont pu contempler toutes les révolutions qui ont tant de fois bouleversé l'Afrique occidentale, sans jamais être atteints par elles.

On ne sera donc pas étonné que je consacre un chapitre spécial à l'étude des caractères qui distinguent les Touâreg du Nord des autres peuplades qui les environnent.

Caractères physiques.

En général, les Touâreg sont de haute taille, quelques-uns même paraissent de vrais géants.

Tous sont maigres, secs, nerveux; leurs muscles semblent des ressorts d'acier.

Blanche est leur peau, dans l'enfance ; mais le soleil ne tarde pas à lui donner la teinte bronzée spéciale aux habitants des tropiques.

Chez les serfs, une teinte plus foncée de la peau est souvent due au mélange du sang noir avec le sang blanc.

Le type caucasique est celui de leur figure : face ovale et allongée chez les uns, ronde chez les autres; front large, yeux noirs, nez petit, pommettes saillantes, bouche moyenne, lèvres fines, dents blanches et belles, quand elles n'ont pas été cariées par l'usage du natron, barbe noire et rare, cheveux lisses et noirs. Quelques-uns ont des yeux bleus, mais cette nuance se rencontre peu fréquemment.

Les yeux, chez toutes les personnes qui ont dépassé quarante ans, paraissent voilés et obscurs. Cet effet est dû à l'intensité de la lumière et à l'action de la réverbération solaire. Beaucoup deviennent borgnes ou aveugles avant l'âge de la vieillesse.

Le tronc, aussi bien chez l'homme que chez la femme, est largement développé.

Les membres supérieurs et inférieurs, allongés, musculeux, se terminent par des mains petites et bien faites et par des pieds qui seraient également beaux, si le gros orteil, effet ou cause de la chaussure employée, ne faisait une saillie désagréable à l'œil.

Les hommes sont généralement forts, robustes, infatigables, quoique leur alimentation moyenne soit de beaucoup inférieure à celle de l'Européen; chez eux, pas d'individus chétifs, rachitiques. Le climat fait rapidement justice de tout ce qui est mal constitué.

Les femmes, grandes aussi, au port altier, sont généralement belles, mais de cette beauté à laquelle l'éducation ne donne pas de distinction. Leur physionomie les rapproche cependant beaucoup plus des femmes européennes que des femmes arabes.

Un des caractères physiques auxquels un targui peut se reconnaître entre mille, est l'attitude de sa démarche grave, lente, saccadée, à grandes enjambées, la tête haute, attitude qui rappelle un peu celle de l'autruche ou du chameau en marche, mais qui est due principalement au port habituel de la lance.

Cette démarche a été remarquée par tous les Algériens, chaque fois que des Touàreg sont venus dans la colonie.

Pour l'ensemble, voir la planche ci-contre.

TYPES TOUÂREG.

D'après des photographies de M. Crémière.

Caractères moraux.

Ebn-Khaldoûn, dans son *Histoire des Berbères* [1], trace, en ces termes, les caractères moraux de cette race :

« Citons, dit-il, les vertus qui font honneur à l'homme et qui « étaient devenues, pour les Berbères, une seconde nature : leur em- « pressement à s'acquérir des qualités louables, la noblesse d'âme « qui les porta au premier rang parmi les nations, les actions par les- « quelles ils méritèrent les louanges de l'univers : *bravoure et promp- « titude à défendre leurs hôtes et clients; fidélité aux promesses, aux « engagements et aux traités; patience dans l'adversité, fermeté dans « les grandes afflictions, douceur de caractère, indulgence pour les dé- « fauts d'autrui, éloignement pour la vengeance, bonté pour les mal- « heureux, respect pour les vieillards et les hommes pieux, empresse- « ment à soulager les infortunés, industrie, hospitalité, charité, magna- « nimité, haine de l'oppression, valeur déployée contre les empires qui « les menaçaient,* victoires remportées sur les princes de la terre, dé- « vouement à la cause de Dieu et de sa religion : voilà, pour les Ber- « bères, une foule de titres à une haute illustration, titres hérités « de leurs pères et dont l'exposition, mise par écrit, aurait pu servir « d'exemple aux nations à venir. »

Les Touâreg ont encore, au plus haut degré, quelques-unes des belles vertus assignées à leur race, il y aura bientôt six siècles, par un historien impartial, car il était Arabe.

La bravoure des Touâreg est proverbiale. Quoi qu'on en ait dit, ils n'empoisonnent jamais leurs flèches ni leurs lances; entre eux ils dédaignent l'emploi des armes à feu, qu'ils appellent *armes de la traîtrise*, parce qu'un homme embusqué derrière une broussaille peut tuer son adversaire sans courir aucun danger.

La défense de leurs hôtes et de leur clients est encore la vertu par excellence des Touâreg, et, si elle n'était érigée chez eux à l'état de religion, le commerce à travers les déserts du Sahara serait impossible.

1. Traduction française par M. le baron de Slane. Alger, 1852. Tome I, p. 199 et 200.

La fidélité aux promesses, aux traités, est poussée si loin par les Touàreg, qu'il est difficile d'obtenir d'eux des engagements et dangereux d'en prendre, parce que, s'ils se font scrupule de manquer à leur parole, ils exigent l'accomplissement rigoureux des promesses qui leur sont faites. Il est de maxime chez les Touàreg, en matière de contrat, de ne s'engager que pour la moitié de ce qu'on peut tenir, afin de ne pas s'exposer au reproche d'infidélité. Comme tous les autres musulmans, ils subordonnent bien leur exactitude à la volonté de Dieu, mais ils ne spéculent pas sur cette réserve.

Quand un targui quitte sa famille pour aller en voyage, il confie à son voisin l'honneur de sa maison, et le voisin venge les affronts faits à l'absent avec plus de rigueur que s'il s'agissait de lui-même.

La patience, la résignation et la fermeté des Touàreg dans la misère, peuvent être égalées, mais non surpassées : car, sans ces vertus, comment pourraient-ils vivre au milieu de déserts où l'on ne voit souvent ni une plante, ni le plus petit des animaux?

Je n'ose pas affirmer les qualités du cœur des Touàreg, dans les termes qu'Ebn-Khaldoûn employait en parlant des Berbères, au temps de la plus grande puissance de cette race, parce que, dans plus d'une circonstance, je les ai vus emportés, vindicatifs, indifférents aux souffrances des autres. Cependant, au fond, il faut que les nobles soient bons envers leurs serfs et leurs esclaves, pour que ceux-ci ne se révoltent pas, ne les abandonnent pas. Et puis, là où il n'y a rien, la charité, comme le roi, perd ses droits. Chez les Touàreg, nobles et serfs, riches et pauvres, se serrent le ventre avec une ceinture quand il n'y a plus de vivres au logis, et vont dans les champs disputer aux troupeaux les quelques plantes qui peuvent entretenir leur existence. La générosité, dans ce cas, serait une vertu plus qu'humaine.

Les capacités industrielles des Touàreg sont encore à la hauteur de celles des autres Berbères. Ils ne sont pas riches en matières premières, mais ils approprient à leurs besoins tout ce qu'ils ont sous la main.

Quant à la haine de l'oppression, elle est encore aussi vivace chez eux qu'aux plus beaux jours de la puissance des Berbères, car c'est leur amour de l'indépendance qui les a conduits et les maintient au désert.

Il est une qualité, spéciale aux Touàreg, qu'Ebn-Khaldoûn ne mentionne pas et qui a une valeur réelle pour des hommes perdus dans l'immensité des déserts ; je veux parler de leur aptitude aux grands voyages, au milieu de dangers de toute nature. Essentiellement cosmopolite, le targui passe sans transition du climat sain de ses montagnes dans les marécages de l'Afrique centrale, d'une température quelquefois au-dessous de zéro à celle de la zone torride, d'un pays où il pleut rarement dans des contrées où les pluies tropicales amènent des déluges d'eau. Dans ces pérégrinations, il résiste à des épreuves qui tuent les animaux les plus robustes.

J'ajouterai encore que le mensonge, le vol domestique et l'abus de confiance sont inconnus des Touâreg.

Un targui a-t-il commis un crime, il fuira ; mais, s'il est pris, il l'avouera, dût sa vie dépendre de son aveu.

Un targui arme-t-il en course et fait-il huit cents kilomètres pour aller enlever au pâturage du bétail appartenant à une tribu ennemie ; s'il rencontre en chemin des marchandises ou des vivres déposés par une caravane, il les respectera. Jamais il ne pénétrera dans une tente ou dans un bivac pour y prendre quoi que ce soit.

Confie-t-on à un targui des marchandises, de l'argent, pour les porter d'une ville dans une autre, il aura beau, à mi-chemin, séjourner dans sa tente ; ni lui, ni sa femme, ni ses enfants, fussent-ils dans le plus grand dénûment, n'y toucheront.

Prête-t-on sur parole, même sans témoin, de l'argent à un targui, il le rendra, fût-ce vingt ans après, s'il lui a fallu ce temps pour réaliser la somme empruntée, et il passera trois mois sur les routes pour aller la restituer. Si le prêteur est mort, la dette est remboursée à ses héritiers, et si l'emprunteur meurt insolvable, ses enfants tiennent à honneur de payer dès qu'ils pourront.

Il est bien entendu qu'il ne s'agit pas ici de ces dons, déguisés sous le nom de prêts, que les Touâreg sollicitent souvent de leurs clients, voyageurs ou commerçants, en sus du prix de protection stipulé.

Un targui meurt-il en voyage, ses compagnons de caravane acceptent, *ipso facto*, le mandat de gérer ses affaires au mieux de ses intérêts, et, au retour, ils rendent un compte fidèle de leurs opérations à ses héritiers.

Un peuple qui a de telles qualités, au milieu de quelques défauts inséparables de l'humanité, ne mérite pas la réputation que lui ont faite des écrivains renseignés par ses ennemis.

Conservation de l'écriture berbère.

(Tefînagh.)

Depuis longtemps on savait que les plus anciens habitants de l'Afrique septentrionale se servaient de différents dialectes d'une langue à laquelle, sans la connaître, on avait donné le nom de *langue berbère*, comme on avait appelé *Berbères* ceux qui la parlaient. Des vocabulaires de divers dialectes avaient même été publiés, avant et depuis l'occupation de l'Algérie, par Venture, MM. Delaporte et Brosselard.

On savait aussi par Ebn-Khaldoùn que le Coran avait été traduit, au Maroc, de l'arabe en berbère, mais que cette traduction, écrite d'ailleurs avec les lettres de l'alphabet arabe, avait été détruite, la parole de Dieu ne pouvant, sans profanation, être exposée à être altérée par des traducteurs.

On savait, enfin, par la narration du voyage de Denham et Clapperton dans l'Afrique centrale, que le docteur Oudney, leur compagnon d'exploration, qui succomba dans le Soudan, avait recueilli, en 1822, un alphabet de dix-neuf lettres, au moyen duquel les Touàreg représentaient les mots de la langue de leur pays.

Depuis, nos découvertes en cette matière ont beaucoup progressé. Aujourd'hui nous possédons une *Grammaire de la langue temâchek'*, par M. le chef de bataillon du génie, A. Hanoteau, avec un recueil de fables, d'histoires, de poésies, de conversations et de *fac-simile* d'écriture *tefînagh* et, de plus, les caractères typographiques qui ont été fondus pour composer ce remarquable ouvrage. Aussi quand, l'année dernière, les marabouts Touàreg furent conduits à l'Imprimerie impériale, ont-ils été émerveillés de voir sortir des presses un magnifique tableau commémoratif de leur visite, imprimé en français et en tefînagh.

Plus récemment (1862), l'imprimeur Harrison, de Londres, a publié une seconde grammaire du même dialecte, *Grammatical sketch of the temâhuq*, par M. Stanhope Freeman, gouverneur de Lagos, ancien vice-consul britannique à Ghadâmès.

Antérieurement, la Société biblique de Londres avait aussi publié dans la même langue quelques fragments des Écritures, d'après

James Richardson, mort depuis dans l'exploration dont M. le docteur Barth est le seul survivant.

Par quelle exception les Touàreg, ces enfants perdus dans le désert, avaient-ils conservé l'écriture de leur langue, quand toutes les autres peuplades berbères du littoral méditerranéen avaient même perdu le souvenir de son ancienne existence?

L'invasion par les Arabes de tous les pays berbères, la conversion forcée à l'islamisme, la substitution de la langue du Coran à toute autre, la destruction même des traductions berbères du Livre saint, l'ardeur avec laquelle quelques-uns des nouveaux convertis se mirent à la tète du prosélytisme religieux, expliquent comment la langue arabe a partout remplacé, comme langue écrite, toutes celles antérieurement en usage dans le Nord du continent africain.

Carthage aussi avait vu de même sa langue et son écriture nationales, qui étaient celles des Phéniciens, effacées par le fanatisme politique, terribles exemples de ce que peut l'homme en matière de destruction quand la passion l'anime. Toutefois, au centre du Sahara, dans un de ces lieux arides où des hommes simples abritent leur indépendance et où l'ambition des conquérants ne pénètre pas, il y avait des peuplades de la race vaincue, mais non asservie, qui purent conserver et transmettre à la postérité ce qui avait été anéanti avec tant de soin partout ailleurs.

Au nombre de quatre, ces peuplades, représentant les quatre fractions des Touàreg, ont conservé la même écriture malgré la divergence de leurs dialectes parlés. Il y a bien quelques différences dans la forme donnée à certaines lettres, suivant les contrées; mais ces variantes n'ont rien d'étonnant. Dans toute langue écrite, quand l'imprimerie n'est pas là pour rappeler au type primitif, la forme des lettres varie à l'infini, suivant le caprice des maîtres et des copistes. Sous ce rapport, le tefînagh offre moins de types différents que les écritures de nos anciennes chartes, car les lettres modernes, à quelques exceptions près, sont les mêmes que celles de l'Inscription de Tugga, contemporaine de l'époque carthaginoise.

Tout est exceptionnel dans la conservation de cette écriture; car c'est principalement aux dames targuies que nous sommes redevables de ce miracle.

Miracle en effet! dans tout le continent africain, les femmes lettrées se comptent par unités, tandis que chez les Touâreg presque toutes les femmes savent lire et écrire, dans une proportion plus grande même que les hommes.

Dès mon arrivée au milieu de leurs tribus, je manifestai le désir d'apprendre le temâhaq, et je demandai qui pourrait m'enseigner la lecture et l'écriture de cette langue. A mon grand étonnement, on m'apprit que l'enseignement du tefînagh était réservé exclusivement aux femmes, et quelques-unes s'offrirent pour me donner des leçons.

Pour me guider dans mes études, j'avais un exemplaire de la *Grammaire temâchek'* de M. Hanoteau. Cette circonstance me fit trouver, en station comme en voyage, autant de professeurs que je pouvais le désirer; car toutes les dames targuies voulaient voir, examiner, contrôler cette œuvre merveilleuse. Jamais livre en Europe n'a eu plus de succès. D'abord, il flattait l'amour-propre national; puis, il témoignait du grand intérêt que nous portons à tout ce qui concerne les peuples conservateurs de la langue temâhaq; il était imprimé sur beau papier, avec le luxe typographique de l'Imprimerie impériale; enfin, il contenait un recueil de fables, de poésies, d'histoires qui n'étaient pas toutes connues dans le pays et qui apportaient une grande distraction dans la vie monotone du désert.

J'ai lu la *Grammaire* de M. Hanoteau avec les Touâreg, et je dois dire que le contrôle des linguistes du pays est tout en faveur de ce travail. Le seul reproche qu'on puisse lui adresser est d'avoir été fait loin des lieux où l'on parle le temâhaq, ce qui n'a pas permis à l'auteur de distinguer les différences propres à chaque dialecte. D'ailleurs le nom de *temâchek'* qu'il donne à l'idiome objet de ses études témoigne que M. Hanoteau a puisé principalement ses connaissances dans le dialecte du Sud; car celui du Nord porte le nom de *temâhaq*.

Chez les Azdjer, presque toutes les femmes savent lire et écrire, tandis qu'un tiers des hommes à peine est arrivé à ce degré d'instruction. La majorité sait mal, et il est facile, même à un Européen, de constater beaucoup de fautes; mais quelques-unes écrivent correctement et paraissent être guidées par de véritables règles.

On a publié plusieurs alphabets tefînagh plus ou moins complets. Les plus corrects sont ceux de MM. Richardson, Hanoteau et Freeman. Nonobstant, je crois utile de donner ici celui que j'ai recueilli dans mon voyage, en faisant remarquer toutefois que les différences

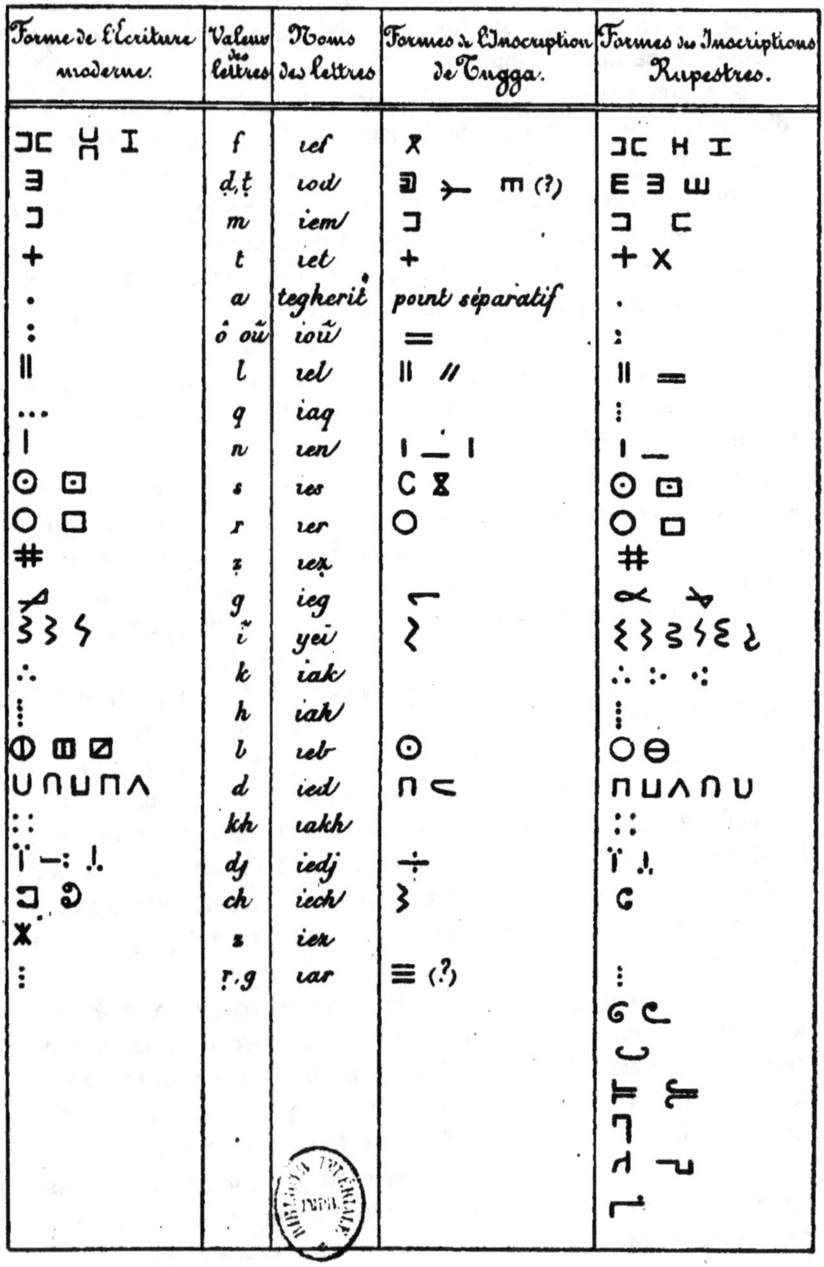

Pl. XXI. Page 388. Fig. 35.

Forme de l'Écriture moderne.	Valeur des lettres	Noms des lettres	Formes de l'Inscription de Tugga.	Formes des Inscriptions Rupestres.
ⵍ ⵎ ⵉ	f	ief	✗	ⵍ ⵎ ⵉ
Ǝ ⵍ	d, ṭ	iod	Ǝ ⵐ m (?)	E Ǝ ⵧ
ⵐ	m	iem	ⵐ	ⵐ ⵎ
+	t	iet	+	+ ✗
ⵗ	a	tegherit	point séparatif	ⵗ
ⵗ	ô où	ioŭ	=	ⵗ
‖	l	iel	‖ //	‖ =
ⵗ	q	iaq		ⵗ
ⵗ	n	ien	ⵉ — ⵉ	ⵉ — ⵉ
⊙ ▢	s	ies	C ✗	⊙ ▢
○ ▯	r	ier	○	○ ▯
#	ẓ	iez		#
ⵣ ⵠ ⵡ	g	ieg	ⵡ	ⵣ ⵠ ⵡ
ı̃	ï	yei	ⵠ	ⵣ ⵠ ⵡ ⵣ
∴	k	iak		∴ ⵗ
ⵗ	h	iah		ⵗ
⊕ ▣ ▨	b	ieb	⊙	○ ⊖
ⵓ ⵐ ⵠ ⵠ	d	ied	ⵐ ⊂	ⵐ ⵠ ⵐ ⵓ
ⵗ	kh	iakh		ⵗ
ⵉ ⵗ ⵍ	dj	iedj	÷	ⵉ ⵍ
ⵐ ⵒ	ch	iech	ⵣ	ⵒ
✗	s	iez		
ⵗ	r.g	iar	≡ (?)	ⵗ ⵔ ⵒ ⵑ ⵍ ⵎ ⵐ

ALPHABET TEFINAGH.

les plus importantes tiennent à la forme variable de quelques lettres.

J'ajouterai à ce qu'ont dit mes devanciers, savoir :
1° Que le tefînagh s'écrit à volonté, horizontalement ou verticalement ;
2° Que, dans l'écriture horizontale ou verticale, les caractères sont tracés indistinctement de droite à gauche, de gauche à droite, de haut en bas, de bas en haut, bien que la manière arabe ou hébraïque, de droite à gauche, soit la plus généralement adoptée ;
3° Que les lettres n'ont pas, comme dans nos caractères, d'une manière absolue, un haut, un bas, un côté droit et un côté gauche, mais s'emploient à volonté dans tous les sens ; ainsi, la lettre *iedh*, correspondant à notre *dh*, s'emploie indistinctement comme il suit :

⊐ ⊓ ⊔ E.

D'après le Cheikh-'Othmân, guide excellent dans toutes les recherches spéciales à l'étude de son pays, il existerait un livre de droit, traduit en bon temâhaq, mais écrit en lettres arabes. Un exemplaire de ce livre existe à Aqabli, et un autre entre les mains de Brahîm-Ould-Sîdi, le savant des Ifôghas. Le brave cheikh m'a promis d'en faire prendre une copie.

Autrement, on ne trouve écrits en tefînagh que des inscriptions sur les rochers, sur les armes, sur les anneaux de bras, les bracelets, les instruments de musique, les lanières de cuir, les boucliers ou des broderies sur les vêtements. Tous les écrits sérieux, les livres, les chroniques, la correspondance, les amulettes sont en arabe, langue que beaucoup parlent, mais que les lettrés seuls savent écrire.

Les inscriptions sur les rochers sont les unes anciennes, les autres modernes ; les unes gravées en creux au burin, les autres en relief et exécutées au moyen d'un mastic auquel le goudron sert de base et qui a la double propriété, comme l'encre des transpositions lithographiques, de faire corps avec la pierre et de se conserver plus ou moins longtemps.

Sur les rochers aussi, on trouve souvent, soit isolées, soit rapprochées, des sculptures, des gravures, informes bien entendu, mais qui, quelquefois, ont la prétention de représenter des scènes allégoriques.

M. le docteur Barth a déjà livré à la publicité quelques *fac-simile* de tableaux rupestres qu'il a rencontrés sur sa route. Moins heureux que lui, je n'ai pas eu la chance d'en trouver d'assez importants pour mériter la reproduction; mais, par contre, ma collection d'inscriptions est plus riche, et j'en donne, dans la planche ci-contre, quelques-unes, principalement celles qui ne me paraissent pas se borner à de simples noms d'hommes [1].

Tôt ou tard, l'examen comparé des sculptures et des inscriptions rapportées par les divers voyageurs pourra donner lieu à d'importantes remarques ethnographiques.

En général, les lettres des inscriptions sur les rochers ont environ 6 centimètres de hauteur; le trait se ressent de l'inhabileté des graveurs. Quelques-unes sont frustes et d'une lecture difficile.

Les Touâreg disent que les inscriptions en creux sont anciennes, car les modernes se bornent aux inscriptions en relief, en noir avec le charbon, ou en rouge avec l'ocre.

Usage du voile.

Si, pour les hommes de science, la conservation de l'écriture, d'une écriture perdue, et qui fut jadis celle exclusivement en usage dans tout le Nord du continent africain, est un fait capital qui per-

---

[1] NOTES EXPLICATIVES DE LA PLANCHE CI-CONTRE.

Les inscriptions du n° 1 au n° 12 inclusivement ont été copiées sur des blocs de grès détachés de la berge de l'Ouâdi-Tamioutin. Elles doivent être anciennes et sont peut-être incomplètes, car il est facile de reconnaître des brisures dans les pierres. Les quatre premières appartiennent à un bloc, et les huit dernières à un second bloc. Les lettres ont 6 centimètres de hauteur en moyenne, le trait en est large et peu profond. Le dessin de chameau qui figure au bas de la planche a été copié sur un bloc voisin des inscriptions.

Les inscriptions du n° 13 au n° 24 sont de la source d'Ahèr ou des grottes et des rochers environnants. Parmi un très-grand nombre, j'ai choisi les moins frustes, et je doute encore qu'elles soient toutes complètes. L'une d'elles, le n° 15, *Ouinek anislim* (moi, musulman), semble révéler une origine ancienne, car il y a longtemps déjà que les Touâreg n'ont plus besoin d'attester leur foi par des témoignages extérieurs. Des sujets, représentant des autruches et des chameaux, appellent mon attention ici comme dans l'Ouâdi-Tamioutin.

Les inscriptions du n° 25 au n° 28 et celles du n° 29 au n° 32 proviennent : les premières de l'Ouâdi-Alloûn, les secondes du monument romain de Djerma.

Ces sortes d'inscriptions sont tellement communes dans certaines parties du pays des Touâreg que, si on allait à leur recherche, on en trouverait en très-grand nombre, surtout dans les lieux qui sont d'anciens centres d'habitation.

mettrait de donner aux Touâreg le surnom de *Conservateurs du tefinagh*, l'usage du voile est pour le vulgaire un signe plus caractéristique encore; car, dès leur arrivée en Afrique, les Arabes ont immédiatement appelé ces peuples : *Molâthemîn*, les voilés, ou *Ahel-el-lithâm*, les gens du voile; et les historiens arabes leur ont depuis conservé ce surnom.

Le voile, en effet, est d'usage général chez les Touâreg, et ils ne le quittent jamais, ni en voyage, ni au repos, pas même pour manger, encore moins pour dormir; de là, grande difficulté pour voir le visage d'un targui.

Quoique, par imitation, les chefs arabes de Timbouktou, les princes Fellâta, les gens d'In-Sâlah, de Ghadâmès, de Rhât, les Arabes nomades du Touât, et les Teboû, aient aussi la figure voilée ou couverte, les Touâreg sont réellement les seuls chez qui l'usage du voile est général et passé dans les mœurs.

Il est difficile de remonter à l'origine de cette coutume et de lui assigner une cause.

L'usage du voile est hygiénique, dit-on. Il préserve les yeux de l'action trop intense du soleil, le nez et la bouche de la poussière fine des sables et il entretient l'humidité à l'entrée des deux principales voies respiratoires, ce qui est important sous un climat où l'air est excessivement sec.

Mais, si une raison exclusivement hygiénique a fait adopter le voile, pourquoi les femmes ne le portent-elles pas? pourquoi les hommes ne se débarrassent-ils pas la nuit, au repos, quand il n'y a ni soleil, ni sables, ni air chaud et sec, d'un vêtement toujours gênant, malgré la grande habitude de le porter?

Un targui, quel qu'il soit, croirait manquer aux convenances en se dévoilant devant quelqu'un, à moins que ce ne soit dans l'extrême intimité ou pour satisfaire à la demande d'un médecin à l'effet de constater la nature d'une maladie. A part ces cas exceptionnels, le voile doit toujours couvrir le visage.

A Paris, j'ai vainement sollicité le Cheikh-'Othmân et ses deux disciples de laisser tomber leur voile devant l'appareil photographique, en leur affirmant que ce n'était à autre fin que d'avoir une image fidèle des traits d'hommes aimés; je ne pus obtenir cette faveur.

Ce n'était pas affaire de religion, car le Cheikh-'Othmân avait sous les yeux les photographies d''Abd-el-Kâder et du chef de la confrérie dont il est un des principaux dignitaires, et il ne les blâmait pas de leur condescendance; mais sa qualité de targui lui faisait considérer comme une sorte de profanation de se dévoiler, en dehors de tout regard, même devant le miroir d'un appareil.

On a cru, d'après des informations inexactes, que les Touâreg portaient le voile parce qu'ils ne voulaient pas être reconnus comme auteurs des cruautés qu'ils exercent sur leurs ennemis.

Cette interprétation est fausse pour trois motifs : d'abord les Touâreg ne sont pas cruels; puis, malgré leur voile, ils se reconnaissent entre eux comme s'ils n'étaient pas voilés; enfin, ils repoussent les armes à feu, qu'ils appellent armes de traîtrise, considérant comme seul honorable le combat à l'arme blanche, corps à corps, face à face.

Parmi les porteurs de voile, on distingue ceux qui font usage du voile blanc de ceux qui ont le voile noir.

Par un contraste fréquent dans la nature, les Touâreg à figure blanche, aux traits caucasiques, les nobles en particulier, ont adopté exclusivement le voile noir; au contraire, les hommes de race inférieure, ceux chez lesquels le sang du nègre se manifeste, ont donné la préférence au voile blanc. Ce dernier, plus facile à laver, d'un prix inférieur, est aussi préféré par un grand nombre des habitants des villes de Rhât, de Ghadâmès et d'In-Sâlah.

De là, deux classes de Lithâmiens : les blancs et les noirs.

Dans le langage vulgaire, et par abréviation, les Arabes disent quelquefois aussi Touâreg blancs pour Touâreg serfs et Touâreg noirs pour Touâreg nobles.

Ceux qui ont fait de cette division en blancs et en noirs, d'après la couleur du voile, une division basée sur la couleur de la peau, ont donc commis une erreur.

Anneau de pierre au bras.

Tous les Touâreg, dès que leur âge leur permet de prendre les armes, portent au bras droit, entre le ventre du biceps et l'attache inférieure du deltoïde, un anneau en pierre qui, une fois mis en place, n'est jamais enlevé.

Le but de cet usage, disent les Touâreg, est de donner plus de force au bras pour assener un coup de sabre.

Dans les combats corps à corps, quand deux champions se tiennent enlacés de manière à ne pouvoir plus faire usage de leurs armes, chaque combattant cherche à écraser les tempes de son adversaire sous l'anneau de son bras.

Ces anneaux, en serpentine, de couleur verte, avec des raies d'un vert plus foncé, sont larges et arrondis, de manière à ne pas blesser celui qui les porte. On les fabrique dans les contrées où se trouve la serpentine, chez les Aouélimmiden et chez les Azdjer.

Quoique chaque targui, à l'exception des marabouts, ait un anneau à son bras, cet article est assez rare dans le pays pour que je n'aie pas eu l'occasion d'en acheter un pour mes collections.

Seuls, au milieu de tous les peuples qui les environnent, les Touâreg portent l'anneau de pierre au bras droit.

Poignard d'avant-bras.

Il est une arme aussi dont un targui ne se sépare jamais; c'est un poignard plat, de la longueur d'une coudée, fixé par un large bracelet en cuir à la face interne de l'avant-bras gauche, de manière que la poignée soit toujours à la disposition de la main droite, sans gêner aucun mouvement.

Cette arme exceptionnelle, portée d'une manière si exceptionnelle, n'appartient encore qu'aux Touâreg seuls.

Succession maternelle. — *Droit d'aînesse politique au profit du fils de la sœur aînée.*

(Beni-Oummïa.)

Déjà, la *Note* de Brahîm-Ould-Sîdi sur leurs origines a fait connaître que les Touâreg attachent un aussi grand prix à la filiation maternelle qu'à la descendance paternelle, et qu'entre eux ils distinguent les tribus qui suivent l'ordre de succession maternelle, par le nom de *Beni-Oummïa*, de celles qui, exceptionnellement, et depuis l'introduction de l'islamisme, ont adopté la succession paternelle, et qu'ils appellent *Ebna-Sîd*.

Déjà, dans le paragraphe consacré à Rhât, j'ai été amené à constater chez les Berbères Ihâdjenen, fondateurs de cette ville, une constitution de la famille et une loi d'hérédité différentes de celles des autres peuples de religion juive, chrétienne ou musulmane.

Déjà aussi le lecteur a pu pressentir qu'une sorte de droit d'aînesse, comme dans les familles patriarcales, sanctionnait l'hérédité de pouvoir aux mains d'un aîné, à l'exclusion de ses cadets.

Enfin, l'étude de la constitution sociale de la famille et de la tribu chez les Touâreg a signalé, au profit de la femme, des priviléges dont on ne retrouve aucun exemple, ni chez les autres peuples musulmans, ni même dans les autres tribus berbères de l'Afrique occidentale.

Mais, jusque-là, l'observation ne constate pas un droit *sui generis*, caractéristique d'une civilisation spéciale et dont on ne retrouve la trace ni dans le présent, ni dans le passé.

Le droit d'aînesse, aussi ancien que l'histoire, a été et est encore de droit commun dans la législation des sociétés aristocratiques.

Dans tous les temps et dans tous les lieux, la loi et les mœurs ont consacré des priviléges en faveur de la femme.

La formule romaine : « *Partus sequitur ventrem,* » ne diffère pas de la coutume targuie : « *Le ventre teint l'enfant.* »

Dans l'ancienne Égypte, d'après Diodore de Sicile (liv. Ier, chapitre xx), la femme pouvait, par contrat de mariage, se réserver l'autorité sur son mari, même entre reine et roi.

Aux îles Maldives, d'après Fr. Picard, non-seulement les femmes transmettent aux enfants leur condition sociale, mais encore elles exercent dans la famille des droits supérieurs à l'autorité du mari.

La transmission du pouvoir par les fils de la sœur n'est même pas sans précédents dans l'histoire :

Montesquieu (*Esprit des lois,* liv. XXVI, chap. vi) dit, d'après l'autorité de documents de la Compagnie anglaise des Indes :

« Dans les pays où la polygamie est établie, le prince a beaucoup
« d'enfants. Il y a des États où l'entretien des enfants du roi serait
« impossible au peuple ; on a pu y établir que les enfants du roi ne
« lui succéderaient pas, mais ceux de sa sœur.

« Un nombre prodigieux d'enfants, ajoute-t-il, exposerait l'État à
« d'affreuses guerres civiles. L'ordre de succession qui donne la cou-
« ronne aux enfants de la sœur, dont le nombre n'est pas plus grand
« que ne serait celui des enfants d'un prince qui n'aurait qu'une
« seule femme, prévient ces inconvénients. »

Tacite (*Mœurs des Germains,* liv. XX), avant de constater que chez les Germains le fils hérite du père, dit : « Le fils d'une sœur est aussi

« cher à son oncle qu'à son père; *quelques-uns pensent même que le*
« *premier de ces liens est le plus saint et le plus étroit,* et, en recevant
« des otages, ils préfèrent des neveux comme inspirant un attache-
« ment plus fort et intéressant la famille par plus d'endroits. »

Guillaume Bosman, dans son *Voyage de Guinée* (un vol. in-18, Utrecht, 1705), donne aux nègres de toute la côte des lois et des coutumes sur lesquelles j'appelle l'attention.

Il dit, *Lettre onzième,* page 197 et 198 : « On marie beaucoup de
« princesses étant fort jeunes, et on ne regarde point au bien ni à la
« naissance comme parmi nous; car il n'y a pas la moindre différence
« entre les enfants des rois et ceux de leurs sujets. Chacun se choisit
« une femme comme il veut, sans que les mariages soient pour cela
« inégaux, quand même la fille d'un roi épouserait un esclave, ce qui
« arrive tous les jours, et cela s'accorde mieux que si le fils du roi
« épousait une fille esclave; car, comme *les enfants suivent la mère*
« *dans ce pays*, les enfants de la fille du roi mariée avec un esclave
« sont libres, au lieu que les enfants du fils du roi, qui a épousé une
« esclave, sont aussi esclaves. »

Dans sa *Douzième lettre,* page 207, Bosman ajoute : « L'hérédité
« est ici réglée d'une assez plaisante manière, et, autant que je l'ai
« pu comprendre, voici comme cela va. *Les enfants du frère ou de la*
« *sœur sont les véritables et légitimes héritiers;* en sorte qu'un garçon,
« qui est l'aîné de la famille hérite des biens du frère de sa mère et
« de ceux de son fils s'il en a un, et la fille aînée hérite des biens de
« la sœur de sa mère ou de ceux de sa fille si elle en a une.

« Les nègres ne nous en peuvent point dire la raison, mais je
« crois que cet usage a été introduit à l'occasion de la débauche des
« femmes. Comme ceux qui ont voyagé dans les Indes orientales rap-
« portent qu'il y a des rois qui déclarent pour leur successeur le fils
« de leur sœur au lieu de leur propre fils; car ils se peuvent assurer
« que le fils de leur sœur est de leur propre sang, au lieu qu'ils n'ont
« pas la même certitude de leurs propres enfants. Ces rois en usent
« ainsi pour empêcher que leur couronne ne passe dans une autre
« famille; et les nègres, afin que leurs biens ne tombent pas entre les
« mains des étrangers. »

Bosman constate cependant que toutes les tribus nègres ne suivent pas la succession maternelle, et que chez quelques-unes l'héritage direct du père au fils est la règle.

M. Paul du Chaillu (*Voyages et aventures dans l'Afrique équatoriale,* Paris, 1863), retrouve la même loi de succession en usage dans quelques peuplades nègres qu'il a visitées. Il dit, chap. XVI, page 282 :
« Ce qu'il y a de particulier chez ce peuple, c'est que la filiation et
« les successions proviennent du chef de la mère. Le fils d'un Commi
« et d'une femme étrangère n'est pas réputé Commi. D'après ce prin-
« cipe appliqué aux familles, pour être un véritable Abouya (citoyen
« de Goumbi), il faut être né d'une femme Abouya. Si le père seul est
« Abouya, les enfants sont regardés comme de *demi-sang*. »

Mais toutes ces coutumes anciennes et modernes, romaines, féodales, orientales et nigritiennes, diffèrent de la loi *Benî-Oummïa* des Touâreg, par leur origine, leur esprit et leur caractère.

Voici, autant qu'il est permis à un étranger de les formuler, les principales dispositions de cette loi.

Les Touâreg Benî-Oummïa distinguent deux sortes de biens transmissibles par héritage :

Les biens *légitimes,*
Les biens *illégitimes.*

Je me sers des mots légitimes et illégitimes à défaut d'autres, dans notre langue, pour remplacer l'expression technique de la langue temâhaq.

Les premiers sont ceux acquis par le travail individuel et dont la possession est sacrée : l'argent, les armes, les esclaves achetés, les troupeaux, les récoltes et les provisions;

Les seconds, *éhéré-n-boûtelma,* mot à mot : *biens d'injustice,* sont ceux conquis les armes à la main, et dont la possession ne repose que sur le droit de la force, biens conquis collectivement par tous les membres actifs de la famille et conservés par leur concours, savoir :

Les *rhefer* ou droits coutumiers, perçus sur les caravanes et les voyageurs;

La *gharáma* ou tribut de protection, payé par les *ra'aya*;

Les *imrhâd* ou droits sur les personnes et sur les biens des tribus réduites en servage;

Les *melâk* ou droits territoriaux, tant sur les terres de parcours que sur les terres de culture, les eaux, etc.;

Enfin le *soltna* ou droit de commander et d'être obéi.

A la mort d'un chef de famille, quand l'héritage s'ouvre, tous les biens légitimes sont divisés, par parts égales, entre tous les enfants, sans distinction de primogéniture ou de sexe.

Cette pratique est observée dans toutes les classes de la société targuie : nobles, marabouts, tributaires ou serfs.

Quant aux biens de la seconde catégorie, les illégitimes, apanage exclusif de la noblesse, ils reviennent, par droit d'aînesse, sans division ni partage, au fils aîné de la sœur aînée :

Sans division, sur une tête unique, mais sans possibilité d'aliéner, afin de conserver au chef de la famille, et à la famille elle-même, les moyens matériels de maintenir son influence et sa prépondérance;

Au fils aîné de la sœur aînée, pour assurer, contre toute éventualité, la transmission du sang, la conservation de la tradition familiale, à la tête des tribus.

On serait dans l'erreur si on attribuait exclusivement à la crainte d'infidélités de la part de l'épouse d'aussi grandes précautions pour éviter l'avénement d'un homme de sang étranger à la tête de la famille, car, en général, la femme targuie, sévère sur ses droits, l'est aussi sur ses devoirs.

Les inconvénients de la polygamie, aussi, doivent rester étrangers aux motifs qui ont fait préférer l'aîné des neveux utérins au fils aîné du chef de famille, car si la monogamie a pu lutter contre le polygamisme musulman, c'est qu'elle devait être d'institution très-ancienne chez les Touâreg.

D'autres motifs, puisés dans les superstitions du paganisme, doivent avoir contribué plus puissamment à faire adopter la loi Benî-Oummïa.

Rappelons-nous avoir déjà lu au chapitre consacré aux tribus du Ahaggâr que, d'après la croyance générale et inébranlable de tous les Touâreg, les Ibôguelân passent pour être les fils d'un esprit surnaturel et d'une fille d'Ève.

Nous verrons plus loin qu'en fait d'idées superstitieuses les Touâreg dépassent tout ce que l'imagination la plus féconde peut inventer.

En attendant, voici ce que racontent les Touâreg sur les causes qui leur ont fait adopter la loi de succession en usage chez les Benî-Oummïa.

Dans les temps très-anciens, dit la tradition, un de leurs sultans se trouva atteint par le mauvais œil.

Le mauvais œil, quelque chose comme la *jettatura* des Italiens!

L'effet du mauvais œil fut que la première femme du sultan conçut de lui un *djinn* ou *génie* qui, aussitôt entré dans ce monde, alla rejoindre ses frères dans le royaume des esprits.

Le sultan, comme il arrive toujours en pareil cas, accusa sa femme et la répudia.

Il prit une seconde femme. Même résultat, avec cette différence que le produit de leurs amours fut un *inn*, autre être surnaturel, au lieu d'être un *djinn*.

Nouveau divorce, nouveau mariage, renouvelé une troisième, une quatrième, une cinquième fois.

On dit même que le sultan eut la vertu d'aller jusqu'au chiffre de soixante femmes sans pouvoir obtenir, pour héritier de son royaume, autre chose que des *inn* ou des *djinn* qui, tous, à leur naissance, disparaissaient, laissant en deuil père et mère et tous ceux intéressés à leur malheureux sort.

Pendant toute cette série d'épreuves, le sultan était devenu vieux et, le chagrin aidant, il ne pouvait songer à convoler à de nouvelles noces.

Quel parti prendre en telle occurrence?

En homme sage, désireux d'épargner à ses sujets les malheurs de la guerre civile, inévitable à sa mort, pour le partage de ses biens et de son pouvoir, le sultan réunit, de son vivant, une assemblée générale de tous ses sujets, masculins et féminins, et leur demanda leur opinion sur les mesures à adopter pour assurer la paisible transmission de son héritage : grave question, souvent agitée dans le monde.

Beaucoup d'avis furent ouverts. Chaque opinant, voulant être sultan, présentait une solution favorable à ses prétentions. Après de longs et vifs débats, les concurrents au trône allaient en appeler à la force des armes, lorsqu'un des assistants, silencieux jusque-là, parce qu'il ne voulait pas changer sa modeste condition contre un trône, demanda et obtint la parole.

Ce sage était un savant marabout, très-versé dans les sciences occultes : la magie, l'astrologie, la sorcellerie et la connaissance des génies.

Il rappela à l'assemblée les malheurs advenus à un homme aussi respectable que le sultan régnant et à ses soixante femmes, toutes choisies parmi l'élite des plus nobles familles; il disculpa ces dernières, une à une, des soupçons qui avaient injustement pesé sur elles, — tactique habile pour se rendre favorable la plus belle moitié de l'assemblée et tous ceux de l'autre moitié qui, en galants chevaliers, avaient pris les couleurs de leurs belles, pour assister à la délibération.

Après l'exposé d'une infortune sans précédents dans l'histoire, il démontra que le Grand-Maître des hommes et des choses, celui par la volonté duquel tout arrive, n'avait pas voulu, sans motifs, soumettre le peuple des Imôhagh à une pareille épreuve, et qu'au lieu de se disputer la succession d'un trône qui, grâce à Dieu, n'était pas encore vacant, il était bien plus conforme à la raison de rechercher le motif pour lequel le Grand-Maître avait refusé au sultan un fils, héritier de son sang et de son pouvoir.

C'est ce que fit le marabout en interrogeant successivement toutes les probabilités des secrets desseins de la Divinité.

L'énumération des causes possibles ou probables fut longue; la critique de ces hypothèses fut plus longue encore. Pendant ce temps la passion des prétendants s'était calmée, et l'assemblée, subjuguée par l'éloquence d'un homme qui savait se taire, quand il savait si bien parler, attendait avec impatience la conclusion d'un discours qui révélait une si grande connaissance de choses mystérieuses pour tout le monde.

La conclusion tant attendue arriva.

Dans le cas particulier, Dieu n'avait pas voulu que la transmission du pouvoir s'effectuât par le ventre des épouses; c'était incontestable.

Cependant, un peuple ne pouvait rester sans sultan, et sans sultan de sang royal; c'était incontestable encore.

Alors, il fallait chercher ce sang dans le ventre où on était assuré de le trouver, avec le plus de garanties de consanguinité.

La sœur du sultan se trouvait naturellement indiquée, non pour régner, mais pour donner la couronne à son fils aîné.

On le croira sans peine, les femmes applaudirent à une solution qui donnait tant d'importance à leur sexe; les chevaliers Imôhagh saisirent avec empressement l'occasion de donner une nouvelle preuve de leur galanterie, et la loi Bent-Oummîa, proposée par un saint marabout, approuvée avec bonheur par le sultan, aux malheurs duquel elle mettait fin, fut acclamée avec enthousiasme par l'assemblée générale.

Depuis cette époque, le fils aîné de la sœur aînée du sultan est l'héritier légitime du trône, et, par extension du même principe, le droit d'aînesse suit le même ordre de succession dans la famille, dans la tribu.

Quoi qu'il en soit des circonstances qui ont pu déterminer les ancêtres des Touâreg à adopter une pareille coutume, il est hors de doute que son origine est antérieure à l'islamisme, car les marabouts Ifôghas et les Aouélimmiden, serviteurs des marabouts de Timbouktou, y ont renoncé pour adopter les lois du Coran sur les héritages.

D'après les Touâreg, les Kounta et les Tadjakânt, tribus berbères de la côte de l'Océan Atlantique, et d'origine sanhâdjienne comme eux, sont aussi Benî-Oummïa.

Le géographe arabe Ebn-Batoûta, qui a voyagé dans tous les pays musulmans de son époque et dont les écrits sont justement appréciés, a constaté la même loi de succession chez les Massoûfa, sis alors à l'Ouest de Timbouktou et aussi frères consanguins des Touâreg, en tant que membres de la grande famille des Sanhâdja de la seconde race.

Il est donc probable que, dans le principe et avant la conquête de l'Afrique par les musulmans, toutes les tribus Sanhâdja suivaient la même loi.

Ebn-Batoûta ajoute à ce qu'il dit des Massoûfa que nulle part, ni en Afrique ni en Asie, il n'a trouvé semblable coutume, si ce n'est chez les Malabares idolâtres de la côte occidentale de l'Inde.

Assurément les Berbères Sanhâdja ne viennent pas de l'Inde. Cependant, à l'appui de l'observation d'Ebn-Batoûta, j'ajouterai que M. P. E. Botta m'a donné quelques médailles fort anciennes, trouvées à Ben-Ghâzi, dont une est incontestablement indienne.

Avant de clore ce paragraphe, je ferai remarquer à nouveau que, dans les légendes historiques des Touâreg, les femmes jouent toujours le principal rôle.

Une révolution doit-elle détrôner la famille des Imanân, la plainte d'une vieille femme armera le bras vengeur d'Eg-Tinekerbâs;

Le territoire doit-il être distribué entre les tribus, il est donné aux dames douairières de chaque tribu noble.

L'islamisme est-il assez difficilement accepté par les Touâreg pour que leurs convertisseurs les surnomment les *renégats*, la faute en est à la nouvelle religion qui subalternise la femme à l'homme.

Les Touâreg sont-ils forcés de constater l'existence du sang noir dans quelques-unes de leurs familles, la nécessité politique est invoquée : la victoire ou la défaite les a contraints de recevoir ou de donner un tribut annuel de jeunes vierges.

Enfin, ont-ils à remonter à l'origine d'un ordre de succession qui semble mettre en suspicion la régularité de la vie de leurs épouses, la puissance surnaturelle des djinn vient les venger de tout soupçon d'infidélité.

Abstinence de la chair de poissons et d'oiseaux.

Encore un caractère distinctif des Touâreg, et l'un des plus remarquables!

Le Sahara est le pays de la famine, et, en général, tous les Sahariens, non Touâreg, mangent tout ce qui tombe sous leur main, même les viandes qui répugnent aux peuples civilisés : entre autres celles du chien, du lézard, etc., etc. Le poisson, la chair et les œufs des oiseaux sont pour eux pain bénit.

Plus pauvres que leurs voisins arabes, les Touâreg devraient être moins difficiles encore sur le choix de leurs aliments. Loin de là, les ihaggâren (les nobles) n'admettent guère dans leurs repas que les viandes de chameau, de mouton et de chèvre, et repoussent, comme immondes, les poissons, les oiseaux et leurs œufs.

Non-seulement ils ont une répugnance instinctive pour la chair de ces animaux, mais encore ils n'aiment pas à en voir faire usage. Ainsi, quand les esclaves nègres, qui n'ont pas les mêmes scrupules de conscience pour s'abstenir, ont mangé du poisson, il leur est interdit, pendant un temps plus ou moins long, de boire dans les vases servant à l'usage commun.

Interroge-t-on les Touâreg sur les motifs de cette abstinence exceptionnelle, ils répondent ne pas savoir quelles raisons leurs pères ont eues pour proscrire de leur nourriture le poisson et les oiseaux, mais qu'ils s'en abstiennent comme tous les bons musulmans, eux compris, s'interdisent l'usage de la viande de porc.

Cependant, tous les Touàreg ne partagent pas la répugnance commune; ainsi, les marabouts, qui ont le plus complétement rompu avec les anciennes traditions du paganisme, mangent-ils du poisson, de la volaille, des œufs, comme de tous les autres aliments que le Coran n'interdit pas.

Les serfs et les esclaves aussi, à l'imitation des marabouts, mangent les poissons qu'ils pêchent dans les lacs de leurs montagnes. Mais, malgré ces exemples, les nobles des Azdjer et des Ahaggàr, chez lesquels la tradition des cultes antérieurs à l'islamisme est plus vivace, s'abstiennent et croiraient faillir à leurs quartiers de noblesse en ne se conformant pas à la tradition.

CONCLUSION DE CE CHAPITRE.

Sans doute, ces caractères ne suffisent pas encore pour autoriser le classement des Touàreg dans l'une ou l'autre des races de la grande famille humaine, mais déjà ils fournissent à l'observation des éléments de comparaison assez nombreux pour guider les recherches ultérieures.

J'ai attaché une grande importance à l'étude de ces caractères distinctifs, parce que les Touàreg, surtout ceux du Nord, me paraissent avoir le mieux conservé, à travers les âges, les coutumes, les mœurs et les habitudes des anciens Berbères; parce que la connaissance du type le plus pur me semble un commencement sérieux de conquête sur l'inconnu.

CHAPITRE V.

TOUÂREG DANS LEUR VIE INTÉRIEURE.

Les Touâreg étant nomades, pasteurs, musulmans, et habitant le désert, leur vie intérieure a beaucoup d'analogie avec celle des Arabes nomades de la même région. La manière de vivre de ces derniers étant connue, je la prendrai pour terme de comparaison.

J'entrerai peut-être dans des détails qui, au premier abord, peuvent paraître surabondants. J'ai eu l'heureuse chance de voyager en tribu, de voir, d'observer la vie du peuple targui ; je puis donc essayer de la raconter, ce qui n'a pas encore été fait.

Campements. — Habitations.

Les Touâreg ont des campements de station et des campements de marche.

Dans leurs campements de station, toujours choisis près des points les plus riches en eaux et en pacages, les nobles habitent la tente, les serfs la chaumière.

Un grand camp de tentes est un *âmezzâgh* ; un petit camp, un *érhéouen*.

L'habitation, qu'on appelle tente, comprend :

Un *velum* ou abri contre les intempéries des saisons, tantôt en tissu de chaume, *éhen*, tantôt en peau, *ehakît*, tantôt en laine, *abêrdjen* ;

Un pilier, support de la couverture, *témankart* ;

Des piquets, *âmateïté*.

Un groupe de chaumières, au nombre de six à douze environ, dans lequel les familles consanguines se concentrent pour se protéger en cas d'attaque, mais pas assez pour se gêner, constitue une *taousit* ou tribu.

Généralement, les réunions de tentes sont disposées en rond, comme les *douâr* des Arabes; l'espace circulaire qu'elles laissent entre elles, la cour, dans laquelle on réunit les troupeaux pour la nuit, porte le nom de *tasaguift*.

La tente a la forme de la *kheïma* arabe; mais elle est beaucoup plus petite.

Les peaux de l'*ehakit* sont tannées, peintes en rouge et bien cousues.

La chaumière, *tikabert*, dont les murailles sont en branchages et les toits en roseaux et en paille de marais, ressemble assez au *gourbi* des indigènes de l'Algérie, quoique généralement plus grande.

Pour le climat du Sahara, ces deux habitations sont d'assez médiocres abris.

Dans les campements fixes des serfs, chaque habitation a souvent son petit jardinet, avec une haie sèche en palmes, dans lequel on cultive quelques légumes. Ce petit potager porte le nom d'*âfarauj*.

En marche, à l'exception des nobles et des riches, qui ont des tentes, la masse campe en plein air, sans ordre, au milieu des bagages, en se servant de ces bagages, *kâya*, comme abri contre le vent.

Quoique voyageant avec les chefs, et pendant huit mois, je n'ai peut-être pas vu dix tentes.

Mobilier. — Ustensiles.

Le mobilier d'un ménage targui comprend :

Des nattes en sparterie, *ehen*, tenant lieu de plancher;

Des nattes paravent, *asalâ*;

Des tapis en laine, de diverses couleurs, *tâhouârt*, très-rares;

Des tapis en laine, rouges, *tâgdoûmfest*, également rares;

Des peaux de bœuf tannées, *iserkow*, servant de table à manger;

Des matelas, *ettorâh*; des oreillers, *âsâmou*; des couvertures, *elbottâniet*; des lits, *tâftak*; mais ces objets de luxe sont à peine connus même des chefs, la plèbe se contentant de l'*âdebén* ou lit creusé dans le sable avec la main;

Des coussins en cuir, *âdafôr*;

Des corbeilles en sparterie, *tarhéennat*;

Des sacs en peaux, *âdjerâ* ou *ârheredj*, tenant lieu d'armoires et

VIE INTÉRIEURE.

fermés à l'aide d'une clef, *asârou*, au moyen d'un cadenas, *tenâst*;

Des cages à dromadaire, *takkâouit*, avec leur couverture, *âhenneka*, pour abriter les dames en voyage;

Des bâts d'âne, *erɔûkkou*;

Des outres, *abeôq*, pour les provisions d'eau;

Des seaux en cuir, *adjâ*, et des cordes, *erhorêfi*, pour puiser l'eau;

Des outres, *tânouart*, pour le lait;

Des gourdes, *titakalt*, tenant lieu de vases;

Des cruches en terre, *imêki*;

Des cruches en bois, *tahattint*, pour le beurre;

Des vases en bois, *akoûs*, pour boire;

Des tasses, *tébént*;

Des plats en bois, *târhelâlt* : grands, *ârhelâl*; petits, *târhehoût*;

Des vases en fer battu, *érhér* : ceux pour manger, *érhér-wân-efoûs*; ceux pour se laver, *érhér-wân-emoûd*;

Des cuillers en bois, *tesôkalt*;

Un mortier en bois, *âkabar*, pour remplacer le moulin à bras des Arabes, avec un pilon en pierre, *tíndi*, pour écraser les grains dans le mortier;

Une lampe, *tâftîlt*;

Des miroirs, *tísit*;

Des violons, *amzhâd* (la *rebâza* des Arabes), avec leur archet, *tadjegnhê*;

Si, à ces principaux ustensiles, on joint quelques menus objets, on aura l'inventaire de tout le mobilier d'une famille targuie; cependant il ne faut pas que j'oublie l'écuelle, *ébedji*, du chien, ce fidèle gardien de la maison.

Vêtements. — Coiffures. — Chaussures. — Parures.

Les Touâreg, nobles et serfs, portent les mêmes vêtements, plus ou moins beaux, plus ou moins nombreux, suivant leur richesse respective.

Presque tous ont une chemise longue, *tikamist*, à manches, *íhenfâssen*, le tout en toile de coton blanc.

Ceux qui n'ont pas la chemise portent une blouse large, *refirha*, également en toile de coton blanc, mais très-forte.

Un long pantalon large, *karteba*, à la façon de ceux des anciens Gaulois, en toile de coton bleue, lustrée, provenant du Soudan, couvre la partie inférieure du corps, de la ceinture à la cheville du pied.

Une longue blouse, *tikamist-koré* (le *tob* des Arabes), en toile de coton bleue, teinte à l'indigo, lustrée, sert de pardessus.

Des broderies, *ézhiren*, décorent ce vêtement; des poches, *alhib*, le rendent utile pour serrer le mouchoir, *elmakharmet*, la tabatière, la pipe et ses accessoires.

Une ceinture en coton bleu, *tâmentika*, ou *tachérbit* quand elle est en laine rouge, fixe ce pardessus au niveau de la taille et donne de la tournure à ce vêtement.

Quelques-uns ont le pardessus en peau; c'est même un vêtement estimé.

Ceux des Touâreg qui ont des relations avec les Arabes portent quelquefois, par fantaisie, différentes pièces de leurs vêtements : la *gandoura*, qui est une longue robe, *akhbay*; le *haïk*, longue pièce d'étoffe de laine, *elhaouli*, ordinairement blanche, mais quelquefois teinte en bleu ; alors elle prend son nom de sa couleur, *ennil*.

Une longue calotte rouge de Tunis, *tekoúmbout*, avec un gland en soie, sert de coiffure.

Le voile, *tiguêlmoust*, couvre la tête, le front, la nuque, la figure et le cou. C'est une longue pièce de toile de coton, peu large, teinte à l'indigo et lustrée d'un côté, qu'on arrange de façon que les yeux seuls soient visibles, et encore sont-ils masqués par un large pli qui forme en avant une sorte de visière. Le *tiguêlmoust* est fabriqué au Soudan.

La partie du voile qui recouvre la tête s'appelle *itelli*.

Ceux trop pauvres pour acheter cette pièce se voilent avec de la gaze blanche d'Europe, *achchâch*, qu'ils roulent autour de la tête en forme de turban.

Pendant la saison des grandes chaleurs, les voyageurs sahariens portent volontiers un grand chapeau de paille parasol, *téli*, mais cette coiffure est rarement adoptée par les Touâreg.

La chaussure consiste en une forte et large semelle composée de quatre épaisseurs de cuir de chameau, habilement cousues avec des lanières de cuir, et en une bride à trois attaches, posée sur la semelle, sous forme de trépied ; deux des attaches, plates, posées latéralement comme les brides de nos sabots découverts, servent à maintenir le cou-de-pied ; la troisième, arrondie, de la grosseur du petit doigt, est fixée sur la ligne médiane de la semelle, en un point central, à peu près à égale distance de son rebord circulaire. Cette troisième attache, introduite entre le gros orteil et le premier doigt, sert à asseoir l'ensemble du pied sur la semelle. Le dessus de la semelle et les brides sont en peau de chèvre maroquinée, de couleur rouge, avec des dessins variés. (Voir planche XXIV, fig. 9.)

Les chaussures ou sandales faites à Kanô (Soudan) sont appelées *irhâtimen*, celles fabriquées dans le pays, *imerkeden*.

Les chefs ont quelquefois des bottes molles en maroquin, *ibôhadjen*.

La chaleur du sol, sa nature pierreuse et sablonneuse empêchent les Touâreg de marcher pieds nus comme les Arabes.

Les pauvres seuls n'ont pas de chaussure.

Tel est, avec un chapelet, *içedhenen*, autour du cou, le costume national.

Les chefs y ajoutent quelquefois, à la manière arabe, un gilet, une veste à manches, un burnous en drap de couleur rouge ou bleu clair. Le rouge est préféré.

Le costume des femmes est plus simple encore.

Il comprend une, deux ou trois longues blouses de coton, *tikamistkoré*, serrées autour de la taille par une ceinture de laine rouge, *tachèrbit*.

Par-dessus ces blouses, une longue pièce de laine, tantôt blanche, *alhaouli*, tantôt rouge, *tabarrakamt*, tantôt à bandes rouges et blanches, *tâbrogh*, dans laquelle elles se drapent à la façon orientale, achève de couvrir leur corps.

La coiffure consiste en bandeaux faits avec les cheveux, qu'elles recouvrent d'une pièce d'étoffe, *ikar-hay*, plus ou moins riche, en laine ou en coton, et dont elles encadrent leur face.

La chaussure est la même que celle des hommes, mais plus légère et plus ornementée.

Les seuls objets de parure à leur usage sont :
Des bagues, *tisak*;

Des bracelets en verre, *tihokaouin*, ou en argent, *iouoki*;
Quelques grains de verroterie, *tâserhmâlt*.

Avec d'aussi minces éléments de toilette, les femmes trouvent cependant le moyen de rappeler la pose altière des déesses de l'antiquité. Le mariage de couleurs tranchantes se prête à de nombreuses combinaisons qui sont étudiées avec soin.

Aliments. — Boissons. — Thé. — Café. — Tabac.

Jamais peuple ne fut plus pauvre en ressources alimentaires; aussi, à l'exception d'une bouillie, *asink*, ne trouve-t-on pas chez les Touâreg, comme ailleurs, un mets national, base de leur nourriture. Chacun mange ce qu'il trouve ou ce qu'il peut se procurer au plus bas prix possible, généralement en petite quantité et tout juste ce qu'il faut pour ne pas mourir, excepté dans le cas où l'occasion se présente de manger gratuitement; car alors l'appétit, surexcité par la gourmandise, ne connaît pas de limites.

Les Touâreg, comme tous les animaux de leur pays, supportent admirablement la faim et la soif. Il est de notoriété publique parmi eux qu'un homme, contraint par la nécessité, peut voyager sans boire ni manger pendant plusieurs jours. Alors, pour supporter plus facilement la privation, on se serre le ventre avec une courroie ou avec une ceinture.

En voyage, les Touâreg ne mangent qu'une fois, quand la marche de la journée est terminée. L'unique repas se dit *azhebri*.

En station, ils font deux repas : le déjeuner, *âmekli*; le dîner, *amedjîn*.

Par le nombre des matières premières qui entrent dans l'alimentation, il est facile de se convaincre que le pays ne suffit pas aux besoins de ses habitants.

Je les énumère ici par ordre de nature :

Graines : blé, orge, sorgho, millet, *toúlloúlt* (graine de l'*arthratherum pungens*);

Fruits : dattes, figues, raisin sec, jujube sauvage, fruits du *Salvadora Persica*;

Légumes domestiques : oignons, tomates, aubergines, melons, pastèques, concombres, courges, citrouilles, potirons;

Légumes sauvages : les principaux sont connus sous les noms indigènes de *tânekfâït, harharha, tanesmim, inekkân, azezzedja*; ils sont principalement fournis par la grande famille botanique des Crucifères ;

Viande d'animaux domestiques : chameau, mouton, chèvre ;

Viande d'animaux sauvages : mouflon, antilope, gazelle, gerboise, rat des champs, sauterelles, vers ;

Condiments : lait, beurre, huile, graisse, suif, miel, cassonade, gomme, ail, poivre, poivron, sel et un piment du Soudan, la *chitta* ;

Des fromages, importés du pays d'Aïr, complètent la liste des ressources alimentaires des Touâreg.

Le riz, *tâfarhat*, abondant dans tout le Soudan occidental, est quelquefois acheté par les caravanes comme provisions de retour; on le mange cuit et assaisonné comme le pilau dans le Levant.

Avec les farines du blé, de l'orge et du *toûlloûlt*, soit prises isolément, soit mélangées, on fait quelques galettes, mais principalement une bouillie cuite, grossière et épaisse, qui rappelle le brouet des anciens Spartiates.

Cette bouillie, qui est la base de la nourriture des Sahariens, porte, suivant les contrées, les noms d'*asink, tàraouit*, en temâhaq, et d'*açida*, en arabe.

La même bouillie, non cuite, la *mohamsa* des Arabes, est appelée *likhammazin* par les Touâreg.

Le *kouskousou*, mets national des Arabes, apparaît quelquefois, mais en de rares circonstances, sur la table des nobles et des marabouts ; on lui a conservé son nom, *kaskasoû*, ce qui constate son origine étrangère.

Dans les jours de fête aussi, on prépare une pâtisserie, *alkâk*, sorte de gâteau à base de farine, lait, beurre et miel.

Avec les farines du gâfoûli et du gueçob, on fait aussi des bouillies, mais principalement des crêpes, *elfetât*, que les Arabes appellent *cherchich*.

Dans les villes seules on fabrique du pain :

Frais, on le nomme *takeïa* et *tadjella*;

Biscuité, pour l'usage des caravanes, *takeïa-taqqôret*.

La datte (*âheggarh* pl. *iheggarhen*), la figue et la jujube sont souvent mangées en nature; le raisin sec est mis dans les ragoûts.

La datte, pilée dans de l'eau et du beurre, constitue le *târekît*; pétrie avec la farine du gueçob et du piment, et mise en gâteaux crus, sous forme de petits bondons, elle constitue le *takodart*, conserve que l'on mange ensuite en la délayant dans de l'eau.

Les légumes de jardins ne se trouvent que près des villes ou des campements fixes des serfs; ils sont assez peu abondants pour qu'on ne les mange jamais secs; les légumes sauvages constituent souvent la principale ressource des malheureux.

On les cuit à l'eau et au sel, avec ou sans beurre ou graisse.

Ordinairement, on ne tue d'animaux domestiques que pour célébrer la bienvenue d'un hôte.

Le repas de l'hospitalité, *âmadjârou*, doit toujours être assez copieux pour rassasier trois ordres de convives : l'hôte, *âmadjâr*; le voisin, *anâradj*, qui, sous prétexte d'honorer l'étranger, ne manque jamais l'occasion de remplir son ventre; et le mendiant, *dadâla*, auquel reviennent de droit les miettes du festin.

Suivant le rang du visiteur et la fortune du visité, c'est tel ou tel animal qui est égorgé : la jeune chamelle grasse est le grand extra de l'hospitalité; viennent ensuite, par ordre de mérite, le chamillon, le chameau, le mouton, la brebis, le chevreau et la chèvre.

Les viandes de ces animaux sont mangées en rôti ou en ragoût.

Les Sahariens excellent dans l'art du rôtisseur, quoiqu'ils n'aient pour tout appareil qu'une broche en bois, deux piquets fourchus, plantés au-dessus de tisons ardents.

Bien que les viandes des animaux nourris avec les plantes odorantes du Sahara aient généralement du goût, on augmente encore leur fumet en les garnissant des mêmes espèces odorantes.

Les viandes en ragoût sont ou pilées dans du beurre, ou découpées en petits morceaux et cuites, avec assaisonnements, dans des vases en terre ou en fer étamé. Les ragoûts de la première espèce sont des *tâlebadjdjat*, les seconds des *ikerrâyen*.

Quoique cette cuisine ne ressemble pas à la nôtre et se recommande surtout par les épices, elle est cependant bonne, et ceux qui sont admis à la goûter la trouvent délicieuse.

Mais voici le revers de la médaille!

Pendant que le grand seigneur, *âhaggar*, le maître, *mess*, se régalent d'une manière aussi somptueuse, il n'est pas rare de voir la plèbe des pauvres, *talekki*, prendre leur part de la fête en mangeant la peau de l'animal sacrifié, si cet animal est un mouton ou une chèvre. A cet effet, après avoir ébouillanté la peau pour en détacher le poil, on la découpe en petites lanières, sous forme de vermicelle, puis on la fait cuire ou frire, suivant qu'elle est supposée dure ou tendre.

J'ai été initié à ce détail de mœurs d'une assez singulière façon. En route, à l'occasion, j'achetais quelquefois une chèvre ou un mouton pour ma nourriture et celle de mes serviteurs. D'après l'usage, la peau de ces animaux revient de droit à celui qui a eu la peine de le tuer, le nettoyer et le dépecer. Un beau jour, une bête ayant été abattue, un de mes serviteurs, qui n'avait pas droit au pourboire de la peau, vint me la demander, au détriment d'un de ses camarades. A ma question : « Pourquoi il voulait me faire commettre une injustice? » il me répondit : « J'ai une femme et des enfants qui souffrent peut-être de la faim, moi absent, et je la leur enverrai pour la manger. » Je me fis expliquer comment on faisait du vermicelle avec la peau d'un mouton, et, en homme qui n'avait jamais été réduit à un tel mets, je payai la leçon le prix d'un mouton, pour que la pauvre femme et les pauvres enfants pussent au moins en goûter la viande, ce qui leur était arrivé bien peu souvent. Probablement ma charité n'a pas reçu sa destination, car mon malheureux serviteur aura englouti mon argent dans son escarcelle, et j'en suis à me demander si je n'ai pas commis une mauvaise action, en refusant à une pauvre famille le régal d'une peau de mouton.

La viande des mouflons, des antilopes et des gazelles, chassés dans les dunes pour les besoins de la boucherie, est séchée et gardée précieusement pour les voyages. Cet article est l'objet d'un commerce assez important à Ghadâmès.

La chair de ces animaux sauvages est excellente, et serait très-appréciée si elle pouvait arriver sur nos marchés.

Les sauterelles, considérées comme un fléau dans le Tell, sont une bénédiction de Dieu dans le Sahara. On les sale, ou on les confit dans l'huile pour les conserver.

Le poisson, fourni par les lacs du plateau du Tasîli, est mangé frais, mais par les serfs et les nègres seulement.

Avec les vers des lacs du Fezzân, on fait une pâte alimentaire dont le goût rappelle celui des crevettes; c'est presque une friandise dans un pays si dépourvu, mais les Fezzaniens seuls en font usage, en délayant cette pâte dans leurs sauces.

Le lait est la base essentielle de la nourriture des Touâreg; dans la saison des pâturages, ils ne consomment guère autre chose. En toute saison, il fournit le principal condiment de l'alimentation.

Le lait pur se dit *akh* ou *akh-wâkafâyen*, le lait aigre *akh-wântenouârt*, le lait caillé et écrémé *aoulis*.

On fait peu de beurre, *oûdi*, le lait étant presque tout consommé en nature.

Par la même raison, le *caseum* manque pour les fromages. Ceux que l'on consomme chez les Touâreg du Nord, fromages secs, *tikammârin*, viennent du pays d'Aïr et du Soudan.

L'huile, *ahatîn*, le suif, *tâdent*, et la graisse (suif fondu), *isîm*, viennent du Nord.

Avec le beurre, ces trois matières grasses, toujours rares, sont les seuls assaisonnements de la nourriture.

Les Touâreg ont, pour remplacer le sucre, trois sortes de miel : le *toûraout*, de qualité supérieure, le *tâment* et le *kharnît*, de qualité inférieure. (Voir liv. II, chap. III, page 241.)

La gomme, *tahaha*, produite par l'*Acacia Arabica*, est souvent mangée, à défaut d'autre aliment, avant qu'elle soit concrète.

Tout le sel, *tisemt*, employé dans les aliments, vient de la sebkha d'Amadghôr, ou des salines du Fezzân.

Les boissons en usage chez les Touâreg sont :

L'eau, le lait pur, le lait coupé, le lait aigre et le lait caillé.

Ils font une boisson rafraîchissante avec de la farine de sorgho, du fromage du Soudan, du poivre et des dattes; elle se nomme *aghâhara*.

Dans les oasis, à l'occasion, ils font usage de la séve de palmier, le *lâgmi* des Arabes, qu'ils appellent *ilâjbi*; mais ils ne la boivent pas fermentée.

Le thé en infusion, le café en décoction sont des boissons de luxe que les chefs seuls connaissent. Ces articles, de provenance étrangère, sont à un prix si élevé que la masse, trop pauvre, ne peut s'en procurer.

L'usage du tabac, *tâberha, tâba*, est presque général chez les

Touâreg, car, à l'exception des marabouts, hommes et femmes fument et prisent ou chiquent, les femmes moins que les hommes cependant.

Le tabac employé vient du Fezzân, de Tripoli, du Soûf ou du Touât, contrées où on le cultive en assez grande quantité. Il est d'une qualité très-inférieure.

L'arsenal du fumeur se compose d'une blague en peau, *abelboûdh*, et d'une pipe composée d'un fourneau, *tckoûgna*, et d'un tuyau, *annefér*. Un chapeau en cuivre, fixé au tuyau par une chaînette, couvre le fourneau, précaution très-utile pour éviter les incendies et qui devrait bien être imitée en Algérie.

La tabatière consiste en un segment de roseau. Le tabac prisé est en poudre très-fine.

Le tabac de chique est toujours mélangé avec du natron, pour atténuer les effets de l'âcreté du tabac, mais le correctif est loin d'être innocent, car son usage gâte promptement les dents.

Religion. — Superstitions.

Les Touâreg sont musulmans, mais à l'exception des marabouts et de quelques hommes pieux, ils ne pratiquent pas.

L'islamisme impose aux vrais croyants de nombreuses obligations : la prière, précédée d'ablutions, le jeûne du ramadhân, le pèlerinage à la Mekke, l'aumône, etc.

Comment les Touâreg pourraient-ils s'acquitter de ces prescriptions ?

La prière et le pèlerinage exigent du temps, le jeûne et l'aumône supposent le superflu, et ils n'ont ni l'un ni l'autre.

A peine compterait-on chez les Touâreg du Nord une trentaine d'individus ayant visité le tombeau du prophète, quoique le titre de *hádj* soit très-considéré chez eux ; c'est que, pour aller à la Mekke, il faut être riche et avoir quelqu'un qui, en l'absence du chef de la famille, réponde de sa sécurité.

L'aumône ne saurait être pratiquée dans un pays qui semble avoir pour loi générale de vivre aux dépens d'autrui.

Ainsi, les principales prescriptions de l'islamisme ne sont pas observées.

D'ailleurs, rien au milieu d'eux qui rappelle aux devoirs religieux : pas d'imâm, pas de mufti, pas de mosquées, pas de chapelles.

La zàouiya de Timàssanîn est une exception comme le marabout Si-'Othmân, qui en est le chef; aussi les Arabes disent-ils des Touàreg : « *ma'andhoum-ed-dîn*, ils n'ont pas de religion. »

Le reproche d'impiété que les Arabes formalistes adressent aux Touàreg n'est cependant pas complétement fondé, car si, comme tous les hommes aux prises avec les difficultés matérielles de l'existence, ils sont forcés de négliger la forme, ils pratiquent la morale mieux que les Arabes.

Néanmoins, les Azdjer reconnaissent l'autorité spirituelle du sultan de Constantinople, et les Ahaggàr, comme les Touâtiens, celle de l'empereur du Maroc, pour lesquels ils font la prière officielle dans les grandes solennités.

Si on interroge les croyances, les superstitions des Touàreg, on retrouve vivantes encore dans leurs âmes les traces des diverses religions qu'ils ont professées.

Leur Dieu est *Amanaï* (l'Adonaï de la Bible); il est unique;

Le ciel, *adjenna*, le paradis, *idjennaouen*, où l'homme reçoit la récompense de ses bonnes actions après la mort, est habité par les anges, *andjeloûs* pl. *andjeloûsen* (ἄγγελος, *angelus*);

L'enfer est *tîmsi-tàn-elâkhart*, le dernier feu;

Le diable, *iblîs*, y règne.

La croix se trouve partout : dans leur alphabet, sur leurs armes, sur leurs boucliers, dans les ornements de leurs vêtements. Le seul tatouage qu'ils portent sur le front, sur le dos de la main, est une croix à quatre branches égales; le pommeau de leurs selles, les poignées de leurs sabres, de leurs poignards, sont en croix.

Les selles des chameaux sont garnies de clochettes, quoique partout l'islamisme ait détruit et repoussé la cloche comme une sorte de cachet du christianisme.

Dans les mœurs, les traces du christianisme sont encore plus évidentes : la monogamie, le respect de la femme, l'horreur du vol, du mensonge, l'accomplissement de la parole donnée, etc., etc.

Quoique musulman, le targui n'a jamais qu'une femme; quoique musulmane, la femme est l'égale de son mari en toutes choses.

Ebn-Khaldoûn semble douter que les Sanhâdja Lithâmiens aient jamais été chrétiens, et il affirme même qu'ils professaient le magisme quand ils ont été si difficilement convertis à l'islamisme; car, d'après les historiens du temps, ils ont renié quatorze fois leur nouvelle religion.

Probablement, ils n'ont pas été meilleurs chrétiens qu'ils ne sont aujourd'hui bons musulmans. Les traditions païennes devaient, à cette époque, comme de nos jours, dominer dans leurs croyances.

Souvent, soit pour le commerce, soit pour le pillage, les Touâreg vont en expéditions lointaines et, pendant ces longues absences, leurs familles sont privées de leurs nouvelles. Pour se mettre en communication avec ceux qui leurs sont chers, les femmes, parées de leurs vêtements et ornements les plus riches, vont se coucher sur les anciennes tombes, où elles évoquent l'âme de celui qui les renseignera. A leur appel, *Idebni*, un esprit, se présente sous la forme d'un homme. Si l'évocatrice a su plaire à l'esprit, Idebni lui raconte tout ce qui s'est passé dans l'expédition; dans le cas contraire, il l'étrangle. Il va sans dire que les femmes, connaissant les exigences d'Idebni, font si bien qu'elles reviennent toujours avec des nouvelles qui, dit-on, sont confirmées par les voyageurs à leur retour.

Pomponius Mela (*Afrique intérieure*, ch. ix) constate la haute antiquité de cette superstition : « Les Augiliens, dit-il, ne recon« naissent d'autres divinités que les âmes des morts. Ils ne jurent « que par elles et ils les consultent comme des oracles; à cet effet, « après avoir expliqué leur demande, ils se couchent sur quelque « tombeau et reçoivent la réponse en songe. »

Augilæ manes tantum Deos putant; per eos dejurant; eos ut oracula consulunt : precatique quæ volunt; ubi tumulis incubuere, pro responsis ferunt somnia.

L'oasis d'Aoudjela, où les mânes étaient consultés comme des oracles, est la première station que l'histoire et la tradition assignent aux peuples objet de cette étude.

La perpétuité de cette superstition est d'autant plus étrange, qu'à part cette évocation exceptionnelle des âmes les Touâreg ont horreur de tout ce qui leur rappelle le souvenir des morts. Ils n'en parlent jamais, ne veulent pas qu'on en parle devant eux, qu'on prononce leurs noms, et, quand une tombe se rencontre sur leur route, ils l'évitent avec le plus grand soin.

Mais rien n'est comparable à la croyance aux génies, *âlhîn*, *álhînen*, êtres surnaturels, auxquels l'imagination donne la forme humaine, avec des cornes, une queue et du poil pour vêtements.

D'après la tradition orientale, les génies sont partout, mais chez les Touâreg Azdjer, les *álhînen* occupent un pâté de montagnes isolées qui leur est entièrement abandonné et où nul n'oserait pénétrer.

Cette montagne est située sur la route des caravanes de Ghadamès à Rhât, près la chaîne de l'*Akâkoûs*, à 30 kilomètres au Nord de Rhât. Les Arabes l'appellent *Qaçar-el-Djenoûn*, les Touâreg *Idînen*.

Ce palais enchanté, dont on distingue tous les détails de la route, est composé d'une série d'énormes blocs de pierres lavées par les eaux et représentant les formes les plus bizarres. Pour peu que l'imagination vienne vivifier ces masses inertes, on y voit des temples, des fortifications, des tours, des châteaux, tout ce que l'on veut. (Voir la planche ci-contre.)

On raconte qu'un individu ayant cherché à y entrer par la gouttière d'écoulement des eaux, y trouva, au centre, un cimetière de grands tombeaux de païens, *djohâla*, qui lui inspira une frayeur à le faire rebrousser chemin.

Une plantation de palmiers, affirme-t-on, existerait dans l'intérieur de ces montagnes qui ont la forme d'un fer à cheval. On aurait la preuve de ce fait par les troncs de palmiers trouvés, à l'époque des grandes pluies, dans les eaux qui descendent d'Idînen dans le lit du *Tânezzoûft*.

M. le docteur Barth a entrepris d'explorer la montagne d'*Idînen*, mais nul targui n'a voulu l'y accompagner. Sans guide, il s'est perdu, et, sans eau, sans vivres, sous un ciel ardent, il a failli périr de soif et de faim, à ce point qu'il a dû ouvrir une de ses veines pour en boire le sang. Bien qu'il n'y eût rien que de naturel dans le grave danger couru par l'intrépide voyageur, les Touâreg y voient une preuve de plus de l'impossibilité de pénétrer impunément dans le domaine des génies.

Quand j'ai témoigné à Ikhenoûkhen le désir de visiter la montagne d'Idînen, il en fut aussi effrayé que s'il s'était agi de la chose la plus difficile du monde. Je n'insistai pas.

Inutile de dire que M. le docteur Barth, qui a parcouru en détail les monts Idînen, n'y a trouvé ni cimetière, ni palmiers.

Chez les Ahaggâr, le mont Oudân est aussi abandonné aux âlhînen et nul n'y pénètre. Les génies qui l'habitent auraient, dit-on,

Pl. XXIII.   Page 416.   Fig. 37 et 38.

Fig. 1. — VUE ISOLÉE DE L'IDÎNEN OU QAÇAR-EL-DJENOÛN,

Réputé la demeure des esprits chez les Azdjer.

Fig. 2. — VUE DE L'IDÎNEN ET DE L'AKAKOÛS.

D'après les profils relevés à la boussole par M. H. Duveyrier.

l'humeur batailleuse, car on raconte qu'ils viennent attaquer leurs frères, chez les Azdjer, et qu'on entend parfois le bruit de leurs combats.

Chez les Touâreg d'Aïr, les génies occupent une oasis enchantée que personne ne connaissait lorsque la découverte en fut faite de la manière suivante :

Un targui de la vallée de l'Ouâdi-Tàfasâsset, après avoir abreuvé ses chameaux aux puits de son campement, les conduisit au pâturage dans un désert du côté du pays des Teboû, où il les abandonna, selon l'habitude, les chameaux revenant toujours vers les puits quand ils ont soif. Cette fois, les chameaux furent très-longtemps à reparaître, et quand ils rentrèrent leurs crottins étaient pleins de noyaux de dattes.

D'où venaient-ils donc? on ne connaissait pas de dattiers dans le pays.

Intrigué de cette découverte, le propriétaire des chameaux suivit leurs traces. Elles le conduisirent au milieu des sables, à une plantation de dattiers arrosés par des sources. Il mangea des dattes, en remplit une outre, après quoi il monta un de ses chameaux pour regagner sa demeure.

Quel ne fut pas son étonnement, quand, après avoir voyagé toute la nuit, il se retrouva, au point du jour, à la source qu'il avait quittée la veille !

Peut-être l'obscurité l'a-t-elle empêché de reconnaître sa route?

Il se remet en marche et voyage tout le jour. Au soir, il est encore au même point.

A bon entendeur, salut ! Notre targui a compris que le génie conservateur de la plantation ne veut pas qu'il emporte des dattes. Il vide donc son outre et repart ; mais, après une longue marche, la source fatale est encore là. Alors le targui fouille son bagage, et il y trouve une datte oubliée. C'est là la cause de l'enchantement. Il la jette, se remet en route et arrive enfin pour raconter à ses contribules l'histoire de ses mésaventures.

Personne n'a mis en doute son récit, mais nul n'est allé à la recherche de l'oasis enchantée.

Il y a probablement aussi un territoire réservé aux albinos chez les Aouélimmiden, de sorte qu'il y aurait, dans chaque grande fraction targuie, une tribu de génies correspondant à chacune d'elles.

En voyant, au xixe siècle, les Touâreg assigner, au milieu de leurs campements, un territoire aux génies, et respecter ce territoire comme inviolable, on est tout étonné de retrouver une tradition qui remonte aux premiers âges de l'histoire.

Pomponius Mela place dans les montagnes, aujourd'hui occupées par les Touâreg, « des peuples plus qu'à demi sauvages, qui méri-
« tent à peine qu'on les mette au rang des hommes et qu'on nomme
« les Égipanes, les Blemyens, les Gamphasantes et les Satyres, qui,
« n'ayant ni feu ni lieu, ne font qu'errer d'un endroit à l'autre sans
« s'arrêter nulle part.

« Les Gamphasantes sont nus; les Blemyens n'ont pas de tête,
« leur visage étant placé sur leur poitrine; les Satyres n'ont rien
« de l'homme que la figure. Les Égipanes sont faits comme on le
« dit communément. »

Depuis l'antiquité jusqu'à nos jours, la somme des connaissances sur ces êtres surnaturels s'est beaucoup agrandie, car on ne serait pas embarrassé de trouver aujourd'hui dans les bibliothèques des zâouiya bien des volumes, œuvres d'hommes graves, qui donnent les détails les plus intimes sur la vie des génies, leurs divisions en nations, en tribus, leurs mœurs, leurs coutumes, etc., etc. L'imagination de l'homme ne recule devant rien, quand il s'agit de mystères.

Dans toute l'Afrique, il n'y a pas un individu, éclairé ou ignare, instruit ou illettré, qui n'attribue aux génies tout ce qui arrive d'extraordinaire sur la terre.

Chez les Touâreg, cette croyance est tellement puissante qu'ils ne veulent jamais passer la nuit sous un toit, dans la crainte de s'y trouver emprisonné par les alhînen : aussi, mettre un targui en prison est presque le condamner à mourir de peur.

Toute maladie nerveuse : épilepsie, catalepsie, convulsion, etc., est réputée prise de possession par les génies; pour les conjurer d'évacuer la place, on a recours aux exorcismes les plus étranges.

Les Touâreg croient aussi aux sorciers, aux enchanteurs, auxquels ils attribuent le pouvoir de métamorphoser les hommes en bêtes. Tout voyageur européen, par le seul fait qu'il ose aborder des pays inconnus, est réputé quelque peu sorcier. Aussi El-Hâdj-el-Amîn, le cheikh de Rhât, évitait-il mes regards avec le plus grand soin, dans la crainte de tous les dangers possibles.

L'ignorance des peuples barbares, qui transforme les voyageurs européens en êtres surnaturels et les fait apparaître comme dangereux, a souvent créé de grands dangers à de nobles martyrs de la science. Peut-être la mort de Vogel est-elle due à cette cause. C'est pourquoi les voyageurs agiront toujours prudemment en ne s'avançant dans des contrées où ils sont inconnus que sous la caution des hommes qu'ils viennent de quitter et qui ont eux-mêmes expérimenté la limite tout humaine de la puissance de l'étranger.

En raison de ces terreurs et superstitions, l'amulette joue un grand rôle chez les Touâreg, car on lui attribue la propriété de pouvoir préserver de tout, excepté de la mort. Et comme les Touâreg craignent beaucoup de choses, ils ont la tête, le cou et la poitrine couverts d'amulettes.

Les amulettes des Touâreg ressemblent à celles de tous les autres musulmans : elles consistent en petits sachets de cuir, plus ou moins ornementés, ajustés sur une lanière également en cuir, de manière à former des colliers. Dans ces sachets sont enfermées des feuilles de papier couvertes de versets du Coran ou de signes cabalistiques.

Il y a deux classes bien distinctes d'amulettes : celles destinées à appeler sur la personne qui les porte toute la série des biens que l'homme peut désirer; celles appelées à éloigner toute la série des maux qu'il peut redouter.

Les marabouts qui les fabriquent ont chacun leur spécialité. L'Islamisme, en son entier, est mis à contribution pour constituer la collection de chaque croyant.

Instruction.

La langue parlée dans chaque confédération constitue un dialecte propre.

Bien que les Touâreg des quatre confédérations se comprennent entre eux, il y a cependant des différences notables dans chaque dialecte, surtout dans ceux du Sud qui ont donné l'hospitalité à beaucoup de mots des diverses langues nègres de l'Afrique centrale. Ceux du Nord paraissent plus purs de mélange. Si on y trouve quelques mots arabes, nécessairement importés avec la religion musulmane, du moins, les mots d'origine nègre ne les ont pas envahis.

Pour la prononciation des mots, la principale différence entre les dialectes du Nord et ceux du Sud est que, dans les premiers, l'*h* est aspirée, et que, dans les seconds, cette lettre est remplacée par un *ch* ou par un *z*, ce qui rend la prononciation plus douce [1].

En général, hommes et femmes savent lire et écrire, mais les femmes plus que les hommes, surtout dans la classe des nobles.

La lecture et l'écriture du tefînagh sont enseignées dans la famille par les femmes : c'est pourquoi, sous ce rapport, le degré de leur instruction est supérieur à celui des hommes.

La connaissance de la langue arabe écrite est restreinte à une minorité d'élite. Un plus grand nombre se sert de la langue arabe parlée.

La langue arabe est enseignée par des tolba du Touât, qui entreprennent l'éducation de toute une famille, filles et garçons. Les familles un peu aisées, celles des chefs, ont un maître qui les accompagne partout où elles vont, tant qu'il y a un enfant à instruire. Comme les filles sont moins distraites de leurs travaux que les garçons, elles profitent mieux qu'eux des leçons de leur instituteur.

Les livres arabes qu'on trouve chez les Touâreg sont le Coran et ses commentaires. Ils sont rares.

Ceux des Touâreg qui parlent la langue arabe s'expriment en termes bien plus corrects que les Arabes de l'Algérie, mais au bout de cinq mots on reconnaît qu'ils sont Touâreg, car ils ne peuvent prononcer l'*h* dur, et remplacent cette lettre par un *kh* : ainsi ils ne disent pas *hânoût*, *halib*, mais *khânoût*, *khalib*.

Parmi les femmes, il en est de véritablement instruites et qui feraient honte aux femmes des Arabes de l'Algérie. Aussi, quand on constate quel degré d'influence l'éducation a donné à la femme targuie dans la famille, on regrette d'apprendre que, sur la proposition de quelques membres musulmans des conseils généraux de l'Algérie, on ait renoncé à enseigner la lecture et l'écriture aux jeunes filles mauresques qui fréquentent les écoles d'Alger, surtout quand on avait surmonté les premières difficultés du professorat.

---

[1]. M. le docteur Henri Barth, qui a étudié surtout les Touâreg du Sud, écrit le nom de ce peuple *Imôcharh* d'après le dialecte des Aouélimmiden. J'ai adopté dans cet ouvrage la forme *Imôhagh*, qui est celle usitée dans le Nord. Le même changement de lettres se trouve dans un grand nombre de mots de nos deux vocabulaires.

VIE INTÉRIEURE.

Dans cette circonstance, on a trop subi l'influence d'hommes habitués à considérer la femme comme un être inférieur qui doit, en toutes choses, être subordonnée aux caprices de l'homme.

Les connaissances en calcul sont à peu près nulles, si ce n'est chez les marchands des villes de Ghadâmès, de Rhât et d'In-Sâlah.

Quant aux Touâreg nomades, ils comptent sur les grains de leurs chapelets, ou au moyen de points marqués sur le sable.

Cependant, à la différence des Arabes, la plupart des Touâreg savent leur âge, en années lunaires.

La division de l'année est la même que chez les Arabes.

Voici, en temâhaq, les noms des mois :

Azhoûm (âzhoûm)	correspondant à	*Ramadhân.*
Tesesi	—	à *El-fotor.*
Djer-moûhadan	—	à *El-fotor-eth-thâni.*
Tafàski	—	à *El-'aïd.*
Tâmessadaq	—	à *'Achoûra.*
Tâllit-sattafet	—	à *Sefer.*
Tâllit-ârarhet	—	à *El-mouloûd.*
Aouhêm-iezzâren	—	à *Teba'at-mouloûd-el-oouel.*
Aouhêm-ilkemen	—	à *Teba'at-mouloûd-eth-thâni.*
Saret	—	à *Chaa'bân-el-oouel.*
Tîn-tenslemîn	—	à *Chaa'ban-eth-thâni.*
Tîn-tenslemîn-imezzehêl	—	à *Chaa'ban-eth-thâleth.*

Les noms des jours de la semaine sont :

Vendredi	*El-djemet,*
Samedi	*Es-sebet,*
Dimanche	*El-hâd,*
Lundi	*El-itni,*
Mardi	*El-tenâta,*
Mercredi	*Enârda,*
Jeudi	*El-rhamîs.*

tous empruntés à la langue arabe et dénaturés.

En dehors de la géographie de la partie de l'Afrique comprise entre le Niger et la Méditerranée, de celle des pays de l'Orient sur la route de la Mekke, qu'ils connaissent bien, les Touâreg savent tout au plus qu'il y a des pays qui s'appellent l'Angleterre, la France, la Russie, et que le premier de ces pays est séparé des deux autres par des mers. A cela se borne la science géographique du peuple le plus voyageur du monde.

Mais on peut dire que le dernier d'entre eux connaît son pays, dans ses détails, comme peu d'entre nous connaissent le leur.

A l'exception de quelques faits conservés par les légendes et la tradition, l'histoire est un livre clos pour eux.

Cependant, par la *Note* de Brâhîm-Ould-Sîdi, par les listes de sultans, de cheikh, qui m'ont été données et qui embrassent plusieurs siècles, on voit que les Touâreg, comme tous les Orientaux, tiennent à la conservation de leurs généalogies.

En botanique, les Touâreg défieraient les plus érudits : ils savent le nom de toutes les plantes du Sahara, leurs propriétés utiles ou nuisibles, les terrains qu'elles préfèrent, les époques de leur floraison et de leur fructification. On reconnaît en cela qu'ils sont essentiellement pasteurs.

En zoologie, ils sont moins instruits, mais tous connaissent les grands animaux de leur pays, leurs mœurs et leurs habitudes. Quelques-uns possèdent traditionnellement, en médecine et en art vétérinaire, des connaissances qui suffisent à leurs besoins.

En minéralogie, leur science se borne à distinguer entre elles les substances minérales qu'ils emploient.

Ils savent aussi discerner, par l'observation, les terrains dans lesquels il y a chance de trouver de l'eau pour le forage des puits.

Dans le forage des puits, ils tiennent compte des couches traversées, leur donnent des noms et attachent la plus grande attention à bien reconnaître celle qui précède immédiatement l'eau.

Sur tous les points du Sahara, on trouve des mineurs et des puisatiers qui ont une certaine expérience. Quelques-uns même prétendent être hydroscopes et reconnaître les couches d'eau souterraines que les Arabes appellent *Bahar-taht-el-ardh*, mer sous la terre.

Les marabouts ont des notions de théologie et de droit. Malheureusement les marabouts instruits sont rares chez les Touâreg : obligés d'être continuellement sur les routes pour les devoirs de leur ministère, ils ne peuvent consacrer aux études sérieuses le temps qu'elles réclament.

Les controverses religieuses ont pour thèmes, d'un côté, le fanatisme le plus exalté prêché dans les zàouïya de la confrérie des Senoûsi, de l'autre, la tolérance et la conciliation recommandées par les zàouïya des Tedjâdjna et des Bakkày.

Pour l'enseignement du droit, on suit les préceptes du *Traité de jurisprudence* de *Sidi Khelil*, modifiés par les *Coutumes de Fez*. Dans la pratique, chez les Touàreg, les coutumes locales ont la préférence sur les décisions des plus savants jurisconsultes.

Le *maximum* de la science, pour ceux qui ont des prétentions à l'érudition, est de se proclamer savants en sorcellerie et en alchimie. Mais, quand on les interroge sur ces sujets, ils évitent habilement toute discussion. Les sciences occultes aiment le secret.

Mais là où excellent incontestablement les Touàreg, c'est dans l'astronomie.

Un peuple qui voyage toujours dans des déserts, et qui, pour éviter la chaleur, préfère les marches de nuit à celles du jour; ce peuple, s'il n'a pas de boussole, est obligé de guider sa marche sur celle des étoiles. L'esprit d'observation a dû bientôt suppléer chez lui à l'enseignement méthodique, et si ce peuple, comme tout l'indique, a des liens de parenté avec les anciens Égyptiens, la tradition vient en aide à l'observation.

Je n'ai pas la prétention de donner ici une situation des connaissances des Touàreg en astronomie : il eût fallu, pour cela, consulter un grand nombre de guides des caravanes et contrôler les unes par les autres leurs informations : je me borne donc à constater ce que j'ai appris, en conservant autant que possible à la poésie saharienne tout son caractère.

Le Firmament est *Erher*.

Le Soleil est *Tafoûk*, et la Lune *Ayór*.

Quand il y a éclipse, c'est une rhazia que l'un des deux astres opère sur l'autre.

L'éclipse de Soleil ou la rhazia de la Lune sur le Soleil est *Tafoûk-teméhagh*.

L'éclipse de Lune est *Ayór-ïeméhagh*.

La nouvelle Lune s'appelle *Tállit*;

La pleine Lune, *Afaneór*;

La Lune avec halo, *Ayór-ieffrádj*;

Les Étoiles, en général, *Itrán*, au sing. *átri*;

La Voie lactée, *Máhellaou*.

Vénus est *Tátrit-tan-toúfat* (l'étoile du matin), comme l'appellent aussi nos bergers.

Orion est *Amanár* (celui qui ouvre), étymologie qui rappelle celle du nom classique.

Le Baudrier d'Orion, *Tádjebest-en-Amanár* (mot à mot *ceinture de celui qui ouvre*), est une traduction plus complète encore.

Rigel est *Adár-n-elákou* ou *le Pied dans la vase*.

Sirius est *Eydi*, le Chien, c'est-à-dire *le chien du chasseur Amanár*.

D'après les uns, Orion (Amanár) sort d'un puits vaseux, et Rigel (Adár-n-elákou) est le dernier pied qu'il sort de la vase, c'est-à-dire la dernière étoile qui apparait lorsque la constellation monte dans l'Est.

D'après d'autres, Amanár est un Chasseur ceint de sa Ceinture; il est suivi par un Chien, *Eydi* (Sirius), et précédé par des Gazelles, *Ihenkádh*, qui sont les étoiles de la constellation du Lièvre.

A l'époque où Adár-n-elákou (Rigel) paraît au firmament, les fruits du *Zizyphus Lotus*, arrivés à maturité, sont déjà tombés à terre. L'apparition de cette étoile est donc à la fois une époque astronomique et botanique.

La grande et la petite Ourse est une Chamelle avec son Chamillon, *Tálemt-de-róris*.

Le Chamillon, sans sa mère (la petite Ourse), s'appelle *Aourá*.

L'Étoile Polaire est dite *Lemkechen*, mot à mot, *tiens*, c'est-à-dire qu'une Négresse est supposée recevoir l'ordre de tenir le Chamillon *Aourá*, pour qu'on puisse traire sa mère, *Tálemt*, la Chamelle (c'est-à-dire la grande Ourse).

Les étoiles de la même constellation ψ, λ, μ, ν, ξ, qui forment un triangle, figureraient une Assemblée, *El-Djema'at*, qui délibérerait pour tuer *Lemkechen* (la Négresse); c'est pourquoi cette dernière, saisie d'effroi, ne bouge pas et cherche à se cacher.

Les Pléiades sont les Filles de la Nuit, *Chét-Ahadh*; chacune des six principales étoiles de cette constellation a son nom propre; la septième est l'œil d'un garçon, qui, après avoir quitté l'orbite oculaire de son propriétaire terrestre, est allé se fixer au ciel.

Cela est expliqué dans les cinq vers suivants :

> Chêt-Ahadh essa hetisenet
> Màteredjré d-Erredjeàot,
> Màteseksek d-Essekàot,
> Màtelarhlarh d-Ellerhàot,
> Ettàs djenen, baràd, tit-ennit abatet.

Ce qui mot à mot signifie :

> « Les Filles de la Nuit sont sept :
> « *Màteredjré* et *Erredjeàot*,
> « *Màteseksek* et *Essekàot*,
> « *Màtelarhlarh* et *Ellerhàot*,
> « La septième est un garçon dont un œil s'est envolé. »

Le Scorpion est tantôt désigné sous le nom de *Tàzherdamt* (scorpion), tantôt sous celui de *Tàzzeït* (palmier). Cette dernière désignation convient très-bien à la figure de cette constellation.

Un jeune homme, du nom d'*Amròt* (Antarès), disent les astrologues Touàreg, veut monter sur le Palmier, *Tàzzeït*, mais arrivé à mi-hauteur de l'arbre, il aperçoit de belles jeunes Filles, *Tibaradin*, revêtues de haoulis rouges, venant de la Mare, appelée *Tesáhak*, et se dirigeant vers lui ; il reste alors à mi-hauteur du Palmier pour les comtempler. Sans doute cette image peut s'expliquer, mais je ne veux pas me risquer à appliquer ces dénominations à telles ou telles étoiles voisines de la constellation du Scorpion.

La constellation du Lièvre est désignée sous le nom d'*Ihenkádh*, les Gazelles.

La constellation du grand Chien (ϵ δ et η) est appelée *Ifarakfaráken*, mot qui sert ordinairement à indiquer le bruit que fait un éventail agité dans l'air, ou le vol d'un oiseau à son passage, parce qu'à l'époque où parait cette constellation des vents violents agitent toujours l'atmosphère.

β du grand Chien est *Aouhém*, le petit de la Gazelle.

Les étoiles de la constellation du Navire sont désignées : δ, sous le nom de *Tenáfelit*, la Richesse, l'Opulence ; o, sous celui de *Tózzert*, la Misère, le Besoin, la Pauvreté.

Quand on traverse le désert de Tànezroûft, de Ouâllen à Am-Rhannân, ces deux étoiles servent à indiquer la direction en prenant le point central entre celui de leur lever et celui de leur coucher, c'est-à-dire droit au Sud. Ces étoiles étant près de l'horizon, il est toujours facile de se guider sur leur passage au méridien. Entre leur coucher et leur lever, les guides disent qu'il y a la longueur de l'emplacement de la ville d'Araouân.

Aldébaran est *Kôkoyyodh*.

Canopus est *Ouâdet*.

Une Comète se dit *Aharôdh*. Comme chez tous les peuples, l'apparition inattendue de ces corps lumineux étonne et effraie.

Le Soleil et les Étoiles servent aux Touâreg à distinguer les quatre points cardinaux :

    Le Nord se dit : . . . . *Fôy*,
    Le Sud. . . . . *Anchôl*,
    L'Est. . . . . *Leqqâblet*,
    L'Ouest. . . . . *Idjedel-en-Tafoûk*.

Les divisions du jour, *Ahel*, sont :
    Le matin. . . . . *Toûfat*,
    Le midi. . . . . *Imoghri*,
    L'après-midi (trois heures). . . . . *Takkâst*,
    Le soir. . . . . *Tadeggat*,
    La nuit. . . . . *Ehadh*.

Tout le temps de la grande chaleur, la *Gaïla* des Arabes, celui pendant lequel les caravanes se reposent, se dit *Taroût*.

Les Touâreg, comme tous les Arabes du Sahara, pour avoir l'heure du midi, plantent un piquet dans le sable et calculent la projection de l'ombre suivant la saison.

La boussole, aussi utile dans les voyages sahariens que dans la navigation maritime, était entièrement inconnue, non-seulement chez les Touâreg, mais encore dans toute l'Afrique centrale. On n'en savait même pas le nom.

Par mes soins, les Touâreg la connaissent désormais. Le marabout Sidi-el-Bakkây attachait le plus grand prix à en avoir une; j'ai pu satisfaire ce désir. Ikhenoûkhen aussi en désirait une, mais il a dû attendre. Le Cheikh-'Othmân en a fait ample provision à Paris.

J'estime donc que la boussole est un des présents les plus utiles qu'on puisse faire aux chefs du Sahara, à la condition que l'instrument sera portatif et leur sera remis par une personne qui leur indiquera la manière de s'en servir.

A Ghadâmès, on m'a parlé de deux *Traités d'astronomie*, en langue arabe, qui existeraient dans la bibliothèque de la mosquée, preuve incontestable de l'importance que les Sahariens attachent à la connaissance de la marche des astres.

Je ne puis terminer ce que je viens de dire sur l'instruction des Touâreg sans faire remarquer que la somme de leur savoir se transmet, traditionnellement, de père en fils et avec le concours d'une seule famille : celle des marabouts de Timàssanîn.

Droit. — Justice. — Police.

Le droit écrit n'est invoqué qu'à défaut du droit coutumier, pour les contestations exceptionnelles. Alors, on ouvre le *Traité de jurisprudence* du grand légiste Sidi-Khelîl.

Le droit coutumier, *'Adda*, conservé traditionnellement dans la mémoire des anciens, doit être une émanation de l'ancien droit berbère. Pour en avoir une idée nette, il faudrait vivre pendant plusieurs années chez les Touâreg, tenir note des solutions données à tous les litiges et demander aux juges la raison de leurs jugements. Un voyageur ne peut entrer dans de pareils détails.

Les Touâreg n'ont pas de kâdhi dans leurs tribus, et on n'a recours à ceux de Rhât, de Ghadâmès et d'In-Sâlah, que très exceptionnellement.

Le chef de famille supplée à leur absence dans la famille, comme les chefs de tribus dans les tribus. Quand il y a lieu, les marabouts interviennent.

La police intérieure est faite par les chefs de tribus. Les peines qu'ils appliquent sont l'amende, *isekkeser*, la bastonnade, *tiboûren*, et la mise aux fers.

La peine de la prison, *tekhórmit*, et la peine de mort, *tâmattant*, ne sont jamais appliquées. La punition des crimes, assez graves pour emporter l'une ou l'autre de ces deux peines, d'après nos lois, est réservée aux représailles des parents des victimes.

Cependant, quand, pour un crime particulier, on a recours à l'intervention de l'*amghâr*, en vue d'éviter des guerres de tribu à tribu, il prononce la peine du talion, conformément aux prescriptions du Coran : *œil pour œil, dent pour dent, coup pour coup.*

Dans ce cas, les plus proches parents de la victime décident du sort du criminel : ils peuvent accepter le rachat du sang, moyennant une somme d'argent, ou désigner celui d'entre eux qui remplira les fonctions d'exécuteur des hautes œuvres de la justice.

Si le prix du sang n'est pas accordé, malheur, malheur au coupable! Il subira, en présence de témoins, de sa propre famille et de celle de sa victime, le plus terrible des supplices, car l'enivrement de la vengeance ne se contente pas d'un œil pour un œil, d'une dent pour une dent.

Quel affreux spectacle que celui de cette justice patriarcale!

Dans toutes les sociétés musulmanes, l'absence d'une justice officielle est une des principales causes qui entretiennent les haines et les divisions entre les familles et entre les tribus.

Cependant, les crimes ayant un caractère individuel sont rares : l'infanticide, à la suite des grossesses illicites, est assez commun. Dans ce cas, le père de la coupable est juge de l'offense faite à sa maison et généralement il cache sa honte.

Naissances. — Mariages. — Décès.

A ma connaissance, les naissances, chez les Touâreg, appellent peu l'attention. Un fils est toujours le bienvenu parce qu'il augmente le nombre des défenseurs de la tribu. A l'âge ordinaire, il est circoncis, suivant la coutume musulmane.

Chez les Touâreg, à la différence des Arabes, les jeunes gens ne sont pas admis à prendre part à la gestion des affaires publiques. La grande majorité pour eux ne commence pas avant quarante ans; jusque-là, on est admis à l'action, pas au conseil.

La longévité des Touâreg explique cette longue durée de la minorité comme aussi le retard apporté au mariage, car les centenaires n'y sont pas très-rares. On cite même des individus qui ont atteint cent trente et cent cinquante ans; entre autres celui qui m'a conduit à la sculpture Lybico-égyptienne de Bordj-Taskô, à Ghadâmès, auquel on donne plus de cent cinquante ans. Il est vrai qu'il est actuellement en enfance. Les auteurs arabes du moyen âge avaient déjà constaté ce fait exceptionnel. Ebn-Khaldoûn, entre autres, dans sa notice sur les *Molâthemin*, dit : « Dans le pays habité par ce peuple, on vivait ordinairement jusqu'à l'âge de quatre-vingts ans. » J'ai constaté qu'il en est encore de même aujourd'hui.

Les mariages donnent lieu aux remarques suivantes : la femme se marie rarement avant vingt ans, l'homme avant trente. Un targui n'a jamais qu'une femme. Il peut divorcer, mais il n'introduira pas une nouvelle épouse au foyer conjugal avant d'avoir réglé le sort de la femme répudiée.

La femme mariée jouit d'autant plus de considération qu'elle compte plus d'amis parmi les hommes, mais, pour conserver sa réputation, elle ne doit en préférer aucun. Une femme qui n'aurait qu'un ami ou qui témoignerait plus d'affection pour l'un de ses adorateurs serait considérée comme pervertie et montrée au doigt.

Les mœurs permettent, entre hommes et femmes, en dehors de l'époux et de l'épouse, des rapports qui rappellent la chevalerie du moyen âge : ainsi la femme pourra broder sur le voile ou écrire sur le bouclier de son chevalier des vers à sa louange, des souhaits de prospérité ; le chevalier pourra graver sur les rochers le nom de sa belle, chanter ses vertus, et personne n'y voit rien de mal. « L'ami et l'amie, disent les Touâreg, sont pour les yeux, pour le cœur, et non pour le lit seulement, comme chez les Arabes. »

Presque tous les soirs, les femmes chantent en s'accompagnant de la *rebâza* ; elles improvisent généralement leurs chants, à la façon des anciens trouvères. Les hommes font cercle, accroupis autour des chanteuses, et, pour honorer la réunion, ils revêtent leurs plus beaux habits.

Au milieu de ces mœurs patriarcales, la femme demanderait immédiatement le divorce, si elle avait une rivale, et l'homme aurait le droit de tuer sa femme, sans avoir à rendre compte de sa vie à sa famille, si elle commettait une infidélité.

Est-ce à dire pour cela que les mœurs soient d'une pureté irréprochable? Je ne le crois pas. Il y a près de Ghadâmès un campement de targuies qui rappelle les Nàylïyât de Biskra et de Tougourt, et plus d'une jeune fille est accusée d'être devenue mère avant le mariage.

Dans les rapports de l'homme avec la femme, en mariage, la formule du Code Napoléon est la règle : « La femme doit obéissance au mari et le mari doit pourvoir aux besoins de la femme dans la limite de ses ressources. » La délaisser même est un motif à reproche.

Les Touâreg mangent en compagnie de leurs épouses : ce qui est contraire à l'usage des autres musulmans ; la meilleure part du repas leur est donnée. Toutefois, il est, dans les aliments, des parties exclusivement réservées à l'un ou à l'autre : le cœur, les intestins des animaux, ne sont mangés que par l'homme ; le foie et les rognons reviennent aux femmes. Le café et le thé ne peuvent être bus que par les hommes.

La tenue des dames Touâreg est toujours décente et convenable. Une sorte d'étiquette préside à tous leurs mouvements quand elles sont en société. Une grande marque de leur respect pour l'homme auquel elles parlent est de lui cacher leur figure, quoiqu'elles ne portent jamais le voile, et, à cette fin, elles tournent le dos à leur interlocuteur, ou bien elles ramènent un coin de leur par-dessus sur leur figure.

Le sentiment de la pudeur, inconnu et impossible au milieu des familles polygames, recouvre tous ses droits dans les ménages monogames des Touâreg.

Plus heureuse que la femme arabe, la femme targuie n'est obligée ni à moudre le blé, ni à aller chercher sur son dos l'eau et le bois, ni à faire la cuisine ; les esclaves pourvoient à tous ces besoins, de sorte que, comme les dames des contrées civilisées, elles peuvent consacrer du temps à la lecture, à l'écriture, à la musique et à la broderie. Ce n'est pas sans quelque émotion, qu'après avoir traversé quatre cents lieues de pays dans lesquels la femme est réduite à l'état de bête de somme, on constate, en plein désert, une civilisation qui a tant d'analogie avec celle de l'Europe chrétienne au moyen âge.

La célébration du mariage, chez les Touâreg, ressemble beaucoup à celle des autres pays musulmans, avec cette différence que, les armes à feu étant inconnues ou à peu près chez les nomades, on n'y fait pas parler la poudre. Chez les nobles, la *fantazia* à dromadaire remplace la *fantazia* à cheval ; on chante, on joue de la rebâza ; chez les serfs et chez les esclaves, on danse à la mode de Nigritie, au son de la derboûka.

Un marabout préside à la bénédiction nuptiale et rédige les conventions particulières des époux, quand il y a lieu à contrat.

Les morts sont enterrés conformément aux prescriptions de la religion musulmane ; lavage du corps à l'eau chaude, linceul neuf, prières pour tous, aromates pour les riches. Mais on ne les pleure pas, et dès qu'on leur a rendu les derniers devoirs de la sépulture, après un repas propitiatoire, on évite tout ce qui pourra ressusciter leur souvenir. Ainsi, on change de campement, on ne prononce jamais leur nom, et, afin qu'ils disparaissent du milieu des vivants, on n'appellera pas leurs enfants, comme chez les Arabes, *tel fils d'un tel*, on leur donnera un nom qui vivra et mourra avec eux. Il n'y a d'exception à cette règle que dans les familles des marabouts, ou dans les familles princières dont le nom est intimement lié à l'histoire de la tribu [1]. Cet oubli apparent ou réel des morts a sa cause dans la crainte des revenants, crainte générale et qui fait éviter tout ce qui pourrait être considéré comme une évocation.

Pratiques hygiéniques.

L'hygiène est en grand honneur chez les Touâreg, et ses préceptes, plus ou moins orthodoxes, plus ou moins rationnels, sont religieusement suivis.

Jamais un targui, à moins d'une circonstance exceptionnelle, ne se lave ni la figure, ni les mains, ni les pieds, à plus forte raison les autres parties du corps, parce que l'eau est réputée rendre la peau plus impressionnable au froid et au chaud. Les ablutions prescrites par la religion sont faites avec du sable ou avec un caillou.

Toujours en vue de soustraire la peau aux influences extérieures, les Touâreg se teignent les mains, les bras et la figure, avec de l'indigo en poudre. Le reste de leur corps, également couvert d'indigo par la déteinte continuelle de leurs vêtements, est soumis aux mêmes effets.

---

[1]. Les auteurs de l'antiquité grecque et romaine parlent d'hommes habitant le pays actuel des Touâreg qui ne portaient pas de noms propres. Sans doute il est question de noms patronymiques et d'un usage analogue à celui que je constate, car il est douteux que des hommes aient jamais pu vivre en société sans avoir un nom personnel.

Les femmes emploient souvent, mais sur leur visage seulement, l'ocre au lieu de l'indigo.

Ainsi, quoique blancs, les Touâreg paraissent bleus, et leurs femmes jaunes, ce qui contribue à leur donner un aspect si étrange.

Il va sans dire que jamais on ne lave les vêtements teints à l'indigo, attendu que, par le lavage, ils perdraient leur propriété essentielle, qui est de déteindre sur le corps.

La conséquence de pareilles habitudes est que ceux des Touâreg qui n'ont pas une garde-robe de rechange sont largement pourvus de parasites.

Comme les Arabes, les Touâreg se rasent la tête, mais, au lieu de se borner à laisser une simple mèche de cheveux, *tahoqqôt*, pour que l'ange puisse les enlever de terre au ciel, le jour du jugement dernier, et les faire comparaître convenablement devant le Grand Maître, ils conservent, du front à la nuque, une sorte de crête de cheveux, *ahoqqôt*, qui ressemble assez à celle de certains casques, et, en attendant que ces cheveux servent à l'usage commun après la mort, ils en tirent un parti hygiénique dans cette vie. A cet effet, cette crête est tressée en petites mèches, réunies les unes aux autres, de manière à former une charpente pour supporter la calotte et permettre à l'air de circuler entre le cuir chevelu et le tissu de laine qui recouvre la tête.

Les enfants et les jeunes gens portent à une oreille un grand anneau, tantôt en métal, tantôt en corne, tantôt en bois. Est-ce là aussi une pratique hygiénique pour préserver, pendant le jeune âge, par un dérivatif continuel, des nombreuses maladies auxquelles les yeux sont exposés?

L'usage du sulfure d'antimoine, le *kohel* des Arabes, sur le bord libre des paupières, a incontestablement ce but. Cette poudre est appliquée avec délicatesse au moyen d'un stylet en bois, *tâfendit*.

Mais la pratique hygiénique par excellence des Touâreg est la religion du voile, pour préserver leurs organes extérieurs les plus délicats, yeux, oreilles, fosses nasales et bouche, de l'action des sables, du soleil, des vents et de la sécheresse extrême de l'air; jamais coutume ne fut mieux appropriée au climat, aussi tous les étrangers qui voyagent dans leur pays s'empressent-ils de l'adopter. Moi-même j'ai suivi la mode générale et je n'ai qu'à m'en féliciter.

Maladies et pratiques médicales.

Le genre de vie menée par les Touâreg est promptement fatal aux constitutions faibles, et la sélection opérée par la mortalité ne laisse dans la population que des sujets forts et robustes.

D'un autre côté, le climat est sain, et la sobriété, commandée par l'aridité du sol, contribue puissamment à maintenir la santé.

Les maladies sont donc rares, quoique les voyageurs étrangers soient assaillis par des demandes de médicaments ; mais ces demandes ne font que révéler l'impuissance des pratiques médicales en usage dans le pays.

Les maladies les plus graves et les plus générales sont les ophtalmies, les rhumatismes, les fièvres intermittentes, les engorgements des viscères consécutifs aux fièvres, la variole, les affections cutanées, les maladies de la vessie, le ver de Guinée, enfin le boûri chez les nègres.

Il est peu de Touâreg dont les yeux n'aient été le siége d'ophtalmies les plus graves, probablement d'ophtalmies purulentes si communes en Égypte, sous l'influence des mêmes causes ; car, chez un grand nombre, la cornée transparente est devenue opaque ; beaucoup sont aveugles ou ne voient que pour se conduire.

La réverbération solaire, les sables charriés par les vents ; les variations extrêmes de température, entre la nuit et le jour ; la sécheresse de l'air ; les effluves salines qui se dégagent du fond des lacs desséchés ; la contagion elle-même, sont les causes de ces ophtalmies endémiques. Au Fezzân, j'ai trouvé une grande partie de la population atteinte de maux d'yeux.

Les remèdes empiriques qu'emploient les indigènes sont plutôt de nature à aggraver qu'à guérir.

Un des plus grands services qui puisse être rendu aux Touâreg, serait d'introduire chez eux, à titre de complément de l'usage du voile, la coutume de conserves à verres bleus avec œillères. Il suffit pour cela d'en donner en cadeau aux principaux chefs, — c'est ce qui a été fait, — et d'introduire cet article dans les pacotilles des caravanes à des conditions de prix qui le rendent abordable à toutes les bourses.

Les Anglais ont bien opéré un plus grand miracle, en remplaçant l'usage du café par celui du thé. Ils ont commencé par en faire présent aux chefs, et, par esprit d'imitation, tout le monde a voulu en goûter. Aujourd'hui le Maroc, presque tout le Sahara et une partie de l'Afrique centrale sont tributaires de l'Angleterre pour le thé.

Au-dessus de trente ans, peu d'hommes ou de femmes sont exempts de rhumatismes; quelques-uns en sont perclus. Le coucher sur le sable refroidi pendant la nuit, et l'usage exclusif des vêtements de coton expliquent la multiplicité et la gravité de ces affections. Parvenons à livrer aux Touàreg des vêtements de laine, chemises, blouses et pantalons, à des prix peu supérieurs à ceux de coton, et nous verrons le coton abandonné pour la laine; car déjà les chefs recherchent les tissus en laine des Arabes. Mais le prix élevé de ces derniers est un obstacle réel à leur adoption, tant le peuple est pauvre.

A l'exception de quelques liniments et du feu appliqué à la manière arabe, par la cautérisation transcurrente, les Touàreg n'ont aucun moyen curatif ou palliatif rationnel contre les rhumatismes. Ceux qui en sont atteints souffrent jusqu'à leur mort.

Les fièvres intermittentes, *tázzaq*, contractées dans le pays, sont rares, mais comme les Touàreg voyagent beaucoup et sortent souvent des régions saines de leurs montagnes, ils rapportent de leurs voyages des fièvres persistantes auxquelles le changement de climat met quelquefois fin, mais qui souvent se transforment en engorgements chroniques et incurables du foie et de la rate.

Les seuls remèdes connus sont des tisanes laxatives ou purgatives préparées avec des plantes du pays ou des médicaments tirés du Soudan. Notre commerce pourrait substituer à ces préparations, sans valeur sérieuse, les principaux fébrifuges, les purgatifs et les vomitifs de notre matière médicale, dont l'emploi deviendrait bientôt général, si la vente de ces médicaments était accompagnée de notices simples rédigées en langue arabe.

La variole, *áchek* ou *bedi*, vient périodiquement décimer ces malheureuses populations; à mon passage à Ghadâmès, une épidémie y régnait et n'épargnait ni jeunes ni vieux. Elle avait antérieurement, au printemps 1860, exercé ses ravages sur les Ifôghas du Cheikh-'Othmàn. Contre ce terrible fléau on ne connaît ni la vaccine ni même l'inoculation du virus variolique, en usage chez les Arabes.

Sans doute, un jour, grâces aux relations que nous sommes appelés à entretenir avec les peuplades du Sahara et de l'Afrique centrale, elles nous seront redevables de l'introduction de la vaccine, et de ce moment datera pour elles une ère nouvelle qui fera époque dans leurs souvenirs historiques; jusque-là, nous sommes impuissants à leur venir en aide.

La rougeole, *toumet*, ainsi que les autres maladies de l'enfance, n'épargnent pas plus les Touâreg que les autres peuples.

On comprendra facilement que les maladies de la peau, du cuir chevelu, de la paume des mains et de la plante des pieds, soient fréquentes et presque incurables chez un peuple dévoré de vermine et qui redoute de se laver avec de l'eau, dans la crainte de rendre la peau plus impressionnable au froid et au chaud. L'importation par le commerce des préparations sulfureuses et mercurielles peut donc, en attendant mieux, devenir un objet d'échange utile et lucratif.

Les dartres, *ânerhoû*, sont communes.

Les voyages fréquents, l'allure fatigante du chameau, la dureté des selles, en vue de prévenir le sommeil, déterminent souvent des maladies chroniques de la vessie, dites *tezhaggâlt*, qui, d'après les symptômes indiqués, pourraient bien être la pierre.

Contre cette maladie les Touâreg n'ont aucun remède.

Les hernies, *âmokketes*, suites de longues marches, sont aussi fréquentes. Des bandages, plus ou moins grossiers, les maintiennent réduites.

Généralement, les Touâreg qui vont au Soudan en rapportent le ver de Guinée, *farentit*, parasite qui vit entre cuir et chair, cause d'atroces souffrances, et revient pendant longtemps, tous les ans, à la même époque.

En langue temâhaq, la maladie que donne le ver de Guinée est appelée *âtleb*.

Les Européens, comme les indigènes, paient le tribut au farentit. M. le docteur Barth en a été atteint et ne s'en est débarrassé qu'avec peine.

Le suc laiteux du *Calotropis procera* (voir page 180) est le seul remède connu à ce mal.

Probablement, notre matière médicale, si riche en toxiques, aura à donner aux habitants de l'Afrique centrale un spécifique plus puissant que le suc de ce *Calotropis*. Un débouché certain est assuré à ce médicament, dès qu'il sera trouvé.

Le *boûri* est une affection vertigineuse du cerveau, qui atteint spécialement les nègres dans la période d'acclimatation, et les rend fous à lier. Cette maladie se présente sous forme d'accès. On se borne, pour tout traitement, à séquestrer les malades.

La syphilis, *tâlaouaït*, héréditaire ou acquise, vient couronner la série des maladies qui atteignent les Touâreg, quoique ce mal soit moins commun que dans les populations sahariennes du Sud de l'Algérie et de la Tunisie. La sévérité des mœurs explique la préservation plus générale et aussi la gravité moins grande des accidents.

Les symptômes les plus ordinaires de cette affection sont des ulcères, *amaluâr*.

Des tisanes et des poudres de diverses plantes sont d'abord employées à l'intérieur et à l'extérieur contre les premiers symptômes de cette maladie, et quand elles n'ont pas amené la guérison, on a recours au traitement traditionnel par la salsepareille, *el-'acheba*, qui est très-compliqué.

La salsepareille, qui vient d'Europe, est l'objet d'un commerce important dans le Sahara. Les préparations mercurielles, employées avant tant de succès par nos médecins sur les indigènes de l'Algérie, peuvent très-bien prendre place avec la salsepareille dans les pacotilles à destination de l'intérieur.

Les Touâreg se plaignent souvent d'ulcères, dans les fosses nasales, déterminés probablement par les sables ou l'excessive chaleur; ils donnent à cette maladie spéciale le nom de *fandhefir*.

Les bronches elles-mêmes ne paraissent pas toujours à l'abri de la pénétration des sables, malgré l'usage du voile; ils provoquent la toux, *tisoût*, mais ne déterminent pas d'autres accidents.

Dans les cas de piqûre d'animaux venimeux, vipères ou scorpions, les Touâreg étranglent par une ligature le membre ou la partie atteinte, pour faire obstacle à la transmission du venin par la circulation; après quoi, ou ils appliquent le feu, ou ils font des lotions oléagineuses, ou ils mettent en contact avec la plaie la chair sanglante et encore vivante d'un animal quelconque, poulet, mouton ou chèvre, en attribuant aux chairs vivantes la propriété d'absorber le virus.

La seule chose rationnelle dans ces pratiques est la destruction des parties atteintes par le cautère incandescent; mais on pourra utilement substituer à cette méthode douloureuse l'emploi de l'ammoniaque liquide à l'intérieur et à l'extérieur.

Est-il nécessaire de constater que les 'Aïssàoua, qui prétendent charmer les vipères et affronter impunément leur morsure, ne vont jamais dans la contrée où leur prétendue exemption anti-septique pourrait être mise à l'épreuve? Ils sont même inconnus chez les Touâreg.

Dans quelques tribus du Sud de la province d'Oran, quand la gale du cheval ou du chameau a résisté au traitement par le goudron, on détruit l'*Acarus* ou insecte de la gale par le virus de scorpion; à cet effet, on fait piquer l'animal galeux au-dessous de la croupe, et on affirme que les *Acarus* sont bientôt tués. Cette pratique n'est pas en usage chez les Touâreg, quoique la gale du chameau y soit fréquente et difficile à guérir.

Dans le Tell algérien et tunisien, on fait quelquefois aussi, dit-on, un coupable usage de viandes présentées à la dent des vipères et empoisonnées par leur venin. Je dois dire que les Touâreg sont trop honnêtes et trop loyaux, même vis-à-vis de leurs ennemis, pour employer de tels moyens.

La seule plante vénéneuse que produise le pays des Touâreg est l'*Hyoscyamus Falezlez* (Voir page 182). On ne s'en sert pas comme poison, mais comme aliment et comme médicament.

L'observation a appris aux Touâreg que l'*afahlehlé* engraissait les chameaux, les moutons et les chèvres (tous ruminants), et ballonnait, avant de les tuer, les chevaux et les ânes qui en avaient mangé.

Leurs femmes, pour lesquelles l'embonpoint est le suprême de la beauté, ont voulu savoir si la susdite plante agirait sur elles, soit en les engraissant, soit en les ballonnant, et, en vraies filles d'Ève, elles ont touché au fruit défendu, sans qu'il leur soit advenu trop grand mal, en prenant certaines précautions, toutefois.

Donc, les femmes maigres qui veulent devenir grasses mangent de la viande assaisonnée avec une petite quantité d'*afahlehlé*, puis elles se couchent en ayant soin de se couvrir de manière à appeler à la peau une abondante transpiration. Pour la provoquer, elles boivent, par gorgées, de grandes quantités de lait aigre. Si la médication réussit, la peau se dilate, et, après quelque temps de ce régime, l'embonpoint se développe. Dans le cas où, au lieu de la chaleur, survient le froid, alors il y a folie momentanée, quand des accidents plus graves ne se manifestent pas.

Comme médicament, l'extrait d'*afahlehlé*, incorporé à du beurre fondu, est employé en frictions dans les douleurs rhumatismales.

Dans les maladies de l'utérus, les femmes font usage de tampons en coton recouverts de beurre chargé de la même substance. Cette pratique rappelle l'usage que les dames romaines faisaient de la belladone, dans les mêmes cas.

Je suis entré, à dessein, dans ces détails, pour faire comprendre quelle importance le commerce des médicaments, *asafar*, avec le Sahara et l'Afrique centrale peut acquérir un jour. Quoique fatalistes, les musulmans n'hésitent pas à acheter des drogues pour calmer leurs souffrances et prolonger leur existence.

Un médecin, *ádhabib*, qui accepterait avec dévouement la mission d'aller passer quelques années au milieu des Touâreg, non-seulement serait considéré par eux comme un personnage sacré, mais encore y exercerait la plus heureuse influence pour l'avenir de nos relations commerciales ou politiques.

Quand la France aura un agent consulaire à Ghadâmès ou à Rhât, on pourra utilement confier cette glorieuse mission à l'un de ces nombreux officiers de santé de l'armée pour lesquels l'occasion de rendre des services est toujours une bonne fortune. Si ce médecin parlait l'arabe et avait le goût des voyages, le Sahara n'aurait bientôt plus de secrets pour nous.

Travail.

Le Touâreg n'ont pas d'habitation, ils ne produisent ni les vêtements qu'ils portent ni les aliments qu'ils consomment ; à les juger par leur impuissance à suffire à leurs premiers besoins, surtout quand on sait qu'ils ont des vallées où la terre est profonde et l'eau presque à la superficie du sol, on est, à première vue, disposé à les classer parmi les peuples paresseux, dignes de toutes les misères qui les atteignent.

Il n'en est rien cependant, car le targui est un homme actif, toujours occupé ; mais l'immensité de l'espace dévore son temps et ne lui laisse, après chaque course, que trop peu d'intervalle pour vaquer à d'autres soins.

On se rendra compte de la lutte de l'homme contre l'espace en rapprochant deux chiffres : celui de la population, environ 30,000 âmes, pour la totalité des Touâreg du Nord ; et celui de la superficie occupée, 100 millions d'hectares environ, probablement plus, dont ils doivent faire la police, soit pour protéger les caravanes de leurs clients, soit pour surveiller les mouvements de leurs ennemis.

Pour aller à un marché, vendre ou acheter, ce qui, partout ailleurs, n'exige qu'un jour au plus, demande souvent un mois à un targui, et ainsi de tout.

Dans cette situation, les Touâreg ne peuvent être ni agriculteurs, ni industriels, mais seulement pasteurs des très-maigres et des très-petits troupeaux indispensables à leur existence, à leurs courses, à leurs transports. Néanmoins la surveillance de leur territoire, la garde de leurs troupeaux, les voyages, les déplacements fréquents que la transhumance impose, obligent les Touâreg à un travail continu qu'une race forte et robuste peut seule supporter.

A part les oasis de Ghadâmès, de Rhât, du Fezzân, de Djânet et d'Idélès, qui ne produisent même pas tout ce que leurs habitants consomment, on ne trouverait peut-être pas 1000 hectares cultivés dans les 100 millions occupés par les nomades. Du moins, je suis autorisé à tirer cette conclusion de ce que j'ai vu et des renseignements qui m'ont été donnés. On cite, chez les Azdjer, trois groupes de dattiers et deux groupes de figuiers, et à peine un plus grand nombre chez les Ahaggâr.

D'ailleurs, les Touâreg n'ont ni bœufs, ni chevaux, ni charrues pour abréger le travail de la terre ; ils sont donc fatalement condamnés à ne cultiver que les rares petits jardinets qu'ils peuvent piocher avec leurs bras.

On cite cependant un fait exceptionnel de culture que je dois mentionner. Sur l'un des points culminants du Taslli, à Harèr, il n'y avait qu'un plateau dont la roche était à nu. Les serfs y ont apporté de la terre végétale à dos d'hommes et d'animaux, et ils y cultivent aujourd'hui des dattiers, des vignes et des céréales.

Ce point est assez élevé au-dessus du niveau général du plateau pour que, du pied de la montagne, un homme placé à son sommet ne paraisse pas plus grand qu'un corbeau.

L'industrie est un peu moins bornée que l'agriculture, sans cependant dépasser les limites imposées par la stricte nécessité.

Des forgerons, *inat*, réparent les armes; après les nobles, ces artisans sont les principaux personnages de la tribu.

Des tanneurs, *sefel*, préparent les peaux de tous les animaux tués : chameaux, moutons, chèvres, mouflons, antilopes.

Des selliers, des cordonniers mettent ces peaux en œuvre.

Quelques-uns font des travaux de sparterie et de poterie en argile.

D'autres travaillent le bois, tournent des plats et des sebiles, préparent des arcs et des flèches, des hampes de lance, des manches de sabre et de poignard.

D'autres sont vétérinaires, saignent, bistournent les animaux, leur appliquent le feu.

Enfin quelques-uns se hasardent à faire du goudron, matière indispensable au chameau.

Je dois dire que les ouvriers de ces professions ne manquent pas d'adresse. J'avais perdu la clef de mon chronomètre: un forgeron targui d'El-Fogâr, où cet accident est arrivé, a pu m'en faire une. Le travail de la pelleterie, de la cordonnerie et de la sellerie a atteint, notamment à Ghadâmès, un assez haut degré de perfection pour pouvoir rivaliser avec les produits des mêmes industries du Maroc, qui n'ont pas encore été surpassés pour la force, la souplesse et la couleur des cuirs, par les imitateurs européens. Quelques échantillons de fine sparterie témoignent d'une supériorité réelle sur les produits similaires du Sud de l'Algérie et de la Tunisie.

L'intelligence qui distingue le peuple targui ne saurait lui faire défaut en industrie; malheureusement il n'a ni le temps, ni les ressources suffisantes pour l'appliquer.

Les professions autres que celles ci-dessus dénommées sont celles de marchand, *anesbarhòr*; guide, *âkhabîr*; chamelier, *âmakâri*; voyageur, *amesôkal*; chasseur, *amadjedôl*; berger de chameaux, *amâdân*; berger de moutons, *amaouâl*.

La garde des troupeaux et les soins à leur donner occupent beaucoup de bras, car l'eau qu'ils consomment doit souvent être tirée de puits profonds.

CHAPITRE VI.

TOUAREG DANS LEUR VIE EXTÉRIEURE.

La conservation de leur indépendance au milieu de voisins de races différentes, leurs ennemis ou leurs rivaux, a exigé des Touâreg, souvent affaiblis par leurs divisions intestines, toujours à la discrétion d'étrangers pour les besoins de leur consommation, un grand déploiement de vitalité extérieure, ici pour conserver de bonnes relations, là pour défendre leur territoire. L'examen des procédés par lesquels ils font face aux besoins de leur politique n'est donc pas sans intérêt.

Ces procédés sont ceux des nations civilisées : les négociations amiables ou la lutte à main armée. A l'exception de rares moments de trêve, la vie des nobles se passe ou à prendre part à des assemblées, *mia'âd*, ou à faire la guerre, *âmâjer*, sous la forme de course, *édjen*.

§ Ier. — ASSEMBLÉES OU MIA'ÂD.

Je suppose le cas, journalier d'ailleurs, où s'élèvent des contestations, soit entre Touâreg, soit entre Touâreg et étrangers. On essaie d'abord les voies de la conciliation. A cet effet, un *mia'âd* est proposé et presque toujours accepté, parce que si les Touâreg tiennent à leur réputation d'hommes de guerre, ils aiment aussi à faire preuve d'habileté diplomatique, à se montrer éloquents, mais surtout à prendre leur large part des repas homériques qui ouvrent et terminent les assemblées publiques.

Le choix du lieu de la réunion est toujours une affaire importante, car chaque parti élève ordinairement la prétention de placer son adversaire dans des conditions défavorables pour sa défense, si le démon de la traîtrise venait à s'introduire dans l'assemblée.

Quand les circonstances sont délicates, on choisit ordinairement un terrain neutre et on détermine à l'avance le nombre d'hommes armés qui pourront, de part et d'autre, assister à la réunion.

Une fois les préliminaires réglés et le lieu de la réunion fixé d'un commun accord, les chefs, les hommes graves, s'y rendent avec l'escorte convenue.

La politesse la plus exquise préside à la rencontre. Les salutations, les compliments durent le temps nécessaire à la cuisson d'un chameau et de plusieurs moutons.

« Quand le ventre est satisfait, dit un proverbe local, le cerveau est bien près de l'être aussi. »

Conformément aux habitudes musulmanes, la première entrevue s'effectue sans qu'il soit question de l'objet de la réunion.

En attendant, chaque parti scrute les regards de l'autre, sonde les dispositions hostiles ou favorables des hommes influents et demande à la nuit quelque bon conseil.

Le lendemain, la conférence s'ouvre.

Ces congrès, inutile de le dire, ont toujours lieu en plein air et en présence de toute l'assistance.

Deux arcs de cercle concentriques, formés vis-à-vis l'un de l'autre par les plénipotentiaires, gravement assis à la façon orientale et roulant leurs chapelets dans leurs doigts, marquent la limite de l'enceinte réservée aux orateurs.

Autour, deux autres arcs de cercle réunissent la foule des auditeurs, debout ou assis, qui écoutent, dans le plus grand respect, toutes les raisons pour ou contre, afin d'en rendre un compte exact aux absents.

Toujours le silence est rompu par une imprécation contre le démon :

« Que Dieu éloigne ses mauvais conseils! »

« *Amin*, ainsi soit-il, » répondent tous les assistants.

Chacun prend la parole, à tour de rôle, les chefs des chefs, ceux qui doivent tirer la conclusion, se réservant de parler les derniers.

L'habitude, dans ces réunions, est de parler lentement, distinctement, sobrement, après avoir pesé, avec une grande réserve, les arguments de la partie adverse.

Aucun secrétaire ne dresse procès-verbal de la séance, mais personne n'a d'effort de mémoire à faire pour se rappeler tout ce qui a été dit, tant il y a de calme dans toute la délibération.

Rien n'est simple, mais rien n'est majestueux comme ces assemblées d'hommes voilés, aux vêtements noirs, désarmés pour délibérer, mais dont les lances et les javelots, plantés en terre, se dressent en faisceaux derrière eux.

Enfin le moment solennel de la conclusion est arrivé.

La conclusion ordinaire d'Ikhenoûkhen peut se résumer en ces quelques mots :

« Tout ce que vous venez de dire n'a pas le sens commun. Voilà ce qui sera, *quia ego nominor leo.* »

Chez les Touâreg, comme ailleurs, la raison du plus fort est souvent la meilleure.

Cependant, comme la diplomatie saharienne ne se tient pas pour battue après un insuccès, elle en appelle d'un premier mia'âd à un second, même à un troisième. Souvent, dans l'intervalle, les passions s'appaisent, la réflexion l'emporte sur la colère et un marabout arrive à point pour tout concilier.

Dans ces cas heureux, on ne se sépare pas sans sceller l'alliance nouvelle en mangeant le même pain et le même sel, avec l'accompagnement obligatoire de chamelles et de moutons rôtis, et, souvent, pour perpétuer la mémoire d'un aussi heureux résultat, on dresse une pyramide en pierres sèches sur le point où le mia'âd a été tenu.

Mais quand, de chaque côté, il y a un Ikhenoûkhen, malgré les efforts des marabouts, malgré l'intérêt général qui réclame la paix, il faut avoir recours à la force des armes.

§ II. — Guerre.

Les Touâreg distinguent la guerre, *âmdjer*, de la course, *édjen* (le *rhezi* des Arabes), quoique le plus souvent la course soit l'unique manifestation d'un état hostile après une déclaration de guerre.

La guerre offensive et défensive n'est qu'exceptionnellement possible de nomade à nomade. La surprise ou la fuite constitue la seule tactique dans le Sahara, aussi les Touâreg doivent-ils toujours veiller et être prêts à lever leurs camps.

Mais avant d'arriver sur le champ de la lutte, il y a lieu de faire connaître, de pied en cap, le chevalier targui, son armement, son équipement, sa monture, en un mot tous les détails d'une guerre exceptionnelle.

Armement.

L'armement complet d'un targui comprend un sabre, un poignard, une lance, un javelot, un arc, des flèches, un anneau de pierre, un bouclier, quelquefois un fusil et des pistolets.

Le sabre, *takóba*, est un glaive droit et long, tranchant des deux bords; les plus estimés sont fabriqués dans le pays; le plus grand nombre vient de Solingen en Allemagne. (Voir planche XXIV, fig. 2.)

Le fourreau du sabre, partie en fer ou cuivre et partie en cuir, s'appelle *tedoummán*. Il est toujours un produit de l'industrie locale.

Le poignard, *tèlaq*, porté sur la face interne de l'avant-bras gauche, est tantôt un long couteau de chasse droit, tantôt un large poignard qui représente en petit le sabre actuel de notre infanterie.

Cette arme, que le targui ne quitte jamais, comprend une poignée, une lame, un fourreau et un bracelet.

La poignée est en bois d'ébène, avec des incrustations en cuivre;

La lame est en acier à trempe douce;

Le fourreau, en cuir rouge avec des garnitures en cuivre festonnées à l'emporte-pièce, peut être considéré comme un ornement;

Le bracelet, en maroquin rouge avec des broderies de soie ou de cuir jaune, permet tous les mouvements sans les gêner. Il fait corps avec le fourreau.

Le tout, sauf la lame, est de fabrication locale. (Voir fig. 8.)

La lance, *állárh*, de 2m 70 centimètres à 3 mètres de hauteur environ, est une verge en fer, de quatre centimètres de circonférence, fabriquée dans le pays avec du fer tendre de première qualité. Latéralement, sur ses quatre faces, au-dessous du fer tranchant destiné à ouvrir la voie, elle est armée de crochets comme les harpons, de sorte qu'en la retirant du ventre ou de la poitrine de l'ennemi, on ramène au dehors une partie des intestins ou des poumons. (Voir fig. 1.)

Le javelot est une arme de jet, sous forme de lance, avec hampe en bois et pointe en fer à crochets. Un petit javelot se dit *tárhda*, un

ÉQUIPEMENT DE MARCHE DES TOUÂREG.

D'après une photographie de M. Puig.

VIE EXTÉRIEURE.

grand, *adjedel*. Cette arme ne peut être lancée qu'à une distance très-rapprochée. (Voir fig. 1 *bis*.)

L'arc, *tanâchchabt*, faite avec un bois léger nommé *kinba*, est plus en usage chez les Touâreg du Sud que chez les Touâreg du Nord. (Voir fig. 3.)

Les flèches, *enderbá*, sont en roseau ou en bois léger avec pointes ailées en fer. (Voir fig. 4.) Jamais elles ne sont empoisonnées.

L'anneau de bras, *áhabedj*, a un double but : donner plus de force pour porter le coup de sabre ; offrir un point d'appui solide pour écraser la tête de son ennemi, en cas de prise de corps. Cette manière de tuer prend le nom de *temârhaît*.

Cette arme, je l'ai déjà dit, est portée au bras droit, entre l'attache inférieure du deltoïde et le ventre du biceps.

Le bouclier, *árhar*, est la seule arme défensive des Touâreg. C'est un grand disque, en peau épaisse, qui couvre tout le corps, moins la tête et les pieds.

La peau adoptée pour la confection des boucliers est celle de l'*antilope mohor*, très-commun dans le pays d'Aïr.

Impuissant contre la balle, le bouclier résiste aux flèches, amortit les coups de sabre et de lance. On voit qu'ils sont utiles, car beaucoup sont couverts d'honorables cicatrices.

Les armes à feu, très-rares chez les Touâreg nomades, sont plus communes chez les serfs pacifiques du Fezzân, qui s'en servent principalement pour la chasse ; cependant quelques chefs ont des fusils et des pistolets à pierre, du même modèle que ceux des Arabes du Sud de l'Algérie.

Les noms donnés à ces armes témoignent du peu d'habitude de s'en servir :

On appelle : un fusil *albârôd*, du mot arabe qui signifie *poudre* ; un pistolet *elrhodriyet*, d'un mot également arabe qui signifie *traîtrise* ; la poudre, *etoû* ; la balle, *tabellâlt* ; la pierre à fusil, *tafarást* ; la corne à poudre, *attelkhig*.

A la joie qu'Ikherroûken a éprouvée en recevant de moi une paire de pistolets, et de M. le gouverneur général de l'Algérie un magnifique fusil, je dois croire que les Touâreg apprécient à leur valeur les armes à feu, et que, s'ils n'en sont pas tous pourvus, il faut l'imputer à la difficulté de s'en procurer.

Cependant, la substitution des armes à feu aux armes blanches mettra le pouvoir aux mains du premier groupe qui pourra faire entendre la poudre. S'il entrait jamais dans la politique française de constituer un *makhzen* targui, pour la protection de notre commerce et la sécurité des routes, ainsi que l'a proposé M. le commandant Hanoteau, la délivrance de quelques centaines de fusils à ces auxiliaires les aurait bientôt rendu les arbitres des destinées du pays.

En l'état de l'armement, les rencontres ont lieu de très-près, presque corps à corps, mais, en somme, elles sont très-peu meurtrières. Le combat cesse dès qu'il y a quelques hommes tués ou blessés de part ou d'autre.

En 1860, les Azdjer et les Ahaggàr en sont venus aux prises ensemble; les premiers ont eu quatre hommes tués.

Antérieurement, les Cha'anba avaient opéré une grande rhazia sur les Azdjer, au pied du Tasîli; la perte a été de quelques hommes seulement.

Dans leurs rencontres avec les Teboû, les Touàreg sont exposés aux blessures très-dangereuses du *changuermanguer*, à la fois arme de jet et d'escrime. (Voir planche XXIV, fig. 5.)

Équipement.

Le méhari, *aredjdjân*, est, par excellence, l'animal de guerre, car on n'en connaît pas d'autre. C'est à peine si, dans la totalité des tribus des Azdjer, on trouverait une dizaine de chevaux de selle.

Le méhari est au chameau porteur ce que, chez nous, le cheval de selle est au cheval de trait. Autant l'un est lourd et lent, autant l'autre est léger et vif.

Le méhari marche, trotte et galope, mais ses allures accélérées sont très-dures. Généralement, on le tient au pas.

Comparé au cheval, il peut faire une plus longue marche sans boire ni manger; il peut porter un poids plus lourd, mais il a moins de vitesse, il est moins docile; quand le méhari est en fureur, ce qui arrive souvent, c'est un animal terrible. Parfois il jette à terre celui qui le monte, et les chutes sont suivies d'accidents graves.

Pour monter un méhari ou pour en descendre, il faut qu'il se soit mis à genoux, et un long dressage est nécessaire pour qu'il se prête à cette manœuvre. Par précaution, les chefs sont assistés d'un homme à pied chaque fois qu'ils veulent monter ou descendre.

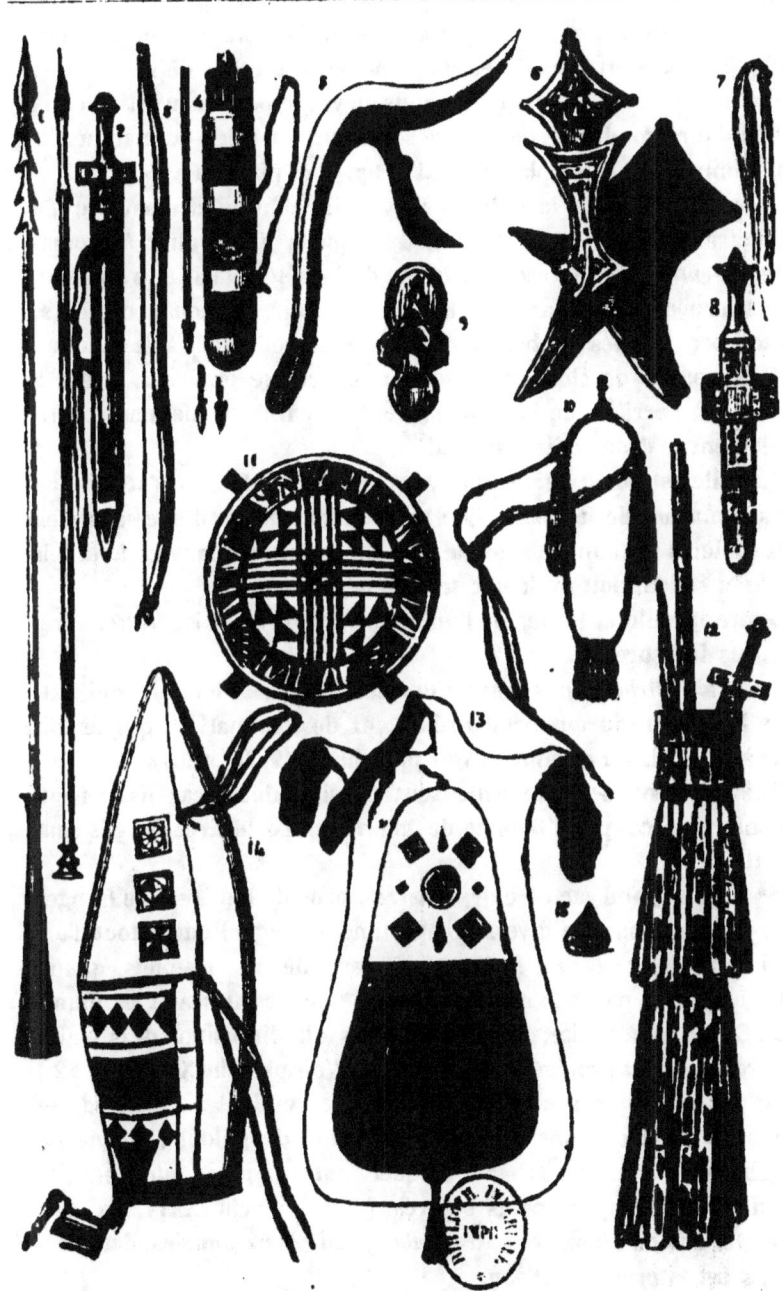

ARMEMENT ET HARNACHEMENT.

N° 7, fouet. — N° 9, sandale. — N° 11, coussin. — N° 15, boîte en cuir.

L'équipement du méhari est à peu près celui du cheval.

La selle ordinaire, *árhazer* (*rihla* des Arabes), la selle de luxe des chefs, *atarám*, sont construites sur le modèle de celles de nos spahis. Le dossier en est moins large et moins élevé, le pommeau est en croix au lieu d'être rond. En somme, ce serait un bon siége de marche s'il était rembourré. (Voir planche XXIV, fig. 6 et planche XXV.)

A la différence de la selle du cheval, la selle du dromadaire n'a pas d'étriers, *ilekif*, support inutile, les pieds du cavalier à dromadaire, *eg-emis*, étant croisés sur le cou de la bête. Mais, en revanche, elle est ornée d'une masse de lanières en cuir, de toutes couleurs, qui tombent sur les jambes de l'animal et le sollicitent à la marche.

Des groupes de clochettes, *anaïna*, en cuivre et étain, fixées à l'avant et à l'arrière de la selle, servent de parure et tiennent continuellement le dromadaire en éveil.

La selle est posée sur le garot, à l'endroit où le cou s'attache au corps, en avant de la bosse. Elle est fixée au moyen d'une sangle en fines lanières de cuir tressées à plat. Ce genre de sangle, à la fois souple et solide, doit avoir une très-grande durée.

Entre la selle et le dos de l'animal, un feutre épais, *isâtfár*, prévient les blessures.

La bride, *tirhounin*, est aussi une corde tressée, en cuir, qui s'attache à un anneau en métal fixé au nez de l'animal, et qui le fait obéir à la main du cavalier. (Voir planche XXIV, fig. 10.)

Les accessoires de la selle sont considérables, car ils doivent contenir tout ce que l'homme de guerre emporte avec lui. Ils consistent :

1° En un grand sac de cuir, *árheredj*, orné de lanières, de franges et de dessins, dans les divers compartiments duquel entre tout l'arsenal du cavalier : sabre, fusil, javelot, arc, flèches, pistolets, quand on ne les porte pas à la ceinture; en un mot, les armes et les munitions. Ce sac est à droite, pour être toujours à la disposition de la main. Il est recouvert et protégé par le bouclier. (Voir planche XXIV, fig. 12.)

2° En un second sac en cuir, servant de pendant à l'*árheredj*, et contenant les provisions de bouche : farine de gafouli, farine de gueçob, tabac à fumer, tabac à chiquer, natron, pipes, etc., etc., le tout dans des compartiments séparés. (Voir planche XXIV, fig. 14.)

3° En une ou plusieurs outres, *abeòq*, ou peaux tannées, dans lesquelles est la provision d'eau.

Les chefs ont quelquefois la *djebira* des Arabes, pour y serrer leurs objets les plus précieux. (Voir planche XXIV, fig. 13.)

A part ce qui est sur le méhari, les guerriers Touâreg n'ont pas d'autres bagages, ni tentes, ni vivres, ni bêtes de somme.

Si l'expédition est heureuse, les chameaux conquis sur l'ennemi porteront les prises. En cas de revers, on ne veut pas d'embarras.

Rencontres.

Les éclaireurs, *amârhelaï*, jouent un grand rôle dans les guerres de surprise; c'est par eux que la proie est signalée, guettée, livrée aux capteurs. Si tous les Touâreg, en général, ont la vue et l'ouïe d'une délicatesse qui les fait voir et entendre à des distances incroyables, les éclaireurs ont ces qualités au suprême degré. Devançant la troupe au loin, pour observer, ils savent toujours où ils retrouveront leurs amis. La subtilité de leurs sens est pour eux un guide certain.

Les interrogatoires que les Touâreg font subir à tous les étrangers traversant leurs territoires sont aussi un moyen de savoir ce qui se passe autour d'eux, car on s'expose peu à les tromper.

La rapidité de la transmission des nouvelles par les voyageurs est quelque chose d'incroyable. Pendant mon séjour dans le Sahara, j'ai toujours appris les événements importants longtemps avant d'en avoir été avisé par ma correspondance; ainsi l'entrée de notre khalifa Sidi-Hamza à El-Goléa', la marche de M. le commandant Colonieu sur Timmimoun, la mort du sultan 'Abd-el-Medjid, ont été connues très-rapidement.

L'ennemi découvert, on cherche toujours à l'aborder en le surprenant.

Les hommes montés se battent du haut de leurs chameaux; les serfs, qui n'ont pas de méharis, se battent à pied.

L'armement exige qu'on s'aborde de très-près, à la distance d'un fer de lance.

Chaque targui, dit M. le commandant Hanoteau, tient le bouclier de la main gauche et le javelot de la droite; le sabre est suspendu au côté. Le combat commence en lançant le javelot, dont on pare les coups avec le bouclier, puis on s'aborde au sabre.

L'agilité des Touâreg, leur habileté à manier le bouclier, le long apprentissage qu'ils ont fait de l'escrime, font qu'ils peuvent se battre longtemps sans résultat. Tant que l'un des deux partis ne tourne pas le dos, il n'y a pas d'action décisive. Mais, malheur à celui qui est obligé de battre en retraite, car il est poursuivi, la lance dans les reins. Quoique les combats, *akeanâs*, cessent dès que l'honneur peut être réputé satisfait et dès qu'il y a un certain nombre de tués ou de blessés, on cite cependant des batailles qui ont été très-meurtrières et dans lesquelles la destruction du parti vaincu a été la conséquence de la victoire.

Mais, généralement, on préfère la surprise à la rencontre. Voici ce qui a lieu dans ce cas. Les tribus enveloppées n'opposent pas de résistance et fuient, abandonnant tout ce qu'elles possèdent. De leur côté, les assaillants, plus préoccupés de piller que de poursuivre leur ennemi, se hâtent de s'emparer au plus tôt du butin, dans la crainte d'un retour offensif, qui est à redouter, même après quatre et cinq jours de capture.

C'est dans les retours offensifs que les Touâreg paraissent redoutables.

Les pillés, *imihaghen*, (sing. *amihagh*), réunissent leurs méharis, font appel à leurs amis et alliés, et quelle que soit la célérité que les pilleurs, *imôhagh*, apportent à la retraite, on se met à leur poursuite.

On tâchera de les devancer aux premiers puits où ils doivent abreuver leurs montures et leurs bêtes de somme, et là, on est sûr que le besoin de boire amènera toutes les bêtes de prise au pouvoir de leurs anciens maîtres.

Les capteurs, chargés de butin, traînant à leur remorque des bêtes de somme, au pas lent, et obéissant mal à la voix de nouveaux conducteurs, n'ont d'autre expédient, pour échapper à la poursuite d'ennemis légers et résolus à reconquérir leurs biens, qu'en dérobant leur marche de retraite, ce qui n'est pas facile avec des rôdeurs comme les Touâreg.

On cite un retour offensif d'Ikhenoûkhen contre les Cha'anba, où après quatre grands jours de marche forcée ces derniers ont été obligés d'abandonner toutes leurs prises, en perdant beaucoup de monde.

Par nature, par tempérament, les Touâreg sont constitués pour être de braves guerriers, et ils le sont, sans quoi ils eussent déjà été dévorés par leurs voisins, bien plus nombreux, bien mieux armés qu'eux, surtout ceux du Nord, les Cha'anba et autres. Mais indépendamment de leurs dispositions naturelles à la bravoure chevaleresque, les Touâreg sont encore sollicités à l'héroïsme par leurs femmes qui, dans leurs chants, dans leurs improvisations poétiques, flétrissent la lâcheté et glorifient le courage. Un targui qui lâcherait pied devant l'ennemi et qui, par sa défection, compromettrait le succès de ses contribules, ne pourrait plus reparaître au milieu des siens. Aussi est-ce sans exemple.

Entre Touâreg, quand deux partis en sont venus aux mains, et que l'un des deux est battu, les vainqueurs crient aux vaincus, de ce cri sauvage particulier aux Touâreg :

> Hia hia! hia hia!
> Il n'y aura donc pas de rebâza!

Le rebâza est le violon sur lequel les femmes chantent la valeur de leurs chevaliers.

A la menace du silence des rebâza, les vaincus reviennent à la charge, tant est grande la crainte du jugement défavorable des femmes.

Chants de guerre.

Comme tous les peuples guerriers, les Touâreg ont leur chants de guerre.

Les Arabes, ces grands mangeurs, qui vivent dans une abondance enviée et enviable, ont surtout excité la verve de poëtes affamés. Voici leur *Marseillaise* contre les Cha'anba, jadis leurs plus intimes ennemis :

> Abâ mak, Ma'talla, alhîn, keîhân!
> Midden dih souort arhêledh iyyân
> Ezzâin asikel aked aoudân
> Ezzâin innen iñhâyen òdouân
> Ezzâin iddâsin âles insân
> Nanesberhòr sâdhittes telâ djân
> Tekenâs atiti âberdjen ikcuân
> Tekenâs tâftaq imêzhen imedân
> Ietkâr derhêred idemânen ingngân .
> Dakh-an-tlemin sikid izzedj edsân
> Sarhtin des âllarh ioulân desennân
> Ieqqân islfef âttedjmodan mân
> Nellilouet ournoûye oualâmân
> Ietkit tekhamkhâm iòkây ezegzân.

Voici la traduction, mot à mot, de ce chant. Les mots en italiques sont sous-entendus dans le texte original.

« Que *Dieu* maudisse ta mère, Ma'talla [1], *car* le diable est en ton corps!
« Ces hommes, *les Touâreg*, tu les prends pour des lâches ;
« *Cependant*, ils savent voyager, et même guerroyer ;
« Ils savent partir de bon matin et marcher le soir ;
« Ils savent surprendre, dans son lit, tel homme couché ;
« *Surtout* le riche qui dort, au milieu de ses troupeaux agenouillés ;
« Celui qui a orgueilleusement étendu sa large tente ;
« Celui qui a déployé, en leur entier, et ses tapis et ses doux lainages ;
« Celui *dont le ventre* est plein de blé cuit avec de la viande,
« Et arrosé de beurre fondu et de lait chaud sortant du pis des chamelles ;
« Ils le clouent de leur lance, pointue comme une épine,
« Et lui se met à crier, jusqu'à ce que son âme s'envole.
« Nous le laverons *de son bien*, sans même lui laisser d'eau ;
« Sa gourmande de femme [2] ne pourra plus supporter son désespoir [3]. »

La traduction est impuissante à rendre et l'harmonie imitative et le laconisme de cette poésie sauvage.

Que de choses en peu de mots !

La guerre est sainte, car Ma'talla est un suppôt de Satan.

Elle est juste, car Ma'talla traite de lâches des hommes qui sont les plus braves de la terre.

Puis vient l'appel à toutes les passions qui remuent le cœur d'un targui :

Ma'talla dort,
Sur de moelleux tapis,
Dans une large tente,
Entourée de gras troupeaux !
Ma'talla a le ventre plein :
De blé cuit,
Avec de la viande.

Et cet assaisonnement n'a pas suffi à sa gourmandise ; il a encore arrosé son blé et sa viande de beurre fondu et de lait chaud.

1. Ma'talla est le nom d'un chef arabe.
2. Je traduis le mot *tekhamkhâm*, par *sa gourmande de femme*, à défaut d'un mot dans notre langue pour signifier *celle qui*, devant un bon mets, *fait hen, hen, hen, comme le cheval auquel on apporte sa musette pleine d'orge*.
3. M. Hanoteau, dans son *Essai de Grammaire tamâchek'*, donne, livre VI, pages 209, 210, 211, une variante de ce chant.

J'ai tout lieu de croire que l'auteur doit mieux se rappeler son œuvre que ceux qui récitent un chant, en le modifiant au gré de leurs caprices ; c'est pourquoi j'en donne ici une seconde édition conforme à l'original.

> La femme de Ma'talla;
> Celle qui fait *tekhamkhâm* en mangeant.
> Elle est là aussi,
> Avec le ventre plein.

Toutes ces jouissances, inconnues des Touâreg, car ils n'ont ni lits, ni tapis, ni tentes; car leurs troupeaux maigres ne donnent pas assez de lait pour faire du beurre;

Toutes ces richesses, dont leurs femmes, à l'estomac vide, sont toujours privées;

> Un coup de lance les leur donnera.

Quel bonheur pour un targui d'aller sonder un ventre si bien plein, avec une épine bien pointue et armée de harpons!

Et ce coup de lance lui donnera, non-seulement la vie de Ma'talla, mais encore tous ses biens.

> Et on emportera tout, même l'eau.

Quant à la tekhamkhâm, en lui épargnant la douleur de la lance, on lui réserve un supplice bien plus cruel : celui de vivre avec rien, comme les femmes des Touâreg. Mais elle ne résistera pas, parce qu'elle n'est pas habituée aux privations.

D'où la conclusion, sous forme de morale, que les femmes targuies doivent apprécier le mérite de leur misère habituelle, puisqu'elle les préserve du sort de la tekhamkhâm.

Mais, quelles que soient les chances diverses de la lutte, quel que soit le parti qui entonne les chants de victoire, il y aura toujours lieu à traiter de la paix. Alors recommence la série des mia'ad. S'ils sont vainqueurs, les Touâreg se montrent de bonne composition, car ils sont généreux dès que leur amour-propre est satisfait. D'ailleurs, il est à remarquer, quoiqu'ils soient souvent en guerre, qu'ils font tout leur possible pour l'éviter.

CONCLUSION.

Dans leurs rapports avec les Français, les Touâreg se sont montrés, jusqu'à ce jour, fort dociles. On leur a demandé de venir à Alger; ils y sont venus. On m'a envoyé au milieu d'eux, ils m'ont bien accueilli. On a invité leur principal marabout à visiter la France; malgré l'imprévu de la demande, malgré l'inconvénient d'abandonner sa famille, pendant plusieurs mois, sans avoir pourvu à tous ses besoins, le Cheikh-'Othmân s'est rendu à nos désirs. En vain Mohammed-ben-'Abd-Allah a sollicité le concours des Touâreg dans la prise d'armes qui l'a fait tomber en nos mains, les Touâreg se sont abstenus.

Espérons qu'il en sera toujours ainsi. D'ailleurs, en terminant, je constate un fait capital : jusqu'à ce jour, aucun des voyageurs européens qui ont exploré l'intérieur de l'Afrique n'a été victime d'un acte de brutalité ou de fanatisme, ni sur le territoire des Touâreg, ni de la main d'un targui.

Cette honorable exception répond à toutes les calomnies que les Arabes, leurs ennemis, avaient propagées sur leur caractère indomptable.

APPENDICE.

GÉOGRAPHIE ANCIENNE.

La partie aujourd'hui explorée du Sahara était comprise dans la Libye intérieure des géographes grecs et romains.

Les documents anciens sur cette contrée sont vagues et, jusqu'au moment de la publication du dernier ouvrage de M. Vivien de Saint-Martin : *le Nord de l'Afrique dans l'antiquité grecque et romaine*, leur interprétation prématurée est venu jeter la confusion au milieu d'erreurs originelles, inévitables pour des compilateurs qui n'avaient pas vu le pays, qui ne connaissaient ni les langues ni la technologie géographique locales et qui, pour la plupart, se sont faits les échos des dires des indigènes, sans pouvoir les contrôler. On ne sera donc pas étonné que je ne laisse pas à d'autres, beaucoup plus érudits, sans doute, mais qui ne peuvent s'inspirer de mes appréciations personnelles, le soin de comparer les éléments de la géographie moderne avec ceux de la géographie ancienne que le hasard a fait arriver jusqu'à nous.

Dans l'état actuel de nos informations sur le Sahara, je me crois autorisé à conclure :

1° Qu'à l'exception de l'oasis, jadis éthiopienne, d'Aïr, identifiée [1] avec raison à l'*Agisymba regio* des expéditions de Septimius Flaccus et de Julius Maternus, les anciens n'ont pas connu le plateau central du Sahara au delà du tropique du Cancer qui correspond, à peu près, à la limite de la Libye intérieure avec l'Éthiopie intérieure ;

---

1. M. Vivien de Saint-Martin est le premier, et peut-être le seul encore aujourd'hui, qui ait établi cette correspondance dont l'importance est fondamentale, car elle marque, sur ce point, la limite extrême de la mappemonde ancienne.

2° Que, restreintes à cette limite méridionale, leurs connaissances se bornent :

A la topographie des masses montagneuses qui séparaient la Libye intérieure des autres contrées au Nord et au Sud;

A la division de l'espace intermédiaire en deux grands bassins;

A la présence d'immenses masses de sables dans les bas-fonds de ces bassins ;

3° Que les détails donnés par Pline, Ptolémée et autres, détails résumés en des noms de lieux, de peuples, quelques distances et orientations — à supposer que, primitivement, ils fussent tous exempts d'erreurs et de confusions, ce qui n'est pas, — ne peuvent être vraisemblablement retrouvés aujourd'hui, après les changements survenus depuis dix-huit cents ans, à l'exception, toutefois, des centres les plus importants qui semblent être restés comme des points géodésiques pour guider et diriger les recherches.

Cet Appendice n'a d'autre but que de démontrer ces trois propositions.

Agisymba regio.

L'*Agisymba regio* est le point le plus méridional du Sahara que les anciens puissent revendiquer à leur avoir géographique. Voici, en résumé, à quoi se borne ce qu'ils nous apprennent sur cette contrée.

« Septimius Flaccus faisant une expédition contre les Éthiopiens
« était arrivé chez ceux-ci, *en trois mois*, à partir du pays des Gara-
« mantes, *en se portant dans la direction du Sud*.

« Julius Maternus qui avait rejoint, à Garama, le Roi des Gara-
« mantes pour opérer avec lui contre les Éthiopiens, *avait mis quatre*
« *mois, en marchant constamment au Sud*, pour atteindre le pays
« éthiopien d'*Agisymba*. »

C'est Marin de Tyr qui nous révèle ces faits.

Ptolémée, en reproduisant ces extraits, critique les appréciations de son informateur quant à la latitude donnée à *Agisymba*, mais y ajoute deux détails importants.

« Les Éthiopiens contre lesquels l'expédition de Maternus est
« dirigée sont, dit-il, les propres sujets du Roi des Garamantes. »

L'*Agisymba regio*, d'après le géographe grec, est une région de montagnes, dans laquelle il place « les monts *Mesche*, *Zipha* et *Bardetus*. »

La distance de Garama à Agisymba, l'orientation de la marche, la nature montagneuse de la contrée, but de l'expédition, ont paru à M. Vivien de Saint-Martin des motifs suffisants pour identifier l'*Agisymba regio* de Ptolémée au pays d'Aïr ou Azben, patrie des Touareg Kêl-Ouï.

Mes recherches personnelles me permettent d'appuyer ces déductions de l'autorité d'un fait matériel important dans la question.

Ce fait matériel est celui de la route de Garama à Agisymba, car des armées romaines, à une époque où le chameau n'était pas encore introduit en Afrique, ne se portaient pas en avant, à trois et quatre mois de leur point de départ, sans avoir des masses de bagages, attendu que, dans le désert, les besoins du retour doivent être prévus à l'avance, et, sans que ces masses de bagages eussent une route carrossable pour y circuler, car, à défaut d'animaux porteurs, des voitures étaient indispensables.

La date probable des expéditions de Flaccus et de Maternus est de la fin du 1er siècle de l'ère chrétienne.

A cette époque vivait Pline, mort en 81 de J.-C.

Or, Pline qui énumère tous les animaux de l'Afrique ne mentionne pas le chameau, mais parle des bœufs des Garamantes qui paissent à reculons (Liv. VIII, 70), reproduisant en cela une notion tirée d'Hérodote (Liv. IV, 183).

Le même Pline nous révèle en outre (Liv. V, 5) une préoccupation de son temps, au sujet du parcours entre OEa (Tripoli) et le pays des Garamantes (Fezzân), et nous apprend que, dans la dernière guerre, on a enfin trouvé une route, celle qu'on appelle : par la tête du rocher. « *Hoc iter vocatur :* Præter caput saxi [1]. »

Pourquoi cette préoccupation ?

C'est qu'à l'époque de Pline, comme à l'époque d'Hérodote, les transports, dans le pays des Garamantes, se faisaient en chars qui

---

1. Traduisons l'*iter præter caput saxi* de Pline, par le mot à mot arabe : *teriq-'ala Râs-el-Hamâda* et nous aurons le nom de la route directe de Tripoli à Mourzouk par Djerma, celle suivie par M. le docteur Barth.

exigent des routes, et non à dos de bêtes de somme qui passent partout.

« Les Garamantes chassent en chars à quatre chevaux, » dit Hérodote. (Liv. IV, 183.)

La seule différence, entre l'époque d'Hérodote et celle de Pline, consiste en ce que les chevaux ont été remplacés par des bœufs à bosse, zébus.

Une route était donc nécessaire aux armées romaines pour le passage de leurs trains de chars, non-seulement entre Œa et Garama, mais encore pour aller de Garama à Agisymba.

Cette route, carrossable, si son tracé existe encore, nous apprendra où était Agisymba.

Or, ce tracé existe, très-reconnaissable sur plusieurs points de son parcours.

Comme l'*iter præter caput saxi* du Nord, et pour éviter les reliefs des montagnes qui eussent barré le passage, il traversait la hamàda plate qui sépare le pays des Touàreg de celui des Teboù, à peu près à égale distance des deux routes modernes suivies par les dernières missions anglaises.

Cette route passait par Telizzarhên, Anaï et Tîn-Telloust.

A Anaï, — point qu'il ne faut pas confondre avec l'Anaï au Nord de Bilma, — la voie, *avec ses anciennes ornières*, est encore assez caractérisée pour que des Teboù, mes informateurs, qui en arrivaient, n'aient laissé dans mon esprit aucun doute à ce sujet.

D'ailleurs, ajoutaient-ils, pour qu'on ne puisse se tromper sur la destination de cete artère, les anciens ont pris la peine de buriner, dans le roc, sur une des berges de la voie, des tableaux représentant un convoi de chars, avec des roues, traînés par des bœufs à bosse et conduit par des hommes.

Ce tableau rupestre, très-lisible encore aujourd'hui, même pour des Teboù, est interprété unanimement par eux dans le sens que je viens de dire, car je traduis ici leur paroles presque textuellement.

A Telizzarhên d'ailleurs, M. le Dr Barth a vu lui-même sur le rocher des sculptures analogues à celles d'Anaï; il en donne la description et le dessin au chap. ix, tome 1er de son grand ouvrage [1].

---

1. Voir *Reisen und Entdeckungen in Nord und Central-Afrika*, von doctor H. Barth. T. 1, p. 207-217. Gotha. Justus Perthes, 1857.

On y reconnaît facilement les bœufs à bosse, dont parlent les Teboù.

Cette voie, qui serait peut-être encore accessible aux voitures, est abandonnée aujourd'hui faute d'eau. Sans doute, à une époque ancienne déjà, on aura dû en combler les puits, pour des motifs de sécurité. Dans tout le Sahara, dans les temps de trouble, des routes, avec puits, sur la frontière de deux peuplades, sont un danger pour chacune d'elles. Mieux vaut une hamâda déserte.

Déjà, du temps de Pline, les Garamantes eux-mêmes, pour éviter la conquête de leur pays par les Romains, avaient comblé les puits des routes qui y conduisaient. On en trouve la preuve dans les lignes suivantes : « *Ad Garamantas iter inexplicabile adhuc fuit, latronibus gentis ejus puteos (qui sunt non alte fodiendi, si locorum notitia adsit), arenis operientibus.* »

Ainsi, plus de doute, une route carrossable ouverte par les anciens Garamantes unissait l'ancienne Phazanie à Agisymba, et cette route conduisait directement à l'oasis d'Aïr ou Azben.

Limite séparative de la Libye et de l'Éthiopie.

La Libye des Grecs était l'Afrique des Romains : *Africam Græci Libyam appellavere* (Pline, Liv. V, 1).

La limite méridionale de la Libye sera donc celle de l'Afrique.

Quelques lignes des documents anciens résument toutes nos connaissances sur cette limite :

« Le fleuve Nigris sépare l'Afrique de l'Éthiopie. » (Pline, Liv. V, 10.)

« La Libye intérieure a pour limite méridionale la région incon-
« nue, désignée sous le nom d'Éthiopie intérieure, dans laquelle est
« le pays d'Agisymba. » (Ptolémée, Liv. IV, 4.)

« Au Midi de la Mauritanie de Sétif sont les montagnes Uzzar, au
« delà desquelles on ne trouve plus que des nations d'Éthiopiens. »
(Paul Orosius.)

« Au Midi de la Mauritanie de Sétif se trouve le mont Suggar, au
« delà duquel il n'y a plus que des Éthiopiens. » (Éthicus.)

Un nom de fleuve, le *Nigris*; un nom de montagne, écrit *Suggar* et *Uzzar*; une direction, le Sud de la Mauritanie de Sétif : tels sont les seuls éléments qui doivent guider les recherches.

Heureusement le relief du plateau central du Sahara étant aujourd'hui mieux connu, il n'est pas nécessaire d'un bien grand effort pour trouver la synonymie moderne des noms anciens.

Si Pline, Orose et Éthicus nous ont transmis des indications concordantes entre elles, la montagne servant de limite doit également donner naissance au fleuve séparatif des Libyens et des Éthiopiens. La raison l'indique.

Ce premier point établi, vérifions la valeur de la direction conforme donnée par Éthicus et Orose.

Droit au Sud de Sétif, *au delà de la Mauritanie*, le premier nom de montagne rencontré sur ma carte, nom de notoriété publique et correspondant à un relief qui appelle l'attention, est celui du *Ahaggàr* des Touâreg ou *Haggàr* des Arabes, identique à ceux de *Suggar* et *Uzzar*.

Sétif et l'*Atakor-n-Ahaggàr* sont exactement sur le même méridien.

Cette première constatation nous conduit à une seconde qui la confirme.

Le Ahaggàr donne naissance au plus grand fleuve du Nord de l'Afrique, après le Nil, à l'Igharghar (*le courant en murmurant*) des Touâreg, l'*Ouâdi-es-Sâoudy* (*la rivière noire*) des Arabes.

Ce fleuve serait-il le *Nigris*, de Pline, le fameux *Africam ab Æthiopia dispescens* ?

Le doute n'est pas possible, quelque soit le radical, latin ou libyque, adopté comme origine du mot *Nigris*, car, en libyen, *Nigris* et *Igharghar* sont identiques, — ce qui va être bientôt démontré — et en latin, *Flumen Nigrum* est exactement traduit par *Ouâdi-es-Sâoudy*.

Bientôt aussi il sera démontré que les expressions géographiques de Γείρ, Νίγειρ des Grecs, *Niger*, *Nigris* des Romains, doivent être entendues, non dans un sens appellatif, restreint à la désignation spéciale d'un fleuve ou d'une rivière, mais dans un sens qualificatif plus général correspondant au *bassin* d'un fleuve, d'une rivière.

Pris dans cette dernière acception, le *Nigris dispescens Africam ab Æthiopia* a un sens, tandis que dans l'autre il n'en a pas.

En effet, les origines du bassin du Nigris (l'Igharghar) embrassant quinze degrés, de l'Ouest à l'Est, séparent très-bien les Libyens au Nord, des Éthiopiens au Sud, tandis que le cours principal du Nigris, à direction Sud et Nord, pourrait tout au plus séparer la Libye en occidentale et en orientale.

De ces faits acquis, je tire la conclusion que la limite séparative de la Libye et de l'Éthiopie était au point de partage des eaux de la Méditerranée avec celles de l'Océan, limite naturelle, si jamais il en fut.

Si ma conclusion est rigoureuse, les anciens ont dû connaître le versant méditerranéen du massif aujourd'hui habité par les Touàreg du Nord. L'occupation de Cydamus, de Garama, ne pouvait laisser aucune incertitude à cet égard.

Voyons quelle était l'étendue de leurs connaissances, restreintes dans ces limites.

Mons ater ou Massif des Touàreg.

Pline dit : (Liv. V, 5.)

« De la Phazanie s'étend, sur un long espace, du Levant au Cou-
« chant, une *montagne noire* que les NÔTRES ont appelée *Mons ater*,
« soit que naturellement elle semble brûlée, soit qu'elle doive cette
« apparence à l'action du soleil.

« Au delà de cette montagne sont des déserts. »

L'orientation, l'étendue, la couleur de la montagne, partie brûlée par le soleil, partie vulcanisée par le feu, sa situation par rapport aux vrais déserts, ne permettent pas l'hésitation. Le massif des Touàreg du Nord, Tasîli et Ahaggàr compris, avec leurs dépendances, est bien le *Mons ater* de Pline.

Antérieurement et successivement, ce *Mons ater* avait été identifié au Djebel-Nefoùsa, à la Sòda, au Hàroùdj-el-Asoued, en raison de la nature volcanique de ces montagnes, parce qu'on ne connaissait pas les contrées au Couchant de la Phazanie; mais, aujourd'hui, tous les géographes seront unanimes pour reconnaître que le massif des Touàreg, seul, répond à toutes les exigences du texte de l'encyclopédiste latin.

Mais répétons-le : *Mons ater* est un nom romain, et Pline ne paraît pas connaître le nom indigène, unique ou multiple, que ce massif portait alors.

Toutefois, Pline ne se borne pas à constater l'existence du *Mons ater* et des déserts qui l'environnent; il ajoute :

« Toutes ces contrées ont été subjuguées par les armées romaines;
« Cornelius Balbus en a triomphé. »

Pour ces conquêtes, Balbus a obtenu les honneurs du char triomphal, et, à son triomphe, — qui eut lieu en l'an 44 de J.-C., — il fit porter les noms et les images de toutes les nations et villes qu'il avait soumises.

Pline donne, d'après les auteurs du temps, l'ordre dans lequel ces trophées suivaient le char triomphal. Cet ordre n'ayant rien de géographique, il n'y a pas à en tenir compte. J'aime mieux les classer suivant leur désignation.

Villes : Cydamus, Garama, Tabidium, Negligemela, Thuben, Nitibrum, Rapsa, Debris, Thapsagum, Boin, Pège, Baracum, Buluba, Alasi, Balsa, Galla, Maxala, Zizama ;

Nations : Niteris, Bubéium, Enipi, Discera, Nannagi ;

Montagnes : Niger, Gyri, — cette dernière, avec une inscription portant qu'*on y trouve des pierres précieuses.*

Rivières (flumina) : Nathabur, Dasibari.

Indépendamment de cette nomenclature décorative, riche en noms de lieux, mais pauvre en détails, Pline cite encore, comme appartenant à la contrée conquise par les armes romaines, des noms de peuples et de villes, sur lesquels il possède des renseignements personnels, dont il fait usage pour déterminer, aussi approximativement que possible, leurs stations ou leurs emplacements.

Voici ces noms, avec les renseignements qui les accompagnent :

Peuples : Les Nasamons, sur la côte de la Syrte, appelés auparavant par les Grecs, Mesammons, à cause de leur situation au milieu des sables ;

Les Asbystes, }
Les Maces,   } après les Nasamons ;

Les Hammanientes, au-delà des Asbystes et des Maces, à douze journées de marche de la grande Syrte, vers l'Occident, et entourés eux-mêmes de sables de tous les côtés :

Les Troglodytes, à quatre journées de marche des Hammanientes, du côté du Couchant d'hiver ;

Les Phazaniens, du côté des déserts d'Afrique, au-dessus de la petite Syrte ;

Les Garamantes, dont la ville célèbre de Garama est la capitale.

Villes : Alele et Cillaba, villes des Phazaniens ; Matelgæ, ville des

Garamantes; Debris, où est une fontaine dont les eaux sont bouillantes, de midi à minuit, et glaciales, de minuit à midi.

Cette double nomenclature, en partie étrangère à la région montagneuse du *Mons ater*, mais s'en rapprochant cependant, laisse à désirer, car, à l'exception de Cydamus, de Garama, de Rapsa, de Boin, qu'on retrouve dans les villes modernes de Ghadâmès, de Djerma, de Rhât (Kêl-Rhâfsa [1]) et de Bondjêm, quatre des points les plus importants du pays, il est vrai, le reste a moins de valeur [2]; on en jugera par les noms de montagnes.

Niger, sous sa forme latine, synonyme de *ater*, est aussi, sous sa forme libyque, identique au nom *Nigris*, donné au fleuve qui a ses sources dans le *Mons ater*.

---

1. Voir Livre III, *Centres commerciaux*, page 207 et suivantes.
2. M. Vivien de Saint-Martin, convaincu qu'après les reconnaissances de MM. Barth, Overweg, Richardson et Vogel, on pouvait ajouter quelque chose aux identifications déjà constatées, n'a pas hésité, dans ce but, à se livrer à un long et pénible travail dont voici le résultat :

Matelgæ..............	Assimilé	à Ouâdi-Talha,
Debris...............	—	à Éderi,
Tabidium.............	—	à Tabounlyé,
Thapsagum............	—	à Tessâoua,
Nannagi..............	—	à Denhadja,
Maxala...............	—	à Mechaal,
Zizama...............	—	à Ouâdi-Zemzem,
Gyri, Girgyris.......	—	à Djebel-Ghariân,
Cillaba..............	—	à Zoulla ou Zeila,
Aiele................	—	à Hall ou Holl,
Mons Ater et Niger...	—	au Djebel-Nefoûsa.

Sans contester la valeur critique des motifs sur lesquels s'appuie M. Vivien de Saint-Martin, je ne puis m'empêcher de constater que Talha (Acacia Arabica), Zemzem (nom d'un puits très-vénéré de la Mekke) et Ghariân (cavernes), sont trois dénominations arabes, introduites dans la nomenclature géographique moderne, seulement depuis la conquête arabe, et, que, pour les autres points, aucune raison réellement déterminante ne légitime l'assimilation.

On conteste, il est vrai, au Djebel-Ghariân sa signification arabe, parce que les Berbères de la contrée prononcent plus ou moins correctement le nom que les Arabes ont donné à leur montagne; mais ce point n'est pas le seul dans le Nord de l'Afrique où des cavernes servent de refuge aux populations, et partout le même nom arabe est employé pour caractériser ce mode d'habitation. En Algérie, au Nord de Frenda, dans le pays de Sedama, il y a des tribus qui habitent des cavernes et les Arabes les ont appelées Ahel-el-Ghîrân (les gens des cavernes), comme ils ont appelé la montagne des cavernes, au Sud de Tripoli, Djebel-Ghariân.

Gyri [1], autre mont, est en double emploi, car la racine des mots *Niger*, *Nigris* et *Gyri* est la même ; mais ce double emploi est justifié par le besoin de compter au nombre des conquêtes du triomphateur les pierres précieuses du susdit mont.

Sans doute, les pages de Pline sur les conquêtes des Romains, dans le Sud de la Tripolitaine, ont leur valeur, mais ce n'est que dans Ptolémée qu'on trouve, au milieu de nombreuses confusions, des détails relatifs au massif des Touâreg du Nord, ou *Mons ater* des Romains, détails que la géographie moderne confirme.

Orose, Éthicus, Corippus, de beaucoup inférieurs en mérite et en savoir, donnent aussi cependant quelques indications utiles.

Ptolémée connaît aux deux extrémités du massif deux points importants, car ils sont deux têtes de bassins :

La Gorge Garamantique, Φάραγξ Γαραμαντική, dans l'Est, origine du grand fleuve oriental de la Libye, le Γείρ ;

Le Mont Thala, Θαλα, dans l'Ouest, origine d'un fleuve occidental, le Νίγειρ, qui, avec le précédent, constituent les deux seules

---

1. M. Vivien de Saint-Martin, assimile les *Gyri montes* du triomphe de Balbus au Γίργυρις ou Γίργυρι de Ptolémée et les place dans les montagnes de Gharian ; dans ce cas, il n'y aurait pas double emploi.

Mais M. Vivien de Saint-Martin a été amené à cette détermination parce que Ptolémée place la source du fleuve Cinyps dans le Γίργυρις et parce que l'embouchure de ce fleuve étant bien connue, d'après les indications d'Hérodote et de Scylax, sa source ne peut être, en effet, que dans la chaîne de montagne du littoral tripolitain.

Toutefois, si Ptolémée (Liv. IV, chap. vi) place la source du Cinyps dans le Girgyris, il la fait sortir aussi (Liv. IV, chap. iii) du mont Zuchabari ou Chusambari.

Entre ces deux indications contradictoires, laquelle choisir?

Ptolémée ne laisse aucune incertitude à cet égard. La position qu'il donne au Zuchabari correspond aux sommets du versant maritime du Djebel tripolitain, tandis que celle du Girgyris, dans le Sud-Ouest de Garama, correspond au massif des Touâreg.

D'ailleurs, la position vraie du Girgyris, au Sud de Lynxama, sur le Gir, est encore mieux fixée par celle de Lynxama elle-même.

En identifiant le Girgyris à une partie du Djebel tripolitain, il devient impossible de placer le Gir, Lynxama et les Lynxamatæ comme ils doivent l'être.

L'analogie de nom entre Girgyris et Ghariàn a doublement trompé M. Vivien de Saint-Martin, car le nom de Ghariàn lui-même, limité à la partie de la chaîne dans laquelle existent des cavernes, n'est pas celui de la chaîne et ne donne naissance à aucun fleuve qui puisse être le Cynips.

grandes rivières qui coulent dans l'intérieur du pays (Liv. IV, 5).

Le premier de ces points, que M. Vivien de Saint-Martin a identifié d'une manière certaine avec l'Aghelâd (gorge) d'Ouarâret ou vallée de Rhât, et le second, qui a conservé son nom ancien : Tâhela-Ohàt, mont d'où sort l'Ouâdi-In-Amedjel, nous serviront de jalons principaux.

Entre ces deux repères est un troisième point, le lac Nouba, Νούβα λίμνη, situé à la tête des eaux du Gir (Liv. IV, chap. vi), à l'Ouest de la montagne appelée *la Gorge*, τῆς Φαραγγος ὄρος, et au Sud du mont Girgyris, dans la direction des Garamantes (même Liv., même chap.).

Il m'est bien difficile de ne pas identifier le lac Nouba, si bien caractérisé par Ptolémée, avec la plaine d'Amadghôr, l'une des origines de l'Igharghar, sise à l'Ouest de la gorge de Rhât et au Sud du Tasili des Azdjer, et dans laquelle est une sebkha ou lac desséché qui doit être connue de toute antiquité. (Voir Liv. Iᵉʳ, chap. ii, pages 18 et 19; et chap. iii, page 24.)

Ptolémée connaît encore, dans la même contrée, un mont Girgyris, Γίργυρις ou Γίργιρι, sis au Sud de Lynxama, ville sur la rivière du Gir, et au Nord du lac Nouba.

Il m'est encore impossible, en tenant compte de la position absolue que Ptolémée donne à son Girgyris, et de sa position relative par rapport au lac Nouba et à la ville de Lynxama, de ne pas assimiler le plateau riche en eaux du géographe alexandrin avec le plateau que les Touâreg nomment simplement *tasili*, plateau, mais qui donne naissance aux nombreux *igharghâren* (les ruisseaux ruisselants) qui, avant les barrages des dunes, formaient autrefois la tête orientale de l'Igharghar.

J'ai déjà dit pourquoi je n'acceptais pas l'identification du mont Girgyris avec le Djebel-Ghariân, mais je conserve comme étant hors de contestation la remarque de M. Vivien de Saint-Martin, à savoir que Girgyris, Djerdjera ou Djurjura, sont absolument identiques, et j'ajoute que les noms d'Igharghar, d'Igharghâren, ont aussi la même signification dans la nomenclature géographique des Berbères.

Le radical de tous ces noms indique une contrée riche en eaux, mais s'applique aussi bien aux rivières par lesquelles elles s'écoulent qu'aux montagnes dans lesquelles elles prennent naissance.

Les Berbères de la grande Kabylie algérienne ont donné au massif des montagnes qu'ils habitent le nom général de **Djerdjera**, parce que l'eau y *idjerdjère* sur toute son étendue, et parce que, sous ce rapport, il est le point le plus favorisé du Tell. De même, les Berbères Touâreg ont donné le nom d'Igharghar à la principale gouttière d'écoulement des eaux de leur pays, et d'Igharghâren à la plaine, au plateau et aux ravins, tête du bassin, parce que les eaux y *ighargharent*, et parce que, dans tout le Sahara, il n'y a pas un autre point aussi riche en eau.

Le Girgyris de Ptolémée est aussi un mot imitatif qui doit avoir la même signification.

On me pardonnera, je l'espère, la création des verbes *idjerdjerer* et *ighargharer*. Pour bien faire comprendre des choses nouvelles, le plus simple souvent est de créer des mots nouveaux.

La signification réelle du radical ne tardera pas à être précisée.

En attendant, je considère comme exactes les indentifications suivantes :

Celle de l'Aghelâd d'Ouarâret, avec le Φάραγξ Γαραμαντικη;
Celle du Tàhela-Ohât avec le Θαλα;
Celle de la Sebkha d'Amadghôr avec le Νούϐα λίμνη;
Celle du Tasîli des Azdjer ou plateau des Igharghâren, avec le Γίργυρις ou Γίργιρι.

Mais avant de demander aux documents grecs et romains plus qu'on ne doit attendre d'eux, je tiens à faire une autre constatation importante, en remontant du présent au passé.

Aujourd'hui, deux confédérations politiques, composées de tribus diverses, occupent le *Mons ater* des Romains, et, entre les deux, est une grande tribu de marabouts, aussi nombreuse, et occupant autant d'espace que leurs voisins de l'Est et de l'Ouest.

Nous savons par Ebn-Khaldoûn et par la *Note sur les origines* de Brahîm-Ould-Sîdi que ces trois grandes fractions des Touâreg du Nord n'occupaient pas le *Mons ater* à l'époque romaine, et qu'avant leur dernier mouvement de migration elles portaient d'autres noms qu'elles ont échangés contre celui des contrées nouvelles qu'elles ont définitivement adoptées pour leur patrie.

Ainsi, les Kêl-Ahamellen se sont transfigurés en *Kêl-Ahaggâr*, gens du Ahaggâr, comme leurs devanciers, de l'époque romaine, s'étaient appelés *Ezaræ, Uzzaræ, Suggaræ* [1], suivant les époques et la manière de prononcer les noms d'une langue étrangère, et aussi suivant la pureté ou la corruption des textes.

De même les *Ioûrâghen*, des environs de Timbouktou, sont devenus les *Kêl-Azdjer*, pour perpétuer jusqu'à nous le souvenir des *Astacuri*, Ασταχοῦροι, de la Gorge Garamantique;

De même encore les marabouts d'Es-Soûk, anciennement *Kêl-es-Soûk*, ont pris le nom d'*Ifôghas*, afin qu'on ne perde pas le souvenir des *Ifuraces* de Corippus.

Maintenant, étant connu le massif occupé par les Touâreg du Nord, est il nécessaire de torturer les textes pour retrouver les noms des anciens et faire justice des doubles emplois de leurs nomenclatures?

Non.

S'agit-il de noms généraux de races?

On n'est pas étonné de voir, pêle-mêle, des Libyens, des Mélano-Gétules, des Éthiopiens rouges et noirs, en un point de contact, alors contesté et disputé, entre les descendants de Sem et de Cham. Suivant les chances heureuses ou malheureuses de la fortune, on trou-

---

[1]. Je sais que les monts Uzzaræ et Suggaræ d'Orose et d'Éthicus sont considérés comme représentant les monts Usargala et Buzara de Ptolémée, monts qui donnent naissance à l'Ouâd-Seggeur des modernes, ce qui semble confirmer leur identification avec la partie occidentale du Djebel-'Amoûr.

Je me garde de contester le mérite de cette identification, mais je pense qu'on peut, sans audace, faire appel à un plus ample informé.

L'identification ancienne repose, d'abord sur une ressemblance de noms, puis sur une limite.

Ressemblance pour ressemblance, j'aime mieux celle qui compare Uzzaræ et Suggaræ à Hoggâr et à Ahaggâr que celle qui transforme, sans preuves, Uzzaræ et Suggaræ en Usargala et Buzara, pour les identifier à une portion du Djebel-'Amoûr.

La limite donnée par Orose et Éthicus est celle de la race blanche avec la race noire, et non celle de la Mauritanie ou de la Numidie avec la Libye, et tout le monde est d'accord aujourd'hui que, si quelques infiltrations de noirs ont pénétré dans quelques parties du Sahara, en deçà des points culminants du massif des Touâreg, la limite vraie a été au point de partage des eaux entre le bassin méditerranéen, occupé par la race blanche, et le bassin nigritien, occupé par la race noire.

Enfin, il faut lire les textes tels qu'ils sont : c'est au Midi de la Mauritanie de Sétif et non au Midi de la Mauritanie Césaréenne que sont les monts dont parlent Orose et Éthicus.

Donc, jusqu'à preuve contraire, je maintiens, provisoirement, l'identification des monts Uzzaræ et Suggaræ avec le Hoggâr ou Ahaggâr.

vera les uns ou les autres tantôt au Sud, tantôt au Nord du tropique du Cancer, mais on peut être assuré que, dans les moments d'armistice, les hommes de race noire prendront position dans les bas fonds, où la fertilité est plus grande, et les hommes de race blanche sur les hauteurs, là où la salubrité convient mieux à leur tempérament.

S'agit-il de noms particuliers de tribus, que les anciens appelaient des Nations?

D'abord, pour retrouver leurs anciens campements, on a désormais une base géodésique : naturellement les *Thalæ*, qui avaient pris le nom de leur montagne, se mettront au lieu et place des *Kél-Ohât*, tribu serve du versant Ouest du Ahaggâr qui, eux, par un retour des choses d'ici-bas, ont ajouté leur nom propre à celui de la montagne pour en faire *Tâhela-Ohât*. De même les *Noubæ*, les *Nigritæ*, les *Asaracæ*, reprendront leur ancienne position, les premiers autour de la saline d'Amadghôr, les seconds sur les rives de l'Igharghâr, les troisièmes dans la Gorge d'Ouarâret.

Puis, autour des territoires de ces anciennes tribus, aujourd'hui retrouvés, viendront se ranger comme autant de satellites, et dans l'orientation donnée par Ptolémée, toutes les autres tribus dont il nous transmet les noms.

On préviendra toute erreur en assignant comme campements probables à ces dernières tribus les points du territoire actuel des Touàreg les plus riches en eau et en pâturages, car, dans tout le Sahara, hier comme aujourd'hui, ces points exceptionnels ont toujours été des lieux d'élection pour l'habitation de l'homme.

Maintenant, si, ce placement de détail opéré, nous voulons constituer des groupes généraux, d'après la circonscription territoriale habitée, nous aurons des *Uzzaræ*, des *Suggaræ*, dans lesquels seront compris les *Thalæ et leurs voisins*; des *Ifuracæ* qui engloberont les *Nigritæ*, les *Noubæ et autres*; enfin des *Astacuræ*, avec leurs subdivisions, comme nous avons aujourd'hui des *Kél-Ahaggâr*, des *Ifôghas*, des *Kél-Azdjer* embrassant, sous ces dénominations générales, des tribus nobles et serves, des tribus à sang blanc et à sang noir, sans compter les mélanges, et des tribus de race arabe, de race berbère et de race éthiopienne.

Dans les circonscriptions territoriales modernes, nous retrouvons donc, comme dans les anciennes, des *Mélano-Gétules*, des *Libyens*, des *Libo-Égyptiens*, des *Éthiopiens blancs, rouges et autres*, suivant l'origine ethnographique des populations ou la variété des langues qu'elles parlaient, mais dont la nomenclature fait double emploi avec celle qui a pour base la division du territoire ou les confédérations politiques de groupes.

S'agit-il de noms de lieux ?

L'identification d'un grand nombre est certaine, notamment pour les montagnes et les fleuves.

Si je sors de la limite de mon exploration, le Daradus et le Rufus-Campus, dont on retrouve les noms anciens dans la synonymie moderne, viennent, comme de nouveaux jalons, servir de guide dans le placement des tribus.

Les nouvelles conquêtes de la géographie nous ont donc, enfin, affranchi des erreurs de longitude et de latitude de Ptolémée. C'est là un point capital.

De l'orographie je passe à l'hydrographie.

Des Niger de la Libye.

Je dois rappeler au lecteur qu'en langue libyque, berbère ou temâhaq, le radical *ghar, gher, ghir, ghor*, signifie *eau qui coule*, sans distinction entre l'eau superficielle ou souterraine, et par extension BASSIN HYDROGRAPHIQUE.

Je dois ajouter aussi que, dans tout le Nord du continent africain, le mot *Nil* est employé pour désigner tous les grands fleuves ; enfin que, depuis la plus haute antiquité, les indigènes ont toujours considéré les grandes rivières de leur pays comme étant autant de sources du Nil d'Égypte.

La description des Niger de la Libye, par Pline et Ptolémée, n'étant que la reproduction des dires des indigènes de leur époque, on doit tenir compte de ces manières de voir les choses, si l'on veut comprendre leurs récits.

Pline connaît deux grandes rivières dans la Libye :

Le *Nigris* ou *Niger*, dans l'Est ; le *Ger* ou *Gir*, dans l'Ouest.

Sa description du Niger est empruntée aux *Libyques* du roi Juba, celle du Ger aux *Mémoires* de Suetonius Paulinus, ouvrages aujourd'hui perdus.

Ptolémée est plus explicite : il n'y a, dit-il, que deux grandes rivières dans l'intérieur du pays : le Ghèr (Γείρ) et le Nighèr (Νίγειρ) [1] ;

Le Ghèr, à l'Est, aboutissant d'un côté au Mont Usargala et de l'autre à la Gorge Garamantique ;

Le Nighèr, à l'Ouest, aboutissant d'un côté au Mont Mandrus et de l'autre au Mont Thala.

En apparence, Pline et Ptolémée ne sont d'accord ni sur les noms ni sur la situation respective de chacune de leurs deux rivières, mais, si on fait abstraction de la différence des noms, identiques d'ailleurs entre eux, pour ne tenir compte que des détails de leurs descriptions, on reconnaît que l'un et l'autre ont voulu parler des mêmes bassins.

Le Nigris ou Niger de Pline, comme le Ghèr de Ptolémée, prend sa source, au Nord, dans la région orientale de l'Atlas, et se dirige au Sud, vers la partie orientale du *Mons ater*, pour aller séparer la Libye de l'Éthiopie ;

Tous deux traversent deux lacs dont les noms sont différents, il est vrai, mais tous deux placés aux mêmes étages du bassin :

Les premiers, *Nilis* de l'un, Τας χελωνίδας de l'autre, dans les bas-fonds de l'Ouâd-Righ ;

Les seconds, *Nigris* dans Pline, Νούβα dans Ptolémée, sur la ligne de partage des eaux de l'Océan et de la Méditerranée ;

L'un comme l'autre, absorbés par les sables qu'ils traversent, disparaissent pour réapparaître et disparaître encore.

Je ne poursuivrai pas plus loin ces comparaisons, j'aime mieux expliquer comment le radical libyque *gher*, qui suivant les dialectes s'écrit et se prononce aussi *ger*, *guir*, *djir*, *righ*, s'est transformé sous la plume de Pline, de Ptolémée ou de leurs copistes, en *Niger* ou Νίγειρ.

La démonstration est facile.

Dans certains dialectes libyques, un i préfixe est souvent ajouté au radical ; exemples : *i Gharghar*, *i Ahaggâren*. Ainsi *ger* et γειρ sont d'abord devenus *i Ger* et ί Γειρ.

Puis, souvent une N, conjonction, lie le mot qui précède au mot qui suit ; exemples : *Atakôr-N-Ahaggâr*, *Adehi-N-Ouaran*, *Afara-N-Wechcheran*. Ainsi *i Ger* et ί Γειρ sont devenus *N-Iger* et Ν-Ιγειρ,

---

1. Les Grecs modernes prononceraient ces mots *Ghir* et *Nighir*.

et par abréviation on aura écrit *Niger* et Νίγειρ, en retranchant le trait d'union.

Enfin, dans la langue berbère, beaucoup de noms géographiques sont précédés du technique *In*, qui signifie *endroit de*; exemple : *In-Gher* ou *In-Ghar*, *endroit de l'eau*, noms que portent un point de la vallée des Igharghâren et un village du Touât. Souvent, même aujourd'hui, et c'est ce que j'ai fait, on écrit *Ingher* et *Inghar*, sans trait séparatif. Entre *Ingher* et Νίγειρ ou *Niger*, la seule différence consiste dans le déplacement d'une lettre, faute *qu'un copiste* aura bien pu commettre.

La signification latine du mot *Niger*, correspondant à la couleur des habitants, a dû contribuer à la propagation de l'erreur.

En Algérie, nous inventons aujourd'hui encore de semblables assimilations.

Quelle que soit la version adoptée, on se rend compte désormais comment les Grecs ont donné indistinctement les noms de ποταμος-ν-ίΓειρ ou ποταμος Γείρ, ou ποταμος Νίγειρ, et les Romains ceux de *flumen-n-iGer* ou *flumen Ger* ou *flumen Niger* à tout endroit du territoire libyque où il y avait de l'eau, sans faire attention que ποταμος et *flumen* étaient synonymes de *Niger* ou *Ger*.

Comment les Grecs et les Romains auraient-ils évité ces erreurs, quand nous, Français, éclairés sur toutes ces questions beaucoup mieux qu'on ne pouvait l'être dans l'antiquité, nous sommes forcés, pour être compris, d'écrire chaque jour : le bassin de l'Ouâd-Rîgh, la rivière de l'Ouâd-Igharghar, le plateau du Tasîli, la montagne du Djebel-Adrar, la fontaine d'''Aïn-Thâla?

Les Arabes et les Turcs se rendent aussi coupables de pareils pléonasmes dans leurs nomenclatures géographiques. La responsabilité en incombe à l'ignorance des masses.

Sans doute, les hommes de science ont tort de ne pas s'affranchir des lois que leur imposent ceux qui ne savent pas. Mais quel but se propose-t-on en écrivant? Éclairer. Et pour éclairer, il faut d'abord être compris.

M. le commandant Hanoteau a pu intituler *Grammaire temáchek'* son étude sur la langue que parlent les Touàreg et donner le nom d'Imôcharh aux peuples qui la parlent, parce que tous ceux qui doivent lire son livre savent préalablement quelle est la valeur des termes dont il se sert. Si j'avais intitulé ce livre : *Imôhagh*, au lieu de

Touàreg du Nord, aucun de ceux auxquels il est destiné n'aurait su de qui je veux parler.

Mais je dois revenir aux Niger.

Les géographes du moyen âge n'ont donc pas commis une erreur en donnant le nom berbère de *Niger* au grand fleuve du Soudan occidental, en tant que la signification de ce nom est restreinte à celle de : *eau qui coule, fleuve*, cette désignation n'ayant pas plus de valeur que celle de : *Nil des noirs*. Mais ils se sont grossièrement trompés, si, induits en erreur par la latitude de Ptolémée, ainsi que l'a victorieusement démontré M. Vivien de Saint-Martin, ils ont cru retrouver dans le fleuve de Timbouktou l'un des Niger de la Libye.

Ce point acquis aux débats, j'ai à démontrer que, pour les anciens, les mots *Niger* ou *Ger* signifiaient moins un fleuve qu'un bassin hydrographique.

J'en trouve la preuve dans les textes mêmes de Pline et de Ptolémée.

Pline (L. V, 10) nous donne, d'après le roi Juba, un exemple bien remarquable du peu de respect des indigènes de son temps pour les lois physiques de la circulation des eaux. Son Niger naît dans une montagne de la Mauritanie, probablement le Djebel-'Amoûr des modernes ; de là, il descend dans un bas-fonds, où il forme le lac Nilis, comme l'Ouàd-Djedi, auquel il est assimilé dans cette partie de son cours, va se perdre dans le Chott-Melghigh. Mais, du lac Nilis, au lieu d'aller déverser ses eaux à la mer, au golfe de Gâbès, comme l'exige le sens attaché au mot *flumen*, son fleuve, devenu, dans son imagination, une des têtes du Nil d'Égypte, va gravir des pentes de 1,000 à 1,500 mètres environ, à l'inverse du cours de l'Igharghar, mais, comme lui, à travers de nouvelles lagunes et des masses de sables qui se succèdent et l'absorbent, pour arriver au sommet du massif des Touàreg, où il sépare l'Afrique de l'Éthiopie. « *Là, sans doute*, ajoute Pline, d'après le roi Juba, *jaillissant de cette source qu'on a nommée Nigris, il s'élance...*, » probablement au-dessus du point de partage des eaux !!! Pline n'ose pas l'écrire, mais il le laisse deviner, car son fleuve, jusque-là renfermé dans le bassin libyen de la Méditerranée, va passer dans le bassin éthiopien de l'Océan, « sous le nom d'*Astapus*, pour séparer, par le milieu, le pays des Éthiopiens. *Astapus medios Æthiopas secat.* »

Cette description, contraire aux lois naturelles, si le mot *Niger* est restreint à la signification de *fleuve*, devient, au contraire, d'une exactitude remarquable, si l'on généralise le sens de ce mot en le considérant comme l'équivalent du mot *bassin* dans nos langues modernes.

En effet, non-seulement la description du Niger de Pline est conforme à celle de l'Igharghar, que j'ai faite dans le livre Ier de cet ouvrage; non-seulement la communauté des origines de l'Igharghar et du Tâfasâsset, symbolisée dans la source que Pline nomme *Nigris*, est une réalité incontestable, mais encore l'*Astapus*[1] sépare par le milieu les peuplades éthiopiennes, comme le Tâfasâsset isole les Touâreg d'Aïr des Touâreg Aouélimmiden.

Le Niger de Pline est donc un bassin et non un fleuve.

Ptolémée appuie d'une autorité indiscutable la nouvelle interprétation donnée au mot Niger.

Ses deux Niger, celui de l'Est comme celui de l'Ouest, marchent du Nord au Sud, à la façon des siphons. Nés tous deux dans l'Atlas, par des altitudes de 700 à 1,000 mètres, ils descendent dans des bas-fonds de 90 à 200 mètres, au maximum, et viennent aboutir, en remontant dans le massif des Touâreg, à une altitude de plus de 700 mètres pour la Gorge Garamantique, et de 1,000 à 1,200 pour le Mont Thala.

Cette constitution n'est pas celle des rivières ou des fleuves, dans le sens ordinaire des mots *flumen* et ποταμος, mais celle des *bassins* de tous les cours d'eau.

Pline et Ptolémée, en traduisant les récits des indigènes, par l'intermédiaire d'interprètes illettrés, n'ont pas compris le sens du mot libyque *Niger*; nous, nous devons lui restituer sa véritable signification, autrement, il est impossible de faire l'application des récits des anciens auteurs aux lieux tels que nous les retrouvons aujourd'hui.

Maintenant abordons la délimitation des bassins des deux Niger de la Libye et indiquons les noms de la nomenclature grecque et romaine, qu'on peut, avec autorité, identifier avec ceux de la nomenclature moderne.

---

[1]. Pour les anciens Africains, la plupart des grandes rivières de l'intérieur du continent africain étaient des embranchements du Nil d'Égypte qui y allaient déverser leurs eaux sous le nom d'Astapus, qui est, en effet, le nom ancien d'une des branches supérieures du Nil.

Cette erreur, née chez les indigènes, est acceptée sans contradiction par Hérodote et par Pline, qui nous transmettent leurs traditions.

Niger oriental.

Dans l'état actuel de nos connaissances géographiques, les limites du bassin du Niger oriental de la Libye peuvent être déterminées, sinon mathématiquement, du moins très-approximativement.

Au Sud, les points culminants du Ahaggàr, de la plaine d'Amadghòr, du plateau dit le Tasîli des Azdjer, de l'Akâkoûs, de l'Amsâk et de la forêt de gommiers séparative du désert de Tàyta et de l'Ouâdi-Lajàl, jalonnent une longue ligne de partage d'eau entre le bassin éthiopien de l'Astapus (Tàfasàsset moderne) et le bassin libyen du Niger oriental (l'Igharghar des Touâreg).

A l'Est, une ligne droite, de la tête occidentale de l'Ouâdi-Lajàl à Gâbès, par le *caput saxi* de la Hamâda-el-Homra et les sommets du Djebel-Douirât, marque aussi exactement que possible un second partage d'eau, peu caractérisé, il est vrai, sur sa plus grande étendue, entre la Hamâda-el-Homra et les dunes de l'Erg, sorte d'éponge qui rend souterrainement au principal thalweg du bassin, l'Igharghar, les eaux qu'elles ont absorbées.

Au Nord, le versant méridional de la chaîne atlantique, de Gâbès au Djebel-'Amoûr, l'Aurès compris, ferme le bassin de ce côté, d'une manière plus accentuée, à raison de son imposant relief.

A l'Ouest, la limite séparative du Niger oriental avec le Niger occidental, peu caractérisée dans le Sahara algérien, où elle est d'ailleurs bien connue, se relève dans le Sud, où le Bâten de Tàdemâyt, l'Ifettesen du Mouydîr ainsi que le Tifedest et l'Atakòr du Ahaggàr, lui donnent des points de partage d'eau nettement définis.

Dans ces limites, l'étendue du bassin oriental embrasse près de 20 degrés, du Nord au Sud, et 16 de l'Est à l'Ouest, et comprend, indépendamment de l'Igharghar, aboutissant de tous les affluents : d'abord les *igharghâren* de sa tête orientale, puis les *ouâdi* de sa tête occidentale, qui descendent du Ahaggàr, du Mouydîr et de la plaine d'Amadghòr, enfin l'Ouâd-Mîya, l'Ouâd-Mezâb, l'Ouâd-Nesâ, l'Ouâd-Djedi, plus les nombreux torrents du versant Sud de l'Aurès.

De cet immense réseau de gouttières d'écoulement des eaux qui, toutes, venaient aboutir aux lagunes du Rîgh, d'Ouarglà et du Melghîgh, et, de là, déversaient leur trop-plein dans le golfe de Gâbès par les Chott du Djerîd et du Nefzâoua, les anciens ne connaissaient, en réalité, que fort peu de chose ; du moins, ce qu'ils nous en ont transmis laisse beaucoup à désirer :

Une dizaine de noms de centres d'habitation fixe de l'homme pour représenter les districts formés par huit groupes d'oasis : les Qeçoûr de l'Amoûr, le Mezâb, les Zibân, Ouarglà avec son annexe d'El-Golêa', le Rîgh, le Soûf, le Djerîd et le Nefzâoua, districts qui alors devaient être très-peuplés, car l'occupation romaine, étendue jusqu'à la limite de ces oasis, n'aurait pas eu sa raison d'être sans de nombreux indigènes à dominer au Sud ;

Quelques noms de tribus nomades, parmi lesquels des doubles emplois, pour occuper l'espace que les Larba'a, les Cha'anba, les Oulàd-Bà-Hammou, les Kêl-Ahaggàr, les Ifôghas, les Kêl-Azdjer, les Rouâgha, les 'Arab du Zibân, les Souâfa, les Ourghamma et autres, couvrent de leurs campements ;

Quelques noms généraux ou particuliers de montagnes, au lieu de milliers que nous connaissons aujourd'hui d'une manière certaine ;

Quelques détails sur les bas-fonds, sur les sables, sur le cours souterrain des eaux, sur les plantes et les animaux exceptionnels de cette contrée qui, heureusement, sont très-exacts, quoique leur mention repose sur l'erreur qui attribuait à cette partie de la Libye l'honneur d'appartenir au bassin du Nil d'Égypte ;

Enfin des noms de lacs et celui du bassin dans son ensemble complètent tout ce que les anciens, Grecs et Romains, y compris le très-savant roi Juba, nous ont transmis sur une contrée d'autant plus intéressante pour eux, qu'ils lui attribuaient un rôle fabuleux.

La comparaison des noms de villes, de montagnes, de rivières, de lacs, de tribus, donnés par les nomenclatures anciennes, avec ceux beaucoup plus considérables de la nomenclature moderne, autorise, d'une manière certaine, les identifications suivantes :

La ville de *Cydamus* avec Ghadâmès ;

L'*Oppidum Rapsa* avec Rhât, reconstruite par les Kêl-Rhâfsa ;

Agar Selnepte avec Nafta ;

Tysurus avec Tòzer ;

Capsa avec Gafça ;

Tacape avec Gâbès ;

Le *Mons ater* avec le massif des Touàreg, Tasîli et Ahaggàr compris ;

Le Φαραγξ Γαραμαντικη avec l'Aghelàd d'Ouaràret ;
Le pays des *Astacuri* avec celui des Azdjer ;
Celui des *Ifuraces* avec le territoire des Ifôghas ;
Le mont des *Suggar*, des *Uzzar*, des *Æzar*, avec la patrie actuelle des Ahaggàr ou Hoggàr ;
Le mont Γίργιρι avec le Tasîli du Nord, dans lequel naissent de nombreux *ighargháren* ;
L'*Aurasius* avec la chaîne de l'Aurès ;
Le *Niger* avec l'Igharghar ;
L'*Astapus* avec le Tàfasàsset ;
Le lac *Nigris* avec les lacs de Miherò ;
Le lac *Nouba* avec la Sebkha ou saline d'Amadghòr ;
Le *lac de Libye* ou *Palus Chelonides* avec le Chott-Melghigh ;
Le *lac Pallas* avec le Chott-el-Djerid ;
Le *lac Triton* avec le Chott du Nefzàoua ;
L'*île de Phla* avec l'oasis du Nefzàoua.

Toutes ces identifications sont justifiées ou par la similitude des noms, ou par des rapports de position, ou par des détails qui excluent toute incertitude.

Ptolémée cite dix noms de villes dans le bassin du Gir, savoir :

Au Sud,	Gira, métropole,	Γείρα μητρόπλις,
Au Nord,	Thykimath,	Θυκιμάθ,
—	Ghéoua,	Γηούα,
—	Badiath,	Βαδιάθ.
—	Iskhéri,	Ισχερεῖ,
—	Toucroumouda,	Τουκρούμουδα,
—	Thoùspa,	Θοῦσπα.
—	Artaghîra,	Αρτάγειρα,
—	Rhouboune,	Ρουβούνη,
—	Lynxama,	Λύγξαμα.

Je néglige les longitudes et les latitudes, qui ne peuvent qu'induire en erreur.

M. Vivien de Saint-Martin constate avec raison que Thykimath, Ghéoua, Iskhéri, s'échelonnent sur la rive Nord du Gir, comme Tadjemout, Laghouât et Biskra sur la rive gauche de l'Ouâd-Djedi.

L'assimilation de Gira, métropole, avec Guerâra, admise sous réserve par M. Vivien de Saint-Martin, me paraîtrait plus heureuse avec Tougourt, car cette ville est encore la ville principale de la contrée, tandis que Guerâra située hors centre, dans un pays aride, sans voies de communication, n'a jamais pu être une métropole.

D'ailleurs, d'après les chroniques de cette ville qui m'ont été communiquées, Guerâra a été fondée par les Benî-Mezâb, en l'année 1589 de notre ère.

Les détails que Pline (Liv. V, 10) donne d'après Juba, sur les intermittences du cours de son Niger, sur les animaux qu'il nourrit, sur les plantes spontanées de ses rives, sur ses débordements correspondant avec les crues du Nil, non-seulement sont plus exacts, mais suffiraient à eux seuls pour justifier son identification avec l'Igharghar.

« Sorti du lac Nilis, dit Pline, le fleuve s'indigne de couler à tra« vers des lieux sablonneux et arides et il se cache pendant un trajet
« de quelques jours de marche; puis traversant un plus grand lac
« dans la Massæsylie, portion de la Mauritanie Césaréenne, il s'élance
« et jette pour ainsi dire un regard sur les sociétés humaines; la
« présence des mêmes animaux prouve que c'est toujours le même
« fleuve. Reçu de nouveau dans les sables, il se dérobe encore une
« fois dans des déserts de vingt journées de marche, jusqu'aux con« fins de l'Éthiopie, et lorsqu'il a reconnu derechef la présence de
« l'homme, il s'élance, sans doute jaillissant de cette source qu'on a
« nommée le Nigris. Là, séparant l'Afrique de l'Éthiopie, les rives
« en sont peuplées, sinon d'hommes, du moins de bêtes et de
« monstres: créant des forêts dans son cours, il traverse l'Éthiopie
« sous le nom d'Astapus. »

Tout cela est encore exact aujourd'hui; pour le constater ouvrons la Carte qui accompagne ce volume, et suivons le cours de l'Igharghar, de l'aval à l'amont, comme le fait Pline.

Du lac Melghîgh, où le Djedî s'est perdu et d'où il est réputé sortir, il traverse souterrainement les bas-fonds sablonneux du Rîgh (150 kilom. environ); puis, traversant la Sebkha de Sîdi-boû-Hâniya, probablement réunie autrefois aux sebkha voisines de Negoûsa pour former le grand lac de la Massæsylie, il s'élance de nouveau sur la Hamâda des Cha'anba et, après avoir attesté qu'il est toujours le même fleuve, se dérobe de nouveau dans les dunes de l''Erg et sans doute aussi sous les sables de la vallée des Igharghâren (ensemble 380 kilomètres, correspondant à vingt journées de marche dans les sables). Après quoi, dans la montagne, sont les sources d'eau vive.

Dans ce fleuve et dans les lacs qu'il alimente, ajoute Pline, « on « trouve, en fait de poissons, des alabètes, *alabetæ* [1], des coracins, « *coracini* [2], des silures, *siluri* [3]; un crocodile, *crocodilus*, en a été « rapporté et consacré par Juba même, — preuve que c'est bien le « Nil — dans le temple d'Isis à Césarée (la moderne Cherchel), où « on le voit encore aujourd'hui. »

Chose curieuse, les Touâreg connaissent encore trois espèces de poissons dans les lacs et sources de leurs montagnes, savoir : les *imanân*, l'*asoûlmeh* et les *isattâfen*.

J'ai rapporté de leur pays, comme pièce justificative, le *Clarias lazera*, l'asoûlmeh des Touâreg, aussi un poisson du Nil. (Voir Liv. II, chap. III, page 238.)

Quant au crocodile, il s'est perpétué, depuis 2,000 ans, dans les lacs de Miherô et de Tanârh. (Voir page 232.)

« En outre, ajoute Pline, on a observé que la crue du Nil correspond à l'abondance des neiges et des pluies en Mauritanie. »

Moi-même j'ai constaté la même coïncidence, en 1861 et 1862, après neuf années de sécheresse absolue. (Voir Liv. Iᵉʳ, chap. v, page 119.)

Avant (même Liv. V, 8), Pline avait dit :

« Le Nigris a la même nature que le Nil; il produit le roseau, « le papyrus, *calamus et papyrus*, et les mêmes animaux; la crue « s'en fait aux mêmes époques; il a sa source entre les Éthiopiens « Taréléens et les Œcaliques. »

Encore aujourd'hui on trouve dans les lieux humides du pays des roseaux et des *typha*, voisins, sinon identiques au roseau et au *papyrus* d'Égypte.

Cette dernière citation me permet, en terminant ce que j'ai à dire du Niger oriental, de constater que Pline savait exactement où le Nigris avait sa source dans le massif des Touâreg, ce qui ne l'a pas empêché, dans la description générale de ce fleuve, d'intervertir

---

1. On ne sait pas au juste ce qu'est ce poisson. D'ordinaire on le prend, soit pour un *gadus lota L.*, soit pour un *petromyzon fluviatilis L.* (Note de M. E. Littré, traducteur de l'*Histoire naturelle* de Pline. Paris, 1859.)

2. Le coracinus de Pline est le *labrus niloticus L.*

3. Le silurus de Pline est le *silurus glanis L.*, poisson très-gros qui habite le Nil.

l'ordre naturel de son cours, par respect pour les idées des indigènes, tant il est vrai que son Niger n'était pas seulement un fleuve, mais un bassin.

Niger occidental.

Le bassin du Niger occidental, séparé du Niger oriental comme il a été dit ci-dessus, est délimité au Nord par la chaîne atlantique, à l'Ouest par l'Océan, au Sud par les reliefs du Sâguiet-el-Hamrâ, du Djebel-Azour et du plateau du Tânezroûft. Sauf la partie du littoral océanien, sur laquelle les documents abondent, ce bassin a été connu des anciens d'une manière plus vague encore que celui de l'Est.

Bien qu'aucun explorateur moderne n'ait encore étudié le Sahara marocain comme nous pourrions le désirer, nous le connaissons assez cependant par les voyages de René-Caillié, de Robert Adams, de Davidson, qui y a été assassiné, de MM. Léopold Panet, Si-Boû-l'Moghdad et Gerhard Rohlfs, par les écrits des Arabes, par les renseignements verbaux des indigènes, par les travaux de M. Renou, de M. le capitaine Beaudouin et de M. le général Faidherbe, pour ne pas commettre de grandes erreurs en comparant les connaissances des anciens avec l'état actuel du pays. Le champ possible des erreurs est d'ailleurs très-rétréci depuis la publication *du Nord de l'Afrique dans l'antiquité,* par M. Vivien de Saint-Martin.

La critique de ce savant géographe resterait complète, si je n'avais à apporter à l'appui de son exposé des éléments nouveaux qu'il a soupçonnés, mais qu'il ne pouvait inventer. Ces éléments sont :

D'abord, une portion entièrement inconnue de la tête du bassin, celle du versant océanien du Ahaggâr, dont un des contreforts, le Tâhela-Ohât, perpétue jusqu'à nos jours le nom du Mont Thala de Ptolémée et d'où descendent des ouâdi dont le principal m'est indiqué comme se dirigeant vers l'Ouâdi-Dra'a. (Voir Liv. Ier, chap. III, page 26.)

Ensuite, entre le Haut-Niger occidental et la vallée du Daradus, les masses de dunes d'Iguïdi qui, comme celles de l'"Erg pour le Niger oriental, absorbent les eaux des affluents supérieurs et ne les restituent que souterrainement à la vallée exutoire. (Voir Liv. Ier, chap. II, pages 5 et 6, et chap. IV, pages 35, 36 et 37.)

Ces éléments nouveaux permettent de mieux apprécier les connaissances des anciens sur cet immense bassin.

Topographiquement, les dunes de l'Iguidi le divisent en deux sections, l'une supérieure, l'autre inférieure, mais hydrographiquement la capillarité des éléments constitutifs des dunes permet aux eaux des affluents supérieurs de se rendre au lit inférieur, surtout quand elles sont abondantes, ce qui a toujours lieu après les grandes pluies périodiques.

Des affluents supérieurs du Niger occidental, les anciens n'ont connu que la branche du *Ger* de Suetonius Paulinius ou Νίγειρ de Ptolémée, qui prend sa source dans la partie de l'Atlas marocain où naît aussi le *Malua flumen;* mais à la manière dont Ptolémée constitue son Νίγειρ, on voit qu'il réunit les eaux du versant saharien de l'Atlas à celles du versant océanien du massif des Touàreg.

Voici sa description :

-« Le fleuve Nigir (Νίγειρ) aboutit d'un côté au mont *Mandrus* et
« de l'autre au mont *Thala*, et forme le lac *Nigris*.

« Deux embranchements qui descendent du Nord, l'un du mont
« *Sagapola*, l'autre du mont *Usargala*, viennent se réunir au Nigir ;
« ce dernier forme un détour à l'Est pour aller se terminer au lac
« *Libya*.

« Au Sud, *dans la direction du Daradus*, le Nigir reçoit un em-
« branchement. »

Sauf les latitudes et les longitudes, dont je ne tiens pas compte, parce qu'elles sont erronées, toutes ces indications, quoique très-vagues, sont conformes à la vérité.

Au Mandrus et au Thala correspondent :
Le Djebel-Aït-'Aïach de l'Atlas marocain ;
Le Tàhela-Ohât du versant occidental du Ahaggàr.

Le lac Nigris auquel aboutissaient les eaux des monts Mandrus et Thala, assis vis-à-vis l'un de l'autre, mais à 15 degrés de distance, est le bas-fonds desséché du Touàt, aujourd'hui couvert d'oasis;

Le lac Libya, dans lequel allait se perdre l'affluent de l'Usargala, se retrouve dans la Sebkha du Gouràra, encore aujourd'hui le réceptacle des eaux de l'Ouàd-Seggeur, malgré le barrage des dunes de l'"Erg;

Le Nigir est cet ouâd qui porte actuellement le nom de Guîr, dans sa partie supérieure, et de Messâoura, dans son cours inférieur;

Nous connaissons déjà son affluent de l'Est, l'Ouâd-Seggeur, qui vient du Djebel-'Amoûr, l'ancien Usargala;

L'affluent oriental correspond à l'Ouâdi-Tafilelt, comme le mont Sagapola, d'où il sort, nous représente ce point de l'Atlas marocain, d'où descendent les principales rivières du bassin océanien du Maroc;

La tête des eaux venant du Sud et se dirigeant vers le Daradus est encore plus facile à déterminer, car, grâce à la loyale franchise des Touâreg, nous sommes mieux renseignés sur les détails du Ahaggâr que sur ceux de l'Atlas marocain;

L'identification du Tâhela des Ohât avec le Thala des Thalæ de Ptolémée ne laisse que l'embarras du choix entre les nombreux ouâdi fournis par l'Ifettesen, le Tîfedest et le Ahaggâr, pour avoir un embranchement dans la direction du Daradus;

L'Ouâdi-Tîrhehêrt, par son importance, par la notoriété dont il jouit, semble le mieux répondre aux indications de Ptolémée.

En analysant la description du géographe grec, je ne puis m'empêcher de faire une remarque qui révèle une connaissance complète de la limite des bassins des deux Niger : entre l'Usargala et le Thala, quoique l'intervalle soit de 16 degrés, Ptolémée ne fait arriver aucun affluent à son Niger occidental. Il savait donc que toutes les eaux de la région intermédiaire se déversaient dans le Niger oriental.

Malgré l'exactitude des informations topographiques de Ptolémée, il était probablement moins bien renseigné sur le nombre des centres de populations situés sur son Niger, car il ne cite que dix-sept noms de villes ou villages là où nous en comptons plus de quatre cents aujourd'hui.

Faut-il admettre que le pays n'avait alors que de rares habitants? Pline l'affirme. Voici ce qu'il dit :

« Suetonius Paulinus, le premier des généraux romains qui ait
« dépassé l'Atlas, rapporte qu'au delà, jusqu'à un fleuve qui porterait
« le nom de Ger, on traverse des déserts couverts d'un sable noir, au
« milieu duquel s'élèvent, d'intervalle en intervalle, des rochers
« comme brûlés; *que ces lieux sont inhabitables à cause de la chaleur,*
« *même en hiver, et qu'il l'a éprouvé.* » (Pline, Liv. V, 1.)

Puis, si le lac Nigris occupait, comme tout l'indique, l'emplacement actuel du Touât, les 300 centres de population qui constituent cette agglomération d'oasis ne pouvaient alors exister.

La tradition locale, d'accord avec le rapport de Suétonius Paulinus, nous représente la première population du Touât réduite à quelques colonies de nègres, asservies postérieurement et successivement par les Berbères et les Arabes. (Voir Liv. III, chap. v, page 294.)

Quoi qu'il en soit, des dix-sept noms de villes donnés par Ptolémée deux seulement peuvent être identifiés avec les noms modernes :

Taloubath, Ταλουβαθ, avec l'oasis de Tabelbâlet ;

Toukabat, Τουκαβαθ, avec la ville de Teçàbit.

Cependant, je serais tenté de croire que, dans le dénombrement et la dénomination des villes du Niger occidental, Ptolémée aurait été mal informé, car il lui donne, pour métropole, Νίγειρα Μητρόπολις, nom identique à celui de la capitale du Niger oriental, Γείρα Μητρόπολις. Il est douteux que deux centres, devant avoir des relations entre eux, aient porté le même nom, bien que l'un et l'autre ne signifient que ceci : *métropole du bassin*.

D'autre part, les noms des lacs Nigris et de Libye, donnés aux principaux réceptacles du bassin, noms identiques à ceux d'autres lacs du Niger oriental, attestent une confusion très-grande dans les éléments dont Ptolémée s'est servi pour dresser sa carte de la Libye.

Je ne poursuivrai pas l'étude critique de ce bassin jusqu'à la mer ; ce serait sortir du domaine de mes investigations personnelles.

Mais avant de clore cet examen sur les deux Niger de la Libye, je ne puis me défendre de le résumer en constatant que, si, jusqu'à ce jour, les documents anciens sur la Libye nous ont paru obscurs, la faute n'en est pas seulement imputable à leurs auteurs, mais encore et bien plus à ce que nous manquions nous-même du premier élément de critique : la connaissance des lieux, des hommes et des choses de ce pays. Sans doute, ni les Grecs ni les Romains n'ont possédé des détails très-circonstanciés sur la topographie de cette contrée, mais, du moins, leurs idées sur ses principaux caractères ont été nettes et exactes : montagnes au Nord et au Sud ; bassin oriental et occidental, aboutissant tous deux à la mer ; sables dans les bas-fonds intermédiaires ; oasis disséminées çà et là, mais principalement sur le versant méridional de l'Atlas, lesdites oasis ressemblant, par

GÉOGRAPHIE ANCIENNE. 483

l'éclat de leur verdure, sur un fond jaunâtre, aux maculatures d'une peau de panthère; populations sédentaires dans les oasis, nomades dans les déserts; voire même quelques fables pour que la comparaison avec la situation actuelle soit plus complète.

Toutefois, on reste étonné que les Romains, qui ont possédé tant d'établissements sur les limites de cette région, se soient contentés de documents aussi sommaires sur sa constitution, sur ses productions et sur sa population si variée.

Peuples de la Libye.

Les anciens donnaient le nom de *peuples* ou *nations* à ce que nous appelons *tribus*.

Voici d'abord la liste la plus moderne, celle du **géographe d'Alexandrie**.

Les peuples les plus considérables de la Libye et les positions qu'ils occupent sont, dit-il :

Les Garamantes, du Bagradas au lac Nouba;
Les Mélano-Gétules, entre les monts Sagapola et Usargala;
Les Éthiopiens-Rouges, au Sud du Gir;
Les Éthiopiens-Nigrites, au Nord du Nigir;
Les Daradæ, sur le Daradus;
Les Perorses, écartés de la mer, à l'Orient de Theôn Okhéma;
Les Éthiopiens-Odrangides, entre les monts Caphas et Thala;
Les Mimak, au Sud du Thala;
Les Noubæ, entre le lac Nouba et la Gorge Garamantique;
* Les Derbik, à l'Ouest du mont Aranga,

Viennent ensuite d'autres petits peuples, savoir :

Les Autololes,
Les Sirangæ,   } au Sud de la Gétulie, entre la mer et le
Les Mausoli,   } mont Mandrus;

Les Rhabii,
Les Malcoæ,   } entre le mont Mandrus et le fleuve Da-
Les Mandori,   } radus;

Les Sophucæi, après ces derniers;

Les Leucaethiopiens, séparés des Pérorses par le Rufus-Campus ;
Les Pharusii, entre le Rufus-Campus et le mont Sagapola ;
Les Natembes, au Nord du mont Usargala ;

Les Lynxamatæ,
Les Samamycii, } au Nord du Girgyris ;

Les Salthi,
Les Daphnitæ, } entre les monts Mandrus et Sagapola ;

Les Zamazii,
Les Aroccæ, } entre ces monts et le fleuve Nigir ;
Les Cetiani,

Les Suburpores, au Sud du mont Usargala ;

Les Maccoi,
Les Dauchitæ, } au Sud du mont Girgyris, entre les Garamantes et le lac Nouba ;
Les Caletæ,

Les Macchurebi, à l'Est des Daradæ ;
Les Soloëntii, à l'Est des Sophucæi ;

Les Anticoli,
Les Churitæ, } à l'Est des deux précédents jusqu'au mont Caphas ;
Les Stachiræ,

* Les Orpheis, entre le Caphas et le Theòn Okhêma ;

* Les Tarvaltæ,
* Les Maltitæ, } au Sud des Orpheis ;
* Les Africerones,

Les Achæmæ, au Sud des Éthiopiens-Odrangides ;

Les Gongalæ,
Les Nanosbeis, } au Sud des Mimak ;

* Les Nabathræ, entre le mont Thala et le mont Arvaltes ;

Les Alitambi,
Les Maurali, } entre le mont Thala et le lac Libyque ;

Les Harmiæ,
Les Thalæ,
Les Dolopes, } entre le lac Libyque, le lac Nouba et la Gorge Garamantique ;
Les Astacuri ;

* Les Aroccæ, au Nord du mont Aranga ;

* Les Asaracæ, à l'Est du susdit mont ;

* Les Dermouenses, entre le mont Aranga et le mont Arvaltes ;

* Les Éthiopiens-Aganginæ, entre le mont Arvaltes et le mont Aranga, au Sud-Ouest des Africerones ;

* Les Éthiopiens-Xyliccenses,   ⎱ au Sud du mont Arvaltes, à
* Les Éthiopiens-Uchaliccenses, ⎰ l'Est des Agangines.

Pline nous transmet aussi sa nomenclature des peuples ; la voici avec les positions données par le naturaliste :

Les Marmarides, au cap Chersonèse ;

Les Araraucèles, sur la côte de la Grande Syrte ;

Les Nasamons ou Mésammons, au milieu des sables, sur la côte de la Petite Syrte ;

Les Asbystes et les Maces, après les Nasamons ;

Les Hammanientes, au delà des Asbystes et des Maces, à douze journées de marche de la Grande Syrte, vers l'Occident, et entourés eux-mêmes de sables de tous les côtés ;

Les Troglodytes, à quatre journées de marche des Hammanientes, du côté du Couchant d'hiver ;

Les Phazaniens, sur la route de l'Éthiopie ;

* Les Niteris ou Nitiebres,
* Les Bubéium, nation ou ville,
* Les Enipi, } sans désignation d'*habitat* ;
* Les Discera,
* Les Nannagi,

Les Éthiopiens-Taréléens,
Les Œcaliques, } sur la source du Nigris ;

Les Éthiopiens-Nigrites, sur le Nigris ;

Les Liby-Égyptiens,   ⎱ au-dessus des Gétules, par delà
Les Leucéthiopiens,   ⎰ les déserts ;

Enfin, les Garamantes, séparés des précédents, du côté de l'Occident, par de vastes solitudes.

Je renonce à énumérer les noms de peuples ou de nations des autres auteurs grecs ou romains, les nomenclatures de Pline et de Ptolémée les comprenant à peu près tous avec plus de précision. Je préfère constater qu'à l'exception des noms de peuples précédés du signe * dans les deux listes ci-dessus, tous peuvent être rationnellement placés sur une carte moderne, grâce aux nombreuses identifications de noms de lieux qui ne peuvent plus être contestées.

Je remarque également que, le placement fait, suivant les indications de Pline et de Ptolémée, toutes les populations indiquées comme étant de sang noir ou occupent les lignes de bas-fonds du Sahara ou sont transférées au delà de la limite de la Libye avec l'Éthiopie.

Quant à l'assimilation des noms des peuples anciens avec ceux des tribus modernes, il faut être très-prudent, car les tribus berbères ont bien souvent changé de noms depuis l'antiquité, les unes ayant entièrement disparu, les autres ayant été complétement transformées.

D'ailleurs, tous les noms grecs et romains reproduisent très-inexactement l'ethnique indigène. Pour les noms dont l'identification est la plus certaine, ne constatons-nous pas des différences trop grandes, entre les uns et les autres, pour ne pas reculer devant une assimilation impossible?

Mieux vaut terminer cette étude comparée en la complétant par l'exposé des renseignements, non écrits dans les livres, mais nettement tracés sur le sol, que nous fournissent les ruines de l'occupation romaine sur la frontière de la Libye.

Limites méridionales de l'occupation romaine.

Les reconnaissances de MM. les officiers d'état-major et de M. Victor Guérin, complétées par les miennes, assignent comme limite à l'occupation romaine au Sud des Mauritanies, de la Numidie, de la Province d'Afrique et de la Cyrénaïque, savoir : une ligne suivant le bassin de l'Ouâd-Djedî, de Laghouât à Biskra ; le versant saharien de la chaîne aurasique, de Biskra à Mîdâs ; le rebord méridional des Chott-el-Djerîd et Chott-el-Nefzâoua, de Mîdâs à Gâbès ; le versant occidental du Djebel-Douîrât, de Gâbès à Nâloût ; enfin, Ghadâmès et Djerma, de Nâloût au Fezzân.

A l'exception des bas-fonds, au Sud de la Tunisie, les Romains semblent avoir arrêté leur ligne d'occupation à la limite des terres habitables pour des hommes d'origine européenne.

Les ruines de leurs établissements-frontières sont indiquées sur la Carte dressée pour l'intelligence de cet ouvrage par le signe ordinaire (R. R.) des ruines romaines.

Ces ruines, autant que j'ai pu en juger par l'espace qu'elles couvrent, sont celles de petits postes d'observation, de centres de commandement, peut-être de comptoirs-entrepôts pour les relations commerciales avec les populations indépendantes du Sud.

Rien n'indique que les Romains aient tenté par eux-mêmes des entreprises de commerce au delà de la limite que j'assigne à leur occupation, car, au Sud de cette ligne, aucun monument ne révèle leur présence, et leurs écrits attestent que leurs connaissances géographiques elles-mêmes avaient pour limite le versant méditerranéen du *Mons ater*.

A l'Ouest du Djebel-'Amoûr, sur tout le versant de l'Atlas marocain, les ruines romaines paraissent fort rares, car aucun de mes informateurs indigènes ne m'en a signalé. Peut-être, dans les ruines de Sedjelmàssa, dont la position m'a été bien précisée au centre des qeçour du Tafîlelt, retrouverait-on quelques débris de la grandeur romaine, mais c'est encore très-douteux.

Les Touâreg, que j'ai souvent interrogés sur les ruines de constructions qui pouvaient se trouver dans leur pays, se sont bornés à me signaler les vestiges des tombeaux des Jabbâren, comme ceux que j'ai trouvés près de la source d'Ahêr (voir Livre Ier, chap. 4, pages 56 et 57) et qui m'ont paru destinés à des hommes qu'on enterrait assis; plus, les ruines d'un monument religieux, probablement une mosquée, dont la construction est attribuée aux Sohàba ou compagnons du prophète Mohammed, qui s'étaient avancés en conquérants dans le pays pour le convertir à l'islamisme et qui ont perpétué jusqu'à nos jours le souvenir de leur passage à Timissao, au moyen d'inscriptions, en arabe coufique, encore très-lisibles aujourd'hui, dit-on.

Ainsi, au delà de la ligne que j'ai tracée, les indigènes eux-mêmes ne connaissent aucune ruine de l'occupation romaine.

CONCLUSION DE L'APPENDICE.

Dans ce travail de géographie comparée, je ne me suis pas proposé une étude critique des textes, œuvre délicate qui exige une expérience que je n'ai pas; j'ai seulement voulu exposer comment j'interprétais les récits des anciens, en procédant de la connaissance des lieux à l'inconnu des origines et des sources des textes parvenus jusqu'à nous; je me suis principalement proposé pour but de démontrer que la dernière exploration du Sahara confirmait dans son ensemble et dans ses principaux détails le dernier exposé de nos connaissances sur la Libye des Grecs et des Romains, d'après M. Vivien de Saint-Martin, dont l'ouvrage si remarquable, *Le Nord de l'Afrique dans l'antiquité*, a été couronné par l'Académie des inscriptions et belles-lettres.

Sans doute, dans les détails secondaires, quelques identifications ne sont pas les mêmes, mais il était inévitable qu'il n'en fût pas ainsi. L'honorable géographe ne pouvait pas connaître le massif des Touâreg avant qu'il eût été étudié, exploré, reconnu.

Pour mon compte personnel, je m'estimerai heureux, si, par les preuves nouvelles que j'apporte à l'appui de ses déductions, je contribue à accroître l'autorité dont le livre de M. Vivien de Saint-Martin doit jouir.

Si je n'avais eu pour guide une critique aussi sûre, cet Appendice, rédigé pendant l'impression de ce volume, n'aurait probablement pas vu le jour.

FIN DU TOME PREMIER.

TABLE.

AVANT-PROPOS.

Pages.

But de l'expédition. — Patronage gouvernemental et scientifique. — Les diverses reconnaissances exécutées. — Difficultés surmontées et résultats acquis. — Maladie grave à Alger. — Concours obtenu pour la rédaction de mes travaux. I

INTRODUCTION.

Division de l'ouvrage. — Sa raison. — Transcription des noms indigènes. — Des gravures. — De la carte. — Sur quelles bases elle a été établie. . . . XI

LIVRE PREMIER.

DIVISIONS NATURELLES ET POLITIQUES. — GÉOGRAPHIE PHYSIQUE, SOL ET CLIMAT. 1

CHAPITRE PREMIER. — Divisions et limites générales des confédérations Touâreg. 1

    Divisions en quatre confédérations. 1
    Patrimoine de chaque confédération. 2
    Limites générales. 3
    Limites particulières. 3

CHAP. II. — Géographie physique. 5

    § 1er. — *Zone des dunes.* 5
        Étendue de cette zone. 6
        Variétés de dunes. 7
        Voyages dans les dunes. 9
        Puits dans les dunes. 10
        Limite de l'Algérie dans les dunes. 11

§ 2. — *Massif des Touâreg*.................................... 13

    Tasili du Nord. — Chaîne d'Anhef. — Plateau d'Eguéré......... 14
    Chaîne de l'Akâkoûs. — Chaîne de l'Amsâk. — Hamâda de Mourzouk.
      — Hamâda-el-Homra...................................... 15
    Hamâda de Tinghert. — Plateau de Tâdemâyt. — Plateau du Mouydir. 16
    Bâten Ahenet. — Tasili du Sud.............................. 17
    Plaine d'Amadghôr... 18
    Plaine d'Admar. — Vallée d'Ouarâret. — Plaine de Tàyta. — Vallée de
      l'Ouâdi-Lajâl... 19
    Plaine des Ighargharen. — Plaine d'Adjemôr................. 20

CHAP. III. — Hydrographie...................................... 22

    Ouâdi-Igharghar.. 22
    Ouâdi-Tâfasâsset... 25
    Ouâdi-Tirhehért.. 26
    Ouâdi-Akâraba. — Puits ordinaires......................... 27
    Puits à galeries. — Puits artésiens. — Rhedir.............. 28
    Lacs... 29
    Sources.. 31

CHAP. IV. — Géologie.. 33

    1re section. — *D'El-Ouâd à Ghadâmès*..................... 33
      Formation des dunes................................... 33
      Dénudation des plateaux et des montagnes en amont des dunes. 35
      Groupes de dunes entre la Méditerranée et le Sénégal... 35
      Superficie des plateaux alimentateurs................. 37
      Influences atmosphériques sur les roches. — Production des sables. 38
      Circulation des sables................................ 39
      Trombes de sables..................................... 40
      Fixation des sables par les eaux...................... 41
      Formation des dunes sur place et formation par amoncellement des sables
        étrangers... 43
      Planorbis Duveyrieri................................ 44

    2e section. — *De Ghadâmès à Rhât*........................ 45
      A. Plateau de Tinghert................................ 46
      B. Dunes d'Édeyen..................................... 51
      C. Plateau d'Éguélé................................... 51
      D. Plaine des Ighargharen............................. 52
      E. Tasili des Azdjer.................................. 55
      F. Vallée d'Ouarâret.................................. 59

    3e section. — *De Titerhsin à Zouila*..................... 61
      A. De Titerhsin à Serdélès............................ 61
      B. Désert de Tâyta.................................... 65
      C. Ouâdi-Lajâl.. 67
      D. Dunes d'Édeyen..................................... 69
      E. Hamâda de Mourzouk................................. 70

TABLE

	Pages.
F. Dépression de la Hofra	71
G. La Cherguïya	73
H. Massif du Hâroûdj	75
4ᵉ section. — *De Mourzouk à la mer*	77
Djebel-es-Sôda	79
Hamâda-el-Homra	82
5ᵉ section. — *De Rhât à In-Sâlah*	84
A. Plateau du Tasili	84
B. Plateau d'Éguéré	86
C. Plateau du Mouydir	86
D. Massif du Ahaggâr	87
Conclusion géologique	88

CHAP. V. — Météorologie. 90

Tableau résumé des observations météorologiques faites du 26 juillet 1860 au 20 septembre 1861, à l'effet de déterminer les altitudes de chaque station	91
Température de l'air	106
— du sol	109
— des puits ordinaires	110
— des puits artésiens	112
— des eaux pluviales et des flaques d'eau	113
Température moyenne mensuelle de l'air à Tougourt (série comprenant tout ou partie des années 1855, 1856, 1857, 1858 et 1859)	113
Hygrométrie. — Vapeur d'eau de l'atmosphère	115
Rosée. — Gelée blanche. — Brouillard. — Pluie	118
Neige	120
Pression atmosphérique. — Observations barométriques	120
Oscillations diurnes	120
Extrêmes des oscillations	122
Moyennes des oscillations	123
Vents. — Direction mensuelle et force moyenne	124
Variations diurnes et suivant les saisons	125
Vitesse du vent	125
Pluies et trombes de sable	126
Influence des vents sur le thermomètre et sur le baromètre	128
Électricité. — Étincelles électriques	128
Éclairs. — Tonnerre. — Orages	129
Lumière. — Intensité. — Couleur. — Transparence	130
Mirage. — Aurore et crépuscule. — Lueur crépusculaire. — Arc-en-ciel	131
Halo lunaire. — Lune rouge sang. — Étoiles filantes. — Globe lumineux	132
Conclusion météorologique	133

CHAP. VI. — Observations astronomiques. 134

Tableau résumé des observations faites pour établir la latitude et la longitude des principaux points de la carte	135
Éclipse de soleil du 18 juillet 1860 à El-Ouâd	138
Comète à Mourzouk le 1ᵉʳ juillet 1861	139

LIVRE II.

	Pages.
Production.	141

Chapitre premier. — Minéraux 141

Métaux et matières précieuses 142
Sels divers 143
Matériaux de constructions. — Pierres et terres 145
Combustibles minéraux 146

Chap. II. — Végétaux 147

Renonculacées.	148	Borraginées.	181
Fumariacées.	149	Solanées.	182
Crucifères.	149	Scrophularinées.	185
Capparidées.	152	Orobanchacées.	185
Cistinées.	153	Labiées.	186
Résédacées.	153	Globulariées.	187
Frankéniacées.	153	Plombaginées.	187
Malvacées.	154	Plantaginées.	188
Aurantiacées.	155	Salsolacées.	188
Ampélidées.	156	Amarantacées.	191
Géraniacées.	156	Salvadoracées.	191
Zygophyllées.	156	Polygonées.	192
Rutacées.	158	Thyméléacées.	192
Rhamnées.	159	Euphorbiacées.	193
Térébinthacées.	160	Cannabinées.	193
Légumineuses.	161	Morées.	193
Rosacées.	168	Salicinées.	194
Amygdalées.	168	Conifères.	194
Pomacées.	169	Potamées.	194
Lythrariées.	170	Palmiers.	194
Granatées.	171	Liliacées.	199
Cucurbitacées.	171	Mélanthacées.	200
Tamariscinées.	172	Joncées.	200
Paronychiées.	174	Typhacées.	201
Portulacées	175	Cypéracées.	201
Ficoïdées.	175	Graminées.	201
Composées (corymbifères).	177	Balanophorées.	207
Composées (chicoracées).	178	Fougères.	208
Primulacées.	179	Characées.	208
Oléacées.	179	Champignons	208
Asclépiadées.	180	Algues.	209
Gentianées.	181	Plantes indéterminées.	209
Convolvulacées.	181	Conclusion botanique.	215

TABLE.

	Pages.
Chap. III. — Animaux.	217
§ 1er. — *Animaux domestiques*	217

Chameau	218	Mouton	222
Cheval	220	Chèvre	223
Zébu	221	Chien	224
Ane	222		

§ 2. — *Animaux sauvages*. 224

Mammifères (nomenclature).	224	*Acanthodactylus Savignyi*..	235
Oiseaux —	225	*Acanthodactylus vulgaris*..	235
Reptiles —	226	*Agama agilis*	235
Poissons —	227	Vipère cornue	235
Arachnides —	227	Vipère des jongleurs	235
Insectes —	228	Vipère des Pyramides	236
Myriapodes —	228	*Psammophis punctatus*	237
Annelides —	228	*Cœlopeltis insignitus*	237
Mollusques —	229	Serpents fabuleux	237
Parasites —	229	Poissons (*Clarias lazera*)	237
Espèces remarquables: Tahoûri.	229	Scorpion	239
Loup	230	Araignée venimeuse	239
Guépard	230	Coléoptères	240
Onagre	231	Sauterelles	240
Antilope mohor	231	Libellules	241
Antilope oryx	231	Abeilles	241
Akaokao	231	Lépidoptères	243
Autruche	232	Mouches et moustiques	243
Gypaète	232	Scolopendre	243
Crocodile	232	Vers comestibles	243
Gecko des sables	234	Parasites de l'homme	244
Agama colonorum	234	Puce	245

Dépôt des collections minéralogiques, géologiques, botaniques, zoologiques, ainsi que des cartes itinéraires. 245

LIVRE III.

Centres de rayonnement. 247

Chapitre premier. — Centres commerciaux. 249

§ 1er. — *Ghadâmès*. 249

Motifs du choix de cet emplacement	249
Ruines liby-égyptiennes	250
Ruines garamantiques	251
Ruines grecques	252
Ruines romaines	253
Conquête arabe	254
Population de la ville	256
Dialecte particulier	256

	Pages.
Costume. — Mœurs.	257
Commerce. — Ses bénéfices.	258
Industrie. — Horticulture.	260
Eaux d'irrigation.	260
Habitations. — Quartiers. — Marchés.	262
Gouvernement et administration.	263
Rapports avec les Touâreg.	265

§ 2. — *Rhât*. 256
    Ancienne Rapsa des Romains. 267
    Sa restauration par les Ihâdjenen et les Kèl-Rhâfsa. 268
    Sultans Ihâdjenen 268
    Loi particulière de succession. 269
    Substitution d'un Arabe touâti à un Berbère ihâdjeni dans le gouvernement de la ville. 269
    Motifs de mécontentement des chefs Touâreg. 270
    Détails sur la ville de Rhât. 271
    Pourquoi l'entrée de la ville m'a été refusée. 272
    Parti des Turcs. — Parti des Français. 274

§ 3. — *Mourzouk*. 275
    Le Fezzân moderne. 275
    Le Fezzân ancien. 276
    Civilisation garamantique. 279
    Ville de Mourzouk. 281
    Gouvernement. — Administration. — Garnison. 282
    Décadence du Fezzân. 284

§ 4. — *Ouargla*. 284
    Ce qu'on sait de sa fondation, de son histoire, de son ancienne prospérité, des causes de sa décadence. 285
    Cette ville peut-elle recouvrer son ancienne splendeur ? 287
    Rôle que lui assignent les circonstances. 290

§ 5. — *In-Sâlah et le Touât*. 290
    Le Touât, confédération politique indépendante, mais dépendant de l'Algérie pour ses besoins matériels. 291
    Du pouvoir et des partis au Touât. 293
    Noirs. — Berbères. — Arabes du Touât. 294
    Assiette de ces populations. 295
    In-Sâlah. — Ce que ce nom comprend. 296
    Causes de la prospérité de ce point 297
    Tribu des Oulâd-Bâ-Hammou. 298

CHAP. II. — Centres religieux. 300

§ 1er. — *Confrérie des Senoûsi*. 301
    Es-Senoûsi. — Le but qu'il s'est proposé en instituant une confrérie. 301
    Pourquoi il choisit le désert. 302
    Moqaddem de l'Ouest et Mohammed-ben-'Abd-Allah. 303

	Pages.
Jerhàjib, métropolitaine de l'ordre.	304
Avénement du fils d'Es-Senoùsi.	305
Opposition de cette confrérie à ma mission.	306

§ 2. — *Confrérie des Tedjâdjna*. 306

Profession de foi tolérante.	306
Luttes contre les Turcs, contre 'Abd-el-Kâder et les Mouley-Tayyeb.	307
Rapports de bonne amitié avec les Français.	308
Protection que m'a donnée cette confrérie.	309
Son influence dans le Sahara et l'Afrique centrale.	310

§ 3. — *Zâouiya des Bakkây*. 310

Les Bakkây descendent du conquérant 'Oqba.	311
Leur puissance morale.	311
Composition de cette famille.	312
Sidi-Mohammed offre de me conduire à Timbouktou.	313

§ 4. — *Zâouiya des Oulâd-Sidi-Cheikh*. 313

Fondée pour devenir l'asile de la proscription.	314
Son chef me recommande aux habitants d'El-Goléa'.	315
Services que nous a rendus et que peut nous rendre encore la famille des Oulâd-Sidi-Cheikh.	315

LIVRE IV.

TOUÂREG PROPREMENT DITS. 317

CHAPITRE PREMIER. — Origine des Touàreg. 317

Opinion des Touàreg sur leur origine.	317
Analyse d'une *Note* sur les origines des diverses tribus Touàreg, par le Cheikh-Brahim-Ould-Sidi.	318
Origine des tribus du pays d'Azdjer.	319
Origine des tribus du Ahaggàr.	321
Justification des prétentions de la *Note*.	323
Partage des terres chez les Azdjer.	324
Opinion d'Ebn-'Abd-en-Nour-el-Hamiri sur la question des origines.	324
Opinion émise, sur le même sujet, par Ebn-Khaldoûn dans son *Histoire des Berbères*.	325
Résumé de ces opinions.	326
Les Touàreg sont les Mazyes d'Hérodote.	327
L'étude de la langue *temâhaq* peut seule éclairer l'ethnologie des Touàreg.	328

CHAP. II. — Divisions et constitution sociale. 329

Divisions des Azdjer.	329
Divisions des Ahaggàr.	330
Du pouvoir souverain.	331
Des Nobles.	331
Des Marabouts.	332

	Pages.
Des Tribus mixtes.	334
Des Serfs.	334
Des Esclaves.	339
De la Femme.	339

Chap. III. — Historique des tribus. 342

§ 1er. — *Confédération des Azdjer.* 343

Tribu des Imanân.	344
Tribu des Orâghen.	347
Tribu des Imanghasâten.	354
Tribu des Kèl-Izhabân.	357
Tribu des Imettrilâlen.	357
Tribu des Ihadhanâren.	357
Tribu des Ifòghas.	359
N-Ouqqirân.	360
N-Iguedhâdh.	361
N-et-Tobol.	361
Le Cheikh-'Othmân.	363
Tribu des Ihêhaouen.	365
Tribu des Kèl-Tin-Alkoum.	366
Tribu des Ilemtin.	367

§ 2. — *Confédération des Ahaggâr.* 368

Tribu des Kèl-Ahamellen.	374
Tribu des Tédjéhé-Mellen.	375
Tribu des Kèl-Rhelâ.	375
Tribu des Irhechchoûmen.	377
Tribu des Ibòguelân.	378
Tribu des Taîtoq.	378
Tribu des Tédjéhé-n-Eggali.	379
Tribu des Ikadéen.	379
Tribu des Inembâ-Kèl-Tahât.	379
Tribu des Inembâ-Kèl-Emoghri.	379
Tribu des Ikerremòin.	380
Tribu des Tédjéhé-n-où-Sidi.	380
Tribu des Ennitra.	380
Tribu des Tédjéhé-n-Esakkal.	380

Chap. IV. — Caractères distinctifs des Touâreg. 381

Caractères physiques.	381
Caractères moraux.	383
Conservation de l'écriture berbère.	386
Alphabet tefinagh.	388
Inscriptions rupestres.	389
Usage du voile.	390
Anneau de pierre au bras.	392
Poignard d'avant-bras.	393
Succession maternelle. — *Beni-Oummia.*	393

TABLE.

	Pages.
Exemples de ce mode de succession chez d'autres peuples.	394
Loi spéciale aux Touâreg.	396
Origine de cette loi.	398
Part faite à la femme dans toutes les institutions des Touâreg.	400
Abstinence de la chair de poissons et d'oiseaux.	401
Conclusion du chapitre IV	402

CHAP. V. — Touâreg dans leur vie intérieure. 403

Campements. — Habitations.	403
Mobilier. — Ustensiles.	404
Vêtements. — Coiffures. — Chaussures. — Parures.	405
Aliments. — Boissons. — Thé. — Café. — Tabac.	408
Religion. — Superstitions.	413
Traces du christianisme.	414
Évocation des âmes.	415
Croyances aux génies.	416
Préjugés sur la sorcellerie.	418
Amulettes.	419
Instruction.	419
Lecture. — Écriture.	420
Connaissances en calcul.	421
— en géographie	421
— en histoire.	422
— en botanique.	422
— en zoologie.	422
— en minéralogie.	422
— en théologie.	423
— en droit.	423
— en astronomie	423
Droit. — Justice. — Police.	427
Droit écrit et coutumier.	427
Police intérieure. — Peines.	427
Peine du talion.	428
Naissance. — Mariages. — Décès.	428
Circoncision. — Majorité. — Longévité.	428
Position de la femme dans le mariage.	429
Célébration du mariage.	430
Morts. — Enterrement. — Noms personnels.	431
Pratiques hygiéniques.	431
Peinture du corps à l'indigo.	431
— — à l'ocre.	432
Coupe des cheveux.	432
Boucles d'oreilles hygiéniques.	432
Usage du sulfure d'antimoine.	432
Voile.	432
Maladies et pratiques médicales.	433
Ophthalmies.	433
Rhumatismes.	434
Fièvres intermittentes.	434

TABLE.

	Pages.
Variole	434
Rougeole	435
Maladies de la peau	435
Ver de Guinée	435
Boûri des nègres	435
Syphilis	436
Piqûres et morsures d'animaux venimeux	436
Emploi médical de l'*Hyoscyamus Falezlez*	437
Travail	438
Agriculture et horticulture	439
Industries professionnelles	440

CHAP. VI. — Touâreg dans leur vie extérieure. 441

Assemblées politiques 441
Convocation. — Réunion 441
Tenue de ces assemblées 442
Conclusions ordinaires 443
Guerre 443
Armement 444
Équipement 446
Rencontres 448
Chants de guerre 450
Conclusion du chapitre VI 452

APPENDICE.

GÉOGRAPHIE ANCIENNE 455

Objet de l'Appendice 455
Agisymba regio 456
Identification avec l'oasis d'Air 457
Route qui y conduisait 458
Limite séparative de la Libye et de l'Éthiopie 459
Concordance des documents anciens avec les connaissances modernes. 460
Mons ater 461
Identification avec le massif des Touâreg 461
Connaissances des anciens sur cette région 462
Pline 462
Ptolémée 464
Identification de la Gorge Garamantique avec l'Aghelâd d'Ouarâret, du mont Thala avec le Tâhela, du lac Nouba avec la Sebkha d'Amadghôr, du Girgyris avec le Tasili des Azdjer 465
Identification des Uzzar ou Suggar aux Ahaggâr, des Astacuri aux Azdjer, des Ifuraces aux Ifôghas 466
Des Niger de la Libye 469
Deux Niger 470
Éthymologie du mot Niger 471
Sa signification : *bassin* et non *fleuve* 472

TABLE.

	Pages.
Niger oriental	474
Ses limites	474
Ce qu'en connaissaient les anciens	475
Identifications possibles	475
Niger occidental	479
Ses limites	479
Nouveaux éléments de critique	479
Description de Ptolémée. — Assimilation des points connus du géographe grec	480
Le Niger occidental était à peu près un désert à l'époque de Ptolémée.	481
Résumé des connaissances des anciens sur les deux bassins de la Libye.	482
Peuples de la Libye	483
D'après Ptolémée	483
D'après Pline	485
Assimilation des peuples anciens aux tribus modernes	486
Limites méridionales de l'occupation romaine	486
Ruines romaines	486
Ruines indigènes	487
Conclusion de l'appendice	489

FIN DE LA TABLE.

TABLE DES PLANCHES.

	Pages.
PLANCHE I, M. Henri Duveyrier.	1
— II, fig. 1, Gâra de Tisfîn ; fig. 2, Profil du mont Idinen ; fig. 3, Blocs de Takarâhet ; fig. 4, Berges d'Ingher et Asouîtar ; fig. 5, Aghelâd de Tarât.	35
— III, fig. 1, *Planorbis Duveyrieri;* fig. 2, Dunes dans l'"Erg.	45
— IV, Appareil à élever l'eau.	68
— V, fig. 1, Zâouiya du Cheikh-el-Hoseyni, à Oubâri ; fig. 2, Tekertiba.	155
— VI, fig. 1, Château d'Aghrem, à Serdélès ; fig. 2, Ahatès (*Acacia albida*).	164
— VII, fig. 1, Tessâoua ; fig. 2, Inscription coufique.	180
— VIII, *Clarias lazera*.	238
— IX, fig. 1, Bahar-ed-Doûd ; fig. 2, *Arthemia Oudneii*.	244
— X, fig. 1, Bas-relief libyco-égyptien ; fig. 2, Colonnes et chapiteaux d'El-'Aoulna.	250
— XI, fig. 1, Oasis de Ghadâmès ; fig. 2, Ruines des Esnâmen.	252
— XII, Inscription romaine trouvée à Ghadâmès.	253
— XIII, fig. 1, Ville de Rhât ; fig. 2, Pic de Télout.	271
— XIV, Monument romain de l'ancienne Garama.	276
— XV, fig. 1, Ruines du Qeçir-el-Watwat ; fig. 2, Tombes de Qeçirat-er-Roûm ; fig. 3, Tombes des Jabbâren.	279
— XVI, Types féminins de la race subéthiopienne.	288
— XVII, Types masculins de la race subéthiopienne.	288
— XVIII, Sîdi-Mohammed-el-'Aîd.	309
— XIX, Temâssin.	310
— XX, Types Touâreg.	382
— XXI, Alphabet Tefinagh.	388
— XXII, Inscriptions Tefinagh.	390
— XXIII, fig. 1, Vue isolée de l'Idinen ; fig. 2, Vue de l'Idinen et de l'Akâkoûs.	416
— XXIV, Equipement de marche des Touâreg.	444
— XXV, Armement et harnachement.	447

www.ingramcontent.com/pod-product-compliance
Lightning Source LLC
Chambersburg PA
CBHW060749230426
43667CB00010B/1501